北京丰台年鉴

2005

北京市丰台区地方志编纂委员会

中华书局
2005

图书在版编目（CIP）数据

北京丰台年鉴 .2005/北京市丰台区地方志编纂委员会编 .
—北京：中华书局，2005
ISBN 7—101—04939—7

Ⅰ. 北… Ⅱ. 北… Ⅲ. 区（城市）—北京市—
2005—年鉴 Ⅳ. Z521.3

中国版本图书馆 CIP 数据核字（2005）第 137632 号

责任编辑：华晓林

北京丰台年鉴（2005）
北京市丰台区地方志编纂委员会编
*
中 华 书 局 出 版
（北京市丰台区太平桥西里 38 号 100073）
http://www.zhbc.com.cn
E-mail:zhbc@zhbc.com.cn
河北省欣航测绘院印刷厂印刷
*
787×1092 1/16 24.375 印张 32 插页 608 千字
2005 年 12 月第 1 版 2005 年 12 月第 1 次印刷
印数：1000 册 定价：88 元

ISBN 7—101—04939—7/K·2148

编 辑 说 明

一、《北京丰台年鉴》是一部综合性资料性工具书和史料文献。在丰台区委、区政府领导下，由区地方志编纂委员会主持编纂。

二、本年鉴以马列主义、毛泽东思想、邓小平理论和“三个代表”重要思想为指导，坚持以经济建设为中心，坚持实事求是的原则，与时俱进、开拓创新、科学地反映客观情况。

三、本年鉴从2002年开始，逐年编辑出版。当年出版的年鉴全面汇集上一年度丰台区各项事业、行业等诸方面新发生的重大事件、新情况和重要的文献信息，为各级领导提供可资参考的依据，为各个行业提供有价值的资料，为各方面人士了解、熟悉和研究丰台提供最新信息。

四、本年鉴以详记区属各系统、各单位为主，略记驻区部分中央、市属单位的情况。

五、本年鉴采用文章、条目等体裁，以条目为主，用规范的语体文、记述体、直陈其事，文字力求言简意赅。

六、本年鉴文字内容设有特载、大事记、政党团体、政权政协、政法军事、农村经济和农业、工业、商贸服务业、高新技术产业、综合经济管理、财政税务审计、金融、城市建设和管理、交通邮电、科技教育、文化体育卫生、社会、街乡（镇）、人物、附录等一级栏目，一级栏目下设二级栏目，二级栏目下设分目、分目下设条目。

七、本年鉴收有2004年内丰台区党、政、军、民主党派、团体、街乡（镇）、部分企业负责人名录及驻区部分单位负责人名录，所列职务均以 2004 年内任职为限，其中有任免情况的分别予以说明，同时收有获得国家（中央部委）、市奖励与荣誉称号的单位和个人名单和获得高级职称的人员名单。

八、本年鉴选入的文章、条目均由各部门、各单位确定专人撰写，并经主管负责人审核。统计资料由区统计局提供，照片由各单位提供。

九、本年鉴反映 2004 年 1 月 1 日至 12 月 31 日期间的情况，文内一般直书月、日，不再写年份。

十、本年鉴由区地方志办公室《北京丰台年鉴》编辑部负责编辑、文字加工和版面设计。在编辑出版过程中得到了全区各单位及各方面的大力支持和热情帮助，在此一并表示感谢。由于编辑水平所限，疏漏和不足之处恳请读者批评指正。

胡锦涛总书记视察北京佑安医院

回良玉副总理、王岐山市长、残联主席邓朴方看望残疾人

10月，市委书记刘淇与小屯小学棒球队合影

市长王岐山视察丰台体育中心

区委书记王子生、区长张大力和全国政协委员、中国伊斯兰教协会会长
陈广元出席丰台区伊斯兰教协会换届大会

丰台区第十三届人大常委会第二次会议任命国家机关工作人员

北京市丰台区第十三届人民代表大会第一次会议

中国人民政治协商会议北京市丰台区第七届委员会第二次会议

4月，市、区人大代表到王佐镇参观

区政协领导考察银建出租汽车公司卫星定位系统

丰台区人大常委会颁发区法院审判人员任命书大会

丰台区纪念《保密法》实施15周年
暨“双确定”业务指导工作会

10月，对外联络委员会邀请中国前外交官视察总部基地

丰台区创建首都
文明区动员大会

丰台区统战工作会议

北京红十字会救助捐赠仪式

11月，丰台法院院长接受“中国法院网”网上直播专访

3月，丰台法院被评为“北京市先进法院”

丰台区第一届律师推介会

北京市丰台区青少年社区矫正学校揭牌仪式

7月，丰台公安分局举办“学英雄思想，走英雄道路”主题演讲比赛

11月，丰台公安分局开展“执法为民，服务社区，为居民送平安”活动

4月，丰台公安分局举行春季民警体能测试

安全生产监督局领导
检查节日期间安全生产工作

开展安全宣传活动

安全生产监督局组织应急演练

丰台区2004年计算机、打印机、
投影机定点供应商采购合同签约仪式

丰台审计局工作人员
现场审计河道建设

丰台规划分局全程代理服务大厅

丰台区劳动保障工作会议

开展人事人才服务进社区活动

丰台区行政投诉中心揭牌仪式

个人到职介中心进行求职登记

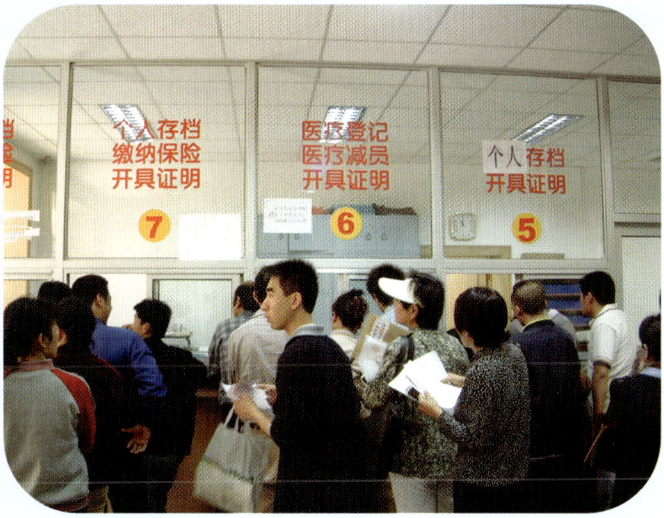

个人到职介中心办理社会保险手续

企业办税人员培训班

丰台区国税局纳税信用A级企业颁牌仪式

丰台国税局在新发地市场设立税收宣传站

丰台地税局与首都经济贸易大学
研究税收合作

开展税法宣传月活动

丰台区人防工作业务培训会

丰台区城管大队第二届
社会监督工作总结大会

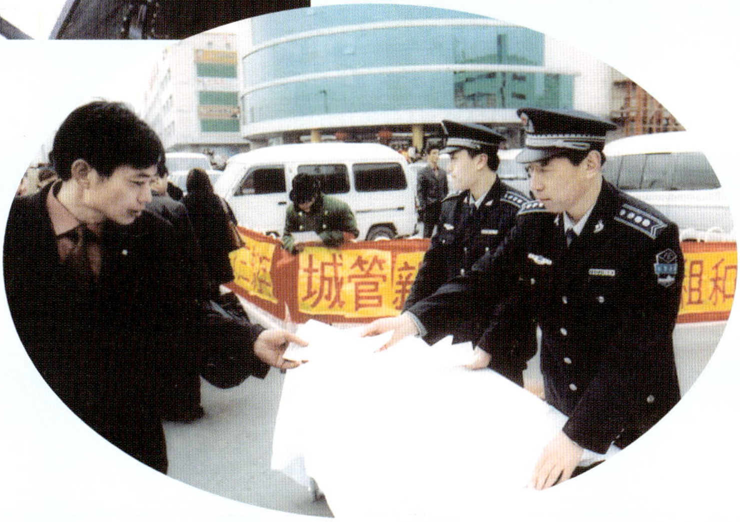

2月，城管大队在大红门服装商贸城前宣传新职能和新职权

丰台电话局工作人员维护小灵通基站

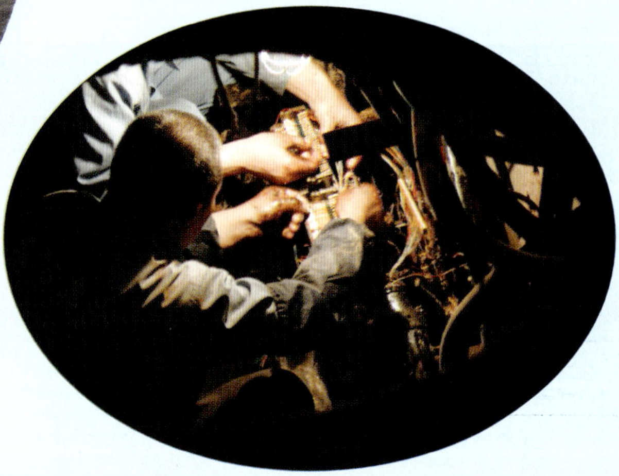

丰台电话局职工深夜进行电缆抢修

部分获奖职工在区召开的技能颁奖大会上

木樨园邮电局开业仪式

为“两会”代表提供邮政服务

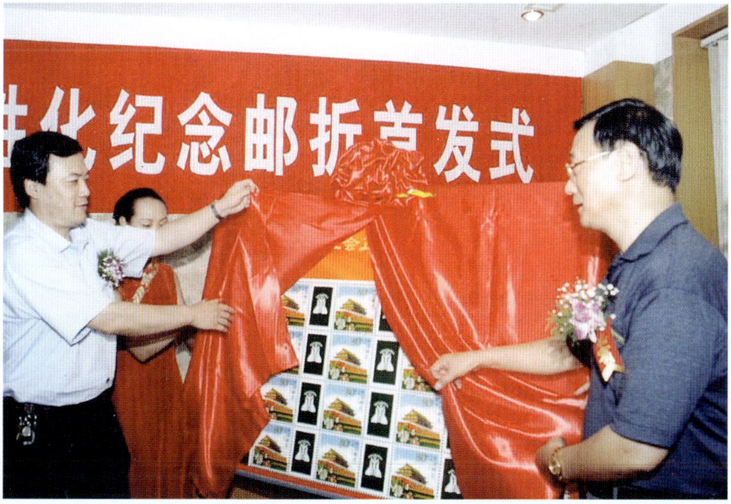

举行以少年儿童为主题的个性化小版邮票“七彩的日子”首发式

气象员向小学生宣传气象科普

12月，丰台气象局建成电视天气预报会商系统
图为气象员参加市天气预报会商

整治后的小龙河

毛泽东号机车

丰台机务段工人先锋号
安全55周年表彰大会

11月7日，巨无霸进入京丰公司施工现场

燃气、蒸汽联合循环发电工程奠基典礼

岳各庄市场海鲜产品大厅举行开业大典

美克 · 美家家具城

欧尚超市一角

11月16日，丰台区科技馆新馆
举行了隆重的开馆庆典

区领导陪同市科委领导参观王佐城镇建设规划沙盘

区长张大力巡视高考考场

丰台五小小海燕艺术节

丰台五小七色光鼓号队参加首都青少年庆祝建国55周年活动

第5届京台青少年交流周

第二届全国电视街舞
大赛北京分赛区

“唱响丰台”红五月歌咏比赛

国际垒联主席波特视察丰台棒球场

第三届中日木杆高尔夫交流赛
在万芳亭公园举行

世界冠军梁戈亮在纪念申奥成功三周年大型乒乓球比赛开幕式上表演

市卫生局局长金大鹏、丰台区区长张大力为北京丰台医院揭牌

北京市基本医疗保险定点
医疗机构丰台区医院揭幕仪式

北京铁路分局中心医院移交管理仪式

开展创建药品放心区活动

方庄医院成为教学基地揭牌仪式

丰台区药品监督管理工作大会

东高地怡馨花园落成启用仪式

东高地街道组织地区青少年参加神舟5号火箭模拟发射

东高地街道废旧电池回收活动启动仪式

右安门街道社区服务中心启用仪式

右安门街道爱心互助家园揭牌仪式

太平桥街道社区建设研讨会

丰台街道全程办事代理
大厅落成剪彩仪式

和义街道办事处人口与计划生育业务知识竞赛

和义街道举办戏曲票友演唱会

方庄地区庆祝申奥成功三周年文艺演出

大红门地区流动人口
文化艺术团成立

云岗王佐地区群众文化系列

卢沟桥乡庆祝“七一”文艺演出

丰台区未成年人思想道德建设
实践活动基地在靛厂小学设立

卢沟桥乡人大代表参观乡重点企业东兴联房地产开发公司

世界花卉大观园

花乡郭公庄村加来小镇新貌

北京新发地农产品批发市场

目　　录

特　　载

大 事 记

政党　团体

政权　政协

政法 军事

农村经济和农业

工　　业

商贸　服务业

高新技术产业

综合经济管理

财政　税务　审计

金 融

城乡建设和管理

交通 邮电

科技 教育

文化 体育 卫生

社　　会

街　乡(镇)

人　　物

附　　录

特　　载

用科学发展观统领经济社会发展全局 进一步提高丰台区现代化新城区建设水平

——王子生同志在区委九届五次全会上的报告

(2005年1月4日)

同志们:

这次全会的主要任务是,学习贯彻中央经济工作会议和市委九届九次全会精神,总结我区去年工作,研究部署今年的各项任务。下面,我受区委常委会委托,向全会作工作报告。

一、关于2004年工作的基本估价

区委九届一次全会以来,在市委、市政府的正确领导下,我们坚持以邓小平理论和“三个代表”重要思想为指导,认真贯彻中央、北京市的一系列重要工作部署和区九次党代会精神,紧紧围绕建设现代化新城区的战略目标,切实发挥区委的领导核心作用,团结带领全区各级党组织和广大干部群众,赢得了新一届区委工作的良好开局。

坚持以经济建设为中心,促进了区域发展和各项改革。制定区委常委会工作要点,召开区委区政府工作会议,明确了全年工作具体思路。落实宏观调控措施,完成了治理整顿土地市场秩序、清理固定资产投资项目和土地确权工作。大力调整产业结构,高新技术产业、现代服务业、房地产业及特色旅游业呈现良好发展势头。政府机构改革、国有资产管理体制改革、街乡镇财政管理体制改革、农村社区股份合作制改革、城乡二元管理体制改革深入推进。非公经济加快发展。招商引资工作成效显著。全年完成地区生产总值261亿元,财政收入15亿元,城镇居民人均可支配收入14000元,农民人均纯收入8409元,同比分别增长13%、23%、14%、8%,城镇登记失业人员再就业率达到63.9%,城镇登记失业率控制在1.69%以内。

突出重点环节,进一步提高了城市建设和管理水平。抓住北京城市总体规划修编的契机,提出“统筹发展、规模发展、协调发展、可持续发展、集约发展”五种理念指导区域规划修编,取得初步成果。狠抓城市基础设施建设,道路及水、电、气、热等公用设施建设全面推进,水系治理、绿化美化、控制污染工作成效明显。强化领导工作责任制,加大对重点工程建设的领导、研究和协调力度,总部基地、大红门特色商业街、王佐中心镇等重点区域、重点工程建设扎实推进。危旧房改造和绿化隔离地区建设取得新进展。结合“创卫”活动,深入开展环境综合整治,城市面貌逐步改观。深入进行街道、社区工作调研,为结合实际贯彻市第五次城管会议精神,进行了认真准备。

加强基础管理,巩固和发展了区域安全与稳定的局面。认真落实“两个特别”的指示精神,从改进领导方法入手,强化政府的监管责任、单位法定代表人或主要负责人的主体责任,明确政府部门和街乡镇的职责,健全群防群控体系,深入开展安全执法检查、专项整治和宣传教育,进一步加强了安全生产工作。建立健全公共安全应急处理机制,提高了应对突发事件的能力。健全领导包案、信访排查调处例会等十项机制,依法规范信访秩序,人民内部矛盾排查调处工作成绩显著。贯彻打防结合、预防为主方针,健全“严打”经常性工作机制,深入开展与“法轮功”邪教组织的斗争,社会治安综合治理不断深化。深入开展“迎国庆、创首善”城市秩序综合整治工作,圆满完成了迎接建国55周年各项工作任务。

注重精神文明建设,推动了区域经济社会协调发展。贯彻“三贴近”原则,着力实施“理论武装、舆论引导、道德提升、精神塑造”四项工程,宣传思想工作水平进一步提高。以创建首都文明城区为龙头,深入开展群众性精神文明创建活动。进一步加强了未成年人思想道德建设。提出《关于贯彻落实首都教育发展战略促进全区基本实现教育现代化的实施方案》,调整教育结构,推进教育创新,全面提高基础教育质量。建立健全公共卫生突发事件应急处理机制、疾病预防控制和医疗服务体系,取得了防控非典和抗击禽流感的胜利。科技、文化和体育事业进一步发展。人口与计划生育工作成效显著。

改进领导方式,加强了民主政治建设。按照总揽全局、协调各方的原则,有效发挥区委对同级各种组织的领导核心作用,巩固和发展了区级班子团结和谐、共谋发展的良好局面。认真坚持人民代表大会制度和中国共产党领导的多党合作与政治协商制度,支持人大、政协依照法律和章程履行各项职责,区人大地方国家权力机关的作用和区政协政治协商、民主监督的作用得到充分发挥。坚决贯彻《中华人民共和国行政许可法》和国务院《全面推进依法行政实施纲要》,进一步推进了依法行政、依法治区工作。统战工作和基层民主政治建设迈出新步伐。工会、共青团、妇联等群团工作显露新气象。

千方百计做好群众工作,党与群众的联系更加紧密。全面落实就业和再就业优惠政策,努力构建城乡一体化的就业服务体系,加强职业技能培训,积极创造就业岗位,继续对困难群体实施就业援助,就业安置成效明显。高度重视广大群众特别是困难群众的生产生活问题。认真做好扩面征缴、农转非人员参加社会保险、农村合作医疗、城乡困难群体最低生活保障和救助工作,稳步扩大了城市和农村社会保障覆盖面。完成了建设征地农转居自谋职业人员补缴社会保险费工作。积极维护企业职工和来京务工人员的合法权益。采取有效措施,解决城镇拆迁和农村土地征用引发的各种矛盾,维护了群众利益。

以提高执政能力为重点,全面推进了党的建设。认真开展科学发展观的学习教育活动,树立和落实科学发展观的工作取得初步成果。制定落实《关于加强区级领导班子思想政治建设的意见》,扎实推进大规模干部培训工作,加强了区处两级领导班子思想政治建设。制定落实《关于加强执政能力建设的实施意见》、《实施〈中国共产党党内监督条例(试行)〉监督制度的若干规定(试行)》等文件,区委领导工作的规范化、制度化、程序化水平进一步提高。加强领导班子和干部队伍建设,建立处级党政正职拟任人选和推荐人选全委会票决制度,进行党政领导干部职责绩效考评指标体系建设的探索,加强人才工作，干部人事制度改革进一步深化。顺利完成农村“两委”换届。围绕“两个创新”，深化了农村“三级联创”活动。以服务群众为重点，大力推进了街道社区党建工作。企业、机关、教育、卫生、非公经济党建工作进一步加强。完成了重点区域建设、优化发展环境等15个重点课题的调研任务。推行全程办事代理制和政务公开，全面推进反腐倡廉工作，党风廉政建设和反腐败斗争取得新的成效。

必须清醒地看到，我们工作中还有不少困难和问题，主要是：城市基础设施短缺矛盾仍未根本解决，制约着城市经济社会的发展；区域特色产业发育不够，企业总体素质和竞争能力不高，经济总量不足；少数城乡结合部地区管理工作薄弱，私搭乱建严重，流动人口管理无序，市容环境脏乱，安全隐患突出；人民内部矛盾凸显，越级群体访事件时有发生，维护区域稳定任务繁重；极少数党员干部事业心、责任感不强，工作作风不扎实，领导水平和领导能力有待提高；极少数基层党组织凝聚力、战斗力不强，甚至软弱涣散不起作用。对这些问题，我们要继续高度重视，努力加以解决。

二、关于2005年工作的总体要求

前不久，市委召开了九届九次全会，市委书记刘淇代表市委常委会作了工作报告，市委副书记、市长王岐山就全市经济工作发表了重要讲话。这次全会以党的十六届四中全会和中央经济工作会议精神为指导，认真总结2004年的工作，研究和部署了今年的各项任务。市委要求，做好今年的工作，最重要的就是以科学发展观统领首都经济社会发展，把科学发展观的要求贯穿于首都各项工作的始终。市委指出，树立科学发展观要在深化上下功夫，需要解决好的问题是：要着力抓好区县功能定位，实现城乡经济社会协调发展；着力抓好调整结构和转变经济增长方式，推动经济社会可持续发展；着力推进改革开放，构建落实科学发展观的体制与机制；着力构建社会主义和谐社会，实现好、维护好、发展好人民群众的利益。市委强调，今年的主要任务是：认真贯彻中央经济工作会议精神，推动首都经济平稳较快发展；加强城市建设和管理，加快首都城市现代化进程；充分发挥全国文化中心功能，大力发展社会主义先进文化；按照科学执政、民主执政、依法执政的要求，稳步推进社会主义民主政治建设；努力构建社会主义和谐社会的首善之区；充分调动各种积极因素，切实抓好奥运筹备工作；以执政能力建设为重点，全面推进党的建设新的伟大工程。市委号召，全市各级党组织和广大党员、干部都要不断增强责任感和紧迫感，围绕“新北京、新奥运”的战略构想和各项工作努力走在全国前列的目标，与时俱进，扎实工作，锐意进取，不断开创首都工作的新局面。全区各级党组织要认真学习传达贯彻，结合本地区、本部门、本单位的工作实际，抓好落实。

2005年是完成“十五”计划目标、衔接“十一五”发展的重要一年，从全区工作实际和现代化新城区建设的要求出发，今年全区工作的总体要求是：以邓小平理论、“三个代表”重要思想和十六大精神为指导，认真贯彻党的十六届三中、四中全会及市委九届九次全会精神，进一步落实科学发展观，紧紧围绕建设现代化新城区的战略目标，协调城乡发展，推进体制创新，调整经济结构，发展区域经济，构建社会主义和谐社会，不断提高党的执政能力，切实推进社会主义物质文明、政治文明、精神文明的协调发展。本着科学、积极、实事求是的原则，今年全区经济社会发展的预期目标是：区域国内生产总值292亿元，增长12%；地方财政收入17亿元，增长13%；城镇居民和农民人均可支配收入分别增长8%、6%以上；城镇登记失业人员再就业率达到60%以上，城镇登记失业率控制在3%以内；认真解决群众生产生活问题，全面推进社会各项事业。

贯彻好中央经济工作会议和市委九届九次全会精神,落实今年工作的总体要求,做好全区各方面的工作,需要着重把握好以下具体要求:

必须进一步增强贯彻落实科学发展观的自觉性和坚定性。科学发展观是我国经济社会全面发展的重要指导思想,是我们党对长期发展实践的经验总结和理论升华,是指导我们抓住机遇、加快发展的世界观和方法论,是我们建设现代化新城区的强大思想武器。全区各级党组织、各级领导干部都要继续深入学习、全面理解科学发展观的基本内涵和精神实质,充分认识树立科学发展观的重大意义,总结经验教训,转变发展观念,完善发展思路,切实把思想和行动统一到科学发展观的要求上来,把全面贯彻落实科学发展观作为重要的政治任务抓紧抓好。

必须坚持贯彻区第九次党代会所确定的建设现代化新城区的总体思路。区九次党代会明确提出建设现代化新城区的战略目标和落实“一五五”经济发展思路、建设“四大经济板块”、构建“六大支撑系统”的基本任务。实践证明,这一总体思路是符合科学发展观要求和丰台实际的。我们必须紧紧围绕这些目标任务,总体部署、分步实施,突出重点、全面落实,切实把区九次党代会精神贯穿到今年各项具体工作部署中。

必须毫不松懈地加强城市基础设施建设。城市基础设施是城市赖以生存和发展的基础,是现代化新城区建设不可缺少的物质前提,是区域城市功能形成和发展的基本条件,是产生城市聚集效应的决定性因素。完善的城市基础设施是建设现代化新城区的主要内容和重要标志。城市基础设施建设在城市建设和管理中的先导性、全局性作用,要求我们必须继续把城市基础设施摆在优先发展的战略位置,抓住北京市实施“新北京、新奥运”战略构想、率先基本实现现代化的历史机遇,不断加快城市基础设施建设步伐。

必须切实实现好、维护好、发展好全区人民的根本利益。立党为公、执政为民是“三个代表”重要思想的本质。为实现人民群众的根本利益而奋斗,是党的全部任务和责任。一切为了群众,一切相信群众,一切依靠群众,我们的改革和建设才能始终获得最广泛、最可靠的群众基础和力量源泉。我们提出任务和制定措施,应该坚持当前利益与长远利益、局部利益与整体利益正确的统一和结合,正确反映并妥善处理各种利益关系,使群众得到应该得到的看得见的物质利益。

必须确保区域安全稳定。当前,我们正处在刑事案件的高发期、对敌斗争的复杂期、人民内部矛盾的凸显期、安全生产事故的多发期,维护区域安全稳定的任务极其繁重。安全稳定压倒一切,没有安全和稳定,什么事也干不成。发展是硬道理,是第一要务。稳定是硬任务,是第一责任。发展是政绩,稳定是政绩,安全也是政绩。我们必须正确处理改革、发展、稳定的关系,加大安全稳定工作力度,为现代化新城区建设和人民群众的生命财产安全提供有力保障。

三、努力提高领导发展的能力,促进区域经济社会全面协调可持续发展

全区解决一切问题的关键在于发展。能不能继续解决好发展问题,是衡量全区各级党组织领导能力的主要标志。只有坚持以科学发展观为指导,把发展作为第一要务,加快统筹协调发展,才能不断满足人民群众的物质文化生活需要,充分体现立党为公、执政为民的本质要求。

大力推进经济结构调整,促进区域经济持续快速健康发展。经过近些年的努力,我区经济结构发生了显著变化,但长期积累的结构性矛盾仍然制约区域经济又快又好地发展。当前和今后一个时期,必须以提高经济效益为中心,抓住结构优化和协调发展的重

要环节，加大结构调整力度。继续强化重点区域、重点工程建设领导责任制，及时协调解决重点工程建设中的难点和问题，不断优化产业结构，做强做大总部经济和高新技术产业，加快发展现代服务业和现代物流商贸业、特色文化旅游业和都市农业。采取多种措施，切实解决拆迁中的难点和问题，促进社会稳定和房地产业健康发展。要加大招商引资力度，规范项目管理，做好投资项目储备和包装，积极引导优良资源向重点区域、重点产业、重点工程项目聚集。推动区域现有国有工业企业发展现代制造业，努力形成优势产业聚集发展的态势。通过市场机制作用，推进经济布局和所有制结构调整，充分发挥个体、民营等非公有制经济在促进经济增长、扩大就业和活跃市场等方面的作用。要认真贯彻《国务院关于深化改革严格土地管理的决定》，认真落实严格土地管理的各项措施，切实加强土地管理，引导农民集约使用土地，提高土地使用效益，帮助农民增加收入。认真落实对街道、乡镇财政管理体制改革的意见，引导街道、乡镇把经济工作的重点逐步转移到改善区域发展环境、加强税源建设上来。

深化改革，增强发展活力。今年的改革要围绕解决影响现代化新城区建设全局的深层次矛盾和问题，突出重点，稳步推进。要充分认识社会主义市场经济条件下宏观调控的必要性、长期性和艰巨性，增强贯彻落实中央和市委各项政策措施的自觉性，自觉维护来之不易的好形势。区委要按照完善党领导经济工作的体制机制和方式的要求，认真履行对经济工作的领导职责。要推动政府转变职能，深化行政体制改革，加强行政能力建设，集中精力抓好经济调节、市场监管、社会管理和公共服务。基础工作对于政府转变职能、履行职责、提高效率极为重要，全区各单位、各部门，特别是领导干部都要按照市委市政府的要求，认真分析存在的问题和薄弱环节，制定整改措施，使基础工作得到明显加强，决策水平和工作效能得到明显提高。要完善国有资产监督管理体制，继续深化以产权制度改革为核心的国有和城镇集体企业改革，国有资产积极退出竞争领域，确保国有、集体资产保值增值和广大职工在改革中的切身利益。贯彻落实区委、区政府《关于改革城乡二元管理体制，推进城乡协调发展的意见》，年内基本完成农村社区股份合作制改革任务；进一步规范社区股份合作制企业法人治理结构，健全企业监督约束机制；积极推进乡（镇）属集体经济产权制度改革；在条件成熟的地区，推进撤村建社区、撤乡并街的工作。

加大统筹协调力度，全面推进各项社会事业发展。要按照统筹经济社会协调发展的要求，建立健全公共财政体制，加大对社会事业发展的投入。大力加强科技创新体系和服务体系建设，落实科技资源共享、重大科技项目示范和科学普及能力建设行动计划，加快科技事业进步。深化教育体制改革，加强办学条件标准化和优质学校建设，全面推进素质教育，努力发展职业教育和成人教育，加快教育现代化进程。深化文化体制改革，健全公共文化服务体系和文化市场体系，加强文化市场管理，广泛开展基层群众文化活动，努力塑造区域文化品牌，积极发展文化事业。继续完善疾病预防控制和医疗救治体系，加强疾控网络建设，改善农村、社区医疗卫生条件，健全公共卫生突发事件应急机制，提高公共卫生和医疗服务水平。继续做好人口与计划生育工作。推动体育事业健康发展。

积极组织规划修编和“十一五”计划编制工作，加强对区域发展的规划、指导和协调。规划修编和中期发展计划的制定，是统筹区域发展的手段，是贯彻落实科学发展观，解决区域发展问题的迫切需要，事关丰台区发展大局和全区人民根本利益。要按照北京市对丰台区城市功能定位的要求，深化区域总体规划修编，完成区域控规整合，搞好市政基础设施、产业布局、教育、卫生等专项规划。要认真做好土地利用总体规划修编工作,合理调整用地布局,实现土地资源的合理配置。要深入研究,广泛论证,认真编制好丰台区国民经济和社会发展第十一个五年计划,并搞好城市规划、土地利用规划与“十一五”计划之间的有机衔接。

四、大力加强城市建设和管理,加快现代化新城区建设步伐

建设现代化新城区的过程,就是全面加强城市建设和管理的过程。首都的城市功能定位和建设现代化新城区目标的确定,为加强城市建设和管理提出了更高的要求。要抓住城市建设和管理的关键环节,继续加大工作力度。

加强城市基础设施建设,促进城市的可持续发展。近些年来,我们坚持基础设施建设先行,逐步改变基础设施薄弱的状况,促进城市全面发展,其综合效益是显而易见的。今年,我们要继续在市政基础设施和生态环境建设上下功夫,认真制定基础设施建设年度计划,加大与市政府有关部门和单位的协调力度,完成续建道路工程,明确拟实施的道路工程,加快城市重点功能区路网建设,完善城市放射通道和联网线,努力提高交通、水、电、气、热、通讯等市政基础设施供给能力和综合运行效率。要抓紧奥运定点场馆周边道路及市政配套设施建设。以道路建设、水系治理、消除污染源为重点,大力推进河西地区市政基础设施建设和生态环境建设。要进一步加快危旧房改造、绿化隔离地区建设和河西地区建设速度,努力提高城市化水平。推进生态示范区建设是建设现代化新城区的重要任务之一,要加强城市绿化隔离带的养护和管理,妥善解决绿化隔离地区的历史遗留问题,巩固绿化成果。要继续搞好城市绿化和山区景观生态林建设,切实加强水体污染、大气污染和垃圾污染治理。

加大城市管理力度,努力提高城市管理的质量和效率。城市化使城市面貌发生着显著变化,也给城市管理带来了新情况、新问题。经济社会转型期的城市管理,更是一个极为复杂的问题。全区各级领导干部都要结合城市管理的实际,认真学习城市管理的理论,研究探索现代城市管理的内在规律,努力提高城市管理水平。要综合运用行政、法律、经济、教育等城市管理手段,不断解决流动人口管理、出租房屋管理、市场秩序管理等城市管理中的突出问题。要深入开展创建国家卫生区活动,大力进行城市环境综合整治,集中整治城乡结合部管理秩序混乱地区,坚决遏制和拆除违法建设,清除脏乱死角,为人民群众创造良好的工作生活环境。要积极创造条件,不断推进城市管理的信息化、网络化。

认真贯彻北京市第五次城市管理工作会议精神,深化城市管理体制改革。要深入学习领会市委书记刘淇、市委副书记杜德印的讲话和报告,把各级领导干部的思想真正统一到会议精神上来。从规范政府行政行为入手,从丰台实际出发,理顺街道办事处与政府专业管理部门工作关系,通过体制改革和体制创新,保证“条专块统”落实到位;坚持街道办事处作为政府派出机构的职能,充分发挥街道“统筹辖区发展、监督专业管理、组织公共服务、指导社区建设”的作用;以增强社区自治功能为重点,动员组织居民拓展社区服务,发展社区卫生,繁荣社区文化、美化社区环境,维护社会治安,全面加强社区建设;进一步转变政府职能,加快城市社会管理和公共服务体系建设。城市管理体制改革任务重、难度大、情况复杂,要加强领导,深入研究,整体规划,精心组织,扎实稳妥推进。

五、坚持和发展人民民主,努力建设区域政治文明

发展人民民主,建设区域政治文明,是全区各级党组织的重要政治任务。要按照“坚持党的领导、人民当家作主和依法治国的有机统一”的原则，不断改进领导方式和执政方式，巩固和发展我区民主团结、生动活泼、安定和谐的政治局面。

增强民主意识，积极发展社会主义民主。要认真学习胡锦涛同志及刘淇同志关于人大、政协工作的重要讲话精神，把思想统一到做好新时期人大、政协工作的重要要求上来。人大和政协要自觉围绕建设现代化新城区的目标和年度中心工作，切实发挥地方国家权力机关和政协政治协商、民主监督、参政议政的职能作用；要继续加强自身建设，努力提高工作水平，不断开创人大、政协工作的新局面。要认真开展对人大、政协工作的宣传，不断为人大、政协开展工作创造良好的社会环境。党员人大代表、政协委员，特别是各级领导干部，都要依照代表法和政协章程的有关规定，切实履行代表和委员职责，在人大和政协工作发挥表率作用。加强同民主党派的合作共事，健全有关重大问题决策前的协商制度。全面做好党的民族、宗教、侨务和对台工作，积极开展非公有制经济和新社会阶层代表人士的工作。要进一步扩大基层民主。深入贯彻中办、国办《关于健全和完善村务公开和民主管理制度的意见》，推进农村基层民主政治建设。要继续健全政务公开、厂务公开、居务公开、校务公开等公开办事制度，保证人民群众有序的政治参与，依法管理国家和社会事务。

增强法治意识，全面推进依法治区工作。全区各级领导干部是依法治区的组织者，领导干部法律素质的高低、法治意识的强弱，直接影响着依法治区的历史进程和领导工作成效。要采取多种措施，结合工作实际，强化干部队伍法律法规知识的学习和培训，努力提高依法办事的能力和效率。要认真制定落实《丰台区依法治区工作规划(2004－2008年)》的年度工作计划，扎扎实实地推进依法治区工作。要认真贯彻国务院《全面推进依法行政实施纲要》和北京市《全面推行依法行政实施意见》，进一步规范政府行政行为，全面推进依法行政，努力建设法治政府。要加强党对政法工作的领导，推进司法改革，支持审判机关和检察机关依法独立公正地行使审判权和检察权，加强对司法活动的监督，促进司法公正。要加强执法队伍建设，努力提高执法水平。要深入开展“四五”普法活动，针对城市建设和管理过程中需要解决的突出问题，有重点地进行法制宣传教育，增强全区人民的法制观念，自觉遵守法律法规。

健全监督机制，加强对权力运行的制约和监督。去年11月，区委按照《中国共产党党内监督条例(试行)》和市委的若干规定，结合丰台实际，制定了《关于集体领导和分工负责的规定》等七个方面的规范性文件。这些规范性文件有的只适用于区级，有的在全区范围内适用，全区各单位的党委(工委)、各部门党组都应当认真领会这些文件的精神，健全完善相应的制度，予以执行，进一步加强党内监督。认真贯彻《关于巡视的规定》，建立完善巡视制度，加强和改进对处级领导班子特别是主要领导干部的监督。支持和保证人大、政府机关、司法机关依法履行监督职能，支持和保证政协依照章程开展民主监督工作。逐步改革和完善决策机制，推进决策的科学化、民主化。

改进和完善领导方式，进一步提高领导水平。按照总揽全局、协调各方的原则，积极支持人大、政府、政协等各种组织依照法律和章程独立负责、协调一致地开展工作，充分发挥这些组织中党组的领导核心作用。认真贯彻地方党委工作条例的有关规定，正确处理书记办公会、常委会和全委会的工作关系，强化全委会对重大问题的决策作用。加强和改进党对工会、共青团、妇联等人民团体的领导，充分发挥各群团组织联系人民群众的桥梁和纽带作用。

六、大力发展先进文化，努力建设区域精

神文明

推进现代化新城区建设,必须大力发展社会主义先进文化,不断巩固全区人民团结奋斗的思想基础,充分发挥社会主义先进文化强大的精神凝聚力和统一思想的感召力,为我们提供有力的理论指导、舆论支持和文化条件。

努力探索新的方式方法,加强和改进宣传思想工作。要继续抓好邓小平理论和"三个代表"重要思想的教育,党的基本理论、基本路线、基本纲领、基本经验教育,理想信念教育,弘扬以爱国主义为核心的民族精神和以改革创新为核心的时代精神,使全区人民群众始终保持昂扬向上的精神状态。要结合我区经济建设和社会发展的实际,全面宣传贯彻科学发展观,为现代化新城区建设营造良好的舆论氛围。要认真宣传市委九届九次全会精神、区委九届五次全会精神和即将召开的区人大十三届二次会议精神,统一全区广大干部群众的思想,激发大家的斗志。要以纪念长征胜利70周年、抗战胜利60周年为契机,扎实开展爱国主义、集体主义和社会主义教育,引导人民群众自觉为建设现代化新城区贡献力量。要大力加强和改进思想政治工作,坚持尊重人、理解人、关心人,有针对性地解决不同社会群体的思想问题,既要鼓励先进又要照顾多数,既要统一思想又要尊重差异,既要解决思想问题又要解决实际问题。全区各级党组织特别是各级宣传部门,要认真研究新时期宣传思想工作的特点和规律,坚决贯彻贴近实际、贴近生活、贴近群众的"三贴近"重要指导原则,不断提高创新宣传思想工作的能力。

把握舆论导向,认真做好舆论引导工作。要加大协调力度,引导新闻媒体增强政治意识、大局意识和社会责任感,按照围绕中心、服务大局的要求,坚持团结稳定鼓劲、正面宣传为主的方针,为现代化新城区建设创造良好舆论环境。充分发挥首都主流媒体和区有线电视台、新丰台报的作用,大力宣传现代化新城区建设的新举措、新成就,内聚力量,外树形象,扩大丰台的知名度、美誉度。要做好社会舆情汇集和分析工作,及时把握干部群众的思想动态,积极做好理顺情绪、化解矛盾、统一思想、凝聚人心工作。要自觉接受舆论监督,努力改进工作。坚持和完善新闻发布制度,保证群众的信息需求和知情权。

切实加强公民思想道德建设,广泛开展精神文明创建活动。深入贯彻公民道德建设实施纲要及我区的实施意见,以为人民服务为核心,以集体主义为原则,以诚实守信为重点,广泛开展社会公德、职业道德、家庭美德教育,认真组织开展文明礼仪宣传教育实践活动,培育首都意识、首善意识和公德意识,引导人们在遵守基本行为准则的基础上,追求更高的思想道德目标。要认真贯彻区委、区政府《关于进一步加强未成年人思想道德建设的实施意见》,切实抓好青少年的思想品德和心理素质教育,健全学校、家庭、社会各负其责、密切配合的教育网络,把社会主义思想道德生动具体地融入青少年成长的各个环节,营造有利于青少年健康成长的思想文化环境。以创建首都文明城区为龙头,深入开展文明街道、文明社区、文明行业、文明村镇、文明家庭等群众性精神文明创建活动,培育和发展城市文明。加强全民国防教育,深入开展军警民共建活动,继续争创北京市和全国"双拥模范城"。

七、坚持以人为本,努力促进区域社会和谐

构建区域和谐社会,是建设现代化新城区的重要目标,是全区各级党组织的重要使命。当前,我们正处在关键的历史发展阶段,必须适应我们经济和社会结构深刻变化的新情况,按照市委构建社会主义和谐社会"首善之区"的要求,把和谐社会建设摆在更加重要的位置。特别是要抓好和谐社区、和谐村镇

建设。

认真解决人民群众关心的热点难点问题，坚决纠正各种损害群众利益的行为。要高度重视和维护人民群众最现实、最关心、最直接的利益，把广大人民群众迫切要求解决的问题，作为我们工作的着力点。坚持实施积极的就业政策，注重发展劳动密集型产业、中小企业和服务业，多方开辟就业渠道，形成更多的就业增长点；继续落实就业再就业的各项优惠政策，加强政府就业指导和服务，抓好就业培训，鼓励各类下岗失业人员通过各种方式实现再就业。继续加强社会保障工作，进一步扩大基本养老、基本医疗和失业保险的覆盖面，努力探索解决城市化进程中农民的社会保障问题，进一步完善城乡居民最低生活保障制度和城乡社会救助体系，切实保障困难群众的基本生活。重点防止和纠正在土地征用、危旧房改造、企业改制中损害人民群众利益的行为，实现好人民群众的根本利益。切实维护好进城务工农民的合法权益。

认真开展人民内部矛盾纠纷排查调处工作，积极预防和妥善处置群体性事件。全区各级党政领导干部要充分认识当前预防和处置群体性事件工作形势的严峻性和复杂性，进一步增强做好预防和处置工作的责任感和紧迫感，认真贯彻中央和市委市政府的有关部署。要明确工作目标，确保不发生到中央所在地的越级群体访，遏制并减少到市委、市政府的越级群体访，确保不发生有较大影响的群体性事件，把人民内部矛盾纠纷解决在区内。在认真总结我们过去经验的基础上，着力健全和完善群体性事件的预警机制、化解矛盾的排查调处机制和运转高效的处置工作机制，努力掌握工作的主动权，做到发现得早、化解得了、控制得住、处置得好。要强化领导责任，按照“属地管理、分级负责，谁主管谁负责”的原则，对重点案件继续采取责任领导和责任部门包案制，不得把本级应该解决的问题推向上级，不得把本单位、本部门应该解决的问题推向社会。要严格按照“依法办事，按政策办事”的原则，妥善处置群体性事件，维护法律法规的权威性和政策的严肃性。要加强对群众的宣传教育，引导群众用合理合法的方式表达利益要求，解决利益矛盾。要依法维护信访秩序，对群体性事件中违法犯罪的人员以及插手群体性事件的敌对分子，要坚决依法打击。要充分发挥城乡群众自治组织协调利益、化解矛盾、排忧解难的作用，切实把问题解决在萌芽状态、解决在基层。切实加强社会治安综合治理和安全工作，努力创造安全稳定的社会环境。要建立健全贯彻“严打”方针的经常性工作机制，始终保持对刑事犯罪活动的高压态势，依法严厉打击、严格控制、严密防范各种刑事犯罪活动。坚持打防结合、预防为主的方针，以群防群治为基础，建立健全社会治安防控体系，加强社会治安综合治理，增强全社会预防和控制犯罪的能力。要加强对重点人群的管理，特别是强化出租(借)房屋主和用工单位法人的治安管理责任，加强居住地管理，提高对流动人口犯罪的防控能力。严密防范和坚决打击境内外敌对势力、分裂势力和恐怖暴力破坏活动，深化与“法轮功”邪教组织的斗争。全区各单位都要高度重视和加强安全工作，继续依法建立健全责权明确、行为规范、监督有效、保障有力的安全工作监管体系，强化机关、团体、企业、事业单位的主体责任，加强消防、生产、交通等方面安全管理工作，适时开展安全生产大检查和专项整治活动，及时消除隐患，坚决防止重大以上安全事故发生。

坚持党的群众路线，加强和改进新形势下的群众工作。要充分认识坚持党的群众路线、做好新形势下党的群众工作对于构建区域和谐社会的重大意义，切实把加强和改进群众工作贯彻到全区党的建设和政权建设的各项工作中去。要扩大群众工作的覆盖面，从社会经济成分、组织形式、利益分配和就业方式日益多样化的实际出发,加强群众工作,把各方面的群众都紧密团结凝聚在党的周围。要正确把握新形势下群众工作的特点和规律,不断改进思想教育工作的方式方法,提高组织群众、宣传群众、教育群众、服务群众的本领。全区各级领导干部要时刻把人民群众的安危冷暖放在心上,越是困难的地方、越是矛盾集中的地方,越要到那里去,帮助群众排忧解难,凝聚和激励群众共同前进。

八、以提高执政能力为重点,全面推进党的建设

全区各级党组织和各级领导干部,要深入领会党的十六届四中全会精神,充分认识我们在加强党的执政能力建设上所肩负的重要责任,以党的执政能力建设为重点,继续加强和改进党的思想、组织、作风和制度建设,使党的建设的成效最终体现到完成年度工作任务和实现现代化新城区建设目标上。

认真开展以实践"三个代表"重要思想为主要内容的保持共产党员先进性教育活动。开展先进性教育活动,是全党政治生活中的一件大事,是践行"三个代表"重要思想,提高党的执政能力,巩固党的执政基础,完成党的历史使命的重要举措。要按照中央的要求和市委的统一部署,加强领导,精心组织,认真扎实地开展好教育活动。要紧密联系全区改革发展稳定和党员队伍建设的现状,切实解决党员和党组织在思想、组织、作风及工作方面存在的突出问题。要通过教育活动,切实达到提高党员素质、加强基层组织、服务人民群众、促进各项工作的目标,切实推进以农村、社区、机关、企事业单位为重点的基层党建工作,切实增强党员队伍和党组织的创造力、凝聚力、战斗力,为现代化新城区建设提供坚强的政治保证和组织保证。

以推进干部人事改革为重点,加强领导班子和干部队伍建设。要按照科学执政、民主执政、依法执政的要求,以职责管理为中心,以职能需要为依据,以能力建设为重点,以增强整体效能和活力为目标,切实加强领导班子建设。要认真制定并实施区委《关于贯彻〈中共北京市委加强全市党政领导班子建设(2004-2008年)规划纲要〉的实施意见》,进一步优化班子结构、增强整体功能,建设政治坚定、求真务实、开拓创新、勤政廉政、团结协调的坚强领导集体。要进一步加强民主集中制建设,增强领导班子的凝聚力、战斗力。继续深化干部人事制度改革,推进"两个系统"、"四个机制"的建设,坚持和完善民主推荐、民主测评、差额考察、任前公示、竞争上岗、全委会票决等制度,加大公开选拔处级领导干部工作力度,真正把那些政治上靠得住、工作上有本事、作风上过得硬的干部选拔到各级领导岗位上来。建立健全党政领导干部职责绩效管理制度和干部政绩考核评价指标体系,引导和激励干部树立科学的发展观和正确的政绩观。要进一步加强作风建设,切实克服我们工作中存在的想问题不深、抓落实不透、做事情不实等问题,真正做到重实际、说实话、办实事、求实效。要把调查研究作为我们推进科学决策、促进作风转变和解决疑难问题的重要手段,继续深入开展重点课题的调研工作。要坚持党管人才原则,加强人才队伍建设,加大处级后备领导人才的培养锻炼。要做好党外干部工作。继续做好新形势下的老干部工作。

大力加强基层党组织建设,巩固党的执政基础。要按照胡锦涛总书记关于加强基层党组织建设的要求,紧紧围绕密切与人民群众联系这个核心,从提高基层党组织领导水平和工作水平入手,调整工作职责、改进工作方式、创新活动内容,积极推进基层党组织创新。研究制定基层党建工作领导责任制和评价机制。加强对基层党建工作的分类指导。适应统筹城乡经济社会发展、加快农村城市化进程的要求,以深化"三级联创"为载体,认真落实区委《关于深入开展农村党的建设"三级联创"五年规划》,进一步加强和改进农村党建工作。适应城市社会管理和党员分布等方面出现的新变化,以构建和谐社会、服务居民群众为重点,深入开展"双争创"活动,进一步加强和改进街道和社区党建工作。以扩大党的工作覆盖面为重点,积极做好非公经济组织和新社会组织的党建工作。进一步加强和改进国有企业党建工作。继续加强机关、学校及其他事业单位党建工作。加强党员队伍管理,认真做好新形势下发展党员工作。针对基层干部的实际需要,加强对基层干部的培训,切实提高基层干部队伍的素质。要深入研究基层工作,切实加强对基层工作的指导。要设身处地地体谅基层干部的难处,想方设法帮助他们解决困难,真正重视、真情关怀、真心爱护广大基层干部。要认真贯彻《中国共产党党员权利保障条例》,切实保障党员权利。

加强党风廉政建设,深入开展反腐败斗争。我们要按照中央和市委的要求,从实践"三个代表"重要思想、加强党的执政能力建设的高度,充分认识党风廉政建设和反腐败斗争的极端重要性,进一步增强党风廉政建设的自觉性。坚持和完善反腐败领导体制、工作机制和工作格局,形成防止和惩治腐败的合力。要坚决维护党的纪律,促进领导干部廉洁从政;以解决群众反映的突出问题为重点,坚决纠正损害群众利益的不正之风;坚决查办违纪违法案件。要坚持标本兼治、综合治理、惩防并举、注重预防的方针,积极推进治本抓源头工作,继续深化干部人事制度、行政审批制度、投资体制和国有资产监管等方面的改革,严格执行各项制度,形成靠制度管人管事的有效机制,不断提高预防腐败的能力和水平。要进一步落实党风廉政建设责任制,强化责任分解、责任检查、责任考核和责任追究,积极促进党风廉政建设。全区各级领导干部必须以身作则,正确行使手中的权力,带头遵守中纪委对各级领导干部提出的"五个不许"的要求,始终做到清正廉洁,自觉与各种腐败现象做斗争。

春节即将来临。全区各单位要认真落实区委、区政府"两办"关于做好2005年元旦、春节期间有关工作的通知和关于2005年春节期间文化活动安排的意见,把群众的生产生活和文化活动安排好。要深入基层开展送温暖活动,把党和政府的关怀在节前送到群众手中。要高度重视安全生产工作,加强各项安全检查,发现问题立即整改,及时消除各种安全隐患。要加强公共安全,维护治安稳定,营造安定、欢乐、祥和的社会氛围。要坚持勤俭节约,节日期间严格执行中央有关加强党风廉政建设的各项规定和纪律,坚决禁止各种奢侈浪费行为。

同志们,今年的任务十分繁重,我们所肩负的责任十分重大。我们要继续发扬求真务实之风,艰苦奋斗之风,开拓创新之风,不断解决我们前进中的困难和问题,团结带领全区干部群众,不断夺取现代化新城区建设的新胜利。

北京市丰台区人民代表大会常务委员会工作报告

——2005年1月10日在丰台区第十三届人民代表大会第二次会议上

丰台区人大常委会主任　杜瑞琴

各位代表：

我受丰台区第十三届人民代表大会常务委员会委托，向大会报告工作，请予审议。

2004年的主要工作

2004年，区人大常委会在中共丰台区委领导下，以邓小平理论和“三个代表”重要思想为指导，深入贯彻党的十六大和十六届三中、四中全会及市、区第九次党代会精神，全面执行区第十三届人大一次会议决议，紧紧围绕在五年内基本建成现代化新城区的目标任务，认真履行宪法和法律赋予的职责，把坚持党的领导、人民当家作主和依法治国有机统一起来，为坚持和完善人民代表大会制度，促进我区社会主义物质文明、政治文明和精神文明协调发展，维护人民群众的根本利益，发挥了地方国家权力机关的作用。

一、围绕中心，服务大局，明晰并拓展人大工作思路

年初，区第九次党代会确定了在五年内基本建成现代化新城区的奋斗目标。如何围绕党代会确定的目标任务，发挥好地方国家权力机关的作用，是新一届人大常委会首先要解决的课题。面对新形势、新任务，优良传统要继承，工作思路要创新。为此，我们把明晰并拓展人大工作思路作为任职后的首要工作来抓。认真学习了宪法和有关法律法规、人民代表大会制度理论、市区第九次党代会精神，召开了不同类型的座谈会，进行深入研讨。在集思广益的基础上，确立了“坚持党的领导，围绕发展大局，认真依法履职，为推进民主政治建设和现代化新城区建设作出新贡献”的工作指导思想，提出了“讨论决定重大事项要有新提高，监督工作要有新思路，代表工作要有新突破，自身建设要有新举措”的工作标准。一年来，常委会按照以下理念和思路开展工作：

一是坚持把人大工作与实现党代会确定的奋斗目标紧密结合，服务现代化新城区建设大局，把握好人大工作的方向。区人大常委会作为地方国家权力机关，要在党统揽全局、协调各方的格局中找准自己的位置，善于依照法定程序把党的主张变为国家意志，紧紧围绕建设现代化新城区的目标任务开展工作。

二是坚持监督与促进相结合，把推进“一府两院”重点工作的落实作为人大工作的着力点。加大监督力度，创新监督方法，力求做到监督内容、形式和效果的统一，促进“一府两院”完成代表大会确定的工作任务，保证法律法规的贯彻实施。

三是坚持依法行使职权与扩大代表民主参与相结合，把实现人民当家作主作为人大工作的落脚点。国家的一切权力属于人民，人民当家作主是由我们国家性质决定的。充分发挥代表作用是实现人民当家作主的重要体现,常委会把充分发挥代表主体作用作为重要基础工作来抓,积极为人民群众行使当家作主的权利创造条件。

四是坚持调查研究与常委会审议议题相结合,把调查研究作为提高常委会审议质量的基本功。深入调研,掌握实情,在议题审议和执法检查中,力求将存在的问题分析透彻,提出针对性强、有分量、有价值的意见和建议。

一年来,区人大常委会按照上述思路认真履职,力求创新,使人大工作在原有的基础上有了新的进步。

二、认真履行监督职权,促进“一府两院”依法行政、公正司法

一年来,常委会坚持以发展为第一要务,抓住现代化新城区建设的重点问题、城市管理的突出问题和人民群众关心的热点问题,切实加强对“一府两院”的法律监督和工作监督。

认真开展执法检查。常委会组织视察检查了政府采购法、安全生产法、传染病防治法、动物防疫法、教育法、食品卫生法、森林法、突发公共卫生事件应急条例、市容环境卫生条例、养犬管理规定等12项法律法规的贯彻实施情况。为增强监督实效,注重改进监督方法,采取视察检查前学习法律、听取汇报、专题座谈、明查暗访、实地检查等方式,深入实际,了解情况,针对问题共提出75条意见和建议,促进了有关法律法规的贯彻实施。食品卫生安全是关系到人民群众生命安全的重大问题,常委会实行集中检查与分散检查、定点检查与随机抽查、明查与暗访相结合,对食品生产源头、食品市场准入、卫生监督管理等环节进行视察、检查,针对存在的问题提出了改进意见和建议。区政府高度重视,认真整改,使我区食品卫生与安全的总体状况有所改善。

积极参与立法工作。一年来,参与了市人大常委会交付的对地方组织法、选举法等13项法律法规的修改和讨论。

加强对政府工作的监督。国民经济和社会发展计划执行情况、区级财政决算和预算执行情况,是关系本区经济和社会发展全局的大事。常委会重点加强对计划和预算执行情况的监督。在审查和批准上年度区级财政决算的过程中,注重发挥审计部门的作用,把人大监督与审计监督结合起来,对审计报告中反映的问题,加强与区政府沟通,促进整改;加强对预算执行情况和全区经济运行情况的跟踪监督,督促区政府完成十三届人大一次会议确定的财政收入目标,针对存在的问题,提出了进一步加快重点区域、重点工程建设,加大招商引资力度,调整经济结构,提高经济运行质量和效益,加强税收征管,优化支出结构等建议;按照落实科学发展观和公共财政的要求,认真做好2005年计划和预算的初审工作,提前介入,深入调研,提出建设性意见,力求使计划做到统筹经济、社会等方面协调发展,财政支出结构更加合理。同时,常委会加强对城市建设与管理、社会事业发展和直接涉及人民切身利益等方面工作的监督,对政府工作起到了促进作用,推进了人民群众密切关注的难点、热点问题的解决。

加强对人大代表议案的督办。议案督办是对“一府两院”进行监督的重要形式。区第十三届人大一次会议主席团交付常委会督办的“抓住‘新北京、新奥运’的机遇,加快重点区域、重点工程建设,实现丰台区经济跨跃式的发展”议案,是事关丰台区发展的重大问题。常委会倾力加强对议案办理工作的监督:一是对议案办理方案认真把关,听取区政府关于议案办理方案的汇报,并征求领衔代表对办理方案的意见和建议;二是加大督办力度,常委会加强与政府的沟通协调,定期召开会议,分析存在问题,研究整改措施,并组织常委会组成人员和人大代表视察检查,督促政府认真办理;三是区人大常委会认真审议,在充分肯定办理工作成绩的同时,针对存在的问题提出了进一步加快重点工程建设进度、依法解决好拆迁“钉子户”问题、制定促进经济发展的相关政策、优化发展环境等意见和建议。

加强对司法工作的监督。常委会听取审议了区人民法院关于执行工作情况的报告、区人民检察院关于监所检察工作情况的报告。注重与司法机关的联系,积极参与司法机关组织的有关活动;坚持按季度组织代表旁听法院案件审理制度;加大对申诉案件的督办力度,对于重大申诉案件要求按时报告办理结果。通过对“两院”工作的有效监督,促进了司法机关公正司法。

认真受理人民群众来信来访。常委会坚持把接待来信来访作为监督工作的重要内容,全年共接待群众来访256人次,办理人民群众来信165件次,督促解决了一批群众反映突出的实际问题。

三、坚持重大事项向人大报告制度,促进“一府两院”重点工作的落实

坚持“一府两院”向人大常委会报告重大事项的制度。一年来,共召开人大常委会会议8次、主任会议11次。重点听取了财经工作的报告并进行了审议,依法作出了批准上年度区级决算的决议。分别听取审议了区政府关于公共卫生、水系治理、道路系统规划建设、实施最低生活保障制度、农村社区股份合作制改革、危旧房改造、西客站南广场建设、城乡行政管理体制改革等24项重大事项的报告,共提出了165条建议和意见。围绕常委会、主任会议题,组织代表视察、检查21次,参加代表262人次;召开各类座谈会96次,参加代表788人次。市政基础设施建设是现代化新城区建设的基础性、长远性工作,常委会听取并审议了区政府关于水系治理情况和道路系统规划建设情况的报告,分别召开不同类型的座谈会听取意见,还组织常委会委员、代表实地视察了主要河道和20余条建成、在建道路,对进一步加强我区市政基础设施建设提出了意见和建议。为加快我区农村城市化进程,常委会听取了区政府关于社区股份合作制改革情况的报告,建议区政府加强分类指导、强化监管、建立健全社会保障制度,确保社区股份合作制改革顺利进行。

为提高常委会审议质量,着力抓好三个环节:一是深入调研掌握实情。将常委会审议议题作为调研课题,责任分解,落实到人,由主管主任牵头,相关委室负责,深入实际了解情况,写出有情况、有分析、有建议的调研报告。一年来,常委会领导和机关各委室共撰写调研报告24篇,其中在市人大和区委刊物上发表17篇。二是围绕主题认真审议。将常委会会议文件提前发送常委会组成人员及列席代表,要求会前深入了解情况,做好发言准备,会上提出具有真知灼见的审议意见。三是加强督办促进整改。常委会建立了督办立项制度,将审议意见及时交付“一府两院”,并要求在两个月后向常委会报告落实情况。一年来,由于注重在提高常委会审议质量上下功夫,对“一府两院”工作监督的实效性有了提高。

四、依法行使人事任免权,加强对“一府两院”组成人员的监督

常委会坚持党管干部与人大依法任免相统一的原则,依照法定程序,把贯彻区委决定落实到行使人事任免权之中。一年来,共任免国家机关工作人员76名,选举新一届人民陪审员81名。对新任命的国家机关工作人员,坚持在任前严把“三关”,即:常委会领导与被任命人员谈话、进行法律知识考试、在常委会会议上作供职报告。加强任后监督,积极探索加强任后监督的方法和措施:了解被任命人员任职后的工作思路,增强他们自觉接受人大监督的意识；通过视察检查、听取报告、加强工作联系等方式，了解被任命人员依法履职情况；要求被任命的区政府组成人员和“两院”行政副职年底向常委会报送述职报告，由常委会组织评议。通过加强任前和任后的监督，力求促进“一府两院”组成人员更好地履行职责，当好人民“公仆”。

五、加强和改进代表工作，充分发挥代表作用

常委会认真贯彻代表法，注重从四个方面加强代表工作：

构建联系代表网络，畅通代表知政、议政、督政渠道。建立了常委会组成人员联系代表、代表联系选民等制度，形成了多层次、多形式、全方位的联系网络，使代表与人民群众的联系和沟通有了机制保证。结合新形势新任务，对代表联组长和联络员进行培训，为进一步提高代表活动质量奠定基础。采取给代表发送有关重要文件和市区人大信息、《新丰台》报、举办经济形势报告会等形式，帮助代表了解政情区情，为代表更好地履行职务创造条件。

加强和改进代表建议督办工作。区第十三届人大一次会议期间，代表共提出建议301件，所有建议均按规定期限办理完毕。闭会期间代表提出72件建议，已办复55件，其余正在办理中。为提高建议办理质量，常委会加大了对代表建议的督办力度。及时将建议交付“一府两院”办理，并提出明确要求；加强对承办大户的督办，分别听取了区市政管委、建委、民政局、交通大队等单位办理情况汇报；征求代表对办理工作的意见，并将意见及时反馈区政府；组织代表视察、检查，督促各承办单位将建议真正落到实处，把代表建议的办理过程作为“一府两院”接受人大监督、为民办实事的过程。

改进和丰富代表活动，为代表履职搭建平台。常委会高度重视闭会期间代表活动的组织服务工作，制定了代表活动计划。坚持代表列席常委会会议制度；定期组织代表旁听法院公开审理案件；推荐代表担任各类监督员；根据需要吸收部分代表参与人大常委会各工作委员会工作。制定并下发《代表履职手册》，督促代表积极参加各项活动，及时反映社情民意。加强与市人大代表的联系，适时组织视察、联谊活动，发挥他们的优势，为我区的建设和发展献策出力。

加强对基层人大工作的指导，建立基层人大工作机构。坚持定期召开乡镇人大主席联席会和代表联组长联席会制度，交流经验，研讨工作。按照市、区委关于建立人大街道工作委员会的安排部署，在学习兄弟区经验、认真研究我区具体情况的基础上，于9月底完成了全区16个街道人大街工委的组建工作，并对人大街工委主任、办公室主任和联络员进行了培训。人大街工委的成立，为进一步做好街道人大工作、推进基层民主政治建设奠定了基础。

六、加强自身建设，努力提高常委会执政能力和机关干部整体素质

着力提高常委会组成人员的履职能力。坚持把学习放在首位，结合审议议题举办相关法律讲座，邀请专业人士作辅导。组织常委会组成人员学习人民代表大会制度理论，部分组成人员参加区委理论中心组学习，请从事人大工作多年的老领导介绍工作经验。使常委会组成人员牢固树立党的观念、政治观念、大局观念和群众观念，熟悉宪法和法律法规，掌握人大工作的特点和规律，不断提高人大工作的质量和水平。

致力于把区人大机关建设成“学习型”机关。坚持机关干部学习制度，常委会领导带头讲课，委室主任作中心发言。全年共组织学习讲座26次，收到了较好的效果。

加强作风建设。发扬求真务实、积极进取的精神，着力提高工作效率和工作水平；要求人大机关干部增强服务意识，兢兢业业地做好本职工作；建立调研工作激励机制，开展优秀调研报告评选活动，在人大机关形成了抓学习、钻业务、讲团结、干实事、求实效的良好氛围。

加强制度建设。换届后，及时调整充实了常委会工作机构，加强了规范化建设。对现有的各项规章制度进行梳理修订，结合新形势、新任务、新要求，完善工作规程，严格议事程序。加强人大宣传工作。以纪念全国人民代表大会成立50周年为契机，采取各种形式，利用各种刊物和新闻媒体，广泛宣传人民代表大会制度，宣传人大工作，宣传代表依法履职情况。一年来，常委会领导和机关干部撰写的研讨文章、新闻稿件被市级各种报纸、市人大刊物发表32篇。加强与兄弟省、市和区、县人大工作交流，密切了工作联系，学习了先进经验。

各位代表：一年来，常委会各项工作取得的成绩，是中共丰台区委正确领导、常委会组成人员和区人大代表共同努力的结果，是驻区单位、社会各界和全区人民大力支持的结果。在此，我代表人大常委会，向所有关心、支持、帮助人大工作的同志们、朋友们，表示衷心的感谢！

在肯定成绩的同时，我们清醒地看到，常委会的工作与党和全区人民的要求还有差距，不少方面需要加强和改进，主要表现在：如何运用科学发展观指导人大工作还研究的不够；如何提高人大监督的实效性，在监督的手段、方法、措施上还需进一步探讨；狠抓工作落实还存在差距。

2005年的主要任务

各位代表：2005年是贯彻落实科学发展观、实现区九次党代会提出的在五年内基本建成现代化新城区目标任务的关键一年，也是全面完成“十五”计划的最后一年。常委会要在中共丰台区委领导下，以邓小平理论和“三个代表”重要思想为指导，全面贯彻党的十六大和十六届三中、四中全会及市、区九次党代会精神，紧紧围绕建设现代化新城区的奋斗目标，认真履行宪法和法律赋予的职责，求真务实，积极进取，为推进现代化新城区建设做出新贡献。

一、进一步加强监督工作，增强监督实效。围绕全区工作中心和发展大局确定监督内容，突出监督重点，改进监督方式，增强监督实效。今年常委会重点检查行政许可法、义务教育法、市容环境卫生管理条例、安全生产条例等法律法规的贯彻实施情况。认真贯彻预算法和北京市预算监督条例，加强对计划和预算执行情况的监督。加强对落实常委会审议意见情况的监督检查，加强对代表议案办理情况的跟踪检查，加强对重点工程、重点项目进展情况的监督，加强对财政改革、经济体制改革、城乡管理体制改革、科技、教育、文化、卫生、体育等工作的监督。积极探索加强监督司法工作的有效途径，促进公正司法。进一步加强和改进人大信访工作，提高信访办理质量。

二、紧紧围绕全区工作大局，认真行使重大事项决定权。重点听取审议区政府关于2004年财政预算执行情况和其他财政收支的审计工作报告，关于2004年财政决算的报告，批准2004年区级决算。听取审议区政府关于2005年国民经济、社会发展计划和2005年财政预算执行情况的报告，听取区政府关于“十一五”规划编制情况的报告，听取审议区政府关于重点区域和重点工程建设、创建国家卫生区、区域规划调整和土地利用规划管理、城市管理综合执法、全面实施素质教育、法官队伍建设、预防职务犯罪、公安基层派出所建设等重大事项的报告。必要时，做出相应的决议或决定。

三、依法行使人事任免权，加大任后监督力度。根据工作需要，依法任免国家机关工作人员。加大任后监督力度，研究制定加强对被任命干部履职情况监督的实施办法。搞好述职评议工作，年内，将对区政府1名副区长和1名委办局领导进行述职评议，改进述职评议方法，提高评议实效。同时，要求被任命的政府组成人员和“两院”行政副职年底向人大常委会报送述职报告。

四、加强和改进代表工作，充分发挥代表主体作用。建立和完善有关制度，使代表工作更加规范化、制度化；结合新形势、新任务，做好代表培训工作，举办法律学习报告会和政情区情通报会，帮助代表知情知政；改进和丰富代表视察活动，提高活动实效，充分发挥代表作用；继续加强对代表建议办理情况的监督检查，狠抓落实，提高办理质量；加强对乡镇人大工作的指导；发挥人大街工委作用，探索人大监督向基层延伸的有效途径。

五、加强常委会自身建设，进一步提高执政能力。年内，将举办常委会组成人员学习研讨班，研究新情况，解决新问题，把握新时期人大工作的特点和规律，不断提高履职水平。建立和完善人代会、常委会议事规则和各项规章制度，进一步促进人大工作的制度化、法制化、规范化。按照把人大机关建设成“学习型”机关的要求，坚持学习制度，创新学习方法，提高学习实效。加大对机关工作人员的教育、管理、培养力度，提高干部队伍的整体素质。

六、加大宣传力度，提高全社会对人民代表大会制度重要意义的认识。利用各种宣传媒体，大力宣传人民代表大会制度，宣传人民代表大会及其常委会工作，宣传人大代表依法履职情况，宣传“一府两院”接受人大监督、坚持依法行政、公正司法情况。今年，在丰台有线电视台开设《人大在线》专题栏目，作为宣传人民代表大会制度、宣传人大工作的平台。各位代表：党的十六届四中全会提出了加强执政能力建设的重要任务，对人大工作提出了新的要求。我们要在中共丰台区委领导下，认真履行宪法和法律赋予的职权，围绕中心，服务大局，与时俱进，开拓创新，为促进我区物质文明、政治文明和精神文明协调发展，实现在五年内基本建成现代化新城区的目标任务而努力奋斗！

政府工作报告

——2005年1月8日在北京市丰台区第十三届人民代表大会第二次会议上

丰台区区长　张大力

各位代表：

现在，我代表丰台区人民政府向大会作工作报告，请予审议，并请区政协各位委员提出意见。

一、2004年工作回顾

2004年，在市委、市政府和区委领导下，以邓小平理论和“三个代表”重要思想为指导，全面深入贯彻党的十六届三中全会、四中全会精神和市委、市政府的重要工作部署，坚持以人为本，用科学发展观统揽全区工作，努力推动区域经济和社会各项事业协调健康发展，团结依靠广大干部群众，求真务实，积极进取，扎实工作，全面完成了区十三届人大一次会议确定的各项工作任务，实现了本届政府工作的良好开端。

(一)国民经济持续快速发展，综合经济实力进一步增强

紧紧抓住发展这个中心，优化环境，加大招商引资力度，强化经济的宏观管理，保持了经济的平稳健康发展。实现地区生产总值261亿元，增长13%；财政收入完成15亿元，增长23%。一、二、三产业占国内生产总值的比重调整为0.4%、29.7%、69.9%。

高新技术产业对经济的带动作用更加明显。新认定高新技术企业365家，有80多家大中型企业入驻总部基地。企业孵化网络继续扩大，新拓展孵化面积10.4万平方米。高新技术产业实现技工贸总收入450亿元，增长50%，上缴税费11.5亿元，增长25%，留区财政2.4亿元，增长32.6 %，出口创汇1.6亿美元，增长97.7%。

第三产业不断提升。商贸业规模继续扩大，实现消费品零售额176亿元，按可比口径增长8%，进出口总额12亿美元。万米以上大型商业设施进一步增加，一些知名品牌企业入区经营。连锁经营比重提高，占消费品零售额的27%。折扣店、专业店等新型业态的出现促进了结构优化。物流业快速发展，新增仓储面积15万平方米，特色更加突出，汽车及零配件物流开始发展，医药、图书物流继续扩大，冷链物流形成优势，组织化、信息化程度提高。房地产业留区税收达到2.6亿元，同比增长1.2倍，成为拉动财政收入增长的重要因素。旅游业实现收入4.3亿元，增长80%。

工业结构调整步伐加大。实现工业生产总值196亿元，增长11%。淘汰了能耗大、污染重的工业企业，升级改造速度加快，初步形成了以交通运输设备、电气器件、设备机械和新型建材等行业为主导的现代制造业格局。

现代都市农业规模逐步形成。观光农业、设施农业和精品农业的产业化规模扩大，科技化程度提高。花卉生产占农业总产值的比重达30%以上，新拓展枣种植面积942亩。

建设完成了草桥花卉大观园二期、南宫高效农业园净菜加工中心和可供观光采摘的2万平方米蔬菜水果智能温室公园,新完成5家农业标准化生产基地建设,累计完成14家。

非公经济发展继续加快。全年新开办有限责任公司和独资企业4000多家,个体私营企业3.3万家,非公经济税收占区级地方税收已达到60%以上。全区私营个体经济从业人员达5万多人。

招商引资工作成效显著。新增注册资本总额49亿元,增长17%,千万元以上企业120家,增长20%。合同利用外资8000多万美元,实际利用外资3600多万美元,同比增长49%和53%,达到历年来最好水平。一批新的内外资企业入区发展,原有骨干企业不断壮大。继续加大对重点发展区域及项目的推介力度,参加了科博会和京港洽谈会,增加了外界对丰台区的了解,促进了投资。

(二)改革和职能转变力度加大,宏观调控能力进一步提高

抓好治理整顿,保护了有效资源。坚决贯彻中央和北京市宏观调控措施,开展了土地市场秩序整顿工作,基本摸清了目前我区土地的使用状况,严肃查处了违法用地行为,明确了基本农田保护和土地资源利用措施,强化了对土地资源的保护意识。粮食耕种面积和产量均超额完成了市政府下达的指标,落实了粮食直补资金。对区域内重点地区、行业和企业的固定资产投资项目进行了清理。经济普查工作取得了阶段性成果,经过6000多名普查员入户调查,完成了2.5万个单位的清查摸底工作。

继续优化发展环境,不断强化了服务职能。以《行政许可法》的实施为契机,推动政府工作的管理和机制创新。加快行政审批制度改革,精简了行政审批项目,经过清理,废止了20件现行的规范性文件,取消了202个行政许可事项。涉及行政审批的53个政府部门全部实施了全程办事代理制,大部分行政许可项目已纳入服务大厅办理。继续推进政务公开,充分利用电子信息等手段,多渠道向社会提供投资信息、政策法规、办事指南等,方便了社会查询,增强了政府工作的透明度。

加快建立健全公共安全应急处理机制,提高应对突发事件的能力。制定了丰台区重大突发事件应急救援预案及公共卫生、安全生产、食品、消防等17项安全应急子预案,制定了政府工作部门和街道办事处、乡镇政府安全管理的职责。加大了对建筑施工工地、生产企业、危险化学品、非煤矿山、交通、人员密集场所的经常性安全检查和集中专项治理,消除隐患,全年未发生群死群伤重大安全事故。加强了对食品、药品市场的安全监管,有效地保护了人民群众的安全。

深入进行政府机构改革,不断强化管理职能。调整和新组建了发展和改革委员会、国有资产监督管理委员会、商务局、安全生产监督管理局等14个机构,使管理更加科学化,提高了行政效率。

继续推进农村经济管理体制改革。42个行政村完成了社区股份合作制改革,其余29个村已全面启动。完成了农村农用地土地确权工作,确权面积11.3万亩。

(三)城市建设和管理不断加强,城市化进程进一步加快

以北京市加快落实奥运行动计划和城市总体规划修编工作为契机,积极做好城市总体规划和专项规划调整工作,努力加快重点建设项目的实施。全年完成固定资产投资101亿元,同比增长30%。在区立项建设项目开复工面积528万平方米,竣工252万平方米。

规划工作得到加强。完成了南中轴路城市设计,丰北路、马家堡西路、西客站南路三条主干道的土地利用与空间形态整合规划及长辛店老镇控制性详细规划,长辛店老镇西区控制性详细规划和王佐镇中心村总体规

划,为区域经济可持续发展提供了空间。配合市有关部门完成了丰台区供电“十一五”规划。

基础设施建设日趋完善。路网加密建设加快,建成了梅市口路、樊羊路二期、方庄路南延等道路。实施了43条便民路工程,铺设路面27万平方米。中轴路、丰北路西延等道路改扩建工程正加紧施工。完成了11座桥梁的加固改造任务。玉泉营立交桥等3个地区和26条非主要道路实现了亮化。新增公交线路5条、调整延长28条,方便了群众出行。自来水网并网工程加快,改善了东高地三角地、和义西里、西马场、五里店等地区5万人的饮用水质量,城区居民饮用水问题已基本解决。完成天然气入户5000户。新建和改建密闭式垃圾房653座,基本实现了生活垃圾密闭式收集。新建和改造一、二类公厕43座、雨污水管线2万多米。卢沟桥污水处理厂建成并投入使用。完善了全区水系治理总体规划。基本完成了旱河、马草河等5条河流的截污工程和水衙沟一期治理工程。完成了南水北调丰台段征地拆迁调查工作。凉水河整治拆迁工作正在进行。

重点区域、重点项目建设稳步推进。科技园区产业基地开复工117万平方米、竣工58万平方米,其中总部基地开复工67万平方米、竣工41万平方米。北京国际汽车博览中心征地拆迁工作启动。丽泽商务区丽泽大厦一期B、C座竣工。三路居回迁安置住宅工程全部开工。完成了六里桥人民村土地一级开发项目的前期手续。大红门服装商贸城三期主体工程竣工。

危旧房改造和新村建设顺利进行。危旧房改造开复工面积92.5万平方米,竣工36万平方米,动迁居民817户,回迁安置627户。樊家村、桥南四期、铁营等项目相继开工。绿化隔离地区建设取得新进展,28个村开复工面积280万平方米,竣工110万平方米,共安置农民上楼6676户。长辛店崔村居住区土地一级开发已经完成。王佐中心镇基础设施逐步改善。南宫生态园建设步伐加快,450户农民搬迁上楼。

绿化美化工作成绩明显。扩大绿化面积345公顷,绿化隔离地区完成绿化278公顷,爆破造林67公顷。在小龙河、六里桥交通枢纽、航天部一院文化广场等地区建成了城市中心区大型绿地和世界花卉大观园大绿地,完成居住小区及单位庭院绿化24.5公顷。新建和改造三四五环路、京石高速路等重点道路沿线绿地129.2公顷。

环境综合整治成效显著。结合创建国家卫生区活动,重点对高速公路、环路及铁路沿线、木樨园环岛周边、丽泽桥周边等重点地区进行了整治。对32个老旧小区进行了治理改造。清理规范了户外广告。发挥社区和村委会在城乡管理中的基础作用,强化了对流动人口、地下空间、出租房屋、公共交通环境的管理,对无照游商和违规施工工地进行了查处。加强了对重点大街、城乡结合部等地区的环境卫生治理,狠抓“门前三包”责任制的落实,做好日常保洁,城市面貌明显改观。

为做好第十阶段控制大气污染工作,加大了对全区300多家重点企业的环境监管和对各类施工工地、汽车尾气、餐饮油烟、小燃煤锅炉的管理力度。改造燃煤锅炉303台。

社区建设不断创新。加强了社区自治组织和社区专职工作者队伍建设,完善了社区民主自治制度,规范了社区居委会管理。加强了社区服务设施建设。社区居委会在美化环境、开展文化教育活动、保持社区安全稳定和为居民做好各项服务等方面发挥了越来越大的作用,社区管理水平得到进一步的提高。

(四)社会各项事业协调发展,人民生活环境进一步优化

科技事业全面发展。制定了推进丰台区科技进步工作和促进科技企业孵化器发展等科技发展政策。实施国家、市级科技发展计划9项。完成了丰台科技馆的改造,突出了

天文科普特色。创建了北京国际企业孵化中心、北京十二中等14家科普教育基地和丰台镇、新村、云岗3个科普型社区。科技下乡、科技进社区、科技周等群众性科普活动深入开展。

教育教学水平明显提高。以中青年骨干教师培养为重点，加强教科研队伍建设，不断优化教师队伍结构。完成了大灰厂中学、芳古园一小等学校的资源调整。改造了南苑中学、右安门三中等7所困难初中校。解决了3.3万名来京务工人员子女接受义务教育问题。北京十中通过市级示范高中校验收。加大职业教育专业结构调整力度，加快了技能型人才培养。支持社会力量办学，促进民办教育健康、规范、有序发展。推行社区教育，努力构建学习型社区。

文化事业不断发展。举办了五月鲜花、夏日文化广场等1900多场次群众文化娱乐活动。丰台图书馆新馆正式开放。加大文物保护和修缮力度，修缮了娘娘庙二期、大王庙、二七革命遗址等6处文物古迹。加强文化市场管理，继续开展"扫黄打非"专项斗争。以净化学校周边环境为重点，加大了对网吧、书店、音像店、歌厅等文化经营场所的管理和整治力度。

医疗卫生事业成绩显著。建立并完善了公共卫生突发事件应急处理机制、疾病预防控制和医疗服务体系，取得了抗击禽流感和防控非典的胜利。加强了医疗卫生人才的引进、培养。丰台医院、北京铁路分局中心医院合并，实现了资源整合。强化了对药品的监督管理，开展了药品放心区创建活动。

人口与计划生育工作取得新进展。初步建立了计划生育现居住地管理和服务工作机制，加强了对农村和流动人口计划生育的管理与服务。人口出生率6‰，计划生育率97.5%。

群众性体育活动蓬勃发展。举办了"丰台全民健身周"活动，承办了全国蹴球邀请赛。完成全民健身工程90个，目前，全区所有街乡镇均配建了全民健身工程。完成了丰台体育中心体育场改造。

党的民族宗教政策得到更好落实。完成了丰台、长辛店清真寺和管头天主教堂的修缮。加快了草桥基督教堂建设。尊重少数民族群众生活习惯，促进了地区民族和谐。

侨务、对台、档案、老龄、外事、保密工作取得了新成绩。

（五）劳动和社会保障体制日趋完善，人民生活质量进一步提高

2004年，城镇居民人均可支配收入14000元，农民人均纯收入8409元，分别增长14%和8%。城乡就业安置工作稳步进行。对4.3万名城乡劳动者进行了职业技能培训。鼓励失业人员自谋职业、自主创业，加强了对失业人员和农村富余劳动力的就业指导和服务，重点做好"4050"人员、农村就业困难人员的就业服务工作。全年开发社区就业岗位10977个，安置失业人员8782人，城镇登记失业人员再就业率达到63.9%，城镇登记失业率控制在1.7%左右。

社会保障制度进一步完善。养老、失业、工伤、医疗保险扩面征缴均超额完成任务，各项基金累计收缴13.8亿元，征缴率均达到97%以上。认真落实了北京市建设征地补偿安置办法，妥善解决了6646名农转工自谋职业人员社会保险问题。完善了农村医疗卫生体系，11.1万人参加了新型农村合作医疗，占乡镇总人数的71.8%。进一步完善了城乡居民最低生活保障制度和城乡社会救助体系，保证了城乡弱势群体的基本生活，全区享受城乡低保待遇的家庭6900户、1.5万人，发放保障金2800多万元。规范企业用工行为，保证劳动者的合法权益，为9900多名外来务工人员追缴拖欠工资1140多万元。

认真做好群众关心的热点难点问题。完成了年初承诺的与百姓生活密切相关的40件实事。高度重视群众来信来访和"便民热

线”的办理工作,坚持区领导接待日制度,区领导全年共接待来访群众191批、1288人次,为群众解决了生产生活中的一些难题。

(六)精神文明、政治文明建设成绩显著,民主法制建设进一步增强

精神文明建设更加深入。通过首都文明区创建活动,重点加强了思想道德建设和文明礼仪教育,以庆祝建国55周年为主题,广泛深入地进行了爱国主义、社会主义和集体主义教育,进行了社会公德、职业道德和家庭美德教育,市民文明素质不断提高。充分发挥家庭、学校和社会的作用,引导未成年人树立正确的世界观、人生观和价值观。文明街道、文明社区和文明乡镇、文明村等精神文明创建活动在城乡深入开展。积极开展了国防教育和军警民共建活动,教育拥军和文化拥军深入开展,巩固了全国双拥模范城成果。

民主政治建设稳步推进。认真执行人大决议,坚持重大事项报告制度并自觉接受监督,全年就人大常委会审议议题进行了19次报告。高度重视人大代表建议的办理工作,共办理人大代表建议324件,接待市区人大代表视察22次。坚持重大问题同政协和民主党派协商制度,广泛听取政协委员的意见和建议,全年办理政协委员提案134件。第六届村民委员会换届选举工作顺利完成。积极支持工会、共青团、妇联开展工作。

依法治区工作进一步推进。坚持依法行政,广泛学习和认真实施了《行政许可法》。继续开展了“四五”普法工作,重点加强了对《土地法》、《安全生产法》、《交通法》等法律法规的宣传教育。加强了党风廉政建设和反腐败斗争,加大了违法违纪案件的查处和纠正部门行业不正之风的工作力度,建立了对重点工程长效监督机制。开展了民主法治示范村和示范社区创建活动,南宫村被命名为全国民主法治示范村。办理各类法律援助案件237件,聘请社会知名律师参与信访接待工作,促进了人权保障和司法公正。

社会治安综合治理取得了新成果。治安防范工作的社会化、科技化程度进一步提高,基层安全创建工作深入开展,治安防控能力有所增强。严厉打击各类犯罪活动,依法惩处了一批犯罪分子。继续开展了与法轮功“邪教”组织的斗争。结合城市综合整治活动,加强了对出租房屋、流动人口等治安重点地区和重点问题的管理。认真开展人民内部矛盾纠纷排查调处工作,化解矛盾,维护了社会稳定。

各位代表,一年来,我区的经济建设和城市发展取得了良好成绩。这是全区人民团结奋斗、共同努力的结果,是区人大、区政协及各民主党派、人民团体、驻区各单位和各界人士对政府工作监督、帮助、支持的结果。在此,我代表区政府,向全区广大干部、群众,向各位人民代表、政协委员,向驻区部队和中央、市属单位,向所有关心、支持丰台区建设的同志们、朋友们表示崇高的敬意和衷心的感谢!

回顾本届政府一年来的工作,我们也清醒地认识到,与市委、市政府的要求,与人民群众的期望还有不小的距离,在经济和社会发展过程中还存在不少矛盾和问题:一是经济总量不足,缺乏成规模、有实力的企业;二是基础设施还不能完全适应城市发展的需要,尤其是道路建设还需加快步伐;三是有效利用驻区中央市属单位的物质和智力资源,促进区域经济发展方面研究不够,利用不足;四是违法占地、私搭乱建现象屡禁不止,城乡结合部地区环境脏乱问题仍未彻底解决;五是机关工作人员中仍存在工作作风不够深入,办事效率不高等问题。对于这些问题我们将高度重视,努力加以解决。

二、2005年主要工作任务

2005年是完成“十五”计划的最后一年,是北京市筹办奥运的关键之年,做好全年工

作,对加快我区城市化进程,迅速扩充和壮大经济综合实力、实现经济的快速发展具有十分重要的意义。我们一定要认真贯彻落实市委九届九次全会精神和区委九届五次全会部署,牢固树立以人为本,全面协调可持续的发展观,落实"一五五"发展思路,紧紧围绕现代化新城区建设,不断增强综合经济实力。完善城市基础设施,提高城市管理水平,推进社会各项事业全面发展,加快建设社会主义和谐社会。

经济和社会发展总体目标:实现地区生产总值292亿元,增长12%以上;财政收入17亿元,增长13%;城镇居民人均可支配收入和农民人均纯收入分别增长8%和6%左右;人口出生率控制在6‰以下。重点要抓好以下工作:

(一)加快结构调整,不断提高区域经济运行质量

认真贯彻中央和北京市的宏观调控政策措施,加强经济工作的指导与监控,保持经济快速发展。

着力发展高新技术产业和总部经济。扩大丰台科技园区招商领域,重点吸引国内外大型科技企业总部和高附加值产业进驻园区。巩固和发展电子信息、先进制造、新能源新材料、生物医药等四大产业格局。整合总部基地与周边资源,建设商务配套工程,发展服务业,提升商业商务氛围,促进商务活动,增强这一地区的整体竞争能力。继续完善孵化服务体系,为重点企业提供个性化、专业化服务。园区各项经济指标增长20%以上。

提升第三产业档次。大力发展金融、保险、房地产等现代服务业。加快建设大中型商业设施,继续引进国内外知名企业和品牌,积极推动连锁经济发展。加强对木樨园市级商业中心及六里桥、玉泉营、河西地区等区级商业中心的规划、建设与管理。以五里店、玉泉营、榆树庄等6处物流区为依托,重点发展汽车及零配件、花卉、服装、图书、医药等物流项目,提高组织化、信息化程度。整合区域物流资源,突出特色化、规模化。加快旅游业发展,充分挖掘现有旅游资源,积极开发旅游市场。努力推进北宫森林公园、极乐峰等景区景点的配套设施建设。做好文化产业街区规划和建设,打造区域文化品牌。做好世界公园、莲花池、万芳亭等公园的进一步建设,提高现有公园的档次,营造文化旅游氛围。

促进工业改造升级。加快传统工业向高新技术产业和第三产业转化。把土地、资金等生产要素向优势产业和重点发展区域集中。为驻区中央、市属企业结构调整提供良好服务,发挥其科技资源、土地资源优势,引导有实力的企业参与区属企业改造升级。加快王佐、长辛店产业基地的规划建设。

开发农业新功能。把农业发展同观光旅游、生态建设结合起来,发展生态农业、设施农业和观光农业,重点发展科技含量高、附加值高、有特色的花卉、苗木等特种种植业。加快新发地农副产品批发市场升级改造和南宫高效农业园、花乡盛芳园草花生产基地、长辛店生态农业观光园等基地建设,提高生产能力和经营效益。

提高招商质量。利用多种经贸活动平台,持续开展区域整体形象展示宣传和重点功能区、项目、行业的推介活动。系统整理区域招商资源,提供投资有效空间。着力引进国内外有实力的企业和项目,新增注册资本50亿元,千万元以上企业120家。要提高利用外资质量,扩大外向型经济规模。

强化经济工作的宏观管理。按照政府五年工作目标,抓好分年度任务的落实。要认真调查研究,广泛征求意见,加强科学论证,编制好丰台区"十一五"规划和各专项规划。严格土地管理,保护好现有土地资源,按照土地供应计划集约化使用土地,发挥土地资源的最大效益。要加强固定资产投资项目的管理。搭建融资平台,多渠道筹措重点项目建设资金。完成经济普查的正式登记和数据分

析工作,为经济发展决策提供准确依据。

(二)完善基础设施建设,推进城市化进程

结合北京市城市总体规划修编,以基础设施建设为重点,加快城乡建设步伐,提高城市综合承载能力。完成固定资产投资116亿元,增长15%。

完善城市基础设施。完成南中轴路二期、丰北路、马家堡西路、右外大街南延等道路建设。启动万寿路南延二期、康辛路一期等道路建设。继续实施便民路工程,维修改造老旧道路30万平方米。改善饮用水质量,保证安全饮水,启动农村地区饮用水并网工程。配合市有关部门做好河西地区污水处理厂前期工作。完成水衙沟治理和凉水河整治工程。新增天然气用户5000户。完成丰台区垃圾转运处理中心建设。新建和改造一、二类公厕40座、农村三类公厕80座。

抓好重点区域和重点项目建设。完成科技园区二期东区项目的前期策划工作,总部基地项目开复工51万平方米。启动北京国际汽车博览中心项目建设。积极推进大红门特色商业街重点建设项目和配套工程的开发建设。实施六里桥人民村和丽泽商务区等项目的土地一级开发。推进危旧房改造和新村建设。继续抓好樊家村、长辛店东山坡、桥南等危改项目建设。加快绿化隔离地区新村建设,抓紧建设在建项目,尽快竣工。做好农民上楼工作。加快王佐中心镇建设。

推进城市环境建设。重点对高速路、城市主干道、铁路沿线和新建道路两侧进行综合整治、规划和建设。抓好对丰台体育中心北侧、莲花池地区等6个“城中村”的整治。继续拆除违法建设,开展创建无违法建设小区、大院活动。治理改造30个老旧小区。加强户外广告管理。落实长效管理机制,积极推进城乡一体化环境卫生管理进程,提高环境卫生管理水平,争创国家卫生区。

加大污染治理和生态建设力度。狠抓大气污染治理工作,加强对道路遗撒、工地扬尘、汽车尾气排放的监管,做好燃煤锅炉的改造,重点抓好环境监测子站周边整治。全区扩大绿化面积499.8公顷,其中,完成绿化隔离地区绿化面积298.8公顷,荒山造林134公顷,山区爆破造林67公顷。建设2处万米以上大型绿地。加强已建成绿地的抚育和养护。创建首都绿化美化花园式单位25个。完善北宫森林公园景观林建设。全面推进生态示范区建设。

(三)坚持改革创新,提高城市管理水平

推进国有资产管理体制和国有企业改革,支持非公经济发展。对国有企业通过引入社会资本等措施进行股份制改造,实现投资主体多元化,提高市场竞争力。鼓励非公经济参与城市建设和社会事业发展,提高非公经济在区域经济中的比重。做好乡镇级集体经济产权制度改革试点工作,全面推进农村社区股份合作制改革。启动条件成熟的村农转居改革工作试点。

强化政府管理职能,不断优化发展环境。继续做好行政许可事项的清理,规范审批行为,提高工作效率。进一步完善全程办事代理制。加强信息化建设,扩大服务领域,提高社会的信息化程度。充分利用信息手段推进政务公开。坚持依法行政,清理、规范各项检查和收费,坚决制止在市场监管、社会管理和公共服务中的违法违规行为。完善信用体系建设。强化市场管理,规范市场经济秩序,坚决取缔无照经营,做好产品质量监督工作,严厉打击假冒伪劣产品,维护企业的合法权益,创造公平竞争的发展环境。

推进城市管理体制改革,加强综合管理和服务职能。逐步理顺政府职能部门与街道办事处的关系,明确职责。理顺社区民主自治与政府行政管理的关系,增强社区民主自治功能。加强社区服务组织建设,整合社区资源,实现社区服务资源共享,围绕社区群众的需求,不断丰富服务内容和服务模式。

全力做好安全工作,提高城市整体防灾减灾能力。进一步完善公共安全应急处理和日常监管机制,建立健全各项安全工作责任制,加强事故隐患的排查、整改以及危险源的监控工作,从源头上防范各类安全事故的发生。重点抓好建筑工地、地下空间、出租房屋、大型超市等重点地区和非煤矿山、危险化学品生产经营储存单位等重点行业的安全工作,严防重特大事故的发生。加大药品、保健食品检查监测力度,确保食品、药品安全。强化流通领域商品质量的监督抽查和专项整治,坚决取缔非法食品加工点,严防食物中毒事故的发生。加大对电梯、锅炉等特种设备的监管力度,确保运行安全。加强宣传教育,增强群众的安全意识和自我防范救助能力。

(四)加快各项社会事业发展,促进社会全面进步

加快科技创新,促进科技进步。在各行业推动科技创新,抓好列入国家和市级科技示范项目的建设。进一步建设科普教育基地,继续扩大科技进社区教育活动,充分发挥科技馆推进丰台区普及科技知识的作用。

深化教育改革,提高教育水平。积极推进基础教育课程教材改革,提高整体教育质量。加强教师队伍建设。推进办学条件标准化建设,以高中示范校建设为龙头,整合教育资源。抓好丰台二中、北京十八中申办市级示范高中校工作。依法管理和审批民办教育机构,支持优质社会力量办学。坚持以市场需求和就业需求为导向,加快职业教育专业设置调整。加快学习型社区建设。

实施人才强区战略,扩大智力资源。进一步加大对公务员培训和管理力度,加强能力建设,提高公务员队伍整体素质。多种形式加强人才的培养、引进、管理和服务工作。

促进文化事业发展,丰富群众生活。举办好莲花池庙会、卢沟文化节等群众文化活动。推进文化设施建设,启动文化馆改造工程。加强文物保护工作。继续开展"扫黄打非"斗争,重点整顿出版物市场。加强对印刷业、文化娱乐场所、互联网上网营业场所和电视播出安全的监管。

开展体育运动,增强群众体质。组织好丰台区第五届全民健身体育节。加强全民健身工程的管理。加强竞技体育和学校体育工作,为北京市输送更多的体育人才。抓紧建设2006年世界女垒锦标赛和2008年奥运会垒球场工程,加快丰台体校综合楼建设。

发展公共卫生事业,提高群众健康水平。完善疾病预防控制体系,加强三级疾控网络功能建设。加大卫生管理和专业人才培养力度,积极引进学科带头人和业务骨干,狠抓医护人员服务质量,提升我区整体临床医学和医疗服务水平。以河西地区为重点,进一步加强农村卫生工作,完成乡镇医院、卫生院和48所村卫生室的农村社区服务组织转建工作,提升农村公共卫生和基本医疗服务能力。

做好人口与计划生育工作,提高人口素质。重点提升农村和流动人口的管理与服务水平。抓紧做好村级服务站和示范社区(村委会)建设。计划生育率达到97%以上。

(五)做好劳动和社会保障工作,维护人民群众根本利益

把就业再就业工作放在经济社会发展突出的位置。加强街道、乡镇社保所的服务功能,重点做好城镇失业人员和农村富余劳动力的免费技能培训和职业介绍工作,提高他们的就业能力,帮助他们实现就业再就业。积极鼓励、扶持城镇失业人员和农村富余劳动力自主创业、自谋职业。大力发展服务业、劳动密集型企业、中小企业和公益事业,创造更多的就业岗位。城镇登记就业率、"4050"失业人员再就业率达到60%以上,城镇登记失业率控制在3%以内。

稳步推进社会保障工作。进一步完善社会保险体系,做好社会保险扩面征缴工作,逐步形成扩面征缴日常管理机制,养老、失业、医疗、工伤社会保险基金总额增长10%以

上,各项社会保险基金收缴率达到95%以上。健全医疗救助制度,做好城镇和农村特困人员医疗救助工作,加快农村养老保险制度的实施。完善城乡社会救助体系,保障困难群众的基本生活。加强劳动监察,依法维护劳动者权益。认真研究解决村转居试点改革过程中出现的矛盾和问题,切实保护好农民利益。

以社区、村为载体,继续开展基层创安工作。增强社会治安群防群控能力,加大打击盗窃、抢劫等犯罪活动的力度,增强地区群众的安全感。坚持区领导信访接待日制度,畅通、拓宽群众反映问题的渠道,做好人民内部矛盾纠纷的排查调处,促进社会稳定。

(六)加强社会主义精神文明和政治文明建设,推进民主法制进程

做好首都文明区的创建。加强思想道德建设和文明礼仪教育,提高全民素质。深化未成年人思想道德建设,建立社会、学校、家庭三位一体的教育网络。以抗日战争胜利60周年为契机,大力开展爱国主义、社会主义和集体主义教育。继续开展群众性精神文明创建活动。文明街道、文明社区建成率达到50%,文明乡镇、文明村建成率达到80%。采取多种形式开展双拥共建活动,促进双拥工作社会化、经常化、制度化,继续争创全国双拥模范城。

积极推进民主政治建设。认真执行人大各项决议,认真履行向人大及其常委会汇报工作和报告重大事项制度,自觉接受人大的监督。加强与政协各界的联系,坚持重大事项决策前与政协协商,扩大政府决策及实施的社会基础,推动决策民主化、科学化。认真办理好人大代表建议和政协委员提案。

积极支持工会、共青团、妇联开展工作。全面贯彻党的民族、宗教和侨务政策,促进各民族繁荣进步。

推进依法治区进程。深入开展普法宣传工作,重点做好依法行政、依法用地、依法建设、依法纳税的法制宣传教育。认真做好"四五"普法的总结和验收工作。开展好法律进社区活动和民主法治示范村的创建工作,努力提高法制化管理水平。认真贯彻国务院《全面推进依法行政实施纲要》和市政府《推进依法行政工作实施方案》。深化行政审批制度改革,推进政府管理方式转变。规范法律服务队伍,提高司法行政队伍的整体水平,推行执法责任制、执法公示制。全面推进依法行政,建设法治政府。

三、加强政府自身建设,全面提高执政能力

面对改革开放和现代化建设的新形势、新情况、新要求,政府各部门必须加强自身建设,加快职能转变,加强基础工作,不断提高科学行政、民主行政、依法行政的能力和水平。

第一、解放思想,不断创新,进一步强化发展意识。各级领导干部要进一步解放思想,树立加快发展的责任心和紧迫感,形成勇于创新、求真务实、狠抓落实的良好风气,形成说实话、办实事、求实效的良好风气,以昂扬的精神面貌和工作干劲,推动我区经济和社会全面发展。

第二,高度重视基础工作,提高科学行政水平。政府各级领导干部要把基础工作摆到重要议事日程,认真分析存在的问题和薄弱环节,制定改进措施。要真正掌握本部门的职能责任和干部的岗位职责,做到"职责清",准确掌握以数据为基础的基本情况,做到"数字准",提高行政工作的科学化和民主化。要加强政治和业务理论学习,掌握相关的法律、法规和政策,不断提高领导能力和工作水平。

第三,明确责任,狠抓落实。继续坚持政府工作目标管理责任制,要明确目标,明确任务,明确责任。同时,政府各部门之间在分工明确基础上,要加强协调配合,形成合力。各

项工作都要落到实处，提高效率。要加强各项责任制落实情况的监督检查力度，保障各项工作目标和任务的落实。

第四，关心群众，努力多为群众办实事。政府工作人员特别是领导干部要深入实际，经常到群众中去，倾听群众的意见和要求，尽心尽力办好直接关系群众切身利益的实事，全力以赴为民排忧解难。努力把实事办实、办好，让广大人民群众满意。

第五，加强廉政建设，保持艰苦奋斗精神。以“保持党员先进性教育活动”为契机，进一步搞好政风建设。领导干部要自觉遵守党纪、政纪、条规，坚持廉政、勤政，绝不能以权谋私，做到“权为民所用，情为民所系，利为民所谋”。坚决纠正各种行业不正之风。领导干部要牢固树立艰苦奋斗、勤俭节约的观念，杜绝各种铺张浪费，节俭办一切事情。

各位代表，本届政府第一年的工作任务已经顺利完成，今年的工作已经开始。我们务必保持谦虚谨慎、不骄不躁的作风，务必保持艰苦奋斗的作风。在市委、市政府和区委领导下，认真实践“三个代表”重要思想，坚持科学发展观，励精图治，团结奋斗，夺取现代化新城区建设的更大成就。

中国人民政治协商会议北京市丰台区第七届委员会常务委员会工作报告

2005年1月7日

胡　燕

各位委员:

我受政协北京市丰台区第七届委员会常务委员会的委托,向大会作工作报告,请予审议。

2004年工作回顾

2004年是七届区政协的开局之年。在中共丰台区委的领导和市政协的指导下,新一届区政协坚持以邓小平理论和“三个代表”重要思想为指导,深入学习贯彻中共十六大和十六届三中、四中全会精神,学习新时期统一战线理论和人民政协理论,牢牢把握团结、民主两大主题,坚持“与时俱进、开拓创新、求真务实、争创一流”的指导思想,紧紧围绕我区建设现代化新城区的目标,认真履行政治协商、民主监督、参政议政职能,广泛动员组织政协委员和区政协参加单位为我区经济建设和社会发展献计出力,使七届区政协的各项工作在原有的基础上迈出新的步伐。

一、把学习摆在首位,增强做好人民政协工作的责任感、使命感

根据新形势、新任务和换届后的新情况,常委会明确提出要把学习作为一项重要任务放在突出位置,切实抓紧抓好。

深入学习贯彻“三个代表”重要思想。新一届政协常委会组成后,积极组织广大政协委员和各参加单位,兴起学习“三个代表”重要思想和十六大精神的新高潮,坚持用“三个代表”重要思想指导区政协工作。组织区政协委员、各民主党派、工商联、各人民团体和机关认真学习十六届四中全会精神、胡锦涛同志在庆祝人民政协成立55周年大会上的重要讲话,联系工作实际,总结经验,剖析问题、查找差距,着重就如何树立科学发展观、围绕加强党的执政能力建设发挥人民政协优势,积极建言献策,制订了加强和改进政协工作的措施,进一步增强了新形势下做好人民政协工作的责任感和使命感。

建立学习制度,加强委员培训。为了系统学习新时期统一战线理论和人民政协理论,采取政协常委会、双月学习座谈会、暑期学习班、专题报告会等多种形式加强学习。组织新委员集中学习培训,使来自不同方面的委员比较系统地了解我国的基本政治制度和人民政协的性质、职能,熟悉委员的权利和义务。采取辅导报告会、讲座等形式组织广大委员和各党派、团体学习《中华人民共和国宪法(修正案)》和人民政协新章程,学习统一战线和人民政协理论、政协规章;学习时事政治和经济、科技、法律等各方面知识。通过形式多样、内容丰富的学习活动,进一步增进了共识,增强了为实现全面建设小康社会和把丰台区建设成为现代化新城区的责任感。

二、深入开展调查研究，不断提高政治协商、参政议政水平

常委会组织委员围绕本区中心工作，从调查研究入手，努力提高履行职能水平。

围绕城乡二元行政管理体制改革问题进行协商。去年，区委把解决我区城乡二元行政管理体制问题作为政治协商议题。为保证协商质量，常委会制定了协商计划，组织了“城乡二元行政管理体制情况通报会”，请区农委、劳动和社会保障局、民政局的领导介绍我区的情况。分别请中国社会科学院、北京市社会科学院的专家，从理论到实践进行讲解。先后深入到三个乡、两个街道进行了四次实地考察。使参加政治协商的常委、各民主党派、工商联、各人民团体负责人和各界代表人士对我区城乡二元行政管理体制的现状、形成的原因、目前我区为解决这一问题采取的措施、面临的困难等，有了较为清楚的了解。召开专题研讨会，就其中的问题进行深入探讨。在充分准备的基础上，召开政治协商会议，对区委、区政府提出的《关于推进城乡二元行政管理体制改革的意见(协商稿)》进行协商。区委、区政府领导出席会议，与会政协常委、各党派、团体负责人和各界代表人士紧密结合丰台实际提出了加强宣传引导、坚持规划先行；合理经营集体资产、科学界定产权形式；推进城乡就业和社会保障一体化发展；加强职业培训、提高农民素质等方面26条意见和建议。区委充分肯定了协商会所取得的成效，认为所提意见很宝贵、很有价值。区委、区政府在制订我区二元行政体制改革方案中，认真吸纳了协商意见和建议。

深入开展优化发展环境调查研究。优化丰台区的发展环境，是去年区委、区政府提出的十五个重点调研课题之一，课题由区政协主席牵头。为搞好调查研究，区政协从实际出发，确定了关于优化文化环境、服务环境、法制环境三个子课题，分别由分管副主席和专门委员会办公室负责，邀请民主党派和工商联参加，组成三个联合调研组。采取学习文件提高认识，听取通报了解区情，深入基层掌握情况，邀请专家研讨论证，问卷调查统计分析等多种形式学习考察，开阔视野。从3月中旬至5月下旬，共计开展各种调研活动55次，走访、考察90余个单位，向1000家企业发出调查问卷。

在深入调研的基础上，教文卫体委员会撰写出《关于发掘区域文化资源，打造特色文化品牌，优化丰台区发展环境的调研报告》，分析了我区文化工作现状，阐述了打造区域文化品牌的重要意义，提出了把“卢沟文化”作为丰台区的标志性文化品牌的建议。在对“卢沟文化”内涵和外延进行论述的基础上，从四个方面提出了11条意见和建议。经济科技委员会撰写出《关于优化政府为企业服务环境，促进丰台区经济更快发展的调查报告》，对区政府近几年来为优化企业服务环境所做的工作给予肯定，同时也指出了存在的主要问题，提出了六个方面的意见和建议。社会法制和民族宗教委员会就促进我区法制环境的优化进行深入调查，撰写出《拓展和规范法律服务，促进我区法制环境优化的调研报告》，报告以法律服务为切入点，分析了我区法律服务现状、存在的困难和问题，对进一步促进法制环境优化提出四个方面16条意见和建议。

以上三个调研报告经常委会协商通过后，作为建议案提交区委、区政府，得到了高度重视。区委书记王子生同志批示：“区政协关于优化发展环境的建议案是一份关系如何提高我们领导能力的重要建议案，是在全区各民主党派工委、工商联及区政协有关工作委员会深入调研后形成的，在办理该建议案中，区委、区政府办公室要及时召开督办会议，协调有关基层加快办理，争取在优化发展环境上，取得更大实效”。区委、区政府分管领导召开协调会，提出了具体要求，各承办单位专门召开座谈会主动征求政协意见，认真办理和吸纳建议案中的意见。

编辑、印发《咨议建言集》。《咨议建言集》编录的是政协委员、民主党派成员和各界人士围绕我区政治、经济和社会发展各项事业,在深入调查研究的基础上写出的建言立论文章。去年共编印两期,收入60篇文章、30余万字,内容包括城市规划建设、农村经济、优化环境、法制建设、医药卫生等各个方面。由于这些建言立论文章紧贴我区工作实际,所提意见、建议针对性强,对各级领导科学决策具有重要的参考价值,得到了区委、区政府及有关部门领导的好评。

三、发挥民主监督作用,推进社会主义民主政治建设

采取情况通报、视察考察等形式实施民主监督。请区委、区政府和有关部门领导向区政协常委、各党派、团体负责人和各界代表人士通报全区政治、经济、文化建设情况,请区纪检委领导通报全区党风廉政建设、开展反腐败斗争情况,委员根据情况通报分别提出意见建议,进一步对全区贯彻执行重大方针政策情况和党风廉政建设实施民主监督。各有关专委会围绕区委、区政府重点工作和群众普遍关心的热点、难点问题,组织广大委员就我区经济建设、城市规划管理、文教卫体事业发展等方面的工作开展了视察考察。先后考察了科技园区总部基地、小区危改、宛平城西门外广场建设、小学升初中电脑派位、疾病预防控制中心、全民健身工程实施、城乡一体化创卫工作、宗教场所等,提出意见和建议,提高了民主监督实效。

加强提案、社情民意反映等经常性工作实施民主监督。提案工作是人民政协履行职能的重要形式之一。区政协七届一次会议以来,经审查立案的提案共134件,其中党派、团体提案14件。为做好提案办理工作,区政协与区委、区政府共同召开了交办会,明确了办案单位。中共丰台区委办公室、丰台区人民政府办公室分别向各承办单位发出了《关于认真办好政协提案的通知》,提出了要求。主席会议审议确定了13件重点提案,修订了《关于评选表彰优秀提案的办法》。提案委员会加大了提案督办力度,加强与承办单位联系,积极督促提案办理和落实,对重点提案采取实地考察、协商座谈等多种办法进行协商办理。认真学习贯彻全国政协第五次提案工作座谈会精神;加强对全体委员提案知识的培训;召开党派联席会议研究提案工作,进一步提高了提案工作水平。

反映社情民意是政协履行职能的关键环节。区政协常委会重新制订了《区政协关于进一步加强了解和反映社情民意工作的意见》,强调人民政协了解和反映社情民意工作的重要意义,明确了领导机构和工作程序,提出了工作指标和奖励办法。创办了《社情民意》专报,适时印发了信息要点,促进了区政协反映社情民意工作。截至2004年底,共报送社情民意信息110条,被市政协采用5条,有4条信息得到了区领导批示,所反映的问题得到了及时解决。

继续发挥特约工作人员作用。特约监督工作是人民政协发挥民主监督职能的重要形式之一。本届政协委员中有57人应邀担任区政府有关职能部门和司法部门特约监督员。召开特约工作专题座谈会,组织委员参加丰台区依法治区规划和社区矫正座谈会,担任特约工作的委员认真负责,积极探讨不断创新特约监督工作的形式和方法,在加强民主监督方面发挥了重要作用。区政协还开展了网上考评政府部门的活动,扩大了民主监督的领域。

四、突出团结民主主题,广泛开展统战联谊活动

广泛开展统战联谊活动。区政协注重坚持团结民主主题,发挥优势,争取人心,凝聚力量,为构建社会主义和谐社会积极开展工作。充分发挥人民政协爱国统一战线组织的作用,广泛开展爱国统战联谊活动。区政协与区委统战部联合召开了政协委员、各民主党派、工商联、人民团体、各界代表人士参加的"庆祝中华人民共和国成立55周年、中国人民政治协商会议成立55周年国庆中秋联谊会",利用庆祝传统佳节的时机,通过自编自演文艺节目的形式歌颂伟大祖国繁荣昌盛,歌颂人民政协在促进团结民主、社会稳定中发挥的重要作用。有关专委会还在"三八"妇女节、"九九"重阳节等节日期间适时组织各种统战联谊活动,增进了政协与社会各界的联系,突出宣传大团结大联合主题,取得了较好的效果。

加强民族和宗教工作。组织民族宗教界委员学习党的民族宗教政策,提高对我国民族宗教工作重要性的认识,引导宗教与社会主义社会相适应。增进政协组织与宗教界的联系与沟通,开展走访考察活动,积极帮助宗教组织解决困难和难题,协助党和政府贯彻落实民族宗教政策,努力增进全区各族人民以及宗教界人士的团结和友谊。

深入宣传"和平统一、一国两制"方针。区政协高举爱国主义和社会主义两面旗帜,邀请有关专家作台湾地区选举后的岛内政局和两岸关系的报告。就中台办、国台办发表5.17声明召开专题座谈会,组织委员中的台胞台属、有海外关系的委员代表和有关代表人士批判陈水扁台独分裂行径。组织听取区台办关于我区台资企业及对台交流、交往情况通报,充分发挥人民政协联系广泛的优势,加强与台胞台属、华人华侨的联系,努力为祖国和平统一大业做出应有的贡献。

认真做好文史资料工作。学习贯彻全国政协文史资料主任会议精神;积极落实北京市政协文史委布置的《北京文史资料丛书(丰台卷)》的征编任务;编辑了出版《丰台文史资料选编第十期(航天史料专辑)》;开展抗击"非典"文史资料稿件的征集工作。共征集各类文史稿件99篇,36万字,较好地发挥了"存史、资政、团结、育人"的作用。

五、重视发挥界别作用,创新工作机制

注重发挥民主党派作用。人民政协是中国共产党领导的多党合作和政治协商的重要机构,各民主党派、工商联和各人民团体是人民政协组织的重要参加单位。搞好与参加政协的各党派、团体的团结合作是人民政协的重要任务。在区政协的各种会议上努力营造民主团结、和谐共事的气氛,努力为各党派、团体在政协发挥作用创造条件。区政协领导走访了各民主党派区工委、区工商联、各人民团体,听取对政协工作的意见和建议;召开党派联席会议,加强联系和沟通;六个民主党派、工商联积极参加政治协商和联合调研工作,进一步发挥了民主党派在人民政协中的重要作用。

突出发挥界别作用。体现界别优势,发挥界别作用,是新时期活跃政协工作的重要思路和方法。各人民团体成立了相应的界别工作小组,在普遍走访并召开人民团体界别委员会议的基础上,又召开了界别组长座谈会,就"参加人民政协的界别如何发挥整体作用"进行了交流与探讨。共青团、青联、科协结合本界别特点,召开界别组座谈会,提出了工作目标、制订了活动计划。各专委会强化了界别意识,积极开展履行职能的各项活动。经科委为了充分发挥企业界委员的优势,加强委员中企业家的联系,创办了"丰台区政协企业家联谊会",去年共举办了3次联谊活动,100多人次参加,交流了企业管理经验和体会,探索了企业发展的方向和思路,实现了委员"加强联系、相互学习、参政议政、共促发展"的目的,加强了党和政府与企业界人士的联系。对外联络委员会接待了1300多名前外交官参观世界花卉博览园,邀请部分老外交官视察丰台园区总部基地,积极为我区建设牵线搭桥。教文卫体委员会充分发挥医药卫生界别的作用,与九三学社、农工市委等共同承办了北京科技周和以“拥抱科学和平、共享健康生活”为主题的国际科学与和平周活动,在30多个社区开展医疗保健、知识讲座和咨询,进一步发挥各界别委员的专长和政协的优势,活跃了政协工作。

积极发挥委员分片联谊组作用。七届区政协在认真总结以往委员分片联谊组工作的基础上,对委员分片联谊组工作进行了探索和创新,根据委员报名,将215名委员全部按工作单位或居住地分到8个联谊组中,在联谊组的构成上,将街道和乡镇联为一体;在联谊组的活动形式上,与人大代表联组融为一体,共同为区域建设和推进丰台区城市化建言献策。联谊组活动得到了街、乡(镇)党政领导的大力支持,为委员更好地履行职能发挥了重要作用。

六、加强自身建设,推进政协工作

加强常委会、专委会建设。常委会根据新形势的需要和换届后的实际情况,认真贯彻落实丰台区政协工作会议精神,从多方面加强自身建设。常委会专题研究加强自身建设问题,对组成人员提出树立学习意识、责任意识、委员主体意识和表率意识的要求。按照《常委会议事规则》,对常委会及其组成人员的思想作风建设提出了具体要求。在履行职责的实际工作中,常委会的领导作用得到了进一步发挥。及时组建了各专门委员会,将全部委员按界别分到8个专门委员会,召开了各专门委员会的座谈会,研究专委会工作,为各专委会工作的顺利开展奠定了思想和组织基础。学习了兄弟区专委会设置情况,为调整区政协专委会设置做了准备。

抓好委员和机关干部两支队伍建设。采取培训班、专题报告会、讲座等形式,加强委员对党的方针政策及人民政协理论的学习,使广大委员进一步提高了政治素质和参政议政能力。积极办好《丰台政协工作通讯》,适时向委员通报区情,发放学习材料,不断开拓委员视野,提高履行职能水平。明确了主席、副主席、秘书长联系常委,常委联系委员的分工,区政协常委和各专门委员会加强了同委员的联系。

区政协党组高度重视加强机关建设,强调把“争创一流”作为政协机关工作的核心,各项工作中都突出“争创一流”的精神。注意发挥机关党支部的战斗堡垒作用,切实加强机关政治、业务学习,不断提高全体党员干部、职工的思想理论水平和工作能力。机关党支部、工会小组、妇委会密切配合,提出“内强素质、外树形象”的口号,开展了一系列活动,努力建立高素质的干部队伍。机关同志团结一致,精神振奋,努力工作,热情为委员服务,取得了明显成效。通过参加培训、干部交流、挂职锻炼,进一步提高了干部素质,激发了工作积极性,增强了区政协工作的活力。

加强新闻宣传,建立区政协网站。区政协成立了宣传工作领导小组,由一位副主席专门负责,秘书长抓落实,制订了宣传工作计划,加强与宣传部门和区有关宣传媒体的联系和沟通。去年全区各宣传媒体共播放、登载区政协工作信息和宣传新闻稿件126次(篇),进一步宣传了人民政协工作,扩大了政协在我区政治生活中的影响。主席会议非常重视区政协网站的建设,多次研究并指导筹建工作。经过试运行后,网站将于今年1月正式开通。网站共设26个专栏,可实现委员网上提案、反映社情民意、实施民主监督、建言立论、资料查阅、发布通知、传递信息等。区政协网站开始成为委员履行职能的载体,向社会宣传的窗口,与委员和各界沟通的平台。

回顾2004年的工作实践,我们有四点体会:

第一,依靠区委领导、区政府支持是做好区政协工作的保证。去年区政协各项工作之所以能在原有的基础上取得新的成绩,履行职能的水平不断提高,是与区委的领导、区政府支持密不可分的。区委常委会先后3次听取政协工作汇报,区委书记王子生同志听取政协党组工作汇报,对区政协工作提出指导性意见。区委、区政府适时向政协通报全区政治、经济和社会发展等重要情况,听取政协意见建议。区委、区政府领导对政协报送的建议案、重点提案和社情民意反映作出批示,加大办理力度,主管领导参加政协的调研和视察、考察活动,帮助解决实际问题。区委、区政府有关职能部门主动加强与政协各专委会对口联系,积极支持并密切配合政协开展调研工作,促成建议案、提案的成果转化。由于区委加强领导、区政府大力支持、政协党组在履行职能中积极发挥作用、使区政协在换届后的第一年就能够抓住中心,突出重点,抓出成效。

第二,围绕中心、服务大局是政协卓有成效开展工作的关键。围绕中心、服务大局是人民政协履行职能必须遵循的原则,是政协工作不断开创新局面的基础。去年围绕我区城乡二元行政管理体制改革问题进行政治协商,邀请有关专家、党派负责人和政协委员,积极献计献策;承担我区15个重点调研课题中"优化发展环境"的课题,形成了政协常委会建议案。协商和调研之所以取得明显效果,就是因为区政协的协商议题和调研课题都是紧紧围绕区委、区政府中心工作,是区委、区政府关注的热点问题,因而所提意见和建议得到了区委、区政府的高度重视和采纳。实践使我们体会到,政协工作要做到求真务实、有为有位,必须围绕区委、区政府中心工作,多帮忙不添乱,不越位真尽职,不表面更务实。

第三,集思广益、群策群力是确保政协工作充满生机和活力的基础。切实发挥政协委员的主体作用、专门委员会的基础作用,是提高政协工作质量的根本。充分发挥政协人才荟萃,智力密集的优势,为我区各项建设事业做贡献,是区政协工作的重要内容,也是我们不断深入研究的重要课题。本届政协把所有委员都吸收到专门委员会和委员分片联谊组中来,以专门委员会活动为主要载体,安排和组织各种考察、视察、调研、座谈、联谊活动,充分体现以委员为主体,尊重委员的创造性,保证委员行使民主权利,提供一切条件让委员充分展示才华和学识,较好地调动了委员参与我区经济建设和民主政治建设的积极性。去年政协进行的三个调研课题,参加的委员和各界人士达894人次;八个专委会去年共组织各种考察、视察活动41次,参加的委员达981人次;八个委员联谊组共开展活动15次。委员们在社会生活各方面提出了许多颇有见地的意见和建议,促进了政协工作向广度和深度发展,提高了区政协工作的整体水平。各专门委员会开展调研、视察活动中周密安排、精心组织,依靠广大委员的共同努力起到了较好的作用。

第四,开拓创新、争创一流是开创政协工作新局面的动力。新形势、新任务需要我们与时俱进、开拓创新。"三个代表"重要思想的核心是先进性。开拓创新、争创一流是先进性的具体体现。去年,区委把"关于我区城乡二元行政管理体制的问题"作为协商议题。这个问题对常委们来说是一个比较生疏的问题。为了搞好政治协商,制订了详细的协商计划,既通报区情,又请专家讲述理论知识;在深入调查研究、理论结合实际的基础上,有针对性地提出意见和建议,从而提高了政治协商水平。我们举办的政协委员企业家联谊会活动之所以取得成功,就是这种新的工作形式既满足了委员们的愿望,又适应了新形势、新任务对政协工作的新要求,为企业家之间加强联谊、共谋发展搭建了桥梁和平台。委员分片联谊组将街道和乡镇联为一体,适应了现代化新城区建设的新形势。加强人民政协宣传、建立区政协网站更是反映了时代的要求,体现了先进性。实践使我们体会到,做好新形势下的人民政协工作,必须有开拓创新、争创一流的先进意识,以新的工作思路、好的精神面貌、积极的工作态度把各项工作做得出色,做出成效。

在过去的一年里,区政协工作虽然取得了新的成绩,但也存在一些问题和不足。主要是需要进一步加强履行职能的制度化、规范化、程序化建设;需要继续探讨政协民主监督的新形式;需要深入研究发挥好委员主体作用,进一步加强社情民意反映。

各位委员,过去的一年是区政协工作继往开来的一年,是开拓创新的一年。我们圆满地完成了年初确定的各项任务。这是大家团结奋斗、共同努力的结果。在此我代表区政协七届常委会,对全体委员表示衷心的感谢!对关心和支持区政协工作的各级领导、各单位和社会各界人士表示衷心的感谢!

2005年工作任务

2005年是我区全面完成“十五”计划、制订“十一五”规划的重要一年。做好今年的各项工作,对加快丰台区城市化进程和现代化进程,实现经济跨越式发展,具有重要意义。新的一年里,区政协要以邓小平理论和“三个代表”重要思想为指导,在中共丰台区委的领导下,认真贯彻中共十六大和十六届三中、四中全会精神,学习贯彻中央经济工作会议精神和市、区工作部署,牢固树立和落实科学发展观,紧紧围绕建设现代化新城区的战略目标,把握团结民主主题,围绕中心,服务大局,履行政治协商、民主监督、参政议政的职能,坚持“与时俱进、开拓创新、求真务实、争创一流”的工作指导思想,为我区社会主义物质文明、政治文明、精神文明的协调发展做出新贡献。

一、加强学习,用科学理论指导政协工作

要进一步发挥区政协理论学习中心组、学习委员会、双月学习座谈会和暑期学习班的作用,努力把学习贯彻“三个代表”重要思想引向深入。要坚持以邓小平理论和“三个代表”重要思想统揽政协的工作,使人民政协事业真正体现时代性、把握规律性、富于创造性。要把学习“三个代表”重要思想同学习贯彻中共十六大和十六届三中、四中全会精神结合起来,同学习胡锦涛总书记在庆祝中国人民政治协商会议成立55周年大会上重要讲话精神结合起来,深入学习新时期统一战线理论和人民政协理论,学习中共北京市委书记刘淇在庆祝北京市政协成立55周年大会上的讲话精神,不断加深对中国共产党领导的多党合作和政治协商基本制度的认识和理解,牢固树立和落实科学发展观,紧紧围绕加强党的执政能力建设建言献策,努力提高运用科学理论分析和解决实际问题的能力。

通过举办报告会、召开理论研讨会、暑期学习班等多种学习形式,努力提高委员理论水平。运用多种形式组织委员学习现代经济、科技、法律知识,开阔眼界,提高政治协商、民主监督、参政议政能力。

二、积极为我区“十一五”规划的制订献计献策

积极参与区“十一五”规划制订工作。我们要按照围绕中心、服务大局的要求开展政协工作。动员和团结各方面力量聚精会神搞建设,切实把发展作为人民政协履行职能的第一要务,促进区“十五”计划全面完成。进一步解放思想,实事求是,根据形势的发展,制订符合我区实际的“十一五”规划,对于贯彻落实中共十六届三中、四中全会精神,把我区基本建成社会主义现代化新城区有着十分重要的意义。我们要组织有关委员,邀请专家学者积极参与区“十一五”规划部分课题的研究,积极为我区“十一五”规划的制订献计献策。

认真搞好“十一五”规划政治协商。在新

的一年里，广大政协委员要认真学习了解中央关于深化改革的一系列方针，认真学习贯彻中共丰台区委九届五次全会精神，明确我区2005年经济工作、社会发展的指导思想和总体要求，在深入调查研究的基础上，认真做好我区“十一五”规划政治协商工作。

继续开展调查研究，提高参政议政质量。围绕区委、区政府中心工作和广大群众关注的热点问题，特别是围绕我区“十一五”规划的制订深入开展调查研究。要发挥人民政协人才荟萃、智力密集的优势，发挥全体委员的积极性、主动性，积极建言立论，进一步提高参政议政水平。

三、探索民主监督的有效途径，加大民主监督力度

人民政协的民主监督是我国社会主义监督体系的重要组成部分。我们要积极发挥人民政协通过提出建议和批评，对国家宪法、法律和法规在我区的实施，重大方针政策在我区的贯彻执行，国家机关及其工作人员工作进行监督的作用，在继续完善和规范已有的民主监督的方式方法的基础上，积极探索民主监督的有效途径，强化民主监督职能。

继续请区委、区政府领导向区政协常委、民主党派、工商联负责人、各界代表人士通报全区政治经济和党风廉政建设的情况，在知情明政的基础上提出意见和建议。积极探索和加强建议案、提案办理过程中的民主监督，使区政协的建议案和提案更好地发挥实效。围绕我区经济建设、城市管理、新建小区教育卫生文化配套设施建设、药品监督、民族宗教等方面工作开展视察、考察，重点考察我区二元行政管理体制改革情况、北京中关村科技园区、丰台科技园区总部基地，视察我区物流商贸业发展情况、残疾人就业和为残疾人服务设施、落实宗教房产情况等，使民主监督工作不断深化。召开加强政协民主监督工作的研讨会和委员中特约工作人员的座谈会，不断探索发扬民主的有效形式，为促进我区的民主政治建设做出贡献。

四、努力为构建社会主义和谐社会发挥作用

人民政协作为我国政治体制的重要组成部分，在我国政治生活中具有不可替代的作用。从加强党的执政能力的高度出发，人民政协工作的出发点和落脚点就是围绕中国共产党加强执政能力建设进行协商和监督，帮助中国共产党提高执政能力、巩固政权。人民政协是中国共产党联系人民群众的重要纽带，争取人心、凝聚力量是新时期统一战线的根本任务。当前，我区正处在建设现代化新城区的关键时期，我们要突出团结民主两大主题，发挥政协联系广泛、包容性强的优势，通过各个界别联系社会各个方面，了解情况，发现问题，依据党和国家的方针政策，做好消除误解、增进理解、理顺情绪、安定人心的工作，化解矛盾，增强团结，共同致力于改革和发展；发挥政协自身的优势，通过深入调研，广开言路，为区委、区政府决策民主化、科学化提供来自社会不同阶层、利益群体的参考意见，使决策既符合多数人的共同利益，又适当照顾少数人的合理要求；通过各种形式反映社情民意，密切党和政府同各界群众的关系，及时准确地反映群众的意见和要求，努力成为区委、区政府团结各界、联系群众的桥梁和纽带，为维护稳定做出应有的贡献。

要坚持“和平统一、一国两制”的方针，广泛开展爱国统战联谊活动，多做统一思想、维护祖国统一、促进安定团结的工作，为实现祖国统一大业做出积极贡献。

五、继续加强自身建设，推进履行职能的制度化、规范化、程序化

人民政协履行职能必须依据宪法和政协章程的要求，全面加强自身建设，提高工作水平。要认真学习新政协章程，切实贯彻章程，坚持按章程开展工作。按照发展社会主义民主政治的要求,以与时俱进的精神坚持改革创新,研究探索开展人民政协工作的新形式、新方法。进一步发挥常委会的集体领导作用,加强专委会和委员队伍建设,提高委员的政治素质和参政议政能力,不断提高活动质量,进一步发挥委员的主体作用。按照中央要求和市、区的统一部署,在区政协党组、机关党员干部队伍中,认真开展"保持共产党员先进性教育"活动。切实加强机关建设,提高办事效率,推进信息化建设,构建为委员履行职能服务的信息平台。

推动政治协商、民主监督、参政议政的制度化、规范化、程序化,进一步发挥人民政协的特点和优势。要在继续贯彻执行中共丰台区委《关于进一步加强人民政协工作的意见》、《关于进一步加强政治协商的意见》和各项制度的基础上,根据全国政协第五次提案工作会议精神,修订《丰台区政协提案工作条例》;修改《丰台区政协常委会议事规则》、《专门委员会工作通则》等规章制度,以适应新形势下政协工作的需要,并着重在落实上下功夫。

各位委员,展望新的一年我们充满信心和希望,人民政协肩负着光荣的使命和职责。让我们紧密团结在以胡锦涛同志为总书记的中共中央周围,以"三个代表"重要思想为指导,在中共丰台区委的领导下,认真贯彻中央和市、区的工作部署,求真务实,开拓进取,努力开创政协工作新局面。

大 事 记

2004年丰台区大事记

1月

8日 全国政协副主席张思卿携委员30人到大成学校视察。

9日至11日 召开中共丰台区第九次代表大会,与会代表369名。选举产生中共丰台区第九届委员会、区纪律检查委员会,选出区委常委13人,王子生为书记,张大力、杜瑞琴(女)、王铁阳、刘云广、阎满成为副书记。通过了新一届区纪委全体会议选出的区纪委常委、书记、副书记人选,王铁阳为书记。通过关于中共丰台区第八届委员会工作报告和区纪委工作报告的决议。

11日至16日 召开政协北京市丰台区第七届委员会第一次会议。选出区政协新一届领导班子,初建华当选主席,鲍顺新、胡燕(女)、周大春(女)、赵仑、孙敏奇、于雪鹰(女)当选副主席,乔世红(女)当选秘书长。

12日至16日 召开丰台区第三届人民代表大会第一次会议,267名代表参加会议。张大力作政府工作报告。大会选出以杜瑞琴为主任的新一届常委会和以张大力为区长的新一届政府领导班子。董华当选为区人民法院院长,蔡柏林当选为区人民检察院检察长。

17日上午 中共中央政治局委员、国务院副总理回良玉,在国务院副秘书长汪洋、中国残联主席邓朴方、北京市市长王岐山等陪同下,到右安门街道翠林小区三里残疾人康建生家中走访慰问。

2月

3日 召开丰台区2004年农村创建领导小组工作会,区委书记王子生强调把农村基层组织创建工作放在党的建设和工作全局的高度来抓。

7日 在全区范围内开展安全大检查,其中对大红门外来人口聚集区、丽泽长途客运站、丽泽建材城和岳各庄农贸市场等区域进行了重点检查。

13日 王子生、张大力会见拉萨市党政代表团。丰台区把援藏工作列入区委和区政府的重要议事日程:派王振邦等3人赴拉萨执行援藏任务,先后接收7名堆龙德庆县干部到丰台区挂职锻炼,10名教师到丰台区培训。

16日 即日起,纳税人到丰台地税局办理契税减免业务立等可取,审批时间由半月缩为15分钟。

20日 丰台区第一块集体土地长辛店新区崔村居住区项目公开挂牌上市交易。

26日 丰台区首次启动桥梁突发事件应急预案,仅用3小时解决南苑地区一营门桥桥面塌陷问题。

3月

5日 举行丰台区纪念“三八”国际劳动

妇女节94周年暨“巾帼创新业”活动表彰大会。开展此活动6年中全区共有222名优秀妇女受表彰。

10日 副市长陆昊到丰台区调研，视察岳各庄红星美凯龙商场、青龙湖公园、科技园区总部基地和大红门天雅大厦。

14日 丰台创建首家“劳动用工规范一条街”——“方庄美食一条街”的35家单位与其下属的4096名员工签订了劳动合同。

16日 丰台区首家“妇女法律维权工作站”在新村街道正式揭牌。

4月

3日 是首都第20个全民义务植树节，全区约5万军民参加了义务植树活动。

同日 永定河畔，全国绿化委员会、中央各部门、国务院各部委等80多个单位145名部长和机关干部共计600多人参加义务植树。

4日 区第十三届人大常委会召开第二次会议，依法任命了20名新一届区政府组成人员和区人大常委会下设工作机构正职负责人，决定了区人民法院和区人民检察院的任免事项，并选举了81名区第十三届人民陪审员。

10日 丰台区启动第一次全国经济普查工作。南苑乡被列为市级试点单位。

15日 召开全区2004年城市化工作会议，王子生与乡镇党委书记签定2004年创建工作责任书，张大力就耕地保护和粮食生产问题讲话。

16日 丰台首批城市医生50名奔赴农村，开始为期三个月的支农活动。

23日 南城首家留学生创业园落户丰台园。

28日 北京第一届农业机械展示会在南宫举行。

29日 总投资1.27亿元、全长1.458公里、路宽40米的方庄南路竣工通车。

5月

15日 开展全区社会治安综合治理大型宣传日活动。

16日 丰台区2004年科技周“关爱健康，科学健身”系列活动开幕式在莲花池公园举行，民主党派人士送科学进社区。

同日 北京市认建认养最大绿地面积达3万平方米的华凯花园竣工。

20日 全区启动新型农村合作医疗保险制度，区政府投入500万资金给予扶持。

29 第四届“相约北京”联欢活动暨第二届北京国际戏剧演出季广场活动在世界公园落下帷幕。

31日 召开丰台区城乡一体争创国家卫生区工作动员大会。

6月

6日 北京市首家工商联法律援助工作站在丰台区成立。

同日 国务院副总理回良玉视察永定河防汛。

8日 大红门流动人口文化艺术团成立。

同日 北京市第一个企业流动人口教育服务中心在木樨园世贸中心举行揭牌仪式。

13日 全区开展“以人为本，安全第一”为主题的安全生产大型宣传日活动。

25日 王佐镇北宫村出土一清代完整男尸。

★ 永定河历代洪灾及治理展在抗日战争纪念雕塑园举办。

7月

1日 北京市首次拥有的两座最长的钢索斜拉式过街天桥在丽泽快速路上落成。

6日 召开全区2004年依法治区工作大会，总结2000—2003年四年工作开展情况，制定2004—2008年四年工作规划。

7日 由128位共和国将军撰稿书写铭刻于石鼓上的“百名将军石鼓园”落成于中国

人民抗日战争纪念雕塑园内。

10日 千名前外交官游览世界花卉大观园,参加一年一度的中国前外交官消夏联谊会。

12日 北京市"亲情、友情、世纪情"第五届京台青少年交流周开幕式在北京十二中高中部礼堂举行。来自台湾的260名中学生和丰台区师生共计800人到会。

23日 匈牙利熊猫国际儿童基金会一行14人结束对区少年宫交流活动回国。

28日 市委书记刘淇视察丰台科技园区总部经济工作。

30日 木樨园邮电局正式开业。

8月

3日 2004年"丰台杯"全国蹴球邀请赛开赛。

6日 中共丰台区委第九届委员会第四次全体(扩大)会议召开。

18日 丰台区首家爱心互助家园超市落户右安门。

同日 丰台区全程办事代理信息系统及网络互联审批系统在区政府企业服务大厅正式开通。

19日 永定河上唯一一座治水庙大王庙修缮完成。

同日 航天知名企业中国航天时代电子公司、长征火箭技术股份有限公司总部奠基仪式在丰台科技园区举行。

22日 北京十中被评为北京市示范高中。

31日 丰台区林业局局长张建国荣获全国"人民满意的公务员"荣誉称号。

9月

2日 张大力区长率团参加第八届京港洽谈会。

同日 丰台区召开未成年人思想道德建设工作会议。

3日 丰台区第一家基层法律服务所接待站在大红门街道大康鞋城正式成立。

同日 马草河还清连接工程全部完工。

4日 第18届醒狮杯越野赛跑在卢沟桥畔举行,有300多名运动员参加比赛。

6日至9日 由区林业局发起主办的第12届中国北京种子交易会交易量达到3亿元以上。

9日 丰台区教育大会召开。

22日 长辛店镇举办第二届棘梨枣采摘节。

28日 丰台区图书馆开馆接待读者。

10月

1日 南宫建成北京市第一家温室公园。

9日 丰台区全面启动反家暴工作,并在全市首家创建城市社区多机构妇女维权网络系统。

12日 北京城市排水集团卢南污水处理厂(原称卢沟桥污水处理厂)正式通水运行,日污水处理能力达10万吨。

13日 丰台区残疾人第九届运动会在丰台体育中心开幕。

15日丰台区通过北京市创卫灭蝇达标考核。

18日 由世界500强企业之一的法国乐华梅兰集团与法国欧尚共同组建的欧尚·乐华梅兰大型购物广场竣工并正式对外营业。

20日 丰台区30个未成年人思想道德建设实践活动基地挂牌。

25日 全区广大军民捐赠的21万衣被发往内蒙古赤峰市、巴彦卓尔盟和江西定南县贫困灾区。

28至29日 共青团丰台区第十次代表大会召开。211名团员代表和23名列席代表参加会议。选举产生由35名委员组成的共青团丰台区第十届委员会,徐颖为书记,贾丽君(女)、张晓光、鲁爱国为副书记。

30日上午　中共中央政治局委员、北京市委书记刘淇到丰台区小屯小学视察工作。

11月

5日　第十六届“国际科学与和平周”丰台会场活动落下帷幕。

6日　王佐镇洛平精品设施园成为丰台区首个有机果品生产基地。

10日　王佐镇被评为北京市唯一一家“全国亿万农民健康促进行动示范镇”。

同日　京郊农村优秀基层干部先进事迹报告团丰台区专场报告会在工人俱乐部召开。

11日　河西农民首次报销医药费。

15日　城南首条生态河水衙沟整治主体工程完工。

16日　丰台区科技馆重新开馆。

同日　丰台区召开人才工作会议。

28日　7706人在城外诚家居文化广场同跳踢踏舞，挑战吉尼斯世界纪录。

29至30日　区总工会第十次代表大会举行，王春兰(女)当选区总工会主席，赵全建、刘庆文、王艳云(女)为副主席。

30日　中共中央总书记、国家主席胡锦涛到北京佑安医院看望正在这里治疗的艾滋病患者，慰问医务人员和志愿者。

12月

1日　区委书记王子生为区图书馆捐赠图书64册图书，共计5400余元，多为实用型工具书。

17日　区政法委在六里桥召开“打击违法犯罪公开处理大会”，公判7案15名罪犯。

20日　马家堡西路通车。

21日　方庄医院成为中国首家社区护理教学基地。

22日　北京铁路分局中心医院和丰台区医院合并，合并后的北京丰台医院将成为全市最大的地区医疗服务中心。

25日　以“新丰台、新青年”为主题的2004年丰台青少年艺术节颁奖典礼在丰台影剧院举行。

27日　南宫第二眼地热井喷出热泉水。

28日　北京市第一座具有先进技术水平的医疗废物集中处理设施——南宫医疗废物处理厂技术改造一期工程投入运行，每日集中处理医疗废物15吨。

同日　岳各庄批发市场投资4000万元建设的一座17000平方米近500个摊位的综合性交易大楼投入使用。

29日　2005年北京市文化科技卫生“三下乡”暨“文化设施建设双百工程”在丰台区启动。

31日　马草河开始放闸蓄水，水面抬高近2米，蓄水量达到8万立方米。

政党　团体

中国共产党丰台区委员会

【概　况】 区委九届一次全会以来，在市委、市政府的正确领导下，我们坚持以邓小平理论和“三个代表”重要思想为指导，认真贯彻中央、北京市的一系列重要工作部署和区九次党代会精神，紧紧围绕建设现代化新城区的战略目标，切实发挥区委的领导核心作用，团结带领全区各级党组织和广大干部群众，赢得了新一届区委工作的良好开局。

坚持以经济建设为中心，促进了区域发展和各项改革。制定区委常委会工作要点，召开区委区政府工作会议，明确了全年工作具体思路。落实宏观调控措施，完成了治理整顿土地市场秩序、清理固定资产投资项目和土地确权工作。大力调整产业结构，高新技术产业、现代服务业、房地产业及特色旅游业呈现良好发展势头。政府机构改革、国有资产管理体制改革、街乡镇财政管理体制改革、农村社区股份合作制改革、城乡二元管理体制改革深入推进。非公经济加快发展。招商引资工作成效显著。全年完成地区生产总值261亿元，财政收入15亿元，城镇居民人均可支配收入14000元，农民人均纯收入8409元，同比分别增长13%、23%、14%、8%，城镇登记失业人员再就业率达到63.9%，城镇登记失业率控制在1.69%以内。

突出重点环节，进一步提高了城市建设和管理水平。抓住北京城市总体规划修编的契机，提出“统筹发展、规模发展、协调发展、可持续发展、集约发展”五种理念指导区域规划修编，取得初步成果。狠抓城市基础设施建设，道路及水、电、气、热等公用设施建设全面推进，水系治理、绿化美化、控制污染工作成效明显。强化领导工作责任制，加大对重点工程建设的领导、研究和协调力度，总部基地、大红门特色商业街、王佐中心镇等重点区域、重点工程建设扎实推进。危旧房改造和绿化隔离地区建设取得新进展。结合“创卫”活动，深入开展环境综合整治，城市面貌逐步改观。深入进行街道、社区工作调研，为结合实际贯彻市第五次城管会议精神，进行了认真准备。

加强基础管理，巩固和发展了区域安全与稳定的局面。认真落实“两个特别”的指示精神，从改进领导方法入手，强化政府的监管责任、单位法定代表人或主要负责人的主体责任，明确政府部门和街乡镇的职责，健全群防群控体系，深入开展安全执法检查、专项整治和宣传教育，进一步加强了安全生产工作。建立健全公共安全应急处理机制，提高了应对突发事件的能力。健全领导包案、信访排查调处例会等十项机制，依法规范信访秩序，人民内部矛盾排查调处工作成绩显著。贯彻打防结合、预防为主方针,健全“严打”经常性工作机制,深入开展与“法轮功”邪教组织的斗争,社会治安综合治理不断深化。深入开展“迎国庆、创首善”城市秩序综合整治工作,圆满完成了迎接建国55周年各项工作任务。

注重精神文明建设,推动了区域经济社会协调发展。贯彻“三贴近”原则,着力实施“理论武装、舆论引导、道德提升、精神塑造”四项工程,宣传思想工作水平进一步提高。以创建首都文明城区为龙头,深入开展群众性精神文明创建活动。进一步加强了未成年人思想道德建设。提出《关于贯彻落实首都教育发展战略促进我区基本实现教育现代化的实施方案》,调整教育结构,推进教育创新,全面提高基础教育质量。建立健全公共卫生突发事件应急处理机制、疾病预防控制和医疗服务体系,取得了防控非典和抗击禽流感的胜利。科技、文化和体育事业进一步发展。人口与计划生育工作成效显著。

改进领导方式,加强了民主政治建设。按照总揽全局、协调各方的原则,有效发挥区委对同级各种组织的领导核心作用,巩固和发展了区级班子团结和谐、共谋发展的良好局面。认真坚持人民代表大会制度和中国共产党领导的多党合作与政治协商制度,支持人大、政协依照法律和章程履行各项职责,区人大地方国家权力机关的作用和区政协政治协商、民主监督的作用得到充分发挥。坚决贯彻《中华人民共和国行政许可法》和国务院《全面推进依法行政实施纲要》,进一步推进了依法行政、依法治区工作。统战工作和基层民主政治建设迈出新步伐。工会、共青团、妇联等群团工作显露新气象。

千方百计做好群众工作,党与群众的联系更加紧密。全面落实就业和再就业优惠政策,努力构建城乡一体化的就业服务体系,加强职业技能培训,积极创造就业岗位,继续对困难群体实施就业援助,就业安置成效明显。高度重视广大群众特别是困难群众的生产生活问题。认真做好扩面征缴、农转非人员参加社会保险、农村合作医疗、城乡困难群体最低生活保障和救助工作,稳步扩大了城市和农村社会保障覆盖面。完成了建设征地农转居自谋职业人员补缴社会保险费工作。积极维护企业职工和来京务工人员的合法权益。采取有效措施,解决城镇拆迁和农村土地征用引发的各种矛盾,维护了群众利益。

以提高执政能力为重点,全面推进了党的建设。认真开展科学发展观的学习教育活动,树立和落实科学发展观的工作取得初步成果。制定落实《关于加强区级领导班子思想政治建设的意见》,扎实推进大规模干部培训工作,加强了区处两级领导班子思想政治建设。制定落实《关于加强执政能力建设的实施意见》、《实施〈中国共产党党内监督条例(试行)〉监督制度的若干规定(试行)》等文件,区委领导工作的规范化、制度化、程序化水平进一步提高。加强领导班子和干部队伍建设,建立处级党政正职拟任人选和推荐人选全委会票决制度,进行党政领导干部职责绩效考评指标体系建设的探索,加强人才工作,干部人事制度改革进一步深化。顺利完成农村“两委”换届。围绕“两个创新”,深化了农村“三级联创”活动。以服务群众为重点,大力推进了街道社区党建工作。企业、机关、教育、卫生、非公经济党建工作进一步加强。完成了重点区域建设、优化发展环境等15个重点课题的调研任务。推行全程办事代理制和政务公开,全面推进反腐倡廉工作,党风廉政建设和反腐败斗争取得新的成效。

(姜丽洁)

【召开中共丰台区第九次代表大会】 1月8日,在京丰宾馆会议厅召开中共丰台区第九次代表大会,张大力同志主持会议,王子生同志代表中共丰台区第八届委员会向大会作了题为《全面贯彻“三个代表”重要思想,为在五年内基本建成现代化新城区而奋斗》的报告。

（姜丽洁）

【召开区委九届一次全会】 1月10日，在京丰宾馆召开区委九届一次全会，王子生同志在讲话中对区委领导班子提出五点要求：一是必须加强学习，夯实领导现代化新城区建设的理论功底；二是必须深化改革，勇于创新，抓紧第一要务的落实；三是必须增强大局意识，形成领导班子团结奋进的整体合力；四是必须实践党的宗旨，密切党与人民群众的血肉联系；五是必须改进作风，树立立党为公、执政为民的良好形象。

（姜丽洁）

【召开九届区委第一次书记办公会议】 1月13日下午，王子生同志在京丰宾馆南大休息室主持召开九届区委第一次书记办公会议，协调区委书记、副书记、区委常委分工问题；讨论九届区委领导班子成员兼任职务任免工作的问题；讨论建立区人大常务委员会、区政府、区政协党组问题。

（姜丽洁）

【召开九届区委第一次常委会议】 1月16日下午，王子生同志在区委三楼会议室室主持召开九届区委第一次常委会议，研究区委书记、副书记、区委常委分工问题；研究建立区人大常务委员会、区政府、区政协党组问题；研究区人大常务委员会常务副主任、区政协常务副主席名单；研究干部人事问题。

（姜丽洁）

【回良玉副总理到丰台区走访慰问】 1月17日，回良玉副总理到丰台区走访慰问残疾人家庭，中残联主席邓朴方、市领导王岐山、龙新民、孙安民、区领导张大力陪同慰问。

（姜丽洁）

【召开九届区委第二次书记办公会议】 1月30日，王子生同志在区委三楼会议室主持召开九届区委第二次书记办公会议，讨论区委书记办公会固定列席人员建议名单和区委常委会固定列席人员建议名单；讨论关于加强区级领导班子思想政治建设的意见和区委常委会2004年工作要点；讨论干部人事问题。

（姜丽洁）

【召开党建工作务虚会】 1月31日，区委召开党建工作务虚会，区领导王铁阳、刘云广、阎满成、陈继平、王志江、王苏维、杨逸铮、李明圣、吕跃进就年内的党建工作思路进行了交流。王子生同志在讲话中强调：突出“四观”的学习教育，用马克思主义理论创新的最新成果武装头脑，把学习贯彻“三个代表”重要思想新高潮活动引向深入；坚持以经济建设为中心，抓好发展这个第一要务；创新城市建设和管理工作，努力提升城市现代化水平；切实把精神文明建设摆到更加突出的位置，开创精神文明建设的新局面；切实维护社会安全稳定，为改革发展营造和谐稳定的社会环境；以加强执政能力为重点，全面推进党的建设；加强区委常委会自身建设，提高统揽全局、协调各方的能力。

（姜丽洁）

【拉萨市党政代表团到丰台区考察交流】 2月13日，拉萨市党政代表团与丰台区委区政府座谈会召开。座谈会由北京市发改委委员陈怀伟主持，王子生同志介绍了丰台区经济发展和援藏工作有关情况，拉萨市委书记公保扎西介绍了拉萨市经济社会发展情况，双方就援藏工作有关问题进行了座谈。北京市委副秘书长夏尚武、北京市委组织部副部长李维良、拉萨市市长罗布顿珠、拉萨市委常委组织部长王茂雄和区领导张大力、刘云广、阎满成、闫小彦、杨逸铮、李明圣、汪洪出席座谈会。

（姜丽洁）

【区委区政府召开工作会议】 2月25日，区委区政府工作会议在区工人俱乐部召开。王子生同志在讲话中强调六点意见：认真学习领会市委九届六次全会精神，切实加大贯彻落实的工作力度；紧紧抓住发展这个第一要务，加快区域建设和改革；创新城市建设和管理工作,努力提高城市现代化水平;切实加强精神文明建设,推动经济社会协调发展;切实加强民主法制建设,为发展创造良好的政治环境;以提高执政能力为重点,全面推进党的建设。

(姜丽洁)

【部署全国“两会”安全保障工作】 2月26日,区委区政府召开工作会议,研究部署全国“两会”期间的安全保障工作,区领导王子生、张大力、杜瑞琴、王铁阳、刘云广、王苏维、杨逸铮、李明圣、吕跃进等出席会议。王子生同志在讲话中强调:进一步增强责任感,专群结合,群防群控,全力做好“两会”期间的安全保障工作;开展大力度的人民内部矛盾纠纷排查,杜绝群体访对“两会”的干扰;继续开展大规模的安全生产检查,杜绝群死群伤事故发生;大力开展环境整治,以良好的市容面貌迎接“两会”。

(姜丽洁)

【召开土地市场清理整顿工作会议】 5月2日,丰台区土地市场清理整顿工作会议在区委区政府大楼三层第一会议室召开。张大力同志对全区土地市场清理整顿工作进行了部署,王子生同志作了讲话。区领导李明圣、罗洁、李昌安,各乡镇党政主要负责人和区有关部门负责人参加会议。

(姜丽洁)

【召开领导班子思想政治建设工作会】 6月10日,丰台区领导班子思想政治建设工作会议暨处级主要领导干部“树立和落实科学发展观”读书班在区委党校礼堂举办。王子生同志作了题为“树立和落实科学发展观,努力加快丰台区现代化新城区建设步伐”的重要讲话。全区副处实职以上领导参加学习。

(姜丽洁)

【召开安全生产工作会议】 6月12日,丰台区安全生产工作会议在区委区政府大楼三层报告厅召开。王子生同志传达了上午北京市安全工作会议精神,就抓好全区安全生产工作提出了“五个真正落实”的要求,即把提高对安全工作重要性的认识真正落实,把安全工作的宣传教育真正落实,把安全工作责任制真正落实,把安全工作监督长效机制真正落实,把查处各类隐患和重点防范工作真正落实。区领导刘云广、阎满成、陈继平、杨逸铮、李明圣、吕跃进、王慧强、闫傲霜、李昌安、汪洪出席,全区各单位党政一把手参加会议。

(姜丽洁)

【国务院土地市场检查组检查工作】 7月1日,以令狐安同志为组长的国务院土地市场检查组到丰台区检查治理整顿土地市场秩序工作。检查组在听取全区治理整顿土地市场秩序工作情况汇报后又来到王佐乡魏各庄中心村和总部基地进行用地现场检查。汇报会由王子生同志主持,张大力同志汇报。市领导刘志华及市有关部门负责同志一同检查,区领导刘云广、闫小彦、李明圣、李昌安,区相关部门和接受检查单位负责人陪同检查。

(姜丽洁)

【刘淇到丰台区调研】 7月28日,市委书记刘淇到丰台区调研,察看了花乡六圈村“富锦嘉园”社区和总部基地建设情况,听取了王子生同志关于丰台区贯彻落实市委九届七次全会精神的汇报和汪洪同志关于总部基地建设情况的汇报,并作了重要讲话,充分肯定了丰台区在贯彻落实科学发展观、促进经济发展、保持社会稳定和加强党的建设等方面取得的巨大成绩。市领导强卫、孙政才和有关部门负责同志一同调研,区领导张大力、李明圣陪同调研。

(姜丽洁)

【召开区委九届四次全体(扩大)会议】 8月6日,区委九届四次全体(扩大)会议在区委区政府大楼三层报告厅召开,传达市委九届七次全会精神,总结上半年工作,研究部署下半年任务。杜瑞琴同志主持,王子生同志作了题为《团结奋进 狠抓落实 确保完成开局之年的各项工作任务》的报告,张大力同志发表重要讲话。全区副处实职以上领导参加会议。

（姜丽洁）

【巴中市党政代表团来访】 9月13日，区领导王子生、初建华、闫小彦、李明圣在区委区政府大楼八层第六会议室接待来访的四川省巴中市党政代表团。区委办、政府办、卢沟桥街道有关负责同志陪同接待。

（姜丽洁）

组　织　工　作

【概　况】 全区各级党组织和组织系统认真学习贯彻党的十六大和十六届四中全会精神，围绕区九次党代会提出的目标任务和区委的工作部署，坚持在实践中探索，在继承中发展，在开拓中创新，党的建设和组织工作取得了新的成绩、新的进步。大力加强思想政治、领导班子和领导干部的执政能力建设。以提高思想政治素质和公共管理能力为重点，举办了领导干部树立和落实科学发展观专题研讨班、公共管理高级研修班及乡镇主要领导干部农村问题研讨班，实现了区级领导干部和处级党政一把手的全员培训。举办各类主体培训班10个，培训副处级干部和中青年后备干部380人。举办各类基层干部培训班8期，培训1800余人次。坚持实施分类分层培训，切实增强干部培训的针对性和实效性；制定了《中共丰台区委关于贯彻〈中共北京市委加强全市党政领导班子建设[2004－2008年]规划纲要〉的实施意见》。

强化职责管理，完成对街道系统领导班子和领导干部任期考察，对领导职位优化配置、领导干部职位说明书、街道工委议事规则和领导职务任期制等问题进行了调研，开展了领导干部职位规范试点工作；探索建立处级领导班子和领导干部绩效考核评价体系，重点在处级领导干部考核评价方式上进行了改进；积极探索干部选拔新方式，建立公开推荐机制，把素质测评引入选拔过程。修订完善了《处级领导干部履行岗位职责情况记录册》，全面加强对处级领导干部综合情况的信息采集。建立了《党政领导干部选拔任用工作程序册》，进一步规范了领导干部的选拔任用工作，加强了对干部选拔任用工作的全方位、全过程监督。强化组织、纪检、监察、审计、信访等部门的协调与沟通，进一步完善了巡视制度。对109名拟任干部进行了廉政调查，对9名正处级领导干部进行了任期经济责任审计和离任审计，对37名处级领导干部实施了信访监督；围绕“两个创新”，深入开展农村“三级联创”活动。制定了《丰台区2004－2008年争创农村基层组织建设先进区活动规划》，修改完善了创建考核标准和办法，组织完成了年度考评工作。村级“两委”换届工作顺利完成；大力探索和推进城乡二元管理体制改革，积极开展城乡二元管理体制改革调研试点工作。强化“三级联创”工作责任制，努力实现创建活动与推进农村城市化、实现农民群众的根本利益和农村社会管理及公共服务的有机结合。以服务群众为重点，大力推进街道社区党建工作，进一步完善了“双争创”活动考核评价体系。探索建立社区党建与社区发展相适应、与社区文明相衔接、与社会自治相配套的工作机制；积极探索非公经济党建工作的特点和规律，加强非公企业党组织建设。全区非公经济组织建立党组织157个。在全区开展了党员思想状况调查工作，历时1个多月，形成了有价值的调研成果，为开展先进性教育活动做好充分准备。切实加强流动党员的摸底调查和教育管理工作，在卢沟桥街道、卢沟桥乡、大红门街道、南苑乡和区私个协会开展流动党员教育管理试点工作，形成了专题报告，受到中组部和市委组织部的关注；切实落实党管人才原则，全区人才工作新格局、新机制逐步形成。形成了《丰台区人才发展规划研究报告》，在此基础上，制定了《中共丰台区委、区政府进一步加强人才工作的意见》。突出抓好党政人才、经营管理人才、专业技术人才,特别是优秀青年人才等骨干人才的培养工作。选派9名同志到北京大学现代公共管理高级研修班进行培训学习,着力提高理论水平、培养战略眼光;积极探索党政领导人才常态准入机制和考任分离制度,为优秀人才脱颖而出创造了条件,依托专业机构,对全区各单位上报的处级后备党政领导人才进行了综合素质测试,调整补充了党政人才库;建立了市区机关、街道乡镇干部挂职锻炼基地,选调了29名党政干部人才进行实践锻炼;积极做好全区党政机关首次职称评审工作,完成了局级领导干部的评审和全区党政机关正处级领导干部参评人员的有关职称评审前期工作;在全区组织开展了深化和拓展"树组工干部形象"集中学习教育活动。在全区组工干部中开展了"树形象、见实效"演讲比赛活动。对在2003年开展的"树组工干部形象"征文活动中的先进单位和个人进行了表彰,共评选表彰优秀组织奖6个,一等奖5个,二等奖10个,三等奖15个。巩固和扩大了公道正派为主要内容的"树组工干部形象"集中学习教育活动成果,进一步加强了组织部门自身建设,提高了组工干部队伍的整体素质,推动了组织工作各项任务的顺利完成。

(陈铭)

【对党政正职实行区委全委会票决制】 年内,实施了《关于对处级党政领导班子正职拟任人选和推荐人选实行全委会投票表决和闭会期间征求意见的办法》,对13名处级领导班子党政正职拟任人选经区委全委会投票表决或征求区委全体委员意见后任职。

(陈铭)

【民主推荐团区委副书记】 6月,在全区范围内民主推荐团区委副书记。62名候选人经过测试、面试、考察程序,两名同志脱颖而出,顺利当选团区委副书记。

(陈铭)

【进行综合素质测评】 7月17日,对全区正副处级后备干部634名(其中正处级106名,副处级528名)进行了综合素质测评。

(陈铭)

【后备干部挂职锻炼】 11月1日,在全区干部综合素质测评和民主推荐的基础上,区委组织部选派了29名青年干部分别到市直、区直机关和街道、乡(镇)进行培养挂职锻炼。

(陈铭)

【选派援藏干部】 6月20日,刘建伟、汝玉虎、郭建中三位同志作为丰台区第二批援藏干部,奔赴拉萨堆龙德庆县执行援藏任务。

(陈铭)

【举办读书研讨班】 6月10日至12日。全区180余名局、处级领导干部参加了读书研讨班的学习。区委书记王子生围绕如何树立和落实科学发展观,加快现代化新城区建设作了重要讲话。

(陈铭)

【举办专题培训班】 10月13日至14日,举办了基层干部学习贯彻十六届四中全会精神专题培训班。来自全区各街道社区党委(总支、支部)书记、社区居委会主任,乡镇村党总支书记、村委会主任、联合公司经理,区城企中心所属企业党组织书记、厂长(经理),区私个协所属非公经济组织党组织书记共700余人参加了培训。

(陈铭)

【开展纪念建党83周年活动】 组织召开区纪念建党83周年先进基层党组织、优秀共产党员座谈会;会同团区委和科技园区工委举办了首届青年岗位技能大赛和"丰台新区文艺汇演",与区文委组织开展"庆七一社区老党员、老干部免费上网周活动,创新了活动方式,丰富了老党员、老干部的教育内容。

(陈铭)

【完成村级"两委"换届工作】 2月13日,下发<关于做好村党组织换届选举工作的通知>和<关于在村委会换届工作中加强党的领导的意见>,指导村级党组织开展换届选举工作。65个参选村完成换届选举，其中57个村一次选举成功，成功率为88%，党组织提出的人选85%以上依法高票当选，51名村委会主任实现交叉任职，巩固了党在村民自治组织中的核心地位。

（陈铭）

【党员发展工作】 全年全区新发展党员5632名，党员总数达70167名。

（陈铭）

【非公企业党组织建设】 年内，成立了天雅市场、光彩农产品批发市场、大康鞋城民兵连等流动党员党支部。全区非公经济组织已建立党组织157个，其中党委1个、党总支11个、独立党支部119个、联合党支部26个。

（陈铭）

【区人才工作领导小组成立】 年内，成立了以区委副书记刘云广任组长，区委常委、常务副区长闫小彦，区委常委、组织部长杨逸铮任副组长的丰台区人才工作领导小组。明确了工作职责和工作规则，加强了对人才工作的组织协调和领导，基本形成了“区委统一领导，组织部门牵头抓总，有关部门各司其责、密切配合，社会力量广泛参与”的人才工作新格局，初步建立起有效、协调运转的人才发现、培养和选拔机制。

（陈铭）

宣传工作

【概　况】 全区宣传思想工作坚持邓小平理论和“三个代表”重要思想为指导，全面贯彻落实党的十六大、十六届四中全会和区九次党代会精神，牢牢把握团结奋进、昂扬向上、开拓创新、求真务实的宣传基调，努力营造解放思想、实事求是、与时俱进的良好氛围，营造聚精会神搞建设、一心一意谋发展的良好氛围，营造倍加顾全大局、倍加珍视团结、倍加维护稳定的良好氛围，营造权为民所用、情为民所系、利为民所谋的良好氛围，为促进全区改革发展、维护社会稳定、推动经济社会全面发展，提供了有力的思想保证和舆论支持。学习贯彻“三个代表”重要思想新高潮进一步向深度广度拓展。着力在武装头脑、指导实践、推动工作上下功夫，制定下发《2004年丰台区干部理论学习安排意见》和《2004年区委理论学习中心组学习计划》，把牢固树立以人为本、全面协调可持续的发展观、十六届四中全会精神和区九次党代会精神作为重要内容，突出学习内容的专题性和系列化。发挥区级理论学习中心组的带头和示范作用，利用《新丰台》报、丰台新闻网对区委理论学习中心组开展学习活动情况进行及时报道，推动和指导处级理论中心组的学习，年内共计组织区委中心组集中学习9次，集中研讨交流3次，组织专题辅导讲座12次。创办并编印供区委中心组成员参阅的《学习参考》12期；组织拍摄加强党的执政能力建设系列教育光盘；开展“纪念邓小平诞辰100周年征文活动”；开展“千名书记讲党课、千名书记传精神”为主要形式的宣传教育活动。把学习贯彻“三个代表”重要思想新高潮不断引向深入。以贯彻全国加强和改进未成年人思想道德建设工作会议精神为契机，广泛开展多种形式的宣传教育活动和精神文明创建活动，进一步推动人们思想道德素质的提高和和谐社会氛围的形成。对全区有关未成年人工作开展情况进行深入调查研究，提出《丰台区加强未成年人思想道德建设实施意见》，研究落实教育基地资源整合、公益性文化设施开放、文化市场管理、构建家庭、学校和社会三位一体教育网络等重点工作，确定抗日战争纪念馆、丰台区图书馆等30个单位为未成年人思想道德建设实践活动基地，结合北京市在未成年人思想道德建设中要办的50件实事，将与全区相关的36项指标和任务分解到各单位，促进全社会重视关心未成年人思想道德建设工作。努力为基本建成现代化新城区营造良好舆论氛围。全年累计在市级以上新闻媒体上发表的有关丰台区的报道1728条，策划和组织植树节系列绿化报道、领导干部三分之一时间调研、南城成立首个留学生创业园等专题报道61个，整体推出“走进丰台新区”大型系列报道，推出云岗街道、王佐镇开展“街镇同唱一首歌”活跃基层群众文化生活，构建和谐社会典型。提高对外宣传的影响力，丰台新闻网在原有的基础上，不断强化目标定位，增加信息量，主打图片头条、特别报道、丰台摄影、留言板等四个品牌，加强正面宣传，形成网上舆论强势，在政府和群众之间架起了一座网上沟通的桥梁，成为丰台区传播最快、反映最及时、涉及面最广、信息量最大、互动性最强的外宣媒体。

(赵津芳)

【开展征文活动】　3月至4月，为推动全区学习贯彻邓小平理论和“三个代表”重要思想，参与市委宣传部、北京市邓小平理论和“三个代表”重要思想研究中心等7家单位联合开展“纪念邓小平同志诞辰100周年理论研讨会”征文活动。全区共收集征文30篇。征文活动获市委宣传部组织奖。

(赵津芳)

【创办刊物《学习参考》】　4月，创办内部刊物《学习参考》，全年共编印12期。《学习参考》供区委理论学习中心组成员参阅，为区委理论学习中心组成员及时了解中央及北京市的重要会议精神、中央及市委、市政府领导同志重要讲话精神以及国内经济、政治建设发展方面的动态，全国各地抓改革促发展的新思路、新举措，提供丰富的参考资料。

(赵津芳)

【推出大型系列报道】　5月，对丰台科技园区总部基地以“走进丰台新区”为题进行大型系列报道，新闻通稿“丰台：总部经济先走一步”以走进北京丰台新区、丰台新区—新概念总部基地、丰台新区—全新科技产业区、丰台新区—旅游文化生态区、丰台新区—教育卫生集萃区为标题使总部基地内的教育、经济、文化、生态等资源产生联系和互动，整合出总部经济区域的新概念。为总部基地的建设和发展创造良好的舆论氛围，引起区内外人士的广泛关注。

(赵津芳)

【开展“讲党课、传精神”活动】　年内，为在全区进一步兴起学习“三个代表”重要思想，贯彻区第九次党代会精神的热潮，组织开展“千名书记讲党课、千名书记传精神”活动。区委中心组成员、全区副处级以上实职领导干部、600余名党(工)委、党总支、党支部书记在认真学习、深刻领会“三个代表”重要思想、十六大精神、区第九次党代会精神的基础上，结合本职工作，结合自己的思想实际，到本地区、本部门、本单位以及所属基层单位、所在党支部以作辅导报告、讲党课、谈学习体会等多种形式举办各种宣讲活动850场次，全区受教育群众达10万余人。此活动获2003－2004年北京市宣传思想工作“创新奖”。

(赵津芳)

【知识竞赛答题活动】　8月，组织全区广大干部群众参加北京市“文明北京 走进奥运”知识竞赛答题活动，加深群众对奥运知识的理解，激发群众实现“新北京”、“新奥运”战略构想的满腔热情。完成答题卡6815份，获北京市“文明北京 走进奥运”知识竞赛答题活动组织奖。

(赵津芳)

【开展“六个一”评比活动】　9月，制定下发《丰台区宣传思想工作“六个一”评比办法》，确定“六个一”(一篇出色的宣传思想工作调研文章、一堂生动的党课、一个高效的理论学习中心组、一项特色的宣传活动、一个优秀的宣传制品、一次成功的先进典型宣传活动)为评比项目，并对每个评比项目提出具体评比内容和评比标准。“六个一”评比活动，共设立30个奖项，每项内容分别设立一个一等奖、两个二等奖、两个三等奖。并每年召开一次表彰大会，对获奖人员进行表彰并颁发证书，同时给予一定的物质奖励，以此调动全区各单位做好宣传思想工作的积极性和创造性。

（赵津芳）

【先进典型宣传】 10月，为大力宣传符合时代精神，构建和谐社会先进典型，及时总结、挖掘云岗街道、王佐镇开展“街镇同唱一首歌”群众文化活动做法、经验。题为“活跃基层群众文化生活，构建和谐社会”的报道在新华社北京内参、北京日报、北京电视台等多家媒体推出，引起各方面高度重视。北京市委信息处先后两次前往云岗、王佐拍摄电视内参片。市委书记办公会观看后，认为这一活动对丰富活跃基层文化生活，形成新的人际关系、构建和谐社会具有重大意义。

（赵津芳）

【“金秋时节看京城”活动】 10月，组织区内社区干部群众参观北京世界花卉大观园、南宫世界地热博览园、南宫温泉水世界和青龙湖郊野度假区等景点，充分展示丰台区城市建设的新亮点，社会各项事业发展取得的新成就，不断激发市民群众“知丰台、爱丰台、建丰台”的热情。

（赵津芳）

【举办宣传干部培训班】 11月，举办宣传干部培训班，聘请市委宣传部副部长宋贵伦、区委副书记阎满成，就学习贯彻十六届四中全会精神、进一步创新宣传思想工作为基层宣传干部作了专题辅导，全区60余名基层宣传干部参加了学习。

（赵津芳）

【拍摄系列教育光盘】 11月至12月，区委宣传部组织拍摄《保持共产党员先进性，加强党的执政能力建设》系列教育光盘，教育光盘共分六讲，第一讲加强党的执政能力建设的重要性和紧迫性；第二讲加强党的执政能力建设的指导思想、总体目标和主要任务；第三讲坚持把发展作为党执政兴国的第一要务；第四讲提高构建社会主义和谐社会的能力；第五讲适应新形势新任务的要求，加强基层党组织和基层政权建设；第六讲提高党的执政能力，关键在于搞好党的建设。每一讲精心设计6至10个提问，请中央党校和北京市的著名专家和教授以访谈的形式，深入浅出、准确生动、紧贴实际地宣讲十六届四中全会精神和胡锦涛视察北京工作时的重要讲话精神，对于深入开展保持共产党员先进性教育活动发挥了积极作用。

（赵津芳）

精神文明建设

【概　况】 年内，丰台区精神文明建设在首都文明委的精心指导和区委、区政府的正确领导下，认真落实贯彻科学发展观，围绕中心，服务大局，加大工作创新力度，较好地完成了全年的各项工作。首都文明区创建和未成年人思想道德建设两项重点工作开局良好，各类创建活动成效明显，社会宣传教育活动特色鲜明，为全区经济和社会的协调发展提供了良好的人文环境和有力的思想保证。社会宣传教育活动丰富多彩并取得明显成效，全区围绕推动现代化新城区建设、创建首都文明区的目标，以唤起文明意识、普及文明常识、养成文明习惯、形成文明风气、提高文明素质为重点，重点开展了举办礼仪教育等8项社会宣传教育活动。以首都文明区创建目标为统领，各项基础创建工作水平明显提高，群众性精神文明创建取得良好成绩。进一步深化了文明街道和文明社区创建活动，全区年内推荐评比出4个市级、4个区级文明街道，区级以上文明街道达到街道总数的50%；年内推荐评比出51个市级文明社区和56个区级文明社区，区级以上文明社区建成率达到44%。进一步强化了文明乡（镇）和文明村创建活动，5个乡（镇）、63个村开展了创建活动，年内推荐评比出市级文明乡（镇）3个和区级文明乡（镇）2个，市级文明村18

个,区级文明村22个,区级以上文明乡(镇)和文明村的建成率达到59%。供电、气象、邮政系统继续巩固了文明行业创建的成果;医疗卫生系统继续推行全行业规范化服务达标;工商系统接受了首都文明行业的创建验收检查。以诚信活动为主题的文明单位创建进一步深化,全区年内推荐评选文明单位415个,比2003年增长11%。世界公园、莲花池公园等6大公园文明景区创建工作成果得到巩固和发展。进一步加强了文明示范大街创建活动。在协调开展未成年人思想道德建设日常性活动的同时,注意抓点带面,推荐抗战雕塑园、东高地科技馆二家单位参加全国校外教育活动示范基地评选,推荐四个未成年人思想道德建设创新案例参加全国评选。

(龙晓兰)

【召开文明城区创建工作动员大会】 7月27日,召开了全区创建首都文明区千人动员大会,明确提出"力争用两年时间建成首都文明区"的奋斗目标。首都文明办主任张慧光到会并讲话,对丰台区创建工作给予了充分的肯定,同时也对丰台区的创建工作提出了新的要求。大会号召全区干部群众以与时俱进、奋力争先的精神风貌,以锲而不舍、求真务实的工作作风,认真抓好各项创建工作的落实,力争实现创建首都文明区的奋斗目标。

(龙晓兰)

【分解指标明确责任】 制定了《丰台区创建首都文明区指标分解》和《北京市郊区县文明综合评价指标体系丰台区任务分解》两项折子工程,全区各职能单位形成了"一把手负总责,主管领导分头负责,任务分解到科室,责任落实到人头"的创建组织体系。各地区先后召开动员大会,有3000个单位及全部社区、村广泛参与。区有线电视台、区政府网站和《新丰台》报等媒体配合创建工作进行了广泛的宣传。有243个社区、68个村普遍悬挂了创建宣传横幅。

(龙晓兰)

【未成年人思想道德建设工作扎实推进】 年内,成立了区协调领导小组,制定了《丰台区加强未成年人思想道德建设实施意见》、《丰台区未成年人思想道德建设责任分工》、《2004年丰台区未成年人思想道德建设重点工作安排意见》等文件。⑴整合全区各类教育基地场所,选定并命名抗日战争纪念馆、丰台区图书馆等30家爱国主义教育基地和文化教育场所为"丰台区未成年人思想道德建设教育实践活动基地"。⑵宣传与整治并举,加强未成年人活动场所的建设与管理。制定了《关于加强未成年人思想道德建设实践活动基地建设与管理的意见》,统一协调安排了各基地对未成年人开放的有关事项。年内有32条新闻消息被《首都文明热线》采用;在千龙丰台新闻网和《新丰台》等报刊上刊出相关报道50余条;编发简报专刊8期,在丰台有线电视台播发相关新闻、消息16条。⑶加强文化市场管理,净化未成年人成长的社会文化环境。对各校园周边及网吧、游戏厅、歌舞厅、卡拉OK厅、台球室、发廊以及成人保健品商店进行了重点整治。⑷学校、家庭和社会相互配合,初步建立起"三位一体"的教育网络。

(龙晓兰)

【举办文明礼仪教育活动】 年内,组织各街、乡(镇)的文明市民学校中心校的教师、社区干部和委、办、局机关干部听取了文明礼仪知识讲座;为街道、社区配发了文明礼仪教材、光盘;举办了丰台区"社区文化教育节暨文明礼仪风采大赛"和"丰台区市民文明礼仪形象大赛",有32个单位105支队伍参加了系列比赛;有近11万人参加了首都文明礼仪读报知识竞赛活动。

(龙晓兰)

【开展文明市民学校教育】 全区395所文明市民学校开展了6个主题的教育活动,受教育群众达45万人;全区近千支群众活动队伍,组织50万名群众参加了科教、文体、卫生、法制"四进社区"活动。全区有14所学校被评为首都文明市民学校先进校,有39名同志被评为首都文明市民学校先进工作者。

(龙晓兰)

【开展学雷锋、树新风活动】 年内,全区学雷锋活动的声势和范围比往年更深入、更广泛。全区各学校每班基本上都有学雷锋小组,他们经常组织参加社区扶危济困、打扫卫生、清除小广告等公益活动;许多单位的学雷锋志愿者服务队,常年坚持到敬老院和社区慰问老、困、病、残人,为他们打扫卫生、整理内务、清洗衣被;各单位学雷锋岗立足窗口和岗位,开展了经常性的奉献社会、服务人民活动。丰台区"雷锋处处有、好事天天见"主题活动获北京市"首都精神文明最佳活动"提名奖。

(龙晓兰)

【组织来京务工人员教育活动】 组织来京务工人员参加了北京市"百星慈母游京城"活动;开展了"建北京有我一份,办奥运有我一功——来京务工人员与首都文明同行系列活动";举办了流动人口演讲、"我与北京同行"征文和"首都文明百星"评选活动;结合"新北京、新奥运"战略,开展了文明礼仪知识教育活动。丰台区的"建北京有我一份,办奥运有我一功——来京务工人员与首都文明同行系列活动"获市级组织奖。

(龙晓兰)

【"扶贫济困"春风行动】 各街、乡(镇)组织开展了两次内容丰富、形式多样的大规模春风行动宣传募捐活动,全区共筹集捐款75万余元,帮助特困人员1718名。

(龙晓兰)

【开展"百千万"活动】 元旦、春节期间开展的第十次双拥共建"百千万"活动中,有382个共建对子、58108人次参加了活动,部队为地方办实事296件,地方为部队办实事371件,受益人员达到118789人次。

(龙晓兰)

【交通安全和文明乘车宣传教育活动】 年内,开展了交通安全宣传"进社区、进单位、进学校、进农村、进家庭"活动,实现了宣传和管理责任事故死亡人数的"双下降"。"春运"工作被评为先进区县,在全市年度考评中被评为"优秀区县",区交通支队被评为公安部"五进"先进单位。评出市级文明站台6个、市级最佳站台10个、区级文明站台10个。丰台区被评为首都文明乘车活动先进单位。

(龙晓兰)

【建设社区精神文明宣传栏】 全年重点开展了社区精神文明宣传专栏达标活动。各街、乡(镇)统筹协调各社区(村),建设达标栏408个,有力地推动了社区精神文明宣传教育阵地的规范化建设。

(龙晓兰)

【军民共建工作巩固发展】 年内,全区有217对军(警)民共建对子。在"八一"期间有3个共建对子被评为首都军(警)民共建标兵单位;7个共建对子被评为首都军(警)民共建先进单位;5名同志被评为首都军(警)民共建先进个人;协助市国防教育领导小组成功举办了"9.18"全民国防教育日活动。双拥共建北京"四连冠"、全国"三连冠"成果得到巩固和发展。

(龙晓兰)

统　战　工　作

【概　况】 年内,统战工作按照区委九次党代会精神和市委统战工作要求,自觉围绕中心、服务大局,加强党领导的多党合作和政治协商制度,不断提高民主党派参政议政能力和水平,建设党外代表人物队伍,贯彻全国宗教工作会议精神和落实民族政策,突出工作重点,加强调查研究,加大工作力度,加快工作节奏,使各项工作取得了新的进展。认真贯彻落实《中共中央关于坚持和完善中国共产党领导的多党合作和政治协商制度的意见》,召开各民主党派、工商联负责人、无党派人士参加的协商会、通报会、座谈会11次。建立完善13名区委常委与15名党外人士交朋友制度。进一步完善区民族宗教领导小组、区社会主义学院领导成员的工作制度,制定《丰台区处置民族宗教突发事件应急预案》,部机关内部建立健全了12项规章制度。年内,认真落实中国共产党领导的多党合作和政治协商制度的实施意见,先后召开协商会、通报会、座谈会165次。各民主党派思想建设、组织建设和制度建设方面得到进一步加强。民主党派参政议政、民主监督渠道不断拓宽。其间由2个民主党派区工委(民盟、民建)发展到6个区工委(民革、民盟、民建、民进、农工党、九三学社);民主党派组织发展健康进行,现有成员1041名。各民主党派认真履行职能,积极参政议政,共提出提案93件,为全区三个文明建设发挥应有的作用。

(刘占江)

【为统战工作对象办实事】 年内,认真贯彻落实《中共北京市委统战部关于为统战工作对象办实事的意见》的精神,为党派、侨联增加和改善办公用房264平方米;修缮清真寺、天主教堂、基督教堂5处,协调区政府有关部门筹措资金10万元,为穆斯林群众解决一辆殡葬服务用车。

(刘占江)

【统战工作会议】 7月23日,召开丰台区统战工作会议,会议强调:基层党政领导干部要充分认识统一战线工作在党的工作中的地位、作用,各单位要加强领导,定期研究统战工作,加强统战干部工作队伍建设,为统战对象多办实事和好事。全区115个基层单位主管统战工作领导和统战干部200余人参加了会议。

(刘占江)

【党外干部培训】 年内,举办党外干部培训班2期,培训140余人,选送6名党外干部参加中央社院、市委统战部组织的领导干部研讨、培训班。

(刘占江)

【推荐党派成员】 年内,为监察局推荐第七批特约监察员10人,为公安分局推荐警风监督员2人,为财政局推荐特约监督人员4人,为法院推荐人民陪审员13人。

(刘占江)

【民族团结进步表彰大会】 9月6日,区委、区政府召开丰台区第四届民族团结进步先进单位、先进个人表彰大会,认真总结了五年来丰台区民族团结进步工作,对今后一个时期民族团结工作提出了明确目标和任务。会上,对评选出的30个民族团结进步先进单位、117名先进个人进行了奖励和表彰。

(刘占江)

【丰台区伊斯兰教第五次代表大会】 7月29日,召开丰台区伊斯兰教第五次代表大会。大会听取和审议了丰台区伊斯兰教协会第四届委员会工作报告;审议通过《丰台区伊斯兰教协会章程》修正案;选举产生丰台区伊斯兰教协会第五届委员会。到会的93名代表选举了31名委员组成丰台区伊斯兰教协会第五届委员会。会议期间召开了区伊斯兰教协会第五届委员会第一次会议选举产生了区伊斯兰教协会第五届委员会常委。区伊斯兰教协会第五届委员会常务委员会第一次会议选举了会长、副会长、秘书长。

(刘占江)

【区领导调研民主党派工作】 区委书记王子生等领导分别走访区六个民主党派区工委,看望民主党派负责同志并与区工委的负责人座谈,听取民主党派自身建设工作的情况介绍。王子生同志希望各民主党派进一步加强自身建设,不断提高参政议政能力,为丰台区经济发展、城市建设和构建和谐社会多提意见建议。

(刘占江)

【区领导调研宗教工作】 7月13日,区委书记王子生到区爱国宗教团体和三个清真寺、基督教南苑堂、天主教东管头堂进行调研,听取爱国宗教团体工作情况汇报。他希望宗教界人士进一步发挥党和政府联系信教群众的桥梁纽带作用,对宗教的教规教义做出符合时代发展的阐释,为建设现代化新城区服好务。

(刘占江)

【市委统战部领导到丰台调研】 11月12日,市委统战部副部长周伯琦到丰台调研民族宗教工作。考察了丰台、南苑、长辛店三个清真寺和南苑基督教堂,观看了《丰台区清真寺全面修缮竣工喜迎开斋节—穆斯林的喜悦》专题片,专题听取了工作情况汇报和意见建议。他对丰台区委、区政府高度重视民族宗教工作,从巩固党的执政地位以及尊重、维护和照顾同盟者利益出发,把为少数民族和信教群众办实事、办好事作为政治任务来抓紧、抓好、抓出成效的工作给予高度评价。

(刘占江)

【调研工作】 年内,为进一步支持帮助民主党派加强组织建设,为掌握境外势力利用宗教进行渗透的情况,分别撰写了《加强民主党派组织建设的思考》和《关于境外势力利用宗教进行渗透情况的调研报告》。

(刘占江)

【统战人士受市委表彰】 9月23日,在为首都建设做出突出贡献建设者表彰会上,丰台区北京尼森服务有限公司总经理马国强、丰台区大成学校高级教师陈凤仙被授予"为首都建设做出突出贡献的统一战线先进个人"荣誉称号。

(刘占江)

【非公经济人士受到表彰】 11月24日,市委统战部、市人事局、市工商联首次联合表彰非公经济代表人士,丰台区工商联会长、北京金星房地产开发公司总经理王宝军,北京中威华浩会计师事务所有限公司总经理赵继平,北京丰顺机动车驾驶员培训中心总经理安钟岩三名同志被授予"北京市优秀中国特色社会主义事业建设者"光荣称号。

(刘占江)

【丰台区第四次归侨侨眷代表大会】 12月2日,召开丰台区第四次归侨侨眷代表大会。72名归侨侨眷代表和10位特邀代表参加会议,大会审议通过了区侨联第三届委员会的工作报告;对区15位归侨侨眷先进个人进行了表彰;选举产生了丰台区侨联第四届委员会。大会期间召开的丰台区侨联第四届委员会第一次会议,选举产生了主席、副主席、秘书长。

(刘占江)

对 台 工 作

【概　况】 年内,对台工作在区委、区政府的领导下及市台办的指导下,按照中央和市委的总体部署,紧紧围绕全区的中心工作,抓住机遇,发挥主观能动性,积极开展各项对台工作,以涉台教育为基础,以对台交流交往工作为重点,较圆满地完成了市台办交给的两项大型活动及各项工作任务。

(蒋旭东)

【举办京台青少年交流周开幕式】 7月12日,由北京市台办主办,区台办承办的"相约2008-第五届京台青少年交流周开幕式在十二中隆重举行。来自台湾各地14所中学的288名中学生参加了开幕式,国台办、市台办领导出席了开幕式,副市长张茅宣布交流周开幕,区长张大力致欢迎词。仪式结束后举行了"年轻的心、两岸的情"为主题的两岸学生参加的互动演出。下午参加观了卢沟桥、抗日战争纪念馆、抗战雕塑园。

(蒋旭东)

【组织京味文化之旅入岛交流活动】 9月7日,由国台办、市台办立项,区台办承办的"京味文化之旅"台湾行的入岛交流活动启程。为期10天。十二中民乐团一行32人代表北京市中学生参加了活动,在台期间演出4场,观众近万人。

(蒋旭东)

【参加北京对台工作论坛】 12月23日,由市台办主办的北京对台工作论坛在北京会议中心举行。区台办主任付香玉作为区县唯一的代表在会上做了“京味文化之旅－乐海扬帆台湾行”的汇报。

(蒋旭东)

调查研究工作

【概　况】 全区调查研究工作,坚持以邓小平理论和“三个代表”重要思想为指导,认真贯彻党的十六大和十六届三中、四中全会精神,按照市第九次党代会提出的各项任务,紧紧围绕丰台区建设现代化新城区的目标,切实把调查研究作为一项基本的工作方法和领导制度,把调查研究与全区工作大局紧密联系起来,把调查研究与解决问题、推动工作结合起来,服务于丰台区的中心工作和重点任务,完成《丰台区突发公共事件应急救援预案》、《丰台区委丰台区政府关于创建首都文明区的工作意见》、《丰台区加强村务公开与民主管理意见》等文件的起草修改任务。调查研究工作取得了新的成绩。完成市委研究室《改革城乡二元管理体制,推进城乡协调发展》、《加快总部基地建设,推动区域经济发展》两个市关注课题以及市农委《关于促进丰台区农村劳动力非农就业的调研》。与大兴、房山、通州等合作开展打造京南课题研究,并完成了《联合图强,打造新京南——建立基础设施的新型区域建设合作机制研究报告》;与园区管委会一道进行总部基地周边资源整合的调研,形成了《促进桥南地区综合协调发展的意见》。年内完成区委、区政府文稿50余篇,40余万字。

(项欣梅)

【区重点课题调研】 年内,为了加快落实现代化新城区建设的宏伟蓝图,区委围绕现代化新城区建设的重点、难点问题,确立了15个方面的重点课题分解为23个重点调研课题。成立了由区委书记王子生、区长张大力总负责的调研协调小组。并于2月28日区委、区政府召开了丰台区建设现代化新城区重点课题调研协调会,会议传达、布置了区委、区政府《关于开展丰台区“建设现代化新城区”重点课题调研的意见》。区重点调研课题牵头单位负责人出席会议并先后召开两次重点调研课题协调会,交流调研工作经验,共印发《丰台研究(特刊)》10期,反映重点课题调研动态、刊发课题调研方案、刊登调研阶段性成果,推动、督促、指导重点课题调研工作。通过全区各级领导和单位的共同努力,圆满完成了丰台区建设现代化新城区重点课题调研工作,并切实做到了边调研、边完善思路、边统一思想、边推进工作,体现了区委以调研促进科学决策、以调研促进工作落实、以调研加强和改进领导作风建设的要求。

(项欣梅)

【指导基层调研工作】 年内向全区单位提出了2004年调研方向指导课题,并督促各单位结合实际工作,确立了100多个调研课题。组织对全区2003年度优秀调研报告和调研先进单位评比表彰工作,共表彰调研先进单位15个,评出优秀调研报告46篇。主动与基层单位加强联系,为区纪委、人口与计生委、司法局、城管大队、马家堡街道进行调研辅导,受到基层单位好评。加强基层单位调研联络员队伍建设,分五次召开了全区调研联络员工作会,了解各单位调研工作进展情况,听取对全区调研工作的意见。

(项欣梅)

【书刊编辑工作】 全年出刊《丰台研究》54期,共刊登调研报告和各类文稿100余篇。区领导对《丰台研究》刊登的文章多次进行了重要批示,对指导和推动全区工作起到了重要的推动作用。完成了2003年度《调研报告选编》的编辑工作,共选编调研报告60余篇。完成2003年《丰台年鉴》编辑工作,编写《中国大博览》、《丰台区发展施政词》,在《北京调研》、《工作研究》、《北京农村经济》等市级刊物上共推荐发表文章10余篇。

老干部工作

【概　况】 年内,区委老干部局按照老干部工作的总体部署和要求,在全区老干部中认真开展了主题教育活动,深化了老干部的政治理论学习;对全区离休干部实行医疗统筹管理和入户走访普查,进一步完善离休干部"三个机制",夯实了工作基础;无房和住房未达标离休干部住房补贴工作基本完成;对活动中心各个活动场所进行维修和设备更新,改善了老干部的活动环境。通过几项重点工作的开展,带动了全区老干部工作的全面展开。老干部"两项待遇"进一步得到落实。年内,举办"学习贯彻十六届四中全会精神"专题报告会1场,形势报告会6场,2500人次老干部参加报告会。在全区老干部中开展"我与共和国"征文活动,收到68名老干部撰写的征文90篇,并组织38名老干部座谈会,畅舒爱国情怀。

(冯春秀)

【开展主题教育活动】 年内,开展了"珍惜荣誉、维护形象、与时俱进、共奔小康"主题教育活动。区委老干部党校组织180名老干部参加的理论学习班,聘请专家做了"树立和落实科学发展观"、"载人航天飞船的应用"为主要内容的报告会。并组织赴上海"一大"会址南京大屠杀纪念馆、湖南韶山毛泽东故居和西柏坡等地参观考察。

(冯春秀)

【举办各类文艺活动】 七一前夕,举办了为期3天的老干部书画作品展,并出版了"书画作品集"。9月,组织老干部局金秋艺术团和区属16个街道社区300名文艺爱好者载歌载舞,共庆祖国55周年华诞。

(冯春秀)

【实行离休干部医疗统筹】 3月1日起,全面实行离休干部医疗统筹工作。解决了区属154家单位的611名离休干部参加医疗统筹。统筹管理后,解决了医疗点少看病难和困难企业医疗费报销问题。离休干部看病就医得到了有效的保障。

(冯春秀)

【落实老干部住房补贴政策】 年内,积极配合区房改办、区财政局,完成第一批391名离休干部住房未达标和无房户的货币补贴工作,合计人民币1764万元。其中,行政事业单位离休干部277人,补贴1087万元;企业离休干部86人,补贴505万元。改制为非公企业离休干部28人,补贴172万元。离休干部首先享受到中央和北京市实行房改货币化的政策。

(冯春秀)

【加强活动中心建设】 年内,区委、区政府投资20万元,为老年大学添置电脑20台及电教设备,开设电脑课程。新增活动用房400多平方米。老干部活动人员多,器材少,场地小的问题基本得到解决,为全区老干部营造出一个良好的学习活动环境。

(冯春秀)

【走访慰问老干部】 春节、国庆节期间,区委老干部局代表区委、区政府分别组成5组人员,走访慰问参加革命较早的,高龄的,患重病的,生活不能自理的,家庭有特殊困难的,生病住院的及易地安置的和正局职离休干部,送去党和政府的关心和温暖。

(冯春秀)

【企业离休干部集中管理】 年内,老干部局接收一家改制企业离休干部7名,首都钢铁公司划转企业15名和北京铁路分局划转的31名。保证了改制企业和划转单位离休干部服务管理工作的落实。

(冯春秀)

【建立老干部工作网站】 1月1日,开通《丰台老干部工作》网站。网站集政策问答、工作动态、夕阳风采、每月通讯、才华展示、健康咨询等版块。同时,通过与互联网站的接通,达到网络的资源共享,节省经费开支,又使局内工作人员及时了解和下载有关信息,从而扩大了知识面,提高了工作效率。

(冯春秀)

信 访 工 作

【概　况】 年内区信访办共受理群众信访案件2589件18673人次。其中,群众来信2016封,联名信157封14462人次;接待来访573批3697人次,集体访162批3092人次。立案133件,办结114件,办结率86%。信访办通过督办、转办或协调会等形式,使大量的信访问题得到了解决。

(王百玲　韩延春)

【区领导信访接待日】 年内共落实区领导接待日43个,接待来访群众236批1664人次,其中集体访66批1316人次。

(王百玲　韩延春)

【召开信访工作会议】 4月8日,召开全区信访及矛盾排查调处工作会议。会议由区委常委区委办主任李明圣主持,区委常委区委副书记闫满成、区委常委常务副区长闫小彦、区长助理政府办主任于长辉及姜东升、陈阳;区矛盾纠纷排查调处工作领导小组成员;各街、乡、镇、委、办、局主管信访工作的领导及信访工作人员;区属机构主管信访工作的领导及信访工作人员共168人参加了会议。会上,区信访办主任宋德岭同志做2003年工作总结和2004年工作部署;闫小彦同志宣读了区委区政府《关于表彰2003年度信访及矛盾排查调处工作先进单位和先进个人的决定》,对取得突出成绩的东铁营街道等15单位、王燕等40名先进个人给予表彰奖励;并对区委办公室等4个单位给予表扬。花乡、方庄街道、劳动和社会保障局三个单位分别做了经验介绍。闫满成同志就全区信访排查调处工作提出了要求。

(王百玲　韩延春)

【区领导亲自接待来访】 年内区领导亲自阅批信访件128件,协调化解各类疑难信访问题97件。使一大批涉及到危改和旧村改造问题得到及时有效解决。

(王百玲　韩延春)

【定期排查　防患于未然】 年内进行拉网式矛盾排查工作4次,共排查出各类矛盾纠纷535件,其中有78件被列为区重点矛盾、有33件被列为区重点督办的矛盾,有28件上报市排查办申请列为市重点矛盾。对区重点矛盾分别下发了挂帐督办单,明确了包案领导、责任单位、责任人。使大量矛盾纠纷在基层得到控制和化解。

(王百玲　韩延春)

【化解疑难信访问题】 年内建立了《丰台区处理信访突出问题及群体性事件联席会议制度》;下发了《丰台区委区政府关于贯彻落实中央和市委集中处理信访突出问题及群体性事件电视电话精神的实施意见》。经过各级党委、政府的共同努力。富丰园小区房屋质量加固问题;东铁营街道辖区定安西里不能按期回迁的补偿问题;长辛店地区西峰寺铁路桥下长年积水问题;马家堡地区角门东里社区85、86号楼业主与物业公司因改造设备层准备出租而引发的纠纷等,使一批重点疑难信访问题得到了解决。特别是对1-11月份市转办的到国家信访局上访16件(集体访4件,个体访12件)督办件,都及时进行了办理,受到了市委、市政府督查室肯定。

(王百玲　韩延春)

【律师参与信访接待】 由司法局牵头,在全区律师事务所聘请了28位律师参与区领导信访接待日工作,协调化解群众信访中的涉法问题。通过这项工作的实施,提高区领导信访接待工作的质量,增多了政府为民办实事的渠道,树立了政府的良好形象;增强广大群众的法律意识,为来访群众解决信访中的涉法问题提供了方便,促进了社会稳定;促进了矛盾化解,减少了重访;推进了政府职能部门依法行政能力。

(王百玲　韩延春)

保 密 工 作

【概　况】 年内,区保密工作以党的十六大精神为指导,深入贯彻“三个代表”重要思想,认真学习贯彻落实北京市保密工作会议精神,按照区委保密委的要求,围绕全区中心工作,立足实际,开拓创新,突出重点,确保安全,积极探索新形势下保密工作发展的新思路和新举措,以纪念《保密法》实施15周年为契机,加大保密宣传教育力度,强化各级领导干部和重点涉密人员的保密意识;加强保密培训工作,增强保密干部的业务能力;加强依法行政工作,确保国家秘密的安全。

(杜卫红)

【保密委员会会议】 3月29日,召开区保密委第一次会议,会议由区委常委、区委办公室主任、区保密委副主任李明圣主持。会议传达了市委保密委2005年主要工作精神,通报了2004年北京地区主要失泄密案件;总结了2004年全区保密工作,并审议通过了《丰台区2005年保密工作要点》及“2003－2004年度全区保密工作先进集体和先进个人”决定。区委副书记、区保密委主任阎满成强调:第一,要以讲政治、提高执政能力建设的高度认识保密工作的重要性。第二,要切实落实保密工作领导责任制。第三,要深入做好保密宣传教育工作。第四,要进一步落实保密工作的各项制度。第五,要切实抓好重点单位、部门、环节的检查工作。

(杜卫红)

【对印刷复印行业进行年检】 3月10日至4月15日,按照市保密局《关于对全市国家秘密载体定点复制单位进行年检的通知》要求全区9个国家秘密载体复制单位全部进行了安全检查,重点强调对人防、物防、技防等方面的安全防范措施落实情况进行了检查。同时,首次采用“送检上门”的方式,对企业进行年检,极大方便了企业,受到企业的一致好评。

(杜卫红)

【开展《保密法》宣传月活动】 年内,在《保密法》宣传月暨《保密法》实施十六周年之际,结合“四五”普法,分别开展了以下四项工作:召开全区涉密重点单位座谈会,对五年来保密法宣传教育工作进行了经验交流并对新形势下保密工作如何开展进行深入的研究探讨;开展对辖区内涉及政治、经济、军事、外交、国家安全等方面的政府网站和公共服务网站进行全面检查;对涉密定点印刷复印企业的安全防范进行检查;在高招工作中对考试中心及各考点校保密室的人防、物防、技防工作进行了考前验收。

(杜卫红)

【召开纪念《保密法》座谈会】 5月26日,召开纪念《保密法》实施十六周年暨“四五”保密普法座谈会。来自全区涉密单位的分管领导和保密干部的代表,围绕各自单位中心工作在“四五”保密普法中开展的宣传、教育、制度建设、督促检查等方面进行了交流和座谈。同时,对新形势下自动化办公设备的应用、市场经济不断发展和政务公开条件下保密工作如何开展等热点问题进行了深入的研究探讨。市保密局局长于利民到会,在对丰台区保密工作开展情况给予了充分肯定的同时,对今后进一步做好保密工作提出了具体要求。

(杜卫红)

【国家级考试考务保密工作】 年内,在高考、中考、成考、春季高考、高中会考等涉及国家级考试工作中,依据国家四部委《国家教育考试考务安全保密工作规定》的要求,按照制度到岗、措施到位、责任到人的指示精神,着重做了三项工作。考前对区考试中心及各考点校保密室启用前安全防护工作进行验收;加强对区考试中心试卷分装各环节进行监督;在高考期间对考试中心及各考点校保密室的责任落实情况进行执法检查。

(杜卫红)

【开展互联网站检查】 年内利用计算机检查设备和互联网的搜索引擎对辖区登陆互联网络的63家政府网站、155家公共服务网站进行了全面检查,内容涉及政治、经济、军事、外交、国家安全等方面。通过检查,未发现有涉密信息在互联网站上发布,全区各单位“涉密信息不上网,上网信息不泄密”的意识得到进一步增强。

(杜卫红)

【做好网络保密法制宣传教育】 为进一步让广大市民掌握保密知识,了解保密工作动态。10月,区保密局对“首都之窗”——丰台保密网站从版面设计、结构布局等多方面进行了全新改版,增加了单位主要领导职责、联系电话、日常监督等方面内容,并定期对网页进行更新维护,使网页更加美观、实用。在2004年度国家机关网站检查评比中,区保密局网页获“创新奖”。

(杜卫红)

【规范定密和密级管理工作】 11月,按照《国家秘密及其密级具体范围的规定》要求,对全区密级确定和管理工作进行抽查。针对部分单位存在操作程序不规范、方法不得当、低密高定等问题,坚持依法定密标准和程序,认真区分国家秘密与内部事项、工作秘密的界定,并进行现场指导。

(杜卫红)

区直机关工委工作

【概　况】 年内,区直机关工委坚持以邓小平理论和“三个代表”重要思想为指导,深入贯彻党的十六大、十六届四中全会精神,紧紧围绕区委、区政府的中心工作,着眼于提高党的执政能力建设,按照“围绕中心、服务大局、拓宽领域、强化功能”的要求,不断加大机关党建工作力度,全面提升机关党员干部整体素质,为促进机关党建和机关工作服务全区经济建设、城市管理和社会发展,保障社会稳定,提供了强有力的思想和组织保证。

(姜新)

【党员学习教育】 年内,着力抓好党员干部的政治理论学习,为各部门和党员购买《中共中央关于加强党的执政能力建设的决定》、《党的十六届四中全会决定学习辅导百问》、《“三个代表”重要思想学习纲要》和胡锦涛同志“七一”讲话等学习教材。为配合机关党员思想政治教育,先后组织了《国内外形势及台海局势报告会》、《文明礼仪讲座》及“九一八”抗战纪念活动,组织观看电影《张思德》等,积极参加各种知识答卷等活动。

(姜新)

【学习贯彻“两个条例”】 年内,下发了《关于组织开展学习宣传贯彻<中国共产党党内监督条例>(试行)和<中国共产党纪律处分条例>的通知》,在工委系统开展“六个一”系列教育活动,暨“一次专题讨论、一次专题报告会、一篇心得体会、一次知识竞赛、一次经验交流会”。利用“党员教育课堂”对机关党员干部进行“两个条例”专题辅导。组织区直机关38个单位,共788人进行了“党纪条规知识测试”答题活动,主要区领导带头参加;组织200多名处以上领导干部撰写学习心得体会;组织召开了“学习宣传两个条例的经验交流座谈会”,部分单位党政一把手交流、研讨学习宣传“两个条例”的经验和体会,以及贯彻落实“两个条例”和改进工作的措施。

(姜新)

【基层党组织建设】 按照《党章》和《中国共产党和国家机关基层组织工作条例》的规定,认真抓好基层党组织的调整和换届工作,年内,共审批17个党总支和党支部的调整、换届、增补委员的工作,保证了党组织正常活动的开展。编制下发了《支部工作手册》,规范了党建工作的基本要求、内容和程序。

(姜新)

【入党积极分子培训班】 4月,与区委组织部联合举办第十五期入党积极分子培训班,

71名入党积极分子参加培训。通过讲授党课、观看录像、组织讨论和理论测试等形式，使大家对党的性质、宗旨、指导思想和奋斗目标有了深刻的认识，进一步端正了入党动机，坚定了理想信念。在发展新党员工作中，坚持培训、政审、谈话、集体讨论等制度，确保了新发展党员的质量。全年共审批新党员43名，批准预备党员转正54名。

（姜新）

【开展党员思想状况调研】 成立专题调研组，分两次对区直机关的党员队伍思想现状进行了认真调查研究。先后召开座谈会4次近50人次，访谈10人次。以不记名方式发放《机关党员思想状况调查问卷》600份，收回541份，占90.17%。为深入研究机关党员思想政治现状，积极探索抓好机关党建工作新路子打下了良好的基础。

（姜新）

【党员管理信息化、网络化】 年内，按照区委组织部要求，对在职党员、退休党员、流动党员等不同对象进行分类管理。确定专人负责，进行周密安排布置，做到无漏填、无重复填写，任务落实到人，不留死角，确保了统计质量。共登记流动党员14人，其中已确认党员身份3人，未确认党员身份11人。

（姜新）

【“千名书记讲党课”活动】 年内，开展了“千名书记讲党课、千名书记传精神”宣传教育活动，结合各自工作实际，120多名党委、党总支、党支部书记，参加了讲党课活动。这项活动增近了领导与党员、领导与群众之间的距离，取得了很好的教育效果。

（姜新）

【举办《党员的风采》摄影比赛】 为庆祝建党83周年，机关工委举办庆“七一”《党员的风采》摄影比赛活动。3000多名新老党员参加。通过影片展示，再现全区党员干部在区委、区政府的领导下，取得的丰硕成果，讴歌党员干部勇于创新、爱岗奉献、积极进取的精神风貌。

（姜新）

【党风廉政建设】 年内，认真落实党风廉政建设责任制，工委系统各单位党政一把手与副处级干部签订责任书89份，处级干部与机关科级签订责任书149份，机关科长与科员签订保证书231份，处级干部与基层科队站所长签订责任书47份，基层科队站所长与执法人员签订保证书102份。责任书的签订，增强了各级干部的责任意识，从制度上保证了各级领导干部做到“一岗双责”，使党风廉政建设真正做到一级抓一级，层层抓落实。

（姜新）

【实行廉政谈话制度】 年内，对新党员和新任科级干部，实行廉政谈话制度，为确保廉政谈话落到实处，制定了《关于实行廉政谈话的办法》。对廉政谈话的范围、方式、内容、谈话的组织实施、要求等方面做出了明确规定，使廉政谈话的操作性、实效性得到进一步增强。

（姜新）

【举办“五月鲜花”歌咏比赛】 5月25日，区直机关18个单位、300多名干部职工，在工会俱乐部礼堂进行“新北京、新奥运”的“五月的鲜花”歌咏比赛。区委、区人大、区政府、区政协领导带头参加活动。通过歌颂党、歌颂祖国、歌颂丰台、歌颂身边的好人好事，展现了机关干部积极进取、昂扬向上的精神风貌，凝练了单位团队意识。

（姜新）

【机关工会举办各类活动】 年内，组织举办区直机关新春棋牌比赛；协调落实《全民健身计划纲要》，在莲花池公园举行“百万市民健步行”活动，区机关54个单位、500多人参加；举办“工会职工体育活动骨干分子毽球培训班”和“2004年秋季篮球比赛”，24个单位155人组成12个代表队进行了为期两周比赛；11月下旬组织举办了“区直机关2004年乒乓球比赛”。通过开展各种文艺及体育比赛活动，密切了党群关系，活跃了机关气氛，丰富干部职工文化生活。

(姜新)

党 校 工 作

【概　况】 年内,区委党校按照党的十六届四中全会《关于加强党的执政能力建设的决定》中提出的"围绕增强执政意识、提高执政能力,创新培训方法,提高培训质量,大规模培训干部"的要求,开始进行大规模培训干部工作。在培训工作中,以邓小平理论和"三个代表"重要思想为指导,紧密围绕全区建设现代化新城区的工作大局,以学习贯彻"三个代表"重要思想为首要任务,以加强党的执政能力建设为重点,以大幅度提高干部队伍素质和能力为目标,实现由单纯的干部教育培训向全面开发人才资源转变,推进干部教育的法制化、科学化、社会化进程,造就高素质的干部队伍。全年完成各类干部培训9个班次553人次。其中,举办处级干部城市管理专题研讨班1期共31人次;处级干部基层党建专题研讨班1期共31人次;新任处级干部培训班1期共24人次;中青年干部培训班1期共37人次;35岁以下青年干部培训班1期共29人次;入党积极分子培训班1期共160人次;科级公务员任职培训班1期共93人次;公务员初任培训班1期共77人次;军队转业干部培训班1期共71人次。

(黄水生)

【进行职工聘任工作】 1月,全校根据区人民政府办公室《关于印发〈北京市丰台区事业单位聘用合同制试行办法〉的通知》(丰政办发[2003]28号)的要求,对全校科(含科)级以下固定制职工进行聘任工作。在聘任工作中,按照公开、平等、竞争、择优的原则,在平等自愿、协商一致的基础上,校聘方法人代表、常务副校长陈志忠与应聘方职工相互签订《北京市事业单位聘用合同书》,聘期均为2004年1月—2005年12月。

(黄水生)

【举行春季主体班开学典礼】 3月下旬,举行春季主体班开学典礼。区委常委、宣传部长王苏维和区委常委、组织部长杨逸铮以及组织部副部长、人事局长赵东辰出席。开学典礼由区委党校常务副校长陈志忠主持,杨逸铮对学员进行了开班动员,王苏维代表区委副书记、党校校长刘云广对学员提出了学习要求。参加开学典礼的学员有:处级干部理论进修班(城市管理专题)31名学员、中青年干部培训班37名学员、军转干部培训班71名学员、国家公务员科级任职培训班93名学员,共计232名学员。

(黄水生)

【通过学历教育办学评估】 12月,中共北京市委党校成人教育学院常务副院长刘树桂带领办学评估小组成员,对区党校成人教育分院学历教育办学工作进行全方位考察评估。通过对区党校学历教育工作的硬件建设和软件建设的全方位考察,认为丰台区党校学历教育工作,办学条件符合要求,办学方向端正,规章制度完整,组织管理到位,办学规模不断扩大。年内全校毕业学员808人,其中大专生445人、大本生363人,招收新生1134人,其中大专生866人、大本生268人,现有在校生3080人,其中大专生2189人、大本生891人,11个专业,44个教学班。

(黄水生)

【更换天然气供暖锅炉】 11月初,为了解决供暖燃煤热水锅炉废气污染问题,由区财政拨款100多万元,对区党校两台燃煤热水锅炉进行改造,更换为天然气热水锅炉。锅炉型号为wns2.1—1.0/95/70—q。同时,区党校筹集161万元对锅炉房供暖附属设施也进行了改造更新。

(黄水生)

党史资料征集工作

【概　况】 年内,区委党史办全面启动《北京区县社会主义建设史·丰台卷》的编写工程；编辑完成《中共北京市丰台区历史大事记》(1918年—2000年)；出版发行《丰台党史》期刊两期20万字。举办了全市党史系统第二届期刊协作会；召开了部分党史联络员参加的《丰台党史》期刊座谈会；召开了部分由老领导参加的建设史编写提纲征求意见会。邀请中央和市委党史研究室的领导来室指导工作，并与怀柔区、通州区党史部门开展横向党史学术交流。

(张国庆)

【开展区际学术交流】 1月17日，全体人员赴怀柔区党史办，交换党史征研成果，切磋编写中国共产党区县大事记的原则、做法和设想，并去"劳模山庄"考察了怀柔区农民、北京市劳动模范常淑琴办养殖、搞旅游的情况。7月15日，通州区史志办主任张洪林率领3位老同志来丰台区，就北京区县社会主义建设史编纂过程中若干重要的学术问题同丰台区委党史办交流意见。

(张国庆)

【召开北京市第二届党史期刊协作会议】 3月30日，由丰台区委党史办承办的北京市第二届党史期刊协作会在丰台区王佐镇南宫世界地热博览园举行。来自朝阳、宣武、石景山、东城、西城、丰台、崇文、通州等8个区的区委党史办主任和期刊编辑参加了会议。市委党史研究室副主任陆兵在会上总结了北京市各区县创办党史期刊的情况，对《朝阳党史》的创刊和《丰台党史》的改版给予较高评价。要求各区县的期刊要向"内部刊物专业化、业余编辑正规化"的方向努力。丰台、朝阳、东城、崇文、通州等区区委党史办(史志办)的领导分别在会上介绍了办好党史期刊的经验体会。会后参观了世界地热博览园和南宫新村农民的新居。

(张国庆)

【召开期刊征求意见座谈会】 4月27日，召开丰台区党史联络员评议期刊座谈会。区委组织部、区环卫中心、太平桥街道工委、花乡党委、地方志等12个单位的代表参加了会议。与会人员一致反映：《丰台党史》是党支部进行党员教育的好教材，对搞好工作有指导、借鉴意义；改版后新颖、大气，图文并茂，增强了可读性。同时大家也对《丰台党史》提出意见和建议。

(张国庆)

【中央、市委党史领导调研】 2月5日，市委党史研究室主任谢荫明、巡视员籍援朝、办公室主任冯金录到丰台区调研党史工作。区委副书记刘云广、区委常委、组织部长杨逸铮参与调研。谢荫明主任对丰台区的党史工作予以充分肯定，并对今后工作提出了要求。刘云广书记、杨逸铮部长感谢市党史研究室对丰台区党史工作的指导和帮助。表示丰台区委将一如既往地重视党史工作，加强领导，在经费、人力等方面给予全力支持。4月16日，中共中央党史研究室主任孙英、副主任王伟华、李忠杰在北京市委党史研究室主任谢荫明、丰台区委副书记阎满成、区委常委、组织部长杨逸铮的陪同下到王佐镇调研。王佐镇镇长谢国民汇报了王佐镇各项事业的发展情况。阎满成介绍了丰台区的"一五五"经济发展总体思路。孙英听后比较满意并希望丰台区的同志们再接再厉，从党史中汲取营养，取得更大的成绩。孙英一行还视察了南宫世界地热博览园、温泉养殖中心、特菜基地和南宫农民新居，并到沙锅村参加了植树劳动。6月17日，市委党史研究室助理巡视员籍援朝来丰台区，对如何撰写社会主义建设史做了专题辅导。

(张国庆)

【召开老同志座谈会】 5月11日，邀请原区级老领导郭俊彦、曾繁华、樊玉山、杨艳华、陈日先和李贵等9位老同志，对丰台区社会主义建设史的编写问题进行研讨。叶玉霞向各位老同志介绍了市委党史研究室制订的《北京市区县社会主义建设史编写方案》，并请大家对《丰台区社会主义建设史编写提纲(草案)》发表意见。老同志们对《编写提纲》提出了意见和建议。

(张国庆)

【启动建设史编纂工程】 6月22日,《北京区县社会主义建设史丰台卷》编纂工程正式启动。该工程是落实2004年北京市党史工作会议精神和市委党史工作领导小组关于《北京区县<社会主义建设史>丛书编写实施方案》的通知精神而进行的。区委党史办通过有关人员推荐、个别征求意见、领导批准等程序,组建了由5位聘请的老同志和在职人员组成的编写班子。为此,成立了以区委副书记刘云广为编委会主任,王苏维、杨逸铮为副主任的编辑委员会。编辑部设在区委党史资料征集办公室。区委办公室下发了编写《〈北京区县社会主义建设史·丰台卷〉有关问题的通知》。

(张国庆)

【编辑完成大事记】 10月18日,《中国共产党北京市丰台区历史大事记》(1918年—2000年)(征求意见稿)编辑完成,并报区委主要领导征求意见。该书上限为1918年,即中国共产党的缔造者在丰台地区有活动开始,下限至2000年,共47.8万字。重点记录了丰台区党组织的重大活动、重大事件、重要会议、重大决策的制定、实施及其结果;政治、经济、文化等各项事业取得的重大成就;主要机构及主要领导人的变更等内容。

(张国庆)

纪检监察

【概　况】 全区各级纪检监察组织以"三个代表"重要思想为指导,认真贯彻十六届三中全会、中纪委三次全会、市九届六次全会和区第九次党代会精神,按照"为民、务实、清廉"的要求,切实把党风廉政建设和反腐败斗争的各项任务落到了实处。在全区党员干部和广大群众的支持和参与下,党风廉政建设和反腐败工作取得了新的进展。开展"提高党的纪律检查工作能力"系列活动,为加强党的先进性建设、提高党的执政能力提供了重要保障。党风廉政建设责任制得到了进一步落实,领导干部廉洁自律意识不断提高。群众反映突出的大要案得到了查处。围绕优化发展环境,加大了考评和纠风工作力度,开展了效能监察和执法监察工作,在全区范围内推行了全程办事代理制,深化了政务公开工作。加强了从源头上预防和治理腐败,深入开展了党风廉政宣传教育和调研工作,全区纪检监察干部自身建设得到了进一步加强。

(石　昆)

【贯彻落实党风廉政建设责任制】 年内,将全区党风廉政建设和反腐败任务分解为28项,明确到11位区领导,17个牵头单位和26个协办单位。各单位签订《党风廉政建设责任书》4315份、《廉政保证书》6111份。对国土资源和房屋管理局等四个单位落实党风廉政建设责任制情况进行了巡视。拟定了《关于党政领导班子成员逐级听取党风廉政建设情况汇报的制度》,与区委办、组织部共同起草了"集体领导和分工负责"、"述职述廉"、"谈话和诫勉"等七项监督制度。

(石　昆)

【领导干部廉洁自律工作】 年内,印发了《2004年丰台区领导干部廉洁自律工作意见》,制定了《关于实行领导干部廉政谈话的暂行办法》,对13名处级以上领导干部进行了廉政谈话。制定了《丰台区规范国家公务员收入纪律规定》,保证了全区规范国家公务员收入工作的顺利进行。对全区党政领导干部拖欠公款和党政机关及事业、国有企业单位用公款为个人购买商业保险等问题进行了清理。在区属国有企业中开展了“三个突出问题”专项治理工作。对领导干部从政行为中存在的一些突出问题进行了专项清理。

（石 昆）

【信访举报工作】 年内全区纪检监察机关共受理群众来信、来访和电话举报832件次，同比下降了4.5%；属于纪检监察业务范围内的信访举报824件次，同比下降了1.6%；范围内信访举报已办结805件次，办结率为98%。实施信访监督150人。为案件检查提供线索44件。

（石 昆）

【查办案件工作】 年内全区纪检监察机关共立案29件，同比下降12%；新立案23件，同比上升5%。新立案件中，县处级5件，乡科级5件，一般干部4件，其他人员9件。大要案11件，同比下降8%。区纪委直查案件11件，同比下降8%。结案处分23人，同比下降15%。其中党纪处分18人，政纪处分5人。另移送司法机关3人。“3.01”案圆满结案。通过查办案件，挽回经济损失折合人民币1700余万元。

（石 昆）

【考评政府部门争创优质服务】 年内，围绕依法行政、工作效率、政务公开、廉洁从政和完成任务情况，由人大代表、政协委员、驻区企业等各界代表参加，采取填写测评表、专项工作评定、群众网上测评等方式，对全区58个政府部门进行综合测评，促进了政府部门转变职能，改进作风，改善服务，提高效率，保证了年度工作目标的实现。对区建委、市政管委、规划分局、国土资源和房屋管理局、区劳动和社会保障局、工商分局、地税局、公安分局、教委、卫生局10个部门开展了民主评议政风活动，解决了一批群众反映的热点、难点问题，有效带动了行风建设。

（石 昆）

【治理中小学乱收费】 年内，以落实义务教育阶段“一费制”、高中招生“三限”政策和外地务工农民子女入学收费政策为重点，完善了学校收费监督管理长效机制，巩固扩大了治理教育乱收费的成果。

（石 昆）

【纠正医药购销中不正之风】 年内，继续实行药品集中招标采购、药品价格和医疗收费公示等制度，对33家医疗机构进行了五大项目的综合检查，有效遏制了药品和医疗器械购销中拿“回扣”、收受“红包”、“开单提成”等现象。专项治理工作取得明显成效。

（石 昆）

【特约监察员工作】 年内，对特约监察员进行了换届，第五批政府特约监察员离任，新聘任了10名第七批政府特约监察员。加强对特约监察员队伍的管理，举办了特约监察员培训班，建立了历届特约监察人员档案库。

（石 昆）

【推行全程办事代理制工作】 年内，制定了《丰台区推行全程办事代理制工作的实施意见》，建立了与推行全程办事代理制相配套的行政效能监察网络监督系统，将推行全程办事代理制工作纳入“考评争创”活动。全区53个单位实行了全程办事代理服务，涉及审批和服务事项1057项，方便了企业和群众办事。

（石 昆）

【深化政务公开工作】 年内，制定了深化政务公开的测评标准，组织检查组，对59个区政府委办局、街道办事处、乡镇政府深化政务公开情况进行了检查。全区建立了两级政务公开目录，涉及769项公开内容。加大专项检查力度。

（石 昆）

【行政监察工作】 年内，开展了对征用农民集体所有土地补偿费管理使用情况的专项检查，查出两笔拖欠征地补偿费1000余万元，当场追回100万元，并要求限期纠正拖欠问题。对在《土地法》执行情况检查中发生违法占地瞒报问题的有关责任人员进行了责任追究。

（石 昆）

【效能监察工作】 年内开展了对区防控禽流感疫病、环境综合整治和创建国家卫生区等工作的专项效能监察,为工作的完成提供了纪律保证。发挥行政效能监督作用,查办市转来的转办件14件,办结14件,办结率100%。受理了27件群众行政投诉,办结26件,办结率96.3%。

(石 昆)

【源头治理工作】 年内,在对全区公务用车情况全面调研的基础上,制定了《丰台区公务用车制度改革实施意见》和《丰台区公务用车制度改革试点工作方案》,启动五家试点单位。制定下发了《丰台区党政机关与所办企业和管理直属企业、盈利性事业单位脱钩工作的方案》和专项《纪律规定》,加大了脱钩工作的力度。结合《行政许可法》的实施,深化行政审批制度改革,将行政审批事项由412项精简为339项,精简了17.8%。在基本建设领域中实行"阳光工程",认真抓好奥运工程的监督。严格执行《企业国有产权转让管理暂行办法》,加强对国有产权转让审批、价格、转让方式的监督。深化党政干部人事制度改革,规范干部选拔任用的考察工作,对109名预提处级干部进行了廉政调查。

(石 昆)

【宣传贯彻两个《条例》工作】 年内,下发了《关于在全区深入开展学习宣传贯彻〈中国共产党党内监督条例(试行)〉和〈中国共产党纪律处分条例〉的安排意见》和《关于举办"学〈条例〉,守党纪"知识竞赛活动的通知》,为全区党员领导干部购买发放学习材料1.37万册。邀请中纪委领导进行了专题辅导。召开了专题座谈会和心得体会交流活动。组织全区党员开展党纪条规测试活动,2万多名党员进行了答卷。在《新丰台》报开辟专栏,组稿2万余字。

(石 昆)

【开展宣传教育月活动】 5月中旬至6月中旬,开展了主题为"求真务实、勤政为民"的党风廉政建设宣传教育月活动。主要内容包括:请区委主要领导给全区处级以上领导干部讲党课,开展"千名书记讲党课,千名书记传精神"活动,要求全区各级党组织召开以"四大纪律八大要求"为主题的民主生活会;组织征文活动,举办宣传月高潮日反腐倡廉书画摄影作品展。

(石 昆)

【制作推广"四大纪律、八项要求"歌曲】 年内按照中纪委年初提出的领导干部要严格遵守的"四大纪律、八项要求",邀请有关专家为纪律要求的具体内容谱曲,制作CD光盘,通过区级领导、区政府机关干部、社区群众三个层面在全区推广,形成了全区上下唱响纪律要求歌的氛围。

(石 昆)

【开展"人民好公仆"评选】 年内,在全区范围内开展第四届"人民好公仆"评选活动,通过对各单位推荐的34名候选人进行考察,确定20名"人民好公仆"正式候选人,将事迹在《新丰台》报、首都之窗丰台政府网和区纪委监察局网站开设专栏进行宣传,组织全区干部进行投票,最后选出10名丰台区第四届"人民好公仆"。同时,在全区党员干部中开展了"人民好公仆"形象大讨论活动。

(石 昆)

【纪检监察干部队伍建设】 年内,在全区纪检监察干部中开展提高纪律检查工作能力系列活动。加强了对基层纪检监察干部的管理和培训,严格目标考核工作,对派驻的部分纪检监察干部进行了跟踪考察和述职检查,对部分纪检监察干部进行了调整。

(石 昆)

【开展专题调研工作】 3月—5月,完成题为《关于优化政府为企业服务的环境 促进丰台区经济更快发展》的调研报告。4月—6月,完成了题为《丰台区绿化隔离带建设中征占土地如何保护农民利益问题》的调研报告,获2004年度北京纪检监察系统调研成果三等奖。区纪委副书记、监察局局长宋铁健题为《开展效能监察是促进政府转变职能和提高管理水平的有效途径——研究探索行政效能评估机制》的调研报告获区级优秀调研报告三等奖。区纪委常委、案件检查室主任王家驹题为《提高依法执纪依法办案能力 做好案件检查工作》的调研报告获2004年度北京纪检监察系统调研成果优秀奖，区纪委监察局被评为2004年丰台区调研工作先进单位。

（石　昆）

【信息新闻报道工作】　年内，积极开展宣传报道工作，全年被《中国纪检监察报》、《是与非》、丰台有线电视台、《新丰台》等各种刊物采用新闻稿件20篇；被《北京纪检监察信息》采用信息26篇；被《丰台信息》、《丰台政务》采用信息49篇，编发《丰台纪检监察信息》27期。更新了区纪委监察局网站。在市纪委“五好一创”评选活动中，获得好新闻一等奖、好作品二等奖、好网站二等奖、好党课三等奖，同时被市纪委评为信息工作先进单位。

（石　昆）

民主党派

民革丰台区工委

【概　况】　年内区工委坚持团结民主、学习创新、高效务实的工作作风，认真组织学习“三个代表”重要思想、《民革章程》和十六届四中全会精神，围绕推进丰台区城市化进程开展调研。成立参政、宣传、组织3个工作委员会，发挥了广大党员的群体作用。全年组织区工委各种会议和活动共19次。出版《丰台民革之声》4期。荣获民革市委《学习民革章程竞答》优秀组织奖。重阳节期间，看望17名德高望重的老党员，弘扬了民革优良传统。对17名后备干部进行动态管理和培养。推荐区人大代表2人、政协委员3人、特约监察员1人、法院陪审员1人、区委处级后备干部3人。组织党员参加北京市社院基层组织负责人、新成员和支委培训班3期、丰台区社院“民主党派新成员培训班”共16人次。区工委春节联欢会上，20名先进党员受到表彰。

（康冬花）

【参政议政】　年内，区工委挖掘自身优势，对丰台区失地农民就业问题进行调研，形成“关于推进丰台区城市化进程中，如何保障失地农民就业问题”的党派提案；多次到南苑地区进行深入调研，为改善南苑地区百姓的生活环境，区工委在南中轴路两侧的规划、水质的改善、交通拥挤状况等方面提出了多条建议并形成“关于启动警备西路－南苑西路和南苑湿地建设，加快南苑地区城市和生态环境改造”的提案；参加了区政协“优化政府为企业服务的环境”“发掘区域文化资源，打造特色文化品牌，优化丰台区发展环境”、“推进丰台区城乡一体化”的调研，提出书面意见和建议，均在区政协《咨议建言集》中发表。举办“参政议政工作培训班”，年内征集信息和党员建议达116条。

（康冬花）

【开展基层活动和党员思想状况调研】　年内，区工委成立调研小组，以问卷的形式对党员思想状况及对宣传工作的要求与方式进行调研和分析，形成“以三个代表重要思想为指导，探索民革基层组织政治宣传思想工作的新途径”的调研报告。对“基层支部活动现状与存在问题”进行调研，详细掌握了基层支部的发展态势。将《民革章程》、《支部工作条例》、《党费交纳办法》、《支部活动登记表》汇集成册下发各支部，要求对支部工作计划、总结、出勤情况、活动内容等进行详细记录，加强了基层组织建设和科学化管理工作。

（康冬花）

【举办暑期学习班】 年内,区工委组织支部负责人和骨干30人在河北民族风情园,以“深化学习提高素质推进工作”为主题,举办了两天学习班。学习班上区工委主任于雪鹰做了“参政党建设面临的机遇与挑战”的报告,深入学习了《民革章程问答》,并展开了热烈的讨论。多次组织党员参加市、区有关“学习十六届四中全会精神”的报告,区工委主任还亲自深入到支部做学习辅导,学习气氛十分高涨。

(康冬花)

【党派提案再结硕果】 年内,区工委在七届一次区政协全会上提出“关于整合医疗资源,发展丰台区卫生事业的建议”和“关于丰台交通顺畅工程”的2个党派提案,区委办和卫生局与民革区工委多次沟通和座谈,最终采纳了整合丰台医院和铁路中心医院医疗资源,打造丰台名牌医院,造福丰台人民的观点,提案为丰台区优化卫生组合、减少资源浪费、发展卫生事业提供可借鉴的思路。并以“补充说明”来郑重向区工委进行答复,体现了区政府的重视程度。区市政管委、区计委、区建委、区规划分局、区交通支队的负责人一致认为区工委所提“丰台区应有自已的交通规划”的建议,是我们多年想做、该做,却没有做的事情,也是当前不做不行的事情。提案办理的过程,提高了市区有关部门对丰台区的交通问题的高度关注,加强了部门之间的协调能力和沟通意识,促使市政道路的建设为地区经济发展、为群众出行方便服务,使提案达到了其应有的作用。

(康冬花)

【开创祖国统一工作新局面】 为进一步开展促进祖国和平统一工作,加强海峡两岸民间的交往与合作,8月20日,正式注册了“海峡两岸国际经济文化交流中心”。郎晓雷同志以“中心”的名义接待了“中华艺术学会”王汉金会长及台湾妇女协会理事长,进行了友好交谈,对积极开展促进两岸和平统一工作达成共识。

(康冬花)

【关注台湾了解台情】 年内,区工委和各支部均设立专人负责对台工作。5.17中央台办发表声明和陈水扁5.20就职演说之时,积极组织党员参加市、区组织的“台湾大选后岛内政局和两岸关系”的报告和座谈会,组织台属观看《台情录相》和请区台办主任向台属做了赴台介绍等活动,进一步了解大选实情和两岸发展关系,并及时地搜集、反映民革党员中的看法。

(康冬花)

民盟丰台区工委

【概　况】 年内区工委共发展盟员4人,均为大学以上学历和高级职称。年底,共有盟员188名。8个基层支部进行了换届改选。工委中有9名同志分别担任教育督导员、特约监察员和人民陪审员的工作。积极协助相关部门开展工作,参加考评政府部门,争创优质服务的活动。建立了信息工作制度,成立了专门小组,信息工作进一步规范化、制度化。举办了暑期干部培训班和年终总结会。学习班上,盟内干部通过学习,提高了思想觉悟,交流了同志感情。总结会上,全体盟员齐聚一堂,畅所欲言,共议国事,体现了民盟大家庭的温暖与关怀。

(赵志坚)

【参政议政】 年内,区工委参加了“解决城乡二元化体制问题,加快丰台区农村城市化进程”调研,并在协商会议上发言;与政协专委会共同组织了“关于改善丰台区文化环境,打造卢沟桥文化品牌”,“关于以法治区,优化法制环境”等项专题调研活动;在区政协七届一次会议上工委提交了“关于农村城市化进程中富余劳动力再就业、再教育”和“关于改善丰台区医学会工作环境,确定工作编制和运行机制”的两份党派提案;组织了关于北京地区流动人口情况的调查工作,并与丰台大红门地区具有影响的温州商代表人士进行了座谈;组织了“如何发挥高中示范校的示范作用”和“改善大红门地区商贸环境”的调研等活动。

(赵志坚)

【思想建设】 年内,区工委组织有关同志参加了民盟市委举办的“关于三个代表重要思想与参政党建设”的培训班;基层支部委员14人参加了统战部举办的“学习中共十六届四中全会精神辅导报告会”;参加了“邓小平同志百年诞辰座谈会”;区工委在《丰台盟讯》上组织“宪法修改后新旧条文的比较”学习与讨论;参加了市社会主义学院、盟市委的党派基层干部学习班。区工委举办暑期学习班,通过学习加强了同志们的参政意识,活跃了同志们的思想。

(赵志坚)

【组织各种联谊活动】 年内,老龄委针对盟内老同志的特点,组织摄影组到龙潭湖公园、重阳节圆明圆游园、观看全国大学生京剧票友的演出等各项活动,使盟员之间增进沟通和了解,体现了民盟组织大家庭的温暖。

(赵志坚)

民建丰台区工委

【概　况】 民建丰台区工委本着“思想工作系统化,组织工作规范化,参政议政经常化,机关建设制度化”原则开展工作。组织全体会员深入学习中共十六届四中全会精神;加强落实民建八大提出的各项任务,结合民建市委和丰台区委统战部的要求,坚持在继承中发展,在推进中创新的原则,力求发挥以经济界人士为代表的民建特色,履行参政党职能,建言献策,为丰台区政治稳定、社会发展和经济建设做出了贡献 。年内,工委组织会员参观西柏坡事迹展览;组织新会员参加区委统战部组织的党派理论基础学习班;认真贯彻落实《民建中央加强所联系非公有经济代表人士的意见》精神。1月,组织支部主任及中青年骨干会员学习班,对会员开展培训,对今后基层组织建设的发展广泛听取会员意见;积极参加区委、区政协、区委统战部组织的报告会、研讨会并结合区情展开讨论。向区委统战部推荐党外处级后备干部4人。全年召开主任办公会12次,工委扩大会4次。全年上报反映社情民意信息30条。组织慰问送温暖活动60人次。年底,民建区工委共有会员274人。全年入会11人;转入25人;去世10人;转出1人;全年净增人数25人,其中男会员190,女会员84人。平均年龄50.4岁,40岁以下30人;41到50岁80人;51到60岁46人;61到70岁36人;71岁以上82人。大专以上学历208人;公有经济企业界人士8人;非公经济企业界人士22人;中高级以上职称140人,占总会员数51%;特约监察员6人;人民陪审员2人;市级人大代表1人;区级人大代表3人,区级政协委员11人;其中政协副主席1人;常委2人:市青联常委1人;区青联委员7人。铁匠营在职支部、红狮支部获市级先进支部称号,6人被评为市级先进个人。

(曲德龙 张扬)

【区委书记到工委调研】 6月2日,区委书记王子生到工委进行调研,对工委今后工作提出了具体意见,要求工委班子认真总结民建自身建设和参政议政做法与经验,勤于思考,勇于创新,为多党合作,参政议政等民主党派在新时期的中心工作开创新思路。

(曲德龙　张扬)

【参政议政】 年内,区工委在区政协七届一次会议上以党派名义提出提案2件,委员提案7件。《关于建立GDP实效评估联审机制的建议案》被区政协评为年度党派优秀提案。工委与区政协共同开展的《优化政府为企业服务的环境》、《优化法制环境》等两个调研题目也受到区政协表彰。

(曲德龙　张扬)

【组织各种活动】 年内,区工委加强机关建设,提高机关管理水平,强化服务意识;坚持民主集中制,严格遵守市会和工委岗位责任制。组织了全体会员到南宫村参观考察;女会员开展庆祝三八国际妇女节;综合三支部与民建西城区委综合六支部联合进行法律咨询;铁匠营支部举办宣传税法;经济支部考察北京华电新明电器有限公司;综合一支部、行政支部参观了中国航天博物馆和东高地青少年科技中心模拟航天器发射等多项活动。

(曲德龙　张扬)

民进丰台区工委

【概　况】 全年工委年内工作要点是抓好基层支部工作调研和政协提案征集工作。年内共召开工委扩大会 5 次,举办学习班 3 次。发展会员 13 人,转入会员 2 人,全区会员共有 224 人。年内区工委新选派一名会员担任第七批政府特约监察员。组织了 2002 - 2004 年新入会会员参加了区委统战部组织的新会员培训班,学习民主党派基本知识和统战政策理论。

(范寿春)

【召开工作会议】 年初,区工委重点抓了基层支部工作调研。讨论通过了《关于加强我区工委信息网络及信息员工作制度的意见》、《加强团结和自我教育的规定》和《领导干部自我监督规定》三个决定。区工委召开工作会议,专门研究部署基层支部工作调研问题。会上具体布置了支部完成调研的时间、方法及注意事项。同时,就走访基层支部所在单位党组织的调研题目、时间、人员安排等事项进行了研究部署。

(范寿春)

【调查了解基层组织】 3 月中下旬,区工委分别到云岗中学、长辛店三中、十中、丰台二中、实验学校、十二中、教育学院丰台分院和中华书局等单位,与单位党组织负责人座谈,了解民进基层支部在各自单位的有关情况。通过座谈,进一步了解了民进会员在单位的表现,征求了对基层支部后备干部的意见,沟通了民进组织与基层单位党组织的联系,对今后民进的组织建设和发展起了重要作用。

(范寿春)

【民进市委领导到区调研】 4 月,民进市委秘书长蒋国华和组织处、宣传处、议政调研处、社会服务处等处负责人到丰台区对基层支部工作进行调研。工委主任刘占良主持会议,长三中支部、十中支部、桥南支部、桥北支部、蒲黄榆支部、大红门支部负责人分别总结汇报了支部工作情况。介绍了开展支部工作的经验,同时反映了在组织发展、参政议政、活动经费等方面存在的问题。市委领导对各支部的工作予以肯定和鼓励,并对存在的问题进行了分析。

(范寿春)

【召开表彰大会】 10 月,在民进市委表彰大会上,对区桥南支部、桥北支部和蒲黄榆支部的 13 名先进个人及先进集体进行了表彰。

(范寿春)

【举办暑期学习班】 8 月,区工委举办了新会员参加的暑期学习班。邀请了民进市委领导、区委统战部负责人和前任工委主任对参会人员进行了会章会史及增强统战意识的教育学习。

(范寿春)

【征集提案工作】 年内全区共有 10 个支部上交提案 64 件,58 人次参与,提案的数量和质量同比都有很大提高。民进北京市委在全市征集政协提案表彰大会上对区工委 17 名会员进行表彰,年内提交个人提案 9 件。在区政协七届一次会议上提交了《治理大气污染我区冬季采暖应慎用燃油的提案》和《关于加强我区中小学心理健康教育的建议案》,其中《关于加强我区中小学心理健康教育的建议案》被评为优秀提案。

(范寿春)

【基层支部活动丰富多彩】 年内，区基层支部开展政协提案征集活动、议政调研活动、郊游活动，内容丰富多彩。民进桥南支部到大兴区与大兴民进总支开展民进支部工作交流与联谊活动。结合区河西长辛店地区经济发展对策，支部到长辛店考察调研，撰写了《关于建立我区产业生产加工基地的建议》。

（范寿春）

【组织参加政协议政调研活动】 年内，组织会员参加了区政协组织的"优化法律服务环境"系列专题调研活动，多次到法院、公安局、街、乡司法所等听取执法部门改善法律服务环境的汇报，参与讨论，对优化全区法律服务环境提出了意见和建议，并由政协与区民盟、民进、民建、工商联组成的调研组撰写了《关于拓展和规范法律服务 促进丰台区法制环境优化的调查报告》

（范寿春）

【组织两节慰问活动】 元旦春节前夕，区工委走访慰问了部分老会员、前任工委老领导，送去了慰问品，并组织全体退休老龄会员到中国戏曲学院观看京剧《杨门女将》，体现了组织关怀和本会的亲和力。

（范寿春）

农工丰台区工委

【概　况】 丰台区工委设有党支部9个（其中：首都经贸大学支部、首都医科大学支部、电力医院支部是根据中国农工民主党北京市委农工京组发[2004]34号决定精神，划归丰台区工委管理的），党员183名。其中：男79名，女104名。退休党员72名。工委主任1名、副主任3名、委员3名。党员中大专以上学历157名，占党员总数的85.8%，中级职称80名占43.7%，高级职称103名占56.3%。党员中有北京市政协委员2名；区政协委员4名，其中：区政协副主席1名、区政协常委1名；区人大常委1名；区政府特邀监察员3名；北京市药监局丰台分局监督员2名；北京市二中院人民陪审员1名。发展新党员12名，推荐区工委后备干部6名，向区委统战部推荐处级后备干部8名。年内区工委被中国农工民主党中央委员会评为全国社会服务先进集体并荣获国际科学与和平周中国组织委员会授予的"在国际科学与和平周活动中，为宣传科学与和平做出贡献"的荣誉及中国农工民主党北京市委员会授予"联合国国际科学与和平周农工党北京市委活动特殊贡献荣誉称号"。

（孙力　朱桂荣）

【参政议政】 年内，在丰台区第十三届人大一次会议上提交建议5件，其中《关于社区卫生服务推向市场的建议》受到区政府高度重视；在丰台区政协七届一次政协会上提交了《关于进一步加强丰台区公共卫生建设和管理的建议》、《关于建立王佐污水处理厂的建议》党派提案2件，委员提案5件，其中《关于进一步加强丰台区公共卫生建设和管理的建议》被丰台区政协评为年度优秀提案；积极参加区政协组织的"优化丰台区发展环境"、"关于城乡二元化行政管理体制问题"研讨会及调研考察活动和北京市政协及农工党北京市委组织的各种调研活动。完成了《关于加快丰台区新型农村合作医疗工作的调研》、《关于解决我区农贸市场创卫难点问题的调研》、《关于本市及我区政法系统干警健康状况的调研》。区工委主任高彦彬负责的《关于北京市停车场现状及对策》调研报告，获北京市统战部优秀调研报告二等奖，发表在农工党中央前进论坛的《医患矛盾分析与对策》获农工党中央优秀论文奖；工委副主任孙力的《关于北京市应建立妇女保护所的建议》获北京市政协优秀提案奖，发表在农工党中央前进论坛的《我当监督员的体会》获农工党中央优秀论文奖。

（孙力　朱桂荣）

【参加理论学习班】 年内，区工委组织班子成员和党员骨干参加农工市委、区委统战部组织的各种学习班,不断提高理论水平及参政议政的能力。全年参加农工市委举办的学习班5人,参加区委统战部举办的学习班8人,参加区工委举办的学习班50人次。

(孙力　朱桂荣)

【组织国际科学与和平周活动】 11月6日,工委与其他单位在方庄体育公园共同举办了以“拥抱科学和平、共享健康生活”为主题的第十六届“国际科学与和平周”活动,开展了科普讲座、专家义诊、健康咨询、文体表演。并进行为期一周的健康教育、防灾救护培训、家庭科学理财等科学知识讲座;在部分社区进行乙肝病毒携带者与糖尿病普查,约有2000人次参加活动。中国人民争取和平与裁军协会副会长宦国英、秘书长牛强、中国“国际科学与和平周”组委员副会长陈继峰、社会活动部主任王松颖、农工党中央委员会秘书长游宏炳、农工党北京市委副主委赵荣国、中国农工民主党中央妇委会主任孙晓梅、中国初级卫生保健基金会秘书长严晓燕、北京市委统战部副部长刘宪苏、党派处处长吴宁、北京市妇女联合会联络处处长刘颖、北京市红十字会秘书长刘君、丰台区政协主席初建华、农工党北京市委常委、妇委会主任、丰台区政协副主席胡燕、区委统战部部长吕跃进、丰台区政协副主席、区科协常务副主席孙敏奇等出席了开幕式。中国组织委员会向参加和平周活动的单位颁发了荣誉证书。

(孙力　朱桂荣)

【科技文化卫生“三下乡”活动】 1月10日,农工党丰台区工委与区卫生局、科协、计生委、图书馆、爱卫会等有关单位到丰台区长辛店镇李家峪村开展丰台健康使者火炬的科技、文化、卫生“三下乡”活动,现场进行专家义诊、健康咨询;4月17日,区工委组织党员参加了八个民主党派赴平谷开展科技、文化、卫生“三下乡”健康为民服务活动。

(孙力　朱桂荣)

【关爱健康科学健身】 5月16日,农工党丰台区工委组织十几名医疗专家参加了九三学社北京市委、区政协等单位在丰台区莲花池公园开展以“关爱健康、科学健身”为主题的科技周开幕式。在科技周活动中,农工党员开展了医疗咨询,并发放有关健康的宣传材料。

(孙力　朱桂荣)

【组织拥军活动】 7月24日,区工委组织党员到丰台区武警十九支队四大队十中队开展医疗义诊、卫生咨询、卫生指导、健康知识讲座,为150名官兵做了健康体检,发放健康咨询报200份,深受部队指战员欢迎。

(孙力　朱桂荣)

【举办绿化首都公益活动】 4月3日,区工委组织党员参加了由北京绿化基金会、北京新闻广播等多家单位在丰益花园举办的“远治多伦一亩沙、还北京一片蓝天”大型环保公益活动。参加植树,为绿化首都、美化家园贡献了自己的一份力量。

(孙力　朱桂荣)

九三学社丰台区工委

【概　况】 年内,九三学社丰台区工委发展新社员20名,到年底,区工委共有社员147名,支社7个。在九三学社市委和中共丰台区委的领导下,在区统战部的具体指导下,认真学习实践“三个代表”重要思想,坚持科学发展观,围绕丰台区的中心工作,在参政议政、自身建设、社会服务等方面不断探索民主党派发挥优势的渠道和方法,在丰台区的发展中努力发挥了政党的作用。

(陈栓柱　杜伟芳)

【组织政治理论学习】 年内,各支社分阶段组织重点学习科学发展观、中共十六届四中全会精神、新政协章程和九三学社章程等,并安排专题集中学习讨论。通过学习,进一步明确了在新时期新阶段参政党履行民主监督职能;在党际关系之间相互监督,主要是对中共的民主监督，帮助执政党科学执政、民主执政、依法执政；要增强接受中国共产党领导的自觉性，注重提高自己的参政能力，努力做到科学参政、民主参政、依法参政。

（陈栓柱　杜伟芳）

【参政议政】　年内，在区政协全会上做了“让交通为丰台的发展提速”的大会发言。区工委主委带队到市政设计院、丰台市政管委就北京市交通发展规划及对丰台的影响进行调研；并组织开展“丰台高校如何更好与政府良性互动”研究，收集了大量基础信息和建议，为进一步形成高质量的建议打下了良好的基础。

（陈栓柱　杜伟芳）

【开展议政日活动】　年内，为调动广大社员参政议政的积极性，各支社开展议政日活动，让社员广泛发表见解，由各支社上报区工委。为了更好鼓励社员参政议政的积极性，向社员公布区工委邮箱，广泛收集社员的建议和信息并建立了优秀提案信息表彰制度，夯实了参政议政的群众基础。

（陈栓柱　杜伟芳）

【召开参政议政研讨会】　9月，召开了参政议政研讨会，九三学社丰台区工委委员、九三学社区政协委员、人大代表和北京市政协委员以及九三学社在丰台政府部门特约人员共20人参加了这次研讨会。

（陈栓柱　杜伟芳）

【组织开展“关爱健康　科学健身”活动】　在区政协等单位的支持下，精心策划、组织开展了2004年科技周丰台区分会场“关爱健康、科学健身”活动。5月16日上午，在莲花池公园举行了一系列的科普活动。来自北京各大医院的二十余名九三学社的专家为群众进行了健康咨询义诊，制作了“关爱健康、科学健身”的宣传展板约30块，为群众发放家庭卫生和防病知识宣传手册上万册。为太平桥街道和丰台镇街道的11个社区的居民做了包括艾滋病的预防、老年常见病的早期识别、儿童肥胖症的防治、家庭食物安全和健康、常见风湿病的中西医诊断治疗、感冒及流感的防治、如何科学地进行气功养生、认识中风预防中风、肿瘤的防治、高血压病的防治等内容11场健康防病知识讲座。

（陈栓柱　杜伟芳）

【办好《社讯》】　年内，充分调动各支社的积极性来完善《丰台九三社讯》（以下简称《社讯》）内部刊物，努力把《社讯》作成抓人心、聚人气、多沟通、广交流的社员喜闻乐见的宣传媒体。年初，六期《社讯》分别让六个支社承办，每期《社讯》中的第一版仍然是区工委组稿，第二版由承办支社组稿，最终由区工委审核、修改、排版，承办支社负责印刷、分发。充分调动了各支社的宣传积极性，不断丰富《社讯》内容，开办了“支社简介”‘“博士风采”、“政策学习”、“丰台区情”，“工作简讯”、“其他信息”等栏目，发挥了宣传重大政策、表扬好人好事、交流工作经验的良好作用。

（陈栓柱　杜伟芳）

【成立新支社】　年内，成立九三学社学苑出版新支社。该支社由学苑出版社和首都图书馆两单位的九三学社成员共同组成，共有成员11人。学苑出版社是九三学社中央直属的以出版社会科学、科技图书为主的学术图书出版单位。

（陈栓柱　杜伟芳）

群　众　团　体

丰台区总工会

【概　况】　丰台区总工会直属街、乡、镇、园区、私企、局处公司、外资、私营、市划转企业、机关事业单位等工会委员会共145个，基层工会委员会2073个，职工人数约122600人，有专兼职工会干部3513名（其中专职173

名)。为提升工会干部队伍素质,根据区总工会《2001—2005年工会干部培训规划》要求,全区共举办了24期各类培训班,专兼职工会干部、企业法人1370多人次参加了集体合同、女工维权、职工保险、经审、文体等工会专业知识的培训。加强职工之家建设,促进整体工作上水平。先后对4个市级模范职工之家,56个区级先进职工之家进行复验,新增市级模范之家3个。全力做好女职工特殊利益的维权工作,首次对全区8个先进女职工委员会和10名先进女工干部进行表彰。

(宋晓琴)

【送温暖活动深入人心】 区总工会牵头负责组织、协调区领导春节慰问困难群众活动。1月5日,以区委书记王子生、区人大主任徐英豪、区长张大力、区政协主席穆德荣为组长的丰台区两节"送温暖"慰问组,分四路分别到长辛店、丰台、南苑、东铁匠营等地区慰问看望了困难职工、残疾困难职工及困难劳模家庭,为他们送去米、面、油、棉被和慰问金。两节期间,全区各级工会组织共筹集资金493.86万元,入户走访慰问3620户。在区总工会两节送温暖活动启动仪式上,现场向31个困难企业的546名困难职工,发放了价值2.5万多元的米、面、油和5.6万多元慰问款。

(宋晓琴)

【经济技术创新活动深入开展】 年内全区各行各业的5万多名职工,踊跃参加了以"迎难而上促发展,创新立功比贡献"为主题的群众性经济技术创新活动。共提出合理化建议2560件,实施1821件,创效4000多万元。通过竞赛评选出全国五一劳动奖章2名,首都劳动奖章8名,市、区经济技术创新标兵149名,市、区优秀合理化建议22条,市、区优秀成果19项。

(宋晓琴)

【建会工作取得新进展】 全区各级工会组织坚持以推进外施企业建会工作为重点,全面铺开新领域建会工作。重点完成了150家外施企业建会工作,发展会员38519人,建会率达81%,职工入会率达82%,较好地完成了市总工会下达建会任务。

(宋晓琴)

【民主管理制度化建设不断增强】 认真落实《北京市推行厂务公开、加强民主管理的意见》,把厂务公开与职代会议事有机结合起来,使全区国有、集体及其控股企事业单位职代会建制率保持在96%以上。注重实效,加强监督指导,对全区企事业单位开展民主管理和厂务公开情况进行了检查,并转发了《关于国有中小企业改制过程中职代会工作需要明确的几个问题的通知》,使民主管理和厂务公开在促进企业改革、防止国有资产流失等方面起到了重要作用。

(宋晓琴)

【签订集体合同协调劳动关系】 年内签订集体合同1895家,签订率达76%;签订非公企业集体合同1022家,签订率达71%。工资协商试点企业11家。较好地发挥了集体合同在调整劳动关系中的协调作用。

(宋晓琴)

【劳动关系基本稳定】 劳动关系三方协商机制建设不断向基层延伸。全区16个街道办事处已全部建立了较为规范的三方协商会议制度,初步形成了协调劳动关系的"主体协商、三方指导、政府调控、依法规范"的工作格局。两节期间,区总工会还开通了职工热线,认真解决职工反映的困难和问题。全年共接待职工群众来信来电来访共500余个。配合有关部门对50余家建筑企业开展拖欠农民工工资联合执法检查;协助处理了多起外施企业拖欠外来务工人员工资案件,有效维护外来务工人员合法权益。

(宋晓琴)

【职工互助保险事业不断壮大】 全区新发展职工互助保险会员6810人,新增女职工安康互助保险15681份,共增保资1326万元;参加新增设的职工住院医疗保险6035人,保额近24万元。共为75例出险职工理赔保险费28.9万元，实实在在地为职工办好事实事。

（宋晓琴）

【安全生产】 组织全区职工开展以“掌握安全生产知识，争做遵章守纪职工”为主题的“安康杯”竞赛活动，并配合有关部门对全区150多个企业进行了安全生产检查和职业病检查，进一步增强了依法维护职工生命安全的意识。

（宋晓琴）

【召开丰台区工会第十次代表大会】 11月29日上午，丰台区工会第十次代表大会在京丰宾馆召开。市委副书记、市总工会主席阳安江，市总工会常务副主席张建民，区委书记王子生，区长张大力，区人大主任杜瑞琴，区政协主席初建华及刘云广、陈继平、王苏维、杨逸铮、李明圣出席了会议。大会由区总工会主席苏瑞铭主持。王春兰受丰台区总工会第九届委员会委托，做了题为《高举邓小平理论和“三个代表”重要思想伟大旗帜，团结、动员全体职工为建设丰台现代化新城区而努力奋斗》的报告。市委副书记、市总工会主席阳安江、常务副主席张建民、区委书记王子生分别作了重要讲话，在肯定丰台区总工会工作成绩的同时，也对新形势下区总工会的工作提出了新的要求。大会于11月30日下午胜利闭幕。

（宋晓琴）

共青团北京市丰台区委员会

【概　况】 共青团北京市丰台区委员会（以下简称丰台团区委）是负责全区团员青年教育、管理和服务的群众性团体。全区各级团组织根据团市委2004年总体工作部署，结合丰台区共青团工作的实际，坚持以经济建设为中心，加强青少年思想政治教育，强化共青团自身建设，继续推动社区团建工作、非公经济组织团建工作，稳步推进青年中心试点单位建设，大力实施“青年人才工程”和“青年文明工程”，团结带领全区广大团员青年积极探索、勇敢实践，与时俱进、奋发有为，为丰台区现代化新城区建设做出了积极的贡献。截至是年12月底，丰台区共有14岁至35岁青年78136人，团员21667人，团支部1269个，团总支95个，基层团（工）委83个。

（石　杰）

【共青团北京市丰台区第十次代表大会召开】

10月，团区委在银建大厦隆重召开了共青团北京市丰台区第十次代表大会。大会选举产生了新一届委员会和领导班子，徐颖为书记，贾丽君（女）、张晓光、鲁爱国为副书记。与会代表紧密结合各自的工作实际，就做好共青团未来五年的工作畅所欲言、献计献策，提出了许多宝贵的建议和意见。

（石　杰）

【非公经济组织团建工作】 团区委于5月举办了首期非公经济组织团干部培训班，来自基层非公经济企业的36名团干部参加了首批培训。会上，团区委向各非公经济组织团干部下发了《丰台区非公经济组织团干部培训手册》，并对非公经济团支部的设置、团支部干部队伍建设、团员队伍建设、团支部民主建设以及团支部的日常工作、团员活动等内容进行了培训。与会的团干部开展了充分讨论和经验交流，丰富了团务知识，提高团务工作水平，为非公经济团组织战斗力和影响力的提升奠定了基础。

（石　杰）

【青年人才工作】 为贯彻落实北京市人才工作会议精神，加大非公经济组织党建带团建工作力度，积极探索非公企业青年人才开发工作模式。团区委联合区委组织部、区餐饮服务旅店行业协会于6月在洋桥大厦隆重举行丰台区首届餐饮行业青年服务技能大赛。共有各街乡镇选派的16支代表队参赛，大赛共分风采展示与知识问答、端托竞赛、中餐宴会摆台竞赛等3个比赛项目。在专业评委严格公正的考评下,来自马家堡街道的康颐轩食府代表队夺取了大赛团体桂冠。同年9月,由区委组织部、团区委共同组织的丰台区35岁以下青年干部培训班在区委党校结束。来自全区15个单位的29名学员参加了培训。培训历时两周,课程针对青年干部的特点,设置了理论与党性教育和综合能力培养两个单元。其中,理论与党性教育单元包括党的思想路线教育、科学发展观与全面建设小康社会、青年干部成长、廉政教育、礼仪教育、丰台区情教育、国际形势分析和野外拓展训练等几个方面;综合能力培养单元包括应用公文写作、演讲与口才训练、演讲竞赛能力培养与锻炼以及模拟竞聘能力培养与锻炼等几个方面。

(石　杰)

【青年文明号工作】　4月,举行了纪念"青年文明号"活动十周年暨全区"青年文明号"创建工作推进会。会上,团区委副书记徐颖首先对"青年文明号"十年创建工作进行了总结,并部署了下阶段创建工作的意见。随后,市、区领导为卫生局全国级"青年文明号"授牌,对2003年度丰台区"十佳青年文明号"和"十佳青年文明号示范集体"进行了表彰。丰台医院心内科监护室、丰台法院未成年人案件审判庭、金鼎轩酒楼等三家"青年文明号"创建先进单位的代表先后发言,与参会的领导和同志们进行经验交流。"青年文明号"是跨世纪文明工程的重要组成部分,是新时期共青团工作的重点项目。这次活动,是多年来丰台区共青团以"青年文明号"创建工作为载体、团结引领青年立足本职,苦练技能,展示风采,树立形象,参与全区三个文明建设的一次集中展现。

(石　杰)

【青年志愿者活动】　3月,"北京市青年志愿者社会治安服务总队丰台支队"正式成立,并在丰台花园西门广场隆重举行了"共建文明安全北京城"青年志愿者行动誓师大会。来自公安分局的青年民警和卢沟桥街道、太平桥街道、丰台街道、宛平城地区的100余名青年志愿者参加了活动。北京市青年志愿者社会治安服务总队丰台支队是团区委、公安分局按照团市委、市公安局统一部署、结合全区实际情况,共同研究决定成立的。其目的在于探索丰台区社会治安综合治理的科学管理模式和创新群防群治的工作模式,建立一支组织有序、作用显著的服务社会治安工作的青年志愿者队伍。"共建文明安全北京城"活动是北京青年志愿者社会治安服务总队丰台支队在确保"两会"绝对安全精神的指导下开展的重要活动,即在"两会"期间安排青年志愿者在公安民警的带领下,在"两会"代表驻地、重要交通路线进行巡逻防控,以起到"震慑犯罪,维护安全"的积极作用。誓师大会上,公安分局政治处主任刘亚东向青年志愿者代表授予了"北京市青年志愿者社会治安服务总队丰台支队"队旗。

(石　杰)

【青少年艺术节系列活动】　5月至12月,团区委、区青联联合开展了首届丰台区青少年艺术节系列活动,先后开展了声乐大赛、舞蹈大赛、古诗词朗诵大赛和书法绘画摄影大赛四大系列活动,共收到歌唱参赛节目73个,舞蹈节目34个,朗诵节目65个,书画摄影作品275幅,在丰台区产生了较大影响。艺术节采取社会化运作,与欧尚·乐华梅兰超市、东方家园、树人英语学校等单位建立了良好的合作关系;采取专业化操作,委托专业演出公司负责整台颁奖活动的策划实施;采取区域化整合,邀请驻区单位及部分高校艺术团体参与艺术节的有关活动。这也是丰台共青团主动适应新形势,创新团的工作方式、提升团的工作能力的有益探索和尝试。

(石　杰)

【军民共建工作】　6月,团区委与武警十一支队举行了"四联"(即思想工作联抓、公益事业联做、人才培养联手、文体活动联谊)活动启动仪式。“四联”活动坚持了“资源共享、优势互补、区域联动、共同进步”的原则，对于培养青年人才、融洽警民关系、优化社会道德风尚、促进丰台发展具有重要的现实意义。

（石　杰）

【青少年法制教育】　以“5·31”世界无烟日和“6·26”国际禁毒日为契机，广泛发动全区各街乡镇团组织开展了“远离香烟、珍爱生命；远离毒品、关爱未来”活动。通过发放宣传资料、举办健康知识讲座、组织青少年与吸毒解教人员座谈等形式，使青少年进一步认识了吸烟给人体造成的危害和珍爱生命、远离毒品的重要意义，积极参加了社会治安综合治理宣传日活动。通过设立未成年人普法宣传台，向过往群众发放《中华人民共和国预防未成年人犯罪法》和《中华人民共和国未成年人保护法》宣传册，宣传了《北京市未成年人保护条例》和未成年人法制与安全相关知识。增强了全区未成年人学法、知法、守法的意识及自我保护能力，对维护社会治安起到了积极的作用。

（石　杰）

【青春爱心行动】　为丰台区外地务工农民子女做实事，分别于4月、11月在花乡樊家村小学和黄土岗小学举行了“希望工程——金龙鱼农民工子女助学基金”签字发放仪式。共向花乡樊家村小学、黄土岗小学、郭公庄小学发放助学金6万元，资助三所学校品学兼优的外地农民工贫困子女200名。6月，团区委权益部共向长辛店中心小学、和义学校、太平桥中学等13所中小学校发放“明德奖学金”4.4万元，共资助中学生40人、小学生100人。此外，团区委还多方筹备资金，通过“爱心基金1+1”、“学子阳光助学金”等捐助项目，对全区贫困学生进行了必要的资助。

（石　杰）

【社区矫正工作】　5月，团区委联合区司法局团支部和花乡团委在花乡造甲村村委会举行全区首家“青少年社区矫正学校”揭牌仪式。青少年社区矫正学校名誉校长由团区委副书记林琳担任，花乡党委副书记赵东澍任校长，花乡副乡长马增光任副校长。青少年社区矫正学校本着对青少年社区矫正对象高度负责的精神，以求真务实的作风，全力打造一支高素质的社区矫正队伍，建立一套行之有效、运转协调的工作机制，依法进行规范的运作，从法制教育、爱国主义教育、心理教育、家庭教育、社会教育等五方面入手开展矫正工作，以保证青少年社区矫正工作落实到位。

（石　杰）

【文化市场监督员聘任仪式】　8月，团区委、区文委联合举行了文化市场监督员聘任仪式。全区21个街乡镇团干部被聘任为文化市场监督员，他们将对全区娱乐场所和出版物市场进行监督，对“网吧”接待未成年人、超时经营、电子游艺场所在法定节假日以外时间接待未成年人、非法经营“网吧”现象和销售盗版、淫秽音像制品、图书的门店以及街头游商兜售非法出版物的违法行为进行举报。

（石　杰）

【区青联三届四次常委(扩大)会】　3月4日，区青联在北京优龙会议中心召开三届四次常委(扩大)会。会议总结了2003年的工作，审议修改并通过了《丰台区青年联合会工作细则》、《丰台区青年联合会常务委员会会议制度》、《丰台区青年联合会界别组长工作职责》、《丰台区青年联合会委员学习制度》等各项制度，同时增补了史文彬等七名同志为区青联三届委员会委员。并对2004年青联的工作进行了部署。常委们纷纷表示，将结合各界别组特点，紧密围绕党政中心工作开展青联活动，扩大青联组织的影响力，努力为区域经济的发展服务。

（石　杰）

【区政协青联界别组委员座谈会】　11月，区青联在万泉集团召开区政协青联界别组座谈会。青联委员们结合自身工作领域的实际，就如何在政协中发挥青联委员的作用和界别作用、如何进一步发挥青联委员参政议政的能力等问题进行了讨论。区政协主席初建华、副主席周大春认真听取了委员们的发言,对区青联在过去一年中为丰台区的民主政治建设所做的工作给予了充分肯定,并对区政协青联界别组今后的工作提出要求,希望委员们"珍惜荣誉、牢记使命、不骄不躁、再创辉煌"。

(石　杰)

丰台区妇女联合会

【概　况】 年内,妇联工作主要以"三个代表"和十六大精神为指导,全面落实全国妇联、北京市妇联、丰台区妇女代表大会精神,在区委、区政府和市妇联的领导下,坚持党政所急、妇女所需、妇联所能的工作定位;坚持"一手抓发展、一手抓维权"的工作方针,高起点、重实效、出精品、创一流的工作理念;解放思想,更新观念,转变作风,创新方式,用发展的眼光、发展的思路和发展的举措,深入调查研究,团结带领全区广大妇女在现代化新城区建设中发挥作用。根据年初计划,基层妇女组织建设圆满完成农村妇代会换届工作。经过民主选举,5个乡(镇)67个行政村中选出67名村妇代会主任。其中35岁以下4人,占6%;36至45岁37人,占55.2%;46至55岁26人,占38.8%;党员61人,占91%;群众6人,占9%。大专生27人,占40.3%,比上届增加25个百分点;大学学历11人,占16.4%,比上届增加9个百分点。同时区妇联还加强女性参政议政建设,结合总结"两个规划"中期评估情况,抓住区换届契机,在选出的279名正式人大代表中,妇女代表88名,占代表总数31.54%,高于上届代表1.24个百分点;党代会代表共309名,妇女代表145名,占39.3%,高于上届代表1.53个百分点;政协委员共有215名,女委员78名,占委员总数的36.28%,高于上届8.84个百分点。区四套班子均配备有女领导干部。

(陈海燕)

【开展特色活动】 全区妇联系统"两节"期间走访慰问了特困户、失业妇女、单亲困难户、军烈属、残疾人,发动巾帼志愿者、居委会干部等500余人;义务服务2200多户;做好事、实事上万件。"六一"期间,区四大家领导慰问6所幼儿园,并送去价值5万元的礼品。同时还举办了多种活动,如区妇联与区家庭教育研究会联合举办"庆六一'未成年人思想道德建设'进家庭、进社区"启动仪式,并向21个"母亲课堂"进行授牌、向12位家教老师颁发家教讲师团成员聘书、向卢沟桥街道芳园社区"母亲课堂"的30位未成年人的母亲颁发学员证;还与区直机关工委共同举办家庭教育知识讲座、与区教委共同举办"儿童动手动脑创想表演大赛";对花乡、右安门、东高地进行100份问卷调查、访谈,撰写了《关于未成年人家庭教育状况》的调查报告。并结合巾帼文明示范岗、"妇"字号基地和儿童活动场所,在方庄、丰台、宛平、东高地、东铁匠营街道和长辛店镇建立了市、区妇联的未成年人思想道德建设的实践基地,让家长和孩子能够共同参与到实践教育活动中。区妇联、区家庭教育研究会还在右安门街道联合召开丰台区未成年人思想道德建设家庭、学校、社会教育三结合教育模式展示活动。"三八"节期间,对全区的10个巾帼文明示范岗、10名巾帼之星、50名岗位建功女能手、19名社区服务女能手、16名科技致富女能手和10名巾帼志愿者标兵进行表彰,并与10个巾帼文明示范岗签订了责任书。与区劳动和社会保障局共同组织17家单位为失业妇女提供了223个就业岗位。还通过第十八届"娘家乐"活动,进行现场"六送"活动,即"送政策、送培训、送技巧、送资金、送岗位、送服务",为姐妹们实现再就业提供优质服务。

(陈海燕)

【"双学双比"活动新颖独特】 年内,围绕"学习新知识、增长新本领、适应城市化、奉献新农村"的主题,树立了一批女能人新典型;命名了一批“妇字号”基地(其中5个培训基地,8个创业基地);帮扶了一批贫困姐妹(其中20名失业妇女得到了安置,80名妇女得到了技能培训,4名妇女争取到了低保,9名困难妇女生活得到了救济,2名妇女的子女学费得到了解决);撰写了一篇题为“对丰台区失地妇女现状及发展对策”的调查报告。

(陈海燕)

【培训工作取得新成效】 与区委组织部共同举办了有28名处级女领导参加的第二轮处级女领导干部培训班;区妇联举办了有20人参加的基层妇联干部培训班;举办初级家政服务员、中高级商品营业员、中级护理员和手工编织培训班共七期,受训人数750人,有712人取得了劳动部职业等级证书,取证率96%。截止到11月,全区各级妇联组织共举办各类培训班1529期,培训农村妇女300528人次。各类专业技术考试中,1374人获农业技术员资格证书;2438人获助理师资格证书;1746人获得技师资格证书;40人获得高级技师资格证书。在8月初在全市率先成立了女企业家协会丰台分会,有会员54名。

(陈海燕)

【提供法律服务】 年内,为全面推动“反家暴”工作,召开区“创建零家庭暴力社区,促进家庭美德建设”工作大会,形成各级领导支持,执法部门干预,成员单位协助,社区公众参与的社会化、多机构妇女维权工作网络。同时还在条件成熟的社区建立了40个“社区妇女维权工作站”。区、街乡两级组织为群众提供法律帮助115件,为妇女群众提供家教、心理问题等咨询1024人次。共接待信访214件,结案率100%,街乡(镇)共接待来信来访4222件,结案率98%。

(陈海燕)

丰台区工商业联合会

【概　况】 年内,丰台区工商业联合会(简称:丰台工商联)履行党和政府赋予工商联的各项职能,结合工作实际,进一步解放思想,统一认识,与时俱进,以组织发展为基础,以调查研究、参政议政为重点,以为会员服务为载体,积极开展光彩事业和精神文明建设活动,调动非公经济人士的积极性,扎实开展对非公经济人士的思想政治工作,圆满完成各项年度工作目标。至年底,累计新老会员1150家。区工商联第七届执行委员会委员64人(非公经济代表人士51人),其中有全国工商联执委1人,市政协委员1人,区人大代表2人,市政府特约劳动保障监督员1人,区政府特约监督员4人,区政协委员19人(其中非公经济人士15人),市工商联十一届执委、常委10人及市企业家协会理事,市女企业家协会理事,区青联副主席、常委、委员,市、区个协理事等。有24家会员企业被市联和区文明办评为精神文明单位,其中被首都文明办评为精神文明单位的有2家,区工商联精神文明领导小组被区文明办授予“组织奖”荣誉称号。在参加市、区开展的各种表彰活动中,区联企业共有22家被公示为北京市“守信企业”;4家会员企业被授予“市工商联纳税先进会员企业”;2家会员企业被授予“市工商联质量先进会员企业”;1家会员企业被授予“市工商联就业先进会员企业”。会员企业中有23家通过了ISO9000质量管理认证,5家通过了ISO14000环保认证。全国工商联在全国上规模民营企业调研排序中,区联会员企业中润发汽车销售公司、京卫医药集团、首航国力商贸公司榜上有名。

(杨士广)

【发展新会员壮大骨干队伍】 年内,发展新会员310家,其中高新技术型、生产型、规模大的企业有24家(注册资金1000万元以上的有4家),行业协会1家,累计丰台区工商联新老会员1150家。已累计为310名原工商业者(含三小人员)和遗孀办理了审核手续。在两节慰问走访活动中,发放慰问金和困补金总计76400元,帮助其解决了部分生活中的困难。新增补、替补区工商联第七届执委会委员8人、常委2人。

(杨士广)

【开展调查研究,参政议政活动】 年内走访调研会员企业80余家、180多人次,充分发挥会员中区人大代表、政协委员和区特邀监察员的积极作用,重视提案的质量和调研报告的客观性,写出团体提案1件,个人提案11件,调研报告1件,其中《关于成立中小企业投资担保基金,解决中小企业融资困难的问题》的团体提案和《关于建立工商联党委的建议》的调研报告,得到区委领导和区有关部门的高度重视。

(杨士广)

【完善服务职能,拓宽服务领域】 丰台工商联依托区联会长企业——金星房地产开发公司,为解决民营企业经营场地和办公场所难等问题,在中关村科技园丰台园建设工商联大厦(建筑面积5.3万平方米,地下三层、地上二十三层,可容纳200家中小企业入驻),8月已完成主体建设,预计明年上半年交付使用;为解决企业融资困难,区工商联呼吁政府投资500万元建立中小企业贷款担保公司,年内得以落实,有9家企业解决了担保问题,总金额上千万元;区工商联法律事务部为会员企业法律咨询180余人次,合同把关35份,代办执照2份,接办案件13份,结案率100%,胜诉率90%以上,为企业挽回经济损失30余万元,为企业培训法律知识4场,参加学习近300人;委托院校为非公经济企业培训高级工商管理人才96人;培训在职会计人员继续教育150余人;会员企业中的党、团、工会组织各项工作在区工商联帮助下得到蓬勃发展。

(杨士广)

【商会往来】 与河北省石家庄市、浙江省温州地区、黑龙江省大兴安岭地区、湖南省张家界市等工商联组织保持商会往来的基础上,年内又与广州市黄埔区工商联、湖南省株州市工商联建立了友好商会关系,双方达成了协议,交换了会旗。

(杨士广)

【光彩事业蓬勃发展】 年内,丰新电气公司投入21000元为河北省清苑县购买了电脑和课桌椅;圣火暖气超市在全国助残日上捐款10000元,并为121名残疾学生每人捐款300元;瑞丰轩福祥居酒楼经理刘冬岭为拓宽对特困群体的帮扶渠道,在丰台区第一个"爱心互动家园"的挂牌仪式上捐款10000元;首航国力商贸公司为董存瑞英勇献身的河北省隆化县捐款20万元兴建的一所希望小学,于10月正式投入使用;中润发汽车销售公司向长辛店中心小学30名特困生每人捐款300元,并购买学习用品,合计捐款10000元。

(杨士广)

【初建华视察高娃钢琴幼儿园】 2月8日下午,区政协主席初建华等与区工商联中的人大代表、政协委员共同视察了高娃钢琴幼儿园,并与该园董事长、区工商联执委、常委、区政协委员赵红梅(高娃)进行了座谈,认真听取了高娃女士的创业经历,观看孩子们的教学汇报表演,充分肯定其成就外,对其发展中遇到的困难提出了具体的解决办法。

(杨士广)

【丰台工商联七届五次执委会】 3月16日,在鑫豫苑宾馆召开七届五次执委会议,60名执委及部分骨干会员参加会议,会议由秘书长隋军主持。会议审议通过了工作总结、工作要点、会员会费收支管理使用办法、精神文明建设工作安排等报告;表决通过了新增补执委8名、常委2名。为23家获信息工作先进单位颁发荣誉证书。市工商联常务副会长吴杰,区委副书记刘云广、副区长汪洪,区统战部部长吕跃进、副部长李一应邀出席会议并讲话。

(杨士广)

【市首家工商联法律援助工作站成立】 6月8日,北京市首家工商联法律援助站在丰台区工商联挂牌成立。市区有关领导孟景春、郭俊宝、王爱民等参加揭牌仪式。区工商联法律援助工作站服务群体为三个层面:①在政策和法律允许的范围内,帮助解决老的原工商业者遇到的一些实际问题和困难;②为遇到自身难以克服困难的年轻创业者服务,以增强非公有制企业生存和发展能力;③所在社区的弱势群体。

(杨士广)

【暑期培训】 7月27日,丰台工商联企业代表人士年度暑期培训班如期举办,近70名会员企业人士参加了培训。特邀市科委三位专家分别就物资进口税、科研成果的转化、国家对科技产品政策等方面的知识进行了讲解。邀请区城管大队的同志介绍北京当前城市管理工作现状及相关政策,为企业发展经营提供重要的参考依据。由区联党组书记邓适宁作下半年工作安排。市区有关领导应邀参加培训。

(杨士广)

丰台区归国华侨联合会

【概　况】 区侨联坚持把为全区改革开放和经济建设放在工作首位,充分发挥"侨"的优势,推进科教兴国战略的实施;积极动员广大归侨侨眷和海外侨胞,为实现"九五"计划和2010年远景目标献计出力。立足市情、区情,引导和鼓励归侨、侨眷充分利用人才荟萃、海外联系广泛的独特优势,积极为"三引进"牵线搭桥。积极主动参与政治协商和民主监督,为全区的经济协调发展和社会稳定献计献策。

(谢焕明)

【召开区第四次归侨侨眷代表大会】 "丰台区第四次归侨侨眷代表大会"12月召开。大会选举产生了丰台区归国华侨联合会第四届委员会。其中正式驻会主席一名,兼职副主席两名,秘书长一名,委员共13名。到会代表共计78名。北京市侨联副主席邱国武、丰台区委书记王子生、区委副书记、区长张大力、区人大主任杜瑞琴、区政协主席初建华以及区常委等领导到会祝贺。

(谢焕明)

【做好侨联经济工作】 区侨联在原有的经济实体的基础上,稳步发展。加强了对"侨商出租汽车公司"、"北京市侨声广告中心"的管理和服务。进一步理顺了和下属企业单位的关系。区侨联委员王亦和作为成功的股份制改制侨商企业家加入华商联谊会;同时为了更好的为侨商、侨资企业做好服务工作,区侨联作为团体会员也加入了联谊会。组织十余家侨商、侨资企业参加各类经济洽谈活动,为他们提供经济、政策信息服务,创造合作发展的机会,为促进招商引资工作发挥了积极作用。

(谢焕明)

【踊跃参加捐款活动】 归侨侨眷积极踊跃参加捐款活动。赈灾捐款五年累计人民币10670元。其中,为莲花池公园绿化捐资款为7965元;为内蒙古灾区捐资捐物1500多元;区侨联副主席、老归侨潘先钊,利用出国探亲的机会,带回国外亲戚捐资助学款;侨眷陈凤仙在自己的生活并不宽裕的情况下,从自己的退休金和子女寄来的生活费当中拿出一部分钱来,资助贫困学生。截止到6月底,陈凤仙的捐资助学款达到了35000元,捐助贫困学生70余人,其中已经有7人考上了国家重点大学。使这些家庭贫困的优秀学生圆了自己的上学梦。

(谢焕明)

【依法护侨,努力做好侨务信访工作】 围绕2000年修正的《归侨侨眷权益保护法》及2004年国务院颁布的《实施办法》,与区侨办、司法局和方庄地区一起在方庄闹市区进行《侨法》宣传,发放《侨法》装订册及各类宣传材料1000余份,并组织广大归侨、侨眷进行学习,举办报告会、座谈会,引导大家做到要学法、知法、懂法、用法。利用各种渠道积极反映归侨、侨眷的意见和建议,督促有关部门和单位依法办事,落实党的侨务政策,切实保护了归侨、侨眷的合法权益。其中,受理各类信访约230余件(次),较好地维护了归侨、侨眷和海外侨胞在国内的合法权益。王佐乡侨眷李秀梅,老伴长期瘫痪在床,家庭基本生活难以维持,区侨联配合区侨办,与王佐乡领导共同协商,帮助李秀梅解决了基本生活问题。同时,与区侨办合作,分批对全区归侨中的贫困户予以资助;关心老龄归侨、侨眷的晚年生活,不定期的对他们进行走访慰问;组织各种适合老年人特点、有益于身心健康的活动;为70岁以上的老归侨过生日;给所有退休归侨免费订阅《益寿文摘》;走访慰问归侨、侨眷200余人次。

(谢焕明)

【侨联自身建设得到加强】 在方庄地区成立了全区第一个街道侨联组织。其配合市、区侨联组织进行侨法宣传、扶贫济困、组织开展老年活动等等,举办了形式多样的文化、娱乐活动。为了更好的弘扬北京文化、迎接2008年的奥运会,地区侨联办起了英语培训班,参加培训班的学员达到了70多人,年龄最大的70多岁,最小的仅仅7岁。10月,北京市人大部分常委视察了方庄地区侨联的工作情况。常委们参观了地区侨联的英语培训班和方庄地区侨联艺术团的老年模特队的表演。春节前夕,每个委员还自己拿钱购买慰问品,去看望了家庭困难的老归侨。

(谢焕明)

政权　政协

北京市丰台区人民代表大会常务委员会

【概　况】 年内，区第十三届人大常委会共举行8次常委会会议，听取并审议34项议题，作出4项决议、决定；召开11次区人大常委会主任会议，听取了区政府6项工作情况的报告；依法任免国家机关工作人员76人次，选举新一届人民陪审员81名；围绕常委会、主任会审议议题组织代表视察、检查21次，参加代表262人次；接待群众来访256人次，办理人民群众来信165件。

（黄公侃）

【区第十三届人大第一次会议】 1月12日至1月16日，区第十三届人民代表大会第一次会议在京丰宾馆举行，267名代表出席了会议。会议听取并审议了区长张大力关于丰台区人民政府的工作报告，区发展和改革委员会主任于长辉关于丰台区2003年国民经济和社会发展计划执行情况与2004年国民经济和社会发展计划草案的报告，区财政局局长孔令斌关于丰台区2003年财政预算执行情况和2004年财政预算草案的报告，区第十二届人大常委会主任徐英豪关于丰台区人民代表大会常务委员会的工作报告，区人民法院院长董华关于丰台区人民法院的工作报告，区人民检察院代理检察长蔡柏林关于丰台区人民检察院的工作报告；并对上述报告作出了决议。审查和批准了丰台区2003国民经济和社会发展计划执行情况与2004年国民经济和社会发展计划；审查批准了丰台区2003年财政预算执行情况和2004年财政预算。选举产生了区第十三届人民代表大会常务委员会主任、副主任、委员，区人民政府区长、副区长，区人民法院院长，区人民检察院检察长。大会收到代表议案97件，其中第1号、第9号和第20号议案合并立为"抓住'新北京、新奥运'的机遇，加快重点区域、重点工程建设，实现丰台区经济跨越式的发展"的议案，其他94件作为建议、批评和意见办理。

（黄公侃）

【常委会第一次会议】 2月24日召开。会议共进行了八项议程：区人大常委会常务副主任张寿松宣讲了区第九次党代会报告；区第十二届人大常委会委员、原区人大常委会办公室主任樊玉珍作了《北京市丰台区人民代表大会常务委员会议事规则》学习辅导；通过了《北京市丰台区第十三届人民代表大会常务委员会主任、副主任、委员工作分工》；审议并通过了《北京市丰台区第十三届人民代表大会常务委员会代表资格审查委员会主任委员、副主任委员、委员名单》；审议并通过了《北京市丰台区人民代表大会常务委员会财政经济工作委员会主任委员、副主任委员、委员名单》、《北京市丰台区人民代表大会常务委员会城建环保工作委员会主任委员、副主任委员、委员名单》、《北京市丰台区人民代表大会常务委员会内务司法工作委员会主任委员、副主任委员、委员名单》、《北京市丰台区人民代表大会常务委员会教科文卫体工作委员会主任委员、副主任委员、委员名单》;审议并通过了《北京市丰台区人民代表大会常务委员会妇女和青少年工作小组成员名单》;审议并通过了《北京市丰台区人民代表大会常务委员会任命国家机关工作人员法律知识考评小组成员名单》;审议并通过了《北京市丰台区第十三届人民代表大会常务委员会2004年工作要点》。

(黄公侃)

【常委会第二次会议】 3月16日召开。会议共进行了两项议程:决定了人事任免事项,任命了20名区政府组成人员;选举了81名丰台区第十三届人民陪审员。

(黄公侃)

【常委会第三次会议】 5月25日召开。会议共进行了三项议程:听取并审议了区政府关于丰台区2003年度本级财政预算执行和其他财政收支的审计工作报告;听取并审议了区政府关于丰台区2003年度财政决算(草案)的报告;听取并审议了区政府关于贯彻执行《中华人民共和国传染病防治法》和《突发公共卫生事件应急条例》情况的报告;决定了人事任免事项。

(黄公侃)

【常委会第四次会议】 7月30日召开。会议共进行了五项议程:听取并审议了区政府关于丰台区2004年国民经济和社会发展计划上半年执行情况的报告;听取并审议了区政府关于丰台区2004年财政预算上半年执行情况的报告;审议通过了《北京市丰台区人民代表大会常务委员会关于建立人大街道工作委员会的决定》;听取并审议了区政府关于丰台区实施最低生活保障制度情况的报告;听取了区政府关于政府机构改革情况的报告;决定了人事任免事项。

(黄公侃)

【常委会第五次会议】 9月28日召开。会议共进行了六项议程:听取并审议了区政府关于"抓住'新北京、新奥运'的机遇,加快重点区域、重点工程建设,实现丰台区经济跨越式的发展"议案办理情况的报告;听取并审议了区政府关于全区水系治理情况的报告;听取并审议了区法院关于执行工作情况的报告;听取并审议了区检察院关于监所检察工作情况的报告;决定了区人大常委会各街道工作委员会主任、副主任、委员的任命事项;审议并通过了《北京市丰台区人民代表大会常务委员会街道工作委员会通则》和《北京市丰台区人民代表大会常务委员会街道工作委员会办公室工作通则》。

(黄公侃)

【常委会第六次会议】 11月25日召开。会议共进行了四项议程:听取并审议了区政府关于道路系统规划建设情况的报告;听取并审议了区政府关于区第十三届人大一次会议代表建议、批评和意见办理情况的报告;听取了区人大常委会关于区第十三届人大一次会议代表建议、批评和意见督办工作情况的报告;听取了区纪委、监察局关于2004年全区党风廉政建设和反腐败斗争工作情况的通报;决定了人事任免事项。

(黄公侃)

【常委会第七次会议】 12月8日召开。会议进行了一项议程:初审了丰台区2005年国民经济、社会发展计划草案及区政府关于丰台区2004年国民经济、社会发展计划执行情况和2005年国民经济、社会发展计划草案的报告;初审了丰台区2005年预算草案及区政府关于丰台区2004年预算执行情况和2005年预算草案的报告。

(黄公侃)

【常委会第八次会议】 12月16日召开。会议共进行了五项议程:决定了人事任免事项;审议通过了《北京市丰台区人民代表大会常务委员会关于召开丰台区第十三届人民代表大会第二次会议的决定》;听取了区第十三届人民代表大会常务委员会代表资格审查委员会关于区第十三届人大一次会议以来代表资格变动情况的报告;讨论通过了区第十三届人大常委会向区第十三届人民代表大会第二次会议的工作报告;审议通过了《北京市丰台区第十三届人民代表大会常务委员会2005年工作要点》。

(黄公侃)

【督办代表建议】 年内,召开办理建议工作会,向"一府两院"交付办理任务,提出具体要求并加强督办;建议办复后,逐件审查办理报告,发函征询代表意见。区第十三届人大一次会议期间,代表共提出建议301件,均按规定期限办理完毕。闭会期间代表提出建议72件,办复65件。

(黄公侃)

【认真开展法律监督】 年内,坚持围绕中心,服务大局,突出重点。注重将改革发展中的重大问题、法律法规实施中的难点问题和关系人民群众切身利益的热点问题作为执法检查的重点,在深入调查、了解实情的基础上,坚持抓薄弱环节,发现问题,及时督促解决;改进检查方式,提高检查实效。实行集中检查与分散检查相结合、明查与暗访相结合、定点检查与随机抽查相结合。组织视察检查了政府采购法、安全生产法、传染病防治法、动物防疫法、教育法、食品卫生法、森林法、突发公共卫生事件应急条例、市容环境卫生条例、养犬管理规定等12项法律法规的贯彻实施情况,针对问题共提出75条意见和建议。参与了市人大常委会交付的对地方组织法、选举法等13项法律法规的修改和讨论。坚持定期组织代表旁听法院公开审理案件制度,年内共组织旁听活动4次,74位代表参加。

(黄公侃)

【加强工作监督】 年内,围绕六个方面积极开展对"一府两院"的工作监督:切实加强经济工作监督。立足于贯彻实施区第十三届人大一次会议关于"抓住'新北京、新奥运'的机遇,加快重点区域、重点工程建设,实现丰台区经济跨越式的发展"的议案,加大对经济工作的监督力度;切实加强对城市建设工作的监督。为加快全区城市建设步伐,着力加强对危旧房改造、水系治理、市政道路规划建设、西客站南广场建设等重点工作、重点工程建设情况的视察检查,常委会会议或主任会议相应听取区政府有关工作报告,督促、支持区政府推进工作;加强对改革工作的监督。常委会主任会议听取区政府关于推进城乡行政管理体制改革情况的报告,促进建立有利于逐步改变城乡二元经济结构的体制;听取区政府关于推进农村社区股份合作制改革情况的报告,促进农村经济体制改革的深化和经济结构的调整;加强对科技、教育、文化、卫生、体育等工作的监督,促进社会主义精神文明建设与现代化新城区建设协调发展;加强对社会保障工作的监督。常委会专门听取审议区政府关于实施最低生活保障制度情况的报告;加强对反腐倡廉工作的监督,听取丰台区开展党风廉政建设和反腐败斗争工作情况的报告。

(黄公侃)

【组织代表活动】 年内,围绕法律法规的实施、百姓关注的热点,组织代表视察检查,共召开座谈会117次,参加代表1050人次;坚持邀请代表列席常委会会议制度,有54位代表列席了常委会会议;举办丰台区半年经济形势报告会,拓宽代表知情知政渠道;年内各代表联组共组织代表活动205次,参加代表2112人次。

(黄公侃)

北京市丰台区人民政府

【概 况】 年内,全区以邓小平理论和“三个代表”重要思想为指导,深入贯彻党的十六届三中全会、四中全会精神和市委、市政府的重要工作部署,坚持以人为本,落实科学发展观,努力推动区域经济和社会各项事业协调健康发展,全面完成了区十三届人大一次会议确定的各项工作任务,实现了本届政府工作的良好开端。

国民经济持续快速发展,综合经济实力进一步增强。实现地区生产总值261亿元,增长13%;财政收入完成15亿元,增长23%。一、二、三产业占国内生产总值的比重调整为0.4%、29.7%、69.9%。高新技术产业对经济的带动作用更加明显,实现技工贸总收入450亿元,增长50%,上缴税费11.5亿元,增长25%。现代都市农业规模逐步形成,观光农业、设施农业和精品农业的产业化规模扩大,科技化程度提高。工业结构调整步伐加大,淘汰了能耗大、污染重的工业企业,升级改造速度加快,初步形成了以交通运输设备、电气器件、设备机械和新型建材等行业为主导的现代制造业格局。第三产业不断提升,商贸业规模继续扩大,实现消费品零售额176亿元,同比增长8%;物流业快速发展,特色更加突出,汽车及零配件物流开始发展,医药、图书物流继续扩大,冷链物流形成优势,组织化、信息化程度提高。非公经济发展继续加快,全年新开办有限责任公司和独资企业4000多家,个体私营企业3.3万家,非公经济税收占区级地方税收已达到60%以上。招商引资工作成效显著,新增注册资本总额49亿元,增长17%,千万元以上企业120家,增长20%。

改革和职能转变力度加大,宏观调控能力进一步提高。开展了土地市场秩序整顿工作,明确了基本农田保护和土地资源利用措施,强化了对土地资源的保护意识。清理了区域内重点地区、行业和企业的固定资产投资项目。完成了经济普查的清查摸底工作。加快行政审批制度改革,精简了行政审批项目。继续推进政务公开,增强了政府工作的透明度。建立健全公共安全应急处理机制,提高应对突发事件的能力;制定了丰台区重大突发事件应急救援预案及公共卫生、安全生产、食品、消防等17项安全应急子预案,制定了政府工作部门和街道办事处、乡镇政府安全管理的职责;加大了对建筑施工工地、生产企业、危险化学品、非煤矿山、交通、人员密集场所的经常性安全检查和集中专项治理,全年未发生群死群伤重大安全事故。深入进行政府机构改革,不断强化管理职能,调整和新组建了14个机构,提高了行政效率。继续推进农村经济管理体制改革,42个行政村完成了社区股份合作制改革,其余29个村已全面启动。完成了农村农用地土地确权工作。

城市建设和管理不断加强,城市化进程进一步加快。以北京市加快落实奥运行动计划和城市总体规划修编工作为契机,积极做好城市总体规划和专项规划调整工作,努力加快重点建设项目的实施。规划工作进一步加强,完成了南中轴路城市设计,丰北路、马家堡西路、西客站南路三条主干道的土地利用与空间形态整合规划及长辛店老镇控制性详细规划,长辛店老镇西区控制性详细规划和王佐镇中心村总体规划,为区域经济可持续发展提供了空间。基础设施建设日趋完善,建成了梅市口路、樊羊路二期、方庄路南延等道路;改造了43条便民路;加固改造了11座桥梁;新增公交线路5条、调整延长28条,方便了群众出行。加快自来水网并网工程,基本解决了城区居民饮用水问题。加强环卫设施建设，基本实现了生活垃圾密闭式收集。卢沟桥污水处理厂建成并投入使用。完善了全区水系治理总体规划，基本完成了旱河、马草河等5条河流的截污工程和水衙沟一期治理工程。完成了南水北调丰台段征地拆迁调查工作。重点区域、重点项目建设，科技园区、北京国际汽车博览中心、丽泽商务区、大红门服装商贸城建设稳步推进。危旧房改造和新村建设顺利进行，开复工面积92.5万平方米，竣工36万平方米；绿化隔离地区28个村开复工面积280万平方米，竣工110万平方米，共安置农民上楼6676户。绿化美化工作成绩明显，扩大绿化面积345公顷，绿化隔离地区完成绿化278公顷，爆破造林67公顷；建成了世界花卉大观园、小龙河、六里桥交通枢纽、航天部一院文化广场等大型绿地。新建和改造三四五环路、京石高速路等重点道路沿线绿地129.2公顷。环境综合整治成效显著，对高速公路、环路及铁路沿线、木樨园环岛周边、丽泽桥周边等重点地区进行了重点整治，对32个老旧小区进行了治理改造；强化了对流动人口、地下空间、出租房屋、公共交通环境的管理，加强了对重点大街、城乡结合部等地区的环境卫生治理，城市面貌明显改观。做好第十阶段控制大气污染工作，加大了对重点企业的环境监管和对各类施工工地、汽车尾气等的管理力度。加强了社区自治组织和社区专职工作者队伍建设，完善了社区民主自治制度，规范了社区居委会管理；加强了社区服务设施建设。

社会各项事业协调发展，人民生活环境进一步优化。制定了推进丰台区科技进步工作和促进科技企业孵化器发展等科技发展政策。创建了14家科普教育基地和3个科普型社区。进行了教育资源调整，改造了7所困难初中校。举办了丰富多彩的群众文化娱乐活动，修缮了文物古迹，加大了对文化经营场所的管理和整治力度。建立并完善了公共卫生突发事件应急处理机制、疾病预防控制和医疗服务体系，取得了抗击禽流感和防控非典的胜利；进行资源优化组合，合并了丰台医院、北京铁路分局中心医院。开展了药品放心区创建活动。初步建立了计划生育现居住地管理和服务工作机制，加强了对农村和流动人口计划生育的管理与服务。举办了"丰台全民健身周"活动，全区所有街乡镇均配建了全民健身工程。落实好民族政策，促进了地区民族和谐。

劳动和社会保障体制日趋完善，人民生活质量进一步提高。2004年，城镇居民人均可支配收入14000元，农民人均纯收入8409元，分别增长14%和8%。城乡就业安置工作稳步进行，加强了城乡劳动者进行了职业技能培训；鼓励失业人员自谋职业、自主创业，加强了对失业人员和农村富余劳动力的就业指导和服务，重点做好"4050"人员、农村就业困难人员的就业服务工作；城镇登记失业人员再就业率达到63.9%，城镇登记失业率控制在1.7%左右。社会保障制度进一步完善，养老、失业、工伤、医疗保险扩面征缴均超额完成任务；落实好北京市建设征地补偿安置办法，妥善解决了农转工自谋职业人员社会保险问题；完善了农村医疗卫生体系和城乡居民最低生活保障制度和城乡社会救助体系；规范企业用工行为，保证劳动者的合法权益。认真做好群众关心的热点难点问题，完成了年初承诺的与百姓生活密切相关的40件实事。做好群众来信来访和"便民热线"的办理工作，坚持区领导接待日制度，解决了群众生产生活中的一些难题。

精神文明、政治文明建设成绩显著，民主法制建设进一步增强。精神文明建设更加深入，重点加强了思想道德建设和文明礼仪教育，广泛深入地进行了爱国主义、社会主义和集体主义教育，进行了社会公德、职业道德和家庭美德教育，市民文明素质不断提高；加强对未成年人世界观、人生观和价值观的教育。民主政治建设稳步推进，认真执行人大决议，坚持重大事项报告制度并自觉接受监督。高度重视人大代表建议和政协委员提案的办理工作。坚持重大问题同政协和民主党派协商制度。顺利完成了第六届村民委员会换届选举。依法治区工作进一步推进,坚持依法行政,广泛学习和认真实施了《行政许可法》;继续开展了“四五”普法工作,加强了法律法规的宣传教育;加强了党风廉政建设和反腐败斗争,加大了违法违纪案件的查处和纠正部门行业不正之风的工作力度,建立了对重点工程长效监督机制。社会治安综合治理取得了新成果,治安防范工作的社会化、科技化程度进一步提高,基层安全创建工作深入开展,治安防控能力有所增强;严厉打击各类犯罪活动,依法惩处了一批犯罪分子;继续开展了与法轮功“邪教”组织的斗争;加强了对出租房屋、流动人口等治安重点地区和重点问题的管理;认真开展人民内部矛盾纠纷排查调处工作,化解矛盾,维护了社会稳定。

(宁定辉)

重要活动

【区“两会”开幕】 1月12日,政协丰台区七届一次会议、丰台区第十三届人民代表大会第一次会议隆重开幕。

(宁定辉)

【召开区禽流感防治会议】 1月28日,副区长李昌安主持召开预防禽流感紧急会,传达市政府会议精神,并就我区预防禽流感工作提出六点要求:一是高度重视、加强领导、形成网络,做到早投入、早发现、早隔离、早扑杀。二是坚持属地原则,落实责任制。层层落实,层层把关,责任到人。三是采取有效措施,严密防控。四是加强宣传教育,增强防疫针对性,稳定社会情绪。五是建立每日报告制度,保证信息渠道畅通。六是建立组织系统,确保组织系统运行通畅有效。

(宁定辉)

【召开区全程办事代理制工作动员大会】 3月19日,丰台区召开积极推进全程办事代理制工作动员大会,区委常委、宣传部长王苏维主持会议,区委常委、常务副区长闫小彦宣读了区委区政府《关于推进全程办事代理制工作的意见》。会上,区长张大力要求:提高认识,转变观念,统一全程办事代理制的思想基础;加强领导,措施到位,保证推进全程办事代理制的实际效果;坚持科学性与可行性结合,保证全程办事代理制的长期有效运行;多管齐下,完善配套措施,保证全程办事代理制的高效运行;着力提高企业服务大厅整体水平,充分发挥全程办事代理制的枢纽功能。六是坚持依法行政,为全程办事代理制的推进提供良好的社会秩序。

(宁定辉)

【召开城市建设和市政管理工作会议】 3月30日,丰台区召开城市建设和市政管理工作会,副区长李昌安主持会议。副区长罗洁对2004年城市建设和市政管理工作进行了部署和动员。会上,区长张大力要求:要跟上北京国际化大都市的步伐,增强责任感、使命感和紧迫感;要科学地建设城市,科学地管理城市;要求真务实,改变工作作风,狠抓工作落实。区人大副主任苗华、区政协副主席周大春出席了会议。

(宁定辉)

【北京首届农业机械展示会开幕】 3月28日,北京(南宫)首届农业机械展示会开幕,区委常委、宣传部长王苏维、副区长李昌安出席了开幕式。

(宁定辉)

【召开治理整顿土地市场秩序工作会议】 5月2日,区长张大力就丰台区进一步贯彻落实国务院和北京市关于治理整顿土地市场秩序工作召集有关部门召开紧急会议。张大力要求:各单位、各部门必须高度重视中央这次治理整顿土地市场秩序工作,加强学习,提高认识;立即着手解决眼前存在的问题,特别是去年以来乱占滥用、违法建设的问题。对群众反映的问题要马上进行检查核实,立即纠正,在查处上态度必须坚决;各乡镇要深入贯彻落实国务院和北京市的有关精神,让各村自觉遵守国家的政策,自觉按照程序办事;加强整改,对私搭乱建的必须拆除,恢复耕种。

(宁定辉)

【召开国际论坛暨DIC国际合作项目第三届年会】 5月19日,“多元智能理论及其在教学中的应用”国际论坛暨DIC国际合作项目第三届年会在丰台区召开。教育部副部长袁贵仁、海外专家霍华德·加德纳及市、区领导陶西平、耿学超、张大力、罗洁等参加了开幕式。

(宁定辉)

【召开安全工作会议】 6月12日,区委、区政府召开安全工作会。会上,区委书记王子生提出了安全的“四落实”。常务副区长闫小彦主持会议,区领导刘云广、阎满成、陈继平、杨逸铮、李明圣、吕跃进、王慧强、闫傲霜、李昌安、汪洪等同志出席了会议。

(宁定辉)

【国务院检查组检查工作】 7月1日,国务院治理整顿土地市场秩序工作检查组由国家审计署副审计长令狐安带队,到丰台区检查工作,并对全区土地市场治理整顿工作给予了充分肯定。市领导刘志华、阎仲秋等陪同检查。区委书记王子生主持会议,区长张大力就全区治理整顿土地市场秩序工作情况向检查组进行了汇报,区委副书记刘云广、常务副区长闫小彦、区委常委、区委办主任李明圣、副区长李昌安等参加了检查。

(宁定辉)

【全程办事代理制信息系统暨网络审批系统开通】 8月18日,丰台区全程办事代理制信息系统暨网络审批系统开通。区长张大力启动了丰台区全程办事代理制信息系统暨网络审批系统按钮,区委副书记、区纪检委书记陈继平、区人大副主任刘树玉、区政协副主席周大春出席了开通仪式。

(宁定辉)

【刘淇检查奥运场馆建设】 8月19日,市委书记刘淇到丰台区检查奥运场馆建设情况,区长张大力、副区长罗洁陪同。

(宁定辉)

【北京种子交易会开幕】 9月7日,中国北京种子交易会开幕,副区长李昌安出席开幕式并讲话。

(宁定辉)

【市检查组检查政务工作】 9月15日,市全程办事代理制和政务公开工作检查组检查丰台区工作。区领导王子生、张大力、陈继平、李明圣、刘树玉、李昌安、鲍顺新等陪同。

(宁定辉)

【区残疾人第九届运动会举行】 10月13日、14日,丰台区残疾人第九届运动会在丰台体育中心举行,区委副书记刘云广、副区长吕仕杰、区人大副主任苗华、区政协副主席周大春出席了开幕式。

(宁定辉)

【吉林到区调研】 11月1日,副市长吉林到丰台区调研,听取民兵高炮训练基地建设情况汇报。区长张大力参加了会议。

(宁定辉)

【王岐山到区检查运输安全】 11月29日,市长王岐山到区六里桥长途客运主枢纽检查安全工作,区长张大力陪同。

(宁定辉)

经济体制改革工作

【国有资产监督管理委员会成立】 丰台区国资委是2004年6月政府机构改革中新组建的政府特设机构。依据国务院《企业国有资产监督管理暂行条例》,按照管资产与管人管事相结合的原则,根据区政府授权的监管范围,依法对国有资产履行监管责任。区国资委的监管范围是区政府所出资企业的国有资产。依照《中华人民共和国公司法》及《企业国有资产监督管理暂行条例》等法律、法规履行出资人职责,指导推进全区国有及国有控股企业的改革和重组;对所出资企业国有资产的保值增值进行监督,加强企业国有资产的管理工作;指导和促进国有及国有控股企业建立现代企业制度,完善公司治理结构;推动国有经济布局和结构的战略性调整;大力发展国有资本、集体资本和非公有资本等参股的混合所有制经济,实现投资主体多元化,使股份制成为公有制的主要实现形式。依照有关规定,代表区政府向部分所出资企业派出监事会;负责监事会的日常管理工作。负责所出资企业领导班子和领导人员的管理工作,依照有关规定,任免或者建议任免所出资企业负责人,通过法定程序对企业负责人进行考核并根据其经营业绩进行奖惩;建立符合社会主义市场经济体制和现代企业制度要求的选人、用人机制,完善经营者激励和约束制度;负责所出资企业党的建设工作。通过统计、稽核等方式对所出资企业国有资产的保值增值情况进行监管;建立和完善国有资产保值增值指标体系,拟定考核标准,维护国有资产出资人的权益。内设机构四个:办公室、改革发展科、资产监督管理科、企业负责人管理科。直接监管企业有:北京市丰台区综合投资公司、北京市裕丰投资经营公司、北京市博兰特食品工贸集团、北京市丰台区兴源粮油贸易总公司、北京市丰台区城市建设综合开发公司、北京天旭饮食服务总公司、北京市丰鑫源物资集团公司、北京市京都公司、北京市丰台区益丰建筑集团公司、北京市丰台益恒房地产开发有限责任公司、北京市宛平房地产开发有限责任公司、北京世界公园、北京方庄购物中心股份有限公司、北京兴丰房地产经营开发公司。间接监管企业有:北京市丰台区物资回收公司、北京市丰台区修理公司、北京赛欧工贸有限责任公司。党组织隶属关系管理的企业有:北京市三兴汽车厂党委、北京市丰台区烟草专卖局(公司)党支部、北京市丰台区农村信用社党委。

(郭云英)

【明确监管工作职能】 在调研的基础上,草拟了《丰台区人民政府关于区国资委监管企业范围及有关监管工作的通知》和《中共丰台区委关于调整区属国有(集体)及国有控(参)股企业负责人管理分工和确定企业党的隶属关系的通知》的建议草案,并经区政府区长办公会和区委常委会讨论通过。进一步明确了国资委监管工作范围和干部管理权限。并于9月28日召开国资委监管企业和所属党组织负责人第一次工作会议,为下一步工作奠定了基础。编辑出版了《国有资产监督管理工作资料汇编》一书。

(郭云英)

【开展企业清产核资工作】 9月21日,丰台区召开了清产核资工作动员大会,对清产核资工作进行了部署。针对企业的有关情况,对能够纳入清产核资范围的企业全部进行规范的清产核资工作,对暂时难以清产核资的先进行专项审计,并指导间接监管企业的主管部门做好下属企业的清产核资和专项审计工作。截止目前,企业基本完成了帐务清理的主体任务,同时根据清理情况进行了基础资料收集整理工作,为完成产权界定奠定基础。

(郭云英)

【开展企业领导班子调查摸底工作】 为进一步加强企业领导班子和经营管理者队伍建设,对所监管的18家企业的领导班子和企业负责人进行了调查摸底工作。为下半年企业党委换届,落实企业领导班子和企业负责人具体管理办法做好了准备。在调查研究的基础上,建立了企业领导班子、负责人和党组织基本情况数据库。

(郭云英)

【举办企业领导班子培训班】 10月26日~27日举办了为期两天的企业负责人和党政领导班子培训班,对18家国有及国有控(参)

股企业的76名管理人员进行了培训。邀请市区有关部门领导和专家教授分别就建立现代企业制度，按照“产权清晰、权责明确、政企分开、科学管理”的原则，使企业成为适应市场经济的法人实体和竞争主体问题、企业改革和发展问题、国有经济布局和调整以及国资委职能定位等问题作了深刻讲授，得到了企业负责人的认可，大家对这次培训给予较高的评价。

（郭云英）

【建立和完善各项监管制度】 区国资委作为新组建的政府特设机构，依法履行出资人职责。⑴为了企业改制工作能够符合国家法律、法规和政策的规定，严格规范改制程序，促进国有资本保值增值，切实履行出资人的法定职责，制定了《丰台区国有企业改革审批程序》。⑵为了加强对国有资产的监督管理，切实履行出资人职责，根据《中华人民共和国公司法》和《企业国有资产监督管理暂行条例》等有关法律法规，制定《关于国有及国有控股企业重大事项报告制度的暂行规定》。⑶按照市国资委《关于作号2004年企业工资总额同效益挂钩工作的通知》精神，对全区实行工效挂钩的四家国有企业上年度实现的利税情况、工资总额的发放情况进行调查和审核，核定2004年的效益基数和工资基数，为企业进一步改善经营管理，提高经济效益，规范企业的工资总额工作奠定了基础。⑷为了加强企业管理，维护所有者权益，落实国有资本保值增值责任，规范国有企业负责人薪酬管理工作，建立和完善企业负责人的激励和约束机制，也正在研究拟定中。

（郭云英）

政府法制工作

【概　况】 年内，政府法制工作，在区委、区政府的领导下，积极推进全区依法行政工作不断深入进行，按照北京市政府关于贯彻实施《中华人民共和国行政许可法》的工作部署，认真做好贯彻实施的各项准备工作，努力为全面推进依法行政，建设法制政府提供法律服务。

（吴亚梅）

【贯彻实施行政许可法】 年内，召开了全区贯彻实施行政许可法工作会议，对贯彻实施工作进行了部署。建立了贯彻实施行政许可法联席机制，成立了行政许可清理小组，对全区清理工作进行了部署。

（吴亚梅）

【行政许可清理工作】 年内，完成了全区规范性文件的清理工作。经对1983年至2003年区政府规范性文件的清理，经认定现行有效的60件，涉及行政许可的21件，经逐件审核，涉及行政许可的21件规范性文件中，决定废止16件，其中设定行政许可的2件，增设条件、违反程序的6件，主体变更、制文依据发生变化的8件，在其他规范性文件中由于主体变更的4件，也同时废止。经区政府批准共废止20件区政府规范性文件，并印发了《丰台区人民政府办公室关于公布废止区政府规范性文件目录的通知》（丰政办发[2004]26号）。

（吴亚梅）

【行政许可主体清理】 年内，全区实施行政许可的主体进行了清理。经清理，行政许可的实施主体区属委办局26个，垂直单位10个，街道单位16个，乡、镇政府5个。

（吴亚梅）

【行政许可事项清理】 年内，对全区各单位涉及的行政许可事项进行了认真核对，丰台区区属委办局实施的行政许可项目180项，垂直单位91项，实施市委办局委托的项目12项。

（吴亚梅）

【行政许可法培训考试】 年内，会同区人事局，开展了国家公务员行政许可法的培训考试工作。共有1800多人参加了培训，垂直领导的行政机关4000多人参加了市主管部门组织的培训。处级及处级以下区属国家公务员6000多人参加了市、区组织的开卷考试，同时，全区47个区属行政单位509名从事行政审批事项的工作人员参加了闭卷考试，垂直领导的行政机关100多人参加了市主管部门组织的闭卷考试。

(吴亚梅)

【审核规范性文件】 年内，共审结涉及体制改革、安置城镇退役士兵、奥运工程建设等方面的行政措施14件。承办市法规、规章征求意见22件，提出修改建议100多条。

(吴亚梅)

【行政复议】 年内，共审结复议案件19件，接待复议咨询64件次，代理区政府参加行政诉讼14件，接待群众来访咨询59人次。

(吴亚梅)

【重大行政处罚案件的审批】 年内，依法审核区政府决定强制拆迁案件42件；依法审批强制拆除违法建设案件92件，近5440.308平方米。

(吴亚梅)

【政府法制宣传工作】 年内，在全区建立了24个规范性文件自由索取点，共发放规章文本文件10000余份。召开了首次政府法制工作依法行政典型宣传新闻通报会，对23家依法行政典型单位向22家新闻媒体进行了推介。《法制晚报》、《新京报》等多家媒体对区监察局、交通支队等单位的典型事迹进行了报道，取得了很好的社会效果。

(吴亚梅)

【行政处罚统计月报】 年内，加强了对行政执法部门行政处罚工作的监督，保障了严格执法。全区共查处违法、违章案件1020956起(次)，其中罚款987284起(次)，罚款金额93460201.7元。

(吴亚梅)

人 事 管 理

【概　况】 丰台区人事局(编委办)是区政府综合管理全区人事人才工作的职能部门。全年坚持以邓小平理论和"三个代表"重要思想为指导，全面贯彻全国人才工作会议、北京市人事工作会议以及区委九次党代会要求，坚持以人为本，以促进全区人事人才工作全面发展为主题，以服务经济建设中心工作为目标，实施人才强区战略，优化人才发展环境，加大人力资源开发力度，加强公务员和专业技术人才队伍建设，强化机关作风建设，严肃人事工作纪律，全面实施全程办事服务，提高工作效率和服务水平，为现代化新城区建设提供坚强有力的人事人才保障。在全区"考评政府部门、争创优质服务"活动中，连续第四年获区直机关组第一名。人事局(编委办)被评为丰台区双拥先进单位，丰台区人大议案、政协提案办理先进单位，丰台区督查工作先进单位，丰台区计划生育先进单位。人才服务中心连续第四次被评为北京市优秀人才服务机构。

(张文权　饶玉祥)

【政府机构改革】 年内，按照市委、市政府《关于北京市区县政府机构改革的意见》要求，进一步深化政府机构改革，推动政府职能转变，建立了与市政府组织框架大体协调的行政体系。机构改革涉及职能变动的机构共14个，其中新组建5个，合并调整9个。调整后，区政府工作部门有29个，直属特设机构1个，议事协调机构的常设办事机构1个。

(张文权　饶玉祥)

【清理行政许可事项、许可主体】 年内，区编委办与法制办共同清理与《行政许可法》相抵触的各种行政许可事项，经逐项清理区属各单位上报的491项执行的行政许可事项，初步认定412项属于行政许可事项，对79项不属于行政许可或不属于区级审批的事项依法进行了清理。

(张文权　饶玉祥)

【事业单位法人年度检查登记工作】 按照国务院《事业单位登记管理暂行条例》和市编办的有关规定，对事业单位进行年检登记，参加年检的单位共704个,年检合格率为100%。登记事业单位法人数为771个,其中由国家机关举办的事业单位530个,社会力量使用国有资产办理的事业单位241个。

(张文权 饶玉祥)

【科级以下公务员年度考核、奖励】 3月,科级及以下公务员年度考核工作全部结束。有2583名科级以下公务员(含参照、依照公务员管理人员)参加考核,考核率达99.9%,3人因病未参加考核。考核中,414人被确定为优秀等次,约占16%;称职等次2097人,约占81%;基本称职等次2人,未确定等次70人,考核优秀和称职率达97%。535人受到奖励,其中嘉奖453人,记三等功67人,记二等功15人,受奖率达21%。

(张文权 饶玉祥)

【面向社会公开招考公务员】 上半年,坚持公开、公正、公平、竞争、择优的工作原则,严格考录程序,完善考录办法,在2003年公共科目和专业科目考试的基础上,组织实施招考面试、考察、体检以及录用工作,28人通过层层竞争从101名考生中脱颖而出,并被区16个单位录用为国家公务员。

(张文权 饶玉祥)

【公务员培训】 年内,培训工作结合社会的需要与公务员能力发展要求,紧紧围绕提高公务员队伍的政治素养与实际工作能力,在培训内容、方法和模式上作了较大调整,735名科级以下公务员参加初任、任职和更新知识培训。4月,组织科级任职培训,率先开设了一节心理和生理健康教育课程;9月,组织公务员初任培训,将拓展训练纳入培训范围,收到良好效果。联合区法制办组织全区科级及科级以下国家公务员约1800多人参加了行政许可法培训,并对处级以下所有国家公务员2500多人进行行政许可法开卷考试,对47个行政单位的499名从事行政审批事项的工作人员进行了闭卷考试。

(张文权 饶玉祥)

【军转干部培训】 年初,举办2003年度军队转业干部培训班,71人参加培训。培训分为专业知识学习和适应性培训,专业知识学习包括《三个代表重要思想》、《十六届三中全会决定》、《国家公务员制度基础知识》、《国家公务员行为规范》、《实用公文写作》、《公共行政管理》、《行政法教程》、《行政许可法》、《信息化与电子政务》、《市场经济与政府职能转变》等课程;适应性培训期间,区委、区政府有关部门领导及科室负责人介绍"丰台区经济发展状况"、"丰台区党建工作情况"、"丰台区机构编制情况"、《行政许可法》、军转干部确定工资与福利待遇、保密知识等内容。

(张文权 饶玉祥)

【人才引进】 年内,引进高级人才36人,其中高新技术企业24人,区属单位12人;引进人才中具有硕士学位及以上的8人,高级职称的20人。为628名专业技术人才办理了《北京市工作居住证》,并为20人办理居住证的续签手续。办理各类毕业生接收手续1142人(不含教育系统),其中北京生源753人,非北京生源389人,博士生1人,硕士生109人,本科毕业生518人。区内调剂干部195人,调入干部323人(含市内外引进人才、军转干部安置和干部身份随军家属安置及公开录用国家公务员);区内调剂工人58人,调入工人183人(含退役军人31人);调出区外干部63人,工人3人。办理公务员录用手续162人;办理公务员调任手续12人。

(张文权 饶玉祥)

【军转干部安置工作】 年内,积极争取各级领导支持,采取考试和双向选择等办法,及时确定军转干部占用编制数及具体岗位,克服各级机关、事业单位编制基本饱和,军转安置渠道和岗位有限等困难,共安置军转干部238人,接收自主择业军转干部189人,均创历史新高。

(张文权 饶玉祥)

【人才服务中心和人才市场建设】 年内接收

档案2374份,调出1363份;为存档人员办理、开具各种信函1700多份;组织完成2004年职称评审52人、2003年职称评审备案553人,办理大中专以上毕业生转正定级311人,核定调资96人,出具入党政审证明106人次。组织召开定期招聘会104场,参会单位2652家次,提供职位27620个;个人求职登记3852人次;收集单位招聘信息1950条,收集岗位信息5850个。为单位和个人建立和管理保险档案1600余份,办理养老统筹保险、基本医疗、失业保险、住房公积金共约17100人次。

(张文权　饶玉祥)

【人事争议仲裁】 年内,积极筹备人事争议仲裁委员会及其办事机构的各项前期准备工作,拟定相关程序材料。全年共受理10起人事争议仲裁案件,根据人事争议的性质、情节及申请人的意见,仲裁调解了5起,另有5起等待开庭审理。

(张文权　饶玉祥)

【工资福利管理】 年初,调整全区机关、事业单位中符合条件的19032名工作人员职务和级别工资,人均月增资40.21元,其中事业单位15870人,人均月增资42.2元;全区机关、事业单位在职人员共23389人增加职务补贴,月增资5697351元,人均244元; 9765名离退休人员增加机制补贴,月增资1922730元,人均197元。

(张文权　饶玉祥)

【清理整顿规范公务员收入】 9月底,顺利完成丰台区首批纳入清理整顿规范收入范围的95个单位共计9221人的规范收入工作,其中在职6635人,离休425人,退休2161人。清理整顿后在职人员月工资总额为22582697元,月增资3527412元;离休人员月工资总额为1714698.3元,月增资556434元;退休人员月工资总额为6095861.9元,月增资1895540.88元。

(张文权　饶玉祥)

【事业单位年度考核、奖励】 4月,完成2003年度事业单位考核奖励审核备案工作。19208人参加考核,未参加考核276人,考核中被确定为优秀等次的2921人,合格等次16122人,基本合格13人,不合格22人,未定等次130人。2003年度考核奖励工作突出三个新变化:一是取消事业单位工作人员按3%比例升级及按3%比例提前或越级的奖励,取消山区中小学工作人员按5%比例的升级奖励;二是考核优秀等次人数按照实际参加考核人数15%的比例确定,奖励资金由各事业单位自筹;三是将2003年抗击“非典”的表现作为考核的重要依据,对做出突出贡献的单位,在优秀指标分配上适当给予放宽。

(张文权　饶玉祥)

【专业技术资格考试及职称备案】 年内,组织实施全国职称外语、会计专业技术资格(中级)、乡镇企业专业技术人员、专业技术人员计算机应用水平等考试,共约6922人次参加考试。完成2003年度区属机关、企业、事业单位及区人才服务中心存档的驻区单位人员职称备案工作,共备案753份,其中初级职称517个、中级职称203个、副高级职称31个、正高级职称2个。

(张文权　饶玉祥)

【事业单位全面实行聘用合同制】 共涉及432个事业单位、18424名职工,分别占全区总数的91.4%和93.2%。共签订聘用合同书18027份,签订岗位协议书16437份,签订内部退休协议1216人,签订离岗待退协议303人,因客观原因(医疗期、精神病、孕产期等)缓签合同32人,待岗64人,调离26人,转岗322人。

(张文权　饶玉祥)

【全面实施全程办事服务】 年内,全面推行全程办事代理服务。6月1日受理室正式运行,多管齐下,努力提高全程办事服务水平,截止12月底,局机关共受理360件,回复334件,人才中心受理约900件,回复870件,满意率均为100%。

(张文权　饶玉祥)

【成功召开2004年丰台区人才工作会议】 11月16日，召开丰台区人才工作大会，确定新时期丰台区人才工作的基本思路：①充分认识加强全区人才工作的重要性与紧迫性，在日益激烈的竞争中，坚持实施人才强区战略，把培养、引进和使用好各类优秀人才作为现代化建设的基础性工作来抓。②明确人才工作的指导思想、基本原则和目标任务。③突出抓好人才培养与开发工作，强化骨干人才队伍能力建设，抓好后备人才和基层人才教育培养，完善职业教育和终身教育体系。④进一步加强人才工作改革力度，有效整合人才资源，改进人才管理方式，健全人才评价标准，完善人才分配机制。⑤大力优化人才发展环境，加快人才服务体系建设，完善人才政策措施，营造人才创业发展的氛围，加强非公经济组织和社会组织人才工作。⑥切实加强对人才工作的领导，健全人才工作的领导格局，明确人才工作的领导责任，夯实党管人才的组织基础，动员各方面力量参与人才工作。

（张文权　饶玉祥）

【档案整理】 年初，对2003年度的各类档案进行整理归档，总计33盒，1271件。其中永久2盒，38件；长期18盒，723件；短期13盒，510件。整理编沿资料5本，实物档案7件（证书），照片7张（底片5张）。同时，对1990年至1992年档案202卷（其中永久22卷，长期180卷）进行了归类整理，并向档案局移交。

（张文权　饶玉祥）

民族宗教工作

【概　况】 年内，民族宗教工作从建设和谐社会的高度全面贯彻落实党和国家的民族宗教政策，按照“抓机遇、求突破、打基础、保稳定、重创新、上台阶”的工作思路，深入调查研究，狠抓宣传培训，在解决重点难点问题上取得了重大突破，在促进和谐社会发展、依法管理民族宗教事务、维护民族宗教领域团结稳定等方面取得了长足进展，并圆满完成了8月承办全国少数民族蹴球邀请赛的任务。全年办结民族宗教界人大代表和政协委员提出的涉及民族、宗教问题的建议和提案8件；办理变更恢复民族成份105件；上报信息90余条，使丰台区的民族宗教工作再上新台阶。荣获2004年度北京市民委、宗教局信息工作先进单位一等奖；李小月主任荣获2004年度全国民族团结进步模范个人。

（李小月　马艳辉）

【大力开展宣传教育工作】 举办由全区各街乡及相关委办局主管民族宗教侨务工作的领导及工作干部80余人参加的民族宗教工作培训班，进行了马克思主义民族观、宗教观和民族宗教形势政策教育；参与“走进民族大家庭”—纪念《北京市少数民族权益保障条例》颁布5周年知识竞赛活动，全区共完成答卷15000余份，荣获优秀组织奖。

（李小月　马艳辉）

【突破性解决疑难问题】 完成了2004年市政府为民办实事项目之一的芦井回民公墓土地置换工作，妥善解决了东河沿村所属村民组内部土地归属及村民与该村委会经济合同等问题，并及时办理了芦井回民公墓土地使用权证，切实解决了穆斯林群众的特殊需求，极大地尊重了穆斯林群众的宗教信仰。

（李小月　马艳辉）

【宗教房产落实政策工作进展顺利】 建设基督教丰台堂是2004年市政府区政府为民办实事的重点工程，年初完成了在草桥建设基督教丰台堂11亩地（约7000平米）的土地平整工作，使之具备进场开工条件，目前工程顺利进行。

（李小月　马艳辉）

【完善宗教活动场所硬件设施】 年内，投资260万元对丰台清真寺、长辛店清真寺、南苑清真寺、东管头天主教堂进行改扩建及修缮，使广大信教群众及时过上合法的宗教生活。

（李小月　马艳辉）

【建立健全民族宗教工作机制】　在全区各街、乡及有关单位明确了主管领导和具体工作干部，建立了以民族宗教工作管理网络为重点的管理机制；建立了民族宗教紧急突发事件应急预案。明确了处理紧急突发事件的组织领导、部门分工、突发事件处置原则、应急措施和工作要求，坚持实施重大事件报告制度和属地管理原则；建立并完善了与区人大、区政协专委会对口联系以及民族宗教界代表人士的联系制度，召开民族宗教界代表人士座谈会、情况通报会，走访民族宗教代表人士，便于及时沟通情况，不断增强做好民族宗教工作的合力，真正做到机构落实、干部落实、工作落实。

（李小月　马艳辉）

【依法管理民族宗教事务】　对全区清真市场进行调查摸底，掌握36家清真副食网点和18家清真饮食网点的企业性质、经营项目、从业人员数量和民族成份的基本情况，定期对区内清真市场进行了检查，及时排除“清真不真”等不稳定因素，妥善处理了“易初莲花购物中心快餐厅清真不真”等突发事件。

（李小月　马艳辉）

【卫生安全大检查】　年内，对南苑基督教堂、东管头天主教堂、丰台清真寺、南苑清真寺、长辛店清真寺等五个宗教活动场所及芦井回民公墓护林防火工作进行安全检查，提出了严把安全关的要求和实施防火、防盗、防暴的具体措施，并出资为五个宗教活动场添置了必要的消防设备，杜绝安全隐患。

（李小月　马艳辉）

【完成伊协换届选举工作】　7月29日，召开伊斯兰教第五次代表大会，选举产生了伊斯兰教协会第五届委员会、监事会。

（李小月　马艳辉）

侨务工作

【概　况】　年内，全区的侨务工作在区委区政府的领导下，各级党委和政府把侨务工作摆上了重要议事日程，及时研究解决涉侨工作的重大问题；坚决贯彻中央关于侨务工作的方针政策，坚持以人为本，始终把维护海外侨胞和归侨侨眷的根本利益作为侨务工作的出发点和落脚点，努力做到为国家大局服务和为侨服务的统一。在凝聚侨心、发挥侨力，开展外交、传播中华优秀文化、扩大丰台区与世界各国人民友好交往，引鉴侨资、维护侨益、服务侨胞等方面再创佳绩。同时，还建立和完善了必要的侨务工作协调机制，加大《归侨侨眷权益保护法北京市实施办法》的宣传和贯彻实施力度，为开展侨务工作提供必要的法律保障。广大侨务工作者振奋精神、开拓创新、扎实工作，努力把侨务工作提高到一个新水平，为建设和谐社会的、加快推进全区经济文化的发展做出了应有的贡献。全年走访慰问50余位归侨侨眷；接待和办理了40余件侨务信访和身份审核手续；为归侨侨眷弱势群体发送困补款3000余元；进行《中华人民共和国归侨侨眷权益保护法实施办法》宣传月活动，共出宣传板报100余块，橱窗100余个，印刷侨务政策问答2000余份，向社区居民发放《实施办法》3000余份；接待了来自香港、意大利、泰国、美国等十余个国家和地区的华侨华人朋友；走访了10余家驻区侨资企业；组织动员归侨侨眷和侨资企业家捐款1.7万美元用于奥运场馆的建设；报送信息52条，开创了丰台区侨务工作的新局面。侨办荣获北京市侨务工作先进单位，蔡苏惠荣获2004年度全国侨办系统先进个人。

（蔡苏惠　马艳辉）

【普法宣传 及时有效】　开展《归侨侨眷权益保护法北京市实施办法》宣传月活动，采用宣传栏、板墙报、分发宣传资料及召开归侨、侨眷座谈会等多种方式进行广泛宣传。7月8日，在方庄购物中心广场举行了“认真贯彻《中华人民共和国归侨侨眷权益保护法实施办法》”的宣传日活动，市人大副主任索连生带领市人大代表一行26人视察此次活动。

（蔡苏惠 马艳辉）

【调查研究 掌握侨情】 对辖区范围内归侨侨眷、新华侨、华人及留学生的基本情况的入户调查和分析，撰写调研报告，分析了全区归侨侨眷、华侨华人、留学生、少数民族人员数量的动态变化情况，补充和完善了丰台区的基本侨情。

（蔡苏惠 马艳辉）

【资源利用 智力引进】 经侨办协调，美国志愿者—洛山矶郡探长麦克·苏德伯格先生在丰台公安分局为200余名公安干警做了为期两天的“预防犯罪的策略和技术”的讲座，并与中国警务人员就共同关心的“社区警务执法问题”进行了研讨，对依法行政起到了积极的推动作用。

（蔡苏惠 马艳辉）

【保护侨企 依法维权】 是年，侨办会同区外经委、法制办、卢沟桥乡政府等部门解决了历经8年的泰国利华包装有限公司与丰台区卢沟桥乡靛厂村土地租赁合同纠纷，卢沟桥乡靛厂村赔偿泰国利华包装有限公司525万元的经济损失，双方依法解除土地租赁合同，充分维护了侨资企业的合法权益。

（蔡苏惠 马艳辉）

【华文教育 深化交流】 8月21日至8月29日，接待了马来西亚育才独中“寻根之旅——相约北京”青少年夏令营一行17人。到清华大学、北京十二中、北京育才学校观看和参与了丰台学生抖空竹、花样跳绳及剪纸艺术活动，使北京十二中与马来西亚育才独中建立了校际往来关系。继续与伦敦简体字普通话中文学校保持密切联系。通过在澳大利亚任华语教师的新移民李朝昱与澳大利亚悉尼著名的爱斯凯姆学校、圣保罗国际学校、泰国潮州会馆秘书长黄汉良就开展华文教育和夏令营的有关专题进行了交流。达成了澳大利亚、泰国华裔学生明年来京参加夏令营活动的意向。

（蔡苏惠 马艳辉）

对 外 事 务

【概 况】 年内，丰台区政府外事办公室积极发挥外事工作的窗口服务作用，以促进区域经济建设和扩大对外宣传力度为中心，围绕因公出国（境）、外事接待、国际文化交流与合作和发展国际友好城市关系几项工作，重点突出服务和管理两大职能作用。2004年全区共办理了109批272人次因公出国（境），比2003年增加了28批105人次。在出访团组中，随团出访91批155人次，占出访总批次的83.5%，由区政府组团出访18批117人次，占出访总批次的16.5%，共涉及20个国家和地区。出国任务涉及友好访问，参加国际性展览、经贸洽谈会，引进商务项目与技术交流，考察城市及社区建设等。全年重点涉外单位共接待外宾16863人次，同比增加了21.68%，其中通过区外办安排接待外宾共计10批184人次。

（高 瑞）

【开展市民讲外语活动】 继首届“丰台人唱外语歌曲大奖赛”的成功举办，7月在丰台影剧院举办了第二届世界公园杯“丰台人唱外语歌曲大奖赛”，比赛共有60组选手报名参加，年龄最大的81岁，最小的13岁，大奖赛取得圆满成功。

（高 瑞）

【举办“五一”外语周活动】 “五一”期间，先后组织青年志愿者在世界公园开展英语角活动，在北京市十二中报告厅举办丰台区“市民讲外语”免费公益讲座。

（高 瑞）

【友好互访】 1月10日，丰台区青少年钢琴代表团访问了日本东京都葛饰区，并在葛饰区举行了一场钢琴演奏音乐会。3月15日，韩国汉城市江东区政府考察团一行17人访问丰台区并参观了总部基地。7月16日,以日中友好协会会长、东京都葛饰区议会议员高桥侃先生为团长的东京都葛饰区议会代表团一行20人访问了区人大和区政府,

(高 瑞)

【栽种友谊花】 3月29日,日本东京都日中友好协会常务理事前田久男先生拜会了区政府。11月4日,前田久男先生将30株近20个品种的葛饰区区花菖蒲花赠送给丰台区,象征着两区友谊的菖蒲花栽种在万芳亭公园。

(高 瑞)

【武术表演团访问日本】 7月12日,丰台区青少年武术代表团一行12人访问日本东京都葛饰区,丰台区少年宫的小演员们为葛饰区带去了一场精彩的武术表演。

(高 瑞)

【栽种纪念树】 10月30日,为纪念《中日友好条约》缔结26周年,日本驻华大使馆、日本人会到卢沟桥中日友谊林植树并捐款。

(高 瑞)

【开展纪念结好活动】 11月7日,为纪念北京市与东京结好25周年,来自日本的数十位专业选手同花乡拔河爱好者在丰台体育中心举行中日友好拔河比赛,并为日本友人表演了气功和空竹等富有民族特色的节目。

(高 瑞)

档 案 工 作

【概 况】 年内档案工作全面落实区委、区政府的工作部署,加大档案执法力度,贯彻实施《行政许可法》,加强档案各项基础业务建设,档案服务和指导工作继续向村级档案室和社区居委会延伸;档案馆努力探索档案工作新途径,进一步丰富优化馆藏资源,加快档案信息化建设步伐;爱国主义教育基地工作稳步开展,利用展览宣传丰台并成功举办第三届教育基地夏令营;档案提供利用工作不断拓宽服务领域、创新服务机制,全年各级档案部门共接待利用者3万人次,利用档案4万5千卷(件)。区档案局先后被评为丰台区依法治区先进单位和丰台区创建学习型机关先进单位。

(李 秀)

【档案法制建设】 年内,对新聘任的26名档案执法联络员进行培训。在迎接《北京市实施<档案法>办法》颁布7周年纪念活动中,向全区各单位发放档案法制宣传挂图,组织专题讲座、知识竞赛等多种形式的档案法律、法规宣传活动,在依法治区工作检查验收中,被评为丰台区依法治区先进单位,受到区委、区政府的表彰。

(李 秀)

【档案信息化建设】 年内,加大档案信息化建设。全年录入各类档案数据近9万条,整理和接收立档单位2003年档案机读目录数据5万条,整理编目90—92年进馆档案目录数据8万条。不断丰富网站内容,增加政务公开、网上办公、档案服务等上网信息,将教育基地展览在网上展示,上网开放档案目录近5千条。

(李 秀)

【召开档案工作会议】 3月17日,召开全区档案工作会议。全区105个立档单位分管档案工作的领导、办公室主任及档案员参加了会议。会议总结和布置了档案工作,对重视档案工作的10名领导,15个先进单位,35名先进个人进行了表彰。会议由区委常委办公室主任李明圣主持,档案局局长张渝生作工作报告,市档案局副局长姜之茂、副区长汪洪到会并讲话,区人大副主任苗华、区政协常务副主席鲍顺新参加会议。

(李 秀)

【举办社区培训班】 5月25日至6月11日,与区民政局联合,分三期对700多名社区专职工作者进行了档案基本知识培训。

(李 秀)

【贯彻实施行政许可法】　年内，开展清理规范性文件及许可事项的工作中，通过清理，确认档案局的审批事项共有3项，其中审批类2项，备案类1项，并在网上公布。

（李　秀）

【档案行政执法检查】　8月23日至9月7日，分别对区属各处级单位档案工作进行了行政执法检查和2003年度档案案卷合格验收工作，通过检查、验收促进了全区档案工作更加向科学化、规范化发展。

（李　秀）

【档案达标升级】　年内，区质量技术监督局、中关村科技园区丰台园管委会、区广播电视中心晋升档案管理工作市一级；丰台二中晋升科技事业单位档案管理工作市级先进；区药监分局晋升档案管理工作市二级；卢沟桥乡万泉寺村、太平桥村晋升为区村级档案工作优秀单位。

（李　秀）

【档案收集】　年内，继续接收1990—1992年81个全宗单位的各门类档案17766卷，实物档案及各类照片400余张，图书资料800余册、光盘14张，接收了唐宁烈士遗物档案20件。

（李　秀）

【档案鉴定】　年内，完成了馆藏1973—1975年到期档案鉴定工作。共涉及43个全宗1795卷，经过鉴定审查、征求立档单位同意，确定向社会开放37个全宗1287卷。并将开放档案目录在丰台区档案局（馆）网站公布。

（李　秀）

【档案编研】　年内，新编、续编了《建国后丰台区档案馆档案全宗概览》、《丰台区历年田径运动会最高纪录》编研材料。

（李　秀）

【教育基地工作】　4月25日在莲花池公园举办了“丰台区爱国主义教育基地宣传日”活动。《丰台区档案事业展》和《历史的回顾展》两个展览在公园展出。区人大副主任苗华和主管档案工作的副区长汪洪参加了活动，《历史的回顾展》在首都经贸大学进行了两周的展出，观看展览的师生达3000余人。与市档案馆联合举办了《今日方庄》展览，并在方庄辖区进行巡回展出。区档案馆被丰台区未成年人思想道德建设领导小组正式命名为“丰台区未成年人思想道德建设实践活动基地”。

（李　秀）

【举办夏令营】　9月2日，区档案馆教育基地举办了第三届“了解历史的窗口——档案馆一日游”夏令营活动，丰台八中初二年级的师生参观了市、区档案馆举办的“馆藏档案作品”和“历史的回顾”展览并观摩了档案的现代化管理。

（李　秀）

地方志工作

【概　况】　年内，区地方志办公室在认真贯彻北京市关于开展全市第二轮修志工作会议精神，积极做好丰台区第二轮修志各项准备工作的同时，认真组织搞好全年的业务工作，完成了为《北京年鉴》提供《丰台区情》资料的编写报送工作，为《北京胡同志》提供《丰台胡同》资料的收集、整理、编写报送和完成了2004年度《北京丰台年鉴》的编写出版等各项工作任务。

（李庆荣）

【为北京年鉴提供丰台区情】　经过资料的收集、整理《丰台区情》初稿编写完成，并上报区政府主要领导审阅、根据审阅意见，并经过反复修改和核对后，4月如期上报北京市地方志办公室。《丰台区情》全文6000多字、配有照片4幅，比较客观真实地反映了2004年丰台区的经济、社会及各项事业的发展情况。

（李庆荣）

【丰台区胡同志资料上报】　根据北京市地方志办公室关于编纂《北京志·胡同志》的安排和要求，组织专人负责，完成了丰台区域内现存胡同资料的收集、整理工作,全文3万多字,配有胡同分布图和照片等,8月如期上报北京市地方志办公室。

(李庆荣)

【北京丰台年鉴出版】 12月《北京丰台年鉴》2004年卷正式出版,全书共设23个一级栏目,89个二级栏目,二级栏目下设分目和条目,彩页16面、图片107幅、全文60万字,精装16开本,比较全面地反映了2004年度丰台区各条战线上的重要情况信息。

(李庆荣)

机关事务管理工作

【概　况】 年内机关事务管理处工作,以"三个代表"重要思想为指导,认真贯彻落实十六届四中全会精神和区委、区政府各项重大决策,不断适应和满足服务对象的要求,提高服务档次和服务水平,努力做好机关后勤保障工作。食堂伙食品种不断增加,质量明显提高。区机关车辆全年行车1175万公里,甲方事故为零,无责任事故2次,负全责普通责任事故1次,单方行车事故1次,耗油费76.7万元,维修车辆费66.2万元,报废车5辆,更新购置车辆17辆;为综合楼1–12层各房间安装电话线980条,测试电缆1500米,新增电话150部,移机调线800条,4号楼改接电缆室内移机30部;完成了以"两会"为主的医疗保健任务和食堂食品加工人员的年度健康检查工作,为29名局级领导做了身体全面检查,全年送诊、陪护病人120人次,为局级领导进行了各种疫苗、预防针的注射共50人次;发送信件16万件,走机要局信件100多件,送急文12次,与市交换站交换信件4万多件;对4号楼进行简易装修改造,完成办公区广场道路铺装工程和庭院绿化工程,改建自行车棚2个,完成丰北路75号院的装修改造工程4557平方米 。

(罗　鑫)

【安全保卫管理】 年内,建立健全门卫、夜巡、监控等安全管理制度,加强了对进出人员和车辆的管理。保安人员全年拦截上访453起,接待来访23000多人次,平均每周指挥车辆2400多辆次,每天检查人员2800多人次。整改了机关安全消防设施,更换灭火器170具,新增灭火器70具,其中干粉灭火器40具、二氧化碳灭火器30具。

(罗　鑫)

【新食堂启用】 3月1日,可同时容纳近500人就餐的机关新食堂开始启用。食堂管理坚持优质服务的原则,并采取严格的食品卫生制度,做到餐具消毒、生熟分开;日定菜谱,一日三餐实行营养配餐,午餐的花色品种多达20余种。

(罗　鑫)

【后勤服务社会化】 信息化综合楼启用后,将保洁、电梯运行采取招投标的方式,交由通过ISO9001:2000质量体系认证的海鹰物业公司管理,为机关创造了干净整洁的工作环境。9月,筹建了瑞通洗衣店并对外营业,既解决了机关洗衣难的问题,又取得了良好的经济效益和社会效益。

(罗　鑫)

政协北京市丰台区委员会

【概　况】 在中共丰台区委的领导和市政协的指导下,新一届区政协在开局之年,坚持以邓小平理论和"三个代表"重要思想为指导,深入学习贯彻中共十六大和十六届三中、四中全会精神,学习新时期统一战线理论、人民政协理论和《人民政协章程》,牢牢把握团结、民主两大主题,坚持"与时俱进、开拓创新、求真务实、争创一流"的指导思想,紧紧围绕全区建设现代化新城区的目标，充分发挥人民政协的优势，广泛动员、组织政协委员和区政协参加单位，认真履行政治协商、民主监督、参政议政职能。全年共开展活动132次，2,000多人次参加。召开专题政治协商会议1次，专题研讨会议8次，提出意见建议150条；开展3个专题的调查研究，形成常委会建议案1件；提出提案134件；编发《丰台政协工作通讯》56期；印发《咨议建言集》两期，60篇文章、30余万字；报送社情民意信息115条。开通区政协网站，加大对外宣传力度，在各媒体上宣传播放、登载区政协工作信息和宣传新闻稿件126次(篇)；编辑出版《丰台文史资料选编第十期(航天史料专辑)》；征集各类文史稿件99篇，36余万字。为促进全区经济发展、社会进步和社会主义民主政治建设做出了积极的贡献，使七届政协的各项工作在原有的基础上迈出新的步伐。

(程宇劲)

【七届一次会议】 1月11日至1月16日在北京京丰宾馆举行。212名委员参加，大会主席团会议主持人初建华致开幕词。会议分别审议通过了主席团常务主席鲍顺新、赵仑所作的六届委员会常务委员会工作报告、关于提案工作情况的报告，听取并讨论了区长张大力所作的政府工作报告及其他报告；选举产生了区政协七届委员会主席、副主席、秘书长、常务委员，通过了大会决议。市政协副主席黄承祥、区委书记王子生出席开幕式并讲话。

(程宇劲)

【第1次常委会议】 3月4日召开，初建华主持。传达、学习了市政协十届二次会议精神，协商通过了常务委员会2004年工作要点，通报了七届主席、副主席及秘书长分工，协商通过专门委员会设置及主任、副主任名单，学习了区政协常委会工作规则。

(程宇劲)

【第2次常委会议】 5月27日召开，初建华主持。协商通过了《区政协关于进一步加强了解和反映社情民意工作的意见》，通报了2004年开展政治协商工作、增补提案委员会副主任(特邀)和主席、副主席、秘书长联系常委的安排的情况，布置常委联系委员工作。

(程宇劲)

【第3次常委会议】 7月8日召开，初建华主持。审议并同意了经济科技委员会提出的《关于优化政府为企业服务的环境，促进丰台区经济更快发展的调查报告》、教文卫体委员会提出的《关于发掘区域文化资源、打造特色文化品牌、优化丰台区发展环境的调研报告》、社会法制和民族宗教委员会提出的《关于拓展和规范法律服务，促进丰台区法治环境优化的调研》三个调研报告，并决定以其建议部分为基础形成一份区政协常委会建议案，报送区委、区政府研究参考。

(程宇劲)

【第4次常委会议】 12月9日召开，鲍顺新主持。听取区委常委、区委办公室主任李明圣，副区长吕仕杰关于办理区政协常委会2004年建议案情况的通报。研究通过了常务委员会工作报告，决定提交七届二次会议审议，确定胡燕副主席为报告人；研究通过了常务委员会关于提案工作情况的报告，决定提交七届二次会议审议，确定孙敏奇副主席为报告人；通过了召开七届二次会议的决定；通过了七届二次会议议程(草案)，决定提交七届二次会议审议。

(程宇劲)

【专门委员会工作】 年内，学习委员会召开双月学习座谈会，分别邀请市社科院城市问题研究所副所长冯晓英副研究员、中国社科院王春光研究员、区农委主任刘宇、区劳动和社会保障局局长王凤华、区民政局局长孙海臣就城乡二元行政管理体制问题作专题讲座以及通报区二元行政管理体制及相关情况。邀请就城乡二元行政管理体制问题作专题讲座；召开解决城乡二元行政管理体制问题专题研讨会,针对丰台实际就二元体制及其弊端的理解和认识、完善统筹就业机制、解决失地农民就业和社会保障问题、加强规划、加快主导产业发展、深化土地制度和户籍制度改革、加强农村行政管理力度提出了意见和建议。区委副书记刘云广通报了区委、区政府二元体制改革调研的情况,初建华、鲍顺新、胡燕、周大春、赵仑、孙敏奇、于雪鹰、乔世红、冯晓英出席会议。与对外联络委员会联合举行报告会,邀请中国社科院台研所所长助理、研究员朱卫东就“台湾大选后的岛内政局和两岸关系”作报告,部分委员进行了座谈;组织常委、委员,各民主党派、工商联负责人、各界代表人士分别赴南苑乡、卢沟桥街道、卢沟桥乡考察二元体制问题。

提案委员会召开人大建议、政协提案办理工作表彰暨交办会。传达了王子生关于做好政协提案办理工作的批示,总结办理工作,布置2004年工作;举办培训班,对区委、区政府办理政协提案的有关人员进行培训;就九三区工委提出的《关于优化发展环境,进一步提高政府企业服务大厅对外形象的建议案》和康建辉委员提出的《关于规范停车场和停车位收费问题的建议案》的办理工作,考察了区政府企业服务大厅、怡海花园小区停车设施,座谈并提出意见建议;邀请市政协提案委副主任任英英为委员做提案工作专题辅导。七届一次会议以来共收到151件提案,经审查立案134件。其中民主党派、人民团体提案14件,提案涉及本区经济与科技,城市建设和管理、教育、文化和卫生等诸多方面,已全部办复,满意率94.1%。

教文卫体委员会邀请八一电影制片厂、中央戏曲学院、中国评剧院、北京京剧院、北京戏曲艺术学院、北京曲剧团、中央戏剧学院成教院等单位,就整合与利用区域文化资源、优化区文化发展环境研讨座谈;召开卫生工作座谈会,听取区卫生局党委书记兼局长张杨关于区医疗卫生工作情况通报。座谈讨论中委员提出了6点意见和建议;分别组织委员视察莲花池公园、西局村欣园小区全民健身居家工程、区疾控疫情指挥中心和花乡郭公庄、草桥、卢沟桥乡东管头、长辛店镇赵辛店村及王佐国家卫生镇,区体育局长、指挥中心主任和区爱卫会主任通报了工作和管理情况以及全区城乡一体创卫工作情况。委员座谈并提出意见建议;邀请区教委主任王佩琦通报全区教育工作情况。

文史资料委员召开工作会议,传达全国暨地方政协文史资料委员会主任会议精神,通报区政协文史资料工作情况并进行了座谈。

经济科技委员会于6月18日成立“丰台区政协企业家联谊会”,就加强企业经营管理工作、全区物流业发展等问题进行了探讨并召开了第二届企业家联谊会,就企业经营思想、管理措施等问题进行交流和探讨。召开“丰台区经济工作情况通报会”,通报全区“十五”计划执行情况;组织部分委员和民革、民盟、民建、民进、农工、九三学社、区工商联成员听取北京中关村科技园区丰台园管委会副主任傅学江通报丰台科技园区发展的情况,座谈并提出意见、建议。

城乡建设和管理委员会组织听取区规划局、区建委的工作情况通报并实地考察区重点危改项目和北大地四里、正阳居住小区的建设以及总部基地和宛平城西门外广场的规划、建设情况;分别组织区政协常委、委员,各民主党派、工商联负责人,各族各界代表人士到花乡和新村街道考察二元体制改革问题,到通州区考察,听取了通州区规划局领导的情况介绍,考察了污水处理厂、奥体公园和运河文化广场,通州区政协常务副主席高志禄、副主席杜少勋、秘书长张丽华陪同;举办城市规划建设研讨会,对全区建设规划现代化新城区提出意见和建议;邀请区环保局局长李向林通报全区环保工作情况。部分委员,民革、民盟、民建、民进、农工、九三、区工商联有关人员参加,座谈并提出3点意见、建议。

社会法制和民族宗教委员会组织民族宗教界委员考察长辛店、丰台两座清真寺,听取政府有关部门通报全区宗教场所建设修缮情况,座谈并提出意见、建议;召开团体界别委员座谈会,学习“关于人民政协的组成原则”和市政协《关于进一步发挥政协界别作用的意见》,就拓展和延伸界别作用、丰富界别活动内容等问题进行座谈讨论;组织部分委员考察区公安分局看守所,公安分局副局长秦卫国、看守所政委苏建平、所长钱胜军通报了工作情况。座谈中,委员们针对看守所的困难,呼吁政府关注并加以解决。

对外联络委员会召开各界人士学习中台办、国台办“5·17”声明,反对“台独”分裂行径、维护祖国统一座谈会;召开人民团体界别组长座谈会,交流发挥界别作用的思路、做法和设想。

(程宇劲)

【召开政治协商会议】 9月6日,区委、区政协召开政治协商会议,对区委、区政府提出的《关于推进城乡二元管理体制改革的意见》(协商稿)进行协商。刘宇对《意见》作说明,政协常委、各民主党派、工商联负责人,部分委员和专家学者就完善统筹就业机制、解决失地农民就业和社会保障问题、加强规划、加快主导产业发展等进行协商,提出意见、建议。王子生、初建华、刘云广、李明圣、吕跃进,李昌安,鲍顺新、胡燕、周大春、孙敏奇、于雪鹰参加。王子生充分肯定了协商成效并指示《意见》起草小组要积极采纳意见、建议,把《意见》修改好。

(程宇劲)

【举办暑期学习班】 8月2日至9日举行。学习了《宪法》和政协新《章程》,全国政协办公厅四局局长原冬平做新章程辅导报告,收看了关于宪法修正案辅导和国内经济形势的录像报告。王子生、李昌安到会通报上半年工作情况和下半年工作安排,区纪委副书记、监察局长宋铁健通报我区党风廉政建设和反腐败工作情况,委员座谈提出意见和建议。召开了党派联席会。赴江西井冈山参观考察。

(程宇劲)

【举办中秋、国庆联欢会】 9月27日,召开“各界人士庆国庆、政协成立55周年暨中秋联欢会”。委员、各党派、人民团体成员和机关工作人员表演了文艺节目。初建华、刘云广、阎满成,区委副书记、纪委书记陈继平,吕跃进、鲍顺新、胡燕、周大春、孙敏奇、于雪鹰、乔世红出席。

(程宇劲)

【城八区政协老主席联谊活动】 9月25日,市政协秘书长李建华、副秘书长孙聿、人事联络室联络处处长雷时正,西城、崇文、宣武、石景山、房山、大兴、昌平七个区政协的老主席游览了王佐青龙湖,参观了王佐“水上世界”、温室公园、地热博物馆和垂钓宫。区长张大力,区政协主席初建华,区政协六届主席穆德荣、区委副书记刘云广等陪同了参观游览。

(程宇劲)

【视察民族宗教工作】 9月8日,市政协民宗委部分委员视察区南苑基督教堂和丰台清真寺。初建华、吕跃进、周大春陪同。区政府有关部门、区基督教“三自”爱国会、伊协分别介绍了外区民族宗教工作、爱国宗教团体建设和场所的建设及修缮情况汇报,并进行了座谈。全国政协常委、中国伊斯兰教协会会长陈广元大阿訇、北京天主教爱国会副主席石洪喜、英木兰,市基督教女青年会总干事杨明明,市政协民族和宗教委员会副主任李宝浚,崇文区政协副主席金毓嶂,市政协民族和宗教委员会主任王耀平发言。

(程宇劲)

政法　军事

政　法

【概　况】 年内,紧紧围绕丰台区改革发展稳定的大局,不断深化“执法为民、服务发展”的主题,充分发挥职能作用,全面推进各项政法工作,为加快现代化新城区建设创造和谐稳定社会环境和公正高效法制环境做出了积极贡献。全年共进行了4次大排查,对排查出来的纠纷按“属地管理、分级负责、归口办理”的原则,确定了包案领导、解决措施、化解时限。各级基层调解组织认真做好群体性纠纷和上访的预防、疏导,共调处各类民间矛盾纠纷6713起,成功6496件,调解成功率为96.8%;防止矛盾激化97起,防止群体性上访65件;充分发挥党内联合办公会作用,对刘希银破坏选举贿选案和李采红、肖庆九制售假药等22件重大疑难案件进行了协调,进一步统一执法思想,形成了严打合力。公安分局始终保持“严打”高压态势,开展了打击“两抢”和盗窃机动车、街头诈骗及打击整治二手手机专项战役和命案专项战役。严厉打击有组织犯罪和流氓恶势力犯罪,打掉31个黑恶势力犯罪团伙。全年,共破获各类刑事案件6249起,抓获违法犯罪嫌疑人11103人。检察院共受理审查逮捕案件2018件2924人,批准逮捕1609件2252人;受理起诉案件2168件2888人,提起公诉1746件2271人。法院从重从快地依法审查,共受理刑事犯罪案件1821件2463人,召开了5次“打击违法犯罪公开处理大会”,有力地震慑了犯罪;开展了“晨风”、“晨光”、“晨旭”、“晨雷”、“晨辉”五次集中统一行动,抓获法轮功人员43人,捣毁法轮功窝点7个,查缴用于制作法轮功宣传品的设备7台套。积极稳妥落实中央“四项政策”,以教育摸排为依据,区别分类,严格把关,分批解脱符合条件的法轮功人员1853名,占全区在帐人员总数的76%。开展形式多样的警示教育活动,编著了《科学生活 拥抱健康》,进一步增强群众自觉抵制邪教的意识和能力,群众受教育面达到95%。共举办法制教育学习班23期,成功破冰转化36人,转化率100%,圆满完成了“破冰任务”。对新摸排出来的91名亚转化人员进行巩固教育,巩固率为99%。大力开展创建“四无”街乡镇、社区(村)活动,90%以上的街乡镇、98%以上的社区(村)实现了“四无”。对其他邪教及有害功法组织进行了调查摸底,讲究策略,有效处置了沈昌功等有害功法问题;检察院深入开展反贪污贿赂斗争,全年立案侦查各类职务犯罪案件24件,其中大案20件,为国家挽回经济损失100余万元;法院依法稳妥地审结了房地产、物业管理、劳动争议、购销、农村承包、借贷、企业破产等涉及国有、集体、私营企业和农村经济发展及金融纠纷案件4315件，保护了各类市场经济主体的合法权益，维护了正常的市场经济秩序。开展“强制执行月”、“三清理”等集中执行活动，制定并落实“庭长接待日”、“十日”报结等制度，切实加大执行工作力度，维护当事人的合法权益。全年共执结案件8490件，同比去年上升20.6%。执行标的达67139.27万元，人均结案位居全市法院前列。建立了可能受援人群三级动态库“子库”，开通了法律援助直通车，成立了全市首家工商联法律援助工作站，维护弱困群体的合法权益；着力解决治安突出问题。重点对3处市级、17处区级重点地区进行了清理整顿。在右外地区、大红门、六里桥地区集中开展了对外地上访人员、新疆未成年人的劝返专项行动16次，集中劝返外地上访人员1397人次，劝返新疆未成年人23人次。全年，对1226名流浪乞讨人员进行了救助。开展了“迎国庆，创首善”城市秩序综合整治，为国庆55周年创造了良好的城市环境和治安环境；积极开展刑释解教人员安置帮教工作，对1277名刑释解教人员进行了帮教安置，帮教率达99.9%，重新犯罪率为0.2%，有效地预防和减少了犯罪。积极推进社区矫正工作，建章立制，加强对缓刑、减刑、假释人员的执行管理；政法委机关自身建设进一步加强，。以“内强素质，外树形象”为动力，加强政法委机关干部教育和培训，提高了工作能力和水平。加强对政法、综治工作前瞻性、深层次问题的调查研究，提供可行性建议供领导决策，比较好地发挥了政法委参谋助手的作用。开展了丰富多彩的机关文化活动，增强了向心力和凝聚力。

（肖　霄）

【召开维护稳定工作会议】 1月15日上午，丰台区召开维护稳定工作领导小组扩大会议。闫小彦同志通报了丰台区安全稳定和安全生产工作的有关情况，阎满成同志对春节期间的维护稳定和安全生产工作进行了再部署，提出四点要求：一是高度重视，加强领导；二是突出重点，落实责任；三是加强检查，堵塞漏洞；四是发动群众，严密防范。

（肖　霄）

【北京市召开表彰大会】 1月15日下午，北京市“人民满意的政法干警(单位)”表彰大会在国安剧场举行。西罗园派出所、公安分局重案一队、检察院、司法局被评为人民满意的政法单位，杨秀奇、赵东红、潘福生、苏从舜、曹西林等5人被评为人民满意的政法干警。其中检察院被评为“人民满意的政法单位”标兵，西罗园派出所民警杨秀奇被评为“人民满意的政法干警”标兵。

（肖　霄）

【召开全国“两会”安全保障工作会议】 2月26日，丰台区召开全国“两会”安全保障工作会议。王子生、张大力、杜瑞琴、王铁阳、刘云广、王苏维、杨逸铮、李明圣、吕跃进等区领导出席会议。各委办局、街乡镇党政一把手参加会议。会上传达了市委、市政府关于做好全国“两会”安全保障工作会议精神，对丰台区全国“两会”安全保障工作进行了部署。

（肖　霄）

【召开宣传、政法工作会】 2月26日上午，区宣传、政法工作会在工人俱乐部四楼会议室召开。各街乡镇和委办局党政一把手、主管领导和综治办主任、610办主任、外管办主任等300余人参加会议。区委常委、常务副区长闫小彦总结了2003年政法工作并部署2004年政法工作。区委副书记、政法委书记阎满成对做好今年的政法、思想工作提出四点要求：一是认清形势，统一思想，增强做好2004年宣传思想工作、政法工作的责任感、使命感；二是围绕中心服务大局，为加快丰台现代化新城区建设营造良好的舆论环境和安全稳定的社会环境；三是全面推进，突出重点，扎实做好2004年宣传思想工作和政法工作；四是加强领导，狠抓落实，确保今年工作任务的顺利完成。

（肖　霄）

【强卫检查安保工作】　3月2日,市委副书记强卫,市委副秘书长刘伟,市委政法委常务副书记慕平到全国“两会”代表驻地建银大厦检查安保工作。

(肖　霄)

【召开涉法上访工作会】　4月8日,区委副书记、政法委书记阎满成主持召开涉法上访工作会,听取政法各单位开展涉法上访工作第一阶段情况的汇报,并对第二阶段工作提出五点要求:一是要进一步提高认识;二是要进一步摸清底数,强化措施;三是要突出重点,解决一批重点、难点案件;四是要举一反三,健全工作机制;五是要保持信息渠道畅通,有问题及时上报。区委政法委常务副书记杨永华和公、检、法、司主要领导参会。

(肖　霄)

【举行首届“政法系统春季乒乓球赛”】　4月13日—4月15日,区委政法委主办的首届“政法系统春季乒乓球赛”在丰台体育中心举行。7个单位14支代表队60名队员参赛。区民政局包揽男女团体和男单冠军,公安分局夺得女单冠军。

(肖　霄)

【召开维护稳定工作(扩大)会议】　5月10日,丰台区召开维护稳定工作(扩大)会议。区维护稳定工作领导小组成员、区委区政府有关委办局和22个街乡镇的主要领导参加会议。会议由政法委常务副书记杨永华主持。常务副区长闫小彦对“六四”期间维护稳定工作进行部署,区委副书记、政法委书记阎满成做了讲话。

(肖　霄)

【召开区政法系统表彰大会】　7月1日,区委政法委在区委区政府综合楼三层报告厅召开区政法系统“先进基层党组织,优秀共产党员”表彰大会,对全区政法系统20个先进基层党组织和50名优秀共产党员进行表彰。区公安分局蒲黄榆派出所等5个单位和个人做典型发言。会议由区委政法委常务副书记杨永华主持。区领导王苏维、杨逸铮、王慧强和政法各单位领导出席会议。政法各单位200余名干警参加会议。区委副书记、政法委书记阎满成做了讲话。

(肖　霄)

【召开“打击违法犯罪公开处理大会”】　9月10日,在新发地农产品批发市场内召开“打击违法犯罪公开处理大会”,郭志强等4人被捕,陆坤等3案8人被判刑。区委政法委常务副书记杨永华主持大会,综治办主任姚建国及公检法司的有关领导出席会议。副区长吕仕杰到会并讲话。群众及市场商户5000余人参加会议。

(肖　霄)

【召开禁毒工作会议】　11月18日,丰台区召开禁毒工作会议。会议主题是:全面贯彻全国、全市禁毒工作会议精神,交流工作经验,部署丰台区禁毒工作。区禁毒工作委员会成员单位和各街乡镇主管领导参加会议。区委副书记、区禁毒委主任阎满成出席会议并讲话。区委政法委常务副书记杨永华主持会议,副书记姚建国传达市禁毒工作会议精神。

(肖　霄)

【召开“打击违法犯罪公开处理大会”】　12月17日,在六里桥易初莲花超市门前召开“打击违法犯罪公开处理大会”,对身犯绑架、强奸、抢劫、盗窃等严重侵犯人民群众生命财产安全的7案15名罪犯公开宣判。

(肖　霄)

公　　安

【概　况】　年内,丰台分局各项工作认真贯彻全国“二十公”会议精神,以“以打促防”为工作的基本定位;以创新警务运行机制、加强“四张网”建设为工作重点;以改善基层勤务模式、提高刑侦专业水平、调整队伍的精神状态为基础,有效维护了全区的政治稳定和社会安定。年内,共接处"110"报警149747个,接待群众来访252人次,受理群众来信1052件,接市局转"110"投诉、监督238件,结办率100%。刑侦支队充分发挥主力军的作用,全年共立刑侦管辖案件12442起,同比增加3360起,上升37%。共破获各类刑事案件5932起,同比上升7.6%。共立经济案件592起,同比减少57起,下降8.7%。共破获经济案件283起,同比减少244起,下降46.3%,追缴赃款738.9万元。抓获各类违法犯罪嫌疑人11103名,打掉各类犯罪团伙506个,涉案成员1715人。抓获网上在逃人员202名。继续加强巡逻防控体系建设,构建以巡警、派出所民警为主,以交警、武警为补充,以社会力量为辅助的多警种合成作战巡逻防控网络,覆盖了70个巡区,41条机动车巡逻段,57条自行车巡逻段,4条徒步巡逻段,在全年的巡逻工作中取得了明显的效果。继续严密防范和严厉打击"法轮功"邪教组织的各种闹事破坏活动,分局先后开展了"晨风"、"晨光"、"晨旭"、"晨雷"四次打击行动,共捣毁法轮功邪教组织窝点8个,破案31起,抓获法轮功顽固分子40人,收缴法轮功宣传品5033份,宣传器材11套。不断完善社区警务建设,对全区325个社区重新划类,配齐配强社区民警,确定一类指导型社区89个,二类组织型社区141个,三类联动型社区95个;确定一区一警275个,一区二警16个,一区三警1个,多区一警33个。在全区推出优秀社区民警杨秀奇、方伟工作法。结合大练兵,开展"我为防范支一招、我为居民提个醒"等一系列宣传活动,使社区各类刑事案件明显下降。通过对重点地区和娱乐服务场所5127余次的集中清理整治,查封歌舞厅66家,洗浴业4家,取缔发廊612家,电子游艺厅64家。查获介绍、容留、卖淫嫖娼人员929人,赌博人员3302人,贩卖淫秽光盘人员136人,收缴淫秽、盗版光盘22万余张。大力开展消防安全专项整治工作,消除了一大批火灾隐患。全年共发生火灾444起,同比增加198起,上升30.84%。在科技强警中,开发科技项目5个,完成了分局法制平台建设和指挥中心升级改造及防静电地板更新工作。全面深入地开展大练兵,组织演讲比赛、知识竞赛、"点将台"等活动。举办各类培训班81次,培训人员3960人。任免各级领导干部71名,聘任警、探长234名。

（张广慧　郭凤华）

【积极组织开展"点将台"活动】 年内,以"点将台"为龙头,进一步推动青年民警大练兵。先后组织40余名青年领导干部和民警分别参加了涉及14个警种的"点将台"比赛,30多场比赛中26名选手取得小组赛前三名。

（张广慧　郭凤华）

【调研工作成效显著】 年内,分局始终坚持把调研工作摆在重要位置。着眼中心工作,开展参谋型调研。撰写了《从对犯罪嫌疑人抓获渠道的分析看提高打防效能的基本对策》,《关于如何进一步改善六里桥派出所辖区治安状况的调研报告》、《对南苑乡花园村地区上访人员集中清理劝返工作的调研报告》,《分局强化精确分析精确指导进一步深化精确打击》的调研报告在市局办公室系统公文写作岗位大练兵中获二等奖。

（张广慧　郭凤华）

【实行廉政谈话制度】 年内,制定了《北京市公安局丰台分局关于实行领导干部廉政谈话的实施办法》,对44名新任职和交流的领导干部进行了任职廉政谈话;对22名有轻微违纪行为,但不需要给予纪律处分的领导干部进行了诫勉谈话。

（张广慧　郭凤华）

【警务督察工作不断深入】 年内,警务督察队共出动督察警力3547人次,出机动车1700台次,与市局警务督察处等部门联合检查98次,与分局各职能部门联合检查63次,现场纠正民警1358人次。发督察通知书10份、建议书2份,通报批评9个单位。给予行政告诫18人、停止执行职务5人。受理和查处110投诉74件。

(张广慧　郭凤华)

【增加刑事技术侦查工作科技含量】　年内,投入资金20万元,为刑侦技术队购置了4套照相机、2台电脑、2部汽车等一批先进的技术装备。技术队共出现场2230个,提取指纹痕迹611枚,足迹730枚,收集各类物证680件,制作现场勘察笔录1900份,通过刑事技术手段直接破获各类刑事案件180起,间接破获各类刑事案件500余起。

(张广慧　郭凤华)

【妥善处置群体性事件】　年内,多次组织对外来人员上访集散地的清理整治工作。共处置群体性事件214批次,4505人。依法刑事拘留上访闹事人员21人,行政拘留27人。开展集中劝返13次,劝返滞留在京的外地上访人员1397人。告知、引导、救助流浪乞讨人员967人。

(张广慧　郭凤华)

【开展打击网络犯罪效果明显】　年内,组织科技信通处通过网上浏览等方式,积极发现和上报市局网监处淫秽色情网站线索501个,从中破获福建省福清寺龙田镇宫北路27号郑明和传播淫秽信息案、4.21事主龚月增重伤案、6.21事主范志维伤害致死案、9.21强迫交易案、10.26嫌疑人组织卖淫案等23起案件。收集并上报市局网上法轮功、人权、民运等各方面舆论信息5459条,形成普刊3201期,综合刊11期。上报分局信息144期,2340条。

(张广慧　郭凤华)

【构建打防凸现的巡逻格局】　年内,组织136名民警覆盖到37条重点高发案路段和时段上,有效遏制了街头警情。手段类警情下降21%,刑事类警情下降15%,两抢类警情下降38%,团伙抢劫类警情下降52%,市局挂牌督战的三个派出所警情下降最高幅度达到40%。在十八条重点防控路段共抓获各类犯罪嫌疑人1284人,占全局巡逻抓获总数的32%,人均抓获率提升0.2%,重点路段警情下降20%,同时带动全区警情下降10—15%。

(张广慧　郭凤华)

【充分发挥刑侦三大基础工作作用】　发挥刑嫌调控、阵地控制和犯罪情报信息三大基础工作在侦察破案中的作用,采取公开和秘密相结合的方式,全面掌握刑嫌人员的基本情况、活动规律和可能涉足的场所,确定刑嫌人员436名。其中重点刑嫌人员59名,占重点人口的135.%。依法打击刑事犯罪嫌疑人88人。为拓宽线索来源,以人找案,提高主动进攻能力奠定了坚实基础。

(张广慧　郭凤华)

【加强交通安全宣传教育】　年内,制定出台了《丰台分局交通安全工作处罚奖励规定》、《丰台分局私人机动车管理规定》、《丰台分局8小时工作以外交通安全工作管理规定》,定期组织车管干部下片检查,共组织大规模检查4次,对局属28个派出所执行派车单和行驶记录制度及车辆状况和安全教育情况进行检查抽查。制作宣传展板1块,发放《中华人民共和国道路交通安全法》和《实施条理》750本,交通安全通知、通报28份。两次组织全局2441名驾驶员进行交法考试,与46个局属单位签定了《交通安全责任书》。

(张广慧　郭凤华)

【开展"春风二号"行动】　2月6日至18日,开展"春风二号"行动,共出动各种警力2589人次,其他力量3216人次,整治重点大街85条,交通枢纽4个,天桥通道123处,繁华商业街、区40处,农贸交易市场138个,特种行业497家,文化娱乐场所612家,其他139处。发现刑事、治安、消防等各种隐患103处。抓获各类违法犯罪嫌疑人282人,收缴赌博机电路板228块。

(张广慧　郭凤华)

【看守所成功破获一起暴狱案】　4月20日,通过布建耳目贴靠,及时获取一起重点在押人员预谋暴狱信息:绑架演员吴若甫案的首犯王立华与涉嫌故意杀人的犯罪嫌疑人牟道明合伙预谋,企图欺骗民警打开监门,预谋磨制牙刷把为凶器,劫持民警并抢夺监室钥匙,然后再打开其他监室门放出王立华的10余名同案后,冲出监室。得知这一信息后,丰台分局及时采取断然措施,成功制止了一起在押犯罪嫌疑人预谋劫持民警暴狱的案件。

(张广慧　郭凤华)

【举办主题演讲比赛】　7月30日,举办了“学英雄思想,走英雄道路”主题演讲比赛,局属31个单位的34名选手参加了演讲预赛。有11名选手进入决赛。各选手以学习任长霞同志先进事迹切身感受为切入点,唱响“立警为公,执法为民”的主旋律。经过紧张激烈的比赛,看守所民警孟文丹荣获一等奖,刑侦支队民警杜连义、国保支队民警张迪荣获二等奖。马家堡派出所民警张斌、洋桥派出所民警杨哲、芳城派出所民警魏维荣获三等奖。办公室民警俞莹、太平桥派出所民警李爽、刑侦支队民警李林、巡警支队民警张春宁、西罗园派出所民警郭雁荣获优秀奖。装备财务处荣获组织奖。

(张广慧　郭凤华)

【召开执法办案互动会】　8月11日,邀请市局法制办主任林兆波、副主任戚琳明以及相关业务处处长于金芝、田志斌等领导在丰台分局看丹派出所召开执法办案互动会,局属27个派出所主管办案的副所长及看丹派出所全体民警就执法办案工作中执行实体法、程序法和办理伤害案件中遇到的问题,与市局法制处领导进行了互动式交流。

(张广慧　郭凤华)

【举办政工领导干部大练兵讲座】　8月26日,举办政工领导干部大练兵讲座。邀请中国人民大学劳动人事学院副教授、经济学博士徐芳就人力资源开发与管理进行授课。局属各单位40余位政工领导干部和政治处30余名民警参加了讲座。对人力资源管理与组织竞争优势、工作分析、人员招募、甄别与采用、绩效考核与管理、人力资源培训与开发等6个方面以做思维变相题的方式进行了深入细致地研讨。

(张广慧　郭凤华)

【完成中国网球公开赛安全保卫工作】　9月9日至26日,中国网球公开赛在丰台区光彩网球中心举行。期间,吴邦国、罗干、李瑞环、万里等中央领导同志和18500余名群众观看了多场小组赛及男子双打、男子单打决赛。闭幕日,北京市委、市政府领导刘淇、王岐山陪同部分中央领导现场观看了比赛并为获奖运动员颁奖。此次中国网球公开赛,共比赛210场次,接待群众15.4万人次,共出动警力1615人次,机动车辆4127台次。圆满完成了中国网球公开赛首长安全警卫及赛事安全保卫工作。

(张广慧　郭凤华)

【开展治安巡逻志愿者“宣传登记日”活动】　9月18日,组织开展了治安巡逻志愿者“宣传登记日”活动,辖区26个户籍派出所共设立宣传站点240个,出动各种力量1756人,广播器26台,横幅标语366条,板报706块,宣传动员社会各界群众31200人。其中,入户宣传1526户,3953人。发放各种宣传材料6万余份。全区报名参加治安巡逻志愿者8000余人。

(张广慧　郭凤华)

【启动一级巡逻防控方案】　10月26日,启动一级巡逻防控方案,组织678名警力,并协调武警、交警130余人参加了统一行动。入户检查出租房屋6469间,检查流动人口12014人,检查旅店23家,歌厅15家,洗浴12家,其他场所16家。发现消防和治安隐患43件,取缔无照游艺厅2家,收缴赌博机电路板134块。12小时内,共查获各类违法犯罪嫌疑人29人。其中刑拘10人,治拘19人。破获各类案件30起。

(张广慧　郭凤华)

【连续作战勇创佳绩】　年内,组织预审大队深挖各类违法犯罪线索1729件,自查破案

1190起。其中,命案3起,抢劫100起,绑架3起,盗窃373起,诈骗317起,贩毒137起,伤害30起,敲诈34起,其他案件193起。扩大抓获犯罪嫌疑人31人。

(张广慧　郭凤华)

案例举要

【抓获一名饮品投毒案犯罪嫌疑人】　11月15日,犯罪嫌疑人分别在海淀区东北旺和上地南路一带,先后三次向统一饮品有限公司总部基地打电话:称在其生产的"统一牌鲜橙多饮料"中下了毒。欲勒索该公司20万元人民币。丰台分局专案组迅速在两个现场部署警力,蹲守控制,在市局行动技术处的配合下,于次日下午2时将正在向该公司总部基地拨打敲诈勒索电话的犯罪嫌疑人董必全(男,26岁,安徽省无为县人)抓获。

(张广慧　郭凤华)

【打掉一个冒充警察实施绑架的犯罪团伙】　7月12日下午,浙江人来京务工人员王某某(女,27岁)骑车到丰台区六里桥西局村时,被开着一辆面包车自称是警察的三名男子强行带走。40分钟后,王的姐姐接到拿钱赎人的电话,遂立即向丰台分局报案。刑侦支队接报后,马上展开工作,根据第二天偷跑出来的被绑人质王某某提供的曾被关押在大兴西红门镇新三余村的线索,经过半个多月的蹲守、侦察,8月1日,将以赵某某(男,30岁,山东人)为首的冒充警察实施绑架的流氓恶势力团伙成员10人先后抓获。经审查,赵等10人交待了自2003年10月以来,先后在丰台区方庄、玉泉营、马家堡、丰益桥、刘家窑等地,绑架作案20余起,获赃款40余万元的犯罪事实。

(张广慧　郭凤华)

【侦破特大贩毒案】　8月初,刑侦支队缉毒队根据特情队提供的宋某某(男,25岁,丰台区建国街一里4－23室)经常开车贩毒的这一线索。经过两个多月的跟踪调查,掌握了其使用的车辆、电话以及活动范围和规律,经周密部署,于10月14日,在其住家楼下,将准备外出送毒品的宋某某抓获。16日,在朝阳区核桃园北里将其同伙候某(男,30岁,住宣武湾子街5－3－501室)、邴某(女,27岁,河北人,候的女友)抓获。并缴获小口径手枪1支、子弹6发,毒品甲基苯丙胺363.46克、海洛因77.83克、杜冷丁48支(9.6克)、大麻5克。经审查,宋等3人对贩卖毒品的犯罪事实供认不讳。

(张广慧　郭凤华)

【侦破特大系列抢劫高档机动车案】　7月4日、15日,刑侦支队连续接到事主于生河(男,38岁,北京人,住丰台育芳园东里2号楼1单元)、金剑(男,32岁,安徽人,暂住丰台新华街兴隆头条5号楼)报案称:在自家楼下准备开车时,遭到四名男子的拳打脚踢,并被拖到一辆白色金杯车内进行捆绑蒙眼抢劫。事后,事主发现自己的奥迪轿车也被抢走。接到报案后,刑侦支队迅速展开调查,经工作,查找到了抢劫团伙雇用的白色金杯面包车的司机徐某某(男,18岁,湖北人),根据其提供租车人的手机号码,在市局行动技术处的协助下,确定犯罪嫌疑人是以刘某某(男,30岁)为首的一帮东北人。7月28日,在顺义区天竺镇、东城区安定门、丰台区前泥洼等地将该团伙成员刘等7人分别抓获,并缴获砍刀2把,自制火枪1支,小口径左轮手枪1支。经审查,刘等7人交待了自2003年12月份以来,抢劫高档机动车7起的犯罪事实。根据刘等人的交待,8月2日,在北方车辆交易市场将销赃人李某(男,26岁,东北人)抓获。

(张广慧　郭凤华)

【打掉一专门抢劫、强奸歌厅小姐的犯罪团伙】　今年6月以来,刑侦支队在连续接到歌厅小姐被抢劫、强奸的报案后,通过串并案认为几起案件应是同一伙人所为。刑侦支队立即展开工作,经过摸排跟踪,在市局刑侦总队的协助和安全局行动技术处的配合下，于8月5日、6日、7日分别在丰台三营门车站北侧、大兴区德茂家园1－10－502室、河南安阳华县枣村乡张固村三地将犯罪团伙成员王某(男，28岁)、李某某(女，28岁，均为东北人)、李某某(男，34岁)、贾某某(男，20岁)、贾某某(男，22岁)、赵某某(男，33岁)、方某(男，18岁，均是河南人)7人抓获。经审查，王等7人交待了抢劫歌厅小姐并实施强奸作案6起的犯罪事实。

（张广慧　郭凤华）

【侦破一起抢劫杀人案】 8月29日16时许，刑侦支队根据特情提供的线索，将盗窃摩托车的犯罪嫌疑人翟某某(男，19岁，北京人，2002年6月因敲诈被劳教1年)抓获。经审查，其很痛快地供认了盗窃摩托车10余辆的犯罪事实，和翟某某打过交道的侦查员感觉翟表现反常，就加大了审讯力度，迫使其交待了2004年3月31日，伙同赵某某(男，23岁，北京人)在丰台区六里桥打出租车行至董家坟时，抢劫杀害“黑车”司机龚某某(女，38岁，北京人)的犯罪事实。根据翟的交待，当日23时许，在丰台区云岗镇将犯罪嫌疑人赵某某抓获。经审查，赵对合伙抢劫杀人的犯罪事实供认不讳。

（张广慧　郭凤华）

检　　察

【概　况】 丰台区人民检察院在区委和市院的领导下，坚持“正确定位、戒骄戒躁、打牢基础、全面提高、以求真务实的精神推动各项检察工作深入发展”的工作思路，有效发挥检察机关惩治犯罪、化解矛盾和维护稳定的职能。共受理审查逮捕案件2207件3204人，同比增长30%、41%。其中，批准(决定)逮捕1779件2504人，不批准逮捕88件136人，提请单位撤回339件563人。受理审查起诉案件2346件3118人，同比增长25%、27%。其中，提起公诉1893件2444人，不起诉62件72人，提请单位撤回134件200人。认真查办职务犯罪案件。共立案24件24人，同比下降了25%。其中贪污案13件13人，挪用公款案6件6人，受贿案2件2人，行贿案3件3人。大案20件，要案3件，为国家挽回经济损失110万元。严查国家机关工作人员利用职权实施的渎职侵权犯罪。共立案6件10人，同比增长200%、233%。其中玩忽职守案3件3人，侵犯公民权利3件7人。依法有效开展刑事、民事和行政检察监督。共受理立案监督案件17件，发出要求说明不立案理由通知书14件，发出立案通知书7件。依法追捕追诉17人。提起抗诉5件7人，上级院支持抗诉1件1人，二审改判1件1人。以争创“双加强、双保障”先进单位为契机，强化监所检察监督。开展各项专项检察265次，建立健全了超期羁押预警机制、备案检察机制以及联席会议制度等，协助看守所完善了六项工作制度，促进了监所检察工作的制度化、规范化。认真开展控告申诉检察工作。共受理群众来信来访305件，接待群众法律咨询89件，办理初查案件84件，刑事申诉案件3件，刑事赔偿案件1件。民事行政检察工作不断深入。共受理民事申诉案件57件，行政申诉案件2件，提请上级检察机关抗诉2件，抗诉成功1件。被评为丰台区“创建学习型机关先进单位”，荣立北京市检察系统集体二等功，被首都文明委授予“首都文明单位标兵”的荣誉称号等。获得由北京市人事局、北京市国家保密局共同授予的2000－2003年度保密工作先进集体称号，连续三届被评为北京市保密工作先进集体。

（李振湖）

【与丰台工商分局携手预防犯罪】 3月2日，检察长蔡柏林与丰台区工商分局局长张凤平共同签署了《进一步加强协作 合力打击职务犯罪和违法经济活动》协议书，双方建立了案件移送、数据库互联互通及联席会议等制度。

(李振湖)

【推行干警信用评价制度】 4月1日,推行《检察干警职业信用档案工作评价办法》。该制度以干警职业信用档案为载体,通过征集干警廉政、勤政、诚信、个人重大事项等方面的有关信息,在调查、综合评价的基础上,对干警作出定性与定量评价,确定干警职业信用档次,评价结果作为对干警考核、任职、奖惩等的依据。

(李振湖)

【关心下一代工作委员会来院调研】 4月21日,北京市教育系统关心下一代工作委员会会长,原北京市政协副主席陈大白等一行七人,就如何预防大学生和未成年人犯罪问题来该院调研,原北京市委副书记、中央党校常务副校长、关工委顾问汪家参加了这次调研。

(李振湖)

【推行未成年犯罪嫌疑人法律援助协助制度】 5月25日,与区司法局推行未成年犯罪嫌疑人法律援助协助制度。该制度规定,检察机关自受理案件之日起三日内,对尚未委托辩护人的未成年犯罪嫌疑人,应书面告知其有权申请法律援助,并将申请及时通知司法局法律援助中心。此举加强了检察机关与法律援助部门的配合与协调,促进了未成年人合法权益的保护。市院公诉处、市司法局法律援助中心、区政法委、区司法局的有关领导出席了启动仪式。

(李振湖)

【参加北京妇女发展、儿童成长论坛】 9月,区检察院民行处处长陈宝珍参加由北京市妇女儿童工作委员会、北京市妇女联合会等单位联合主办的首届"北京妇女发展、儿童成长"论坛,并就离婚妇女财产权保护问题在会上发言。联合国儿童基金会官员、国务院妇女儿童工作委员会、全国妇联等的理论研究人员参加了论坛。陈宝珍、王丹峰撰写的《浅议离婚案件妇女财产权保护难问题》入选该论坛。

(李振湖)

【首创五项协作机制】 9月23日,与区安全生产监督管理局共同签署了《关于建立信息交流等五项制度的意见》,双方建立了信息交流、案件线索移送、案件查处协助、协调配合保障等五项协作机制。此举在北京市尚属首例。

(李振湖)

【职务犯罪预防实现两个转变】 在农村土地批租征占环节职务犯罪预防工作中,协助花乡政府完善了对村级领导干部批租征占集体土地的管理制度。并与中国土木建设工程公司联手开展"阳光工程",于10月竣工,历时两年,取得了三大成效:无一起违法违纪、无任何质量问题、节约资金600万元,获得"结构长城杯"、正在申报"鲁班奖"。实现了由宏观预防向微观治理转变,由教育型预防向制度型预防转变。

(闫俊瑛)

【不起诉案件复查】 年内,在"不起诉案件专项复查活动"中,认真落实高检、市院的文件精神,对2003年度的53件59人不起诉案件进行了认真细致的复查,针对查出的问题制定了整改措施,并积极探索不起诉案件质量保障机制。8月27日,该院作为北京市检察系统的唯一代表,接受了高检院申诉厅王晋厅长、市检察院控申处王泽法处长等领导的检查,得到了高检院领导的充分肯定。

(李振湖)

【特约监督员听取民行检察工作】 10月28日下午,邀请部分北京市人民检察院特约检察员和该院特约监督员听取民行检察工作。尚保华副检察长汇报了近三年来区检察院民行工作概况,与会特约检察员、特约监督员一致认为,该院民行工作贯穿了"以人为本"的理念,工作扎实有效,希望进一步加强检察职能宣传和培训,使特约检察员、特约监督员能够更好地发挥作用。市院马剑光副检察长、区人大、区政法委等的有关领导参加了会议。马剑光副检察长在肯定该院民行检察工作的同时，提出了要倾力做好民行息诉工作、加强学习培训以及自觉接受人大、政协的监督等四点意见。

（李振湖）

【启动全市首例人民监督员监督程序】 11月9日，对花本立涉嫌贪污一案依法决定逮捕。因犯罪嫌疑人花本立不服逮捕决定，从而启动人民监督员监督程序，这是全市首例启动人民监督员监督程序的案件。三位人民监督员经认真评议、表决，一致同意该院的逮捕决定。

（李振湖）

【市、区人大代表来院指导工作】 11月10日上午，市人大代表一行12人在市院党组成员、副检察长王双进的陪同下来院听取检察工作情况汇报。区委副书记、区人大主任杜瑞琴，区人大常务副主任张寿松等领导参加了座谈。王双进副检察长、蔡柏林检察长先后分别汇报市检察院、丰台院的工作情况。王子生同志以市人大代表的身份参会，他充分肯定了丰台院近年来取得的成绩，认为该院作为"全国模范检察院"，不仅是市院、十八个区县院的窗口，也是丰台区的榜样。今后，要加强教育培训力度，既要注重提高办案质量，又要努力提高干警的综合素质。在不正之风面前，要挺直腰板，刚正不阿地履行好检察职责。王双进副检察长表示，会后将认真整理这些意见和建议，采取有力措施加以纠正和改进，不辜负代表们的期望。

（李蔚兰）

【聘请民事行政法律咨询专家】 年内，聘请一名中国政法大学教授为民事行政法律咨询专家。咨询专家的工作内容主要包括：对民行疑难案件进行指导，对民行检察监督制度进行探讨，对民行调研文章进行评阅等。

（陈宝珍）

【竞岗及双向选择工作】 12月14日至12月31日，该院进行中层干部竞岗和一般干警双向选择，为体现客观公正，聘请区委、市院相关部门的领导做评委。新任的31名中层干部及3名处长助理平均年龄36岁，女干警11人，除1名非党员外其余均为党员，研究生学历17人，本科学历15人，留任7人，交流4人，提拔23人。

（闫俊瑛）

审　　判

【概　况】 年内，丰台法院以邓小平理论和"三个代表"重要思想为指导，在区委的领导下，在区人大及其常委会和上级法院的监督、指导下，围绕党和国家的中心任务抓审判工作，围绕"为民、务实、清廉"的要求抓队伍建设，围绕"公正与效率"的工作主题抓科学管理，认真贯彻司法为民宗旨，努力提高法官素质和司法水平，为首都的经济发展和社会稳定，为丰台区现代化新城区的建设提供了有力的司法保障。全年法院以营造稳定和谐的社会环境和公正高效的法制环境为目标，以维护国家安全和社会稳定、为完善社会主义市场经济体制提供司法保障、切实保障人民群众合法权益为重点，优质高效地完成了全年各项审判工作任务。全年共受理各类案件31339件（加旧存计31732件），比上年增加5339件，上升20.5%。审结各类案件30851件，比上年增加4921件，上升19%。未结案881件。结案率达到98.4%。全院人均结案数和审判人员人均结案数在全市法院系统均名列前茅。全院被评为首都先进法院，首都文明单位，全国法院系统调研工作先进单位、全国法院系统思想宣传工作先进单位，丰台区"扶残助学"先进单位，未成年案件审判庭连续四次获得市级"青年文明号"称号，法警大队被授予"丰台区青年文明号十佳示范集体"荣誉称号。

（罗红斌）

【严厉打击各类刑事犯罪】 年内，共受理刑事犯罪案件1821件2463人，比上年增加211

件329人,上升13.1%和15.4%。结案1815件2458人,比上年增加207件327人,上升12.9%和15.3%。在判决发生法律效力的2344人中,判处3年以上不满5年有期徒刑的125人,判处5年以上20年以下有期徒刑的293人,两项占17.8%。全年法院依法严惩杀人、抢劫、绑架、放火、涉枪、拐卖妇女儿童等严重犯罪、集团犯罪和抢夺、盗窃等多发性犯罪,依法严惩组织和利用"法轮功"邪教组织破坏法律实施的犯罪以及"黄、赌、毒"犯罪。共审结上述各类犯罪案件972件,判处被告人1387人。依法严惩走私、制贩假币、金融诈骗、虚开增值税专用发票、合同诈骗、非法经营等各类破坏社会主义市场经济秩序的犯罪,维护市场经济安全。全年共审结此类案件41件,判处犯罪分子49人。依法严惩贪污、贿赂、挪用公款等各类职务犯罪,坚定不移地将反腐败斗争推向深入。全年共审结此类案件12件,判处犯罪分子15人。召开公开宣判大会5场(17件39人),全年审结未成年人犯罪案件173件;审结未成年人保护案件450件。

(罗红斌)

【推进民事审判工作】　年内,新收各类民商事案件20601件,比上年增加3528件,上升17.1%。审结各类民商事案件20156件,比上年增加3145件,上升18.5%。其中,审结婚姻家庭、损害赔偿、劳动争议、房地产等民事案件15841件;审结买卖、借款、企业联营、农村承包等涉及国有、集体、私营企业和农村经济发展的民事案件4315件。平等保护了民事主体的合法权益,制裁了民事违法行为,规范了市场秩序,促进了企业改革和经济活动的顺利进行,维护了社会稳定。着重审理了一大批车贷等金融纠纷案件,保护国有资产不受损失,维护了金融安全。妥善审结了4777件供暖合同纠纷案件,全年,通过调解结案3940件,调解率为19.5%。撰写了《关于区属企业改制中存在的法律问题的调查报告》。

(罗红斌)

【妥善处理行政诉讼案件】　年内,共新收行政诉讼案件222件,比上年增加78件,上升54.2%,审结220件,比上年增加77件,上升53.8%。未结案2件。案件类型涉及行政处罚、行政强制措施、行政裁决、行政确认、行政许可、行政不作为等具体行政行为;从行政管理领域看,涉及公安、工商、规划、劳动、交通、城建、城管监察、房屋土地、乡级人民政府、住房公积金管理等。其中,维持具体行政行为14件;全部撤销具体行政行为57件;部分撤销具体行政行为38件;确认行政行为违法2件;驳回诉讼请求55件;准予撤诉49件(包括原告主动撤诉36件,被告改变具体行政行为后原告撤诉13件);其他5件。全年有75件案件上诉,二审已审结51件,全部维持原判。此外,还受理行政非诉审查与执行案件57件,结案57件。撰写了《对我区行政机关行政诉讼中败诉率上升情况的调查研究》。

(罗红斌)

【继续加大执行工作力度】　认真贯彻落实最高人民法院和北京市高级人民法院关于集中清理未结执行案件、执行款物及执行卷宗活动的要求,继续坚持执行公开制度,完善"庭长接待日"、"十日"报结等各项执行制度,规范中止执行行为,探索协查等新的执行方式方法,开展结案竞赛,加班加点,均衡结案,取得明显实效。年内新收执行案件8534件,比上年增加1495件,上升21.2%。共办结执行案件8490件,比上年增加1448件,上升20.6%。执行标的达67139.27万元。成功执结了在本市属首例的东高地百货商场股东申请办理股东变更登记手续和召开股东大会执行案。

(罗红斌)

【强化立案、信访和审判监督】　坚持保护当事人诉权,严把立案质量关的原则,推行分类立案,设立专门立案窗口,建立假日立案法官值班制度，进一步规范和方便当事人行使诉权。年内共接待来信来访64001件次，比上年增加7106件次，上升12.5%。区法院建立了涉诉信访工作领导小组——涉诉信访工作办公室——各责任庭室的三点一线工作机制，全年共妥善解决市政法委挂帐督办案件11件，市高级法院督办案件7件，区政法委挂帐督办案件7件。全年受理申诉案件147件，审结149件(含旧存2件)，其中依法维持121件，撤诉17件，再审11件，确保了案件质量。

(罗红斌)

【妥善处理群体性纠纷案件】 年内，审理群体性纠纷案件339起6003件。认真做好立案、审判和执行工作，妥善处理了拆迁、租赁、物业、买卖、劳动争议、环境污染、农村承包等一大批影响大、极具不稳定因素的群体性纠纷，有效控制了事态发展，保障了首都及全区的社会稳定和经济建设。

(罗红斌)

【探索法官员额制度改革】 年内，作为北京市首批合议庭改革试点法院之一，按照市高级法院关于基层人民法院合议庭采取“一名审判长、两名法官、一至两名法官助理、三名书记员”模式的要求，将全院各审判庭的合议庭改革落实到位。并提请区人大常委会任命了27名审判员，增设了一些审判合议庭，进一步充实了审判力量，并以此为突破口，逐步探索法官员额配置改革，建立各类人员的分类管理机制，不断促进法官队伍整体素质的提高。

(罗红斌)

【业务能力培训成果累累】 年内共组织了25批285人次的学习培训，成立法学理论研究小组，强化落实“病案会诊”制度，举办首届金笔杯裁判文书评比，办案能手奖励和论文评比等竞赛活动。在全市法院第十六届学术讨论会上，法院干警撰写的论文获一等奖2篇、二等奖4篇、三等奖3篇，并获组织工作先进奖。在全国法院学术讨论会上，区法院有5篇论文获奖。

(罗红斌)

【积极开展司法国际交流】 年内，丰台法院先后接待了美国、意大利、加拿大、俄罗斯等国家的153名法官、律师和法律专家、学者，旁听案件，座谈交流，进一步开阔了视野。

(罗红斌)

【试行简易程序送达地址确认制度】 针对民事案件“送达难”问题在卢沟桥法庭开始试行简易程序当事人送达地址确认制度。制度规定，适用简易程序审理的案件当事人在起诉或答辩时，填写“当事人送达地址确认书”，即填写姓名、性别、工作单位及职务、送达地址、邮编、联系方式等，并由当事人签字或盖章加以确认。该“确认书”同时向当事人说明当事人自身原因造成诉讼文书未被当事人实际接收的，将按照邮寄送达以邮件回执上注明的退回日期为送达日。

(罗红斌)

【上级领导看望因公受伤法官】 6月25日，北京市委政法委副书记段桂青亲切看望了丰台法院因公受伤的干警周循同志，并向周循和他的家属致以慰问。北京市高级人民法院党组副书记、副院长李克，丰台区委副书记、政法委书记阎满成，区委政法委常务副书记杨永华，丰台法院院长董华、副院长李素珍等一同看望了周循。

(罗红斌)

【执行“三清理”工作启动】 7月29日上午，为了贯彻落实北京市集中清理未结执行案件、执行案款及执行卷宗活动动员大会精神，由区委政法委牵头，在丰台法院专门召开动员大会。区委副书记、区政法委书记阎满成，区人大常务副主任张寿松，区政协副主席周大春，区纪委副书记毕永蜂，市高级人民法院执行庭副庭长雷运龙等同志出席会议。区各部、委、办、局，各街道、乡、镇的有关负责同志及法院各部门干警一百余人参加了会议。法院党组书记、院长董华同志作了动员部署。市高级法院雷运龙副庭长和区委阎满成副书记分别做了讲话。

(罗红斌)

【高院领导来院调研】 11月2日,北京市高级人民法院党组书记、院长秦正安莅临丰台法院,就法院的审判工作、基本建设等情况进行调研。丰台区委副书记、区长张大力及法院党组书记、院长董华等陪同调研,法院全体党组成员参加了调研。

(罗红斌)

【参加“12.4”全国法制宣传日活动】 12月4日,参加了区“12.4”全国法制宣传日活动。在西客站设立了宣传点,悬挂横幅和彩旗,向过往群众发放“人民法院诉讼指南”等法制宣传材料,并当场解答群众的法律咨询,受到广大群众的欢迎。

(罗红斌)

【市人大代表视察工作】 12月7日上午,邀请30余名市人大代表来院视察工作,并就法院如何更好地发挥审判职能作用听取人大代表们的意见和建议。区委书记王子生,区委副书记、区人大常委会主任杜瑞琴等以代表身份参加会议;市高级法院党组成员、纪检组组长翟晶敏出席座谈会;代表们对区法院发挥审判职能作用、为区域发展和社会稳定所做的贡献给予高度评价。

(罗红斌)

案例举要

【南四环九车相撞特大交通肇事案】 2月23日,丰台法院受理南四环主路九车相撞致多人死亡的特大交通肇事案。2004年1月5日13时许,王全宝驾驶“红岩”牌重型平板车,由西向东行使至丰台区南四环主路大红门桥东137号灯杆西侧时,因超速行使并违章超车与在其前方行使的由杨永钢驾驶的“宝来”牌小客车尾部相撞,越过道路中心隔离带,驶入逆行车道,与袁宏伟的“切诺基”小客车(内乘闫会民)、李振凯的“富康”小客车(内乘方晓)、谢国峰的“松花江”微型普通客车(内乘李帅、潘文秀)、杨雷的“捷达”小客车、张久利的“松花江”微型普通客车、郭立民的“解放”重型平板货车、万跃国的“东风”专项作业车八车相撞。李振凯、方晓、谢国峰、李帅、潘文秀五人当场死亡,闫会民抢救无效于当日死亡,袁宏伟受伤。事故发生后王全宝逃逸。后被查获。3月10日,法院开庭审理此案。3月22日上午9:30公开宣判,以交通肇事罪判处王全宝有期徒刑七年,附带民事赔偿部分另行解决。本案附带民事被告单位提出上诉,尚在二审审理中。

(罗红斌)

【奥拓车苯超标案】 4月2日,丰台法院以证据不足驳回起诉,审结了倍受关注的新车苯超标案。2002年8月5日,原告李发君之妻朱继荣从被告北京北方新兴长安铃木汽车销售服务有限责任公司购买了一辆奥拓汽车。后朱每天开车上下班,一个多月后被诊断为重症再生障碍性贫血。2003年3月25日病逝。原告认为其妻之死系奥拓车苯超标所致,起诉要求被告赔偿。法院审理后认为,原告证据中没有其妻之病为苯中毒所致的证明记载,且国家目前对车内空气质量亦未颁布标准,故驳回了原告的诉讼请求。原告提出上诉。二审改判为裁定驳回起诉。

(罗红斌)

【刘希银破坏选举案】 7月29日下午,丰台法院公开审理了广受社会关注的被告人刘希银破坏选举案。丰台区长辛店镇于2004年2月25日依法补选镇人大代表一名,并确定申仲忱为候选人。2月24日,刘希银为让张少云当选,先后找到多名选民并许诺如张当选,每张选票其付给人民币十元;选举后刘希银为此支付选民报酬三百余元,致使此次等额选举未成功。区法院经审理认为,被告人刘希银在选举镇人民代表大会代表时,以贿赂手段妨害公民自由行使选举权,情节严重,其行为已构成破坏选举罪,当庭判处其有期徒刑六个月。被告人未上诉。

(罗红斌)

【首例涉及股东大会召集权纠纷执行案】 东高地百货商场股东申请办理股东变更登记手续和召开股东大会执行案的申请人多次集体到区里上访,极具不稳定因素。为稳妥执行,丰台法院成立专案组,及时向上级请示汇报,认真核对208名股东情况、多次与商场董事会协商,9月14日上午,邀请8名区人大代表前往东高地百货商场旁听了该商场股东大会准备会的整个过程。在执行人员的安排下,股东大会准备会现场秩序井然,股东代表踊跃发言,充分表达了自己的意愿。11月12日,北京东高地百货商场股东大会顺利召开,97名股东对商场重大经营事项和企业章程修改等议题进行表决,并选举出了新一届董事会。至此,历时一年之久,极具不稳定因素的申请人刘兰萍、张建华要求北京东高地百货商场召开股东大会这起北京市首例涉及股东大会召集权的股东权益纠纷执行案告结。

(罗红斌)

司 法 行 政

【概 况】 丰台区司法局设置9个职能科(室)和纪检组监察科),下辖16个街道司法所和5个乡镇司法所,4个律师事务所,1个公证处。同时还承担全区依法治区领导小组办公室、社区矫正领导小组办公室和安置帮教领导小组办公室的日常工作。全局108名公务员中,党员83人,35岁以下61人,本科以上学历的71人,法律专业89人。丰台区的司法行政工作以便民、利民、为民为宗旨,以司法体制改革为契机,以"抓住机遇、团结进取、求真务实、协调发展"为总体思路,狠抓重点对象的法制宣传教育、努力拓展了普法依法治理工作的形式和载体、积极开展了"民主法治示范村"创建活动,有力地推动了"四五"普法和依法治区工作迈上新台阶;在认真贯彻落实党的十六大"拓展和规范法律服务"总体要求的基础上,积极为律师拓展业务,切实加强了对基层法服所的制度建设和规范化管理,努力提高法律工作者的整体素质和服务质量,更好地满足了老百姓对法律服务的需求。在深化公证改革的进程中,加强了对公证工作的宏观管理,以不断提高公证质量为目标,兼顾公证工作的经济效益和社会效益。王佐镇流动人口居住小区调解工作站以及东铁匠营街道木樨园世贸商业中心调解委员会应运而生。全年共收到表扬信13封,锦旗6面,拒收礼品2次。

(佟 颖)

【社区矫正】 年内,共接收社区服刑人员343名,其中,解除矫正41名,转至外区县7名,现有社区服刑人员295名。

(佟 颖)

【人民调解】 年内,全区各级民调组织共成功调处各类民间矛盾纠纷6496件,成功率96.8%,防止矛盾激化97起,防止群体性上访65件。

(佟 颖)

【安置帮教】 年内,本着"教育、感化、挽救"的方针,严格落实"抓典型、保稳定、办实事"的工作思路,在为释解人员办实事、提高安置率、巩固帮教成效、预防和减少重新犯罪、创新帮教形式等方面做了大量工作。全年,全区共有刑释解教人员1263名,帮教率100%,重新犯罪率0.2%。

(佟 颖)

【法律援助】 维护司法公正,坚持以人为本,整合律师资源,加强沟通协调,创新工作机制,为群众提供了优质、高效的法律援助服务。全年,法援中心共办理264起案件,其中,刑事144件,民事120件。

(佟 颖)

【制定《丰台区社区矫正工作突发事件处置预案》】 年内,针对社区服刑人员可能发生的非正常死亡、脱逃、行凶和群体闹事等其他重新犯罪以及发生不可抗力的自然灾害、社会重大事件四类情况，制定相应的应急措施。

（佟　颖）

【成立“青少年社区矫正学校”】　年内，与团区委联合成立青少年社区矫正学校，7名司法助理员配合学校开展对青少年社区服刑人员的法制教育和思想道德教育。

（佟　颖）

【做好出监前教育】　年内，区安置帮教领导小组办公室组织区相关单位到茶西监狱、女子劳教所、未管所进行帮教活动，介绍出狱后办理各种手续的方法和途径，并将区安置办编写的《丰台区刑释解教人员办事指南》发放到他们手中。

（佟　颖）

【法律援助4项便民新举措】　年内，建立了“三级可能受援人群动态信息库”子库，对法律援助主体与可能受援人群进行对称管理；提前介入，在审查起诉阶段保护未成年犯罪嫌疑人合法权益，全年为69位未成年犯罪嫌疑人提供了法律援助，和对社区服刑人员的法律援助，成立了工商联法律援助工作站。为70岁以上工商联个人会员、经济困难的年轻创业者和所在社区的弱困群体提供法律援助。

（佟　颖）

【成立街道“残疾人法律援助救助站”】　年内，马家堡街道司法所、街道残联等单位共同成立了北京市首家“残疾人法律援助救助站”，现场接待残疾人法律咨询188人次，代写法律文书4份，被市司法局和市残联评为“北京市残疾人维权示范岗”。

（佟　颖）

【制定办案补贴差额给付制度】　年内，依据《丰台区关于律师承办法律援助案件考核及奖惩办法》，丰台区法律援助中心对律师承办的法律援助案件从办案程序、归卷情况、当事人情况、监督员意见及办案思路等五个方面考核律师的办案质量，评定出“优、良、中、差”四个质量等级。依据四个等级，将办案补贴分为四个档次，对律师实行办案补贴差额给付。

（佟　颖）

【律师参与信访接待】　6月始，26名律师，按专业特长分为涉农、诉讼等六个组参与信访接待。全年共接待上访群众161批，累计1130人次，其中集体访51批956人次。

（佟　颖）

【举办丰台区第一届律师服务推介会】　11月19日举办，辖区23家律师事务所、30多个委办局以及21个街乡镇共170余人参加了服务推介会。为全区各单位在农村土地确权、企事业单位改革改制、旧城改造、绿化隔离带建设、拆迁等工作领域提供了法律服务。

（佟　颖）

【开展主题法制宣传活动】　年内，以“弘扬宪法精神，增强法制观念”为主题，举办丰台区第二届法制文艺大赛，开展“12.4”法制宣传和法律咨询活动并举办公民免费法制讲座，有效地宣传了法律知识，使广大群众增强了法制意识。

（佟　颖）

案例举要

【司法助理耐心说教】　方庄地区吕某在监狱干警和司法助理员的感召下不仅转变了抵触情绪，还积极带动其他对象接受矫正，而且成功的向公安机关提供了一条贩毒线索。

（佟　颖）

【进驻社区排查重点人】　大红门街道西马小区金易房地产开发公司因建造高层建筑影响周边百余户居民采光，群众日夜围在工地，施工受阻。司法助理员主动进驻社区，排查重点人80余人次，调处3件重大纠纷，并及时将矛盾动态向相关部门汇报。

（佟　颖）

【关心爱艾滋病人】　高某患有艾滋病，尽管有三个姐姐，但却无人愿意接收。太平桥街道司法所和社区干部多次到其姐家走访，最终使其有了安身之处。

（佟　颖）

社会治安综合治理

【概　况】　全区社会治安综合治理工作深入贯彻“打防结合，预防为主”的方针，以夯实基层基础工作为重点，以安全创建为载体，完善综治委成员单位发挥作用工作机制，加强了对签订综治《任务书》的17个部门的检查考评。在综治委全会上试行综治委成员单位述职评议制度。综治委成员单位在落实各项综治措施中发挥了更大的作用。形成了齐抓共管、部门联动的工作机制，提高了工作效率和效果；开展治安重点地区治理，与出租房屋和流动人口管理相结合、与争创国家卫生城相结合、与城市秩序综合整治相结合，对3处市级治安重点整治地区和17处区级治安重点整治地区进行了深入的整治，治安情况明显好转，群众满意率明显提高，全部消帐；制定并实施了《关于实行社会治安情况报告和通报制度的办法》。区和街乡镇综治部门定期研究本地区的治安形势，向同级党委、政府报告，以便制定有针对性的打防措施。通过广播电视、警务栏、政务栏、板报和会议等多种形式，及时向全区广大干部群众和单位通报社会治安形势，增强了群众和社会单位对社会治安的关注程度和参与程度。年初，区综治办、区民政局、丰台公安分局三部门联合对丰台区2003年度优秀社区（责任区）民警进行表彰。

（张　怡）

【平安社区（村）建设全面启动】　年内，出台了“创建活动意见”和“认定管理办法”，西罗园第一社区、蒲黄榆第二社区和东安街头条19号院社区被认定为第一批“首都平安示范社区”，有68个社区（村）跨入平安社区（村）行列，达到市要求占全区社区（村）总数的20%以上指标。未来3年，全区符合平安创建标准的社区（村）将达到80%以上。

（张　怡）

【推广双向承诺责任制经验】　年内，组织有关人员到怀柔区学习考察，召开座谈会研讨如何结合各乡镇实际，实行双向承诺，预防和减少越级集体访，推广怀柔区农村信访双向承诺责任制经验。

（冯海涛）

【社区建立综治委】　年内，以卢沟桥街道为试点，在社区建立综治委，动员了更广泛的社会力量参与社会治安的管理、维护和服务。有效地整合了社区的社会资源，夯实了社区综治工作的基础，提高了社会各界对社会治安的参与程度和开展社会治安综合治理的能力。

（张　怡）

【治理多处治安热点问题】　年内，协调有关部门对中央戏剧学院成人教育学院周边治安秩序乱问题、六里桥环岛周边闲散人员多扒手多问题、强卫同志批示的“一个楼盘仨物业地上不堪地下扰”问题、大红门久敬庄违法加建房屋问题、科技园区王庄子违法建设问题、卢沟桥乡西局村违法建设问题等进行了专项整治。

（张　怡）

【综治基层组织调研】　3月，配合首都综治办和市政协，开展了综治基层组织机构、管理队伍调研，摸清了全区各级综治组织机构、人员编制、经费保障的基本情况，编制了丰台区综治机构花名册，进一步规范了管理档案。全区各街乡镇综治办共有正式行政编制75人，实有94人，平均年龄为40.7岁。

（冯海涛）

【有效防范涉车案件】　4月1日，召开现场会推广马家堡街道、马家堡派出所引进专业停车管理公司有效防范机动车被盗案件发生的经验,使全区涉车案件保持了平稳,特别是引入专业停车管理公司的社区,不但涉车案件大幅下降,其它案件也有所下降。

(冯海涛)

【开展“城中村”调研】 4月9日至27日,按照首都综治办的统一部署,由区委副书记阎满成牵头,从区综治办、区外管办、农委、计划委、建委、市政管委、规划分局、城管大队、公安分局等单位抽调专人组建“城中村”问题调研小组,采取情况普查、召开座谈会、实地考察、专题访谈等方式,对永定河以东17个街乡的“城中村”开展了调查研究,并将调研报告上报首都综治办。

(冯海涛)

【召开动员大会】 4月22日,丰台区召开“压发案、保安全百日竞赛活动”动员大会。区委副书记阎满成出席,全区22个街乡镇主管综治的领导,7个市公安局挂帐派出所所长和主管所长,其余派出所主管所长,13个市公安局挂帐社区(责任区)民警及居、村委会负责人共70余人参加。

(张 怡)

【开展综治宣传月活动】 5月15日,开展“携手共建平安丰台”宣传高潮日活动。举办了社会治安综合治理宣传用语征集,书法、篆刻、绘画、摄影作品评选,综治好新闻评选,综治宣传挂图进社区等多项综治宣传活动,扩大了综治工作影响,提高了群众的治安防范意识和参与综治工作的积极性。

(张 怡)

【成立社区(村)治安巡逻志愿者协会】 9月24日,在丰台区影剧院,召开了丰台区社区(村)治安巡逻志愿者协会成立暨誓师大会。巡逻志愿者代表、公安民警、社区(村)干部、保安员等七百余人参加大会。年内选定了会长、副会长、秘书长、监事长,建立了工作制度。全区注册的治安巡逻志愿者1.8万余人,在重大节假日及重要时期均发挥了重要作用。

(冯海涛)

【专题研究流动人口管理工作】 11月24日,区委书记王子生同志主持召开九届区委第三十五次常委会议,就丰台区流动人口、出租房屋、地下空间管理等工作进行深入研究。会议强调区流动人口管理工作要从安全稳定和社会治安的需要出发,思考和摆布流动人口管理工作,采取综合措施,坚决消除流动人口租住场所的消防安全隐患、劳动安全隐患和藏污纳垢现象。

(张怡)

防范邪教工作

【概　况】 全区的防范邪教工作以反邪教警示教育为主线,以夯实基层基础工作为重点,全面深入开展同法轮功及其他邪教组织的斗争。积极稳妥落实中央四项具体政策,细致摸排,确定工作新对象,为后续工作提供有力保障。解脱占全区在帐人员总数76%的已转化人员。依托载体,搭建平台,反邪教警示教育活动取得新实效。共组织区、街乡(镇)、社区(村)三级培训356期,悬挂横幅标语2840条,挂图535套,发放光盘音像制品3536份,手册12688份,公开信81610封,答卷85000份,集中教育活动2146场,建立固定宣传栏317个,受教育面达95%以上。讲究策略,有效处置,同其他邪教和有害功法的斗争探索新方法。查清了现有活动的12种功法,共有大小练功点16处,解决全区4所公园内3种有害功法6个练功点的问题,抓获外省市实际神人员2名,外省市、外区县会道门“民间口”人员6名,捣毁“民间口”窝点一处。夯实基础,有效防范,创建“四无”取得了新成果。与公安机关密切配合,充分发挥信息员队伍的作用,提供有价值信息48条,群众主动抓获、提供线索予以抓获28名,占总数的82.4%,32人被依法劳教、判刑;破案32起,捣毁法轮功窝点6个,收缴法轮功宣传品3691份,法轮功宣传器材7台套。破冰攻坚工作摸索出以社区（村）为依托，以家庭进步成员为主体，以亲情友情为突破口的多种帮教方法，构建了教育转化的社区（村）平台、家庭平台、社区（村）和家庭联手互动平台，解决因重病不能入班、劳教未转、假转人员转化难的问题，全年共举办法制教育学习班23期，破冰攻坚转化36人，胜利完成了“破冰”攻坚任务。全区98%以上的社区（村）90%以上的街乡（镇）实现了“四无”，确保了两个“0”指标，维护了社会政治稳定。

（宋雪梅）

【三下乡活动中开展警示教育宣传】　1月7日至1月11日，在王佐镇、卢沟桥乡、南苑乡、长辛店镇、花乡5个乡镇为期五天的科技、文化、卫生“三下乡”活动中开展了形式多样、丰富多彩的反邪教警示教育活动，在活动现场悬挂“崇尚科学、珍惜生命、关爱家庭、反对邪教”的挂图，发放反邪教的科普知识读本、画册，并在村民学校播放反邪教影片“走出死亡陷阱”。

（宋雪梅）

【检查有线电视光接点监控工作】　1月21日上午，区委副书记阎满成、区委常委宣传部长王苏维带队，区委610办公室、歌华丰台分公司等有关部门的领导参加，对右安门街道、东铁匠营街道的有线电视光接点实地监控工作进行了检查，并听取了两街道对节前刚释放的劳教未转人员的落实监控工作情况的汇报，慰问了工作在一线的社区干部、治保积极分子。

（宋雪梅）

【检查防插播预警措施】　1月21日除夕夜，市委610办公室王黎明副主任在区委610办公室主任边爱华同志陪同下，对区广电中心防范插播的预警措施进行检查指导，对卢沟桥街道望园社区有线电视光接点的监控情况进行实地检查并慰问了一线看护光接点的社区干部、治保积极分子。

（宋雪梅）

【暗查反邪教警示教育活动情况】　2月13日，市委610办公室王黎明副主任、李曙光处长到丰台区检查指导农村反邪教警示教育活动的开展情况，暗查卢沟桥乡的岳各庄村、靛厂村、大井村，长辛店镇的辛庄村、张郭庄村，并深入到村民组，向各村领导详细的了解了开展反邪教警示教育活动的情况，区委610办公室主任边爱华、副主任杨小刚陪同检查。

（宋雪梅）

【召开领导小组扩大会议】　2月17日至18日，区委防范和处理邪教问题领导小组召开了扩大会议。区领导小组成员、各街乡（镇）主管领导、610办主任、专职干部、社区（村）领导等共150余人参加了会议。会上，区委610办公室主任边爱华做了回顾五年斗争历程和部署2004年工作的报告，市委610办公室副主任王黎明、区委副书记阎满成到会并讲话，观看了反映邪教“实际神”活动情况的内部资料片。

（宋雪梅）

【召开“两会”安保工作会议】　3月2日，召开全区各街乡（镇）610办主任会议，听取了各街乡（镇）对辖区内法轮功重点人和不放心人员的监控、教转、巩固工作方案、措施和“两会”安保工作落实情况。

（宋雪梅）

【召开法轮功劳教人员座谈会】　3月8日，为配合劳教所做好劳教人员的教育转化工作，利用“三八”国际妇女节，与区司法局、区劳动局、区民政局、区工商局等有关部门到北京市女子劳教所，召开了以《树立信心 重塑新生 共庆“三八”》为主题的丰台籍法轮功劳教人员的座谈会。

（宋雪梅）

【开展反邪教知识问答活动】　4月15日，按照市委610办公室部署组织全区开展警示教育反邪教知识问答活动，将《农民日报》刊登的反邪教知识问答题共加印7万份发至全区各街乡（镇）、社区（村）。社区（村）与学校互联互动，小手拉大手，以反邪教知识竞赛等方式深化警示教育活动，达到警醒群众，预防邪教的作用。

（宋雪梅）

【举办反邪教专题讲座】 4月27日上午，和区科协联手举办了一场题为《利用心理学规律 巩固教育转化成果》的专题讲座，中国科学院心理研究所副研究员、研究法轮功练习者心理问题的专家王文忠博士主讲。全区各街乡（镇）、社区（村）共300余人参加了讲座。

（宋雪梅）

【召开敏感期维稳工作会议】 5月31日，与区文委、区广电中心联合召开"6.4"敏感期维稳工作会议。市广电中心执法办领导从专业技术的角度就如何防范新唐人电视台法轮功节目在境内的传播对全区610主任进行了培训。区委610办公室主任边爱华同志分析了当前同法轮功及其它邪教组织斗争的形势与特点，要求各街乡（镇）做到"四确保"，实现社会面防范和有线电视安全播出两个"零"指标。区文委王艳秋主任部署了关于查缴三本以"6.4"为背景非法出版物的工作。

（宋雪梅）

【召开反邪教工作经验交流会】 7月8日上午，召开全区反邪教工作经验交流会。卢沟桥街道、右安门街道等6个单位的主要领导同志分别从落实中央四项政策、做好后续帮教工作等几个方面介绍了各自的做法、经验和体会。市委副秘书长、610办主任刘伟、区委副书记阎满成到会，并就进一步做好与邪教组织斗争工作提出新要求。区委防范和处理邪教问题领导小组成员，各街乡（镇）主管领导、610主任、专职干部及各街乡（镇）试点社区（村）的党委（总支）书记200人参加了会议。

（宋雪梅）

【帮教丰台籍法轮功劳教人员】 8月20日上午，组织相关街道的主管领导、610办主任、专职干部到北京女子劳教所对丰台籍的法轮功劳教人员进行了帮教，并进行了座谈，把巩固工作关口前移，搭好巩固工作的前期平台。

（宋雪梅）

【五十天破冰攻坚战】 8月11日，召开迎接建国五十五周年"五十天破冰攻坚战"动员部署工作会，有破冰攻坚任务的街道相继举办了法制教育学习班，对新确定的破冰对象进行教育转化，共举办5期法制教育学习班，入班的9名法轮功学员除一名依法处理外，其余全部转化。

（宋雪梅）

【举行大众读书活动启动仪式】 11月1日下午，与北京反邪教协会、东铁营街道共同策划、编著的《科学生活 拥抱健康》一书的首发式暨大众读书活动启动仪式在中成宾馆举行。北京市科协常务副主席贺慧玲、市委610办公室副主任王黎明、科普出版社副社长吕建华、市反邪教协会常务副秘书长毕淑、区委副书记阎满成、区委常委、宣传部长王苏维、区政协副主席、区科协常务副主席孙敏奇等市、区领导出席活动并讲话。区科协副主席张瑞刚宣读了丰台区开展大众读书活动倡议书。与会领导还向到场的社区群众代表赠送了《科学生活 拥抱健康》一书。兄弟区县的610办公室主任、区委防范和处理邪教问题领导小组成员、街乡（镇）、社区（村）干部、群众代表共150余人参加了此次活动。

（宋雪梅）

【捐赠图书】 11月6日上午，由中国初级保健基金会、中国农工民主党北京市丰台区工委等单位主办、区610办协办的主题为"科学和平 共享健康生活"的第十六届"国际科学与和平周"开幕式在方庄体育公园举行。向丰台街道、方庄街道社区捐赠了《科学生活 拥抱健康》一书。

（宋雪梅）

【调研考核】 11月15日、18日、23日、25日，区委防范和处理邪教问题领导小组分组对全区21个街乡（镇）采取听、查、谈、评四步，进行调研考核。区委副书记、区委防范和处理邪教问题领导小组组长阎满成参加了11月15日第一组的调研考核。

（宋雪梅）

【召开敌情汇集和形势分析会】 针对境外法轮功邪教组织发起的“正邪大决战”，为做好元旦节日期间维稳工作，12月14日，与公安分局一道召开敌情汇集和形势分析会，疏理线索，为公安统一行动精确打击服务，确定以16号院涉案嫌疑人陈某为突破口，集中进行摸排，深挖线索，并根据已掌握的违法犯罪事实依法处理4人。

（宋雪梅）

【部署“两节”防范工作】 12月29日，为确保“两节”期间的社会面稳定，针对境外法轮功邪教组织发起的“正邪大决战”和抛出“大纪元社论《九评共产党》”的情况组织，召开了各街乡（镇）610办公室主任会，部署了元旦期间防范控制工作。

（宋雪梅）

交 通 管 理

【概　况】 丰台交通支队坚持以“三个代表”重要思想为指导，以中央领导在全国第二十次公安会议的讲话为动力，深入贯彻党的“十六大”精神，紧紧围绕树立交通管理“三个形象”，认真实践“立警为公、执法为民”，全面加强交通管理，努力提高队伍的整体素质和战斗力，以实现系统化、科学化、人性化的交通秩序管理模式为目标，加强科技管理手段，提高执法科技含量。全年，加强对路口行人、非机动车通行秩序、路段停车秩序管理，纠正各类交通违法行为822310起，处罚747663起，暂扣各种机动车7627辆，暂扣各种非机动车15668辆，固定监测设备12处摄录交通违法行为47563起，非现场执法达50%。全年执法错误率未超过万分之一，低级错误率未超过万分之零点零一，支队行政复议撤销变更率均未超过10%，交通事故责任重新认定变更撤销率未超过10%，行政诉讼败诉率未超过5%。全年达到了无国家赔偿案件、无行政诉讼败诉案件。出色完成了各项重大交通保卫任务，全年出警26424人次，加勤务690余起，其中一、二级248起。贯彻《中华人民共和国道路交通安全法》。全年发生一般以上交通事故888起，伤867人；其中重（特）交通事故114起，亡126人。办理行政拘留案件42件，刑事拘留案件53件。

（吴葵付）

【组建第一支交通安全宣传协管员队伍】 年内，提出“开发交通安全宣传协管员岗位，安置‘4050’就业困难失业人员”的工作思路。经过面试、笔试、体检，8月初，140人的交通安全宣传协管员队伍正式组建。经过强化培训，8月19日，140名交通安全宣传协管员正式上岗。

（吴葵付）

【特色交通安全普法宣传教育】 年内，充分发挥140名交通宣传协管员作用，成立事故图片巡展及播放事故录像流动宣传组，深入小散新单位、农村、大街进行宣传。11月4日，与丰台实验学校举行了交通安全共建仪式。为进一步加强交通安全宣传“五进”工作落实，推动学校交通安全宣传教育工作的深入开展，同时与相关单位联合编辑制作了北京市第一部反映学生题材的交通安全少年青春剧——《红灯绿灯、斑马线》。

（吴葵付）

【开展“百千万工程”宣传教育活动】 年内，开展了“百千万工程”宣传活动，制作《交通安全法》宣讲课件10个，选拔小教员50名，深入社会单位、机关、学校、建筑工地、社区、农村宣讲1082场次，受教育学生85974人、居民89500人、单位职工81000人、村民50500人、外地来京人员66700人。同时根据驻区长途客运站密集，客运流量大的特点，在6个长途客运站建立了固定宣传站，利用横幅、广播、滚动大屏等形式加强了对流动人员的《交通安全法》宣传,每日受教育人员在5000人次以上。

(周蓉晖)

【开办电视专题栏目】 年内,与丰台区有线电视台联合开办的电视专题栏目《交通七日》,每周一期,并进行了改版,加大对路面管理中突出问题和交通违章的曝光力度,以及对现场突发事件的宣传报道,增加了节目的信息量,开设了有奖问答热线,与广大观众形成互动,收到了良好的宣传效果。全年在各类媒体刊发交通宣传稿件2450条(篇),电视台播发239条,电台播发350条。

(吴葵付)

【中心工作交通安全宣传管理】 年内,专门抽调警力12人,派驻6家长途客运站,24小时对6家长途客运站始发车辆进行严格检查,强制拆除违规加装座位车辆60辆次,召开现场执法大会2次,组织开展了交通安全和服务问卷调查活动,发动工作人员730人次,调查7183车次,接受调查群众26673人次。全年共处罚交通事故、重点违章、违章超标单位302家,召开交通肇事公判7场,挂黄牌警告59家,发交通隐患通知书215份。

(吴葵付)

【交通设施建设规范化】 年内,共申报施划各类标线100余公里,新增标线90余公里,添加护栏5000余米,增加各类交通标志1200余面,经多方筹集资金,对长兴路、云岗路、南苑路、广安路的交通隔离设施、行人过街设施、信号灯设施进行了重新规划、完善。

(吴葵付)

【开展"三点"整治】 年内,在全区确定了6处局挂帐秩序乱点和8处支队挂帐秩序乱点、11处交通堵点以及1处支队挂帐的事故黑点,通过采取完善交通设施、改造治理及日常管理,对"三点"的集中整治工作。完成西站北广场、方庄桥、首都医科大学北门外和看丹桥四处秩序乱点的改造,11处堵点和支队挂帐的事故黑点。

(吴葵付)

【信息渠道畅通】 年内,积极发挥沟通协调作用,全年上报各类法制信息70余份,提出法制问题100余件,随时指出并通报各警区存在的问题,加强培训指导,做好"曝光、培训、考试、上岗、再培训"等五个环节,共开展各类培训24次,培训人次1010次。

(吴葵付)

【行政执法】 年内,接待群众来电、来访2319人次,行政复议正式立案38件,维持27件;撤销9件;变更2件。全年行政诉讼4件,审理重大事故114件;重大事故移交分局13件,审理行政拘留案件445件。

(吴葵付)

【加强特勤警卫工作】 年内,南苑机场常备警卫路线开通,先后完善和调整各条常备警卫路线一、二级方案值勤岗位7处,完善措施12项,确保各项交通保卫方案更加周密、合理、有效。全年共为中央首长加特勤379次,出动警力16039人次,未发生任何问题,圆满地完成了全国人大、政协两会、亚洲杯足球赛、法国飞行特技表演、公安部大练兵汇报表演等一系列重大勤务交通保卫任务。

(吴葵付)

【"122"报警】 年内,共接"122"报警106413起,同比报警量上升了39.1%。其中事故报警70672起,拥堵报警16742起,情况反映18805起。在"122"接报警的同时,每天对管界主要道路实施电视监控,做到每10分钟滚动一遍,及时发现路面上的交通事故、违章停车以及故障车。全年,指挥系统通过电视监控发现交通事故以及各种违章行为共计1814起,利用GPS卫星定位系统对支队警车进行集约型管理,利用室外的4块诱导信息屏幕发布交通诱导信息4120余条,为广大司机朋友提供出行指南,为减少道路交通拥堵,保障道路的畅通提供了保障。

(吴葵付)

【教育训练大练兵工作】　年内，相继组织民警开展各项业务培训活动和体能训练，并在全局运动会上夺得拔河和跳绳项目第一，团体第四及乒乓球比赛团体第一。民警在职培训取得学历认证的46人，其中本科30人，在职学习27人；完成电子政务培训94人，考试取证34人；通过计算机一级考试并取证84人；参加英语口语考试74人，获得初级证书38人，中级证书7人。

（吴葵付）

【加强事故快速处理】　6月1日，快速处理交通事故46213起，其中值勤民警处理42958起，占事故总数的91.2%。正式实施《关于快速处理交通事故的通告》，就如何快速勘查现场、快速填写文书进行了培训，平均每起事故的处理时间缩短了4分钟，如果按每起缩短3分钟计算，下半年减少了1074小时。

（吴葵付）

【加强事故预防，消除安全隐患】　年内，针对三、四、五环路及京开、京石高速路等主要事故多发点段，以及各类典型事故，实地勘查和认真分析研究，提出合理化建议，共写出事故分析及调研报告49篇，对事故预防发挥了积极的作用。其中四环路发生事故13起，亡21人，次数和亡人同比减少13起和5人，降低50%和19.2%。

（吴葵付）

【加大逃逸案件打击力度】　年内，抽调5名办案民警组成逃逸事故侦破组，先后抓获负案在逃多年的交通肇事嫌疑人冯振动、乔二小；成功侦破“4.30”利用交通工具故意杀人案；只用不到三天时间破获发生交通肇事后逃逸，并将受害者拉走抛弃的“8.31”重大交通肇事逃逸案；协助内蒙古及河北定州、徐水警方查获多起交通肇事逃逸案件。全年支队发生交通死亡肇事逃逸案件20起，抓获网上在逃人员4名，侦破现案14起，侦破率为70%。同时加强对肇事逃逸违法人员的处罚力度，刑事拘留17人，行政拘留1人，吊销驾驶证18个。办案人员重视目击证人寻访工作，群众对逃逸案件的举报数量逐步提高，全年共接到群众举报有价值线索8件，发放奖金2.1万元。

（吴葵付）

军　　事

人　民　武　装

【概　况】　年内，区人民武装部在北京卫戍区党委和区委、区政府的正确领导下，以“三个代表”重要思想和十六大精神为指导，认真贯彻十六届四中全会和军委扩大会议精神，围绕“增强创新意识、提高创新能力、加大创新力度、谋求创新发展”的思想，坚持以“军事斗争准备为牵引，以维护稳定为核心，以基层建设为重点，以提升能力为保证、再创先进为目标”，党委机关和民兵基层组织的全面建设有了新提高，年度各项工作任务圆满完成。民兵整组工作代表北京市接受全国观摩检查，受到好评；被北京卫戍区评为“学习践行‘三个代表’重要思想，大力弘扬张思德精神”先进单位；从严治军在北京卫戍区大会介绍经验；征兵工作连续8年被北京市评为先进单位；武装部连续5年被北京市人民政府、北京卫戍区评为先进单位。

（赵卫东）

【民兵组织整顿】　根据民兵整组新情况、新特点和新要求，适时调整民兵组织布局，科学合理进行编组。在组织布局上，按照“依法编组、限制规模、就近挂靠、建用互动”的原则，做到了主要方向多编，次要方向精编，重要企业多编，一般企业少编。先后完成了东铁匠营街道民兵组织进社区、宛平街道民兵组织进合资企业、西罗园街道民兵组织进私营企业等新型民兵整组工作。年内全区共有23个民兵组织进社区、11个民兵组织进外资企业、8个民兵组织进私营企业。基干民兵的比例由过去45%提高到65%,专业技术兵对口率达到了35%。共编有民兵营、连287个,民兵总数23958人,其中普通民兵15412人,基干民兵8546人,应急分队1200人,专业对口分队3700人。新组建1个对空观察连,2个空中设障连,2个电子侦察分队,2个通信支援分队,1个高炮阵地勤务保障分队,1个导弹分队。

(赵卫东)

【民兵军事训练】　着眼未来首都防空作战和维护首都安全稳定的需要,重点抓了民兵专业技术分队和应急分队的训练,采取“集中训练、分片设点、与部队挂钩”等方法,完成了1200人的训练任务。5月份组织了卢沟桥乡、南苑乡、二七车辆厂、二七机车厂、首钢带钢厂102名高炮技术骨干,进行了集训,完成了37高炮基础知识、单兵操作、班排协同作战等内容的学习和训练。6月下旬,利用7天时间组织了应急分队、防空导弹分队和对口专业分队民兵骨干训练。7月份组织全区基干民兵1329人进行了轻武器实弹射击,圆满完成了年度训练任务。

(赵卫东)

【民兵参治参建】　按照“建为用”的工作思路,结合民兵联防、巡防、抢险、救灾等各项工作,在民兵中广泛开展“为首都率先实现小康社会作贡献”活动,组织民兵积极参与护林、护厂、护矿、护路等活动,维护辖区内治安秩序,随时应付突发事件。全区74支民兵联防队1924名队员年内协助公安机关破案500多起,摧毁犯罪团伙12个,抓获违法犯罪嫌疑人900多名。4月,花乡郭公庄村民兵联防队通过巡查,将内蒙古通辽市杀人在逃犯张洪喜抓获。7月,太平桥街道组织民兵参加了莲花池桥下积水抢险。

(赵卫东)

【武器装备管理】　按照“制度上墙、物品定位、账物相符”的要求,3月份对全区武器存放点装备器材进行了清点,更新和完善了武器定位卡、标牌,对历年来的武器装备资料进行整理注册,投资近10万元对区武器库的安全设施、通信设施、电力设施进行维护和更新。为确保武器存放安全,重新修订和完善了武器库军、警、民联防应急方案,坚持干部带班住库警卫制度,确保了武器装备安全。年内共动用高炮40门,训练用枪1000余支,实弹射击消耗近10万发子弹没有发生问题。先后四次接受总参、军区、卫戍区综合性检查,受到上级领导机关高度赞扬。武器装备管理连续23年安全无事故。

(赵卫东)

【国防教育】　大力开展国防教育,紧紧围绕“爱中华、奔小康、强国防”这个主题,广泛开展形式多样、丰富多彩的国防教育活动。在纪念《国防法》实施三周年、国防教育宣传周、征兵工作宣传之际,在全区设立40多个宣传点,出动宣传车20多辆,发放有关各种材料5万多份,收到100多份国防征文和500多份书法作品。协调各级组织召开不同类型报告会,邀请军队教员、老干部作报告。8月份,组织区“四套班子”、驻军人大代表和街、乡(镇)主要领导过“军事日”。是年国防教育日恰逢“九一八”纪念日,国家、北京市、丰台区联合在抗日战争雕塑园举行大型纪念活动。南苑乡民兵应急反恐连代表首都民兵在大会上进行了民兵宣誓,演唱了《中国民兵之歌》,展示了首都民兵风采。

(赵卫东)

【征兵工作】　丰台区征兵工作在区委、区政府的正确领导下,在区各有关部门的大力支持和配合下,严格按照《兵役法》、《征兵工作条例》的规定和要求,认真贯彻落实北京市征兵工作会议精神,坚决执行征兵命令和征兵政策规定,牢牢把握新兵质量这一核心,圆满完成了上级赋予全区的新兵征集任务。年内,共征集新兵247名,其中,男兵225人,女兵22人，区人武部连续第8年被评为北京市征兵工作先进单位。

（赵卫东）

【双拥工作】 按照“协调各方，密切关系，加强共建”的思路，在双拥工作中积极发挥作用。年内协调并组织驻区部队进行人大代表选举；组织部队、民兵及预备役人员参加和支援丰台区重点生态建设、绿化美化，共出动6000多人、军车300多辆，植树80000余棵，平整土地3000余亩，铺草坪20多万平方米；组织召开永定河防汛工作协调会，制定并完善防汛工作预案；协调并组织了军地共建座谈会和随军家属安置协调会，共安置随军家属20多人。

（赵卫东）

【北京市高炮指挥训练中心建设】 按照北京卫戍区和区委、区政府的要求，北京市民兵高炮指挥训练中心完成主体工程建设，炮库已进入内部装修和设备安装阶段，并投资50万元安装了自动监控系统，年内全区8个基层单位武器存放点的高炮按时入库，实行了集中管理。

（赵卫东）

人　防　工　作

【概　况】 2004年是丰台区人防工作飞速发展的一年。人防办认真贯彻落实《北京市人防工程和普通地下室安全管理办法》（市政府152号令）及王岐山市长和其他市领导关于人防工程安全管理的一系列重要指示，通过各种形式的学习、培训，全面提高了人防队伍的整体素质，进一步促进了全区人防工程建设和安全管理水平的显著提高。在此基础上，全区人防工作注重增强全民人防意识和人防观念，通过电视、报刊、板报等多种形式宣传人防，提高人防知名度；优化了发展环境，规范行政审批程序，下大力气加强政务公开建设，公开接受群众监督；以“准军事化”建设为标准，强化规章制度，改进工作作风，完善领导机制，实现了综合治理。同时在人防工程安全管理和人防法制建设等方面都取得了突破性进展。

（吴建华）

【指挥通信建设】 安装警报器7台，全区四环路以内警报器音响覆盖率已达100%。还完成了警报器遥控系统的测试及车载电台、电台频率调整工作。对全区原警报器的分布及音响覆盖率进行了测算。

（吴建华）

【人防工程建设】 截止到12月初，参与验收认可人防工程90处，建筑面积15.3万平方米；接收公用人防工程38处，建筑面积8.2万平方米。到12月止，早期人防工程报废40处，建筑面积1.7万平方米，城建拆除8处，建筑面积0.8万平方米，缓解了防汛的压力。为落实区政府2004年为群众做40件实事的工作任务，为4个街道无偿提供一处人防工程用于社区服务。

（吴建华）

【开发利用人防工程】 年内，在搞好人防工程经营开发工作的同时，在工程改造上严格按照《丰台区人防工程装修改造标准》严格进行检查验收工作，使其在装修改造和管理模式上上档次，提高全区人防工程开发利用的水平。并积极做好2004年度新接管人防工程的开发利用工作，实行开发、管理、收费同步进行，减少遗留问题的发生，为人防工程的合理开发利用和安全管理打下坚实基础。

（吴建华）

【严格行政执法】 年内，以防范和预防各类违法问题的发生为重点，对近两年新接管的工程进行执法检查。法政科和执法队共受理查处违法违章案件147起，其中立案14起，行政处罚14起，罚款2.8万元；责令改正27起；批评教育、写出整改报告106起，并督促落实整改。没有发生一起因当事人不服提出申请复议或提起诉讼的情况。做到了件件有落实,有处理结果,件件有立案立档,提高了行政执法的效率。

(吴建华)

【执法队伍建设】 人防办注重提高执法队伍人员的素质,组织执法人员培训,明确执法责任,规范执法行为。组织全体公务员参加了《行政许可法》的学习和考核;共核发21个街、乡(镇)2004年至2005年度人防行政执法证68个,其中大专以上学历46人、研究生3人、中专14人、高中5人。

(吴建华)

【树立示范工程】 年内,为贯彻落实《北京市人防工程平时使用暂行标准》和市政府152号令,丰台区推出了马家堡西里18号楼人防工程,作为全区人防工程平时使用的示范工程。该工程投资近40万元进行了全面、系统的改造,工程的硬件上达到了新标准的要求,并配备了智能化磁卡门禁系统、燃气泄漏报警系统、光电烟感探测系统、电视监控系统、一卡通生活服务系统、标志指示系统、有线广播警示系统等,成为全区乃至全市平时开发利用的示范工程。它为丰台区人防工程的使用提供了摸得着、看得见的样板,树立了人防工程使用的新形象。

(吴建华)

农村经济和农业

农村经济

【概　况】 年内,围绕“一五五”总体发展思路,国民经济保持了持续健康快速发展,各项主要指标均创下近10年来的历史新高。一、二、三产业占国内生产总值的比重调整为0.4%、29.7%、69.9%。全年农村国内生产总值完成28.2亿元,同比增长12.8%,农民人均纯收入实现8480.6元,同比增长8.9%,完成税收3.96亿元,同比增长10%。全年农林牧渔总产值25830万元,其中种植业18316万元,粮食总产量318.6万公斤,蔬菜总产量4751万公斤。全区耕地面积57864亩,粮食种植面积为12776亩;全区蔬菜种植面积24064亩,其中设施农业面积7573亩;饲草种植面积已发展到5000亩。规模猪场3个,奶牛场2个,鸡场1个。生猪出栏2.27万头,存栏0.68万头,奶牛存栏1011头,蛋鸡存栏7.7万只。全区水面面积648亩,成鱼捕捞量71.6万公斤。随着产业结构调整,粮食、蔬菜生产面积和养殖量呈减少趋势。

（万　君）

【现代都市农业不断发展】 农业新功能进一步得到挖掘,农产品物流业得到较快发展。加快了新发地农副产品批发市场升级改造步伐,完成了部分交易区及市场内陈旧设施的拆除改造工程,完成了市场西大门改造、海产品交易市场、果品批发市场的搬迁工程。加快了长辛店大枣产业基地建设,在大灰厂、辛庄等地新发展大枣种植面积942亩,嫁接大枣82.5万株,形成了占地一万余亩,种植枣树200万株,30余个枣类品种,拥有相应配套设施的休闲采摘旅游园区。生态农业、观光农业建设成效显著。王佐镇南宫高效农业观光园共投资2000多万元完成了净菜加工中心和2万平米智能温室的建设,温室公园内的花卉组培车间、蔬菜森林、百瓜长廊、蔬苑群英四个景区已开始接待游客。基本已经形成集观光休闲、科普教育、采摘垂钓为一体的专业型旅游观光农业园区,成为积极推进由一产向三产延伸,发展新兴旅游业的示范园区。农业标准化基地建设较快发展,全区已有14家农业生产企业成为农业标准化生产基地,年内5家进行标准化建设工作的农业生产基地中有3家被北京市确定为重点企业。

（万　君）

【成功举办大枣采摘节】 9月,长辛店镇成功举办了首届棘枣评比大赛和第二届大枣采摘节,吸引2万余游客到镇旅游观光基地采摘,销售大枣近20万斤,增加了农民的收入,提高了他们的种植生产积极性,也扩大了长辛店镇的知名度。

（万　君）

【大力发展花卉产业】 草桥花卉大观园、白盆窑花卉销售中心等花卉产业项目相继建成开业,花卉产业基地和观光园区的建设有了新的进展。投资6000万元的草桥花卉大观园二期建设竣工已投入使用,新建成疏林草地、中国花园、故乡情花园、花钟广场等8个景区。花乡盛芳园花卉种植基地投资1000万元兴建了2万平米用于草花工厂化育苗、生产的现代化自控温室。花乡花木集团的温室面积扩大到30000余平米,温室内全部采用智能型现代化先进生产设备,由专业技术人员进行统一的科学化管理,已形成品牌花卉生产线。全年新增花卉展销厅面积近10万平方米,引进花卉新品种60多种。

(万　君)

【发展农产品加工企业】 12家农产品加工企业以净菜加工提高生产水平和开发新产品为重点,年加工农产品1275.1万公斤,实现利润6000万元。新发地农产品加工园和王佐南宫净菜加工中心依靠批发市场中农副产品来源广泛、价格低廉、货源充足的有利条件兴建农产品加工业。北京丰科汇生物技术有限公司和国投中鲁果汁股份有限公司充分利用丰台高科技园区的有利条件发展高科技农产品加工业。北京三喜乳业有限公司利用本地农副产品发展加工业,对当地奶牛业的发展具有很大的促进作用,为养牛农户销售牛奶创造了条件。长辛店绿山谷芽菜加工基地生产加工芽菜品种达30种,配送到宾馆、饭店、超市的年销售额达300万元。北京京日东大食品有限公司利用外资发展农产品加工企业,发展出口创汇农业,年创汇800万美元。

(万　君)

【完成中国国际农产品交易会参展工作】 精挑细选参展产品,参加了10月11－15日在北京农业展览馆举办的第二届中国国际农产品交易会,共组织了花乡新发地市场、盛芳园花卉生产基地、南宫高效园、长辛店农业服务中心、长辛店绿山谷芽菜生产基地等6家企业参加。在评奖表彰会上荣获本次交易会北京团最佳组织奖,长辛店农业服务中心鲜食大枣、南宫恒新源农家业有限公司特色蔬菜、盛芳园花卉基地火鹤荣获最受消费者欢迎产品奖。

(万　君)

【完成粮食生产任务】 认真完成了市政府下达丰台区粮食生产的指标任务。全年粮食生产面积12776亩,总产318.6万公斤。同时完成了粮食直补工作。区粮食直补面积总计17884.42亩,主要分布在3个乡镇的16个行政村,落实直补资金660881.7元,种植农户12439户,经审核区政府批准到粮食直补资金的兑现都做到了不折不扣地执行。

(万　君)

【完成禽流感防治工作】 开展多种形式的宣传教育活动,印发宣传材料60余万份,在电视台播出相关新闻74条,在报刊发表新闻动态30余篇。按照全市统一部署,制定并实施了预警监控、区域封堵、免疫治毒、集中收购、无害化处理等措施,确保全区无一例疫情发生。

(万　君)

【狠抓重点经济建设项目】 一批极具发展潜力的三产项目落户农村。年内,共有重组引进千万元以上的项目33项,项目总投资29.03亿元,到位资金7.06亿元,安排就业715人。其中总投资在亿元以上的项目12个,5000万元至1亿元的项目5个,1000万元至5000万元的项目16个。新建、在建项目23个,总投资15.4亿元。如,总投资2.5亿元的卢沟桥乡北方汽配城,投资1.5亿元的纪家庙维多利亚娱乐城,建设投资1.1亿元的大红门服装城项目。完工项目9个,如,总投资1.2亿元的美克家具连锁店、总投资2000万元的北京亿客隆建材市场和总投资3000万元的葆台仓储中心等。

(万　君)

【大力发展商贸物流业】 汽车、服装、农副产品、花卉、建材、图书等商品贸易得到了重点发展。物流基地、配送中心和商品交易中心的建设加快。三、四环路等交通要道两侧及繁华地带的大型市场、购物中心、连锁超市建设不断完善。丽泽商务区、大红门特色商业街等重点功能区的建设成效显著。花乡的北京特种车交易市场建设完工,现代仓储物流区完成榆树庄、白盆窑10万平米,郭公庄3万平方米,保台3.8万平方米,使得仓储物流区总面积达到48万平方米。

(万　君)

【乡镇企业稳步发展】 全区近千家乡镇企业的产品质量和科技含量不断提升,到年底,乡镇企业职工人数67337人,完成营业收入793389万元,增加值196127万元,利润总额52724万元,上缴税金25348万元,劳动者报酬79681万元,工业增加值43562万元,出口交货值19641万元。其中年营业收入500万元以上的企业160个,营业收入553564万元,占全部乡镇企业营业收入的70%,利润总额22496万元,占全部乡镇企业利润的43%。

(万　君)

【绿化隔离地区经济发展取得新进展】 绿化隔离地区产业用地启动速度加快,累计新上项目38项,占地面积217公顷,占总产业用地的35.6%。绿化隔离地区保留企业的升级改造工作进展顺利,规划绿地内被确定为暂时保留的61家企业共占地3643亩,建筑面积49.3万平方米,安排本地就业13228人,拥有资产总额14.55亿元,年实现营业收入18.32亿元、利润总额9842万元、上缴税金5683万元,增加值2.64亿元。其中有58家保留企业的绿化美化、环保改造工作已经基本完成。成为农民增收和劳动力就业的骨干。已建成绿色产业项目8项,为以绿养绿,促进经济发展起到了示范作用。

(万　君)

【首家汽车物流中心落户丰台】 丰台区发挥铁路优势,整合国有企业资源优势,大力发展仓储物流业。一个集轿车整车储存和配送业务,同时储运汽车配件及铁路长途运输轿车接车、发送的中铁二七汽车物流中心落户丰台,储运服务将于2005年覆盖整个华北地区,实现"汽车整车、零配件"的零公里运输。

(万　君)

【加强企业技术改造工作】 区财政、区发改委对12家乡镇企业的技术改造项目进行了效益考核。这12家企业完成项目总投资8805万元,移交固定资产8805万元,项目竣工投产后,已实现新增收入14204万元、利税2711万元。

(万　君)

【乡镇企业ISO国际标准认证咨询工作】 对相关工作程序和各类文件的建立、健全和备案做了进一步的完善。在取得了国家认监委核发的认证咨询资格的基础上,完成了对11家企业的ISO标准认证,其中9家企业通过了ISO9000质量管理体系认证,2家企业通过了ISO14000环境管理体系认证。

(万　君)

【绿化工作成绩突出】 全年扩大绿化面积345公顷,绿化隔离地区完成绿化278公顷,爆破造林67公顷。在小龙河、六里桥交通枢纽、航天部一院文化广场等地区建成了城市中心区大型绿地和世界花卉大观园大绿地,完成居住小区及单位庭院绿化24.5公顷。新建和改造三四五环路、京石高速路等重点道路沿线绿地129.2公顷,农村道路绿化10公里,太行山绿化500亩,完成彩叶工程1000亩和中幼林抚育任务20000亩。在林木病虫害高发期调用50架次飞机对河西5万亩林地实施了病虫害防治工作,使幼虫量和虫口密度都低于北京市规定的标准。成功组织完成了12次大型义务植树活动。进一步落实了山区生态林补偿机制。从河西两镇收入较低的农民中选派了200余人的管护人员对4

万亩生态林进行养护管理,对于提高河西农村的就业和农民收入起到了帮助作用。

(万 君)

【卫星城和小城镇建设】 长辛店卫星城建设重点抓了道路和房地产开发工作,张-太路延长线主路正式通车,张郭庄-东河沿路完成路基工作;占地345亩,规划建筑面积28.9万平方米的全鑫园小区一期工程正式开工;占地36公顷,总建筑面积22万平方米的长辛店新区年底完成一期6万平方米的建设。长辛店崔村居住区土地一级开发已经完成。王佐小城镇建设启动了14万平方米生态园二期建设工程,基础设施逐步改善。全镇旧村改造实现开复工面积7.9万平方米。南宫生态园建设步伐加快,450户农民搬迁上楼。同时抓了大灰厂路改扩建工程、京石路长阳开口等道路基础建设。

(万 君)

农业 林业

【概 况】 截止到12月底,蔬菜播种面积24064亩,上市量4328.56万公斤,比去年同期减少12.3%。小麦种植面积761亩,玉米播种面积10112亩。全区现有规模猪场3个,奶牛场2个。生猪出栏2.27万头,比去年减少19.8%。生猪存栏0.68万头,比去年增加1.5%;奶牛存栏1011头,比去年增加21.8%,牛奶产量364.3万公斤,比去年减少1.4%;蛋鸡存栏7.7万只,蛋产量34.1万公斤。肉鸡存栏1.93万只,出栏肉鸡3.74万只。成鱼捕捞量71.6万公斤,比上年同期增加26.7%。

(李永祥)

【绿色通道】 年内高标准、高质量超额完成了五环路绿色通道建设任务82.4公顷,并按照园林式标准完成了20公顷的"绿堤公园"建设,建设后的五环路已形成景观大道和靓丽的休闲场所。10千米道路绿化已形成林网,小城镇绿化美化工程已成生态景观。完成二道绿化面积198.2公顷。

(高胜印)

【北宫森林公园生态示范区】 北宫森林公园建设增添色彩,66.7公顷彩叶工程全部完成;两栋1000平方米的管理用房建成;5000平方米的绿色生态停车场已投入使用;815千瓦的电力增容工程完成;800米的深水井工程已验收;廊坡顶古建筑群初具规模;5100平方米的"森林浴"建成;小龙潭周边景观改造完毕。

(高胜印)

【山区绿化生态屏障建设】 绿色生态屏障建设呈现效果,1333.3公顷中幼林抚育达到优化环境的目的;3333.3公顷林地经过飞防治虫,幼虫量和虫口密度都低于北京市规定的指标。义务植树12批次,爆破造林66.7公顷任务提前完成,太行山绿化工程被全国评为先进单位。

(高胜印)

【果树产业】 年内,果树发展重点在长辛店镇,共新发展果树73.4公顷64800株,其中重点树种是枣,共栽植62.8公顷56100株,其余为梨、桃、鲜杏、李子、樱桃、核桃等。为了提高新植果树成活率,根据近些年的气候条件和长辛店镇的立地条件,推广了沾生根粉,根据灌水进度确定栽植进度,灌水后及时覆盖地膜等技术。年果品产量230.59万公斤,产值531.48万元,其中大枣产量23.5万公斤,产值223万元。

(鲍海福)

【花卉产业】 丰台区的花卉产业在北京市占有重要地位,花卉产业已成为区第一产业的支柱行业,是发展的重点行业。年内全区花卉生产面积为158.2公顷。年产盆花586.4

万盆，其中花乡花木集团、盛芳园、区花卉园区三大花卉基地共组织销售高档年宵花53万多盆；鲜切花79万支；花灌木89.8万株，草坪草13万平方米，种球（苗）47.9万头（株），全年花卉生产总产值1.26亿元，从业人数达2234人。全年全区花卉市场9个，总面积113408平方米。

（鲍海福）

【森林资源管理】 年度市局下达丰台区的采伐限额4000立方米，实际采伐3883.1立方米，有效的保护了林木资源；对滥伐林木、毁坏树木、私搭乱建侵占林地等违法违章行为予以打击，行政处罚13起；发放违章通知书46份，责令拆除私搭乱建违章建筑100余间，清理外地居住人员630人，恢复林地面积6500平方米。

（鲍海福）

【"十五"森林资源二类调查工作】 调查面积30587公顷，其中国有12976.7公顷，集体17610.3公顷，森林覆盖率22.04%，林木绿化率36.56%。完成丰台区第三次荒漠化和沙化测监工作。

（高胜印）

【森林防火工作】 一是加强基础设施建设。新修防火公路2.5千米，升级了防火监控系统，改建了廊坡顶瞭望塔，更新了一批扑火装备。二是规范了森林公安、森林消防、防护员三支队伍的管理。三是落实防范措施。建立健全防火制度措施20余项，签订责任书500余份，开设防火道10万延长米，清理林地可燃物83公顷，清理坟头周围可燃物3600余座；进一步完善扑火应急预案，达到了及时发现、快速到达、迅速扑灭的要求，全年未发生森林火灾，连续三年在全市考核评比中获得第一名。

（鲍海福）

【林业执法工作】 行政执法工作，重点抓了五个方面：一是强化法制队伍建设，不断提高执法人员素质；二是依法行政，严格执法程序；三是广泛开展普法宣传教育活动；四是从严查处各类案件，共组织行政执法检查181次，联合执法40次，行政处罚32起，罚款55493元；五是全面开展政务公开和全程办事代理工作。筹资30万元，改善了办公条件和服务环境，对林业局行政职能重新进行了规范，突出抓了组织、服务、监督三个模块的落实，共受理行政审批事项106个，满意率达100%。法制工作被评为全国林业系统先进单位。

（黄朝明）

农村经济管理

【农村经济重要指标】 年内，全区农村经济总收入完成143亿元，较去年同期增加17亿元，同比增长13.5%（其中：主营业务收入完成137亿元，较去年同期增加15.7亿元，同比增长13%）；实现利润总额13.5亿元，较去年同期增加0.6亿元，同比增长4.6%；上交税金总额为40245万元，较去年同期增加4088万元，同比增长11.3%；农村集体资产总额年报数为183亿元，较去年同期增加28亿元，同比增长18%。全年农村劳动力总人数为84772人，人均劳动所得为8692.4元，较去年同期增加597.8元，同比增长7.4%。

（夏全书）

【债权债务清查】 从5月中旬开始，对全区6个乡的71个村共677家企业的债权债务进行了全面清查。截止到2003年12月31日，乡村集体经济组织及其所属企业债权总额为25亿元，债务总额为42.5亿元，分别比2000年12月31日的债权总额16.4亿元、债务总额35.3亿元，分别增加8.6亿元、7.2亿元，增长比例分别为52.4%、20.4%。

（夏全书）

【资产管理】 4月,对区农村集体资产《产权证》进行年检,共年检《产权证》375个,变更10个,注销了38个。截止到12月31日,区农村集体资产总额年报数为183亿元,较去年同期增加28亿元,同比增长18%。农村集体资产净额为80.4亿元,较去年同期增加2.3亿元,同比增长2.9%。

(夏全书)

【农村土地确权】 5月至9月,对全区50个行政村的农户土地经营权进行了确权(71个行政村中有20个村没有农业用地),其中主要确权确地的有4个村,确地面积为8508亩,分别确给1709户、5405人;确权确利的有7个村,确利面积为36593亩,分别确给8666户、25027人;结合社区股份合作制改革进行确权确股的有40个村,确权面积为71790亩,分别确给89219人(股东)。

(夏全书)

【农村经管人员培训】 年内,共开办培训班13期,培训农经管理人员4203人次。其中有会计专业职称的65人中,有中级职称29人,初级职称36人,高级职称1人。

(夏全书)

【社区股份合作制改革】 年内,区农委、区经管站配合工作,完成了槐房村、西铁营村、造甲村、辛庄等共10个村的社区股份合作制改革工作。至此,全区71个行政村中已有42个村完成了社区股份合作制改革,占全区的59%。

(车彦轮)

【转非转工人员资产处置工作】 自上世纪80年代以来。因国家征用农村土地,大量的农民转非转工(全区约5万人)。按当时的政策,其转走时在原集体经济组织的资产中属于他们的"份额"的大部分不允许分配给他们因而"滞留"在了原集体经济组织中,形成了原集体经济组织对他们的欠账。年内,区农委、区经管站开展了对转非转工人员"滞留"资产处置的试点工作(即采取一定方式将"滞留"资产兑现给他们),并促成市农委于8月出台了《关于积极推进乡村集体经济产权制度改革的意见》(京农发[2005]28号),全面推开此项工作。至年末,全区已有13个村完成了此项工作,另有数个村正在做这项工作,各方的合法利益得到了保护,解决了这一历史遗留问题。

(车彦轮)

【信访接待工作】 年内,经管站单独和参与接待上访群众20余批300多人次。接待中,耐心向群众解释有关法律法规政策,认真解答他们提出的具体问题,努力排解矛盾,维护稳定局面,并结合经管站的业务工作,切实为他们解决问题。

(车彦轮)

水　　利

【概　况】 是年,区水利局以优化丰台区发展环境和提供持续可靠的水资源保障为目标,以北京市实现水务一体化为契机,以加快城市水系治理、大力改善水环境,加强水资源管理和节水工作为重点,圆满地完成了全年各项工作任务。

(王　屹)

【丰台区部分水系的总体规划】 根据北京市总体规划,结合丰台区实际,先后完成了丰台区永定河以东地区的污水截流规划、马草河与旱河连通利用中水规划和方案设计,以及马草河科技园区三期段和造玉沟部分改线工程的方案设计。

(王　屹)

【水衙沟治理工程】 年内,水衙沟治理工程被列入丰台区为人民群众办的四十件实事之一。工程全长2.3公里,共开挖土方12.4万立方米,砌筑浆砌石1.2万立方米,新建桥梁3座,闸4座,建设生态水面6200平方米,工程总造价1800万元。该工程于9月6日开工,主体工程于11月15日全部完工,大大提高了上游的行洪能力,极大地改善了河道周边环境。

(王 屹)

【马草河与卢沟桥污水处理厂的连通工程】 此工程主要为保障卢沟桥污水处理厂的中水入马草河,还清河道。工程新建桥梁1座,开挖土方8086立方米,砌筑浆砌石1198立方米,造价200万元。工程于8月初完工,已投入使用,可日引7万吨中水入马草河。

(王 屹)

【南水北调丰台段征地拆迁实物指标调查】 南水北调工程为本世纪国家重点工程,主要为解决北京市水资源严重短缺问题,在丰台区境内总长度为14.86公里。按市水务局要求,积极组织有关乡镇、街道和部门,开展了征地拆迁实物指标调查工作。经过大量细致的工作,按时高质地完成了任务,得到长江水利委员会和市有关部门的表扬。

(王 屹)

【凉水河占地拆迁地上物调查工作】 凉水河治理工程被列为北京市是年为人民群众办的56件实事之一,治理工程的主体在丰台区境内,总长11公里,是丰台区河东地区主要河道,治理后将极大改善河道周边环境。为按时完成治理工程,积极配合市水务局开展占地拆迁工作,为治理工程的顺利实施打下了良好基础。

(王 屹)

【水资源管理】 对全区1700眼机井进行了卫星定位,并重新核对每眼井的使用情况,更加全面地掌握了全区地下水资源的供需情况,为水资源管理现代化奠定了基础。为加强节约用水管理,开展了用水情况普查工作。此项工作涉及范围广,历时长,从3月份开始,历时两个多月,动用大量人力,圆满完成了此项工作。此项工作的完成将为今后计划用水和定额用水管理提供可靠的科学依据。此外,完成了3个污水处理及中水利用示范工程的建设及验收,落实了本年度示范工程建设项目,并进一步调试中水利用设备和完善中水利用机制,加强了中水利用的宣传工作,使广大干部群众更多地了解中水利用的知识和优势,进一步促进中水利用的推广。

(王 屹)

【水土保持】 联合区国土资源房屋管理局对山区水土保持工作和水土流失状况进行了全面调查,为在丰台区全面开展水土保持和水土流失治理工作积累了第一手资料,打下了基础。

(王 屹)

【水政执法与宣传】 为纪念第十二届“世界水日”和第十七届“中国水周”,发表了题为“人水和谐,实现经济社会可持续发展”电视讲话,同时制做了宣传丰台区水政执法成就的专题新闻片。还积极参与了全国节水宣传周活动,发放了大量的节水宣传品,收到了很好的宣传效果。进一步加大了水政执法力度。全年共查处各类水事案件153起,其中立案63起,现场处理90起,罚款总额24万余元。继续加大了永定河河道砂石禁采执法力度,先后组织了20余次夜间突击执法,对违法者进行了严厉处罚,有效遏制了偷运砂石现象发生。

(王 屹)

【防汛抗旱】 积极开展了抗旱工作,及时准确测报土壤墒情,调查全区水资源状况,为区领导抗旱决策提供依据。此外,为确保全区供水安全,全年共更新机井80余眼,并办理相应的取水手续,有效地缓解了我区旱情。为了确保安全度汛,根据区换届后人员变动情况,调整了各级防汛抗旱指挥机构和领导成员,完善了各级防汛责任制;编制完成了各种防洪抢险预案;做好了汛前物资、人员和通讯设备的准备;重新编印了《丰台区2004年防汛手册》。汛前对河道的重点部位进行了清淤和清障。召开了全区防汛工作会议和区永定河军口和民口防汛会议,布置是年防汛工作。7.10特大暴雨防汛抢险工作中,及时传达了市防办和区政府领导的各项指示,紧急启动各种防汛预案,全区共出动抢险队伍近千人,确保了无塌房、无倒树伤人、道路积水无伤人问题的发生。而后,进一步完善了丰台区城市防洪预案。针对防汛抢险重点部位,就近储备防汛抢险物资。此外,利用一周时间紧急疏浚了丰台镇地区唯一洪水出路—丰草河全长近3公里的明渠段,总清淤量3万余立方米,拆除阻水桥梁2座,解决了该地区因行洪不畅造成的大面积积水问题。7.29暴雨过程,针对马草河两户阻水造成防洪隐患问题,于8月5日依据《防洪法》第四十五条在紧急防汛期有关规定对两户进行强行清障,全部清除河道卡口,排除了一处重要的防洪隐患。

(王　屹)

气　　象

【概　况】　年内主要业务工作是地面气象探测和气象服务。地面观测业务质量与上年比稳中有升,由去年的B级上升到A级,气象服务工作在全市区、县站评分考核名列第一。负责区域内的防御雷电灾害的检查,建筑物避雷装置安全检测、验收和施放升空气球的审批工作。新建自动气象站网;完善了“丰台决策气象服务系统”。

(王淑丽　王战胜)

【气候评价】　本年度气候特点:气温偏高,降水略偏少,灾害性天气不多,基本属正常年份。年平均气温为13.3℃,比常年(12.1℃)偏高1.2℃,年极端最高气温为39.1℃(6月11日),年极端最低气温为-13.5℃(1月22日)。全年仅7~8月平均气温比常年略偏低,其他各月月平均气温均比常年偏高,特别是2月份月平均气温比常年偏高了3.7℃。由此可见,年平均气温上升趋势仍在继续。本年度降水545.3毫米,比常年(567.0毫米)略偏少。全年有5个月份降水偏少,6个月份降水偏多。但年总降水量略偏少,土壤偏旱缺水。

(王淑丽　王战胜)

【灾害性天气】　7月10日丰台区出现短时强降水过程,过程降水量达103.1毫米,其中降水最强时达到60.5毫米/小时。由于降水时间短、强度大,致使多处立交桥及道路积水,给区内道路交通造成拥堵,部分机动车受损,此次降雨过程是全年最主要的灾害性天气。

(王淑丽　王战胜)

【气象业务与现代化建设】　6月在丰台区中南部的世界公园、西北部的鹰山公园和东部的大红门,新建成三个自动气象站;由五个站组成了丰台区自动气象站网,已正式投入使用;进一步完善了“丰台区决策气象服务系统”;10月对业务科值班室进行改造,新增加部分现代化业务设备;建成并开通与北京市气象局的电视会商系统,实现了面对面的会商天气和远距离监视天气的历史跨越。解决了区局与市气象局和区政府之间的光缆通讯,开通与区政府和市局的光缆宽带,使区局可以调用市局大量的气象资料,并将气象信息及时传送到区政府。

(王淑丽　王战胜)

【气象服务】　年初着重做好为全国“两会”驻区代表的气象服务工作。利用决策气象服务系统为为区政府、区农委、区防汛办公室等领导提供:气象专报、天气预报、农业气象、防汛抗旱、自动气象站数据、雷达云图;每天三次及时更新发布天气预报,下午发布重要天气报告，通过丰台有线电视台向公众发布24小时天气预报；每旬、月底发布旬、月天气预报。决策服务、公众气象服务主动及时，效果较好。加强了重大活动的气象保障服务工作，完善《丰台周年气象服务方案》。汛期按照《2004年北京市气象局汛期工作安排》制定了《突发灾害性天气应急预案》。

（王淑丽　王战胜）

【防雷检测】 认真履行《气象法》赋予的防雷减灾行政管理职责，加强防御雷电灾害检查，做好全区的防雷减灾工作。年内检测、验收共300多个单位。

（王淑丽　王战胜）

【气象法制建设与依法行政】 积极做好行政许可工作，年内审批施放升空气球217份，对施放气球单位进行不定期检查，在检查中对违法操作单位进行了行政处罚。努力提高行政许可工作人员和执法人员的素质，积极参加市局行政许可和执法培训班，认真学习《宪法》、《气象法》、《行政处罚法》、《行政复议法》、《北京市防御雷电灾害若干规定》及中国气象局制定的有关规章，进一步提高依法行政的能力。本年度区局被市气象局评为“法制工作先进集体”。积极参与北京市实施《气象法》办法调研工作，该办法是一部与《气象法》配套的综合性地方法规，已被列入市人大的规划项目。市人大、市政府法制办7月13日在区局召开了气象地方立法调研座谈会。

（王淑丽　王战胜）

工　　业

区属工业

【概　况】 年内,全区工业经济稳步增长。全年完成现价工业总产值198.2亿元,同比增长17%;实现工业增加值57.7亿元,同比增长13.2%。对全区经济增长的贡献率达22.5%。在地中央和市属工业对区域工业经济增长的贡献明显增强。全年实现现价工业总产值110.6亿元,同比增长22.1%,高于全区平均增速5.1个百分点,对全区工业增长的贡献率达69.4%。区属工业增幅趋缓,全年完成工业总产值87.6亿元,同比增长10.9%。规模以上企业继续稳步增长。全区规模以上工业企业共324户,完成现价工业总产值191.3亿元,占全部工业企业实现产值的96.5%,同比增长15.4%;完成工业增加值50.21亿元,同比增长3.1%;实现产品销售收入191.87亿元,同比增长15.35%;实现利润8.85亿元,比去年略有增长。全年累计实现工业产值超亿元的企业已达31家,比去年增加6家,全年实现产值119亿元,占规模以上企业实现产值总量的62.2%。产销衔接基本正常,企业效益有所提高。全区规模以上企业产销率为98.3%,比上年降低2个百分点;实现利润8.8亿元,与去年持平。经济效益综合指数为121.25%,比上年提高1.2个百分点。全员劳动生产率为62903元/人,比上年增长23.8%。工业项目投资和技术改造项目的推进成为工业新的经济增长点。年内全区共申报工业生产研发项目20余项,总投资3.2亿元,项目投产后预计新增销售收入4.2亿元,新增利税0.8亿元。全年审批技术改造项目13项,总投资8642.7万元,项目竣工达产后新增销售收入27842万元,新增利税3810万元。加强对区域重点利税大户(包括非公重点企业)的行业规划、行业指导和服务。通过对全区不同所有制企业纳税情况、行业分布、企业规模、经济及社会效益、科技含量和未来发展前景等方面的分析,为区委、政府、人大、政协等25位区级领导,确定了50家重点联系企业(其中包括25家非公有制企业)与其建立联系制度,通过建立联系制度,为政府和企业间提供快速便捷的绿色服务通道和交流平台。高度重视中小企业发展,建立中小企业基本情况报表制度。通过与区统计局及国、地税局协调,首次对全区中小企业开展调查统计工作。全区共有中小企业15719户,其中工业企业3028户,占全部中小企业总户数的19%;全部中小企业完成地区生产总值159.26亿元,其中工业企业完成生产总值37.14亿元,占地区生产总值的23.32%;全部中小企业实现销售收入657.13亿元,其中工业企业实现销售收入178.72亿元,占全部中小企业的27%。工业布局呈现出七大组团。随着绿化隔离带建设、旧村改造和退二进三战略的实施,工业组团式布局日趋明显,以永定河为界,河西地区有一个组团,其余六个组团分布在河东地区。①河西地区工业带,有北京二七机车厂等10家重点企业;②宛平城南工业区,有北京现代京城工程机械有限公司等7家企业;③榆树庄、五里店工业带,有丰台区榆树庄构件厂等8家企业;④四合庄、高立庄、樊家村工业带,有北京京日东大食品有限公司等9家企业;⑤南苑石榴庄、槐房、大红门、东高地地区工业带,有北京ABB高压开关设备厂、北京地铁车辆厂等15家企业;⑥高新技术产业园区,以光机电一体化、电子信息、生物制药、新材料产业为代表,有北京贝尔通讯股份有限公司、北京北方天鸟股份有限公司、北京四环科宝制药股份有限公司等10家企业;⑦京石高速路北侧地区的大小瓦窑、张仪村、小屯、吴家村工业带,有北京玉泉路构件厂、首钢重型机械厂等11家企业。深化政府机构改革,不断强化管理职能。调整和新组建了发展和改革委员会、国有资产管理委员会、商务局、安全生产监督管理局等14个机构。全区工业经济综合管理职能由原区经济贸易委员会调整到了发展和改革委员会,理顺了管理渠道和程序,提高了行政效率。

(姜新华　武莎莉)

【技术改造工作】　丰台区工业企业技术改造工作坚持用高新技术改造和提升传统产业,促使企业通过技术进步、设备更新和改造,加快产业结构和产品结构调整。全年完成技术改造项目13项,总投资8642.7万元,预计新增销售收入27842万元,新增利润2495万元,新增税金1307万元。另外对2003年北京鑫丰华彩印有限公司、北京西南物流中心、北京航南金属结构制造厂、北京同得利建材有限公司、北京联兴盛业印刷有限公司、北京看丹水泥制品厂等6家企业技术改造项目的竣工进行了效益验收,并按照有关规定,向区政府申请奖励资金285.48万元,奖励给了上述6家企业。

(姜新华　武莎莉)

【电力行政管理工作】　认真学习贯彻《北京市人民政府办公厅关于做好2004年夏季电力需求侧管理工作的通知》文件精神,全面落实"北京市2004年夏季电力需求侧管理方案"的相关要求,采取各种有效措施,确保了丰台区2004年迎峰度夏限电保电工作的顺利实施。召开有关部门参加的协调会,对区域内27处500多棵影响输电线路安全的部分树木进行了修剪、移栽。就北京云才灰石厂采石爆破作业影响输电线路安全要求其停产并办理经济赔偿问题进行协调。多次牵头召开由区国土资源和房屋管理局、法制办、区工商分局、长辛店镇政府、太子峪村和北京超高压公司等部门参加的协调会,并已形成会议纪要,与中国华北电网公司就经济赔偿问题进行积极协调。

(姜新华　武莎莉)

【资源综合利用和节能工作】　年内对11家企业资源综合利用工作进行了认证,并全部通过了市发改委等部门的审批。组织开展了全区资源节约专项检查工作。牵头组织成立了丰台区资源节约专项检查领导小组,并召开了成员单位主管负责人会议,制定并通过了《丰台区资源节约专项检查工作计划》。组织全区21户重点用能单位、6户重点开发公司、52家重点用水单位以及28户重点取水单位按照《丰台区资源节约专项检查工作计划》开展了自检自查工作,并形成书面自查报告分别上报专项检查领导小组成员单位。牵头组织各成员单位对4家重点单位进行了抽查。并按要求将资源节约专项检查工作进行了全面认真总结,并形成书面材料上报市发改委。

(姜新华　武莎莉)

【煤炭经营管理工作】　年内,认真组织开展了煤炭企业经营资格审核换证工作,全区共14家企业通过审核取得了新的《煤炭经营许可证》。加强了对煤炭经营企业的安全管理工作。组织召开了企业负责人会议,制定了《丰台区煤炭经营企业安全管理工作方案》。办理了2家企业申请《煤炭经营许可证》的初审事项。

(姜新华　武莎莉)

【非公经济及中小企业管理工作】　年内,按照区委、区政府的指示和要求,在对待企业的支持和服务上,不分所有制性质,不管是国有的、集体的、外资的,还是非公有制的,一律同等对待,严格按照国家的有关政策支持和服务于非公有制经济。加强对区域重点利税大户(包括非公重点企业)的行业规划、行业指导和服务。通过对全区不同所有制企业纳税情况、行业分布、企业规模、经济及社会效益、科技含量和未来发展前景等方面的分析,为区委、政府、人大、政协等25位区级领导,确定了50家重点联系企业(其中包括25家非公有制企业)与其建立联系制度,通过建立联系制度,为政府和企业间提供快速便捷的绿色服务通道和交流平台。落实各项促进非公经济发展的奖励政策。积极宣传、认真贯彻国家、北京市、丰台区促进经济发展的一系列优惠政策,明确对区内的企业,不分所有制性质、不分规模大小、不分隶属关系,只要依法经营、照章纳税,符合产业政策,一律实行国民待遇:①依照《中共丰台区委丰台区人民政府关于促进企业发展的奖励政策》(丰发[1999]43号)文件的精神,对年实际上缴区财政收入在50万元以上且比上年实际增长10%以上的企业,按当年增长部分的5%奖励企业法人代表、对列入区技术改造的项目,计划年度内达到预期效益80%以上的,按投资总额的6%对企业给予一次性奖励、对获得ISO9000系列国际质量认证标准的企业给予一次性3万元的奖励的规定,据不完全统计,2004年度享受以上三种兑现奖励的个体私营企业达28家,奖励金额达到222.5万元,占全区奖励兑现总额的24%。充分反映出丰台区对非公经济的扶植和支持。②继续加大对非公企业技术改造政策的支持。在13项工业技术改造项目中,审批非公企业工业技术改造10项,占项目总数的77%,总投资5397万元,占投资总额的62.4%;享受引进国外先进设备减免关税和进口环节增值税950万元。③在资源综合利用认证方面,全区26家认证企业中,其中13家为非公企业,占认证企业的50%。这些非公经济企业经过资源综合利用认证,和国有、集体企业一样,均享受国家减免产品增值税和五年的企业所得税的税收优惠政策,有力地促进了非公经济的发展。

(姜新华　武莎莉)

【全区工业经济运行分析工作】　加强对工业经济运行的分析与监控,为全区对工业经济的增长和全年工业指标的完成,具有积极作用。年内,市工业促进局加大工业分析预测的力度,要求全市做到月月有报表,季度有分析和预测。按照市工业促进局的要求并结合丰台区实际,设计了一套工业运行指标监测体系。组织有关科室与区统计局等有关部门召开协调会进行研讨,建立起畅通的信息反馈渠道。定期召开有关工业主管部门(包括六个乡经委)参加的运行分析会,按季度对全区和区属工业运行情况和运行特点、现状、问题进行分析,对重点企业进行监控,对主要经济指标进行预测。全区工业预计完成现价总产值180亿元,同比增长17%;完成市工业促进局年初下达全区计划指标的110%。全区预计实现销售收入178亿元,同比增长18.0%;全区预计实现利润8.5亿元,同比增长20%。较好的完成了市区下达的工业指导性经济指标。

(姜新华　武莎莉)

【完成产业布局调整与对策的调研报告】　为加快全区工业、商业和旅游业的资源整合和布局调整，不断提升、发挥工业商业和旅游业在区域经济发展中的地位和作用，以促进全区经济社会的全面、健康和可持续发展。原经贸委承担了丰台区产业布局问题的调研课题。为此，积极组织协调有关委、办、局和街、乡(镇)参加对丰台区工业、商业和旅游业的布局、结构和资源现状等情况的调查，并于6月底形成“丰台区工业商业旅游业布局调研报告”初稿。后经发改委主管领导审阅，再次对有关内容进行完善修改，于8月份上报汪区长审阅定稿，刊登在《丰台政研》35期专刊上。

(姜新华　武莎莉)

【北方天鸟牌电脑刺绣机获市名牌产品】 经北京机电协会、北京服装协会、北京工商协会等专业评定，再经政府有关部门审核、社会公示等程序，在北京市质量技术监督局召开的2004年北京名牌产品生产企业暨全国质量管理先进企业表彰会上，丰台区企业北方天鸟智能科技股份有限公司生产的“达美牌”电脑刺绣机荣获“北京市名牌产品”称号。

(姜新华　武莎莉)

【促进非公经济发展】 年内，积极宣传、认真贯彻国家、北京市、丰台区促进非公经济发展的一系列优惠政策，建立区级领导与非公重点企业联系制度。对区域内企业，不分所有制性质、不分规模大小、不分隶属关系，只要依法经营、照章纳税，符合产业政策的企业，一律实行同等待遇。全年新开办有限责任公司和独资企业4000多家，个体私营企业3.3万家，非公经济税收占区级地方税收已达到60%以上。全区私营个体经济从业人员达5万多人。依照《中共丰台区委丰台区人民政府关于促进企业发展的奖励政策》(丰发[1999]43号)文件的精神，对年实际上缴区财政收入在50万元以上且比上年实际增长10%以上的企业，按当年增长部分的5%奖励企业法人代表；对列入区技术改造的项目，计划年度内达到预期效益80%以上的，按投资总额的6%给予企业一次性奖励；对获得ISO9000系列国际质量认证标准的企业给予一次性3万元的奖励，据不完全统计，2004年度享受以上三种兑现奖励的个体私营企业达28家，奖励金额达到222.5万元，占全区奖励兑现总额的24%。

(姜新华　武莎莉)

【招商引资工作成效显著】 是年，继续加大改革和职能转变力度，优化发展环境，强化服务功能，积极利用国家级、市级经贸活动平台，持续开展区域整体形象宣传展示和重点建设区域、重点项目、重点行业合作资源的推介活动。成功举办第七届科博会和第八届京港洽谈会，展示了丰台区总体发展战略、比较优势、重点发展行业和重点建设区域，推介了重点招商项目，提高了丰台的知名度，引起了投资商的广泛关注，促进了投资。全年新增注册资本总额49亿元，增长17%，千万元以上企业120家，增长20%。全区新批外资项目34个，比上年减少15个。合同利用外资8058.3万美元，实际利用外资3607.5万美元，同比增长49%和53%，达到历年来最好水平。三资企业实现销售(营业)收入127.2亿元，比上年增长40.6%，其中直接出口收入6273.4万美元，增长87.5%；实交税金及附加9.6亿元，增长15.3%；实现利润7.8亿元，增长81.8%。全区外贸出口及供货额9.9亿元，比上年增长45.8%。

(姜新华　武莎莉)

【高新技术产业带动区域经济】 全年新认定高新技术企业365家。高新技术产业实现技工贸总收入450亿元，增长50%，上缴税费12.1亿元，增长32.5%，留区财政2.4亿元，增长32.6%，出口创汇2.2亿美元，增长28.2%。实现利润25.2亿元，增长41.2%。高新技术企业中，有2个项目列入国家重点新产品支持，9家企业申报创新基金支持，3家企业申报科技成果转化项目支持，12家企业、14个项目申报科学技术奖支持。企业孵化网络继续扩大,新拓展孵化面积10.4万平方米。

(姜新华　武莎莉)

【资源综合利用工作】 丰台区以认真贯彻落实科学发展观、推进循环经济发展、建立节约型社会为目的,积极化解、消化、吸收社会生产中产生的固体废弃物,为优化区域发展环境、建设现代化新城区做出了贡献。全区共有26家企业为资源综合利用认证企业。全年消化粉煤灰65.99万吨,尾矿石117.76万吨,钢渣56.07万吨,炉渣2.21万吨,煤矸石5.56万吨,废旧聚苯颗粒139.57吨。实现产值87817.4万元,利润5961.17万元。

(姜新华　武莎莉)

【总部基地工作】 中关村科技园丰台园利用自身的区位优势,实现了传统科技园区产业的转型,采用国外成熟的商务花园建设模式,与日趋成熟的总部经济形态相结合,适应企业总部选址的差异化需求,打造了全国第一家科技总部基地。位于园区二期基地内的总部基地,总占地面积65公顷,总建筑面积120万平方米,共需建总部楼500余座,每栋面积为1200～6000平方米。年内,开复工67万平方米,竣工46.8万平方米。现已建成总部楼170栋。中国航天时代电子公司长征火箭技术股份有限公司、综合实力名列全国民营企业500强第4位的正泰集团等100多家大中型企业已入驻总部基地,其中国资委控股企业20多家。

(姜新华　武莎莉)

【评为迎峰度夏需求侧管理工作先进单位】 认真贯彻《北京市人民政府办公厅关于做好2004年夏季电力需求侧管理工作的通知》(京政办发[2004]39号)精神,全面落实"北京市2004年夏季电力需求侧管理方案"的相关要求,通过加强领导,制定措施,分层负责,综合检查与专项检查相结合的实施,全区388户非连续性生产型企业执行了轮流周休和停产休假,日平均平衡用电负荷11000千瓦。为全市的迎峰度夏需求侧管理工作做出了积极贡献,在北京市政府2004年迎峰度夏需求侧管理工作总结表彰会上,被评为先进区,并受到表彰。

(李宝英　姜新华　武莎莉)

北京丰印诚科技发展有限公司

【概　况】 6月,原北京丰印诚工贸有限责任公司更名为北京丰印诚科技发展有限公司,注册资金后达200万。公司改制后,转变经营观念,转变用人观念,实现以客户为中心的质量、服务策略,以市场需求为中心的项目开发运营,实行聘任制,能上能下,能进能出,能者多劳,多劳多得。公司设置6个部:生产经营部、综合安全部、财务部、开发部、人力资源部、党群工作部。年内经济销售收入500万元,工业总产值520万元。

(范莹兰)

【北京丰印诚印务公司成立】 11月,丰台区印刷厂由分公司改为独立法人,经过评估,区印刷厂厂房设备、配电室约861.43万元,合作对象温州厂有资金51.5万元,两方合资成立北京丰印诚印务有限公司,总计912.93万元。合作以后,公司内部独立核算,自负盈亏。

(范莹兰)

【长辛店印刷厂并入总公司】 年内,长辛店印刷厂以兼并手段并入总公司,成为丰印诚科技发展公司长辛店印刷厂。其土地资源亦并入公司,11月后改制成为丰印诚科技发展公司分公司。

(范莹兰)

【表彰先进】 公司成立一周年之际,经过评选,薛洪德、张志强、张艳为明星员工,薛洪德为市级经济技术创新标兵,李风永、杜英为区级经济技术创新标兵。

(范莹兰)

城市企业管理服务中心

【概　况】 年内,中心始终坚持以邓小平理论和十六大精神为指导,认真落实新一届政府班子提出的各项任务,以结构调整为主线,以加大企业产权制度改革力度和确保职工队伍稳定为重点,以确保国有、集体资产保值增值为原则,继续深化企业改革的思路,全面推进各项工作的发展。2005年6月,城企中心奉命解散,其职能移交国资委。

（张玉霞）

【多渠道筹措资金办实事】 城企中心通过向市社保中心、区财政局等部门多渠道筹措资金共计1678.8082万元,为45家次企业,11327人次职工解决医药费、生活费、节日补助及社会保险金等问题。

（张玉霞）

【解决遗留问题,维护职工权益】 与区劳动局、东铁匠营总公司、东铁匠营街道办事处协调,解决了12名东铁匠营总公司退养职工上访十年而未解决的养老金进入社会统筹的难题,并为东铁匠营总公司14名退养人员澄清了身份和应享受的各项待遇。

（张玉霞）

【接待处理职工来访来信】 年内城企中心共接待所属企业职工上访28批,95人次,职工来信15封,使一些问题得到及时处理。

（张玉霞）

【推进企业产权制度改革力度】 截止10月底,通过建立有限责任公司形式完成3家企业产权制度改革。①原工业企业北京第十一针织厂于4月底正式改制为北京云海顺通科技有限公司。②原街道企业东铁营街道工商联合总公司已改制为北京亿方金汇经贸有限责任公司。③原南苑街道工商联合总公司已成建制被北京康艺星城广告有限公司兼并。

（张玉霞）

【加强安全生产工作】 年内,坚持把企业的安全生产工作作为企业生存和发展的前提,共召开企业安全生产会议4次,对所属企业抽查24次,下发有关加强安全生产文件100份,与企业签订安全生产责任书23份。

（张玉霞）

【组织技能大赛,拓宽成长通道】 为积极参加"新世纪北京首届职业技能大赛",进一步营造重视技能,尊重人才的募围,激发企业广大职工学习技术业务的热情,中心成立了《新世纪丰台区首届职业技能大赛初赛组委会》,确定了7个竞赛工种,组成了由21人的7个评判小组。参加竞赛选手224名,其中获得中级等级证书的选手64名。

（张玉霞）

【开展审计工作】 年内,协助区审计局对5家国有企业的资金往来进行了专项审计。通过审计进一步了解了企业的经营状况,摸清了家底,为下一步企业的产权制度改革提供了可靠的信息。同时对3家所属企业进行了内部审计和企业领导离任审计,对内审发现企业的内控制度不完善问题,提出了具体改进意见。并按区国资委的布置要求,年底前完成了所属企业清产核资工作。

（张玉霞）

【开展企业闲置厂房调查】 年内,积极配合区发改委完成了所属25家工业企业闲置厂房的调查工作。通过调查对工业企业的资源进行了有效的整合,解决了企业供给和需求问题,充分发挥了企业现有资源的作用,为企业发展提供了可靠的信息平台。

（张玉霞）

中央市属工业

【首都航天机械公司被评为"学习型企业"】

3月3日,首都航天机械公司被评为东高地社区“学习型企业”。东高地社区及丰台区社区教育委员会评估团分别于1月23日和3月3日对该公司“学习型企业”进行验收。通过检查,各项指标合格,首都航天机械公司被评为东高地社区“学习型企业”,并于3月11日召开“东高地街道2003年度社区教育总结表彰会”,公司党委副书记陶钢等7人被评为“精神文明工作先进个人”和“社区教育工作先进个人”。

(向彩霞)

【中宣部等单位领导到公司参观】 3月5日,中宣部副部长、全国精神文明办公室主任胡振民,机关党委书记赵晨仔带领机关人员一行80人到公司参观中国运载火箭总装测试厂房。

(向彩霞)

【国家开发银行行长参观考察工作】 3月11日,国家开发银行行长陈元到首都航天机械公司参观考察。公司总经理郭风仁、副总经理兼总工程师王国庆、党委副书记陶钢陪同。

(向彩霞)

【俄罗斯代表团交流讲学切磋】 3月30日,俄罗斯萨马拉国力航空航天大学电磁脉冲教研室主任格鲁申柯夫为团长的俄罗斯零件成型工艺电磁脉冲加工代表团一行5人到公司交流讲学。8月17日至23日,俄罗斯萨马拉航空航天大学代表团一行3人到首都航天机械公司访问讲学。双方主要就隧道管工装技术、翻边零件工装技术和管端面在自动焊的校型、切削工装技术等方面进行了友好交流。

(向彩霞)

【被评为国防科技工业质量先进单位】 4月2日,由中国航天科技集团公司庞海涛部长等5位专家组成的检查组对近两年首都航天机械公司质量工作进行了检查。此次检查的目的是审查公司是否具备参加国防科技工业质量先进单位的评选资格。经过审查,专家组肯定了该公司在质量工作中取得的成绩,认为该公司具备了参加国防科技工业质量先进单位的评选资格。4月,在国防科工委举办的评比活动中,首都航天机械公司被评为国防科技工业质量先进单位。

(向彩霞)

【第二个博士正式进站工作】 4月6日,首都航天机械公司召开了陈辉博士开题报告评审会,这是该公司引进的第二个博士,会上评审通过了陈辉博士研究课题。自此,首都航天机械公司第二个博士正式进站工作。陈辉博士于2003年进入首都航天机械公司博士后科研工作站,课题方向为数控中心UG后置处理程序开发。

(向彩霞)

【通过新时代质量认证审核】 5月21日下午,经过现场审核收集到的客观证据和与军代表座谈获得的信息,新时代质量体系认证中心审核组认为首都航天机械公司质量体系基本满足GJB9001A-2001版的要求,新版质量体系运行基本有效,推荐注册。这表明该公司通过了新时代质量体系认证中心的现场审核。

(向彩霞)

【战斗英雄史光柱到公司进行事迹报告】 6月3日,国家一级战斗英雄史光柱到首都航天机械公司进行了事迹报告。报告会由公司主办,旨在弘扬新时代的爱国主义精神,以先进人物为榜样,教育广大员工爱岗敬业、拼搏向上,在两大攻坚战中贡献全部力量。

(向彩霞)

【第一个博士通过出站评审】 6月8日,首都航天机械公司召开第一个博士姚君山出站评审会。会议由公司副总经理兼总工程师王国庆主持,会议听取了姚君山博士开展焊接科研工作总结。评审组认为姚君山博士完成了协议中所规定的研究内容,同意出站。

(向彩霞)

【成功承办中央企业职工技能大赛初赛】 6月21日,中央企业职工技能大赛初赛暨集团公司技能竞赛决赛在首都航天机械公司落下帷幕。此次决赛于6月18日开始，来自航天集团9个单位、共64名选手参加了车工、工具钳工、铣工、CAD制图四个工种的比赛。

（向彩霞）

【首都航天机械公司获中国机械500强称号】

7月11日，首都航天机械公司党委副书记陶钢、总经理助理孟凡新参加了在人民大会堂举行的2004年《中国机械500强》调查结果发布活动。此次活动由中国机械工业企业管理协会、世界企业试验室（WEL）主办，由世界经济论坛（WEF）、机械工业经济管理研究院、《剑桥制造评论》协办，《世界经理人周刊》、国家机械网（WWW.ICXO.COM）承办，国家政协副主席李蒙，原国家机械部部长包叙定等出席了此次活动。首都航天机械公司在此次活动中荣获中国机械500强称号。

（向彩霞）

【东高地引入市政自来水】 11月25日10点30分，市政自来水流过市政主干线、千万条支线，源源不断地流向东高地生活区居民的家里，它标志着东高地生活区6832户居民结束了几十年饮用地下井水的历史，喝上了纯净可口的市政自来水。东高地引入市政自来水工程是北京市政府为市民办的实事之一，也是首都航天机械公司为员工办的实事之一。工程投资1500多万元，包括市政主管线、7个区域支线和入户改造三部分，分两期施工，2003年11月23日至年底，完成一期工程；自2004年6月18日开始的二期工程，提前一个半月竣工。在两期工程施工的182天里，该公司严格按照国家标准要求和进度安排，做到精心组织，宣传到位，文明施工，在确保工程质量基础上，提前完成了近14000米的外线管网、85000米的内线管网的改造任务。

（向彩霞）

【首都航天机械公司信息化建设】 3月中旬，首都航天机械公司对信息资源规划一期工程完工。2003年8月，公司正式启动信息资源规划一期工程。经过四个月的规划实施，完成了4个职能域的规划，优化整理了33个业务过程、95个业务用户视图、1086个数据元素。4月1日，公司正式启动了信息化资源规划二期工程。之后，不断加快信息化进程，12月3日，公司召开CAPP(计算机辅助规划)试点总结暨工作布置会，宣布在全公司范围内实施CAPP。CAPP的应用，提供了从设计信息到工艺信息的共享途径，解决了工艺信息不能被其他部门再利用的难题，标志着公司信息化建设发生了质的飞跃。

（向彩霞）

【承办北京市企联系统培训】 12月8日，由首都航天机械公司承办的北京市企联系统培训工作交流会圆满召开。参会的有30多名北京市各行各业的领导、干部和企业代表，会议围绕国有企人才培训和人力资源培育和应用等方面问题展开。

（向彩霞）

【创建省部级“模范职工之家”】 12月15日上午，首都航天机械公司创建省部级“模范职工之家”顺利通过了中国航天科技集团公司的预验收。这标志着该公司“建家”工作已经取得了实质性的进展。

（向彩霞）

【东高地体育馆进入试运营】 12月18日，东高地文体活动中心体育馆进入试运营。东高地文体活动中心体育馆属于东高地文体活动中心第三期工程，于2003年9月15日开始动工，2004年12月17日峻工。它的试运营将极大地丰富广大居民的业余文化生活，也是首都航天机械公司为广大职工和周边居民做的又一件实事。

（向彩霞）

【两员工获全国技能大奖】 12月17日，首都航天机械公司特种熔融焊工高凤林在国家劳动和社会保障部召开的表彰会上荣获第七届中华技能大奖。车工曲振海荣获全国技术能手称号。

(向彩霞)

【成功发射两颗科学实验小卫星】 4月18日23时59分，由首都航天机械公司生产总装的长征二号丙遥十四运载火箭在西昌卫星发射中心发射升空，成功地将“试验卫星一号”和“纳星一号”科学实验小卫星送入预定轨道，这是2004年首都航天机械公司首次运载任务取得成功。

(向彩霞)

【成功发射“探测二号”卫星】 7月25日15时05分，由首都航天机械公司生产总装的长征二号丙SM遥二运载火箭在太原卫星发射中心成功地将双星计划中的“探测二号”卫星发射升空。自此，中国与欧洲空间局的合作项目—地球空间双星探测计划圆满完成。

(向彩霞)

【成功发射返回式卫星】 8月29日15时50分，由首都航天机械公司生产总装的长征二号丙遥十二运载火箭在酒泉卫星发射中心成功地发射了一颗返回式科学与技术试验卫星，约9分钟后，卫星顺利进入预定轨道。这是长征系列火箭第78次发射。

(向彩霞)

【成功发射“风云二号04”星】 10月19日9时20分，由首都航天机械公司生产总装的长征三号甲遥九运载火箭在西昌卫星发射中心发射“风云二号04”星取得圆满成功，实现了中国运载火箭技术研究院自1996年以来长征系列火箭第29次发射成功，长征三号甲火箭自1994年首飞以来9次发射9次成功。

(向彩霞)

【成功发射“实验二号”星】 11月18日18时45分，由首都航天机械公司生产总装的长征二号丙遥十五火箭在西昌卫星发射中心成功发射了一枚“试验二号”卫星。火箭升空约13分钟后，卫星顺利进入预定轨道。

(向彩霞)

【北京二七机车厂改革改制】 是年，北京二七机车厂有员工总数为4679人，其中具有高级专业技术职称142人，中级职称343人。工厂下设12部1室1中心、14个生产车间(分厂)、9个公司和7个党群部门，医院学校各一所。各种机械动力设备3000余台(套)，占地面积104.3万平方米，厂房建筑面积22万平方米，拥有固定资产原值5亿多元。工厂已通过ISO9001质量体系认证、ISO14001环境管理体系认证、OHSAS18001职业健康安全管理体系认证。ISO10012计量检测体系认证。全年生产机车153台，同比增长5.5%；完成大修机车70台，同比增长12.9%；总计完成销售收入7.04亿元(税后)，同比增长16.7%，创历史最高。按工业总产值计算的现价劳动生产率达到人年均19.9万元，同比增长54.3%。实现利润507万元。实现出口创汇255.6万美元。造修机车223台。工厂根据生产经营需要整合资源新组建了机车制造部、机车修理部，组建了热处理分厂和锻造分厂。全年总计调整中层管理人员85人次，其中有16人新走上领导岗位。录用大中专毕业生66人；在社会上招聘工程技术人员20人，其中专家4人；评聘技师32人、助理技师108人。提高了新进厂的大专以上毕业生工资标准，确定了车间、分厂工程技术人员的工资指导区间。贯彻落实国家八部委859号文件精神，进行了主辅分离、辅业改制的工作动员、部署。长铁运输公司、宏铁工贸公司两个单位共四个实体的方案已获国资委批准，改制工作已经启动。9月15日，机车车间获国家人事部、国务院国资委颁发的“中央企业先进集体称号”。

(胡跃平　姚春立)

【二七机车厂开发新产品】 在铁道部有关单位的组织下，二七机车厂完成了东风7J型交流传动调车机车型式试验。EQW01型台湾电车线工程车开发制造完成并交付。出口越南的液力传动四轴车研制完成并交付。出口刚果(布)的电传动窄轨车已按合同要求完成设计，正在进行试制。模块化液力传动工矿调车机车技术方案评审和初步施工设计完成；对铁道部科技司“模块化调车机车系列内燃机车”的投标立项进行了初步研究；内燃动车组方案研究已经起步。EQ12V280ZJ 型柴油机 UIC100 小时试验成功。地铁转向架构件各项试验完成，并通过了专家评审。

（胡跃平　姚春立）

【市场营销及售后服务】 工厂生产的内燃机车在全国机车市场保有量已突破 2000 台，路内机车市场已覆盖包括新组建的青藏铁路公司在内的全部 15 个铁路局，及路外石化、煤炭、冶金、电力等行业 80 多家大型企业，继 2003 年工厂机车出口越南实现出口零的突破后，又为越南煤矿企业制造了 4 台机车。中国台湾也有工厂制造的电线工程车。向古巴等国出口机车的有关事宜正在洽谈中。并担负着全国 15 个铁路局及路外工矿企业和出口机车的售后服务工作。在不断强化服务意识，加强售前、售中、售后服务工作的基础上，对用户提出的质量问题，通过派人赴段处理，发送三包配件等方式，一一得到解决。在各局、段及路外重点用户聘请信息员 100 余人。广泛收集意见和建议，不断完善服务工作质量。

（胡跃平　姚春立）

【质量工作不断加强】 二七机车厂通过了质量管理体系的第二次监督审核。建立完善了计量检测体系 ISO10012—2003 标准，并通过了国家级确认。成为北京市第一家按国际和国家标准通过认证的企业。制定了《标准化大修机车工作实施计划》及质量评定标准。制定并严格执行《机车质量评定标准》。加强了外购件的质量控制，使机车的外购件质量问题同比下降 13%。加强了产品实物质量抽查和以走行部安全为重点的质量控制。在质量工作中加强攻关项目的系统化管理，有 67 个质量问题得到解决，机车整车质量提高。工厂承办了铁道部第二次新造机车质量展示会，工厂制造的 DF7G 型模块化机车电线路取得单项排名第三名的好成绩。

（胡跃平　姚春立）

【多元经营与厂办集体经济】 年内二七机车厂实现了全年多集经企业经营目标。厂属设备维修安装公司、动能公司、长铁运输公司、电器公司、宏铁工贸公司、工业公司、西宇建安公司等单位取得了较好的经营业绩。工业公司、电器公司利用自有资金对厂房进行了大规模更新改造；动能公司加强内部管理，节能降耗；物业公司划小核算单位、切块经营，医院面向社会、搞活经营，均取得较好效果；技校改善教学和校园环境，吸引生源、扩大招生；铁路学校实现瘦身，积极做好移交准备工作。工厂多集经单位实现销售收入总额 20529.6 万元，其中非工厂产品收入 3914.4 万元，实现利润总额 1221.2 万元，上缴工厂利润 478.6 万元。

（胡跃平　姚春立）

【丰台桥梁工厂实现搬迁、人员分流】 丰台桥梁工厂始建于 1940 年 10 月 9 日，隶属中铁六局集团有限公司，有职工 2078 人，资产总值 16624 万元，是集生产预应力混凝土制品、钢结构、钢模型、铁路扣件及其配套设备装备以及部分专业施工的综合性企业；工厂现有预制构件专业二级和预拌混凝土三级专业资质。年内，丰台桥梁工厂从 4 月全面启动搬迁工作，生产车间全部停产，设备、物资向平谷、密云生产基地迁移。截止到年底，原厂区内轨枕车间、桥梁车间、结构分厂、电力车间、动力车间已完成搬迁工作，运往平谷、密云两厂的可利用设备、资源约 12000 吨，运输车次 682 车，圆满完成废旧设备废旧物资处置，并将工厂西区土地（除工厂总部办公楼外）全部移交给房地产开发商。工厂在平谷、密云两地的泥质土产品和钢结构产品生产基地正在建设中。启动人员分流工作于 12 月 1 日始至次年 3 月 31 日止，在与上级主管部门进行反复研究，充分学习领会中央及北京市关于污染扰民企业搬迁改制，中央企业主辅分离、辅业改制等有关政策基础上，制定工厂人员分流方案，共实施人员分流1207人。

（郦欢霞）

【桥梁厂积极参与市场竞争】 年内，工厂积极参与市场竞争，参加竞标取得承担“哈尔滨铁路枢纽工岗至万乐联络线桥梁制造工程”预制混凝土桥梁375孔的任务，于1月成立丰台桥梁工厂王万线十三标段项目经理部，4月在哈尔滨建立现场制梁厂，6月形成生产能力，当年生产桥梁135孔，实现产值2240.5万元。并于10月取得部级生产许可证。体现了丰台桥梁工厂在混凝土预制件生产中的技术优势。

（郦欢霞）

【二七车辆厂销售收入再创历史新高】 中国南车集团北京二七车辆厂隶属于中国南方机车车辆工业集团公司，为国内铁路货运平车、平车——集装箱两用车和特种平车的制造基地。具备年新造铁路货车3000辆、修理铁路货车6000辆、生产各种铸件1万吨的能力，同时拥有年产ST型缓冲器4万套、MT-3型缓冲器2万套、交叉支撑装置2万份、轴承保持器44万件的配件生产能力。年末，工厂在册人数4682人，其中具有高级专业技术职称118人，中级专业技术职称386人。设置行政部室14个，党群部门5个，生产车间11个，文教卫生单位2个，多经实体2个，控股企业3个，厂办集体企业1个。工厂固定资产总值2.6亿元(净值)，占地面积98.9万平方米，其中生产用地70.2万平方米，房屋建筑45万平方米。有各类机械动力设备1920台，其中主要生产设备1557台；设备完好率99%。全年实现销售收入8.03亿元，创历史最好水平，同比增长1.7%，利润总额678万元，税金1550万元，完成集团公司下达的资产经营责任指标。工业总产值劳动生产率197845元/人，在岗职工年平均工资24727元/人，万元产值综合能耗0.46吨标准煤。

（刘长启　冯　丹）

【产品销售与服务】 工厂新造铁路货车实现销售1416辆。其中，铁道部招标车976辆，产品有：C64K型敞车524辆，NX17BK型集装箱共用车220辆，C80型铝合金敞车75辆，X2K型双层集装箱平车50辆，X2H型双层集装箱平车107辆；路外车440辆，其中向神华集团销售C64K型敞车300辆，向河北沙蔚铁路有限责任公司销售C64K型敞车30辆，向云南云天化联合商务有限公司销售NX17BK型车50辆，向上海安东商品轿车铁路运输有限公司和安北轿车铁路运输有限公司各销售SQ3K型运输汽车双层平车30辆。检修货车4478辆，均为铁道部招标车，其中：C62A型敞车2049辆，C60吨敞车919辆，C62B型敞车389辆，平车1073辆，T12龙门铺轨机托架平车43辆，T6F检衡车5辆；转K2改造1750辆。配件销售包括：ST型缓冲器11053套，MT-3型缓冲器7256套，MT-2型缓冲器1825套，摇枕40个，侧架80个，L-B型制动梁21704件，8G型交叉支撑组成5711件，K2型交叉支撑组成34964件。售后服务工作得到用户认可。以赴段走访、分派驻段人员等形式，加强与客户信息沟通，重点走访了5个铁路局和26个车辆段及站修所，了解工厂车辆及配件产品运用质量状况，及时处理质量故障。为北京、上海、济南等铁路局的40余名车辆段的领导及专职人员举办了双层集装箱车运用培训班。

（刘长启　冯　丹）

【科技创新步伐加快】 三层运输汽车专用车项目通过了铁道部运输局和科技司组织的设计任务建议书的审查；25t轴重共用车于10月份以“70t级共用平车”形式通过了部级技术审查；SQ3K型运输汽车专用车完成设计改造，年内投产；首次承接的地铁工程项目深圳地铁平车，于6月份完成验收和现场培训；检修车提速配装转K2型转向架技术改造现已批产；C80型敞车完成了加装下侧门方案设计和样机试制；305mm×254mm旋压密封式制动缸完成样机试制和相关试验；铸造新产品有转K5型摇枕侧架、转K2型斜楔、JLS－1型钩尾框等。为提高转向架组成后的质量检测水平，研制开发了机电液一体化、具有多种功能的转向架压吨试验机，该设备达到同行业领先水平，并在转向架车间正式投入使用。《MT－2、MT－3型缓冲器技术引进》项目获北京市科学技术协会"金桥工程"项目二等奖，《X2H型双层集装箱车产品开发》项目获三等奖；《NX17BK型共用车》项目获2004年度中国铁道学会科学技术三等奖。

（刘长启　冯　丹）

【技术改造加大投入】　全年完成计划投资7700万元，财务付款6070万元，三年新造车建线规划两年基本完成。固定资产投入110项，完成8台大型进口设备招标及合同签订工作，合同总金额为2152万元，其中6台设备已安装投产；新建7条新造车生产线及更新改造现有设备等，合同金额5800万元。为提升产品的造修质量，工厂进行了工艺装备配置和厂房改造。采购了数控折弯机、数控成型磨床、数控钻床、数控龙门加工中心、中梁生产线等一批大型先进设备；完成C64端墙、地板焊接专机、枕梁、横梁、下侧门生产线安装并投入使用。为提高货车造修油漆质量，工厂投资建设喷漆线。底漆喷漆房、烘干房已于8月初安装调试完毕并投入使用。检修车提速改造克服了车型复杂、变更频繁等困难，完成了各型号车的改造工艺方案。编制了转K3整体构架超声波探伤工艺规程，完善探伤工艺，提高了探伤人员对缺陷判断能力，降低了修车成本。完善了低合金钢冶炼工艺，提高了钢水冶炼水平。

（刘长启　冯　丹）

【质量管理再上新台阶】　二七车辆厂召开多层次质量工作会议，学习兄弟工厂经验，从改进设备工装和加强生产过程中质量控制两方面入手进行整改，收到了较好的效果。新造货车一次交验合格率82%，检修货车一次交验合格率80.2%。新造、检修货车批量返厂率均为零。工艺技术部及有关车间广泛推行自动焊小车和CO_2气体保护焊，并加快新造车焊接专机的定货、安装、投产进度，落实"以装备保工艺、以工艺保质量、以质量保运输安全"的要求，较大提升了焊接质量水平；质量检查部和分解检查部加强质量抽查，组织整车质量观摩活动，促进了产品质量的提升。工厂10月份通过了质量管理体系复评和环境/职业健康安全管理体系第一次监督审核。

（刘长启　冯　丹）

【企业管理扎实有效】　是年，二七车辆厂实施开源节流。加强了成本费用管理，促进增收节支。在新造车定单不足、原材料价格大幅上扬、收入锐减的情况下，两次压缩成本费用支出，并组织学习了同行业工厂降低检修车成本经验。全年可控费用比计划减少158万元，修旧利废总价值998万元，物资回收代用220万元，废钢铁回收1.24万吨。加大了财务管理力度，积极催收货款，利用各种渠道进行融资，合理安排各项资金支出。加强对在产品、库存材料的控制，在工厂加大技改投入的情况下，保证了资金供给。强化审计监督工作。由于钢材、煤炭、燃油等原材料价格持续高位攀升，年内实际采购成本上升了3077.4万元。物资部克服了原材料品种多、供应数量大、产品质量要求高等因素，保证了厂内供应，较好地完成了配件产品的外发任务。全年完成集团公司下达的险性事故、重大大事故、产品批量返修指标，全年无工伤死亡、工伤重伤、重大火灾事故和重大设备事故。安全生产工作采取积极预防、狠抓隐患的方针，全年未发生死亡和重伤事故，发生轻伤事故25件，伤25人，轻伤事故频率5.34‰，实现了2004年工厂安全生产目标。消防工作获北京市2004年度消防管理先进单位称号。

（刘长启　冯　丹）

【企业改革稳步推进】 二七车辆厂开展了全方位减员增效工作,全年净减359人,超额完成集团公司下达的指标。工厂中、小学合并,成立北京二七车辆厂学校,中学停止招生;厂办、党办合并,成立工厂办公室;7月31日撤销北京世元陶瓷复合钢管厂,其生产经营业务自8月1日起并入北京丰华实机械有限公司;10月工厂与中铁现代物流科技股份有限公司共同出资成立了北京中铁二七储运有限公司。三项制度改革逐步深化,在岗位工资制的基础上,继续完善多种分配形式并存的工资分配制度,不断提高工资分配的激励作用;开展专业技术职务和技师评聘;加强员工培训力度,完成一级培训班46期,总培训1470人次;组织开办二级培训班72期,培训4980人次。企业改革初战告捷。工厂稳步推进主辅分离、改制分流的总体规划。至年底,已完成汽运公司、隆长泰公司、二七储运公司、丰华实公司的改制工作,员工身份完成置换,劳动合同完成变更。长铁公司的资产及人员情况初步调查工作基本完成。

(刘长启　冯　丹)

【多元经营成效显著】 二七车辆厂多种经营经济实体4个,从业人员624人,实现销售收入1.13亿元,利润852万元。工厂控股的北京隆长泰工程机械有限公司销售收入2922万元,利润402万元;北京丰华实机械有限公司有员工96人,销售收入1911万元,利润239万元。厂属北京市丰台区宏业科工贸公司实现销售收入6037万元,利润201万元;北京长辆物业管理中心销售收入459万元,利润10万元。厂办集体企业长铁车辆工业公司有员工604人,全年实现销售收入7249万元。

(刘长启　冯　丹)

【北京中铁二七储运有限公司开业】 为拓展企业多元经营,寻求新的经济增长点,中国南车集团北京二七车辆厂与中铁现代物流科技股份有限公司共同出资组建了北京中铁二七仓储有限公司。10月19日新公司召开了第一次股东大会及第一次董事会。该公司主营业务为轿车整车储存和配送,同时兼营汽车配件储运及铁路长途轿车的接车发送任务。注册资金1000万元人民币。11月16日,新公司举行了开业庆典。南车集团公司副总经济师白继文、丰台区区委常委统战部部长吕跃进、丰台区商务局局长徐琤、中国物流与采购联合会汽车物流分会常务副理事长兼秘书长沈进军等领导出席。

(刘长启　冯　丹)

【天然气燃气蒸汽联合循环发电工程奠基】 3月18日,北京市第一台F级350兆瓦天然气燃气蒸汽联合循环机组奠基仪式在北京京丰燃气发电有限责任公司举行。京丰燃气公司350兆瓦级燃气发电机组的投产建设,标志着中国电力事业已向国际化发展迈出第一步。京丰燃气公司即将建设的350兆瓦级燃气发电机组是2008年奥运会环保工程之一,它改以往燃煤发电的劣势,以天然气作为燃料,具有环保清洁、经济效益高、启动速度快等优点,投产后,将缓解北京电网压力,为改善北京空气质量提供保障。京丰燃气公司燃气发电工程规划两台350兆瓦级燃气机组,一期发电机组预计2005年6月竣工投入运行。此项目由北京国际电力开发投资公司和北京京能热电股份有限公司共同投资建设,一期总投资约16亿元。京丰燃气公司董事长邢焕楼在奠基仪式上表示,京丰燃气公司按照"安全一流、设计一流、制造一流、安装一流、调试一流、运行一流"的标准建好、管好350兆瓦燃机工程,争取早投产、多发电。

(秦玉彩)

【京丰热电公司通过网内年度复查】 12月16日,华北电网有限公司一流企业考评组对北京京丰热电有限责任公司一流发电企业工作进行了年度复查。考评组分成安全管理、设备管理、经营管理、节能管理、技术进步与环境保护、企业文化建设六个专业组,听取汇报的同时进行了严格的现场考评。考评组一致认为:京丰热电公司 2003 至 2004 年度巩固了华北电网一流发电企业成果,11 项必备条件全部达到要求,六项考评得分均在 90 分以上,顺利通过网内一流发电企业年度复查。

(秦玉彩)

【第四届 QC 小组成果发布会成功举办】 北京京丰热电、京丰燃气发电有限责任公司第四届 QC 小组成果发布会于 8 月 20 日举行。QC 成果发布是京丰公司非常具有自身特色的创新创效活动之一,也是公司团委树立的一项"品牌"活动。前三届的 QC 小组成果已有多项应用到公司的实际生产中,达到了预期的效果,同时为公司创造了可观的经济效益。此次共有 11 项 QC 成果在会上发布,设计到机、电、炉、化学等各个专业。经过评选,化学车间 QC 小组的《节水,从工业水入手》脱颖而出,获得此次发布会的一等奖;热工专业 QC 小组的《#7 炉全程投入式灭火保护系统改造》获得了二等奖,电气 QC 小组的《发电机滑环碳刷过热、烧断问题的解决》和发电部 QC 小组的《一专多能,多岗位值班》及锅炉 QC 小组的《#7 炉制粉系统水平段改造》获得三等奖。其他 QC 小组的成果也获得了好评。

(秦玉彩)

【35 万燃机两大主设备运抵工地】 11 月 7 日凌晨四点三十八分,轰动京城的"巨无霸"设备燃气轮机和发电机定子运抵北京京丰燃气发电有限责任公司基建工地。此大型发电设备是京丰燃气公司一期 350MW 级燃气蒸汽联合循环发电机组两大主设备:净重 330 吨,长 14 米,宽 6 米,高 5.6 米的燃气轮机和净重 248 吨,长 11 米,宽 5 米,高 5 米的发电机定子。设备之巨、运输难度之大,为北京市 30 年来所仅有。11 月 8 日上午 8:58 分,"巨无霸"设备之一净重 330 吨的燃气轮机被缓缓吊离地面,9:58 分,燃气轮机扣盖完成,35 万燃机基建工程中最大最重的设备—燃气轮机一次吊装成功。11 月 11 日上午,另一"巨无霸"设备发电机定子顺利完成吊装任务。随着燃气轮机、发电机定子的安装到位,35 万燃机工程进度向前跨越了一大步。

(秦玉彩)

【北方车辆集团入选北京百强企业】 2004 年,是北京北方车辆集团有限公司公司制改制后的第三年,按照"立足装甲、服务全军"的军品发展战略以及"产品创新、规模经营"的民品经营思路,公司不断开拓军民品市场,推出了多种新产品,取得了优异的成绩。其中大客车获 2004 年度"公路客车金奖"、"旅游客车最佳造型奖"等;车载帐篷及新型房车打入美国、澳大利亚市场;索道成为中国索道协会常务理事单位,并获得中国质量检疫检验局颁发的特许经营许可证等。全年公司技术改造项目进展顺利,近 100 台具备国际先进水平的数控设备安装到位,集团公司的生产能力和制造水平有了实质性的提高。销售收入首次突破 10 亿元大关,增长率达 42%,创造了建厂以来的历史新高,公司连续第八年盈利,并入选"北京市 100 强企业"。

(俞留章)

【三兴汽车厂生产创历史最好水平】 年内,集团公司克服了重重困难和压力,全面超额地完成了年初预算的各项经营目标。实现销售收入完成 2. 65 亿元;完成利润 900 万元,利税超过 1000 万元;在职职工人均年收入 2.15 万元;劳动生产率人均 4.8 万元/人,以上四项指标均创工厂历史最好水平。

(马同立)

【三兴汽车厂再捧"安康杯"】 北京三兴汽车厂高度重视安全生产,是年又获北京市安全生产竞赛最高荣誉"安康杯",这是自 2003 年获得该项荣誉后的第二次捧杯。

(马同立)

【为职工排忧解难办实事】 北京三兴汽车厂党委积极为改善职工工作环境和生活环境作了大量工作,使年久失修的职工休息室、会议室、浴室焕然一新，厂区进行硬化、绿化成为花园式工厂，改善职工住房条件，对东楼家属区进行了整改。在两节期间群众性送温暖活动中，多渠道筹措“送温暖”资金4.2万元，累计入户慰问困难职工和劳模家庭65户次，及时为困难职工和劳模家庭排忧解难。为144名女职工建立了安康互助保险；为职工新建立了“补充医疗保险”、“在职职工互助合作医疗保险”保资40余万元，累计赔付金额30余万元。

(马同立)

【参加“新世纪职业技能大赛”成绩斐然】 北京三兴汽车厂在“新世纪北京市首届职业技能大赛”中以突出成绩获“新世纪北京市丰台区首届职业技能大赛”优胜奖；两名同志荣获“丰台区技术能手”称号；5名同志荣获一等奖；3名同志荣获2等奖；1名同志荣获3等奖。该届技能大赛全厂共有8个工种427人次参加了大赛初赛，169人次参加了复赛；104人成绩突出，达到中级工以上标准、12人在区级大赛中取得高级工职业资格证书、2人在北京市大赛中获得技师职业资格证书。中级工职业资格取证率达到24.36%；高级工职业资格取证率达到2.81%；技师资格取证率达到0.47%。在区级技能大赛中有3名职工获得参赛工种第一名，3名职工获得参赛工种第二名，12名职工获得参赛工种前10名，六名职工被区大赛组委会推荐参加市级大赛，2名职工获市参赛工种前20名。

(马同立)

【北京三兴汽车厂团委获奖】 北京三兴汽车厂团委在2004年充分发挥党委助手作用，以“贴近青年、关心青年、团结青年、激励青年”为目标，带领青年团员职工在工厂的生产经营、经济技术创新、企业文化等方面做出突出贡献，被北京市团委评为“五四红旗团委”。

(马同立)

【中国首台冷风道面吹雪车下线】 12月10月，中国首台冷风吹雪车—BSX5150TC道面吹雪车在北京三兴汽车厂下线。BSX5150TCX道面吹雪车主要用于机场跑道和高速路作业，具有吹扫、吹雪、除冰、喷洒除冰液、磁吸等五种功能，与中国当前广泛使用的涡喷5吹雪车相比较具有耗油量低、作业时间无限制、噪音低、保护机场道面、功能性强等特点。年内该厂开发新产品还有机场吹雪车、运水挂车等8项军品；浓酸运输车、铝合金罐车等12项民品；公路用修路王、洒布除雪车等17种特种车辆。

(马同立)

商贸 服务业

商业贸易

【概 况】 是年，丰台区商贸业发展迅速，规模不断扩大。大型商业设施建设加快，新型业态不断出现，连锁经营比重提高，国内外著名商业企业入区经营，推动了商贸业结构优化和素质提升。以商场、超市、专卖店、专业市场为主的多元化业态格局和西南三环－四环路商贸物流带基本形成。全年实现社会消费品零售总额182亿元，同比增长7%。

（邱瑞 曹军 尹子龙）

【机构改革组建商务局】 6月，区政府机构改革组建商务局，将经济贸易委员会承担的商品流通、生活行业管理和旅游管理等职责，对外经济贸易委员会承担的对外经济贸易和招商引资职责划入商务局。设办公室、投资促进科、流通管理科、综合发展科、旅游科5个职能科室，人员编制25人。

（尹子龙）

【对区域商业布局规划进行调研】 根据《北京2004－2020年大型商业设施规划》（修编）进行区域商业规划布局调整。在北京市规划修编（初稿）的基础上，对区域内的有关情况进行调研，提出新增5处市级商业中心和7处区级商业中心的建议，同时建议市规划中确定的“木樨园”市级商业中心以大红门商业街为主。

（邱瑞 曹军）

【提高大型商业设施总量和素质】 是年，丰台区三、四环交通主干线两侧陆续有多家大型商业设施投入使用，如：西南三环附近的易初莲花综合超市、首联迪斯康折扣广场、美克美家家具装饰旗舰店、木樨园世贸中心等；西南四环附近的北大地物美综合超市、桥南华冠综合超市和欧尚日用品超市、乐华梅兰建材超市等，总营业面积超过25万平米。此外，碧溪家居广场二期、大红门商贸城三期、“糖人街”商业街等项目也在建设中。

（邱瑞 曹军）

【大力建设大红门商业街】 9月，大红门商贸城三期正式动工，建筑面积约6.3万平方米，预计明年初完工，届时，大红门商贸城总建筑面积将达到17万平米，成为商业街最大的单体商业设施；京温服装市场二期2004年1月破土兴建，预计2005年3月正式开业，与一期市场连成一体，总建筑面积将达到5.2万余平方米；鑫福海大厦、福城布艺大厦、木樨园购物广场项目等均已获得市发改委立项批准。此外，该地区的市政基础设施建设得到加强，实施了交通优化措施，木樨园立交桥的改建工作正在加紧实施。

（邱瑞 曹军）

【连锁商业发展规模继续扩大】 是年，注册在丰台区的连锁企业总部共9家,各类连锁分店约200家,零售额占社会消费品零售总额比例的22%。其中,仅首航国力和物美—博兰特公司在丰台区新开综合超市、便利店即达20余家,大大方便了全区居民生活。

(邱瑞　曹军)

【促进物流业发展】 结合北京市物流规划修编工作,7—8月份对全区重点物流企业和地区进行走访、调研,并向北京市有关部门提出物流规划修编建议。在北京市初步确定的2005—2020年共约24处"公共物流区"中,丰台区共有6处,约占全市的1/4。一批重点物流企业在规模和素质上有所提高,如:怡合物流有限公司正在建设北京市第一家由国家海关批准的汽车零配件保税物流库;西南图书物流中心的仓储面积已达20万平米,入驻出版社已达130家——约占北京地区出版企业总数的一半以上,同时,第三方物流、图书主题公园等项目也都在稳步推进;白盆窑物流中心的信息化平台、邮政分拣库,新发地市场升级改造、丰科城药业的物流功能延伸等项目都在有序进展。组织区域内重点物流企业申报北京市2005年商业结构调整资金。共审核、推荐了5家物流企业申请该项资金,涉及的项目总额约4亿元,申请贴息约2000万元。

(邱瑞　曹军)

【推进便民服务工作】 根据市有关文件精神,确定了丰台区7家政府扶持的便民浴池,组织企业签定了《丰台区便民浴池承诺书》,制定了《丰台区大众便民浴池管理办法》,进一步缓解了平房区低收入群体的洗澡难问题。为方便群众生活,对便民菜店建设、便利店搭载早餐项目进行了协助选址、企业推介、督促引导等推进措施,共新建便民菜店15个。

(邱瑞　曹军)

【加强行业安全管理工作】 开展区域内商业企业生产安全、食品安全、公共安全的宣传、教育和培训工作。主要内容包括:督促商业企业完善安全管理制度、制定应急预案、加强安全设施设备的维护保养、进一步落实安全管理制度和安全防范措施,消除事故隐患。与丰台消防监督处联合召开有商(市)场、餐饮、洗浴和美容美发行业150余家企业参加的《丰台区商业消防安全工作会》,部署企业开展消防设施隐患自查整治工作;与区安全生产管理局、丰台消防监督处联合召开有60余家大型商(市)场参加的《丰台区大型商(市)场应急演练工作会》;下发或转发关于安全生产工作文件共计3000余份,要求商业企业严格落实安全生产制度,防止重大安全事故的发生;逐一现场检查区域内成品油零售企业90余家,向企业发放《安全告知书》,发现问题及时协调。

(邱瑞　曹军)

【落实"四个规范",维护市场秩序】 组织商业企业认真学习、贯彻、落实"四个规范",暨《北京市商业零售企业进货交易行为规范》、《北京市商业零售企业促销行为规范》、《北京市商场、超市安全管理规范》和《北京市餐饮业安全管理规范》。督促企业严格遵循公平、公正、诚实、信用的原则,提高自律意识,规范零售企业促销行为,加强对促销活动的组织管理,维护流通领域市场经济秩序。

(邱瑞　曹军)

【保证重大节日期间市场繁荣稳定】 元旦、春节、"五一"、"十一"等重大节假日期间,成立假日工作领导小组,在制定、贯彻供应保障、安全管理及相关工作方案的基础上,加强对以新发地为主的批发市场,华堂、首联、万客隆等大型零售企业以及生猪定点屠宰企业和典当等特殊行业的走访、检查和监测,提出指导意见,及时排查隐患,并采取有力措施督促、引导企业贯彻落实居民生活必需品供应及安全保障要求,促进节日市场的繁荣、稳定、安全。

(邱瑞　曹军)

【加强粮食市场检测】 贯彻落实国务院《粮食流通管理条例》精神,对区域内粮食收购、储运、运输、生产、加工、批发、零售、进出口企业的生产经营活动进行管理;对区域内从事粮食经营活动的重点企业的粮食品种、价格、库存等进行监控,保障粮食市场稳定。

(邱瑞 曹军)

【加强无障碍设施建设】 是年,区域内万米以上百货商场无障碍设施齐全,达标率100%;5000平方米以上超市无障碍设施达标率为41.7%;特级餐馆无障碍设施达标率26.7%。

(邱瑞 曹军)

【加强生猪屠宰管理】 依法关闭北京市花乡友谊食品加工厂、北京市精诚食品加工厂2家不符合规划、屠宰工艺落后的小屠宰厂,保证肉品质量和安全。加强生猪屠宰管理,打击私屠滥宰,共收缴并销毁了非法屠宰的生猪19头,计2000余公斤,有效杜绝了违法肉品流入市场。

(邱瑞 曹军)

【加强成品油市场管理】 对区域内90家成品油经营企业进行年审,59家通过资质审核,报审率为71.1%、通过率为92.2%。向每个企业送达《告知书》,进一步强调成品油经营资质和安全保障要求,协调有关部门对其中设施、管理方面存在问题的企业提出限期整改的要求,并逐一进行追踪落实。

(邱瑞 曹军)

北京博兰特食品工贸集团

【概 况】 北京博兰特食品工贸集团是区属规模最大的商业集团,由原区副食品公司和菜蔬公司于1995年合并组建。位于丰台镇东大街。总建筑面积199672平方米,营业面积127025平方米。下属217个商业网点,直接管辖的基层企业9个,有职工465人,离退休职工2752人。在市场经济发展的新形势下,集团的主业由副食品批发、零售转为资产经营和物业管理,并建立了以资产为纽带的适应市场经济的经营管理机制。在深化企业改革中,先后把连锁公司、东高地副食商场、北大地副食商场、商业设备厂等基层企业改制为有限责任公司或股份制企业。其中对博兰特物美有限责任公司和北大地商场有限责任公司等企业实行参股经营,其它改制小企业自主经营。按照党的十六大和十六届三中、四中全会精神,积极贯彻"三个代表"重要思想,把发展作为集团的第一要务,用发展的办法不断解决前进中的问题,团结依靠广大干部职工完成了年初制定的各项工作任务。积极加强招商引资,开发闲置面积2100平方米,投入资金221.88万元对老旧房产进行了基建维修。结合危改拆迁工作,桥南四处已与开发商签订协议拆除面积2263.2平方米,置换新建面积2075平方米,拆迁补偿款金额145.9万元。原副食公司院内与开发商实行土地置换,置换土地506平方米,补偿款金额为52万元。由于在非典期间把长辛店冷库整体划拨给长辛店医院,区政府补偿征用损失230万元。本年资产收益计划1984万元,实际完成资产收益2039万元,占全年资产收益计划的102.77%;利润计划275万元,实际完成利润365万元(其中处理以前年度遗留问题259万元),占全年利润计划的132.73%;实现报表利润106万元,比2003年增长55.88%;上交国家各种税金271万元;企业工资总额735万元,比2003年企业工资总额641万元增长14.66%;企业资产总额14008万元,负债总额6807万元,资产负债率48.59%。

(翟继翰)

【大力加强安全生产工作】 年内,先后制定发布了《关于预防煤气中毒的紧急通知》、《集团预防禽流感预案》、《集团2004年消防安全工作安排意见》、《集团关于开展安全月活动的意见》、《集团重大突发事件应急预案》、《关于开展"保安全、促发展"宣传教育活动的通知》、《集团关于加强安全生产和稳定工作的意见》、《关于转发〈北京市关于重大道路交通安全事故行政责任追究规定〉的通知的通知》等一系列文件并一一落实。全年集团领导带队现场办公解决安全生产、防火等问题共12次,中层以上干部带队检查177次,一般性检查234次,发现隐患83起,均已纠正。并投入资金101.48万元,用于电器改造,购置、更换灭火器,增添防水(防汛)和喷淋、报警装置,消防拴改造、增容等。

(翟继翰)

【认真为职工群众办实事】 制定了《关于2003年企业补充医疗保险基金使用意见》,统一了企业补充医疗保险的报销范围及比例,为508名退休和在职人员发生的医疗费在区社保中心进行了报销,为其中183名符合企业补充医疗保险报销范围的职工进行了补充医疗报销,支付补充医疗保险金25.27万元。同时制定实行了《集团关于住房公积金比例调整方案》,住房公积金缴存比例调整为10%。6月份组织40名退休人员进行了疗养。对特殊工种退休认定工作积极协调。对符合特殊工种条件的32名人员进行了认定(其中有90%以上属于自谋职业人员)。

(翟继翰)

【依法治企取得实效】 加强法制教育,制定实行了《2004年企业法制工作安排意见》和《2004年预防职务犯罪工作安排》。加强了对各种法律条规的学习宣传力度,开展了“12、4”法律宣传日活动。全年处理各类经济案件17起,涉案金额300多万元,为企业减少损失200多万元。集团依法治企的经验被载入《2000—2003年丰台区依法治区经验材料汇编》一书。

(翟继翰)

【深入搞好调查研究工作】 年初党委制定了《关于深入开展调查研究的工作制度》。集团两级干部共撰写调研报告20篇,其中基层一把手以上干部完成了14篇,全部收入了《博兰特集团2004年领导干部调研报告选》下发基层学习。14篇调研报告中,涉及企业发展和经营管理的9篇,涉及企业民主制度建设的1篇,涉及企业改革的1篇,涉及企业文化建设的1篇,涉及党建和思想政治工作研究的2篇。

(翟继翰)

【继续抓好党支部等级化管理】 加强党支部的等级化管理工作,对2003年度党支部等级化管理进行了总结,评选出优秀党支部2个,达标党支部8个,优秀信息员1名。7月份和12月份对基层单位领导班子和领导干部分别考核2次。通两次考核结果基层单位优秀领导干部约占80%,称职领导干部约占20%。

(翟继翰)

【加强企业党风廉政建设】 以认真落实党风廉政建设责任制为依托,加强了党风廉政建设和反腐败工作。56名干部签订了党风廉政建设责任书,组织150名党员、干部参加了反腐倡廉党课教育,有35名中层以上干部听取了区纪委贯彻学习两个条例的辅导报告,有53名集团两级班子成员参加了党纪条规知识测试活动,组织30名党员干部参观了区纪委反腐倡廉书法摄影展。认真做好来信来访工作,全年共受理署名来信8件,已全部办结。

(翟继翰)

【加强民主管理和监督工作】 坚持以职代会为基本形式的民主管理机制,落实职代会的各项职权,努力提高职工的参政、议政能力。集团职代会和各基层单位职代会(职工大会)分别审议了集团和各单位的重大事项,并坚持店务公开制度,各项重要事项分别通过多种形式进行了公示。工会积极发挥“职工之家”的作用,在两节期间共走访慰问了176户特困、困难、下岗、退休、劳模和伤病职工家庭,为他们送去慰问款34100元和大量慰问品。基层有6个单位也出资24400元对企业生活困难的职工进行了慰问。

(翟继翰)

北京市赛欧工贸有限公司

【概　况】 至年底,北京市赛欧工贸有限公司全系统共有在职职工399人,退休退职人员1882人(其中:退休1762人,退职120人)。全年主营业务收入完成2764.1万元,同比增加438.1万元,增长率为18.84%。实现利润789.3万元,同比增长193万元,增长率为32.37%;上缴国家税金701.2万元,同比增长314.6万元,增长率为81.4%。企业经济效益创出历史新高。实现了年初制定的主营业务、利润、职工收入与去年相比各增加10%的目标。中心党委以党建促进经济发展,充分发挥各基层党支部和党员的先锋作用。工会组织关心职工生活,积极维护职工的合法权益。企业三个文明建设进一步加强,计划生育、献血工作连年保持先进单位。档案工作继续保持市一级单位的称号。

(刘志荟)

【扶贫济困送温暖活动】 1月14日,赛欧工贸有限公司领导和工会领导亲自带队,共走访慰问离退休人员1865人、困难职工30余人,还看望了7位劳动模范,共发放慰问品、慰问金36.7万元。

(刘志荟)

【健身乐园被评为先进体育场馆】 健身乐园被丰台区体育局评为2003年度丰台区体育场馆先进单位。

(刘志荟)

【公司下属六单位变更为分公司】 完成有限公司改制后,按照《公司法》的要求,将下属六单位变更为六个分公司,取消原有的法人单位为公司一级法人企业。

(刘志荟)

【公司召开职代会】 2月17日,公司召开了职工代表大会,与会的三十五名代表认真讨论并通过了《北京市赛欧工贸有限公司集体合同》、《北京市赛欧工贸有限公司劳动合同制度实施细则》。

(刘志荟)

【集体合同签字仪式】 3月19日,由行政方、工会代表、职工联席组长参加的《集体合同》签订仪式上,公司董事长穆传敏代表行政方做出承诺:认真遵守《集体合同》规定条款,承担合同所规定的义务,全面履行好《集体合同》。职工代表在会上也表示:要珍惜自己的权利和岗位,支持企业改革,服从企业管理,为企业的经济发展多做贡献。集体合同的签订,为企业的发展以及建立和谐稳定的劳动关系打下了基础。

(刘志荟)

【召开第二次股东代表大会】 3月31日,公司召开了第二次股东大会,会议由副董事长杨青主持,审议通过了《董事会工作报告》、《监事会工作报告》、《财务工作报告》、《2003年利润分配方案》、《关于建立企业奖励基金的建议》、《关于参股成立世欣荣和(股份)有限公司的议案》。董事会工作报告在总结2003年的工作的同时,提出了2004年的总体奋斗目标。即:主营业务收入指标在去年的基础上递增10%;利润同比递增10%;职工人均收入同比递增10%。

(刘志荟)

【赛欧发展大厦竣工验收】 历时一年时间,自筹资金建设的赛欧发展大厦于3月31日经北京市质检总站、北京市技术监督局、北京市劳动保护科学研究所、北京市消防局、丰台区建筑工程质量监督总站等单位验收合格,并由施工单位移交使用单位投入使用。

(刘志荟)

【赛欧创业孵化广场举行开业庆典】 4月29日,新投入使用的赛欧发展大厦正式命名为"北京赛欧科园科技孵化中心赛欧创业孵化广场"。6月6日,举行了隆重的开业升旗仪式。截止到年底,赛欧科园科技孵化中心赛欧孵化广场已出租面积为9255.39平米,达到可出租面积的92.5%,合同标的额784.8

万元,全年实现租赁收入200余万元。

(刘志荃)

【市区领导到赛欧孵化广场指导工作】 6月23日,北京市供销总社党委书记郑国本、主任符敬群带领党政班子成员到丰台区供销社调研并视察了赛欧科园科技孵化中心。郑国本书记代表市社党政班子对赛欧科技孵化广场的建成和投入使用表示祝贺,并对丰台区供销社几年来所取得的成绩给予了充分的肯定。7月7日、7月20日和8月18日,区人大主任杜瑞琴、区政协主席初建华和副区长汪洪也先后到赛欧孵化广场考察指导工作。

(刘志荃)

【积极参加职工安康保险】 截止到4月,公司工会在各分公司工会的积极配合下,职工安康保险参保金额累计为768870元,保险金额累计为3844350元。女职工安康保险金额累计1770元,保险金额累计590000元,参保人数累计59人。

(刘志荃)

【公司举办消防培训班】 4月14日,举办了2004年消防培训班,公司领导、机关部室、分公司主管领导及公司下属30多个防火重点门店的负责人共计66人参加了培训。丰台消防支队指导员张荣友详细讲解了火灾的预防、遇险如何逃生、火灾后的应急措施及消防器材的使用等知识。通过培训使大家普遍受到了一次消防专业知识的教育,对企业进一步落实好消防安全责任制起到了良好的作用。

(刘志荃)

【补充医疗保险报销返还工作】 四月初,为49名在职及退休人员报销了补充医疗保险,共支付补充医疗保险基金46900元,减轻了这些患病人员的医疗负担。

(刘志荃)

【积极资助贫困母亲】 在母亲节到来之际,公司及各基层单位的干部职工积极捐款献出一份爱心,捐款共计1195元。

(刘志荃)

【为丰台南路108号院居委会建活动站】 投资五万余元为丰台南路108号院居委会建设了80平方米的活动站。增加了阅览、棋牌、乒乓球等活动项目,丰富了大院离退休人员及居民的业余生活。

(刘志荃)

【被中国农业银行认定为AA级信用企业】 9月,公司获得中国农业银行北京市分行的AA级信用企业认证。享受贷款额度和利率上的优惠政策,提高了企业的信誉度。

(刘志荃)

【国际研讨班参观赛欧科技孵化广场】 9月13日,来自罗马尼亚、埃及、土耳其、蒙古、泰国、南非等十五个国家参加"第三期科技型中小企业技术创新国际研讨班"的23名学员到赛欧科技孵化广场座谈并参观了入孵企业。

(刘志荃)

【参与"扶贫济困送温暖"活动】 10月15日,公司机关和赛欧科园科技孵化中心积极参与丰台街道办事处开展的以"关注灾区、关爱灾民、捐赠一日工资、奉献一份爱心"为主题的募捐活动,机关和孵化中心的50名干部职工共计捐款2080元,捐赠衣物共179件。

(刘志荃)

【孵化基地享受财政专项资金支持】 北京赛欧科园科技孵化中心2003年高新技术产业基地政策返还资金落实到位,共返回基地资金248.2万元,其中:基地内30家企业享受返还资金136.7万元、留用于基地自身建设资金111.4万元。既扶持了高新技术中小型企业的发展,又为基地建设增加了后劲,提高了企业的信誉度。

(刘志荃)

【完成2005年企业财产保险投保工作】 12月,公司2005年企业财产保险投保工作结束。还为130余名职工投了人身意外伤害险。

(刘志荃)

北京市裕丰投资经营公司

【概　况】 北京市裕丰投资经营公司有职工25人,退休职工5人,公司设有理财部、人力资源部、办公室、市场开发部、经营管理部等五个科室。公司积极办理职工补充医疗保险,解决职工的后顾之忧。完善合同的管理,合理运用国有资产。是年公司加强对国有资产的管理,营业收入完成1437万元,实现利润435万元,超额完成了全年的经济指标和考核指标。为丰台区的经济发展做出了贡献。

（温　瑢）

【积极办理职工补充医疗保险】 根据有关文件精神,进行认真的研究和讨论,并结合公司的实际情况,在年初为全体职工建立了补充医疗商业保险。把关心群众的生活真正落到了实处。

（温　瑢）

【完善合同管理合理运用国有资产】 公司市场开发部在往年工作的基础上,是年共签订了房屋租赁合同41件,共办理了土地证10件,土地确认证明4件,为成本价购房职工办理房产证22件,合同增值率达到了6%,为国有资产的保值增值奠定了基础。

（温　瑢）

北京市丰台区烟草专卖局(公司)

【概　况】 公司为自主经营、独立核算、自负盈亏的卷烟经营企业。全年实现销售收入55616万元,同比增长39%,实现利税7500万元,同比增长105%。

（许玉国）

【实现商务电子结算】 年初在卷烟零售户中推广IC卡结算,截至9月底,IC卡结算率和金额比率提高到80%。11月中旬,在市烟草系统率先进行后台结算试点,月末,成功的从IC卡结算切换到后台结算,零售户后台结算户数比率和金额比率双双达到100%。

（许玉国）

【南城配送中心整合】 10月份,承接了宣武烟草的配送任务,至此,丰台、崇文、宣武三个区公司的配送中心整合工作全部完成,并为南城配送中心的上划作好了准备。根据市场净化率的提高,取消了使用四年之久的卷烟防伪标识的粘贴工作。

（许玉国）

【计算机系统管理】 2月底网建信息系统由原来的近郊模式调整为城区模式。9月在丰联众合公司实施了零售网上配货系统、积分卡系统。卷烟物流配送系统及网建可视化管理信息系统分别获得北京市烟草系统科技进步二等奖和三等奖。

（许玉国）

【烟草专卖管理】 年末,持证卷烟零售户2970户;全年共查获各类案件186起,其中涉案金额在5万元以上大案25起,查获非法卷烟3529.86万支,罚没收入132.69万元;移送拘留、判刑卷烟违法分子8人。9月17日,集中销毁假烟2265件,并通过多家媒体进行广泛宣传。

（许玉国）

【开展卷烟市场调查】 为全面了解丰台区卷烟市场和丰台烟草一线各岗位员工的工作质量,11月末进行了为期四天的市场摸底调查,并以市场调查和数据分析为基础,进行客户分层分类管理,实施差异化服务;分两批共发展会员店20家,建立健全了管理和服务机制。

（许玉国）

天旭饮食服务公司

【概　况】 北京天旭饮食服务公司共有网点28个,总面积23054平方米,自营企业3个,经营餐饮、美容美发、摄影等项目。年营业收入128万元,比上年增长21.39%,消化不良资产5万元,缴纳税金56.56万元,缴纳各种社会保险金110万元,人均年工资1.25万元,比上年增长33%。年末职工总数201人,其中在岗职工85人。离退休人员340人,其中离休干部9人。

(唐惠玲)

【改善企业面貌】 投资110余万元对瑞鸿轩饭庄、云岗饭庄、金合欢婚庆公司进行装修改造,改善基础设施、添置机器设备,改善了企业面貌,促进了企业经营。三家企业职工年收入分别比上年增长了68.79%、25.47%和12.12%。

(唐惠玲)

【安全生产工作】 开展“安康杯”安全生产竞赛活动,进行安全生产知识的宣传教育,对管理人员和骨干进行消防安全知识讲座,对职工进行防火知识培训和现场防火演练,组织安全常识及防范措施的知识答卷,参加全国职工安全生产知识百题竞赛活动。建立健全以安全生产岗位责任制为核心的各项规章制度,做到管理到位、责任到人、严格检查、堵塞漏洞。坚持月检查、日巡查制度,法定节假日及重要活动期间,都要对基层各单位进行安全检查,全年共检查8次,发现隐患,及时整改。加强对出租网点的安全管理,制定下发《出租网点安全生产管理要求》,加强对中、小出租网点的安全管理,实现了全年安全事故零指标。

(唐惠玲)

【党员教育】 组织党员赴西柏坡纪念馆进行参观学习,新党员进行入党宣誓。通过回顾中国革命史,重温“两个务必”,加深了对“三个代表”重要思想的理解,增强了求真务实、艰苦奋斗、清正廉洁的自觉性。

(唐惠玲)

【关心职工生活】 年内共拿出资金30125元,补助在职、待岗、退休的困难职工26人次;从7月1日起,为79名待岗、内退人员每月人均提高基本生活费54.65元,半年增加支出22623元;工会出资8112元为每名在岗职工投保了安康互助补充医疗保险,解决职工就医方面的后顾之忧;出资24.33万元为两户职工解决了“文化大革命”房产腾退问题,发放离休老干部住房补贴35.2万元。

(唐惠玲)

丰台区修理公司

【概　况】 是年,公司经济工作实现新的起步,在连续8年减债、减亏,职工收入稳步增长的同时,摘掉了多年亏损的帽子。全年实现利润10.457万元,并继续清理偿还历史债务360万元;解决历史拖欠职工医药费130万元。采取有效措施,加强企业管理,努力提高资产运营的质量,进行了企业清产核资和财务审计工作,严格落实资产效益目标责任书,使企业资产得以保值、增值;大力开展增收节支工作,确保实现扭亏。为进一步深化改革,奠定了良好基础。

(吴淑红)

【规范劳动关系】 是年,公司依据《劳动法》继续对挂靠、合同到期人员的档案关系进行了清理,对37名同志的劳动关系进行了调整(其中退休28人,分流9人)。

(吴淑红)

【资产档案建立】 公司档案工作由于历史原因,不够健全和完善,有些资产没能及时规范建档。年内,在公司经理的重视和大力支持下,对公司档案新编和续编进行登记造册归档8册,为公司下一步转制提供依据。

(吴淑红)

【明确责任,落实安全保卫工作】 年内,按市、区要求,加强安全生产和防火、防盗工作,明确责任,严格落实“双保责任书”。公司领导带队深入基层检查14次。对4处存在隐患单位发出限期整改通知书,最终达到整改要求。同时,要求所属基层单位、租赁网点、托管单位采取多种形式进行自查，确保公司整体安全。

（吴淑红）

兴源粮贸总公司

【概　况】 年内，为落实市纪委五次全会和区纪检监察工作会议精神，按照区纪委统一部署，总公司开展了“三个突出问题”的专项清理整顿工作，公司各单位按要求进行了自查。年终根据区财政部门的部署，对总公司所属的经营部进行了年终效益审计，通过了对各种财务数据及各种经营状况的审计。

（许占海）

【召开总公司全年工作会】 2月11日至13日在昌平召开，会上通过了总公司2004年工作要点、经济指标及考核办法，并总结了2003年工作，公司党政领导、基层单位党政一把手、工会主席共有35人参加。

（许占海）

【开展“送温暖”活动】 春节前夕，对18户困难职工家属、10户单亲家庭、离退休职工和5户劳模家庭进行了慰问，送去慰问品和慰问金合计金额7600元。

（许占海）

【表彰先进】 年初，对2003年评出的7个先进单位和18个先进个人进行了表彰。

（许占海）

【开展党风廉政建设教育宣传月活动】 7月，各基层单位党支部和公司机关全体成员参加了《是与非》杂志社主办的党纪条规知识竞赛活动，共有95名党员参加了此次活动，占党员总数的93%。

（许占海）

【召开职代会】 6月16日—18日在昌平召开了第六届14次职工代表大会，审议并通过了企业集体合同，新签订的集体合同增加了职工休假制度和提高住房公积金比例等福利待遇，体现了公司党政工作以人为本的指导思想，维护了职工的合法权利。

（许占海）

【做好党员发展工作】 “七一”前夕，按照“坚持标准，保证质量，改善结构，慎重发展”的方针，认真做好党员发展工作，推荐了三名同志参加了区委组织部的入党积极分子培训班，新发展了预备党员4名，为党组织注入了新鲜血液。

（许占海）

【举办财会知识培训班】 为不断完善财务制度，提高会计工作质量，8月举办各基层单位党政一把手、主管会计和机关科部长参加的财务知识培训班。

（许占海）

【完成拆迁工作】 因区内旧村改造等原因，年内按要求按时完成了对公司所属丰台经营部的草桥、新发地、黄土岗粮店的拆迁工作。

（许占海）

【认真落实老干部政策】 11—12月份，为企业单位无房和住房未达标的22名离休老干部发放了一次性住房补贴，共计金额120.7万元。

（许占海）

【建立职工住院医疗互助保险】 根据市总工会“关于建立职工住院医疗互助保险的规定”精神，在职工自愿的基础上，公司508名符合条件的职工有504人参加了住院医疗保险。

（许占海）

丰台区物资回收公司

【概　况】 年初，企业根据新的经营形势，制定了“主营求新，兼营图存”的工作方针，突出抓了主营业务的开发，在成品钢材经营上采取灵活多样、随机应变的经营方式，在废旧物资上转变经营思想注入服务理念。在管理上实行考核管理、目标管理、制度管理，保证了企业比较平稳地向前发展。全年商品购进量98471吨，同比减少7024吨，减幅为6.7%；商品销售额21409万元，同比增加2698万元，增幅为14.4%;经营费用248.8万元,同比增幅6.3%;管理费用729.2万元,同比减幅7.5%;财务费用80.1万元,同比增幅8.1%;银行贷款1304万元,减少5万元;应收帐款361.1万元,同比减少124.2万元,减幅25.6%;流动资金周转天数为38天。同比缩短19.1%;年净利润2.7万元,扭亏为盈。

(程慧玲)

【改建职工宿舍】 公司领导班子于7月2日研究决定,将朱家坟车间改造成职工宿舍,解决分钟寺、何家园子临时住房职工的迁居问题。并于11月18日召开职代会通过安置方案,12月15日两处职工动迁。整个工程建筑面积600平方米,23套住房,投资60多万元。彻底解决历史遗留的老职工住房问题。

(程慧玲)

【通过质量、环境管理体系认证】 为提升企业在市场竞争能力,提高企业管理水平,8月17日,ISO9000/14000质量、环境管理体系认证工作正式开始运行。相继建立了《管理手册》、《作业文件》、《记录清单》等相关文件,进行和接受了五次内审、外审和评审。12月15日接受并通过了“中安质环认证中心”的最终评审。

(程慧玲)

【解决拖欠职工医药费问题】 1999年公司拖欠职工医药费据不完全统计达124.82万元,到2004年在解决最后35.4万元职工医药费后,拖欠职工医药费的问题得到全部解决。

(程慧玲)

【消灭亏损出现利润】 到2003年底,公司累计亏损1138.3万元。年内通过全体员工的共同努力,扭转了连续十年经营亏损的局面,获得利润27148.40元。

(程慧玲)

【还历史旧帐增企业实力】 年内,解决了拖欠职工的供暖费160多万元;为使企业的固定资产保值增值,实现正常经营,在固定资产维修维护等投入达249.19万元,增强了企业的实力。

(程慧玲)

丰台区饮食服务旅店行业协会

【概　况】 年内,饮食服务旅店行业协会在区商务局的正确领导和区社团办的关怀指导下,紧紧团结依靠广大会员,发挥理事、常务理事的带头作用,按照本年度工作计划认真组织实施。

(贺培云)

【成立四个专业委员会】 为了进一步适应行业发展的需要,更加有利于专业化的指导与服务,协会以洗浴业为试点于年初成立了协会下属的首个专业委员会即“丰台区沐浴专业委员会”。下半年又先后组建了旅店业、美发美容业、餐饮业专业委员会,到12月底协会所属的6大行业中已完成了4个行业专业委员会的组建工作,使2/3的行业基础网络初步形成。

(贺培云)

【组织参加全市性两大美食节活动】 1月18日至2月底,参加了由北京市商务局提议,食尚杂志社承办和区协会牵头在京城六大美食街举办的,题为“中国红了,食街火了”的迎新春、贺新岁、亮品牌、塑形象大型活动。区协会推出方庄美食街的35家餐饮企业参加了该次活动,销售额平均增幅为15%左右。7月16日－8月28日,由市饮食行业协会、市烹饪协会和北京晚报等5个单位联合举办的“首届北京国际美食节活动”中,协会组织全区71家大、中型餐馆报名,并参加了在人民大会堂举办的开幕式及美食节期间不同内容不同形式的各项活动。

(贺培云)

【美发美容行业换证】 根据市政府65号令和市美发美容行业协会“关于在北京市美发美容业实行《专业资格证》制度的通知”精神,对全区原已取得《从业资格证》的企业和个体经营者,按照四个方面的具体要求换发了《专业资格证》,到年底为止换证率为65%。

(贺培云)

【餐饮业评定级别】 在餐饮业进行了GB/T 13391-2000《酒家酒店等级评定规定》的宣传贯彻,并按照全国酒家酒店等级评定委员会的统一部署和北京市酒家酒店等级评定委员会的安排,组织全区的一些企业参加了"贯标"的培训,指导参评企业完成了《质量手册》的编写以及接受现场评审等各项工作程序,最终天使食府等9家餐饮企业被认定为国家级特级和一级酒家,到年底丰台区被认定为国家级酒家的企业共42户,其中:特级17户,一级25户。

(贺培云)

【配合各部门做好相关行业工作】 ①配合区消费者协会完成了"3.15"全市开展的"诚信企业"签约活动。共完成了500户的签约任务。②配合区劳动和社会保障局完成了"新世纪丰台区首届职业技能大赛"的初赛任务。协会所属6个行业共有174家企业1307名选手参加了19个工种的初赛。在38场次的比赛中,共有360名选手取得了19个项目所规定比例的名次,取得由区劳动和社会保障局颁发的中级职业资格证书,天天渔港等16家企业荣获优秀组织奖。在初赛的基础上有126名选手参加了区级的复赛,其中有23人进入了名次,取得了由市劳动和社会保障局颁发的高级职业资格证书,峰御源食府的刘惠英等3名选手同时荣获了由区工会命名的"技术标兵"称号,在全市组织的决赛中又有16名选手参加,其中一人取得了技师资格证书。区协会荣获了"优秀组织奖"。③配合区委组织部、团区委开展了"丰台区非公餐饮企业青年服务技能大赛"活动。

(贺培云)

【餐饮业召开卫生现场会】 4月中旬,组织全区餐饮业(一级、特级及规模较大的店)近百户餐馆的经理,在郭林餐饮有限公司望园店召开了卫生现场会,通过介绍和参观大家对郭林望园店的卫生特别是后厨的卫生及管理赞叹不已,一致认为"郭林望园店不仅经营有创新,而且卫生非常好,称得上我区餐饮业的榜样"。对协会组织的这次现场会企业给予了充分的肯定。

(贺培云)

【美容美发业参赛获佳绩】 年内,协会先后召开了三次美发美容业一级和特级店的会议,传递了行业信息,请相关行业的人士就美发美容业新的经营理念、新产品的开发、应用等进行了讲座。组织全区美发美容业的35名选手参加了北京市第十八届发型、化妆大赛,有11名选手获得了12个奖项,其中:银奖3个、铜奖1个、优秀奖8个,区协会荣获"优秀组织奖"。

(贺培云)

丰台维修服务行业协会

【概　况】 年内,协会制定了《丰台区维修行业规范性文件汇编》,对行业开业准入条件、服务质量规范、行业自律守则、社区上门服务规范、质量标准、服务规程和明码标价等八个方面作了规范性规定,免费发放到会员手中,对全区从事家用电器、电子产品、空调制冷设备、办公设备、计算机、通讯终端设备、机械交通设备、计时装置及其他工业品、民用品的安装、维修和售后服务的企业、个体工商户达标店核发了《专业资格证》,以进一步规范维修市场秩序。

(梁生荣)

【开展技术培训比赛活动】 组织会员参加了"新世纪北京首届职业技能大赛"。进行了家用电子产品、制冷设备、通讯终端设备汽车维修、汽车装饰等五个工种的初赛、复赛和决赛。共有479人参加,有49人取得劳动部中级证书;16人取得高级证书;全市决赛中,协会参赛人员取得了第三名、第七名、第十四名的好成绩,有两名取得了技师证书,两名取得了高级技师证书,一名取得了“北京市经济技术创新标兵”称号,一名获得了“丰台区技术能手”称号。在年内协会还培养了本行业初、中、高级工及技师236人,提高了全行业的整体技术水平。

(梁生荣)

【行业诚信体系建设工作】 为推进社会信用体系建设,提高会员单位的诚信度,营造放心消费环境,3.15前,在全行业开展了“守信企业”评选和诚信会员单位评选工作。并同消协配合在会员单位中开展《2004年丰台区企业诚信公约》签定活动。有80个会员单位签约。有7家会员获得市工商局“守信企业”称号,有46个会员获得全行业2004年度“诚信单位”称号。

(梁生荣)

【开展社区维修服务工作】 为了更好的服务社会和广大消费者,协会开展了社区维修服务工作。全年共上门维修3082次,维修各类物品2970件,受到小区居民的好评。

(梁生荣)

【行业自律活动】 协会配合区技监局,在汽车用品行业中进行了全面自查质检不合格汽车防盗器的自律活动,对不合格产品一律下架停售和停止进货,为会员经营的某品牌防盗器进行了复检工作,维护净化了汽车用品市场。

(梁生荣)

外 经 外 贸

【概　况】 年内招商引资完成新增注册资本1000万元以上企业120家,新增企业注册资本总额49亿元,分别完成全年任务的120%和109%。新批和引进外资项目34个,同比下降30.6%;合同外资8058.3万美元,同比增长48.7%;实际利用外资完成3607.5万美元,同比增长53%。年内完成增加值24亿元,同比增长27.7%,占全区GDP的9.2%;完成销售收入127.25亿元,同比增长37.5%;完成工业产值80亿元,同比增长44.1%,占全区工业产值的40%;完成涉外税收9.64亿元,同比增长18.7%,其中区级收入1.72亿元,同比增长20.3%,占区财政收入的11.5%。申请办理对外贸易经营权企业155家,同比增长198.1%,超过历年申办企业总数之和。全区实现进出口贸易总额14.72亿美元,同比增长80.2%。

(陈　涛　尹子龙)

【提前一年完成“十五”规划】 是年,全区吸收外资继续保持了较好的发展势头,各项指标已提前一年完成“十五”规划。其中,合同外资创1993年以来最高纪录,实际利用外资达历史最高水平。

(陈　涛　尹子龙)

【徐琤局长赴法参加招商活动】 2月,商务局局长徐琤(时任区外经委主任)参加北京市组织的招商团赴法国参加了中法文化年的招商活动,并拜访了法国工商界人士、参观考察了部分法国企业。

(陈　涛　尹子龙)

【举办“丰台—缔造未来新城”展览】 5月,利用国家级经贸活动平台——第七届科博会,成功举办“丰台—缔造未来新城”立体特装展览,展示了丰台区总体发展战略、比较优势、重点发展产业和重点建设区域,推介了重点招商项目。

(陈　涛　尹子龙)

【张大力率团参加第八届京港洽谈会】 9月,张大力区长率丰台经贸代表团赴港参加了第八届京港洽谈会,与香港投资商开展了面对面的直接洽谈,有针对性地推介丽泽路商务核心区和商贸物流项目。

(陈　涛　尹子龙)

【现代制造业和都市工业招商引资】 10月,

在北京市政府首次举办的以现代制造业为主的招商活动—第一届京日洽谈会上，通过专题发言、展览展示、项目洽谈等形式，宣传推介了丰台区现代制造业和都市工业的合作资源与项目。

（陈 涛 尹子龙）

【开展区域工业资源调研】 利用北京市大力发展现代制造业的机遇，调查、分析了全区工业的基本情况，为推介现代制造业和都市工业合作项目，吸引外来资金、技术和品牌在全区发展占地面积不大、附加值高的城近郊工业，提供了有效合作资源。配合区领导走访调研了18家驻区中央、市属工业企业，摸清了丰台区成组团分布的工业企业状况，完成了全区工业特点、经营现状和工业资源的分析、整理，撰写了工业调研报告。

（陈 涛 尹子龙）

【首次开展外资企业网上联合年检】 抓住北京市优化发展环境的有利时机，积极创新，彻底改革持续了七年的"六个部门集中办公、企业现场年检"的外商投资企业联合年检方式，实现了"一门、一网、一表、一次"的网上年检，简化了年检程序，降低了行政成本和企业年检成本。

（陈 涛 尹子龙）

【加大投资促进宣传力度】 邀请北京主要媒体联合采访张大力区长，利用科博会的宣传契机，广泛报道；完成了BTV－9对闫傲霜副区长的专访和播出；通过报纸、电视、杂志、网络、发放《投资简讯》等多种形式进行投资环境、发展思路的宣传。策划了"丰台——缔造未来新城"主题宣传和"促进丰台现代制造业发展"专题宣传活动。完成了丰台招商VI视觉识别系统的制定，树立全区对外招商的统一规范形象。

（陈 涛 尹子龙）

【制作招商引资系列宣传材料】 重新调整和包装了丰台区重点引资项目，制作了2004版《丰台招商项目册》；聘请专业人士拍摄（照）反映丰台区经济发展和城市建设成就的影像图片，改版制作了《丰台——缔造未来新城》招商宣传片；收集整理了重点发展产业、功能区和重点招商项目资料，制作了《投资丰台·现代制造业·都市工业》和《投资丰台·商贸业》招商宣传册。

（陈 涛 尹子龙）

【外资企业经营增长迅速】 是年，全区外资企业完成工业产值85.5亿元、销售收入127.2亿元，分别同比增长38.5%和37.4%，其中，产值、销售收入超过5000万元的外资企业为28家和35家，产值合计为74.4亿元，销售收入合计为109.9亿元，分别占全部比重的87%和85.1%，成为丰台区的重点企业。销售收入超过亿元的企业有23家，比去年增加了1家。其中，销售收入超过10亿元的企业有2家，分别为北京家乐福商业有限公司和北京ABB高压开关设备有限公司。北京家乐福商业有限公司是年内迁入丰台区的大型连锁综合超市企业，在朝阳、海淀、丰台、宣武等区有多家超市，全年销售收入为16.71亿元。

（李国京 尹子龙）

【利润、税金显著提高】 外资企业销售收入的大幅增长，带动了其利润和税金的增长。是年，盈亏相抵后外资企业利润额为7.8亿元，同比增长96.7%，应缴税金达到9.6亿元，同比增长了18.3%。税收超过亿元的企业有2家，北京ABB高压开关设备有限公司缴纳税金2.3亿元，北京中关村丰台园道丰科技商务园建设发展有限公司缴纳税金1.1亿元，合计3.4亿元，占总税收的35.4%。

（李国京 尹子龙）

旅 游

【概 况】 是年，全区旅游饭店、景区景点共接待游人700万人次,旅游收入4.3亿元,同比增长13%和80%。其中,春节黄金周期间全区景点接待游人22.7万人次,旅游收入151万元;“五一”黄金周期间全区景点、饭店共接待游客33.44万人次,旅游收入860.38万元;“十一”黄金周期间,全区旅游企业共接待人次21.36万人,旅游收入888.56万元。接待人次和旅游收入都创历史最高点。

(李颖全　尹子龙)

【加强行业安全管理工作】 组织对辖区旅游企业的安全大检查4次,内容包括旅游企业的安全管理制度、应急预案的制定、安全设施设备的维护保养、安全造作规程等方面的综合检查,共查出防火、防盗、防暴、防食物中毒等方面存在的隐患200余处;与辖区旅游企业法人代表签订了《旅游企业安全管理职责》,明确了企业安全工作的任务和职责,同时要求企业上交了各单位制定的《安全管理制度》和各种应急预案在商务局备案,增强了对旅游企业的管理力度;将企业安全事故上报制度规范化、系统化、制度化,确保旅游企业事故上报的及时;开展了百日安全竞赛活动;受理旅游投诉13件。

(李颖全　尹子龙)

【完善旅游产业规划的制定】 完成了《丰台区旅游规划促进意见》,并通过区长办公会讨论通过,下发到区内有关部门遵照执行。规划对丰台区青龙湖郊野休闲区、世界公园旅游区和卢沟桥旅游区的进一步发展和绿化隔离地旅游开发带的开发建设现状进行了阐述,并从发展的角度进行了细致分析,为下一步丰台旅游的发展提供了理论依据。

(李颖全　尹子龙)

【完善景区景点功能建设】 宛平城内依照修旧如旧的原则,已修复宛平旧县衙、兵营,城内大街两侧的店铺50%;抗日战争雕塑园内设“百名将军石鼓园”;极乐峰景区在丰台区域内修建了登山石阶,游客登山现已无需从门头沟区戒台寺方向登山,为游客提供了方便;南宫世界地热博览园内完成了2万平米温室公园的建设,并于10月1日对外开放。

(李颖全　尹子龙)

【组织多种活动 促进旅游发展】 组织了“花乡花卉节”、“北京市国际旅游文化节”南宫演出活动和“卢沟晓月文化节”等活动,对打造丰台区的旅游品牌起到了一定促进作用。

(李颖全　尹子龙)

【加大旅游企业宣传力度 】 组织辖区旅游企业参加了北方旅游交易会,宣传、推介丰台区旅游项目;更新了市旅游资讯网站丰台版的内容;在全市范围内免费发放《2005年欢腾北京》丰台区域内的旅游活动内容;积极搜集各种旅游资料,为下一步制作旅游宣传资料打下了基础;加强了丰台旅游咨询站的建设,增进与其它区县和辖区旅游企业交流;积极对外宣传北宫森林公园和长辛店的大枣采摘等特色旅游项目活动,推动旅游业发展。

(李颖全　尹子龙)

世界公园

【概　况】 年内,世界公园克服了禽流感给旅游业带来的影响等不利因素,全园干部职工共同努力、艰苦奋斗、团结一致,抓宣传、抓客源、积极拓展旅游市场,提高经济效益,同时规范服务和经营管理体系,促进公园全面、和谐、健康、有序地发展。在旅游市场竞争激烈的情况下,全年接待游人81万余人次,创经济收入近5000万元。

(张红梅)

【圆满完成五一黄金周接待任务】 五一黄金周期间,世界公园以优美整洁的环境,丰富多彩的活动内容迎接八方游客。体会“浪漫法兰西”的浪漫风情;倾听“丰台人唱外国歌曲”;为100对喜结连理的新人送去祝福;观看展现浓郁法兰西风情的优美舞蹈,加上训练有素的接待水平,都给游客留下美好的回忆。黄金周七天共接待游客7.8万余人次，圆满完成接待任务。

（张红梅）

【加强防范措施，确保一方平安】 五一旅游黄金周期间，安保部全体人员采取早6点上岗，晚7点下岗的防范措施，加强对公园围墙、周边栅栏的巡视，积极配合公园派出所民警工作，严密监视、打击社会闲散无业人员收取游客钱财，无票钻栏杆，跳围墙入园现象。五一期间共抓获无票跳墙人员35人，分别令其进行补票，并给与严厉的批评教育。

（张红梅）

【开展第四届“相约北京”联欢活动】 第四届“相约北京”联欢活动暨第二届北京国际戏剧演出活动是由文化部、北京市委主办，世界公园是五个分会场之一。活动于5月29日在公园艺术剧场开展，有来自加勒比海的巴哈马青少年、以色列艺术家、世界公园艺术团和丰台区选调的专业、群众文艺团体为游客共同送上一台内容丰富的艺术大餐。该活动在世界公园已开展了两届，通过开展这些活动体现了公园承接大型外事活动的能力。

（张红梅）

【军地共建结硕果】 在双拥共建过程中，公园始终坚持共建共育、资源共享和优势互补的方针，在共建的实践中逐步摸索健全了一套行之有效的制度：双拥共建形势分析制度；军民共建联谊活动制度；多渠道开展互访制度等。坚持做到定时互访、节日互访与平时互访相结合，领导互访与开展群众性活动相结合，使共建活动走上规范化、经常化的轨道。公园还针对部队特点相继开展了“新兵第二故乡行，老兵站好最后一班岗”等游园活动，投资10万余元帮助共建单位改进荣誉室等，部队也积极投身于双方建设，每年组织大批官兵来园帮助打扫卫生，擦洗景点，清洗人工湖内的淤泥等。公园在做好与共建单位的精神文明建设的同时，还积极参加市区所属地区街道组织的双拥建设活动，并已成为丰台区双拥建设的一个重要阵地，区里组织的双拥共建活动多次都在公园举行，有力地配合了全区的双拥共建工作，得到了军地双方领导的认可，扩大了社会影响，并连续5年被评为市区级双拥工作先进单位，还被评为全国双拥先进单位。是年为中国人民解放军建军77周年，世界公园于“八一”期间组织千余名部队官兵免费游览世界公园。

（张红梅）

【文化活动进社区】 为丰富社区居民的文化活动，使世界公园旅游、文化活动深入新辖区，艺术团精心编排了一台丰富多彩的文艺节目，前往新村街道新村居委会，与工作人员和居民进行文艺大联欢活动。文艺节目演出过程中还进行了公园基础建设和建园情况等有关知识问答，居民们积极抢答，使演出气氛更加活跃。

（张红梅）

【进行安全知识竞赛问答】 为提高全体员工的安全生产意识，促进园工安全生产的自觉性，工会在职工中进行了一次“安全生产知识竞赛答题”活动，问卷涉及了安全生产、日常电气煤等的安全使用，使职工“人人知安全措施、各个有安全意识”，活动下发五百份答卷，并全部收回。

（张红梅）

高新技术产业

中关村科技园区丰台园

园区综合工作

【概　况】 丰台园坚持“以二期开发建设为重点,推进园区经济发展”的工作方针,保持了各项经济指标持续增长。全年实现技工贸总收入453.7亿元,同比增长50.8%;上缴税费12.06亿元,同比增长31.2%;对区域贡献逐年增长,全年留区税费2.4亿元,同比增长32.5%,占区财政收入的16%,成为了拉动区域经济发展的动力源。规模企业迅速增加,技工贸收入500万元以上企业442家,其中千万元企业240家,亿元企业60家,十亿元企业12家;技术和产品销售收入增幅加大,分别增长了141%和70%,企业综合实力进一步提高;电子信息产业上缴税费保持着主导地位,占园区四大产业税收总量的40%,分别超过生物医药、先进制造和新材料产业。年内入驻企业365家,平均每天一家企业入园。注册资金30亿元,其中亿元企业6家,五千万元企业5家,千万元企业31家。伴随着总部基地的建设和发展,招商范围已辐射到环渤海地区,河北晶牛集团、山西美锦能源集团等一批国有大型企业和优秀民营企业纷纷入驻。

(叶福果)

【征地拆迁突破难点】 通过经济手段和行政手段,解决了久拖不决的产业基地二期8个单位和13个农院的拆迁,年内完成拆迁3.1万平方米,累计完成15.3万平方米,为总量的96.8%。清理收回承包地32.87亩,征地工作的结案,保证了总部基地建设的需要。

(叶福果)

【市政道路接近完成】 产业基地二期的11条道路,年内完成11.6万米,为总长度的96.5%。二期西区道路全部开通,并安装路灯359盏,施划标线3.1万米,亮丽了建设中的总部基地。污水、雨水、中水、上水、燃气等8种综合管线,累计完成9.2万米,为总量的96.84%。丰葆路、四环路标段景观工程通过反季度施工,已全部完成,绿化面积7.6万平方米,种植乔木、花灌木近13万棵。

(叶福果)

【变电站工程建设过半】 为适应总部基地施工和入驻的企业总部用电需求,提前三个月从产业基地一期和六圈两处接通了临时过渡电源。正式供电的两个开闭站,经过抓紧施工,仅用半年时间开始发电。市供电局列入2006年启动建设的六圈110KV变电站,经过与主管部门沟通,协助区供电局办理前期手续,使变电站提前两年顺利开工,年内已完成基础工程。签定了通讯工程联建协议、施工合同及代维服务合同，实施了变自身投资为运营商投资的运作模式。

（叶福果）

【不断强化服务职能】 推行全程办事代理制，落实了承办单位（部门）及管理人员、代办人员。确定的8项代理事项，进行网上、墙上等方式公示，全程代理500多事项，办结率达100%。利用园区历年形成的服务资源，编制《绿色服务指南》，详实地介绍了企业入园的“前置服务”和“后置服务”程序、途径、方式等。建立企业总部服务“绿色通道”，开通了“入园服务”和“支持保障”两个直通车。深入了解企业对人才的需求，为企业引进各类人才1549人。园区财政、工商、国税、地税、审计部门，务实构建服务体系，不断营造良好的法律环境，使入园企业得到了优质服务。

（叶福果）

【改善商务环境】 在引进世界500强企业乐华梅兰和欧尚后，积极配合开发商办理商厦的规划手续，千方百计支持在水、电、气、热等方面的要求，促成了乐华梅兰和欧尚在11月26日正式开业，填补了丰台桥南地区无现代大型商业的空白，增加了居民的消费选择和休闲空间，聚集了人气，大大改善了总部基地的商务环境。

（叶福果）

【促进社区治安管理】 针对园区治安报警率高的现状，科学城派出所未建立前，联合新村街道办事处、看丹派出所，成立了“科学城社区治安防控网络大队”，由园区14个物业单位的20名保安队员组成，并制订了治安巡逻制度，坚持每日巡查。通过治安防范工作的开展，园区范围内报警率有所下降。

（叶福果）

【开展多层次培训】 为提高广大干部的管理水平，增强做好基层工作的能力，分别举办了高级管理者、中层管理者和班组长培训班，培训人数97人，培训覆盖率达100%。使基层干部的思想观念和业务水平有了不同程度的提高。

（叶福果）

【丰富党员组织生活】 结合园区中心工作，开展以党支部为主体的“一对一谈心”、上一次党课、参观革命传统教育基地、观看红色经典电影、唱一首革命歌曲、开好民主生活会、举办入党积极分子培训班、召开园区庆“七一”歌咏大会等一系列教育活动，增强了党建工作的吸引力、影响力和感召力，加强了基层党组织建设。同时，制定了《丰台园非公党建全覆盖预案》及《实施方案》，为进一步加强非公党建工作打下了工作基础。

（叶福果）

【用党建促区域共建】 围绕区第九次党代会提出的开发建设丰台桥南经济板块的要求，在党的生日期间，联合了周边的街乡、驻军、医院、学校、公园等单位举办了“继承光荣传统，共建总部新区”文艺汇演，表达对党对祖国的热爱。

（叶福果）

总部基地建设

【概　况】 产业基地一、二期（包括天香集团项目）年内开复工116.83万平方米，竣工58.43万平方米，其中，总部基地项目开复工67.12万平方米，竣工41.1万平方米，建成170栋总部楼。建筑面积15万平方米的总部高级商务区，已由德国欧博迈亚公司进行初步设计。

（叶福果）

【总部基地入驻形势良好】 在招商引资过程中，采取了与北京CBD、金融街正式签约入驻企业61家。按规模分，大型企业总部16家，中型企业总部45家，其中上市公司4家、国资委直属企业2家、国资委控股参股企业20家。有中国诚通控股公司及其所属7家二级公司、中华通信系统有限公司、中国汽车技术研究中心、中国航天时代电子公司、长征火箭股份有限公司、正泰集团、特变电工股份有限公司、中国质量认证中心、中牧实业股份有限公司、中成股份有限公司、中金科技股份有限公司、北京振隆科技发展有限公司等企业。15个总部会所及部分总部楼的商业配套项目,也正在紧张地进行招商工作。

(叶福果)

【东区建设项目取得新进展】 在国家整顿开发区的形势下,产业基地二期东区35.4万平方米住宅项目调整为产业项目,取得了控规调整通知书和规划意见书。东区35.39万平方米公建项目,积极抓好评估等各项关键环节,完成了招、拍、挂的准备工作,已进入挂牌交易阶段。另外,天香集团20万平方米的生物医药项目,也完成了规划意见书和立项批复。

(叶福果)

【总部经济赢得广泛关注】 建设总部基地、发展总部经济得到了各级领导高度重视,7月28日,市委书记刘淇到总部基地视察,详细听取了规划和建设情况汇报,明确指出建设总部基地、发展总部经济是一个创新,是首都经济的一个新枝。在第七届科博会上,总部基地·总部经济成为了七年科博会上生发的八大新概念之一,对北京社会经济生活产生了深远的影响。不仅引起国内专家、学者的关注,诺贝尔经济学奖获得者欧元之父蒙代尔,亲自到总部基地为蒙代尔国际大学主讲第一堂课。在总部基地还接待了中央、国务院部委10多个单位、市委、市政府委办局15个单位和3个直辖市,20多个省市、40多个城市及地区领导,以及美国、英国、意大利、韩国、约旦、泰国等20多个国家政要和友人。北京各区县及外省市纷纷吸取总部基地概念,大力发展总部经济。

(叶福果)

孵化网络建设

【概　况】 园区孵化网络建设以"管理输出、品牌输出"为方针,与具有经济、技术、科技、人才优势的单位达成共建孵化器合作意向,年内新增孵化空间10.4万平方米,累计达到22.44万平方米,形成了沿西四环南路"科技一条街"至园区产业基地的京西南带状孵化器集群。

(叶福果)

【国际孵化大道正在形成】 以北京IBI为主体的孵化网络,国际往来密切,与芬兰结成姊妹园区,与莫斯科、埃及等19个学员国签订了友好合作协议。国际培训和交流活动频繁,连续四年成功承办了"科技型中小企业技术创新国际研讨班",加强了与发展中国家在高新技术领域的合作,促成了7项技术合作项目,使孵化器走出了国门,走向了世界。建立了留学生创业园,来自英国、美国、日本、加拿大等9个国家的留学生,在创业园创建留学生企业30余家。与此同时,18幢孵化大楼组成的带状孵化器集群,连接着丰台桥南和丽泽两大经济板块,周边聚集着政府、教育、卫生、居住、旅游、商务等优势资源。内外资源的融合,加快了国际化进程,科技一条街正在形成一条"国际孵化大道"。

(叶福果)

综合经济管理

宏观经济计划与管理

【概　况】 6月28日，原丰台区发展计划委员会改组为北京市丰台区发展和改革委员会(简称区发展改革委)。原丰台区物价局全部职责、丰台区经济贸易委员会和丰台区经济体制改革办公室部分职责划入区发展改革委。区发展改革委负责研究拟订全区国民经济和社会发展战略、规划和政策，负责全区的计划协调、总量平衡和结构调整，加强对价格的监测、分析、预警和预测，促进资源的有效配置，指导全区经济体制改革工作。共有行政编制37名，实有行政人员36人，工勤人员3人。下设丰台区物价检查所(副处级)事业编制35人，实有工作人员38人。委机关内设办公室、综合协调办公室(加挂丰台区国民经济动员办公室牌子)、国民经济综合科、产业发展科、工业科、固定资产投资科、法规科、价格和收费管理科、企业服务大厅管理办公室(加挂丰台区人民政府企业服务大厅牌子)；物价检查所设综合管理科、收费检查科、商品价格检查科、市场检查科、价格举报中心。年内，以夯实基础为主线，坚持“突出中心、保证重点、兼顾一般”的工作思路，各项工作取得明显实效。全年实现地区生产总值261亿元，同比增长13个百分点；一、二、三产业占国内生产总值的比重调整为0.4%、29.7%、69.9%；完成财政收入15亿元，同比增长23个百分点。第三产业不断提升，实现消费品零售额176亿元，按可比口径增长8个百分点，进出口总额12亿元。工业结构调整步伐加大，实现工业生产总值196亿元，增长11个百分点。高新技术产业对经济的带动作用更加明显，科技园区全年实现技工贸总收入450亿元，增长50个百分点，上缴税费11.5亿元，增长25个百分点；新认定高新技术企业365家，有80多家大中型企业入驻总部基地。非公经济发展继续加快，新开办有限责任公司和独资企业4000多家，个体私营企业3.3万家，非公经济税收占区级地方税收已达到60%以上。招商引资工作成效显著，新增注册资本总额49亿元，增长17个百分点，千万元以上企业120家，增长20个百分点，合同利用外资8000多万美元，实际利用外资3600多万美元，同比增加49个百分点和53个百分点，达到历年最好水平。

(何燕卿　王玉昌　孙钢)

【构建决策研究平台　把握发展态势】 规范经济形势分析制度，制定《经济形势分析会议运行机制》，分析经济形势中经常出现的指标问题，提出相应的解决措施，保证各个数据、资料来源的准确性、客观性和全面性；重点关注经济运行中不确定因素，针对突发禽流感疫情,及时启动丰台区国民经济应急预案,定期上报监测报告;针对中央出台的一系列宏观调控政策,认真分析总结影响全区经济快速发展的突出矛盾和问题,加强季度经济形势分析和月度宏观经济监测的动态分析。

(常　红)

【加强经济社会中长期发展规划】 根据区九次党代会提出的落实"一五五"总体发展思路,建设"四大经济板块"、构建"六大支撑系统"的基本任务,修改完善了《大红门特色商业街发展规划》、《丰台区物流产业发展规划》、《丽泽商务区发展规划》;编制了《丰台区农业产业发展规划》、《丰台区农村城市化发展规划》、《丰台区农村节水发展规划》。制定了《丰台区"十一五" 规划前期调研和编制工作总体方案》,并于11月23日成功召开丰台区"十一五"规划编制动员大会;启动"十一五"规划前期研究工作,从总体规划、区域规划、专项规划和近期建设规划四个方面确立了规划体系,并按照综合类、经济与社会发展类、城市建设与管理和重点区域规划四个类别来开展研究编制工作。

(湛龙　韩伟)

【加强经济政策的研究与落实】 完成了2003年街乡(镇)企业属地纳税政策奖励以及财、税、审计、工商等部门的奖励工作。9月24日,隆重召开"丰台区促进企业发展奖励政策总结暨2003年度政策兑现大会",对2003年符合奖励条件的38家获得ISO9000的质量认证体系的企业、67家企业法人代表、6家工业技术改造项目进行了奖励,奖励金额共计858.87万元,对2003年科技园区留区财政税收进行返还,返还金额共计10879.2万元。针对丰台区税源建设现状,加强与重点税源企业的沟通与联系,在多次召开协调会,征求意见的基础上,制定了《街乡(镇)区域内企业税源户界定收入核定实施方案》,为全区街乡财政体制改革工作打下良好的基础。

(常　红)

【做好固定资产项目清理】 根据国务院办公厅发出的关于清理固定资产投资项目的通知精神,为加强宏观管理,严格控制低水平重复建设,5月初开始对区域内重点固定资产投资项目,特别是国家明令限制和禁止的项目进行了清理,共清理上报597个项目,经市清理整顿工作组审核,98%以上的项目基本符合国家宏观调控要求,从一定程度上抑制了盲目投资、投资增速过快的势头,为进一步优化投资环境、调整产业结构创造了条件。

(王玉昌　邓莉丽)

【统筹协调资金 做好项目储备】 坚持"支持一批、推介一批、策划一批、规范一批"的工作思路,积极争取资金和规范管理项目,提升区域形象,带动经济发展。(1)积极筹措资金,为重点区域和重点项目建设提供保障。为全区争取和落实各类建设资金约1.68亿元。其中,道路建设资金7400万元;危改小区市政基础设施建设资金3000万元;社会事业建设资金1700万元;环境资源保护建设资金2095万元;公共安全和社会服务建设资金300万元,城乡一体化发展项目资金350万元,产业发展项目资金1050万元,其他项目资金932万元。(2)按照"统一管理、分级设置、部门协作、相互联动"的管理模式,分层级、分类别储备项目,在此基础上编制年度政府投资计划和中长期规划。编制完成了《丰台区2004年农村基层社会事业建设项目投资计划》、《丰台区乡镇建设和发展的重点项目及政策建议》、《2005年利用外资和境外投资计划》、《丰台区2005年商品建设计划》、《2004年丰台区土地供应计划》等。结合丰台区经济发展实际和产业优势,选择上报了一批科技含量高、产业链长、关联度大、能耗低的项目,并初步建立了《丰台区产业和社会事业投资项目库》。(3)加强对政府投资项目的服务与监管。完善服务体系和服务手段;规范政府投资建设项目的招投标管理;对政府投资占项目总投资的60%以上的公益性建设项目逐步实行代建制。

（王玉昌 邓莉丽）

【全程办事代理制工作】 由发改委牵头，在全区推行全程办事代理制工作。截至10月底，全区具有行政许可和服务事项的53家单位，全部运行全程办事代理制。其中，政府工作部门29个；街道办事处16个；乡（镇）5个；其它特设机构3个。全区确定纳入全程办事代理的审批和服务事项共有1057项，其中行政许可事项371项，已实现100%的纳入，各单位结合实际纳入的服务事项为686项。截止10月底，共接待办事人员413771人次，受理事项347453件，办结347088件，其中即办件201328件、承诺件98852件、联办件24768件、上报件22106件、补办件34件，办结率99.8%，即办率100%，群众满意率100%。9月15日，市推行全程办事代理制和政务公开工作检查组对丰台区进行全面的检查。区委副书记陈继平向市检查组作了《丰台区全程办事代理制和政务公开工作情况汇报》专题报告。检查组查阅了全区相关的档案资料，并实地检查了区政府企业服务大厅、区地税局、丰台街道、丰台街道东大街西里社区全程办事代理服务受理大厅（室）、各项规章制度、相关档案资料和投诉监察记录等内容，对办事群众进行了现场随机调查。检查组对全区全程办事代理制和政务公开工作给予了充分的肯定，并给予了"双优"的评价。

（陈述刚 郝祺君）

【建立区网上互联审批系统】 8月18日上午，区政府企业服务大厅网上互联审批系统正式投入运行。此系统以审批事项受理、审批办结为主要功能，实施网上全程办理行政许可和行政服务事项，企业和群众可随时查询申办事项的办理情况，并反馈对办理单位、办理人员、办事效率的满意度，对不满意的事项可以直接在网上进行投诉，为下一步与企业服务大厅外部各单位实现网络并联审批打下了基础，为企业和群众提供了"快捷、高效、便捷"的"一站式"办公。

（陈述刚）

安全生产监督管理工作

【概　况】 年内，区安全生产监督管理局在区委、区政府的领导下，加大对安全生产的监管力度，从源头上有效遏止了安全生产事故的发生，全区安全形势总体比较平稳，全年未发生一次死亡三人以上的重大安全生产事故，未突破市安委会下达的三项事故亡人指标。其中，交通死亡事故死亡126人，占年度控制指标140人的90%；火灾死亡事故4起，死亡4人，占年度控制指标5人的80%；生产安全死亡事故11起，死亡12人，占年度控制指标13人的92.3%。

（李雪松）

【区安全生产监督管理局成立】 3月25日，丰台区安全生产监督管理局在城八区率先成立，成为区政府对安全生产实施综合监管的职能部门，编制人员16人，局长沈瑞平、副局长陈国林、张建平。内设办公室、综合科、监督科、危险物品管理科。主要职责：负责全区安全生产综合监督管理工作，拟订本行政区域内安全生产、工作规划，依法行使安全生产监督管理职权；贯彻实施国家和北京市安全生产法律、法规；研究制定本行政区域内安全生产监督管理规范性文件和规章制度；负责全区内除国家局和市级安全监督管理部门负责以外的生产安全事故的调查、处理，提出安全生产责任追究的意见；负责基本建设和技术改造投资1000万以下的工程项目的安全设施与主体工程同时设计、同时施工、同时投产使用的安全监督检查工作；依法监督检查全区生产经营单位贯彻执行安全生产法律法规情况、作业场所职业卫生情况和重大危险源的监控、重大多故隐患的整改工作,及其安全生产条件和有关设备设施(特种设备除外)、依法查处不具备安全生产基本条件的生产经营单位;负责全区域内危险化学品生产、经营、贮存、使用及危险化学品包装、容器生产企业的行政审批和综合管理工作;负责劳动防护用品的监督管理工作;负责组织全区安全生产方面的宣传教育和培训工作,指导安全生产科学技术研究和新技术的推广工作;负责区安全生产委员会办公室的日常工作,负责综合汇总全区安全生产工作情况并上报;承办区政府及市安全生产监督局交办的其他事项。

(李雪松)

【加强安全监管 严格责任追究】 对全区排查出的1358项事故隐患,制订责任分解表,逐一进行落实和整改。投资800多万元督改丰台区在市政府挂账的34项安全事故隐患,对备受市领导关注的“玉泉营环岛东北角高压线下安全隐患 ”等27项进行了整改(其中包括隐患最突出的三项:红房子市场已拆除、赵公口煤气站旁边的住户已搬迁、非法办学的精华小学已撤销),对未完成整改的7项隐患采取了安全防范措施。加强对重大节日、重大活动期间的安全监管,周密部署了“五一”、“十一”、“两节”、“两会”和“四中全会”期间的安全生产工作,组织协调区四大家领导带队检查安全生产,确保了重大节日、重大活动期间的安全稳定。按照“四不放过”的原则,对11起生产安全死亡事故进行了调查、处理,在一次发生两人死亡的事故现场召开了现场会。全年共下达各种行政处罚文书96份,处罚金额61万元。为加大事故责任追究力度,区安全生产监督管理局与区检察院建立了协调协助机制。

(李雪松)

【组织开展八项专项治理】 组织进行了人员密集场所、印刷行业和娱乐场所、地下空间(人防工程)、铁路道口和非煤矿山、食品、建筑施工工地、危险化学品、交通等八个方面的安全专项整治;在专项检查活动中,共检查危险化学品生产经营单位242家,对其中20家危险化学品从业单位进行了安全评估,评估等级为A级的17家,占85%,评估等级为B级的3家,对存在安全隐患的单位下达限期整改指令书38份,对未办理危险化学品经营许可证的单位下达停业整顿指令书125份;检查非煤矿山、建筑施工工地和仓储等企业300余家,查出隐患1800余处,下达监察指令书60份,对不符合安全生产条件的78家生产经营单位责令停工整顿,对7家非煤矿山企业进行了安全整改和评估,评估结果为,A类企业2家,对5家由于采矿许可证已过期的企业实行了“关、停、并、转”;对全区20处铁道路口坚持每周检查1次,每两周夜查1次,有效的降低了道口亡人事故和停车事故的发生。通过复查95%以上的单位按要求进行整改,对个别拒不整改的企业进行了行政处罚和通报批评。

(李雪松)

【加大宣传培训力度】 组织实施了“安全月”宣传活动,对安全生产法规法规进行了广泛宣传,投资15万元印制各类横(竖)幅、《条例》单行本、宣传折页、挂图等安全生产宣传资料,印制《安全生产法律法规选编》2000册,下发相关单位;组织安全生产法律法规培训、岗位资格培训、安全技能培训和行政执法培训等各种培训班32期,培训人数3000多人;分别组织全区400多名副处以上领导、安委会成员单位、街乡镇主管领导、主管科室负责人进行《安全生产法》培训,分五期组织500多家重点防火单位法定代表人进行了消防知识培训;举办特种作业人员培训班27期,培训特种作业人员1167人;安监局科以上干部先后为机关、学校、企业、社区、农村讲授安全生产课30余次,听课人数达4000多人,通过广泛的宣传培训,提高了全民安全意识。

(李雪松)

【加强应急救援体系建设】 立足于降低事故影响和损失，进一步加强安全生产重大事故应急救援体系建设，制定了《丰台区重大生产安全事故应急救援预案》和《丰台区危险化学品事故应急救援预案》。对全区各部门和企业的抢险救援队伍进行逐步整合，依托鑫建捷公司建立了丰台区安全生产应急救援队伍，选聘具有电工、焊工、建筑业和危险物品安全管理等方面专业人才，组建了区安监局安全生产技术专家组。初步建立了丰台区危险化学品、交通运输、建筑施工、大型商市场、地下空间、文化娱乐、印刷等企业数据库，并对其进行了安全评估，实行分级分类管理。

(李雪松)

【落实机构 建立责任网络】 督促、指导各街、乡镇建立、完善安全工作领导机制，成立安委会，明确办公室和主管领导，制定相应的工作责任目标及考核办法，使各项安全责任得到进一步明确，形成了“横向到边、纵向到底、全面覆盖、全员负责”的安全监管体系；对区安委会成员单位进行了调整，使成员单位由原来的20家增加到40家，制定下发了《丰台区政府工作部门安全监管(管理)职责》和《丰台区街道(地区)办事处、乡镇政府安全管理职责》。区政府与各部门、各成员单位签订了《2004年安全生产目标管理责任书》，建立了安全责任网络，逐级落实安全生产工作责任制。

(李雪松)

【深入开展消防安全整治】 开展消防安全大检查，对辖区文物保护单位及高校周边进行了消防专项整治，全年共检查单位4108个，发现消防隐患4094件，当场整改3158件，下发各类法律文书1459份，消防执法1607起，其中：警告1000起，处罚607起，行政处罚金额1976200元，责令停止施工11起，责令停止使用9起，责令停业整改8起。指导督促社会单位开展各类消防宣传活动300余次，印发《北京市人民政府致全市单位法人代表人的公开信》、《北京市人民政府就首都消防安全致全体市民的公开信》等各种宣传材料40万份，编印了《消防检查手册》、《防火防灾知识手册》、《消防法规汇编》等书籍10万册下发各单位。

(李雪松)

【全面加强交通安全监管】 年内“减违章压事故”工作成效显著。宣传亡人事故与去年同期相比减少2人(上年死亡33人，是年死亡31人)；管界亡人事故与去年同期相比减少7人(上年死亡133人，是年死亡126人)，宣传、管界两项亡人事故均未超标(2004年市里下达丰台区的宣传亡人事故指标49个，管界亡人事故指标140个)。进一步加强秩序管理，营造优良道路交通环境，在市交管局历次考核中，取得了1、3、5、6、8、9月份第一，其它各月第二的好成绩。建立了区交通安全联席会议制度、丰台区重大道路交通责任事故行政责任追究制度、丰台区公务员交通事故及违法行为抄告制度，实行了专业运输驾驶员准入，建立了《丰台区长途客运车辆交通安全监督举报制度》，此项制度经市安办推荐，在全国进行推广。加大交通安全宣传力度，普及交通安全知识，在4家公交客运单位8700多名驾驶员中开展了“我与家人共学法”活动，认真开展了“交通安全社区”、“交通安全村”创建活动，启动“4050”工程，组建了140人的全市第一支交通安全宣传协管员队伍。严格落实重大道路交通责任事故行政责任追究制度，对25起重大亡人事故中符合行政责任追究规定的6家单位提请了行政责任追究，6家单位均对有关责任的领导进行了行政处理，共行政处分11人。

(李雪松)

【做好煤气中毒预防工作】 对全区28个派出所预防煤气中毒工作和建档建帐情况进行了复查，深入外来人口聚居的重点地区摸底抽查。出动警力3700余人次，发动其它力量8600余人次，发放预防煤气中毒宣传材料20

余万份,制作各类宣传展板100余块,组织安全检查20余次,检查出租房屋11700余间,发现隐患640件(均已责令其立即整改),收缴不合格取暖炉93个,取得较好的效果。

(李雪松)

【加大食品安全整治力度】 构建了食品安全三级监管网络,形成了结构完整的食品安全综合监管体系,落实了食品安全综合监管责任和部门、属地责任,制定、落实了各项食品安全管理工作制度,形成了适应新形势的食品安全工作运行机制,从而推动了全区食品安全的综合监督和组织协调,强化流通领域食品安全监督管理,积极查处经销掺假及假冒食品的行为,创办了《丰台区食品安全专刊》。全年共组织检查经营户9394户;出动执法人员7818人次,车辆2888台次;发放宣传材料2247份;疏导办理个体营业执照885户;查处取缔无照、超范围2322户,查处违法经营行为575件,结案533件,行政罚款1542000元,查扣物品2648件。目前无照经营户挂帐2753户,无照经营聚集区11个,无照聚集区经营户由1637户,减少至296户。

(李雪松)

统 计 工 作

【概　况】 丰台区统计局是区政府主管辖区社会发展和国民经济核算的职能部门,也是北京市统计局的分支机构。年内区统计局以提高统计数据质量为中心,以做好第一次全国经济普查为重点,不断深化统计方法制度改革,进一步夯实统计基础工作,加大依法统计力度,全面推进全员执法工作,信息化建设、统计宣传、依法行政工作上了新台阶,统计服务水平全面提高。在完成国家和市、区各项日常工作任务的基础上,全面完成了第一次全国经济普查单位清查和后续报表布置培训工作,同时,完成了粮食加工转换企业情况调查、非公有制企业问卷调查、固定资产投资项目调查、外来务工人员调查、农村劳动力就业现状与问题调查、城乡低保户抽样调查、软件业调查、文化产业调查、耕地面积核查、商业抽样调查、城镇居民信息化水平调查等20项专题调查任务。统计局连续四年被评为北京市统计系统先进集体,全年有35项工作进入市、区先进行列。

(薛俊玲　赵国红)

【第一次全国经济普查】 4月5日,召开了全区第一次全国经济普查动员大会,4月20日前完成了各街道、乡镇等综合部门普查机构的创建工作,对普查区进行了详细划分。参照国家和北京市普查方案并结合全区实际,制订了丰台区经济普查方案和实施细则。以南苑乡为试点单位进行了普查试点工作,同时制订并下发了6个配套性工作细则和综合评比办法,全面检验了普查方案的可行性。建立并开通了丰台区经济普查网站,印发普查宣传手册2万余册,组织全区1万余个基层单位参加了全市经济普查条例知识竞赛,全区企业经济普查知晓率达到90%,居全市各区县之首。8月1日至9月底,全区经济普查基本单位清查工作全面展开,共清查登记单位26740个,其中法人单位20826个,产业活动单位5822个,其他单位92个,清查比率达107%;另外,登记个体工商户63000个,异地经营企业4000户。清查单位数和清查比率均居全市前三位,丰台区基本单位清查工作的六点成功经验被国家统计信息网刊登,在全国进行推广。11月—12月,进行了全区经济普查后续报表布置培训工作,年底前完成了全部培训任务。为认真贯彻落实《全国经济普查条例》,全面完成普查任务,各街道、乡镇普查员与被查单位的法人代表签定了《全国第一次经济普查承诺书》,明确了双方的权利义务，为普查资料的真实性、及时性提供了可靠的保证。

（赵国红）

【重视人才培养　提高干部队伍素质】 坚持以人为本，在把好进人关、入党关、提职关的前提下，不断创造条件培养锻炼年轻干部。年内，对两位副局长分管工作进行了全面调整，并对三位科长进行了轮岗。继续加大争优创先激励机制力度，鼓励全局人员积极参加学历教育和职称评定考试，对三名工作成绩突出的干部晋升了职务，调动了全局同志的工作积极性。

（赵国红）

【月度统计资料改版】 为方便各级领导和使用单位查阅丰台区国民经济统计资料，年内将原来的16开白纸印刷装订版统计资料改为“掌中宝”式的小开本，配上具有丰台特色的卢沟桥醒狮的封面，为用户提供优质服务。

（薛俊玲）

【统计检查工作】 为加强全区统计基础工作，确保数据质量，对全区各街道、乡镇统计工作进行了全面检查，共完成对8个街道、4个乡镇及所辖8个行政村的检查任务。对在检查过程中发现的问题，及时提出了改进建议和具体解决办法，保证了统计工作的顺利开展。

（赵国红）

【丰台统计学会成立】 6月18日，丰台统计学会正式成立。学会的成立为广大统计人员学习统计基本理论、研讨社会经济热点难点问题、交流各自在统计工作中的经验体会提供了新的舞台，为统计信息和调研工作进一步向纵深发展提供了组织保证。

（薛俊玲　赵国红）

【北京市统计局对丰台进行巡查】 8月份，北京市统计局对丰台区统计工作进行巡查。按照全市统一部署，结合区委区政府各项中心工作和市局巡查工作要求，对全局各项工作进行了自查，同时加强了对街道、乡镇统计工作的检查。巡查结束后，针对市局反馈意见，局领导班子认真研究制定整改措施，并要求全局抓好落实，进一步提高工作质量。

（赵国红）

【全员执法工作】 继续推进全员执法工作，不断加大执法力度。向全区下发了《2004年丰台区统计系统全员执法工作方案》、《丰台区统计全员执法工作实施计划》等文件；并通过聘请专家授课等方式进行培训，使工作人员执法水平进一步提高，应对执法过程中偶发事件的能力不断增强。全年共对130家企、事业单位进行了统计执法检查，立案27起，作出处罚决定26起，处罚金额8.7万元；加强了对迟报统计资料违法行为的查处，向53家单位发出了《统计报表催报通知单》和数据质量查询书。

（赵国红）

【统计信息工作取得新突破】 全年报送统计信息342条，被市、区采用155条；统计分析72篇，调研报告7篇。其中《高悬达摩克利斯之剑》得到国家统计局领导高度评价，《推进丰台区城市化建设与构筑首都西南物流中心研究》被区委区政府评为优秀调研报告二等奖，《聚焦工业品价格运行的影响力》被市局城调队向全市城调系统推广，《非公经济发展研究》被《丰台研究》转发。区统计局连续三年被区委、区政府评为调研工作先进集体、连续六年被评为信息工作先进单位。

（薛俊玲　赵国红）

【统计培训工作】 继续加大统计人员培训力度，通过多种形式的短期培训，不断提高统计人员整体素质。全年共培训新登记企业统计人员1400人，核算员53人，经济普查普查员、指导员上万人，继续教育342人。同时，对卢沟桥、花乡和长辛店三个乡镇的统计人员进行了计算机基本操作和网络知识培训，提高了乡镇统计人员的业务素质。

（赵国红）

【信息化建设】 制定了统计信息化二期工程

方案,开展网上直报工作,工业、商业、服务业和劳动工资等专业的约400家规模以上企事业单位实行了网上报送,大大提高了统计上报的及时性。

(赵国红)

【依法统计 提高行政管理水平】 结合《北京市统计管理条例》颁布十周年,通过形式多样的纪念活动,继续加大统计法律法规宣传力度。政府各职能部门已逐步形成以统计部门数据为权威的数据公布和使用程序,以及部门制发报表的审批备案制度;同时,统计登记工作已经纳入区政府全程办事代理制工作系列。

(薛俊玲 赵国红)

【完成市级调研课题】 年内申报的"从全市经济发展探索丰台区产业结构调整方向"的课题,得到市统计局批准并被列为2004年资助项目。经过半年多的努力,在国家统计局、市统计局有关领导和专家的支持与帮助下,通过全市投入产出资料,运用归因矩阵和SDA模型分析了北京市产业结构变动趋势,并研究北京市乃至全国的收入弹性系数等相关指标,利用区域经济学理论来寻找丰台区的主导产业和先导产业,研究丰台区产业结构调整方向。该课题是区统计局独立完成的具有较高理论水平的科研成果,得到了市统计局总经济师和国家统计局国民经济核算司等有关专家学者的较高评价。

(薛俊玲)

【统计方法制度改革】 为加强对限额下企业的统计和管理,按照全市统计制度的要求并结合丰台区的实际情况,借鉴东城、房山区经验和全区各乡镇的需求,对已使用7年的增加值统计制度进行改革,替代了对限额下企业的社会消费品零售额、劳动工资统计报表制度,增加了固定资产投资统计指标,实现了对限额下企业进行一张表统计的目的,减轻了企业负担。

(薛俊玲)

劳动保障工作

【概 况】 年内,全区劳动保障部门以"三个代表"重要思想为指导,深入贯彻党的十六届三中、四中全会精神,坚持以人为本,落实科学发展观,紧紧围绕统筹城乡协调发展,加大了建立统筹城乡就业、社会保障制度的改革力度。在保障城镇困难群体的基本生活,完善区、街(乡)、社区(村)就业服务体系,千方百计扩大再就业;加大社会保险扩面征缴工作力度,积极推进"统一征缴,一单托收"工作开展;维护劳动者合法权益,保持劳动关系的和谐稳定等方面,抓住重点,突破难点,团结奋斗,锐意进取,全面完成了各项任务,为丰台区经济社会的协调发展做出了努力。

(郭斯萌)

【"两个确保"得到落实】 确保失业人员失业保险金和离退休职工养老金的按时足额发放。年内为1.3万名失业人员发放失业保险金6140万元,为11.7万名企业离退休职工支付养老金12.6亿元,保证了失业人员和离退休人员的基本生活。

(郭斯萌)

【失业人员再就业】 丰台区城镇登记失业人员25876人,其中新增失业人员18955人,上年结转失业人员6921人。登记失业人员中实现就业的有16538人,就业率为63.9%。年底全区实有失业人员7658人,城镇登记失业率为1.69%,低于3%的控制指标。

(郭斯萌)

【社区就业】 丰台区开发社区就业岗位10977个,安置失业人员8782人;发展服务型企业75家,安置失业人员5091人;共有"4050"失业人员11102人,安置7064人,安置率为64%;经认定的2870名特困人员中,有2763人实现再就业,就业率为96%,其中:社区公益性就业组织安置584人,其他形式安置2179人。

(郭斯萌)

【职业介绍】 年内区职介机构共接待用人单位1772家,为22585名求职人员办理求职登记;共举办招聘洽谈会62场,其中失业人员专场洽谈会13场,农村富余劳动力专场洽谈会2场;根据用人单位和求职者意愿进行职业介绍,推荐成功15776人,推荐成功率70%。

(郭斯萌)

【农村富余劳动力就业】 实行求职登记、技能培训、职业介绍等就业服务制度,与区农委联合下发《丰台区关于加强农村富余劳动力就业工作意见》和《关于做好2004－2010年农村富余劳动力转移培训工作的意见》。全年对6275名农村劳动力进行了岗前引导性培训,对4546人进行职业技能培训。为2506人办理了求职登记,通过多种形式,帮助1448人实现就业。

(郭斯萌)

【职业技能培训和鉴定】 年内认真落实"三年十万"培训计划。全年职业技能培训4.28万人。其中,在职职工培训7810人;各类人员持证上岗培训13015人;新生劳动力培训4843人;农村劳动力培训3982人;失业人员免费培训13146人,定岗培训率达到75%,培训后再就业率达到70%。举办了近万人参加的"新世纪丰台区首届职业技能大赛",调动了广大职工爱岗敬业、学习技能的积极性。全年为8712人进行职业技能鉴定,其中免费技能鉴定5187人。

(郭斯萌)

【街乡基础管理】 全区16个街道、5个乡镇的社保所配备了224名专职工作人员;在243个社区和71个行政村建立了社区(村)劳动保障工作站,配备了492名劳动保障协管员,初步形成了区、街(乡)、社区(村)三级劳动保障网络。为进一步发挥基层工作人员作用,制定了《丰台区劳动保障系统行风建设考评办法》、《丰台区劳动保障协管员管理办法》;要求做到"四统一",即统一标识、统一岗位职责、统一工作流程、统一培训考核;加大工作人员培训力度,全年开展各类培训31期,参会人员1260人次。

(郭斯萌)

【社会保险扩面征缴】 建立社会保险扩面征缴长效机制,社会保险覆盖范围不断扩大。全区养老、医疗、失业和工伤保险参保人数已分别达到28万人、34.3万人、17.9万人和14.3万人;社会保险基金持续增收,共收缴四项社会保险基金13.8亿元,同比增长16%。各项社会保险基金收缴率均达到97%以上。养老、医疗、失业、工伤保险分别追缴拖欠基金1792万元、310万元、118万元、50万元,追缴率均达到50%以上。

(郭斯萌)

【完善社会保险制度】 丰台区参加基本医疗保险的企业中有1821家企业建立了补充医疗保险,涉及职工28.2万人,覆盖率为93.4%。加大了政府医疗救助力度,对困难企业患大病的126名特困职工实施救助,救助金额73.5万元。加强定点医疗机构管理,进一步规范医疗行为,合理控制医药费用支出,保证基本医疗保险基金的收支平衡。认真落实中央关于离休干部"三个保障"机制,对区属154家单位的610名离休人员实行了医疗费统筹管理。深入落实北京市《工伤保险条例》实施办法,实现了新旧制度的平稳转换。

(郭斯萌)

【农村社会保险取得突破】 依据《北京市建设征地补偿安置办法》,实现了社会保险与促进就业相结合的转非劳动力安置制度,将建设征地转非劳动力统一纳入城镇社会保险体系,积极探索整建制农转居人员参加社会保险的发法;妥善解决了6646名征地转工自谋职业人员参加社会保险的历史遗留问题；拟定了农村养老保险制度改革实施方案。当年，共有1.95万人参加农村养老保险，收缴基金2400万元，为843人支付养老金217万元。为逐步建立统筹城乡社会保障体系奠定了基础。

(郭斯萌)

【公费医疗管理】 全区共有284家单位的3.3万人享受公费医疗待遇，支出医药费6429.4万元，人均医药费支出1944.7元，同比增长18.7%。

(郭斯萌)

【严格退休审批和劳动鉴定】 全年共审批职工退休5539人，其中正常退休1745人，提前病退390人，特殊工种提前退休3404人。共为183人进行病退鉴定，完全丧失劳动能力164人；为630人进行工伤认定，为368人进行工伤鉴定，其中319人达到等级。

(郭斯萌)

【社会保险基金管理】 全年四项社会保险累计支出16.7亿元，增幅22%。其中为11.7万名离退休职工支付养老金12.6亿元；为13337名失业人员支付失业保险金6140万元；为6086名工伤职工支付工伤保险待遇1314万元；为10.8万人次支付基本医疗保险金3.4亿元。

(郭斯萌)

【劳动合同制度监控】 全年区属企业共有940名职工劳动合同届满。其中，续订劳动合同816人，续订率为87%。5家企业初签集体合同，涉及职工4746人；23家企业续订集体合同，涉及职工2.98万人。

(郭斯萌)

【劳动争议案件处理】 年内共受理劳动争议案件810件，其中集体争议案件45件，涉及职工229人，劳动争议案件数和集体争议案件数同比分别增长23%和55%。劳动争议案件结案807件，结案率99.7%。

(郭斯萌)

【劳动监察举报】 年内，共对3530家用人单位执行劳动法律、法规情况进行检查，涉及职工17.1万人，其中检查非公企业3158家，占检查单位总数的89%。纠正企业违法行为1331家；补签劳动合同5212份；督促企业为2944名劳动者补缴社会保险费65.7万元。查处群众举报违法案件1966件，涉及职工1.23万人，结案率99%。为10418名劳动者追回拖欠工资1400万元；为175名劳动者清退风险抵押金19.3万元；取缔非法职介141家。在全区开展“劳动用工规范一条街”工程，规范19条街道的440家企业，涉及职工1.1万人，补签劳动合同1443份，补缴社会保险费30.8万元，追回拖欠工资2400元，补办职业资格证书203份。

(郭斯萌)

【来信来访、突发事件办理】 全年受理群众来信、来访、来电2.74万件。主要涉及劳动工资、养老保险、工伤保险问题，分别占受理总数的30%、15%、8%。处理突发事件231件，同比增长250%，涉及劳动者1万余人，积极化解矛盾，维护了社会的稳定。

(郭斯萌)

【行风建设】 完善服务手段，强化服务意识。严格执行科级干部“一岗双责制”，逐级签订《党风廉政责任书》。在完善“一站式”办公基础上，重点推行“全程办理代理制”和“A、B角工作制”；建立全程办理代理受理室、受理大厅和受理窗口，方便了企业和职工群众办事。制定了《进一步完善政务公开实施方案》，确定了政务公开的内容；依托局外网、公示栏、丰台有线电视、发放宣传手册、设置举报箱等形式对政策法规、规范文本、办事流程、举报电话、服务承诺等进行公示；建立健全监督、考核、奖惩等七项制度。把行风建设纳入对街乡重点工作考核范围。

(郭斯萌)

工商行政管理工作

【概　况】 是年,分局以“三个代表”重要思想为指导,深入贯彻落实市局和区委、区政府的各项工作部署,以弘扬“落实、深化、推进、发展”为主题,以现代化手段为依托,以推进依法行政为保障,以完善信用体系建设为目标,进一步解放思想、振奋精神,开拓创新,明确责任,落实制度,规范行为。正确把握社会发展形势,夯实思想基础;正确把握自身实际,夯实作风基础;正确把握辖区经济发展现状,夯实工作基础。依托分级分类监管系统,全面推进监管方式改革;依托行政处罚案件数字管理系统,全面规范行政执法行为;依托干部行政绩效考核系统,全面强化分局内部管理。以推进依法行政为保障,转变观念,拓展职能;以《行政许可法》实施为契机,促进观念转变和管理创新;以加强专业化执法队伍建设为载体,提高行政执法水平;以强化行政监督为手段,保障依法行政;以完善信用体系建设为目标,搭建平台,落实机制。充分发挥区信用信息系统建设的作用,为打造信用丰台尽职尽责;充分发挥食品安全协调的作用,构建丰台区食品安全信用体系;充分发挥全社会的作用,把信用体系建设工作引向深入;以加强队伍建设为根本,整合资源,提升素质;以深化首都文明行业创建工作,大力弘扬“两甘”精神;以深化基层党建工作,体现“立党为公、执政为民”本质;以深化人事管理工作,发挥人力资源的重要作用,使全局各项工作走在了前列,获得2004年度北京市工商局全系统考核第一名的好成绩。

(刘　莉)

【积极开展创建首都文明行业工作】 分局党组在开展创建首都文明行业工作中,以科学的态度,扎实的工作措施,全面推进分局各项工作的开展,在基层工商所建设、服务平台、现代化管理系统的开发应用、有形市场监管等方面比较有特色,在创建活动开展的过程中,不断提升服务水平与执法水平。在开展创建首都文明工作中,牢固树立“立党为公、执政为民”的工作理念,全面落实工商工作职能,积极开展创建文明单位和文明行业活动,取得了明显效果。分局荣获2004年度首都文明单位标兵,大红门荣获首都文明单位。

(刘　莉)

【在禽流感防控战中做出积极贡献】 为防止禽流感疫情在全区爆发,确保禽流感防控工作落实到位;对岳各庄、新发地、首联超市等大型市场、超市进行防控禽流感联合检查;食品检测车分别前往房山区京石高速、南昭等外埠进京主要路口,参加全市预防监控禽流感统一行动,进行24小时值守;对全区养殖、屠宰行业进行了逐户检查;根据辖区特点,重点检查农贸市场、超市场和大型市场,查验禽类制品进货票据、检疫票,并要求市场主办单位确保各项防控措施落实到位;进一步加强卫生消毒工作,建立禽类台帐,定期汇报,从源头上对禽流感进行防控;在禽流感防控期间,由于行动迅速、力度大,因此全区各农副产品市场经营活禽的商户,已全部转项经营或停止经营,经营冻禽制品的经营户也有所减少,各熟食经营户绝大部分不再经营禽类制品,在禽流感防控战中做出积极贡献。

(刘　莉)

【开展岗位大练兵、专业大比武活动】 年内,分局结合实际,因地制宜,开展形式多样的练兵比武活动,召开了“岗位大练兵、专业大比武”现场会。充分运用了网络远程同步控制技术,采取了模拟考试、抢答等形式,对全员进行了一次考核。此次大比武,锻炼了队伍,检验了实际的水平。通过各专业系统的预、复赛,共有17名干部进行入各专业决赛,7

名同志荣获“市局级业务标兵”称号,7名同志荣获“区县局级业务标兵”称号,两位局领导进入市局级领导竞赛前15名。

(刘 莉)

【开发行政处罚案件数字管理系统】 2月15日,分局自行开发的行政处罚案件数字管理系统正式启用。该系统共有“简易程序”、“案件管理”、“公物仓系统”、“工作提醒”、“查询系统”、“系统维护”、“登录和注销”、“修改密码”和“帮助”几大功能模块,包括了案件的办理、数据及资料管理、案件查询以及公物仓的管理等主要功能,同时提供了提醒、帮助等几项辅助功能。行政处罚案件数字管理系统的开通使用,提高了行政处罚案件办理的效率,同时也对行政执法的规范化起到管理和监督作用。

(刘 莉)

【改革市场准入制度】 从2月开始,分局实行了注册资本分期缴付制度,名称核准登记时限由3天缩短为2小时,88%的新设立企业不需核定具体经营项目,简化验资手续等11项改革措施,市场准入更加便捷。7月1日,登记注册工作进入全新阶段,即审即核开始实行。每个登记注册窗口都安排了两名工作人员,一审一核,前后呼应,密切配合,整个登记注册流程形成了一条现场流水线:即时核名→受理→即时核准→发照,企业的申请能否批准或还需补充那些资料当场就可以做出决定,极大地缩短了工作时限,工作流程的改进,提高工作效率,切实为企业着想,办实事,少跑路,保证优化投资环境工作的落实与推进。

(刘 莉)

【创建河西企业服务平台】 分局在云岗工商所搭建“河西企业登记服务平台”,帮助企业进行注册登记的准备事项。该系统支持工商所三级平台与分局登记注册的即时交流,保证工商所接待质量。为了解决西部地区企业入资的问题,特批了南宫信用社作为入资指定行,使得企业入资后将材料交到平台只需五分钟的时间,完善了平台的服务功能。平台的搭建,得到了云岗街道办事处、王佐镇政府及航天部三院后勤集团、王佐镇农工商总公司等单位大力支持。对西部地区经济发展起到积极促进作用。

(刘 莉)

【网上全程办事代理平台正式启动】 丰台区全程办事代理制信息系统以54家政府职能部门受理窗口为基础,以政府企业服务大厅为重点,以审批事项受理、审批办结为主要功能,实施网上全程办理行政许可和行政服务事项,并在政府企业服务大厅初步实现入驻单位的互联审批。中关村科技园区丰台园在推行全程办事代理制过程中开通43条“绿色通道”,为入驻丰台园的总部企业开通了包括孵化服务、企业入住、人事人才、中介服务、后勤保障等相关的43项服务内容,极大方便了入驻企业,缩短了办理各项手续的时间。

(刘 莉)

【建企业信用信息系统】 分局以经济户口分类分级为基础、以企业信用信息系统为依托、以执法巡查为手段、以网格化管理为保障,不断深化信用监管,将市场主体全部划分了类级,网格责任到人,搭建了企业信用信息平台,企业信用信息系统正式开通。企业信用系统提供了“企业信息查询”、“良好信息查询”、“警示信息查询”、“相关法规查询”等几大功能。该系统将企业纳税情况、经营情况和资产情况等信用信息通过政务专网录入至企业信用信息系统中,建立了信息工作联系网和责任制,形成了政府主导、工商负责、部门参与的工作机制,保障了企业信用信息系统的正常运行和信息录入数量与质量的大幅提高,促进了信用信息系统的进一步完善和广泛应用,大大提高了监管效能。

(刘 莉)

【年检制度改革成效显著】 年内,工商网上年检全面改版,3月1日正式推出“北京市企业网上年检系统”,涉及8个管理部门负责的16个年检事项,可直接在网上办理,工商部门的年检事项从4项减少到2项,将《年检报表》项目压减了38%。

(刘　莉)

【推出《北京市建材买卖合同》示范文本】 受北京市工商局合同处委托,设计起草了《北京市建材买卖系列合同》示范文本,由合同科负责调研、起草了《北京市建材买卖合同》系列示范文本,北京市工商局合同处在分局召开《建材买卖合同》示范文本论证会,经论证程序后,由市工商局统一对外发布。合同分为卫生洁具、墙地砖、橱柜订购、布艺四种。文本的推出将对规范交易、完善签约行为,营造公平、诚信的建材市场秩序发挥重要作用。

(刘　莉)

【创新户外广告监管方式】 年内,分局开发了《户外广告数码管理系统》,系统开辟了“法律法规、示范网页、示范案例、分类分级、八面来风、审批规范、留言版”等栏目。利用数码照相机,采集户外广告的数码照片,并将数码照片上传到相应的大街或地区,填录广告主或广告经营单位名称、企业登记注册号码、图片说明、查处情况、登记情况、广告性质以及每块户外广告的监管网格责任人;把辖区的主要大街和地区、非重点大街和地区分成A、B两类四个级别,进行分类分级管理。改变了以往主要依靠传统的手工台帐,利用现代技术手段辅助监管,降低巡查成本,提高工作效率,实现动态管理、现代化管理和监管到位。

(刘　莉)

【成立北京诚信佳担保有限公司】 为了解决私营个体工商户提供贷款问题,分局个私协积极组织筹建了北京诚信佳担保有限公司。该公司由区综合投资公司和区私营个体经济协会共同出资组建,主要是为全区个体工商户和私营企业提供资金担保服务,在解决个体私营企业融资难问题中发挥积极作用。

(刘　莉)

物价管理工作

【概　况】 年内,物价工作成功完成了全国性粮食涨价、预防禽流感、水价调整及节假日期间的价格监测工作,建立了《丰台区价格监测工作应急预案》;在598个收费单位推行价格和收费公示制度,在300余家物业公司推行明码标价;加强对《收费许可证》的管理,全年完成收费许可证变更、增项36个,撤销3个,新办4个,审核医疗单位新建改建床位费收费标准4家,审核教育收费公示4家,核查学校申报学生住宿费收费标准3家;规范企业收费行为,核准停车场收费62家,变更停车场收费18家,审批非强制性办班收费24家,物业公司备案12家,社会力量办学8家;发放《北京市收费监督卡》,为抵制各种乱收费行为、改善丰台区的投资环境提供政策依据,受到企业欢迎,共向全区企业发放《北京市收费监督卡》3000余册。认真做好区域内园林景点门票调价工作,对卢沟桥、鹰山嘴森林公园、青龙湖公园三家门票价格进行调研并召开了价格决策听证会;开展调研,对全区自备井经营成本、游览参观点基本情况及农村收取综合服务费情况进行调查,撰写了《丰台区自备井供水经营成本情况调查报告》、《丰台区游览参观点基本情况调查报告》。

(梁艳玲)

【价格监督检查】 组织开展各类专项检查和节日、两会期间的市场检查。全年共查处各类违价案件38件,经济制裁总额2126245元,其中:罚款7890元,退款17980元,没收2100375元,上缴区财政210.83万元。

(杨玉华)

【认真办理群众价格投诉】 建立健全价格举

报查办制度,发挥63812270举报电话的作用,做好群众“三来”案件的登记备案工作。对群众价格投诉的查办试行了“三制”。即:关口前移宣传试用警示制;提高效率核查试行约见制;体贴群众退款试行代收制。全年共受理价格投诉和咨询1002起,其中:立案查处9起,已结案9起,经济制裁金额7367元(责令退还消费者297元,罚款5840元,没收1200元)

(陈 健)

【积极推行价格诚信服务】 ①召开了规范市场行为价格告诫会议,有集贸市场、超市、长途客运站、公园景点、机动车停车场等35个代表单位的主管领导及物价员参加了会议。对商家作了5条要求及价格告诫。②签定价格诚信承诺书。对302医院、信海科园大药房、丰盾加油站、华堂商场、莲花池长途客运站等10家单位签定了《丰台区价格诚信承诺书》。③在双信单位中积极推行诚信服务。促进经营企业讲学习、守法规、严格自律、树标杆,从而带动其他企业市场价格行为的逐步规范。

(陈桂茹)

【涉案物品价格评估】 是年价格认证中心评估案件3231件,评估总金额1766.82万元。其中为丰台区公安系统案件评估3112件,评估金额1060.06万元。为丰台区法院评估案件119件,评估金额706.76万元。为维护社会治安,打击犯罪行为,提供了有力的证据。

(竺文成)

质量技术监督工作

【概 况】 年内,质量技术监督局各项工作坚持以邓小平理论和“三个代表”重要思想为指导,贯彻十六届四中全会和胡锦涛总书记视察北京时的重要讲话精神,落实市局和政府工作部署,部分工作实现突破。源头抓质量,克诺森华等4家企业的6种产品获得“北京名牌产品”称号;建材市场整顿,21家企业的23种产品获得“质量诚信产品”称号,2家建材市场获得“质量诚信市场”称号。集贸市场、加油站、医疗卫生、眼镜制配、餐饮、计量器具制造、检测机构等行业的计量器具管理得到进一步规范。标准化“采标”率由24%提升到39.6%,3家企业成功申报“国家标准化管理委员会农业标准化示范区”。13767台特种设备得到确认,11989台换发了使用证,万米压力管道录入计算机管理;电梯、锅炉、游乐设施等安全运行无事故。查处行政违法案件472起,罚没款113万元,端掉电线等制假售假窝点5个。检测机构JJf1069-2003《法定计量检定机构考核规范》顺利通过验收,检测各类计量器具83845台件,检定收入翻番,实现历史突破。组织机构代码、标准化、质量、计量、特种设备等信息实现网上公开。中央级报刊先后7次报道工作开展情况,在丰台党、政、军及社会各界产生了较好影响。

(徐学全)

【3·15宣传活动】 3月13至14日,协助国家认监委在玉泉营居然之家门前举办了3·15宣传活动,国家认证认可委员会、国门时报社以及一些大型建材企业参加了专项宣传咨询活动,全局24名行政执法人员参加,这是国家部门第一次在丰台区与质量系统合作进行的3·15宣传活动。

(孙会云)

【文书档案管理晋升一级】 4月27日,局文书档案管理经区档案局和市质量技术监督局验收,晋升为北京市一级。

(孙会云)

【打假与行政执法】 重点对涉及人体健康和财产安全的产品,影响国计民生和消费者反映较大的产品质量开展了行政执法检查。共查处质量、计量、标准化行政执法案件523起(现场326起、立案197起),罚没款113万元。端掉制假售假窝点5个,查处假劣产品货值4.5万元。受理消费者投诉311起、举报297起,解决率达94%,受理转办案件238件,为消费者挽回经济损失38万余元。其中检查建材产品21种,查抄劣质防水卷材1266卷、假冒品牌阀门1793个、假冒品牌水泥460袋、假冒美巢腻子粉3088袋、假冒名牌油漆涂料成品218桶及原料46桶、空桶256个、桶盖300个、包装纸箱1080个、假冒"TCL"牌开关插座1119个、不合格电线电缆1783米、不合格复合地板3000多包。检查食品生产企业466家次,对240个食品样品进行了检测,合格192种,合格率80%,对批发市场、超市、生产基地生产、销售的24种水果、72种蔬菜进行了农药残留和有害金属含量的检查,合格率99%。

(徐学全)

【建材市场整顿】 按照整治方案,开展了生产、经销企业"五查"活动,对其中10家重点企业、6家重点市场和4个建筑工地进行了帮促和监督检查。在9家建材市场的室外广场醒目位置设置了12365投诉举报牌。在全市建材诚信产品和诚信市场的评选中,全区32家参评企业21家的23种产品获得了"质量诚信产品"称号;2家建材市场获得了"质量诚信市场"称号。

(徐学全)

【全程办事代理】 6月21日,在充分准备的基础上,全程办事代理制受理室开始运行。根据先易后难、先简后繁的原则,将制造修理计量器具许可证审批、受理投诉举报、接待业务咨询五项业务纳入受理室第一阶段受理的业务范围。

(孙会云)

【疫情期间严把质量关】 在防治禽流感疫情期间,对23家熟肉制品生产企业下发了紧急通知,严把质量关,加强质量管理,对14家企业的禽原料加工、生产、销售等环节进行了细致检查,未发现可能产生疫情的原料和产品。

(徐学全)

【源头抓质量】 按照市局要求,对乳粉生产企业进行全面调查,发放调查表36份,收回36份;根据国家质检总局(国质检监函[2004]640号)文件,收集食品及相关产品生产加工企业300余家,对200余家企业进行了核实;调查了178家从事化工生产企业,其中26家危险化学品中11家属于工业产品生产许可证管理的危险化学品生产企业,对已取证和正在申证的9家企业从生产环境、必备生产条件、安全措施、质量管理制度、检验水平等方面进行复查,并发整改通知书;对执行强制性认证和生产许可证产品的灯具、电线、轮胎、汽车安全玻璃等16种产品229家企业进行了强制认证检查,为13家企业办理了ISO9000质量体系认证备案,克诺森华等4家企业生产的6种产品获得"北京名牌产品"称号。

(徐学全)

【基建工作】 8月30日,投资300万元的综合办公楼接建工程竣工,接建面积1328平方米,办公楼总面积由原来的1921.6平方米增加到3249.6平方米,改善了办公环境。是年,特种设备检验所投资50万对周庄子212号综合办公楼进行修缮。

(孙会云)

【标准化工作】 按照《2004～2006丰台区采标工作计划》,积极推进采标工作,帮助指导企业进行"采标"申报。14家企业的28种产品取得采标合格证,24种产品取得"采标标志证书";采标率由去年的24%提升到39.6%。对240余家建材生产和销售企业标准化基进行了调查,培训标准化管理人员115名,对1320家商户及生产、销售人员进行了再培训,使《室内装饰装修材料有害物质限量》十项强制性标准及相关产品标准的宣贯率达93%。5家农业生产企业被确定为"农业标准化基地”建设单位,3家企业成功申报“国家标准化管理委员会农业标准化示范区”。为253家(次)企业备案标准466份,为415家(次)企业登记标准838份;为2905家次企业的2308人次提供了标准化咨询服务;15家企业参加了市标准化协会举办的《新时期标准化作用——市场竞争与企业标准化》研讨会。

(徐学全)

【计量监督管理】 对集贸市场、加油站、医疗卫生单位、眼镜制配、餐饮店、计量器具制造、检测机构等186个单位的2100余台件计量器具进行了监督检查,合格1932台件。抽查定量包装商品300批次,合格253次,对7家加油站进行了计量确认,对13家工地的8300余块水表、气表、热能表、电表等进行了安装前的催检,对13家计量器具生产企业进行专项检查,完成1次市级计量器具监督抽查,3次市级定量包装抽查,1次国家级定量包装抽查。

(徐学全)

【技术机构资质认可】 11月,市局组织的专家组对质量检验机构进行了五年一次的计量认证和质量检验复查验收,从仪器设备、人员技术操作、实验室环境、管理手册、程序文件、作业指导书等各个环节进行了全面复查验收并获得通过。10月,特种设备检验所按照《特种设备检验检测机构质量管理体系要求》,参照GB/T19001—2000标准,结合特设所的具体情况,按照哈佛管理模式对所内使用的《质量手册》、《管理手册》重新进行了修订,从行政组织机构标准、办公行政事务执行标准、文档、图书资料管理工作执行标准、物品资产管理执行标准、安全保障工作执行标准五个方面进行规范管理。

(孙会云)

【特种设备安全】 按照部署,对15年以上514台的老旧电梯从产权单位、使用年限等方面进行了全面调查,对市局转入的1659部新装电梯进行了确认建档;完成了全区245个单位工业管道的普查,对162个符合普查范围的150家企业进行了计算机录入工作,录入长度达122.3千米;完成了16353只气瓶的普查和数据统计以及计算机录入工作并通过市局验收;对13767台设备的使用情况进行了确认,为11989台在用特种设备换发了使用证;对新投用的1254台特种设备进行了注册登记;完成了特种设备数据库的维护网络试点建设基础工作。保障了“两会”、“五一”、“十一”、“六一”期间游乐设施及特种设备的安全运行;实现了杜绝重特大事故、减少一般事故、维护特种设备安全的工作目标。

(徐学全)

【检验、检测工作】 加大了技术机构基础设施的投入,提高检验检测能力,全年检测计量器具83845台件;检验电梯、锅炉、桥吊、游乐设施等特种设备7742台;检验产品1473个,出具检验报告1473份。通过了JJf1069-2003《法定计量检定机构考核规范》复查、计量认证复查验收,完成了硬件基础建设的更新改造。

(徐学全)

【组织机构代码】 接待机关、事业、商业、企业、个人和经济普查、行政执法等各类咨询50000余人次,完成新办代码证、制卡、变更、年审、废置共计23350件。

(徐学全)

物资管理工作

北京市丰鑫源物资集团公司

【调整经营结构实现经济效益增长】 年初,集团公司在制定全年总体工作目标时,回顾过去的工作,不断总结经验,根据市场变化情况,实施经营结构调整,转变经营思路,充分利用土地资源,以市场需求为导向,利用与新发地小商品批发市场毗邻的地缘优势,果断投入资金,建设仓储设施,截止年底共建成并投入使用彩板仓储库 1.5 万平方米,引入商户近百余家,入住率达 100%,形成了道路建设配套,防火设施齐全,绿化分布合理的小商品仓储物流配送中心,年创收 200 余万元,实现了预期经济效益增长的目标。

(李维华)

【抢机遇,用政策,彻底解决债务包袱】 由于历史原因形成的巨额债务包袱,始终是关系到企业生死存亡的大问题,经过几年不懈努力,通过争取政策,实施破产,企业兼并和自身艰苦创收的努力,截止年底,沉积企业的 6000 万元债务基本还清,为企业改革发展奠定了基础。

(李维华)

【探索改革思路做好改制准备工作】 是年集团公司始终坚持以促进企业改革经营发展为最终目标的改革改制工作思路,以中央、市区有关文件精神为指导,不断研究探讨企业改革改制新模式。认真做好改制前的各项准备工作。全年完成了企业清产核资工作,摸清了企业家底,为企业改制做好基础工作。

(李维华)

财政 税务 审计

财 政

【概 况】 2004年是新一届政府的“届首之年”,也是“十五”计划的关键一年。年内,丰台区财政局在区委、区政府的正确领导下,以“三个代表”重要思想为指导,牢固树立科学发展观,以促进全区经济和社会全面、协调和可持续发展为目标,紧紧围绕财源建设和城市化建设两大主题,以创新体制、优化环境为手段,进一步强化税收征管,保持财政收入稳定增长;加强筹融资体系建设,加强预算管理;推进国库集中收付制度和政府采购改革,优化财政支出结构,以改革和创新精神促进各项财政工作再上新台阶。全年财政收入完成15亿元,完成年度预算13.7亿元的109.5%,比上年增收2.8亿元,增长23%,提前一年完成全区“十五”计划任务目标。财政支出26.5亿元,同比增长17.3%。

(刘月梅)

【财政收入快速增长】 是年,继续贯彻以财源建设为中心的既定方针,密切监测财政经济运行态势,通过制定切实可行的财政政策体系,做大“经济蛋糕”,支持经济发展。减少行政审批事项,推广全程办事代理制,优化企业发展环境,加快全区经济发展步伐;配合区政府建立招商引资目标责任制,将综合经济部门及街乡全部纳入考核范围,吸引新增税源入驻全区;认真落实财税联席会议制度,加强各部门配合,及时解决收入中存在的突出问题;继续做好属地纳税工作,加强税收稽查,加大对非税收入的管理,努力做到应收尽收。

(刘月梅)

【发挥财政聚集效应多渠道筹集资金】 坚持从实际出发,创新理财观念,通过取得政府贷款、收缴土地出让金、争取市追加补助筹措资金16.6亿元,创造性地发挥财政资金的聚焦效应。紧紧围绕“四大经济板块”,重点保障产业结构调整、投资环境建设、生态环境改善等骨干项目的资金投入。拨付资金3.85亿元,投向科技园总部基地、西客站南广场、汽车博览中心等重点地区建设;拨付基础设施建设资金1.86亿元,加快丰北路贯通沿线、玉泉路南延等重点道路建设;加大绿化美化投入,拨付资金0.8亿元,形成小龙河精品绿化项目及5块绿化主题花园;大力改善城市面貌,拨付资金0.4亿元,着重凉水河、马草河、水衙沟水系治理;偿还四环百米绿化带等项目贷款本息1.95亿元。

(刘月梅)

【进一步调整优化支出结构】 年内,丰台区财政局努力加强支出管理,构建公共财政框架,在确保各项行政事业经费的基础上,贯彻财政资金“有进有退”的要求,整合调整存量、合理配置增量,重点保障社会公共需要的基础性领域。落实行政事业单位增资资金1.8亿元。确保教育、卫生、农业等依法支出增长,其中:教育区本级支出5.09亿元,增长18.3%;卫生区本级支出0.65亿元,增长18.2%;农业区本级支出0.47亿元,增长18.3%,均达到法定增长要求。增加低保和再就业等社会保障性支出0.89亿元,逐步完善基本社会保障支出体系。积极落实年初“四十件实事”专项资金1亿元,切实维护人民群众的根本利益。

(刘月梅)

【规范细化部门预算管理】 2004年部门预算改革的重点逐步过渡到部门预算的规范和细化,实现功能预算向部门预算与功能预算相结合的转变上。进一步规范项目库预算管理,出台《项目申报暂行办法》,对项目预算实行“三统一”,即统一项目文本和项目申报材料,统一全区项目库管理,统一项目申报途径。同时,继续完善支出预算标准定额,研究单位公用设施配备标准,部门预算改革取得阶段性成果。政府宏观调控能力进一步加强,政府控制资金由2000年预算内的7.6亿元增加到2004年综合财力36.5亿元。

(刘月梅)

【推进国库管理制度改革】 是年,进一步扩大工资统一发放的范围,区行政单位及离退休人员全面实行财政统发工资。全区纳入财政统发工资工作的人员达到9000余人,月统发工资总额近3000万元;做好国库集中支付改革试点的准备工作,出台改革试点方案;做好预算执行分析工作,逐步建立财政预算执行综合分析模型,进一步提高财政预算收支分析水平;改进现行预算拨款审核程序,实行按计划拨付资金,完善预算资金内部运行网络建设,提高拨款效率;对公收费全面实行票款分离,对个人收费项目进行票款分离试点,规范收费票据使用,严格收费票据管理。

(刘月梅)

【政府采购工作稳步推进】 年内,政府采购按照细化政府采购预算、细化对供应商管理、简化政府采购办事程序的原则推进。政府采购规模和范围逐步扩大,政府采购体系初步建立。政府采购资金支出从2000年0.2亿元,扩大到2004年政府采购资金支出1.6亿元。采购范围由单一的汽车、空调、计算机等货物采购逐步扩大到工程、服务类。

(刘月梅)

【落实街乡财政体制改革】 是年,开始实施新的街乡财政体制,对街道实行“核定收支基数,保证‘吃皇粮’;超收分档奖励,招商引资、协税单独返还;规范转移支付,实行综合预算管理”的管理体制,对乡镇实行“保证既得利益;总量比例分成、招商引资协税单独分成;规范转移支付;加强预算管理”的财政管理体制,实现了财政收入区与街乡共享的管理模式,建立“协税、护税、引税”三个层次的分成返还机制,为区域经济发展提供了一个公平、有效的财政机制。新体制进一步明确事权财权,加大对街乡的财力投入,加强社区、行政村的基层建设,推动了城市管理重心下移,促进了城市管理水平的综合提高。

(刘月梅)

【财政监督与财政管理相融和】 年内,初步建立了内外监督相结合,事前、事中、事后监督相结合,多层次、全过程的财政监督体系。建立财政、审计、监察等部门定期联席会议制度,发挥各自职能加强对财政资金的监督检查,互通检查情况,做到既不重复检查,又不留死角。加强对财政资金的规范化管理,进行事前、事中、事后控制。

(刘月梅)

【抓管理规范行政行为】 为建立高效、廉洁、规范的财政机关,全面提升管理质量和服务水平,实现内部管理程序化,对外服务规范化,年内区财政局正式启动ISO9001质量管理体系认证工作。将“以人为本、廉洁高效、科学管理、争创一流”作为质量目标,建立以质量手册为纲领,程序文件为主线,工作手册为节点的体系文件,计25万余字,印制100余份。体系文件涵盖了各科室的业务,对如何开展财政财务管理服务工作做出了全方位的规定。经过半年的勤奋工作,于12月16日顺利通过认证审核,成为丰台区第一家通过ISO9001质量管理体系认证的行政机关。

(刘月梅)

国资运营

北京市丰台区综合投资公司

【概　况】 北京市丰台区综合投资公司是1999年1月15日经区政府批准成立的国有独资企业。注册资本金8亿元。公司设有项目开发部、财务审计部、人力资源部、办公室,共有员工14名。截止到12月底,公司的总资产为20.3亿元,所有者权益为8.5亿元,负债总额11.8亿元。全年完成经营收入505万元,实现利润188万元,上缴各种税金30万元,实现国有资产保值增值率为101%。为区域经济建设筹集资金,实现融资贷款4.9亿元,间接融资6342.8万元。逐步建立了相应的融资信用、风险监督机制,公司共偿还到期本金1.85亿元,提高了政府和公司的信誉度。强化产(股)权管理,落实产权代表监事及项目责任人制度,共完成股权收益304万元,维护了国有资产出资人权益,保证了国有资产保值增值。

(刘立妍)

【资产运作】 发挥投资公司资本运作平台的作用,加大存量资产的盘整,根据区政府的指示,公司领导班子多次就西客站南广场ABCD座项目的运作及存在问题研究对策,摸清了兴丰公司成立以来的财务状况、项目的债权债务及涉及的法律问题,提出了由区土地储备中心收购ABCD项目,并最终运行招标、拍卖或挂牌的运作方案。该项目如果操作成功,即盘活了国有资产,又使沉积多年的问题得到了解决,且将带来3亿元左右的项目转让收益。

(刘立妍)

【招商引资】 发挥融资平台作用,通过招商引资,突破建设资金不足的瓶颈,由公司代表政府出资7000万元,吸纳中铁华丰(北京)房地产开发有限公司等三家单位建设资金3亿元,联合组建“中铁恒丰置业有限公司”,合作开发建设西客站南广场地下车库项目。此项目的运作,缓解了西客站南广场及周边的交通压力,满足了日益增长的客流量的需要。

(刘立妍)

【资金担保】 为区属企业贷款担保6342.8万元。其中,为北京益恒房地产开发有限责任公司担保2000万元;为区城市建设综合开发公司担保4000万元;为北京地铁四号线投资有限责任公司担保342.8万元。

(刘立妍)

【担保公司】 与区私个协依照国家的有关法律、法规和政策,以投资公司作为第一大股东出资500万元共同成立了北京市诚信佳担保有限公司,7月6日正式开始运营,12月14日举行了揭牌仪式。制定了《公司机构设置及岗位责任》、《资金管理办法》、《财务制度》、《担保业务操作规程》、《担保公司评审委员会议事规则》等各项规章制度,并与北京市商业银行丰台支行签定了合作协议,为北京绿山谷芽菜有限责任公司承担了30万元贷款担保业务,初步解决了区内私营个体融资难的问题。

(刘立妍)

【树政府信誉】 建立还贷预警机制,合理协调安排贷款还款资金及利息。年内分三次共偿还北京市商业银行贷款1.85亿元,树立了政府及公司在银行系统的诚信守诺的形象。

(刘立妍)

【清产核资】 按照丰台区国资委清产核资工作的总体安排，公司参加清产核资会议、培训，制定并上报了《投资公司清产核资工作方案》，对公司固定资产和低值易耗品等财产进行全面实地清查，达到账实相符的目的，建立并完善了相关财务规章制度。

（刘立妍）

【调查研究】 公司领导班子结合建设现代化新城区的战略目标和“四大板块”、“六大支撑系统”的构建，就如何发挥公司的平台作用，加强研究，拓宽工作思路。公司就国资管理、融资担保和项目开发等内容，完成了《关于公司担保工作相关问题的报告》、《关于加快丽泽商务核心区建设速度的思考》和《关于进一步加强丰台区国有资产运营工作的思考》三篇调研课题。其中，后两篇调研报告被丰台研究采纳发表。

（刘立妍）

【规范内部管理】 公司定期召开公司经理办公会，严格执行公司“三重一大”等规章制度，履行资金调动手续，公司严格落实了岗位目标责任制及考核办法。建立了局域网，购置了财务电算化软件，提高了办公自动化水平。创立了公司的宣传刊物《视点》。

（刘立妍）

国家税收

【概　况】 丰台国税局坚持依法治税，围绕组织收入，努力加强各项征管基础工作，进一步推进信息化建设，严格执行国家各项宏观调控税收政策，税收工作实现了新的突破。是年末，全局内设机构27个，其中：12个职能科室，12个基层单位（包括9个税务所、3个税务稽查所），1个直属单位（稽查局），2个事业单位（信息中心、机关服务中心）。局机关主要业务科室有流转税科、征收管理科、计划统计科、所得税管理科、涉外税收管理科、进出口税收管理科、政策法规科。全局在编干部职工372人，其中：干部342人，工人30人。副科级以上领导干部69人，其中包括在任处级5人，副处级助理调研员3人。全局共有党员182人。大专以上文化程度的干部职工320人。全局累计管理税源31646户，其中企业23413户，个体8233户。继续深入开展精神文明创建活动，抓好创建载体，开展礼仪专题教育，结合工作实际，在执行原有的50条文明礼貌用语的基础上，特别规定了20条纳税服务禁忌用语。积极组织参加市区文艺汇演、运动会等，多次在市区活动中获奖。局机关和第二税务所分别被首都精神文明建设委员会评为首都文明单位标兵和首都文明单位，11个基层所被区精神文明建设委员会评为丰台区文明单位。

（于满军）

【采取积极措施组织税收入库】 年内，面对严峻的组收形势，坚持依法征收、应收尽收的组收原则，结合丰台地区税收工作实际，采取积极的措施组织税收入库。特别是下半年，面对1.5亿缺口的税收任务，进一步统一思想，重新确立了围绕组收狠抓管理、提高税收征管质量的工作思路，提出了一切工作都要从有利于组织税收收入、有利于税收征管出发的总体要求，制定了“关于进一步加强税收征管工作，努力完成市区两级税收任务”的具体措施，对征管、流转税等6个业务科室，安排了具体的组收工作项目，实行项目分工管理、责任落实到人，定期进行组收项目阶段性汇报。进一步补充完善《重点税源监控管理办法》，实现总局、市局、分局、所级四级重点户监控网络。根据组收进度，适时调整组收措施及工作重点，进一步明确岗位职责，加强部门合作，积极清理欠税，推行企业所得税、增值税小规模纳税人核定征收管理办法，重点对在丰台区经营外地纳税企业进行清理。由于全局上下卓有成效的工作,不仅堵住了收入缺口,还提前超额完成了市、区两级税收收入任务。2004年,全局组织各项税收首次突破20亿大关。截止到12月31日,累计入库各税206493万元,同比增加16537万元,增长8.71%,完成市局下达任务的107.33%。其中:增值税完成145895万元,同比增加13466万元,增长10.17%,完成计划的104.59%。企业所得税35600万元,完成计划的107.04%。外商所得税10092万元,同比增加3636万元,增长56.32%,完成计划的141.15%。

(于满军)

【加强企业所得税管理】 开展企业所得税预缴和年终汇算清缴工作。加强CTAIS环境下所得税规范化管理,重新规范了各类文书的审批流程、受理纳税申报、税票的开具等环节,设置了必要的台帐。不断强化税源管理,制定并下发了《企业所得税税源管理办法》,实现了对纳税企业分别管理,分类监控。针对近两年全局新增企业迅猛、大部分企业规模偏小、财务核算不健全、有税率偏低的客观实际,加大企业所得税核定征收力度,对2003年营业收入在300万元以下,符合企业核定征收条件的企业全面推行所得税核定征收办法,确定实行核定征收企业所得税企业2107户。到3季度,有税率达到了65%,比去年同期增加了8.5倍。1—3季度累计入库企业所得税734万元,同比增长359%。

(于满军)

【严厉打击涉税犯罪】 根据国家税务总局和北京市国家税务局的总体安排,结合丰台区特点开展汽车、医药、废旧物资、使用海关抵扣凭证抵扣进项税等项专项稽查,共专项稽查172户。审理案件217件,定案税额为3198万元。受托金税协查836户次、涉税金额16426.49万元,比去年同期上升27%。委托协查3440份增值税发票,同比增加277%。把打击涉税违法犯罪作为工作的重点,对虚开增值税专用发票以及接受虚开的纳税人进行"双向治理"。对26户涉嫌虚开增值税专用发票的企业进行重点检查。对辖区内3户利用虚假海关票抵扣进项税的企业进行了专案查处,并移送公安机关。全年累计查补税款5228万元,入库2946.2万元。

(于满军)

【实现增值税管理规范化与精细化】 认真贯彻落实国家税务总局、市国税局有关加强商贸企业管理的文件规定,研究制定了国税局新办商贸企业增值税一般纳税人资格认定及管理暂行办法。并于8月11日至31日分派30个工作小组对全区1258户增值税临时一般纳税人进行了全面清理。通过实地核查、二次核查,取消了因无固定场所、财务核算不健全及涉嫌虚开增值税发票等不规范企业一般纳税人资格120户,增值税发票降版409户。纳入一般纳税人管理1134户,占应清理户数88.6%。重点加强海关完税凭证的审核工作,严格执行先审核后抵扣规程。根据虚开增值税专用发票与利用"四小票"进行虚假抵扣的关联性,总结归纳出虚开增值税专用发票骗抵进项税额的18个主要特征,提出了加强现有一般纳税人企业管理和监控措施。针对不法分子借海关完税凭证、货物运输发票、农副产品收购发票以及废旧物资收购发票未纳入"金税工程"防伪税控系统监管的制度缺陷,利用虚假"四小票"抵扣增值税额的新动向,着力做好专项纳税评估工作,严厉查处涉嫌虚开增值税专用发票和利用海关完税凭证骗抵增值税的企业,并派专人到上海、天津海关调查取证,补缴税款192万元,并将其中3户企业移送公安机关立案侦察,有效地遏制了不法分子偷逃税款的行为。

(于满军)

【建立增值税失控发票快速反应机制】 抓好金税工程网络系统的升级与完善工作,实现了报税、认证、一般纳税人申报、小规模纳税人申报在任意一个窗口进行,简化了办税程序,彻底解决纳税人重复认证抵扣联发票的现象。针对全局上半年出现的数据采集方面的问题，严格失控发票的查询和审核工作，重申并完善数据审核管理办法，从金税工程工作容易出现问题的各个环节入手，对各岗位人员加强责任意识的教育，操作方法的培训等，实施每月双人双岗查询走逃企业失控发票、三级复核把关。依托现有防伪税控系统网络版软件，及时对其功能实施延伸拓展，对“走逃企业与失控发票快速反应系统”应用服务器、数据库服务器进行升级，使认证子系统中增加了认证的抵扣联数据与失控发票数据双向比对功能，发售子系统中拓展了失控发票登记功能。实现以日为单位进行失控发票数据采集和更新，达到快速反应、防范不法分子利用失控发票骗取抵扣税款的目的。

（于满军）

【加快企业出口退税进度】　全年办理新发生退税款 7430 万元，累计办理出口退免税 31333 万元，比去年同期增加 15458 万元，增长 97.37%。其中：出口退税 30095 万元，比去年同期增加 17238 万元，增长 134.07%。

（于满军）

【积极开展纳税服务工作】　加强征管基础工作建设，制定并实施新办企业办税人员培训制度，到 12 月底，共培训 18 期，参训人员 1477 人。建立办税服务厅值班制度，明确岗位职责和工作流程，进一步规范文明用语，优化办税环境。开展纳税信用等级评定工作，根据日常征管资料、数据，结合纳税评估、纳税检查、处罚等情况，对全局评定范围内的 3220 户企业纳税信用情况逐户进行了综合分析考评，评定纳税信用为 A 级的 46 户、B 级 2699 户、C 级 475 户。推行全程办事服务制，全程办事服务流程、监督投诉管理办法等涉税服务事项，全部“上墙”，公开时限承诺，自觉接受纳税人的监督。到 12 月 31 日，共受理事项 8755 项，纳税人满意率达到了 100%。

（于满军）

【加强个体集贸税收征管工作】　对市场摊位实施动态跟踪，强化税源管理，减少漏征漏管户。同时采取与办事处联合检查的方式，对小井瓷砖一条街等零散市场进行了清理整顿。开展对大红门商业街等全区市场税收状况调查，召开有市场主办单位及场内经营者参加的座谈会，听取有关方面和人员的意见和建议，制定出了符合全局实际的集贸市场管理办法。同时还完成了新发地、中央批发市场、岳各庄三个市场在执行《国家税务总局关于进一步落实税收优惠政策促进农民增加收入的通知》中存在问题和对税收收入影响的专题调研。加强个体经营者纳税定额管理与调整工作，不断深化和完善个体工商户银行网点申报管理工作，有效保证了个体纳税申报率的不断提高。全年入库个体集贸税收 7449 万元，同比增加 1791 万元，增长 31.65%。

（于满军）

【全面贯彻落实《行政许可法》】　根据市国税局、区政府的部署，全面开展了贯彻实施行政许可法的各项工作。以教育培训引路，分 6 期组织全局 335 名公务员开展《征管法》、《行政许可法》、《征管法实施细则》的全员培训，组织全体干部进行“两法一则”闭卷考试。在实际工作中，对涉及全局行政许可事项、实施主体、条件、程序和期限、收费等五个方面内容的文件进行了认真全面清理，为该法实施提供保障。市局政策法规处、征管处、监察室组成的联合检查组对国税局实施《行政许可法》及其他有关规定的情况进行了联合检查，并表示满意。

（于满军）

地 方 税 务

【概　况】　年末，丰台区地方税务局共有干部职工350人,其中:干部322人,占全局总人数的92%,其中中层干部63人,占全局总人数的18%;工人28人,占全局总人数的8%;党员188人,占全局总人数的53.71%;团员31人,占全局总人数的8.86%;大专以上学历307人,占全局总人数的87.71%。全局共设15个科,1个SPSS软件开发小组,7个税务所,2个纳税评估所,2个纳税服务所,2个稽查所,1个机关后勤服务中心。截至年底共有税源户36184户(含注册税务登记户1840户)。按经济类型划分:国有企业1497户,占全区总户数的4.14%;集体企业2659户,占全区总户数的7.35%;有限责任公司3187户,占全区总户数的8.81%;私营企业18769户,占全区总户数的51.87%;外资企业565户,占全区总户数的1.56%;个体工商户7444户,占全区总户数的20.57%;其他企业2063户,占全区总户数的5.70%。按征管行业划分:批发零售贸易及餐饮业14312户,占全区总户数的39.55%;社会服务业9997户,占全区总户数的27.63%;科教文卫业4729户,占全区总户数的13.07%;制造业3186户,占全区总户数的8.80%;建筑业1181户,占全区总户数的3.26%;交通运输仓储及邮电通讯业1366户,占全区总户数的3.78%;房地产业505户,占全区总户数的1.40%;农林渔牧业227户,占全区总户数的0.63%;其他行业681户。

(王　雨)

【税收收入高速增长】 在新一届局党组的带领下,区地税局全面提高整体工作水平,累计组织各项收入285045万元,同比增收63429万元,增长28.62%。其中:税收收入累计入库276068万元,同比增收62342万元,增长29.17%;完成市局下达的税收计划250000万元的110.43%,超计划26068万元。区级收入累计完成107306万元,同比增收21224万元,增长24.66%。市、区两级收入的收入额、增收额、增长率均创建局十年来的最高水平,提前49天完成了市局下达的收入任务。

(王　雨)

【组织全体中层干部更新知识培训】 以建立"学习型组织"为契机,加强班子建设和科级干部队伍建设。是年3月和10月,组织全体中层领导干部分两批在国家税务总局扬州税务进修学院进行更新知识培训,更新了科级领导干部的知识结构,提升了管理水平,增强谋划能力和执行能力。

(王　雨)

【组织军转干部、大学生基层锻炼】 是年10月—12月,区地税局组织军转干部、大学生到基层税务所进行锻炼,为军转干部、大学生提供了学习锻炼的机会,使机关工作人员熟悉了基层税收业务,丰富了工作经验,提高了工作能力。

(王　雨)

【率先实现减免税、退税即时审批】 以贯彻落实《行政许可法》为契机,进一步深化全程办税服务工作,专门成立了纳税服务二所,专司审批职能,实行审批事项的统一受理、集中办理、公开承诺、即时办结。进一步规范了服务行为,简化了审批程序,从根本上避免了审批与管理脱节的问题,不仅提高了税收征管的公开化和透明化,促进了廉政建设,而且极大的提高了工作效率,审批方式由逐级审批改为前置审批,审批时间从原来的15天缩短到现在的15分钟。全年共办理即时减免税审批2118件。"即时审批"举措的推出,节省了纳税人的办税成本,避免了纳税人在不同办事地点的奔波之苦,得到了纳税人的好评。

(王　雨)

【税源管理做到抓大不放小】 针对丰台区集贸市场和个体工商户较多且比较零散、征管监控难度大、税收增收幅度小等现状,率先在北京市地税系统成立了个体市场税务所,力求有效解决个体市场税收征管中存在的诸多问题,做到对集贸市场和个体工商户实行动态监控管理,及时掌握纳税户的经营变化情况，做到加强税源管理工作抓大不放小，以保证国家税款应收尽收。基本改变了原来个体工商户管理分散，管理力度相对弱化，征收不规范的状况，逐步实现了对市场的规范化管理。

（王 雨）

【全面实施“阳光稽查”】 以规范执法为重点，以提高稽查办案质量为目的，全面实施“阳光稽查”。①对税务稽查办案各环节进行公开，避免税务稽查的“暗箱操作”和随意性，提高稽查工作透明度和可信度。②遵循“未经评估，不得检查”的规定，采用函告或约谈的方式，将评估中发现的涉税问题和疑点告知纳税人，保障纳税人的合法权益。③修订了稽查报告审理规程，完善审理工作制度，进一步加快审理速度，及时处理了积压案件；规范了涉税举报案件的处理办法，缩短了办理时限，提高了工作效率。④认真组织完成了各类专项、专案检查，特别是在交通运输业发票专项检查工作中，对123户企业、238张发票进行了检查，有力地维护了税法的刚性。

（王 雨）

【成立专业机构开展纳税评估】 成立专业机构，理顺工作流程，纳税评估工作有序开展。按照机构职能要求，研究制定了《丰台区地方税务局纳税评估工作管理办法（试行）》以及《丰台地方税务局纳税评估工作流程》，明确了工作程序和职责，理顺了工作关系。积极利用SPSS软件开展评估课题研究，寻求评估工作方法的创新，建立了运输企业发票比对模型、建筑企业发票比对模型等，加强了评估工作的准确性和有效性。以专业评估为基础，加强评估、征管、检查和地区税务所等各个环节的协调与配合，形成了多部门互动的有效税源监控网络，进一步堵塞了税收漏洞，强化了征管手段。

（王 雨）

【全力保障新系统成功切换】 举全局之力采取一系列措施以保障旧系统与北京市地方税务局综合服务管理信息系统（简称“新系统”）的成功切换：成立了一把手亲自抓、主管局长具体负责的系统集中化改造领导小组，做到了“六个到位”，即：领导指导到位，人员到位，服务到位，业务掌握到位，协调支持到位，督促检查到位。开设局内“新系统培训内部网”，公布新系统相关知识，并专门设置“咨询答疑”模块，保证了对外答复内容统一、口径统一、方式统一。成立“新系统上线咨询服务工作小组”，开设22部专用人工咨询电话，同时对市局“12366”开设丰台直通专线，接听“12366”转接的丰台区纳税人的咨询电话。针对网上申报户数多的特点，提前一个月在网上告知事项栏目中向纳税人提示新系统即将上线，帮助纳税人做好准备。在全面培训的基础上组织两次内部培训，针对重点环节展开深入辅导，帮助干部熟练使用新系统，更好地为纳税人服务。

（王 雨）

【机构改革促进税收业务的有效整合】 对局内部分机构进行了调整，按照岗位职能对人员进行了相应调配。先后成立了档案科、个体市场税务所、纳税服务二所、纳税评估科、纳税评估一所、纳税评估二所；设立了独立的SPSS软件开发小组；重新设立了新的丰台税务所和新的园区涉外税务所；将原有的四个稽查所调整为两个，成立了新的第一、第二、稽查税务所。调整了中层干部22人，占全体中层干部的34.3%，调整了一般干部94人，占全体干部的38.2%。实现了机构优化、工作细化，各部门的工作积极性被充分调动起来。特别是档案科成立以来，档案抢救工作进度不断加快，全年抢救整理了建局十年来的各类税务档案167900卷，共计1500箱，圆满完成了抢救任务。

（王 雨）

【全方位开展税收宣传】 区地税局本着“造势＋实效”的原则，积极营造良好的纳税环境，①以“携税企诚信之手，走京郊小康之路”

为主题,举办了"优质服务,诚信纳税"签约仪式,推进了丰台地税局的A级企业信誉等级评估活动。②与建设银行丰台支行联合举办了"税银服务共建"签约仪式,开展"税银服务共建"活动。③以建局十周年为主题,通过制作纪录片、建立图片展室、举办主题演讲比赛等内容丰富、形式多样的宣传方式,全面进行总结和回顾。④对地税局"TAX861"网页进行了改版和栏目创新,充分发挥了外网的宣传窗口作用,深化了政务公开,提高了网上办税水平。此外,还以下岗再就业优惠政策、地方各税种政策等社会关注的热点为主题开展了系列宣传活动,广泛宣传了税收政策,将税收理念和地税文化深入到了纳税人心中。

(王　雨)

【基层税务所办公条件明显改善】 由于部分基层税务所办公环境长期以来都十分简陋、艰苦,税务干部为了做好本职工作克服了许多困难。区地税局党组对此十分重视,决定彻底改善基层税务所办公条件,投入人力、物力、财力对环境简陋的基层税务所进行重新装修,增添办公设备,为基层税务干部创造了良好的办公环境,增加了干部的工作积极性,同时为纳税人上门办税提供了良好的环境和便利的条件。

(王　雨)

审　计

【概　况】 年末有干部职工54人。完成审计项目40项,查出违规金额3020万元,管理不规范5654万元,应缴财政2445万元,已缴财政2223万元,应归还原渠道175万元,应调账处理94万元,查出百万元以上违纪单位4个,核减工程款1017万元。对4个单位开展专项审计调查,向主管区领导提交专题报告4件,全部得到了批示。提交审计报告、信息118篇,审计信息被采用67篇。局机关在政府考评中受到表扬,局机关被评为首都文明单位。

(杨利民)

【本级财政审计】 完成2003年本级预算执行和其他财政收支审计。重点审查了财政部门预算编制、批复和收入、支出的预算执行情况;财政部门管理的财政性预算外资金收支情况和总预算会计资产、负债及净资产的真实性、合法性。审查了地税部门年度税收计划完成情况、税收征管基础工作规范、到位情况。并对房地产开发和建筑安装行业的10个重点纳税户进行了延伸审计。审计了国库系统预算资金收纳拨付情况,主要审查了国库系统内控制度是否完善、是否认真履行其监管职责,评价其在推行集中收付制度中发挥的作用等。按照市审计局的要求对市拨教育专项资金、农业专项资金、地税专项资金、最低生活保障金的管理、使用以及效益情况进行了审计。对园区税收政策返还的管理和使用情况进行了审计。审计涉及参与预算执行的行政事业单位等266个单位。主要查出了个别单位收入未及时缴纳税款的一些问题。审计充分肯定了2002年本级预算执行审计中提出的问题的整改效果。区人大领导听取汇报时高度评价了审计工作。5月区人大常委会通过了《关于丰台区2003年本级预算执行及其他财政收支审计工作报告》。

(杨利民)

【经济责任审计】 完成区文化委员会、区发展改革委员会、区危改开发管理办公室、区环保局、宛平城地区街道办事处、右安门街道办事处、西罗园街道办事处、大红门街道办事处、益丰建筑(集团)公司等9个单位10个领导干部任期经济责任审计。审计发现和揭示的问题,引起了组织和纪检部门的高度重视。为区委考察任用干部提供了依据。

(杨利民)

【固定资产投资审计】 完成教委36所学校操场改造工程竣工决算审计，水利局小龙河治理、自来水并网、广播电视服务中心消防改造、武装部民兵高炮训练中心工程审计。对因虚增数量、高套定额、核算错误等问题造成的虚增工程造价部分予以核减，共核减工程造价1017万元。

（杨利民）

【国有土地专项资金审计】 按照北京市审计局的统一部署，对区国土专项资金重点审计了两个方面：(1)土地使用权审批手续是否合规合法，并抽查了28个卷宗。(2)国土专项资金的管理使用是否符合政策要求，有无挤占、挪用问题。审计了区财政局，并延伸了19个项目资金使用单位。审计表明丰台区能够认真执行土地有关政策的规定，并严格按照《土地法》赋予的权限，依法履行管理职责，严格按照有关政策报请市政府审批征地，未发现违法违规征地，未经批准改变土地建设用途，擅自转让国有土地以及闲置建设用地等情况。对市财政返还的国土专项资金按政府制定的计划合理安排，及时拨付使用单位。使用单位对拨付的土地出让金和土地批租款能够做到专款专用，全部用于全区城市基础设施的建设和土地开发等项目。未发现挤占、挪用、改变资金用途等问题。审计提出了完善有关制度和措施的建议，规范了土地市场秩序。

（杨利民）

【财务收支审计】 完成了中关村科技园区丰台管理委员会、园区产业基地办公室、科学城物业公司、富丰市政建设中心、园区职业介绍所、北京德威中创科技发展有限公司、区商务局、区统计局等8个单位的财务收支审计工作。通过审计纠正了其在经济活动中资产不实、欠缴税款等问题，加强了财务管理，规范了财务核算。

（杨利民）

【审计调查】 对群众关注的热点问题涉及的资金进行了审计调查。完成了对区再就业资金管理和使用情况的审计调查，区生态保护与建设资金实施审计调查，区城企中心管辖企业的应收款项管理状况审计调查，北京市丰鑫源物物资集团财务管理情况的审计调查。向区领导提交专题报告4篇，全部得到批示。

（杨利民）

【内审监督与指导】 4月份创办《丰台内审》刊物。全年完成9期，增刊1期。共刊登各类信息52篇。年内深入卫生局、教委就审计法、内审准则、内审人员职业道德及财务收支、经济责任审计等进行业务培训。组织全区各内审单位业务培训90余人。10月完成了市局布置的评选市级内审“双先”工作。评选出博兰特食品工贸集团财务审计部、卢沟桥乡人民政府审计科、公安局丰台分局纪委审计室、长辛店街道办事处财政统计科4个先进集体。博兰特食品工贸集团财务审计部审计员孙杰、赛欧工贸有限公司审计员许秀云、丰台街道办事处财政科科长周春红、农村合作经济经营管理站审计科副科长李永红、财政局监督检查所副所长王金艳5位先进个人。召开了内审工作经验交流会。完成了市2004年CIA国际内部审计师报名工作。共报考生55名，是近3年最多的一年。全区各内审单位完成审计项目237项。其中：财务收支审计117项；经济责任审计45项；经济效益审计44项；专项资金审计12项；基建审计12项；内控测评审计7项。发现大要案线索12件；提出审计建议意见被采纳84条；纠正违纪增加上缴金额534万元；促进增收节支69万元。

（王小艳）

金　　融

中国工商银行北京市丰台支行

【概　况】 中国工商银行北京市丰台支行拥有职工538人,共设机构38个:13个部室、1个分部(融工后勤有限公司分部)、4个网点支行、2个分理处、18个储蓄所。是年,人民币总资产比年初增长12%;本外币封闭利润比年初增14%,在分行排名第15位;本外币存款比年初增长12.68%;其中人民币储蓄存款较年初增长11.52%,对公存款较年初增长17.21%,分别完成分行任务的181.06%、157%;各项贷款余额较年初减少29.96%;中间业务收入比年初增长24.5%。年内资产总量稳步增加,存款业务快速增长,信贷资产不断调整充实,中间业务继续保持快速发展的势头。

(帅建淮)

【开展网点排队问题调研】 为了进一步开拓业务,解决网点排队问题,丰台支行成立以行长、主管行长为首、相关部室联合参加的调查工作组,对幸福街网点支行、玉林网点支行、长辛店网点支行、云岗网点支行及储蓄问点一线,就“1+3”业务发展及网点排队问题,展开全面系统性调研活动。通过调研,支行对各网点“1+3”业务发展及排队问题进行了详细分析,对网点所采取的工作措施及实施效果进行了系统总结与评价,同时针对存在的问题进行现场指导,全力解决储蓄网点排队问题,确保“1+3”各项任务指标的快速完成。

(帅建淮)

【全面提升理财金客户的贡献率】 随着市场竞争的日益激烈,各家银行都把高端客户作为营销工作的重点。经过前期的市场培育与开拓,理财金客户群体不断壮大,已经逐渐发展成为支行个人金融产品市场的重要支柱。为了更好的服务于这类优质客户,支行在分行个金部、资金营运部、基金公司、保险公司等部门的大力支持下,分别于2月28日、5月28日和12月24日组织了高端客户参加的专题宣传活动,并定期、不定期开展理财沙龙活动。通过这些活动的举办,增进了与客户之间的了解,全面提升了支行高端客户的满意度与忠诚度。

(帅建淮)

【东安街、未来假日营业网点开业】 为进一步优化网点整体布局,支行依据区域资源分布状况,果断筹建东安街分理处和未来假日分理处两个综合化网点,并分别于6月6日和7月16日开业,在开业后不足5个月的时间,两家网点“1+3”累计增长达14,342万元,并在营销电话银行、网上银行、理财金开户等各项业务取得了良好的成绩。

(帅建淮)

【调整网点营业时间】 为更好的满足客户愿望，支行积极响应个人客户的服务要求，于5月15日调整了桥梁厂储蓄所等9个网点的营业时间，其中取消了幸福街支行储蓄专柜、长辛店支行储蓄专柜原有的休息日，调整为“三开门”营业，其他几家网点将原来的星期六、日休息调整为星期一休息，待人员充实后统一改为“三开门”。

（帅建淮）

【全面开展科级干部述职工作】 为进一步强化干部管理机制，优化干部资源配置，提升支行的市场竞争力和业务开拓能力，支行在全行范围内建立了公开透明的干部考核和流动机制，以重实效，促发展为原则，全面推行科级实职干部述职工作制度。成立了干部述职考核领导小组，明确规定干部述职内容，强调用事实和数据说话，并将干部述职评议结果与其个人考核、任用直接挂钩，年内共对支行17名正科级实职、30名副科级实职干部展开述职工作，取得了很大成效。

（帅建淮）

中国工商银行北京市方庄支行

【概 况】 方庄支行成立于2000年6月，共辖13个分理处，其中：7个对公分理处、6个储蓄分理处、3个中心，3个储蓄专柜，12个储蓄所。现有职工645人，在岗人员519人，平均年龄37岁。经营地域东起东三环，西至永定门中轴线木樨园；北起南二环方庄小区，南至东高地。业务发展主要在方庄、东高地等地区。经过方庄支行全行干部职工的艰苦奋斗，坚持以质量和效益为中心，对外营销以客户为根，对内管理以员工为本，是年取得了较好的经营效益，已连续第四年跨入总行城区支行经营40强。

（于 青）

【明确目标构建业务发展体系】 资产业务以基础建设为龙头，不断开展深入合作。积极发挥在公路融资方面的丰富经验，做好各项工作并争取总分行的大力支持，营造良好的贷款环境，与重点客户保持长期、稳定的合作关系，对首都道路建设予以大力支持。负债业务以储蓄存款为龙头，全面发挥名店优势。方庄支行辖区内拥有多个居民区，个人存款优势明显，针对这种情况，提出了负债业务以储蓄存款为龙头、以8n财富中心为亮点的整体思路。以新开业的8n财富中心（南部）作为个人业务亮点，以高端客户为中心，积极拓展和挖掘优质理财金客户群体，大力提高理财服务的深度和质量，打造理财产品知名度，提高客户满意度，为高端客户提供名副其实的个人理财服务，推出了高端客户理财方案、帐户管理方案等。中间业务以个人为龙头，不断增加利润占比。在以保险、基金等各项代理业务为龙头的基础上积极拓展新的领域，不断增加中间业务在利润中的占比。方庄支行中间业务收入每年以40%的速度递增，获得了巨大的发展。

（于 青）

【稳健经营构建安全保障体系】 加强风险管理，化解潜在风险。积极处置法人客户不良贷款，做好潜在风险贷款退出工作，对目标客户进行再整理，锁定退出额，进行退出方式的组合与创新，通过以物抵贷、现金清收、核销等方式处置不良贷款4000余万元，同时确保法人客户贷款不出现任何新增不良。利用多种渠道，完善网点管理。成立检查中心，并由内控监察部负责对总会计及检查员进行再监督、再检查，做到“查得深、查得实、查得全”，每月对所有网点管理工作的执行情况进行通报，突出重点，提出整改意见，实行“双纠时限制”。对人员和安全的管理从小事、从细微抓起，防微杜渐，确保业务、干部、安全、服务不出问题。支行认真做好岗位轮换、离任稽核工作,以及费用、印刷品、办公用品的集中,推行强制休假制度。同时,坚持不懈地做好防抢、防盗、防火、防诈骗工作,做到安全工作关口前移,增加预判性,消灭一切安全隐患,杜绝麻痹思想,提高员工安全防范意识,把安全工作落到实处,确保支行各项工作安全运营。

(于　青)

【构建队伍建设体系】 在提拔和使用的同时加强对年轻干部的培养,开辟干部培养基地,对表现出色的青年干部及大学生实行轮岗;积极拓宽员工晋升渠道,健全后备干部培养机制,推进业务职务序列的实施,调动广大员工积极性。不断完善分理处及机关季度考核办法,适时开展各类短途竞赛,突出不同时期对重点业务的考核,并不断创新奖励办法,有针对地不断调动员工积极性。做好党员教育的相关工作,教育干部廉洁自律,提高党员政治素质和业务能力。规范和完善公开竞聘、诫勉谈话、民主评议等制度,开展干部8小时以外的监督工作,消除腐败源头,在全行营造出有利于领导干部健康成长的教育和监督环境。

(于　青)

中国银行股份有限公司北京丰台支行

【概　况】 是年,中国银行丰台支行紧紧围绕分行党委的工作部署和要求,以科学发展观为指导,以控制不良资产为前提,以扩大市场份额为手段,以求利润最大化为中心,一手抓改革,一手抓发展。着力转变经营管理机制,明确市场定位,合理配置人力资源、网点资源,工作稳步推进,实现各项业务的持续、快速、协调、健康发展。年内全辖实现营业利润1.62亿元,同比增长2448.53万元,增幅18.14%,人均创利43.70万元,比上年人均创利增加了4.68万元,增长14.74%,完成资产利润率1.48%,整体盈利能力有所提高。至年末,全行实有资产突破100亿元,达到107.36亿元,比上年同比增加12.70亿元,增长13.42%。各项人民币存款余额达79.14亿元,比上年增加13.39亿元,其中企业存款余额36.65亿元,比上年增加5.83亿元,储蓄存款余额42.36亿元,比上年增加7.52亿元,金融机构存款余额1331万元,比上年增加439万元,各项外币折美元存款余额3.2亿美元,比上年减少1624万美元,其中企业外币存款余额7220万美元,比上年增加3756万美元,储蓄外币存款余额23272万美元。全年授信资产余额达36.38亿元,比上年增加3159万元,其中:企业授信余额10.79亿元,贴现余额3.65亿元,个人消费贷款余额21.94亿元。实现中间业务收入1694.52万元,其中结算手续费收入174.40万元,银行卡业务实现收入32.77万元,代理保险手续费收入42.36万元,国际结算完成62216万美元,实现信用证、托收业务的手续费收入331万元,长城卡发卡量,特约商户直接消费额度继续保持了良好的发展势头。

(肖　楠)

【大力发展存贷款业务】 年内,支行发展了一批赖以生存、能带来最大经济效益的优质客户群。对原有优质客户进行挖潜。截止到12月末,千万元以上重点大户已达43个,存款额达19.62亿元,占公司存款的53%。支行在严格执行《授信指导原则》的前提下,加快了贷款结构的调整,将资源向优质客户群倾斜。加大了与制造业、建筑业、房地产、医药、教育、交通运输业等重点行业和重点企业的战略合作。为保证发展后劲和发展质量,公司、零售部门整体联动,积极寻找和储备优质开发贷款项目,通过重点支持资信好、实力强的房地产开发项目,带动了按揭贷款的发展。消费信贷年内放款7.73亿元,实现利息收入1.16亿元，同时，加大了与证券、保险、基金等非金融机构的合作，进一步优化了客户群体。

（肖 楠）

【资产质量提高，风险得到控制】 按照股改工作要求，对资产质量进行了重新评估，完成了损失类贷款核销和可疑类贷款划转工作，为明年股改轻装上市奠定了基础。与此同时，对公司贷款、零售贷款的风险控制工作也得到了加强，公司业务部、零售业务部、业务管理部密切配合，对全辖贷款业务进行了"地毯式"检查和稽核，在基本摸清家底的情况下，有针对性对贷款风险点提出了具体防范措施。

（肖 楠）

【加强培训工作】 在加强对员工思想教育和职业操守教育的基础上，重点加大了业务培训。年内先后组织各种不同类型的培训21次，培训人员400人次，通过培训不仅提高了员工的业务素质，而且还进一步规范了业务流程和操作程序。

（肖 楠）

【细化落实内部管理工作】 年内，全行各基层网点在落实各项规章制度方面有了较大提高，全年没有发生重大案件、重大业务差错、重大交通事故。为了进一步加强内部管理，支行实行了金库集中管理，成立了整点组，制定了操作规程和程序，建立了岗位责任制，并按照四个"三"的要求成立了监控室，实行24小时监控。在业务操作方面，从后督中心反馈的情况看，业务差错大幅度降低。在安全保卫方面加大投入，对技防设施进行更换，而且还加大检查力度，消除不安全隐患，受到了公安部门的表扬。同时加强对员工安全意识教育，保证了安全无事故。

（肖 楠）

中国建设银行北京市丰台支行

【概 况】 建行丰台支行下设8个升格支行、一个分理处，9个储蓄所，在职员工465人。是年，适逢丰台支行成立十五周年，支行紧紧围绕股份制改造中心工作，全面贯彻风险管理、质量管理、规范管理，各项工作再上新台阶，实现了稳步快速发展的目标。积极有效地开拓市场，筹资工作再创新高。对公存款业务以稳健经营、抓基本结算户为主要经营方针，针对丰台地区特点，支行本着以大客户为支撑、以中小客户为基础的方针，通过实行行领导首席客户经理制，全行上下联动，营销了一批优质大客户，同时对现有大客户深入挖潜，不断扩大业务合作领域，增加在支行的存款占比。年末全口径月环比日均存款余额达到158亿元，比年初新增31.6亿元，完成分行计划的208%。新增存款在分行系统一直位于前列，全口径日均存款新增名列第三，企业日均存款新增第四；在地区同业中，新增存款遥遥领先，新增占比一直保持在50%以上。

（李 莉）

【发挥公私联动优势扩展业务】 结合分行"走进千家万户"营销活动，在全行范围开展竞赛，全行员工牢固树立对公、对私一体化营销的理念，加大代发工资营销力度，开发了解放军总政治部、中石油、一局华江公司等一批优质代发工资大客户，对储蓄存款的快速增长给予了有力支持。储蓄存款余额突破60亿元大关，年末时点新增和日均新增均列分行系统第一位，八月至十月份，连续三个月存款新增在本地区跃居首位，实现了历史性的突破。

（李 莉）

【集中全行力量进行不良资产攻坚战】 支行

坚持“早收、多收、快收”的原则,不等不靠,年初在得知可疑类不良资产即将剥离的情况下,支行党委果敢决策,在剥离之前对所有可疑类不良贷款逐户加大催收力度,尽最大努力进行现金回收工作。全年现金回收不良贷款6520万元,完成分行计划的159%;双呆贷款利息现金回收276.5万元;盘活2431万元,核销2800万元,清收催收利息1492万元。按五级分类口径年末不良贷款余额为4.3亿元,比年初减少3.1亿元,为支行进一步改善资产质量扫除了障碍。

(李　莉)

【加大信贷营销力度改善信贷结构】 全年为优质大客户共发放19笔、总金额17亿元的贷款,保证了新增贷款的质量。通过现金回收、利用减免息优惠政策、核销以及法律诉讼等多种手段消灭了6个不良贷款客户。个人消费信贷净回收8个亿,信贷资产结构得到初步改善。

(李　莉)

【加强党风廉政建设严控各类风险】 在全体员工中开展“廉洁自律,从我做起“主题教育活动,实施三级教育管理模式,有针对性地开展教育。充分发挥防范风险联合检查小组的作用,对所有部门、所有岗位的风险点全方位进行检查,做到有检查、有整改、有复查,把各项制度的落实和规范操作落到实处,使支行纪检监察工作成为支行安全运营的牢固防线。

(李　莉)

【超计划完成利润指标】 全年考核利润达到3.36亿元,超计划完成分行下达的任务指标,经营绩效在分行系统排在第六位,比去年新增4000万元,盈利水平再创历史新高。

(李　莉)

【中间业务取得突破性进展】 全年实现中间业务收入2727万元,完成分行下达计划的110%,年增长率达53.1%。

(李　莉)

【获丰台区突出贡献企业荣誉称号】 支行自2002年起以来已连续三年获丰台区突出贡献企业荣誉称号,在丰台区树立了非常良好的企业形象。

(李　莉)

【开展“银税服务共建活动”】 9月27日,支行与丰台区地方税务局正式启动了银税服务共建活动,开创了跨行业服务共建的先河,通过相互学习、相互激励,有利地推动了支行服务水平再上新台阶。

(李　莉)

中国农业银行北京市丰台区支行

【概　况】 中国农业银行北京市丰台支行有正式职工306名,机构30个:12个部室、1个二级支行、14个分理处,1个营业室、2个储蓄所,资产总额107.2亿元,比年初增加22.85亿元,实现利润8548万元,实现了年初提出的翻一番目标。同比增长1,615万元,超计划2,041万元,完成分行下达任务的133.5%。人均创利28万元,同比增加13万元。年末,本外币全口径存款余额达到691981万元,比年初的562562万元增长129418万元,超计划28418万元,完成分行下达10.1亿元任务的128.1%。其中:人民币存款余额达到661080万元,比年初增长122185万元;同业存款余额24601万元,比年初增加7514万元;外币存款余额795万美元;收息率达到95.95%,同比增长7.65个百分点。

(林　静)

【拓展优质客户,提高经营水平】 支行始终以加大有效的信贷投放为业务工作的重点,顺应国家的宏观调控形势,在巩固优质房地产客户的同时,加大对电信、电力系统行业的公关力度,同时积极开展个人消费信贷业务,取得了显著效果。全年各项贷款增加169943万元,比年初增长一倍;存贷比达到51.0%,增长二十个百分点;贷款利息收入11268万元,比金融机构往来利息收入多1242万元,占总收入的47.7%。实现了丰台支行经营重心的转移,提高资金盈利水平。全年累计发放公司和房地产开发类贷款173笔,金额265160万元;办理了10亿元额度的公开授信,新增贷款重点投向"两大一高"优质客户;当年办理的按揭项目有19个。同时有七个项目通过分行审批,全年累计发放个人住房按揭贷款620笔,金额21124万元,同比增加2143万元;年末贷款余额比年初增加15654万元,增长58.5%,完成全年任务的130.5%;贴现业务取得了较快发展,全年累计发放低风险的贴现贷款54笔,金额18440万元,实现利差收入131万元,同比增长56.5%。国际业务和资产类业务取得了长足进展,为某集团进出口有限公司办理了45天远期信用证,金额2214.6万美元。与几家大集团公司建立了合作关系,分别申报了30亿元和7亿元的综合授信,为支行国际业务和资产业务的发展奠定了基础。

(林 静)

【加大考核奖励力度再创佳绩】 是年,由于资本市场国债、股市、基金等原因对储蓄的分流和受银行卡收费等客观因素影响,支行存款工作面临巨大压力。支行及时采取了调整考核办法、组织存款竞赛和优质服务竞赛活动等措施,加大了的奖罚力度,有效地推动了存款业务的开展,完成了分行下达的综合考核任务。年末全口径存款余额达到691981万元,比年初增长129418万元,超计划28418万元,完成分行下达任务的128.1%。日均存款余额达到592858万元,同比增长76286万元,完成8.8亿元计划的86.7%。其中下半年存款时点增长10亿元,日均存款增长38134万元。存款综合完成率达到107.4%。对公存款余额达到308111万元,比年初增加81020万元,创丰台支行历年对公存款增长最好水平。存款千万元以上的客户比年初增加16户,达到44户。全年新开户1567户,年末余额9.8亿元。储蓄存款余额为392969万元,比年初增长41165万元。

(林 静)

【中间业务收入突破两千万元】 支行抓住异地卡业务实行收费的有利时机,充分利用网点周边存在众多的专业批发市场、集贸市场和购物超市等市场资源优势,面向在京务工经商人员这个巨大的客户群体,通过调整劳动组合、增设对外窗口,提高工作效率和服务水平等措施,把业务做大、做强,创出网点的经营特色。新增异地卡手续费收入1115万元,占中间业务收入的50.1%,占账面利润的12.8%。使异地卡业务成为支行重要的盈利增长点。全年累计办理中间业务126.6万笔,比上年增加20.3万笔;累计发生额15.07亿元,比上年增加1.23亿元。实现中间业务收入2224万元,同比增加1300万元,完成全年任务的154.4%,占账面利润的26.0%。银行卡发卡量86395张,完成72200张任务的119.7%;卡存款达到101639万元,比年初增加21675万元,完成35900万元计划的60.4%;卡消费32947万元,完成16700万元任务的197.3%;国际业务结算量实际完成1697万美元,完成3000万美元任务的56.6%,同比增长280.0%。

(林 静)

【实现信贷资产质量整体提高】 年内,落实信贷新规则,认真搞好贷前审查、评估和企业评级授信工作。AAA级企业30户,AA+、AA和A+级企业分别为19户、16户和58户;在贷款企业中,AA级以上企业占用贷款36.9%,比年初增加20.7个百分点;内部授信99户,授信额度33.9亿元,其中贷款28.4亿元,承兑汇票2.9亿元,AA级以上企业占用40.5%,比年初增加一倍。在此基础上,加强贷款审查、审批工作,严格把好信贷准入关,确保每一笔信贷资金安全。强化贷后管理工作,认真落实总行《关于进一步加强贷后管理的若干规定》和分行《贷后管理操作办法》,落实贷款限制条款,坚持对大客户进行定期检查、风险评估和定期汇报制度。成立了资产风险委员会,设置了风险经理,开展了新增贷款、汽车消费贷款、银行承兑汇票和贴现等专项检查以及贷后管理落实情况的全面检查,对检查发现的问题,及时落实了整改措施。认真做好清收盘活工作,对现有贷款企业进行分类排队,制定计划。清收不良贷款1353万元,完成任务的147.9%;盘活5027万元,完成任务的225.0%;压缩退出,总金额6889万元,完成任务的342.7%。支行自营不良贷款余额为13793万元,比年初下降6035万元,占比4.1%,比年初的11.2%下降7.1个百分点。优化了信贷结构,实现了信贷资产质量的整体提高。

(林　静)

【不良贷款实现双降】 年末支行各项贷款余额达到337458万元,比年初的177389万元增加160069万元;完成7.6亿元任务的223.6%,信贷投放取得了实质性的进展。其中:公司和房地产开发类贷款增加154583万元;个人住房按揭贷款余额达到42432万元,比年初增加15654万元,完成1.2亿元任务的130.5%;个人消费贷款余额9442万元,比年初减少293万元。不良贷款五级分类余额为23667万元,比分行下达的控制计划少6567万元。全年清收不良贷款1353万元,盘活5027万元,客户退出6889万元,分别完成分行下达计划的147.9%、225.0%和342.7%。

(林　静)

【加强制度建设】 坚持经营与管理并重的方针,支行积极推行精细化管理,用规章制度、实施细则和操作流程,抓细节、抓落实、抓检查,形成严密的内部管理体系,规范一切业务行为和活动。以加强制度建设为保障,把防范工作做在前面。制定了《丰台支行升格分理处和独立储蓄所业务操作管理办法(试行)》;下发了《关于节假日期间现金及库款安全检查的通知》,《关于调整外汇资金清算办法的通知》和《关于调整外币现钞业务管理办法的通知》,不断完善各项结算业务制度和操作程序,从源头上防范业务风险。

(林　静)

【强化管理监督职能】 合理调整网点柜员设置,加强业务的监督制约,注重发挥坐班主任在规避业务风险中的实时监督作用。监管员按季度对网点的现金、重要凭证、档案管理情况以及会计、出纳、联行等结算制度执行情况进行全面常规检查,全年检查共计113个工作日、315人次。同时,组织督查办开展专项检查,加大监管检查力度。对检查发现的问题,下达"限期整改通知书",情节严重的给予通报和处罚,达到了警示、规范和共同提高的目的。组织网点业务负责人管理培训班;现金业务上岗资格培训班;新联行业务培训班;票据交换系统业务操作培训班。全年共举办结算业务培训班21期,646人次。49人参加了分行外汇业务市场准入培训班,为11个网点新增外币业务创造了条件。

(林　静)

【加强干部队伍建设】 是年,支行把中层干部和客户经理队伍的建设,作为全年工作的重点。年初通过中层干部的竞聘工作,新提拔正职1人,副职10人,经理助理3人,负责人2人;岗位交流正职8人,副职16人。共提职和调整38人,占支行中层干部的70%。通过不断加强干部队伍的管理,培养敢于竞争、善于管理的干部队伍,普遍提高了中层干部的业务素质和管理能力。

(林　静)

【加强营销队伍调整】 支行把客户经理工作落到实处,及时补充调整人员,对92个贷款户、117296万元公司类贷款,全部重新进行打包分组,确定14名客户经理各项收入任务355万元;清收任务840万元。同时修订了客户经理薪酬考核兑现办法，加大效益工资在业务拓展方面考核的比重。

（林　静）

【提高基层营业网点的竞争力】　支行将两个网点升格为二级支行，三个网点升格为分理处，撤并了三个储蓄所，另有三个网点即将升格为二级支行，完善和提升网点各项功能。针对网点业务量大、客户排队等候时间长的情况，先后为六个网点配备了叫号机和客户等候座椅。增加和更新点钞机35台，终端40台，以及打印机等设备。对空调、办公桌椅和便民设施，及时进行维修和更换，努力创造良好的办公条件和营业环境。并通过开展创建文明行业规范化服务达标活动，树立“十字”行风和强化了服务意识和营销意识，基层网点的竞争力不断提高。

（林　静）

【加强党建工作和群团工作】　为了适应业务发展，支行重新划分了基层党支部，对六个支部进行了改选，健全了基层党组织。下发了《关于进一步做好党建工作的通知》，组织学习《中国共产党党内监督条例》和《中国共产党纪律处分条例》，学习党的十六届四中全会精神和《关于加强党的执政能力建设的决定》，加强了对党员的思想教育。坚持开展“创先争优”活动，评选表彰了3个先进党支部和17名优秀党员，发展了7名预备党员。通过开展对党支部的量化考核和民主评议党员工作，加强和改进党风建设，发挥党支部的战斗堡垒作用和党员的先锋模范作用。

（林　静）

丰台区
农村信用合作联社

【概　况】　丰台区农村信用合作联社（简称区联社），是北京市农村信用社系统第一家统一法人试点单位。辖属机构网点63个，干部员工613人。统一法人核算与管理后，在积累了初步工作经验，授权授信体制初步成形，激励考核机制逐步建立健全，集约经营能力有效增强的基础上，2004年，按照稳定政策、适度调整，统筹兼顾、协调发展的思路，以扩大规模，优化配置，提高效益为工作重点，实现了各项业务在改革期间可持续的发展和跨越式的增长，综合实力显著增强。年末，各项资产总额达到1,982,453.3万元，全年实现利润总额15,584.8万元。

（李冬芳）

【存款稳定性显著增强】　截至年末，各项存款余额达到1,223,253.6万元，比年初增加159,616.2万元，增长15%。存款旬平均余额比上年增加226,833.9万元，增长25.7%，首次实现了旬均增长速度高于余额增长速度的良好局面，存款稳定性进一步增强。低成本存款占比及增幅进一步提高，筹资成本进一步降低。

（李冬芳）

【零售业服务功能进一步增强】　在向社区服务银行的转型过程中，信用社零售业务也取得了长足发展，服务功能进一步完善，服务手段更加多样化，与百姓的生活需求更为密切相关。银行卡业务高速发展。全市信用社的信通卡发卡量2004年末达到95万张，在全国地方性商业银行中排名第二。区联社2004年发行信通卡110,396张，比上年增加了93,170张，是全市增长最快的区县。ATM机布放量达到24台，比上年增加了14台；布放POS机100台，比上年增加了80台。以银行卡为中心，加强与保险公司的合作，不断丰富完善银保合作产品，继续推出代收燃气费、柜面通业务、代收话费等中间业务，较好地满足了客户需要。

（李冬芳）

【信贷资产结构调整加速】　在国家宏观调控

的大环境下,信贷资产业务在规模不断扩大的同时,及时进行了结构调整。资金投向上以地区龙头骨干企业、优势企业为主,积极介入地区经济产业升级中新涌现出来的高科技含量、高附加值的服务业企业、商贸物流企业、新兴涉农企业等一些中小企业和个体私营经济,大力压缩土地贷款、开发性贷款及部分过热行业贷款,积极拓展个人消费信贷业务,促进传统信贷业务重点的转移。2004年,全区贷款余额比年初增加94431万元,增长20.2%。其中,个人住房按揭贷款余额达到130,444万元,比上年增加87,772万元,增长2.1倍,取得了突破性进展。

(李冬芳)

【实施风险实时监测】 结合中国银监会制订实施的《农村信用社风险评价体系》,区联社成立了风险评价与控制组织机构,及时对各项风险指标进行跟踪监测,做到风险预警、风险控制与有效化解。并积极发挥审贷委员会、资金运作委员会、网点招投标委员会等多种制约机制作用,实行集体审批,增强工作透明度。

(李冬芳)

【劳动用工制度改革取得实质进展】 实行了全员劳动合同制,迈出了劳动用工制度改革中关键性的一步。在干部任用中实行了公开竞聘,推行职务聘任制,优化干部队伍结构。同时,继续执行内部退养政策,做好人员分流工作。与各类院校及社会中介机构洽商,分批挑选了部分院校应届毕业生充实到一线柜台,在用人上引入了柜面工机制,加快了人员更新步伐。加大对自学成才的专业对口员工的奖励力度,并重视对新入社员工的岗前培训工作,加快其适应能力,满足业务发展的实际需要。

(李冬芳)

【改革进展顺利】 8月17日,国务院办公厅颁布了《关于进一步深化农村信用社改革试点的意见》,明确北京、天津等21个省(市)为第二批改革试点地区,这标志着北京市农村信用社改革与发展步入一个新的历史性时期。改革的关键时期,区联社以“抓改革、促发展、保稳定”为主线,加快业务发展与结构调整,为向商业银行转轨积极做准备;及时向全体干部职工传达有关改革政策与要求,宣传改革目的与意义,确保队伍和业务的稳定。

(李冬芳)

城乡建设和管理

规 划 管 理

【概　况】 年内发挥城乡规划的引导和控制作用，指导城市建设，促进经济发展。通过调研论证，全年完成20多项规划用地调整、控规和城市设计方案。审批各类建设工程376项，建筑面积841.7万平方米。实施建设工程规划监督367项，建筑面积779万平方米。新命名地名39个。

（江　林）

【总体规划修编】 以“两轴、两带、多中心”调整城市空间发展布局和《北京城市总体规划》修编为契机，从现代化新城区的长远发展出发，积极推进丰台区总体规划的修订工作。通过现状调查和专家公众参与的调研论证，提出了丰台区的功能定位和总体规划修编的意见和建议，建设“四大经济板块”，构建“六大支撑体系”，落实“一五五”发展思路，用五年时间基本实现现代化新城区的战略目标。

（江　林）

【规划编制】 年内调整了丰台棒球场规划方案；完成《大红门地区总体建设详细性规划》、北京国际汽车博览中心、科技园区总部基地、南中轴路、木樨园购物广场、鑫福海大厦等重点规划项目的招投标与方案设计；完成南苑西居住区及红房子三期用地调整；完成安乐林、小型动力厂宿舍的控规调整论证报告；继续完善《长辛店卫星城总体规划调整》，完成《长辛店卫星城长辛店镇控规》、《长辛店老镇西区控规》。编制完成丰北路、马家堡西路（二环—四环）、西客站南路三条主干道的土地利用与空间形态规划整合；完成丰台区供电“十一五”规划、地铁四、五、九号线线路、站位及可行性报告。合理控制房地产开发规模和布局，适当压缩居住用地，增加公建用地，充分发挥土地利用效益，为区域经济提供可持续发展空间。

（江　林）

【建设工程规划审批】 全年核发规划意见书108项，审定设计方案22项，核发用地许可证7项，占地面积72.7万平方米，核发建设工程规划许可证376项，建设面积841.7万平方米，其中绿化隔离地区建设项目42项，建设面积113.9万平方米，危旧房改造工程9项，建设面积32.4万平方米。

（江　林）

【建设工程规划监督】 全年实施规划监督367项，建筑面积779万平方米，其中验线、验收合格344项，建筑面积750.7万平方米，不合格23项，建筑面积28.3万平方米。对不合格项目责令其限期改正。

（江　林）

【长辛店卫星城建设调研】 对长辛店卫星城

建设问题开展一系列的调研活动,制定调研方案,明确重点内容,邀请有关专家及当地单位、驻军,召开了8次座谈会和调研会,为解决长辛店卫星城建设发展问题提出建设性意见,历经四个月完成调研报告,调研成果将为该地区的建设发展提供可靠的数据和资料。

(江　林)

【新命名地名】 建筑物命名:丰体时代、金润家园、木樨园世贸商业中心、珠江峰景家园、田清园、国润科技大厦、金旭大厦、新华人寿、远中悦麒公寓。地名命名:南宫雅苑、和光里、五里店北里、久敬佳园、菊源北里、丽泽雅园、风荷曲苑、星河苑、鸿业兴园、翠海明苑、阅园。路名命名:南宫路、南宫东路、枫竹苑南路、枫竹苑北路、方庄路、菊源北路、丽泽北路、金中都路、西马场路、马家堡东路、槐房路、丰桥路、桥安路、樊羊北路、嘉和路、角门北路、范家庄西路、范家庄北路、槐房西路。

(江　林)

【研讨丰台棒球场规划设计】 1月21日,市规划委召开丰台棒球场规划设计条件研讨会,就棒球场的规划设计技术指标、比赛场地规模、交通道路设置、赛后场地利用等问题进行了研讨。对棒球场的规划设计条件、永久座席的确定及周边地区的拆迁等问题进行了议定。并请奥运技术小组通过对赛后利用的案例分析,为丰台区政府制定棒球场赛后利用方案提供参考。

(江　林)

【全程办事代理服务大厅】 5月8日,规划分局全程办事代理服务大厅正式启用。改建后的服务大厅220平方米,成为丰台区办理规划事项的综合性服务窗口。4项行政许可和1项服务事项全部纳入全程办事代理。所有规划申办事项必须经过全程办事代理服务大厅,上网进入办理程序。实行“一口受理,全程代办,内部运作,按时办结”的工作模式。服务大厅设受理、收件、发件、咨询、信访等接待服务台,设置和安装了无障碍坡道、自动门、滚动屏、触摸屏、饮水机、书报架、意见箱和等候座椅。制作了公开展示板,印制了《服务指南》、《项目告知单》及申报表格,办事人员可自由索取。服务大厅全年接待群众申办、咨询4820人次,受理1099件,办结率100%,没有一件超期。督查督导抽查的所有项目案卷合格率为100%。

(江　林)

【创建无违法建设地区】 5月24日,北京市召开创建无违法建设地区表彰大会,丰台区有8个地区受到表彰,分别是益丰园社区、芳古园二区、开阳里小区、玺萌苑小区、建欣苑小区、和义西里第二社区、宝汇园、61785部队居住区。

(江　林)

【全程办事代理工作现场会】 9月15日,北京市规划委员会在丰台分局召开深化政务公开和全程办事代理工作现场会。市纪检委、市规划委、区纪委有关领导同志出席,18个区县分局的领导等50多人参加了现场会。丰台分局介绍了政务公开和代理工作的主要做法、经验和体会,与会领导视察了服务大厅、网络办公系统以及政务公开情况。市区领导对丰台分局的工作给予了充分肯定。

(江　林)

【《走进丰台》画册】 9月,编辑完成《走进丰台》画册,发行1000余册。画册构思新颖,制作精良,收集规划图10幅,彩色照片50帧,效果图15幅,并附6000字的文字说明。画册重点介绍了丰台区河东地区、丰台科技园区、南中轴路、长辛店地区、绿化隔离地区控制性详细规划。展示了丰台区建设新型绿色生态居住区的美好前景。描绘了丽泽商务区、总部基地、国际汽车博览中心的恢弘气度。把丰台区走向振兴,走向繁荣的标志和支撑,展现在人们的眼前。

(江　林)

【区长参观规划展】 9月16日,丰台区区长张大力等领导同志参观了北京市规划展览馆。在“走进丰台”展区，张区长仔细观看了图片、模型和视听设备的运行效果，询问了接待、讲解等情况，并指出要把这个展览建成宣传丰台的重要窗口，建成对青少年进行思想教育的基地。

（江　林）

【丰台区规划展览】　丰台区规划展览冠名“走进丰台”，在北京市规划展览馆二层设立展位，并于10月正式对外开放。“走进丰台”展出面积73平方米，以“宣传丰台规划，建设现代化新城区”为主题，采用多媒体技术展示了丰台区的悠久历史、区域规划以及绿化美化、改善交通、完善市政基础设施建设的规划设计。汇集了各类规划图、模型、照片等30余幅，编录了35分钟的形象宣传片，配置了等离子电视、计算机、触摸屏等5台电子设备，声光电效应烘托出新城区蓬勃发展的现代化气息，使之成为思想教育、规划宣传的重要阵地。

（江　林）

【规划审批成果获奖】　规划分局在《北京规划工作成果暨第十一届首都城市规划建筑设计方案汇报展》评选中获组织奖，《中体奥林匹克花园》、《丰台桥南局部地区控规调整》分别获得规划审批成果二、三等奖。

（江　林）

城 乡 建 设

【概　况】　年内丰台区建委把加快丰台区现代化新城区建设进程，全面提高区域经济综合竞争力作为“第一要务”，以“创新务实、开拓思路、创造性的开展工作”为指导方针，全面推进区内城市建设工作。经丰台区立项的建设项目中，全年实现开复工528万平方米，年终完成年计划的106%；新开工程200万平方米，其中住宅177万平方米；竣工252万平方米，其中住宅200万平方米，完成年计划的100%；绿化隔离地区工程实现开复工280万平方米，完成年计划的100%。全年全区完成建筑业产值约40.36亿元。

（张晓东）

【重点工程】　丽泽商务区：丽泽大厦住宅一期B、C座5万平方米已竣工，A座在施工，D、E座已有规划许可证，F、K正办理施工许可手续。三路居回迁安置住宅工程1－3号楼封顶，该小区配套公建及幼儿园已开工建设，此项目已全部开工建设。金泰城一期住宅项目25.42万平方米，已完成立项，并签订土地出让合同，正在制定拆迁方案。美克综合楼已完工投入使用，正在补办相关手续。卢沟桥汽配城项目已开工4.9万平方米，正在办理规划许可证。菜户营小区（一期B12）建筑面积8.17万平方米，其中6.9万平方米开始施工。丰台区社保中心项目建筑面积1.92万平方米，已有规划许可证，正办理施工许可手续。丽泽商务核心区内B2－B7、A14－2等四个项目正进行土地一级开发手续办理工作。西客站南广场商贸区：美食城地上结构已完成；兴丰大厦工程结构封顶；写字楼工程正在申请补交土地出让金；综合楼项目正在清理债权债务；地下车库及商业项目由中铁华丰、丰台综合投资公司等四家合作启动。太平新区：京门商住区（西区）2004年开复工33.6万平方米，全年实现竣工33.6万平方米；首科花园全年开复工9.4万平方米，实现竣工5.46万平方米。中关村科技园区丰台园产业基地：科技园区产业基地开复工117万平方米，竣工58万平方米。其中，总部基地开复工67万平方米、竣工41万平方米。北京国际汽车博览中心项目正在进行土地招标和项目法人合作方招标及博物馆特许经营招标工作，该项目进展顺利，正在进行征地转居、转工安置工作。大红门特色商业区建设：福成布艺大厦：正在办理规划用地许可证,计划2005年5月开工建设;大红门服装商贸城三期:于8月开工,已实现竣工。计划2005年初开业;木樨园购物广场:已完成钉桩,正在办理占地手续。河西两镇建设:长辛店镇规划总建筑面积200万平方米;崔村居住区已于2月完成土地一级开发工作,确定项目为"奥林匹克花园",计划2005年开工;王佐中心镇南宫生态园2004年已开工16.9万平方米,主体工程已完工。

(张晓东)

【道路建设与征地拆迁】 1、方庄路南延(三环路方庄桥至石榴庄路),城市次干道,全长1.5公里,规划红线40米,已于2004年4月29日建成通车。2、梅市口路(张仪村路至西四环),城市次干道,全长4.7公里,规划红线35米,完成了拆迁工作,目前道路施工基本完成。3、樊羊路二期(六圈路至京良路),城市次干道,全长3.4公里,规划红线40米,完成了拆迁工作,道路施工基本完成。4、右外大街南延(右外大街断头路至南四环),全长2.9公里,规划红线宽40米,完成了拆迁工作,目前正在进行管线施工。5、丰北路改扩建工程(菜户营桥至四丰桥),全长4.95公里,工程涉及四丰桥区和丽泽桥区的拆迁,目前四丰桥以西路段拆迁工作已完成,道路施工结合四丰桥改造一起进行,桥区建设完成50%;丽泽桥拆迁正在进行,桥区改造处于施工中。6、地铁五号线作为北京2008年奥运会配套设施,其拆迁工作基本完成;二期宋家庄停车场建设将启动。7、凉水河环境整治工程正式启动,目前完成了前期调查、摸底工作,正在进行河道沿线的拆迁整治工作。8、采用招投标方式确定政府拆迁工程的拆迁、评估工作,3月25日,对北京2008年奥运会丰台棒球场工程进行了招投标;9月4日,区建委对南中轴路木樨园桥改造工程和石马坟村拆迁项目进行了招投标,该工程拆迁工作正在实施。

(张晓东)

【城镇危旧房改造】 年内,全区危旧房改造累计实现开复工92.5万平方米,其中住宅68.6万平方米,新开工51.8万平方米;竣工36.1万平方米,其中住宅23.2万平方米;累计完成投资8.2亿元。拆除房屋总量3.27万平方米,其中危房0.998万平方米,动迁居民817户,回迁安置居民627户。逾期的危改项目有5个:定安西里危改项目、长辛店东山坡一里、丰台桥南四期、小瓦窑东里及铁营一期,共涉及拆迁居民约1300户。对桥南四期、铁营一期危改项目中的个别滞留户分别于4月24日、8月6日、9月2日、11月1日组织了4次司法和行政强制拆除。

(王　跃)

【综合开发建设管理工作】 年内,全区在施小区项目100个,总建筑面积3591万平方米;其中综合开发建设住宅小区54个(不包括绿化隔离地区),总建筑面积2724万平方米;在丰台区注册的房地产开发企业162家,其中新注册房地产开发企业20家,外区转入丰台区注册的房地产开发企业12家,开发建设项目71个,建筑面积2491万平方米。对在丰台区注册的房地产开发企业进行资质年审中,133家企业参加了年审,114家企业通过年审,19家企业未通过;审核分散建设项目21个。接收马家堡嘉园小区中学一所,约1.2万平方米,移交给区教委并已投入使用。

(王　跃)

【招投标工程】 年内共办理招投标工程88项,建筑面积214.7万平方米,中标价29.7亿元。其中公开招标工程10项,建筑面积21.6万平方米;邀请招标工程65项,建筑面积191.5万平方米;直接发包工程13项,建筑面积1.6万平方米。

(张晓东)

【工程质量监督管理】 全年监督工程823项,建筑面积1085.4万平方米,其中新开工程340项,470万平方米;竣工备案336项,338.6万平方米;巡回抽查结构工程511项,建筑面积710万平方米。

（张晓东）

【施工安全生产管理】 年内，贯彻落实《建设工程安全生产管理条例》，制定了相应的规章制度和应急预案。对辖区内的建设、施工企业和各街乡镇主管部门主要负责人进行了安全生产教育，发放了宣传材料，并要求施工企业落实好安全生产计划，保证安全生产的投入，采取有效安全生产措施，预防了施工现场重大安全事故发生。在施工安全专项整治工作中制定了专项整治方案，内容包括：土方坍塌、高处坠落、物体打击、触电、机械伤害、火灾、食物中毒这七项专项整治内容。全年检查施工工地416个，检查覆盖率达到100%。下发停工通知92个，限期停工整治工地14个，局部停工78个。

（张晓东）

【企业资质年检和注册建造师申报】 5月至9月对丰台区156家建筑企业进行了建筑施工企业资质年检，年检合格企业152家，撤消不合格企业4家。在注册建造师申报工作中，对36名一级项目经理进行审核，对其中符合上报条件12人做了转建造师的申报工作，经市建委、市人事局、建设部审查，有6人获得批准。二级项目经理转建造师工作，于10月20日上报了第一批转建造师资料，共计293人。

（张晓东）

【工程质量检测】 全年共完成常规材料试验1.47万组；为298个在施工程提供了检测服务，其中实行有见证取样试验1.38万组。完成室内环境检测39个单位工程。丰台检测所于1月18日，通过了中国实验室认可。

（张晓东）

【培训】 全年共举办“建设工程安全生产管理”培训班七期，1079人次参加了培训学习，其中施工企业各类管理人员957人次，街乡镇主管施工安全的领导36人次，施工现场监理管理人员86人次。对在丰台区区域内施工的工地逐一进行检查，共检查工地120个，纠正违章行为36起，限期整改52起，暂扣项目经理证2人，出动检查人员308人次。

（张晓东）

【监理工作】 年内施工程监理面积为130万平方米，已竣工面积为41万平方米，其中结构在施面积为69万平方米，装修在施面积为61万平方米；全年收入预计950万元，所监工程80%以上达到了优良以上质量标准，工程质量一次验收合格率为100%，监理服务满意率95%，合同履约率100%；有5个项目获北京市竣工或结构长城杯银质奖工程，有3项工程项目获北京市竣工或结构长城杯金质奖工程。

（张晓东）

环境整治和市政基础设施建设

【概　况】 年内继续加快市政基础设施建设，改造和维护道路43条，除北大街、丰台东路正在改造施工，其余41条完工，总面积27万平方米。深化环境整治工作，市、区级8个重点整治项目全部完成，配合新建5条道路进行环境整治，除马家堡西路、丰北路西延两侧随着施工进度正在整治，其余3条道路整治完毕。强化市容环境卫生管理，保障了全国“两会”等16次重大活动顺利进行；组织了三批负责人培训、观摩，邀请市专家授课，配发了770套垃圾桶、35辆密闭式三轮车、宣传板、横幅。深入现场研究分析，33个居民区通过了北京市专家组的考核验收，29个居民区厨余垃圾实行了就地处理。抓好环卫设施建设，城区和城乡结合部新改建密闭式垃圾房43座，乡镇完成密闭式垃圾房610座，超计划完成450座，43座二类以上公厕升级完工,街道改翻建三类公厕92座基本完成,乡镇建设85座三类公厕完工,通过了市市政管委验收。发展公益事业,东高地居民、五里店、西马场4万居民用上了优质管网水,和义西里正在紧张施工,新增加5万人饮用管网水;解决了外运仓库宿舍等3个小区供水紧张的矛盾;供暖设备的更新改造大修投入资金约2.5亿,其中煤改气锅炉房27处,更换外网管线15公里。

(卢长虹　王令全)

市　政　工　程

【便民路工程】 全年共列出43条便民路27万平方米,进行大、中修工程,共投资4000多万元,11月底全部完工。北大街、游泳池路、泥洼路、益泽路等按规划红线进行了拓宽改造。北大街50多条电力、电信电缆全部入地,道路两旁树木全部更新,拆除了违章建筑,更换了照明设施。东安街头条、西安街等道路大修后,丰台一小、丰台二中、丰台十二中等学校周边环境发生了根本变化。加宽了人行步道,改善了学生自行车专用停车场,部分积水路段加铺了雨水管线,行人、机动车分行,消除了安全隐患。

(卢长虹　王令全)

【危、病桥的改造工作】 3月,对全区桥梁进行了普查,分清了责任,并对36座区管桥梁进行了全面检测,确定了11座危、病桥,协调市路政局对11座桥梁进行改造。截止到12月20日,全部完成,共投资300万元,全部由市路政局投资,为丰台区财政节省了资金。

(卢长虹　王令全)

【新建和改造雨、污水管线】 为完成2万米大市政雨、污水管线新建和改造,一方面协调市公联公司、市排水集团做好随路新建雨、污水管线和支户线配套建设工作。另一方面由区财政,随区便民路大修工程新改建雨、污水管线,如游泳池路、文体路、益泽路、泥洼路等,同时结合市区提案、建议和群众热线对积水点修建雨水管线,如五里店路、长辛店十中路。截止到11月份,新改建雨、污水管线任务全部完成。

(卢长虹　王令全)

【卢沟桥污水处理厂】 市排水集团投资建设卢沟桥污水处理厂一期及配套管线工程,于10月正式投入运行,为马草河还清创造了条件。

(卢长虹　王令全)

【疏堵工程】 该工程由丰台交通支队拿改造方案,区市政委组织施工。4个拥堵路口改造,于11月底全部完工。缓解了七里庄路、大井路、马家堡东路、首都医科大学北辅路交通拥堵问题。

(卢长虹　王令全)

【防汛工作】 成立了以李昌安副区长为组长的区城口防汛指挥部,将城管大队、交通支队、各街道办事处等有关单位充实到城口防汛指挥部,认真落实行政首长负责制;市政管委成立市政公司、养路队行政一把手挂帅的抢险队伍;抓紧完成防汛工程,如马家堡路、益泽路、泥洼路、大灰厂路道路改造及排水工程;协调区水利局完成丰草河的疏挖工程,为保证安全渡汛创造了条件。

(卢长虹　王令全)

【加强道路养护管理】 制定了具体的巡查制度,解决了长期以来巡查、养护力度不足的问题。做到巡查有记录,处理有反馈,养护有标准,完成有时限,24小时有值班,管理有责任人;丰台区道路按照等级标准确定了巡查周期,能够及时发现和处理道路破损问题。截止到11月份,共发现坑槽1515处,完成坑槽修补3.2万平方米,投入资金达300万元。

(卢长虹　王令全)

【掘路工作】 年内完成掘路占道核准50项,共收掘路费200万元、占道费15万元;同时完成了掘路恢复工作。

(卢长虹　王令全)

【停车场管理】 对全区机动车停车场经营企业登计为25个;到年底已备案369件。

(卢长虹 王令全)

环境整治

【区政府周边地区】 投入资金1550万,拆迁40户居民,拆除12个单位房屋共计2202平方米。拓宽改造了文体路、游泳场北路、北大街路面积共计30351平方米,增加绿化4470平方米。

(卢长虹 王令全)

【道路整治工程】 年内主要对5条新建道路沿线进行了环境整治,其中万寿路南延路、玉泉路南延路、永定路南延路、马家堡西路4条道路的建设工程已基本完工。在道路施工期间,各街、乡、镇职能部门配合道路建设进度对各自辖区内道路沿线地区进行环境整治,共清运垃圾渣土3570吨,建设围墙护栏800延米,拆除各类广告牌匾70余块,增加绿化171600平方米,沿线粉饰楼房1520平方米。

(卢长虹 王令全)

【老旧居住区整治工程】 年内,21个街乡(镇)筹措资金2390万元,其中区财政补助625万元,完成32个老旧居住区的整治任务,共清运垃圾渣土6660吨,修补、硬化道路149368平方米,拆除违法建设和过期临建10308平方米,改造新增绿地107096平方米,新建居民休闲活动场所13个,新建广场1个。

(卢长虹 王令全)

【其它地区整治】 年内投入资金525万元,对丰管路与丰北路的2条贯通道路泥洼路和益泽路进行环境综合整治。其中,益泽路,投入资金273万元,拆除单位3530平方米,铺设道路3919平方米,铺设便道2100平方米;泥洼路,投入资金252万元,拆除单位500平方米,路面铺装5323平方米,铺设便道2688平方米。

(卢长虹 王令全)

【治理整顿广告设置】 纠正违规广告140起;组织拆除31条道路上的近1900面灯杆挂旗、11条大街灯杆灯箱广告;全年受理户外广告审批2539件,批复2285件,受理户外广告设置许可申请1815件,许可1678件;在西客站南广场协调组织建设围挡1200平方米,作为政府的宣传阵地进行各类公益宣传。

(卢长虹 王令全)

【亮化工程】 玉泉营立交桥是三环路和京开高速路的交叉点,是北京市进京门户的桥梁之一,其亮化工程已于9月30日完工,全桥夜景景观照明共计8000延米长,使用2000多套灯具,并配合绿地、护坡等多种景观设计,投入资金750万元;同时完工的还有开阳桥和方庄地区沿二环13栋居民楼的夜景照明设施建设。

(卢长虹 王令全)

环卫设施建设

【公厕建设】 完成政府投资建设二类以上公厕43座;企业投资设置移动公厕38座;完成政府投资翻改建三类公厕136座。

(卢长虹 王令全)

【垃圾密闭化设施】 新建、改建密闭式垃圾房656座,超额完成467座,购买和改装垃圾车53辆,区财政和乡(镇)村总投资约1288.4254万元;11月20日经市市政管委综合验收,丰台区密闭化收集设施基本合格。

(卢长虹 王令全)

【黄土岗、西道口两座粪便处理站】 为确保运行正常,完成了大红门和和义粪库建设,购买吸粪车28台,从11月8日开始,各街道办事处负责将凡5吨吸粪车不能直接清掏抽运公厕化粪池的粪便分别运至两座粪库或指定地点,环卫服务中心负责两座粪库或转运地点的清掏抽运工作。10月20日经市市政管委组织有关部门对两座粪便处理站进行综合验收,验收合格并正式运行。

(卢长虹 王令全)

【垃圾分类】 在全区21个街乡中确定30个物业管理的居民小区实行垃圾分类；为鼓励小区开展好此项工作，区政府投资专项资金90万元，并利用其中43万元，为各居民小区统一制作、配发了35套垃圾分类宣传板、横幅和光盘等宣传材料和垃圾分类收集运输(三轮)车、购置500组垃圾分类(桶)容器；10月底，共有33个小区实行了垃圾分类，并通过验收，其中有24个物业小区安装了厨余垃圾处理机，并有29个居民小区实现了厨余垃圾就地处理。

(卢长虹　王令全)

【泔水处理问题】 为堵住泔水喂猪的源头和渠道，组织各街道乡(镇)发动辖区内大中型宾馆、饭店采取就地处理和分片集中处理相结合的方法解决泔水问题，同时为整合资源，还把泔水处理和居民小区垃圾分类有机结合起来，动员有条件的居民小区安装大型厨余垃圾处理设施；在区政府安装了厨余垃圾处理机后，京丰宾馆、长辛店201所、卢沟桥今天假日海鲜城、方庄国家安全局及东高地地区、和义地区部分单位也安装了泔水处理设备，垃圾减量效果显著。

(卢长虹　王令全)

【加大扫雪铲冰力度】 区政府投资10万元为环卫中心、各街道乡(镇)购买简易撒布机16台；购置融雪剂900吨。为加大机械融雪能力，将原区机械融雪道路任务进行调整，由上年的43条道路，增加到63条道路。12月，针对连续突降2场大雪的情况，及时启动扫雪铲冰工作预案，组织协调交管部门、环卫中心、园林局、城管大队和各街、乡(镇)发动社会单位和群众开展全民扫雪铲冰。

(卢长虹　王令全)

公　益　事　业

【路灯安装工作】 年内共完成晓月中路、万源北路、花椒树路、小康路、戏曲学院西侧路、右外南延路、长辛店南口、望园路等26条道路路灯安装任务。

(卢长虹　王令全)

【饮用水并网工程】 积极推进东高地、和义西里、西马场、五里店等地饮用水并网工程，年内区内共有10万人饮用上优质管网水，同时还解决了外运仓库宿舍、大井平房区、五里店平房供水紧张的矛盾。

(卢长虹　王令全)

【电力基础设施建设】 积极配合市供电局进行苑房线、草沙线输变电线路架设工程，并配合丰台供电公司对右外、韩庄子等9个小区进行箱变改造，同时对3000多户居民进行了一户一表的用电改造。

(卢长虹　王令全)

【供暖工作】 丰台区现有居民供暖锅炉房329处，供热面积4200万平方米，采暖居民约50万户。为确保年度供暖，对上年发生的重大供暖矛盾逐一进行了排查，并对夏季设备大修准备情况进行了近百次抽检、抽查，共召开供暖协调会58起。根据北京市政府要求，区政府成立了2004－2005年度冬季供暖领导小组，制定了应急抢险抢修和临时代管预案。为确保供暖期间了解和及时处理辖区内居民对供暖质量问题的投诉，制定了24小时供热值班制度；各街乡(镇)设有由主要领导负责的供热协调联动组织。

(卢长虹　王令全)

【加强对液化石油气厂(站)的管理】 根据北京市城市总体规划及对各区专项规划的要求，完成《丰台区燃气专项规划》，对全区8个液化气储罐厂(站)，47个液化气换瓶站多次进行安全生产检查，通过检查促进了各经营单位领导的安全和服务意识，确保了安全生产和居民气量供应需要。

(卢长虹　王令全)

【道口工作】 区安全管理道口办公室于8月正式划入市政管委。全区现有无人看管铁路监护道口20处，监护员95名。根据市道口办要求，为确保黄金周道口安全，“十一”期间对20处道口进行了三次全面检查和多次抽查，使监护员牢固树立了“安全第一”和“死看、死守”的思想，增强责任感，加强责任心，确保了十一期间没有责任事故和重大事故的发生。

（卢长虹　王令全）

【天然气入户情况】 年内完成了丰台镇福顺里、马家堡嘉园一里和花乡育芳园等小区共计5464户的天然气入户工作。

（卢长虹　王令全）

建 筑 业

益丰建筑(集团)公司

【概况】 全年完成施工产值8003万元，竣工产值13449万元，开复工面积199240平方米，竣工面积94023平方米，工程合格率100%，上缴税金472.5万元。竣工项目有右外头条危改1号、2号楼、建兴达办公楼二期工程、丰台物资回收公司住宅、房山天泰新景14号楼、东高地文化站体育馆、富锦嘉园小学、富锦嘉园综合服务楼和兴宇公司住宅楼。新开工项目有右外医院改扩建工程、天华宏业酒店公寓和新华街三里危改住宅楼。

（赵铁城）

【清理拖欠工程款】 公司拖欠职工工资和农民劳务费压力巨大。依靠法制手段收回工程款108万元，在市区建委帮助下，通过调解协商收回工程款800万元。及时补发了工资和清偿农民工劳务费。维护了企业和社会的稳定局面。

（赵铁城）

【开办易润泽物业管理公司】 公司投资15万元，以企业股份和个人股份的出资方式开办了北京易润泽物业管理有限责任公司，安排11名在册职工进行二次创业。年内公司正式对青塔西里小区进行管理，获得了良好的社会效益和企业经济效益。

（赵铁城）

【清产核资整顿企业】 在丰台区国资委的指导下，聘请会计师事务所对企业进行清产核资，结合清产核资过程中发现的问题有针对性地进行整顿改进。同时派出126人参加技术业务培训，提高管理素质，为企业后续发展奠定基础。

（赵铁城）

丰台区城市建设综合开发公司

【概　况】 年内，公司经市工商局审核批准为房地产行业“守信企业”，被区政府评为2004年度“荣誉企业”。全年完成投资总额19607万元，完成开复工面积13.7万平方米，完成竣工面积4.5万平方米，完成商品房预、销售面积7.6万平方米，实现预销售收入27768万元，上缴税金1976万元，实现利润1378万元。

（李志成）

【主要开发建设项目】 望园东里1#、4#、5#三栋高层住宅楼6.7万平方米结构封顶，已全面进入装修阶段。望园中学和小服务楼竣工，达到使用条件。望园东里29#、30#商住楼、七里庄住宅楼已完成签订土地出让合同工作。富锦嘉园一期托幼、小学校、综合楼和A2、A3、A4、C4、C7五栋住宅楼工程竣工。富锦嘉园二期E1—E6六栋住宅楼开工，已基本具备验收条件。富锦嘉园三期完成拆迁及场地平整工作，已签订土地出让合同。

（李志成）

【商品房销售】 公司全年完成预、销售商品房659套7.6万平方米，新签合同655份，合同销售金额2.7768亿元,办理结算入住233户,发放房产证412件,收取整编产权过户资料525件。实现了望园东里现房、宝丰大厦尾房、富锦嘉园现房及期房全部售出的显著成绩。

(李志成)

【拆迁服务中心】 年内,拆迁服务中心面对激烈竞争的拆迁市场,在拆迁市场生存空间极为有限的情况下,想方设法谋发展,积极开拓市场,积极参加拆迁工程投标,完成了六里桥南里四期环境整治工程,东兴联莱户营一期工程等共计142户10545平方米委托拆迁任务。全年完成拆迁补偿金额5434万元,实现收入138.45万元,基本实现自收自支独立经营目标。

(李志成)

【物业公司】 年内,物业公司经市国土资源局审核批准,正式晋级为物业管理资质二级企业。经市工商局审核批准为物业服务行业"守信企业",通过了ISO9001:2000质量管理体系认证复验合格。针对多年拒不缴纳费用的住户,聘请常年法律顾问,全年实施法律诉讼44起,回收金额400余万元。全年物业公司应收入4218万元,其中含历年欠款1479万元。全年计划收入2300万元,实收2750万元,其中收取历年欠款591万元。望园东里、西里小区顺利通过"北京市优秀管理居住小区"复验,角门东里、嘉园丰开苑小区继续保持"北京市优秀管理居住小区"称号。角门、望园两个供热厂已连续多年被评为北京市优秀、先进"供暖单位"。

(李志成)

【丰开望园科技孵化中心】 年内,公司根据望园大厦整体售出十分困难的情况,及时调整对策,做出将空置部分出租的决定。在中关村丰台科技园区的大力协助下,积极筹备成立了"丰开望园科技孵化中心"。具体负责望园大厦的高新技术企业引进、管理和服务工作。截止到年底,已有13家企业与中心签订了租赁合同,出租面积1500平方米,租金总额130万元。

(李志成)

兴丰公司——西客站南广场开发建设

【概　况】 年内在区委区政府及区国资委的统一领导下,领导班子认真学习贯彻十六届四中全会精神,以"三个代表"重要思想为指导,一手抓党的基层组织建设;一手抓南广场的经济建设,努力按照区政府目标责任制落实各项工作任务,并取得了一定成绩。

(任雪松)

【南广场美食街工程】 美食街结构工程Ⅱ段角亭已完成,并完成廊道结构;外装修中外墙面砖及斜屋面挂瓦、铝合金外门窗基本完成;外墙檐口、山墙等底层涂料及平屋顶防水层、保护层全部完成;屋面及走廊、栏杆安装完成;现已开始安装外墙柱面干挂石材。内墙中已完成内墙底面抹面。Ⅰ段车库地面混凝土全部完成;角亭及廊道装修过半。年内已完成工程量700万元。

(任雪松)

【规划、经营等审批手续办理情况】 年内在资金少、各项行政审批要求严格的情况下,克服困难,使各项目手续的办理取得了突破性进展。整理了南广场美食街规划方案资料并将方案报批;美食街进行土地评估,签订了土地出让合同,交纳土地综合地价款、办理测绘及国有土地使用证等。同时对A、B、C、D项目规划进行了调整;南广场A、B、C、D项目、写字楼、地下车库、六里桥北片一期补交土地出让金并补办了部分项目的规划手续。南广场地下车库项目引进了中铁总公司、中铁三局、区综合投资公司等单位组成股份公司继续该项目的建设,收回项目转让款一亿元。六里桥11#、12#项目已签订了转让合同。我们将以项目转让收回资金为契机,完善六里桥一期工程的建设手续、市政设施,彻底解决莲怡园小区手续不全、市政设施不完善的局面。

(任雪松)

【拆迁安置情况】 年初,六里桥一期住宅项目13#、14#楼完工后,拆迁科、物业公司进入了紧张的分房、安置居民入住等工作。年内南广场解决安置协议户102份,六里桥南里解决了安置协议户26份。

(任雪松)

房屋土地管理

【概　况】 全年坚持以人为本,用科学的发展观统揽全局工作,务实求真,积极进取;严格按照年度目标管理考核的各项要求开展工作,认真履行职能,实施效能监察,成立全程办事代理制办公室,有效增强了服务意识,提高了服务质量和工作效率;坚持领导干部信访接待日制度,加大人大建议和政协提案办理力度,《关于尽快解决福顺里小区路灯照明建议件》被评为优秀承办件;较好地完成了房屋经营管理、土地管理、房屋行政管理、住房制度改革等方面的经济指标和工作任务。

(袁　琦　吕淑芳)

【土地市场治理整顿取得成效】 根据国务院和北京市统一部署,在全区范围内认真开展土地市场秩序治理整顿工作,制定《丰台区关于贯彻国务院进一步治理整顿土地市场工作的实施方案》,使辖区内设立的开发区(园区)得到清理和规范,非法占用土地的行为得到查处和遏制,共查出土地违法案件85件,立案85件,涉及土地116.87公顷;下达《责令停止违法行为通知书》7件、《责令限期改正通知书》7件、《土地违法案件行政处罚决定书》85件,已结案19件,涉及土地48.77公顷(其中耕地32.3公顷),收缴罚款108万元;土地市场秩序和土地执法环境得到了一定程度的改善。成立丰台区基本农田保护领导小组,对基本农田进行逐图斑、逐地块的核查,已划定基本农田地块222块,建立标志161个,签定基本农田保护责任状35份;基本农田保有量为20000亩,其中耕地13023.3亩,园地1857亩,苗圃1326.4亩,其他林地3735.8亩(第一道绿化隔离地区绿化3735.8亩),牧草地57.5亩。

(袁　琦　吕淑芳)

【加强土地资产管理　规范土地市场】 深化土地使用制度改革,实施土地利用总体规划和城市总体规划的衔接,对治理整顿土地市场秩序中清理国有土地出让闲置和划拨土地非法转让工作进行安排和部署,超额完成区政府下达的土地出让金返还任务;划拨土地商品房上市补办土地出让手续56件,征收土地出让金770余万元;办理超标购买经济适用住房补交地价款2500件,收缴综合地价款3210万元;办理划拨用地2件。积极参加区政府组织的全区土地利用情况调查,通过调查,根据各乡镇的控制性规划,将8宗190公顷土地列入丰台区储备地块,一旦具备开发条件,可通过政府储备方式实施开发。加强土地征用的管理工作,完成了中国国际汽车展览中心、北京市旧机动车交易市场等征地工作;配合市国土房管局土地利用中心完成了对丰台区1999—2003年国家建设征地的检查;配合区绿指完成对绿化隔离地区绿地的检查与保护工作。

(袁　琦　吕淑芳)

【加强对各项工作的监督指导】 年内全区共有15户参加广渠门廉租住房实物配租摇号,其中12户取得入住资格;119户261人享受租金补贴,累计补贴金额82.7万元。加强房地权属管理和交易发证工作,完成房改售房11686套、90.2万平方米;城镇地籍调查资料复核及计算机录入工作通过了市国土房管局的验收;办理房地产抵押金额105.1亿元;代征房地产契税2.6亿元。新办理《房屋租赁合同》登记备案手续1700件8.16万平方米;商品房预售登记备案40264套。完成了10家居住小区业主委员会的组建、备案工作,评定国家三级物业管理企业106家,代收公共维修基金22440户19625万元。对全区范围内城镇私房和单位自管公房进行安全检查,总查房面积3047.36万平方米,完成"少塌房,不死人,安全度汛"工作目标,房屋安全鉴定30.3万平方米。

(袁 琦 吕淑芳)

【完成各项经济指标】 房屋经营管理服务中心当年租金实际收缴1697.59万元,收缴率为74.61%,旧欠回收281.19万元,完成应收的13.36%。完成直管房屋修缮3994.12万元;楼房大修15栋、中修屋面补漏168栋、平房大修88间、中修8248间。供暖收费2003至2004年度完成4258.34万元。政源拆迁有限公司全年完成拆迁1044户3132人,拆除房屋4698间78456.6平方米,完成经济指标429.5万元。测绘队完成发证测绘7509件830万平方米,测绘收入686万元。鸿华房地产开发经营公司完成开复工面积1.8万平方米;销售回款1.4亿元,实现利税630万元。丰房建筑工程公司年新开工面积6.23万平方米,工程质量合格率100%。

(袁 琦 吕淑芳)

园 林 绿 化

【概 况】 年内绿化美化工作成果显著。完成第一道绿化隔离地区绿化面积80公顷,是年计划指标75公顷的106.6%。扩大城市绿化面积92公顷,改造城市绿化面积30公顷;建成小龙河精品绿化、六里桥交通枢纽、航天部一院文化广场等城市中心区大型绿地;世界花卉大观园建成30公顷大绿地;宛平文化广场绿化工程正加紧施工;长安新城、明日嘉园等20个居住小区及单位庭院绿化24.5公顷,有29个单位经市、区检查验收已上报首都绿化美化花园式单位;新建和改造三四环路、京石等重点道路沿线绿地46.8公顷。为科学地发展绿化隔离地区建设事业,更好地发挥丰台区土地资源的优势和效能,完成了绿化隔离地区土地资源利用情况等的调研工作。继续加强科技兴绿工作,全年共开展科技项目10余项,主要涉及野生地被植物、园林植物病虫害防治、新优园林植物品种应用等方面,"商务会馆绿地奥运植物的引种"项目获市园林局科技进步奖。完善公园基础设施建设,加大公园内绿化改造,莲花池公园新引进荷花品种34个,培育盆栽荷花4500余盆。

(王凤华)

【第四届北京莲花池荷花节】 7月3日开幕,8月7日落下帷幕。原北京市市长、顾问委员会主任焦若愚,北京市园林局有关领导参加了开幕仪式。荷展期间展出200余个品种,4000盆荷花以及万米荷花荡内50000余株荷花,共接待游人近30万人次。

(史 勤)

【第四届北京莲花池春节庙会】 1月22日至27日,第四届北京莲花池春节庙会成功举办。区委书记王子生、区人大主任杜瑞勤、区长张大力、区政协主席初建华等领导代表区委、区人大、区政府、区政协向全区人民拜年。届会期间接待游人22万人次。

(史 勤)

【莲花池公园举办首届文化周活动】 4月29日至5月9日,首届莲花池文化周活动举行。活动以书市为主,历时11天,共接待游人18万余人次。5月2日,《我的爷爷——毛泽东》一书的作者毛新宇博士来到活动现场签名售书。

（史　勤）

【举行生物多样性保护宣传活动】 4月17日，在万芳亭公园举行了“北京市丰台区第七届生物多样性保护宣传月”启动仪式，活动主题为“保护生物多样性，营造美好人居环境；全民动员建设首都一流园林城市”。

（韩卡宁　史　勤）

【举行“健康北京、激情奥运”大型乒乓球比赛】 为纪念申奥成功三周年，于7月12、13日在万芳亭公园举办了第二届大型乒乓球比赛，北京市体育局领导和区委、区政府等领导出席了开幕式，前世界冠军邱钟惠、梁戈亮、仇宝琴等参加出席了开幕式。参赛人员达到了200多人，体现出了万芳亭公园的体育健身特色。

（史　勤）

【青龙湖公园举办春夏秋特色系列活动】 第二届“青龙湖公园风筝节”于4月10日至5月10日举办。6月中旬至8月底举办消夏避暑节，开设学生夏令营、露天烧烤、焰火晚会、沙滩排球及“八一”节军民联谊等项活动。9月15日至10月31日举办青龙湖金秋采摘节，400亩观光采摘区，果实飘香，来自市区的广大游客来到这里采摘，尽情享受田园风光的美妙。

（史　勤）

【世界花卉大观园建成】 位于丰台区草桥村，南临南四环路，西临京开路。该工程于2003年开始施工，2004年4月竣工，总面积30万平方米。全园共分为“凡尔赛宫”、夜花园广场、花之广场、亲子种植园等景区12个，园内共种植乔木0.6万株，灌木1.7万株，花卉等其它植物48万株，铺设草坪11万平方米。世界花卉大观园的建成为南城增添了一个集休息游玩、学习花卉知识为一体的好场所。

（花伟军）

【航天部一院文化广场建成】 位于丰台区东高地万源路东侧，航天一院生活区内。绿化工程于2003年6月开工，2004年4月竣工，总绿化面积2.4万平米。共种植乔木594株，灌木275株，色带植物4.6万株，花卉6886株，铺设草坪9537平方米。文化广场的建成改变了原生活区的面貌，为航天职工提供了良好得工作环境，丰富了周围居民的文化生活。

（花伟军）

【小龙河绿化工程】 位于丰台区南苑路东西两侧，西起槐房村大兴交界处，东至101变电所。该工程是小龙河改造工程的一部分，由丰台园林设计所设计，丰台区园林局南苑绿化队施工。该工程于2003年12月开工，2004年6月竣工，总绿化面积28500平方米。绿化设计主要突出苗木高矮层次感和沿路月季、花灌木交替的色彩变化。施工中，共清运渣土11000立方米，回填客土9000立方米；栽植树木5647株，其中乔木1311株，灌木4336株；花卉5200株，铺草坪13000平方米；铺装600平方米。该工程完成后，改变了小龙河沿线脏、乱、差的环境。

（花伟军）

【六里桥交通枢纽绿化工程】 位于六里桥立交桥西南角，京石高速公路南侧。绿化面积20860平方米，由丰台区园林局南苑绿化队施工。该工程于7月8日开始施工，12月竣工。绿化设计突出“三季有景、四季常绿”的效果，充分发挥绿地的休闲、娱乐、集散避险的基本功能。施工中，共清运渣土300立方米，运进好土7000立方米；栽植树木2819株，其中乔木800株、灌木2019株；铺草坪11621平米；铺装2387平米。

（花伟军）

【永定路南延绿化工程】 该段道路南起永定路立交桥，北至大成路，全长1500米。工程于3月10日开工，6月4日竣工，由丰台区园林局长辛店绿化队施工，完成绿化面积18600平方米。施工中，共清运渣土1020立方米、上客土 300 立方米;栽植树木 16730 株、色块 27500 平方米、草坪 8500 平方米。

(花伟军)

【吴家村东路绿化工程】 该路段从西四环五棵松路至万丰路路口,全长 1840 米。工程于 3 月 9 日开工,5 月 25 日竣工,完成绿化面积是 12850 平方米,由丰台园林设计所设计,丰台区园林局长辛店绿化队施工。清运渣土 870 立方米;栽植树木 1029 株、绿篱 2260 米、色块 39590 平方米、草坪 4500 平方米。

(花伟军)

【丰西路绿化工程】 该路段东起程庄路,西至看丹桥。该工程由丰台区园林设计所设计,丰台区园林局长辛店绿化队施工,总绿化面积 50500 平方米。工程于 2 月开工,7 月 5 日竣工。施工中,共清运渣土 3650 方、运进好土 14560 方;栽植树木 21215 株、草坪 20700 平方米;砌挡土墙 14560 平米。

(花伟军)

【丰台区旭日嘉园二期绿化工程】 位于丰台区马家堡嘉园三里,工程于 3 月开工,6 月竣工。由丰台区园林局设计所设计,北京远大奥发绿化工程公司施工,总绿化面积 19015 平米。共植树 8318 株,其中常绿树 104 株、落叶乔木 582 株、花灌木 7632 株、种植花卉 70 平米、色带 130 平米。工程完工后,小区内不仅环境优美,而且为居民提供了休闲、娱乐的好场所。

(花伟军)

【国庆花卉布置】 国庆期间,本着"隆重热烈、规范适度、注意节俭、讲求实效"和"热烈祥和、节俭安全"的原则,丰台区园林局组织各绿化队及有关单位在全区范围内的主要地点进行了摆花布置。其中,社会单位摆花 40 多万盆,摆放地点约 80 多处。规模较大的有:东大街"与时俱进"造型花坛、航天一院门前摆花等。主要花卉品种有:小菊、串红、鸡冠、一品红、紫叶草、茉莉花等。

(花伟军)

【义务植树活动】 4 月 3 日,是首都第 20 个全民义务植树日,全区约 5 万军民参加了今天的全民义务植树活动。北京市人大委员会副主任金升官,北京市基金会会长单昭祥、副会长李永芳、市林业局机关,首都百名企业家的领导和员工,北京卫戍区 66284 部队官兵及丰台区党政机关,内蒙古自治区多伦县政府的领导分别到花乡和卢沟桥乡三环路边的丰益花园义务植树点参加义务劳动,将丰台区春季绿美化工作推向了高潮。同时,还以各种形式进行全民义务植树的宣传,广泛宣传绿化美化建设与改善生态环境的伟大意义及绿化美化法规。

(李　丽　焦章礼)

【依靠社会力量搞好绿地认养】 为了发动和依靠社会力量搞好绿化美化建设,巩固绿化美化成果,丰台区绿化委员会办公室印发了《绿地认养工作的意见(试行)》,明确提出了绿地认养的涵义、原则、范围、内容、办法、形式、要求、标准以及认养双方的权利和责任。《意见》的出台,将使一向热爱、关心、支持绿化美化建设事业并自愿参加绿地认养的各机关团体、企、事业单位和广大人民群众,对绿地认养的办法及具体要求更加清楚明了。近几年来,北京华凯投资集团有限公司、上海大众汽车销售公司等 11 个单位先后出资 4000 多万元人民币,分别认建、认养了"华凯花园绿地"和"老庄子乡片林"等 12 处绿地,总绿化面积 30 多万平方米。老共产党员徐书池同志认养了西罗园第三社区中占地 380 平方米的"月季园"。

(李　丽　焦章礼)

【春季绿化核查验收】 7 月 30 日—8 月 11 日,市绿化隔离地区建设总指挥部第二绿化核查验收组和区绿化隔离地区建设指挥部人员对丰台区春季绿化进行了核查验收,共核查了 77 块绿地,总面积 371 公顷(5565 亩)。

(李　丽　焦章礼)

【国家园林城市进行复查】 10月9日下午,

原建设部副部长赵宝江带队对北京市国家园林城市进行复查,此次复查工作是北京市命名为国家园林城市10年来的第一次复查,也是对园林绿化各项工作的全面检验。检查组重点检查了丰台区西三环绿化、丰益花园大绿地建设、南三环、玉泉营桥、右安门街心花园小绿地建设、西二环路绿化整治。建设部城建司司长李东旭、副司长王天锡、园林处处长曹南燕及建设部专家组和市委办局有关领导参加了检查。市园林局局长王仁凯、丰台区副区长王成国及局主要领导陪同检查。

(李　丽　焦章礼)

【建立绿化占地补偿和养护补助机制】 为了加大绿地养护管理工作力度,进一步调动广大农民的积极性,丰台区政府对绿化隔离地区、五环路、大环境绿化和山区生态林占地、养护建立了补偿和补助机制。一是城市绿化隔离地区生态林和五环路绿化带生态林占用的农村集体土地,每亩地每年给予200元的占地补偿费和100元的养护补助费;二是1986—1999年的大环境片林每亩地每年给予100元的养护补助费;三是山区生态林每亩地每年给予120元的养护补助费。

(李　丽　焦章礼)

【召开北京市重点小城镇绿化工作会议】 4月8日上午,市农委、首都绿化办在丰台区王佐镇召开了2004年北京市重点小城镇绿化工作会议,全市12个区县、34个乡镇60多位主管绿化工作的负责人参加了会议。王佐镇是丰台区首批进入首都绿化美化园林小城镇。与会人员对王佐镇青龙湖公园和村办公园"南宫苑"进行了实地考察,对王佐镇在争创首都绿化美化园林小城镇活动中所取得的成绩给予了充分的肯定。

(李　丽　焦章礼)

【召开丰台区绿化美化总结表彰暨动员会】 3月12日,丰台区召开2003年度绿化美化总结表彰暨动员大会,认真总结了2003年绿化美化建设情况,部署了2004年绿化美化工作,表彰了在2003年绿化美化建设中涌现出来的82个先进单位和123名积极分子。区委书记王子生、区长张大力等领导出席了大会,副区长吕仕杰作工作报告,区长张大力在会上强调指出:2004年绿化美化工作的重点要放在改善群众身边的环境上,多为老百姓办点实事好事。

(李　丽　焦章礼)

【万芳亭公园群众文化休闲活动中心建成】 该中心于年初开工,经过紧张的施工,于年底竣工建成,总投资680万元,占地面积3000平方米,建筑基底面积860平方米,建筑面积2434平方米,主楼三层,配楼二层。

(周陵萍　石　光)

【举办第二届中日木杆高尔夫交流赛】 万芳亭公园于5月15日举办了第二届中日木杆高尔夫交流赛,日方代表团一行20人与中方运动员进行了比赛和交流,中日双方运动员赛出了佳绩,增进了友谊,市体育总会、区人大领导及市、区园林局、区体育局、西罗园街道办事处的主要领导参加开幕式。

(周陵萍　石　光)

【日本友人赠玉蝉花】 日本东京都葛饰区作为丰台区的友好区县,向万芳亭公园赠送了他们的代表花卉花菖蒲(别名玉蝉花),于11月4日举行了赠花仪式,万芳亭公园已成立了科研小组,观察研究玉蝉花的生长习性,使其在公园成功引种繁殖。

(周陵萍　石　光)

环 境 保 护

【概　况】 年内以提高环境治理水平、全面改善环境质量、保护人民群众健康为根本目的。共改造燃煤锅炉303台,削减燃煤15.06

万吨,削减烟尘排放688吨,削减二氧化硫1325吨;对9600辆汽车尾气、720辆公交大货车进行了监测,对超标排放车辆限期整改,全年驻厂发放绿标1.3万个,黄标9300个;共审批建设项目1488项,其中环境影响评价报告书表339项,建设项目环境保护设施验收661项,提高了验收率,由2003年的15%增加至40%以上;全年共出动4000多人次,对2000多个单位进行了检查,对54家单位的违法行为进行了立案处罚,对40家扰民单位下达限期治理通知,受理环境信访1093件,处理1093件,处理结案率为100%;年内,丰台花园子站二级和好于二级的天数为189天,完成52.1%,云岗子站为200天,完成56.3%;加大排污收费力度,全年共完成1343万元;以"六·五"世界环境日为契机,开展丰富多彩地活动,通过开办《自然之声》专栏、发出倡议书、积极组织辖区内企事业单位社区以板报、橱窗、广播、录音录像、创建绿色学校、绿色社区等形式,积极宣传丰台环保局依法行政工作动态,增长了广大群众环保知识,提高了环境意识和参与自觉性;完成了全年监测任务,取得地表水监测数据305个,大气常规监测数据840个,环境噪声监测数据近512个;对350家餐饮、娱乐行业废水、32家医院医疗污水、230家单位锅炉、52个喷漆废气、502个场界噪声、138家餐饮单位油烟、1.8万平方米室内环境进行了监测,完成《2003年度环境质量报告书》的编制;完成环评咨询25项,医院污水处理工程7项,协助用户完成油烟净化、含油污水项目6项,完成噪声综合治理项目的方案设计3项,中水回用工程的方案设计3项。通过对污染源进行治理和强化环境监督管理,使丰台区的环境状况有所改善。

(王　健)

【控制大气污染】　2004年是燃煤锅炉改造工作的第六个年头,进入了攻坚阶段,原来改造过程中遗留下来的问题已成为难点。面对困难局面,做到早准备、早动手,通过召开燃煤锅炉改造工作动员会、下发限期治理通知书、对难点单位召开现场办公协调会、对改造工作进展缓慢单位下达督办通知书等措施,共改造燃煤锅炉303台(其中上报市环保局251台,32台完成改造未报进度,20台拆除),提前超额完成了市环保局下达的250台、840蒸吨(区政府下达300台)燃煤锅炉改造任务,削减燃煤15.06万吨,削减烟尘排放688吨,削减二氧化硫1325吨。

(芮元鹏)

【创建全国生态示范区】　年内与中国人民大学环境学院签定了"丰台区生态规划研究与编制"科研项目的协议,召开了生态示范区建设的启动仪式,对有关领导和工作人员进行了培训;加强协调联络,争取有关委办局、街乡镇的大力支持,为规划的研究与编制收集与整理了大量第一手资料。同时通过申报环境优美乡镇和生态村,鼓励公众参与,营造了创建生态示范区的良好氛围。10月27日,丰台区正式被国家环保总局列入"生态示范区建设"名录中。

(魏力龙　王　健)

【信访工作】　12369全国环保热线开通以来,环保信访量明显增大。2004年度(即从2003年12月1日至2004年11月30日)全年共受理环境信访1093件,截止11月30日,已处理1093件,处理结案率为100%。在已处理结案的环境信访中,属于领导包案需要写出书面报告的重要信访件82件,均由局领导亲自处理并按时办结;全年收到人大、政协提案6件,已全部处理完毕,处理率达100%,做到了件件有人管,事事有结果,受到群众的好评。

(张培芬　王　健)

【严格控制新污染源】　严格遵守国家《建设项目环境保护管理条例》,严格把关,依法行政,加大环境影响评价力度,确保建设项目执行"三同时",控制新污染源的产生。在审批过程中,对违反规定的涉及小化工、工业加工、水源保护、居民楼底层等的23项行政许可申请做出了不予受理的决定。全年共受理行政许可2149项,建设项目审批1488项,环境影响评价报告书表339项,建设项目环境保护设施验收661项。提高了验收率,由2003年的15%增加至目前的44%以上。

(芮元鹏)

【依法征收排污费】 全年加强区内污染防治和环境管理,在深入对污染源调研的基础上,加大了对达标企业的设备运行等情况的现场抽查和执法力度,全年共出动4000多人次,对2000多个单位进行了检查,重点加强了重点污染源达标排放、采暖期锅炉烟尘排放、燃煤锅炉改燃清洁能源、油烟噪声扰民、废水设施运转等情况的执法检查,对54家单位的违法行为进行了立案处罚,对40家扰民单位下达限期治理通知;加强了排污申报登记工作,在全市排污申报登记总结会上,作为典型介绍了经验;加大排污收费力度,全年共完成1343万元(其中包括罚款59.8万元),在全市排名第一。

(张培芬 王 健)

【完成10件环保实事】 1、继续加大大气污染治理力度,采取有效措施改善丰台区大气质量,完成燃煤锅炉改造303台;2、在33个居民小区实现垃圾分类收集和处理;3、扩大城市绿化面积92公顷,建设2块万米以上公园绿地;4、完成第一道隔离地区绿化面积75公顷,荒山绿化66公顷,完成五环路绿化40公顷;5、对全区的餐饮业加强监督检查,巩固餐饮业治理成果,对42家区属事业单位食堂进行了油烟治理工作;6、加强环境监管力度,对区5家医疗污水排放单位安装污水在线监测系统;7、加大环境宣传力度,在丰台有线电视台开设环境宣传专题栏目《自然之声》;8、建立企业环境信息评价体系,定期于网上公布评价结果,保障公众环境知情权、参与权,同时,为进一步优化发展环境,编制完成《丰台区环境现状评价研究》;9、加强对绿化隔离地区保留企业的监督管理,绿化隔离地区的56家保留企业的绿化工作基本完成,36家保留企业的环保治理工作已完成,确保其排放的污染物全面达标;10、完成丰台区生态环境现状调查。

(芮元鹏 王 健)

【加大环境宣传教育工作力度】 以"六·五"世界环境日为契机,开展丰富多彩地活动,通过开办《自然之声》专栏、发出倡议书、积极组织辖区内企事业单位社区以板报、橱窗、广播、录音录像、参加中华环保基金会策划的"情系绿色奥运—京城百名商家联合倡议环保大行动"、组织青少年参与环保活动、创建绿色学校、绿色社区、开展对驻区企事业环保负责人培训等形式,积极宣传局依法行政工作动态,增长了广大群众环保知识,提高了环境意识和参与自觉性。丰台环保局的环境保护宣教工作,在全市环境保护系统中作为典型,介绍了经验;在创建"绿色学校"工作中,丰台环保局被市环保局、市教委授予"创建绿色学校先进组织单位"荣誉称号。

(徐 岩 王 健)

环 境 卫 生

【概 况】 年内,丰台区环境卫生服务中心实施"精雕细刻管理年",严格坚持环卫作业质量方针和质量目标,全面提升了环境卫生服务水平。2月22日,在人民大会堂金色大厅举行了通过ISO 9001质量管理体系认证颁证仪式,8月,又顺利通过了ISO 9001质量管理体系年度监审,认定区环卫中心继续保持了符合质量管理体系的标准和管理体系的文件资源运行,持续满足了顾客的需要,具备实现质量方针的目标和能力,大力推进环卫服务现代化建设。城市环境卫生服务包括日常道路清扫保洁、垃圾收集清运、公厕保洁清淘和垃圾、粪便消纳处理及城乡结合部环境卫生整治。年内共接受中央、市、区领导视察和市、区级检查等重大活动 42 次,全区环境卫生作业质量水平有了显著提高。

(李国宗)

【日常环卫服务】 年内,丰台区城镇日常环卫服务完成了 166 条道路、910 万平方米的清扫保洁、197 万平方米绿地的日清整保洁、235 座公共卫生间的保洁清淘和垃圾收集清运。其中,日机械化清扫道路 329 万平方米,机扫率为 36.1%,对 17 条道路 45 万平方米洒水压尘。扫雪铲冰洒融雪剂 964 吨,使用中水 464 吨,出勤人员 1789 人次,车辆 288 台,铲车 7 台,道路扫雪 166 条,清运积雪 689 车次,清整过街天桥 46 座。新接管 6 条道路 51.38 万平方米,全部实现了“四有”,即:有设施、有作业标准、有作业人员、有长效管理机制。年清淘清运粪便 16.9 万吨,全部为密闭化清运,12 月底前全部进入西道口粪便排放站、黄土岗粪便排放站进行无害化处理。年清运垃圾 60 万吨(称重),40% 的垃圾进入马家楼垃圾转运站进行无害化处理,60% 的垃圾密闭化清运到北天堂垃圾卫生填埋场进行无害化处理。为了适应公厕停止收费如厕人数聚增的情况,加强了公共卫生间设施设备维修,二类以上公厕实行全天候保洁。环卫作业实施“一一五五”工作目标,通过 ISO 9001 国际质量管理体系认证,环卫服务初步实现了规范化、标准化、制度化,环卫服务质量水平显著提高,品牌率达 75% 以上,顾客满意率达 85% 以上,责任范围内社会和客户重大投诉率为零,环卫服务合同履约率为 100%,环卫服务在社会的认知度和群众中的声誉著显上升。

(李国宗)

【环境综合整治】 在全国“两会”期间,积极参加全区环境综合整治工作,对代表驻地、周边环境及沿线的一些重点地区、重点道路进行了环境卫生整治,清理无主垃圾渣土 225 吨,道路冲刷、洒水降尘 58 车次,确保重点地区环境卫生整洁干净。在创建国家级卫生区工作中,积极配合各街、乡对京良路、西客站南延线、凉水河、宛平城等地区进行环境卫生突击整治 35 次,出动铲车 26 台,运输车 38 台,共清运垃圾渣土 1.4 万余吨。

(李国宗)

【基础设施建设】 年内,新建和翻改建公厕 80 座,其中二类以上公共卫生间 43 座,三类 37 座,一次性通过市政府验收,在 18 个区县中名列第二。建设垃圾房 32 座。结合“创卫”工作,粉刷维修垃圾楼 66 座,垃圾房 155 座,公厕 139 座。维修垃圾桶 250 个、果皮箱 560 个、油饰垃圾桶 1500 个、集装箱 189 个。新购置三轮车 75 辆,油饰三轮车 484 辆。新增生产车 40 辆,其中,按区政府采购计划购置吸粪车 28 辆,环卫中心自行购置道路机扫车 8 台,市政府调入道路机扫车 4 台。

(李国宗)

【有偿服务规范化管理】 年内,针对区财政经费的不足,加强了有偿服务作业质量管理。加强经济核算,落实成本化管理。全年签订有偿服务合同 3724 份,履行合同率 100%。经济创收持续、稳定增长,比上年同期增长 1.69%。

(李国宗)

城市防震

【概　况】 年内,丰台区发生地震 1 次,召开地震趋势会商会 53 次,提出地震预报意见 53 次,较为准确预报 1 次,完成 2004 年下半年及2005年地震趋势会商报告,重建09水位井房,举行4次防震减灾知识宣传教育活动,首次开展建设工程项目抗震设防要求审核登记工作,受理并结案建设工程项目35个,协助丰台区市政管理委员会筹建丰益花园应急避难场所建设,抓紧和加强地震应急物资的购置和管理。

(吴玉琴)

【2004年震情】 5月19日11:44在大灰厂发生1.0级地震。

(吴玉琴)

【地震趋势会商】 年内,共召开地震趋势会商会53次,以网上周会商意见的形式提出地震预报意见53次,其中2月2日昌平2.5级地震的预报意见在地震三要素方面对应基本准确。根据北京市地震局召开地震趋势会商会的通知精神,对各项观测手段数据的变化进行认真分析,整理了大量资料及图件,编制会商会演示文稿,完成2004年下半年及2005年地震趋势会商报告。

(吴玉琴)

【重建09水位观测井房】 鉴于09水位观测井房因年久失修,出现墙壁裂缝,屋顶漏雨等安全隐患问题,于6月向丰台区人民政府提出重建09水位观测井房的请示。6月,丰台区人民政府批复工程款1万元。为保证工程质量,请专业施工队进行了现场勘察,并签署了施工协议,7月工程正式开工。施工期间,监测预报专业技术人员亲临现场进行工程质量监督,并就监测仪器的正确安装等问题进行了现场指导。9月1日,新建09水位井房正式投入使用。

(吴玉琴)

【地震知识宣传】 1月和3月举行了主题为"依法推进防震减灾事业,为全面建设小康社会服务"的普法宣传,重点宣传了《中华人民共和国防震减灾法》和《北京市实施〈中华人民共和国防震减灾法〉办法》。7月28日,举行唐山大地震28周年纪念活动,在科技园区公园南门举行主题为"珍爱生命、保护家园、防震减灾、防患未然"的宣教活动,向群众宣传避震自救知识,发放《城市防震减灾》杂志5000余本,《地震知识宣传手册》、《法规手册》共1万余册。7月,在韩庄子二里社区举办了题为"以人为本,防灾自救"的地震知识展览,发放图书、宣传画页、杂志8000余册。

(任　静)

【抗震设防要求审核】 根据北京市规划委员会对建设工程的申报要求——在形式审查中必须包含建设工程所在区县地震主管部门审核批准的抗震设防标准和所附的工程建设场地的地震安全性评价内容,7月1日开始正式受理区建设工程项目。为了开展好此项工作,先后向北京市地震局抗震设防办公室、丰台区规划委员会、丰台区人防办公室等多家单位进行调研和咨询,及时掌握了开展地震安评审核工作的范围、程序及所承担的工作职责。同时,为切实做到依法行政,规范审核登记工作,根据《北京市实施〈中华人民共和国防震减灾法〉办法》、《北京市工程建设场地地震安全性评价管理办法》、《地震安全性评价管理条例》等法规及《中华人民共和国行政许可法》,制定了一系列规章制度,包括《服务承诺》、《受理人职责》、《承办人职责》、《勤政廉政制度》、《投诉督察管理办法》等,并设计完成《北京市丰台区建设工程抗震设防要求审核申请表》、《受理通知书》、《丰台区建设工程抗震设防要求办理情况登记表》、《北京市丰台区建设工程抗震设防要求审核意见书》等十三种规范性文书。全年受理建设工程项目36个,结案36个,谢绝请客、送礼30余次,工作效率和服务态度得到建设单位的好评。

(任　静)

【协助筹建应急避难场所】 根据首都城市环境综合整治委员会办公室《关于建设应急避难场所的安排意见》,积极协助丰台区市政管理委员会(以下简称市政管委)筹建区丰益花园应急避难场所的建设,参加10月10日召开的审定设计方案协调会,提出技术要求建议,被市政管委和设计单位采纳,并多次亲临现场进行技术指导和督促检查。

(任 静)

【应急物资的购置和管理】 根据《破坏性地震应急条例》和北京市地震局"各区县地震办公室配备地震应急装备及对所缺装备立即补充到位"的要求,2003年向丰台区人民政府提出购置地震应急储备物资的请示,2003年12月批复专款220,000元,批准购置应急物资17项。年内,已经购置地震应急物资9项,其余地震专业设备物资正在与北京市地震局积极联系购置。为加强对所购地震应急物资的管理,制定《地震应急物资管理和使用规定》,并指定专人对所有物资进行登记造册和日常检查。配备必要的地震应急装备,不但完善了地震应急准备工作,完成北京市地震局关于加强地震应急救援工作的检查指标,还将为丰台区地震应急工作及时、高效、有序地进行提供必要的物资保障。

(任 静)

城 市 监 察

【概 况】 年内,丰台区城市管理监察大队在区委、区政府和北京市城市管理综合行政执法局的领导下,以邓小平理论和"三个代表"重要思想为指导,学习、贯彻党的十六大和十六届四中全会精神,以提高执政能力为目的,大力推行依法行政,狠抓队伍管理,加强素质教育,顺利行使了查处"黑车"的新职能,并以"迎国庆、创首善"、"争创全国卫生区"、"争创首都文明区"等活动为动力,全面履行城管职能。同时,完成了预防禽流感、劝返上访人员等多项政府临时交办的重要任务。全年拆除违法建设24.52万平方米,查处"门前三包"9613起,取缔无照经营3万余起,取缔市场2个,查处夜施扰民284起,查处违法户外广告1253起,查扣"黑"人力三轮车8087辆,黑摩的954辆。还配合民政和公安部门对东庄的上访人员进行了多次集中清理,劝返上访及盲流人员1200余人次;配合公安、社区对限制养犬工作进行了宣传执法。全年罚款总额共计635万元。

(孙淑香)

【拆除违法建设】 按照法定程序、有计划地拆除了大量违法建设。年内共拆除违法建设24.52万平方米,其中共申请政府批准强制拆除违法建设案件75卷,强制拆除违法建设335间、4714.61平方米。

(孙淑香)

【规范户外广告】 年内继续巩固二、三、四环路沿线和重点大街两侧户外广告的整治成果,密切监控新的违法广告的出现,按照统一标准规范户外广告,力争做到整齐划一。共查处违法户外广告1253起,摘除未经批准悬挂的条幅992条。

(孙淑香)

【开展专项整治活动】 年内,开展取缔无照经营的专项整治活动30次,集中整顿车辆遗撒、违规运输活动6次,整治露天烧烤活动5次,在节假日、"两会"、中高考期间开展了专项整治7次,专项检查子站周边工地17次,打击"黑"车专项整治15次。对市、区挂帐地区、环路和国道周边、外来人员聚集区、过街天桥等地作为重点整治,加强执法巡查。主要大街、重点地区、治安乱点的环境秩序明显改善。

(孙淑香)

【履行新划转的查处"四黑"职能】 3月1日起,根据市政府规定,正式行使对非法从事出租汽车、小公共汽车、人力三轮车和导游的违法行为的行政处罚权。先后组织了15次大规模的查处“黑”车的行动,“黑”车载客现象有所减少。全年各分队共查扣处罚了黑人力三轮车8087辆、黑摩的954辆、黑出租车10辆、黑小公共2辆,罚款15万元。

(孙淑香)

【控制大气污染,防尘降尘不放松】 对易造成扬尘污染的施工现场、车辆遗撒、露天烧烤、焚烧垃圾等违法行为严格查处。对全区400多个施工工地开展了17次专项检查,其中以两个空气监测子站周边的91个工地为重点监控地区。年内接到反映施工现场类的举报电话2999件,占全部电话举报问题的38.9%;查处施工现场737起,罚款167.6万元。针对车辆遗撒和不按规定运输等问题,在全区设立了6个专项检查点,开展6次集中整治行动。共检查运输车辆1426台次,查处泄露遗撒、不符合运输规定的444起,罚款34万元;发现焚烧废弃物的现象7起;查处露天烧烤952起,没收烤箱900多个。

(孙淑香)

【行政处罚案卷的管理】 每月组织法制员交叉评卷。年内共评查案卷5411卷,其中重大案卷153卷,一般案卷4126卷,简易案卷1132卷。同比增加665卷,增长16%。全年在市局组织的随机抽取案卷评查中,6个月报送的案卷被评为100分。申请法院强制执行案件11起;行政诉讼4起,其中驳回1起,撤诉1起,法院调解结案1起,正在审理之中的1起。2003年诉讼,2004年审结完毕的1起,胜诉1起。

(孙淑香)

【宣传教育展现新形象】 年内,城管大队大力开展法制宣传,注重改善执法环境,对各项工作全面跟踪,及时报道,年内各分队、执法组共报送信息2117条,同比增长8.8%;大队采纳信息1593条,同比增长13.8%;被市、区两级刊物采纳173条,同比增长13.8%;区有线台播出新闻203条,同比增长223.5%;市级媒体报道708篇。

(孙淑香)

【廉政教育再添新内容】 年内,从大队长到监察员,层层签订《党风廉政建设责任书》,各级领导一岗双责,形成规范的责任体系。抓好责任追究环节,落实国家公务员管理规定,按市局制定的“八不准”条例严格检查落实,并查处违纪案件3起,组织观看廉政教育片并新创办了《廉政建设工作专刊》。

(孙淑香)

交通　邮电

交　通

【银建工会技术创新获佳绩】　5月,银建工会开展经济技术创新工作继续取得优异成绩。银建公司被北京市总工会授予“经济技术创新先进企事业”荣誉称号,有8人荣获“北京市经济技术创新标兵”称号,有3人荣获“丰台区经济技术创新标兵”称号。

(李永利)

【参加丰台区政协企业家联谊会】　6月18日,丰台区政协的企业家委员们来到银建,参加了由丰台区政协主办的“丰台区政协企业家联谊会”。银建党委书记杨华以区政协委员的身份出席了联谊会,并与企业家委员们就企业管理等内容进行了座谈和交流。丰台区政协主席初建华、常务副主席鲍顺新、副主席周大春、秘书长乔世红、区政协经科办主任解锡仲等领导以及银建董事长李希英、总经理翟宝玉出席了会议。

(李永利)

【驾驶员赵长河获奖】　9月,在由首都见义勇为基金会等单位举办的“首都十大的士英雄”评选活动中,银建29分公司出租汽车驾驶员赵长河荣获“首都十大的士英雄”称号。

(李永利)

【丰台西站运输生产跨越式发展】　丰台西站地处北京市丰台区西南永定河东岸,位于京山、京广、两条铁路干线与永定河相邻的三角地带,南北长9.5公里,站坪面积4.94平方公里,站线总延长276公里。连接京山、京广、京九、京秦、京原,京通、京承、丰沙共8条铁路干线,担负华北、华东,中原、东北、西北等方向的货车中转和货物集散任务。车站行政机构设劳动人事科、财务科、技术科、综合科、职教科、安全室6个科室,设一场、二场、三场、四场、五场、七场、货运、总调、商检、西道口10个车间和小葆台站及党委、工会、团委3个党群部门,是北京分局路网性编组站。车站等级为特等站。年末,职工总数1408人。固定资产原值6017万元,机械动力设备90台,价值876万元;年工资总额3731万元,人均年收入25443元。4月18日全路第五次提速调图后,车站部分车流径路变更,列车到发不均衡,有调车流增大,解编难度增加,办理车数下降。由于受京九、济南西、丰沙、京广机车不足及正线施工影响,部分方向车流阶段性积压,流线结合困难。面对运输上的不利因素,车站制定运输组织措施:成立提效工作领导小组,下设运输生产、技术保障、绩效考评三个专业组;加强日常运输分析;优化作业流程和时间标准,对各项技术作业过程和时间标准进行重新修订;加强联劳协作,克服了新运行图实施后运输秩序不好车流下降等困难，保证作业稳定和枢纽畅通。车站在强化调度指挥，运输分析、运输组织的同时，加大运输考核力度，制定《关于发放“运输生产监察通知书”的实施细则》。使运输站段中、停时指标在上年的基础上压缩10－15%，车站停时指标压缩到20.0小时以内。

（贾晓礼）

【“5W1H”工作法实施】 丰台西站全面推行“5W1H”（“6何”）工作法，即：无论做何事（what）首先问为何（why）要做，不做行不行，如必须做，明确何人做（who）、何时做（when）、从何做（where）、如何做（How）。其目的是：避免盲目性，突出针对性、时效性、实效性。

（贾晓礼）

【“7654321”安全管理模式实施】 创建有丰台西站特色的“7654321”安全管理模式，即：“7”（深化7项机制）、“6”（突出6个重点）、“5”（实行5层管理）、“4”（坚持4项原则）、“3”（把住3个关口），“2”（狠抓两“五”关键）、“1”（围绕1条主线）。在丰台西站推行和实施后，安全生产逐步实现有序可控，12月21日实现安全生产2000天。

（贾晓礼）

【丰台西站推行“1234”安全工作办法】 “1”：确立1种精神（不查出问题不罢休的精神），“2”：实施2个考核（车间小百日考核）、（车站大百日考核）。“3”：狠抓“三基”建设（基层、基础、基本功），“4”：克服4个主义（官僚主义、形式主义、好人主义、经验主义）。

（贾晓礼）

【“自控型班组”首次创建】 丰台西站以创建自控型班组为载体，强化安全管理。①创建自控型班组的目标：一受控、两达标、三适应。一受控：现场作业受控；两达标：班组管理达标、队伍素质达标；三适应：班组自控能力适应现场作业的需要、班组现场控制能力适应现场环境变化的需要、班组创新能力适应铁路跨越式发展形势的需要。②自控型班组的“五自”标准：管理自我规范、安全自我控制、行为自我约束、关系自我调节、卫生自我保洁。③自控型班组的“五基”评判标尺：基本制度落实、基本作业达标、基本素质过硬、基本资料规范、基本管理到位。④创建自控型班组的五个“有利于”原则：有利于班组确保安全生产、有利于班组提高劳动效率、有利于班组强化自我管理、有利于班组提升队伍素质、有利于班组调动职工积极性。⑤创建自控型班组的方式：以车间为单元。各车间按照车站总体总署、统一模式和总体要求，结合自身实际，各自创造性地进行创建。⑥自控型班组的评判标准：“五基”标尺的每一“基”占20分，总计100分。95—100分为自控型班组，90—94分为达标班组，85—89分为基本达标班组，84分及以下为不达标班组。⑦自控型班组的考核办法：采取日检查、月评定、季考核的递进滚动办法。自控型班组奖金系数为2.0，达标班组为1.0，基本达标班组为0.8，不达标班组为0.5。通过创建自控型班组，有效解决了班组长管理意识不强、作用发挥不好、班组现场作业控制不力、执行标准不严、两纪一化落实不到位等顽症，车站基本实现了“一受控、二达标、三适应”的目标。

（贾晓礼）

【“五条线”分工负责模式实施】 为保证干部逐级负责制的落实，丰台西站将车站行政工作分成安全稳定线、运输效率线、货运效益线、科技职教线、综合管理线5条线管理。每条线由一名行政副职负责，实行“逐级汇报、越级检查”的办法。实行“三个负责”：谁主管谁负责，旨在落实分工负责，针对领导班子；谁分管谁负责，旨在落实专业负责，针对机关干部及车间干部；谁的岗位谁负责，旨在落实岗位负责，针对广大职工。

（贾晓礼）

【丰台西站实现第五个安全年】 以创建自控型班组为载体，以“六杜绝、三减少、一确保”为目标，强化“三基”落实“四责”，确立了“重点抓调车,非常抓行车,日常抓关键,经常抓人身”的安全工作思路,创建了富有丰台西站特色的“7654321”安全管理模式。将全站安全重点归纳为6个(正线安全、人身安全、计算机安全、作业安全,施工安全、冷门安全);将全站的安全关键提炼为“五点”(峰顶、峰尾、西道口线路所、道口、制冰厂)、“五面”(防溜、计算机网络、车号、商检、各集中楼)。同时制定《丰台西站干部值班查岗管理办法》、《丰台西站关于强化“三基”、落实“四责”的实施细则》、《丰台西站提高周一大交班和安委会质量管理办法》、《丰台西站关于加强干部管理的试行规定》,加大干部考核力度。开展三次安全大检查活动,对全站岗点进行拉网式检查,共查出问题257件,解决214件,12月31日车站实现安全生产2010天。

(贾晓礼)

【丰台西站首次获全路优质站段称号】 由于能源、天然冰涨价,减速顶维修费用增加等因素的影响,车站计划成本紧张,车站坚持增收与节支并重的原则,加强经营管理,提高企业效益,制定《丰台西站加强经济活动分析管理办法》,对劳产率、车流结构、奖金结构、劳动力结构、运输经营指标等项目进行对比分析,加强成本控制。同时,加强多经管理,将各项指标下达给各经营网点,完善经营责任体系和激励机制,清理各营业网点债权债务,超额完成全年各项经济技术指标,首次获全路优质站段称号。

(贾晓礼)

【首次获分局人才工作先进单位称号】 丰台西站加强技术工人和技师的培训,制定对高技能人才的激励政策,提高高技能人才待遇,树立“技术工人也是人才”的观念,制定高技能人才发展规划,为技能人才培养奠定政策基础,经各项技能培训,车站高技能人才增加,职工技术业务素质提高,获分局人才先进单位称号。

(贾晓礼)

【《丰台西站志》初稿完成】 12月17日《丰台西站志》初稿完成,共十三篇,上报分局路史办审阅,待修改补充后准备出版。

(贾晓礼)

【丰台西站首获“科技兴局”称号】 为实现现场作业自动化,开发丰台西站信息处理系统,10月20日完成切换,组织专人进行调试和监测。年内,首次获路局“科技兴局”荣誉称号。

(贾晓礼)

【丰台西站制冰厂改造竣工】 丰台西站投资87.4万元对制冰厂进行大修改造。原制冰厂建于1992年2月24日,日产冰40吨,因设备老化,危及安全生产,于2004年9月18日停产。随即由大连冷冻设备辅机厂进行拆除,更换其到期的全部容器、管路、保温,大修其他设备及基础设施,使该套系统恢复原设计要求,达到日产冰40吨,贮冰400吨的能力。制冰厂大修工程于是年9月18日动工,同年12月21日竣工,12月23日进行工程验收,12月29日开机制冰,自13时—19时制出第一池冰,最低温度-13℃,试验效果良好。

(贾晓礼)

【丰台电务段撤并】 丰台电务段担负京山、京广、京九三大干线和丰台、黄村两个枢纽站及良乡—陈家坟、琉璃河—周口店两条支线430.762公里线路,39个站信号设备维修养护任务。信号设备包括:联锁道岔886组(其中外锁闭提速道岔252组)、色灯信号机1395架、机车信号设备145台、轨道电路1586区段、车辆缓行器6台。年末职工总数469人,其中女职工109人,干部108人,党员129人,共青团员102人,大学本科7人,大专47人,中专47人,高中及以下6人,初中及以下1人。技术职称:高级工程师1人,中级9人,初级81人。固定资产原值25290万元,年工资总额910万元,人均收入达到21121元。根据分局、分局党委《关于基层站段生产力布局调整实施方法的通知》文件精神，2004年11月1日起，撤销丰台电务段建制，归属新组建的北京电务段，设置2个设备维修中心，即北京电务段丰台设备维修中心、北京电务段黄村设备维修中心。从此结束丰台电务段建段60年的历程。

（杨丽颖）

【丰台电务段实现第十四个安全年】 年初，以贯彻《安全生产法》为主线，以第五次提速图、安全大检查为载体，全部启动“班组双岗、干部包片、领导包线、专项检查”的措施，强化对安全生产的控制力度，先后完成丰台站、南信号电气集中大修工程、京山线11个站调度指挥管理信息系统，石楼站电气集中工程及杨村站、琉璃河站外锁道岔改造施工27组。进行局令停点一级施工114次，二级施工507次，换轨97公里，安全接送一级专运28次，二、三级专运及军特运502例，设备故障和延时比分局计划指标压缩91.49%和72.28%，至12月31日，实现连续安全生产5135天及实现第十四个安全年。

（杨丽颖）

【黄村、长阳自动闭塞改造工程开通】 丰台电务段第五次提速设备改造自动闭塞工程于1月13日至4月6日全面顺利开通，该工程改造北京—黄村35公里，北京西—黄村21公里为国产ZPW—2000A自动闭塞制式，工程开通后改变过去各种比赛制式混杂的局面，提高列车运行速度和运行安全。

（杨丽颖）

【《丰台电务段志》问世】 《丰台电务段志》经过编辑、打印、审核校对等项工作，于5月正式问世。该志从1989年开始撰写，记述了1944年5月1日建段至1989年间的情况，1996年初撰写完成约10万字。1997年12月在继续完成撰写、整理的基础上，完成打印工作，使段志框架基本形成。2003年11月在段志第一、二稿的基础上完成添平补齐、打印、审稿、校对等后期的全部工作。2004年5月第一本丰台电务段《段志》出版问世。

（杨丽颖）

【丰台建筑段强化管理多项获奖】 丰台建筑段承担房建大维修生产及冬季供暖任务。管辖范围：京山线、京广线、京原线、丰沙线、京九线、黄良线、良陈线、大台线、西北环、房山支线、周支线、丰黄线、丰双线、101线、西长线共计5条干线，10条支线，90个车站，以及丰台、丰西铁路单位和铁路居民区、铁路单身宿舍、铁路物业小区的房建设施。管内有房建设备18224栋件/3880289平方米。附属设备601831平方米。供暖锅炉84台，换热站15处，供暖面积135万平方米。燃油茶炉7台，各种机械设备52台，机动车辆19台。职工总数914人。年内，加大改革制度，对机关技术科长、安全室主任、四大公司经理、项目部经理进行公开招聘，并对管理人员实行岗位津贴制，各项工作均上了一个新台阶。11月23日实现了安全生产十周年，辖内市优小区6个，并先后获房建系统首都第一段优秀单位、分局级先进单位、分局级四好班子、分局级党委组织先进单位、分局级模范之家、分局计划生育工作先进单位、分局献血工作先进单位、分局人防工作先进单位、分局级消防先进单位、分局级先进治保会、北京市花园式单位、丰台区爱国卫生先进单位等荣誉称号。

（刘　萍）

【丰台建筑段进行股份制企业实践】 为缓解企业发展的资金瓶颈状况，进一步强化经营人员、公司员工的归属感、责任感、使命感，丰台建筑段大胆进行了股份制企业的实践，成立了该段第一个股份制企业——廊坊力建门窗有限责任公司。全段553名职工入股，共募集股份210万元。引进两套自动化生产线：不锈钢制品和中空玻璃生产线，加上原有的塑钢门窗生产线，形成了一条龙规模化经营。

（刘　萍）

【扩建丰南旅社】 4月，丰台建筑段将原来的机关办公楼压缩了三分之二,将腾出的办公房屋进行简单装修,交与丰南旅社进行经营,丰南旅社经过扩建、装修,床位由原来的70余张扩大到200多张,软硬件环境提升了档次,可接纳各种大中性会议、培训,成为丰台建筑段新的经济增长点。

(刘 萍)

【看丹铁路道口安全通道建成】 自4月18日起,看丹村铁路道口每天6点10分至7点20分、19点至20点10分封闭。在封闭期间,行人从丰台机务段南门外小地道通过。为防止高峰时期小地道行人拥堵,4月20日18点,丰台机务段建成由南门地下通道改造的横跨京山正线行人安全通道,并派专人进行疏导。

(王玉琦)

【工人先锋号机车组表彰大会召开】 6月2日,“工人先锋号” DF4B 1960—机车组安全运行55周年表彰大会在丰台机务段召开。北京市总工会副主席时纯利、部长周志礼代表市总工会向“工人先锋号”机车组颁发“发扬工人先锋号传统,再创安全生产新业绩”锦旗,分局党委书记王衡、工会主席孙玲代表分局向丰台机务段颁发“当工人先锋,创安全业绩”锦旗。“工人先锋号”机车组司机长马树春代表机车组作了《踏上跨越式发展征程,再创安全新业绩》的汇报发言。还发行了由机务段编辑的《历史的丰碑,时代的先锋》一书。“工人先锋号”老司机长郝玉金、张寿全应邀参加大会。

(王玉琦)

【铁道部党组座谈会召开】 12月24日,铁道部党组书记、部长刘志军在铁道部政治部主任何洪达、北京铁路局局长安路勤、书记国一民、分局局长刘树冥、书记王衡等路、分局领导的陪同下,到丰台机务段“毛泽东号”机车展室召开座谈会,听取基层党员干部对部党组和部机关工作的意见。座谈会上,丰台机务段“毛泽东号”司机长葛建明等8名基层党员干部,结合铁路跨越式发展的实践,向部党组提出了在党员先进性教育活动中迫切需要解决的问题及如何搞好教育活动的意见和建议。会前,刘志军部长等各级领导还视察了运转机车调度室,看望了“毛泽东号”机车乘务员,并与他们合影留念。

(王玉琦)

【毛泽东号机车命名58周年表彰大会召开】 11月1日,丰台机务段在“毛泽东号”机车展室召开“毛泽东号”命名58周年暨表彰大会,表彰2004年度“毛泽东号”式班组和“毛泽东号”式职工。“毛泽东号”机车组自1946年10月31日被命名以来,已经连续安全生产58周年。截止2004年9月30日,该机车组取得安全走行7866670公里,节约燃油2638639公斤,防止各类事故420件,节约材料376398.67公斤,超轴4672203吨。

(王玉琦)

【活动基地命名】 10月19日,“毛泽东号”机车展室被丰台区委命名为“未成年人思想道德建设实践活动基地”。

(王玉琦)

【应急救援队命名】 9月16日,丰台机务段救援列车被北京市命名为安全生产应急救援队。

(王玉琦)

【丰台工务段实现第九个安全年】 年内,丰台工务段求真务实、强化“三基”、抓好“三性”、落实“四责”,实现安全管理强基达标,确保安全生产的持续稳定,提出2004年安全生产工作总体目标:“四消灭、三确保、两减少、一实现”。即消灭责任行车一般及以上事故;消灭人身重伤及以上事故;消灭火灾、爆炸及交通责任事故;消灭配合外委施工监护责任事故。确保行车安全;确保人身安全;确保施工安全。减少违章违纪;减少设备病害。实现2004年安全年。全段以抓好防洪、防胀、防断和各项施工安全为重点,相继开展安全生产大检查、大反思和安全专项整治等活动。

年内共发放安全“三牌一卡”796张，其中违章违纪通知卡377张、白牌361张、黄牌45张、红牌13张，扣罚金额2万余元。至年末无行车重大事故3520天，无险性事故6617天，无死亡事故10196天，无重伤事故4619天，无责任路外事故2091天，无轻伤事故1782天，实现连续安全生产3518天和第九个安全年，再创段安全生产新高。2004年度段获路局级安全标准线建设达标段，荣获分局生产经营业绩先进单位，荣获分局提速调图先进单位，荣获文明单位及四好班子。

（李淑君）

【丰台工务段强化防洪工作】　丰台工务段制定了全员全年抓防洪的指导思想和“预防为主、安全第一、当年修复”的工作方针，确定了汛期实现“不断道或少断道，断道不翻车、不死人，确保铁路运输安全畅通”的目标。不断强化防汛工作，在汛期共检查线路963公里，桥梁499座，出动检查人员8680人次，整修路基豁口、下沉等水害956处，使用草袋子23800个，参加抢修人员1500人。保证了汛期铁路运输安全。

（李淑君）

【丰台工务段生产力布局调整】　年内，分局工务系统进行生产力布局调整，成立直属机械化维修工队。探伤车间并入工厂车间管理，减少了机构和干部编制，便于资源的合理配置，也为下一步推进改革奠定了基础。自11月18日起调整北京工务段与丰台工务段管界。原北京工务段管辖的大红门、小红门工区人员及丰双线8k－24k，计32公里（双线），大红门李营线4.290公里，大红门南苑线3.685公里，三线合计39.975公里的设备划归工务段管辖。丰双线8k－24k间按设备换算长度核实的桥梁维修人员同时划归丰台工务段管理。

（李淑君）

【第五次大提速】　为确保“4.18”全路第五次大面积调图提速，丰台工务段对京山、京九提速线维修体制进行改革，相继制定出台了《关于成立设备整修、检查专业小组（暂行）规定》，《关于机动车动态监测管理的补充规定》和《行车设备综合施工（维修）“天窗”实施及考核管理办法》三个文件。并先后组织完成了京山线拨改曲线、换碴、护网整治、无缝线路放散、京九防洪监护拆除道口平过道，京山顶管、顶桥及沿线备用轨料清理等八项重点工作。并配合工程部门，共完成提速改造曲线52条、交分道岔10组、单开道岔28组、曲线1条，确保一事不出，提速平稳过渡。在8月14日分局召开的安全工作会议上，丰台工务段被评为提速调图安全生产先进单位，杨村养路工区、黄村南岔养路工区被评为先进集体，21名同志被评为先进个人。

（李淑君）

【丰台工务段ISO9000认证】　自2003年3月1日进行ISO9000质量管理体系运行以来，在推进线、桥维修质量，强化以质量为龙头的各项管理，丰台工务段初步建立了自我完善管理体系基本符合GB/T19001－2000标准要求，自我完善机制，有能力满足顾客和法律法规要求的产品和服务，质量体系运行有效，4月2日，顺利通过北京新世纪认证公司质量管理体系第二方认证，成为路局工务系统首家获得ISO9000认证资格单位。

（李淑君）

【“巨无霸”通过段芦城道口】　“巨无霸”是北京京丰燃气发电厂的350万千瓦燃气发电机组设备，分为燃气和定子两部分。燃气机部分长14米、宽6米、高5.61米，重达330吨；装车后长42米、宽6.22米、高6.6米，总重量达432吨，相当于10辆长8米左右的翻斗解放载重车。定子部分长11米、宽5米、高5米，重248吨，装车后总重量达338吨，相当于8辆同样型号的解放载重车。于11月5日凌晨2点20分通过段芦城道口。为保证其安全通过，丰台工务段有关人员用两个昼夜铺设临时道口，共使用1000多根枕木。5

股线路所有低凹部分都用枕木垫起,并高于钢轨,避免了“巨无霸”运输车通过时而损害轨道的问题。

(李淑君)

邮 电

【概 况】 北京市南区邮电局是北京市邮政管理局下属的二级通信企业,承担着崇文、宣武、丰台三个行政区以及西站、北京经济技术开发区和朝阳、大兴部分地区的邮政通信服务,服务面积480平方公里,服务人口约400万人。下设22个支局、75个邮电所、7个专业公司(速递、物流、储汇、集邮、商函、邮购、书报零售)、计算机中心及1个后勤保障单位,拥有固定资产2.49亿元,员工2129人。经办主要业务:国内国际邮政、速递,邮政物流、储蓄,集邮,图书音像,电子汇兑,报刊订销,邮购,鲜花礼仪,代理保险及代收代缴代办代销等。南区邮电局在丰台区界内设立局所网点61个,包括11个邮电支局和52个邮电所。年内,全面贯彻落实“三个代表”重要思想及北京市邮政管理局各项工作要求,在通信质量、改善服务、规范市场、局所建设、科技兴邮等方面均取得新的进展,服务满意度达到87分,11185赞誉同比上升44%。

(阎 瑾)

【开办速递新业务】 年内,为满足客户对速递业务的更高需求,进一步提升服务能力,南区邮电局陆续开办了一系列速递新业务:4月,开办新加坡、日本EMS“限时递”业务;5月,推出环渤海区域“EMS限时专递－次晨达”业务;9月,实施邮政快速网“全夜航”方案,开通运行“全国速递邮件查验平台应用系统”;10月,推出长江三角洲、环渤海区域、珠江三角洲重点城市间跨区域“EMS限时专递－次晨达”业务;12月,开办北京与东京之间EMS邮件“限时递”服务。一系列邮政速递新举措,重新再造了速递运输网络和投递体系,为客户提供了更加快捷、安全、方便的速递服务,为促进地区经济发展起到了良好的推动作用。

(阎 瑾)

【代发农民工工资业务】 6月,在全辖区范围内开办邮政储蓄代发农民工工资业务,此项业务被农民工称为“暖心卡”业务。该业务的开办可为农民工提供以下便利:一是可以足不出户按时足额地领到工资;二是解决了工资现金发放的安全性问题;三是通过遍及全国的3万个邮政储蓄网点和5万个邮政汇兑网点,可以享受异地存取和直接汇兑到户等多项理财服务。此项业务切实解决了农民工领工资难的问题,赢得了良好的社会反响。

(阎 瑾)

【加大行业管理 净化用邮环境】 年内,为给用户提供良好、安全的用邮环境,南区邮局加强对邮政市场执法检查,全年共对外执法检查250次、259处,充分利用法律武器维护用户用邮权利。年内多次与丰台区工商局执法检查队联合执法,以加强速递、邮票市场监管为重点,对违法经营速递公司和小商品市场进行检查,进一步规范了市场,保障了用户的合法权益。8至9月,南区邮局还对自管报刊亭进行了全天候“地毯式”检查,以“黄”、“非”和存在政治问题的出版物为重点,对各类非法出版物、报刊亭小广告等进行检查整顿,维护了良好的市容市貌,净化了报刊市场环境。

(阎 瑾)

【继续推广“电子邮政多功能服务终端”】“电子邮政多功能服务终端”是南区局设计开发的新型多媒体邮政服务设备,具有邮政资讯、代收代缴、存折补登、广告宣传、网上浏览、183网上邮政、终端监控、日志管理、统计分析、远程维护等综合服务功能。用户不仅可以通过它查询邮政编码、邮政业务,还可以使用邮政绿卡或邮政存折查询、缴纳中国移动、中国联通、市内固定电话等各项费用,查询账户余额、打印账户明细、并能补登邮政储蓄存折。自首批"电子邮政多功能服务终端"于2003年投入使用以来,充分发挥了邮政网点资源和网络资源的优势,为用户提供了综合性的服务,减少了顾客在营业窗口排队的不便,其方便快捷的新型服务模式,深受各界用户的喜爱和好评。为进一步方便用户,年内该终端又在全市继续推广,全年共在十处邮政局所配备了终端。终端的推广不仅扩充了网点服务功能,推动了首都邮政信息化建设的进程,同时这种新型的服务方式已逐渐被广大用户所认同,随着不断的改进升级和深入推广,将为用户提供更为方便快捷的邮政服务。

(阎 瑾)

【木樨园邮电局开业】 7月30日,木樨园邮电局正式开业。为配合丰台区木樨园地区危旧房改造工程和世贸商业中心的建设,木樨园邮局于1998年自原址迁出周转,在历经6年的周转之后,重张开业。作为2004年市政府为民办实事工程之一的木樨园邮局还建工程,被南区邮局列为重点建设项目,通过积极努力,仅用短短50天多的时间就完成了细装工程,确保了支局的如期回迁开业。为给用户提供更加舒适的用邮环境,新局房设置了开放式邮政柜台和低储蓄柜台,并增设了等候座椅、储蓄叫号机等设备,体现了人性化的服务理念。

(阎 瑾)

【热心公益事业】 8月27日,南区邮电局和北京市首都见义勇为基金会共同合作开发的《首都见义勇为个性化邮折》成功发行,用于表彰见义勇为先进单位及个人。在首发式上,南区邮局向见义勇为基金会无偿捐赠了300版个性化纪念邮折,以供见义勇为先进单位、个人永久珍藏留念。新华社北京分社、北京人民广播电台、北京电视台、北京日报、北京晚报等十余家媒体对首发式进行现场采访,对倡导见义勇为行为、营造良好社会风气起到了良好的推动作用。

(阎 瑾)

电 话

【概 况】 丰台电话局隶属中国网通集团北京市通信公司三区电话局,位于丰台区西四环南路73号,紧邻丰台区政府所在地。丰台电话局成立于1992年4月份,局内分机房楼和办公楼两部分,建筑面积3000多平方米,全局交换机总容量为12万门,所辖区域东起西三环,北至卢沟桥东岸,南起丰沙铁路线,北至岳各庄,服务面积近50平方公里。下属一个卢沟桥支局,16个模块局,实际装机近9万户,可为客户提供普通装机、ADSL、LAN小区接入,ISDN、DDN等多种通信业务。全局正式员工45人,劳务工30人。在北京市通信公司向服务型企业转型过程中,作为"数字丰台"的合作建设者,丰台电话局始终遵守公司"一切从客户需要出发,一切落实到企业效益"的经营理念,不断为辖区内的丰台区政府机关、社区居民及驻军部队提供优质服务,以方便快捷的通行手段促进区域经济发展,以强大的技术力量满足中关村丰台科技园等高科技企业的通信需求,以及时周到的服务保障公众通信线路的永远畅通。

(夏 霆)

【抓行风建设提高服务水平】 按照中国网通北京市通信公司对于2004年行风建设的总体要求和部署,为进一步提高丰台电话局服务水平,为丰台区政府机关及人民群众提供更优质的电信服务,丰台电话局按照"谁主管,谁负责”的原则,对行风建设责任分解,落实到班组;完善各项规章制度,在规范化服务的基础上结合丰台局实际推行特色化服务,继续推行“班前五分钟”和首问负责制;加强监督检查,认真执行各项考核标准;增大宣传力度,努力在丰台局内部营造自觉贯彻执行行风建设有关要求的良好氛围。

(夏　霆)

【提高小灵通基站维护工作水平】 为了保证丰台电话局界内小灵通客户的手机正常使用,丰台局克服了管界地域面积较大、线路质量复杂等不利因素,从原本已人员紧张的员工队伍中选调技术能力好、工作责任心强的同志专人专岗负责小灵通基站的维护工作,使基站可用率 99%,基站完好率达到了 98%,实现丰台局界内室外小灵通信号基本无盲区,满足了小灵通客户的通信需求。

(夏　霆)

科技　教育

科 技 工 作

【概　况】 年内,科技工作紧紧围绕“深化改革、扩大开放、整合资源、促进发展”的工作指导思想,实施了“一个推进、两个完善、三项建设、四个加强”的工作方案。即推进企业信息化建设;完善丰台区科技发展政策,完善孵化器网络体系;建设可持续发展实验区、星火技术密集区和科普型社区;加强科技馆天文科普特色功能建设、京南航天科技园规划落实、首都西南医药流通中心建设和科委系统自身建设。全区科技三项经费418万元,科普经费83.5万元。重新修订了“北京市丰台区科技及中小企业担保资金管理办法”,并从2004年增资200万元,以后每年以1000万元为基数增资10%。重新修订了《丰台区科技企业孵化器认定办法》。制定了《丰台区科学技术委员会关于进一步强化科技服务功能加强执政能力建设的若干措施》。丰台区科技馆由差额事业单位改为全额事业单位。完成了丰台科技信息网网络系统升级和丰台科技信息网站改造,组织开发了在线服务系统。丰台区知识产权办公室荣获2004年度北京市知识产权工作先进集体称号。

（崔　颖）

【推进企业信息化工程】 以推进“丰台区城郊型农村信息化示范工程”为主线,重点进行乡村信息网络建设、乡镇信息化能力建设和农村远程教育网络建设。建立花乡、卢沟桥乡和王佐镇三个农村信息化应用示范乡镇。新建花乡花木集团、卢沟桥兆通公司和科技馆三个远程教育站点。结合信息化建设项目的实施和验收,起草了《关于推进丰台区企业信息化建设的意见》、《丰台科委信息化能力建设项目报告》、《丰台农村科技信息化示范项目实施方案》、《丰台区城郊型农村科技信息化示范工程技术报告》、《丰台区科委局域网建设方案》、《丰台区科委系统干部和农村信息员培训实施方案》和《丰台区农村科技信息网络系统建设方案》六个文件,为推进信息化建设工作打下良好的基础。在科技馆建立了科委网络培训教室,为全面开展网络信息技术和计算机操作技能等信息化应用培训奠定基础。

（崔　颖）

【完成科技调研课题】 历时半年多的《整合资源,促进丰台科技事业发展》调研工作中,共设计了5套调研表格,并发放到全区105个机关事业单位,共收回调研表格358份,将相关数据信息录入了丰台科技项目及人才数据库。先后召开了4次由区宣传部、丰台园区、科协、统计局和五个乡镇作为成员单位的协调工作会议。重点走访了科技园区、四个乡镇和三个街道,与72个单位进行了沟通交流。组织完成了《整合资源,促进丰台科技事业发展》调研报告。

(崔 颖)

【可持续发展建设】 年内编写了《树立和落实科学发展观,坚持走可持续发展之路》(基础知识篇和政策理论与实践篇)。发放至全区各级党政机关及相关企事业单位,并在全区处级领导干部《科学发展观》培训班上作为辅助教材。协调区环保局、林业局、水利局、卫生局、教委和计生委六个单位创办了《树立和落实科学发展观,坚持走可持续发展之路》宣传专栏。用可持续发展理念指导王佐小城镇建设,广泛开展建筑节能、地热利用、垃圾处理和劳动力就业转移等可持续发展领域的课题研究。花乡市级星火技术密集区建设,已顺利通过市科委验收。"草本花卉新优品种繁育建设与示范"项目已被市科委确定为2005年重大科技项目。

(崔 颖)

【20项科技成果获奖】 2003年度区级科学技术奖,经专家评审,有20项成果被评为推荐获奖项目,其中,一等奖3项,二等奖5项,三等奖12项。北京营养源研究所一项研究成果被评为市级科学技术奖二等奖。

(崔 颖)

【科技馆重新开馆】 11月16日,装修改造后的丰台区科技馆新馆举行了开馆仪式,并同时展出了《太阳与小行星》展览及天文互动、天体秤等展品。科技馆中的天文台新添置了2台美国进口的折返式天文望远镜,使馆中的天文科普功能更加完善。改造后的科技馆在功能上突出了天文科普知识的宣传教育,成为全市区县级第一家以天文科普为特色的科技馆。

(崔 颖)

【安排年度科技发展计划】 组织高新技术企业和乡镇申报国家、市级"星火"、"火炬"计划,共获批准国家级火炬计划项目3项;国家级重点新产品计划2项;北京市级火炬计划2项;市级星火计划2项。列入市级各类专项科技计划课题3项。

(崔 颖)

【创建三家科普型社区】 完成了区政府年内为市民办的四十件实事之一——创建3家"科普型社区"。按照"以人为本,和谐发展,科学育人"的指导思想,分别在云岗街道北区社区、丰台街道63号院社区、新村街道韩一社区建立以书法篆刻、编织缝纫和图书音像为特点的科普型社区。

(崔 颖)

【办理科技中小企业担保贷款】 年内,共接受贷款担保申请企业咨询122家(次),受理担保项目43个;批准担保项目22个;实际放贷项目20个,放贷金额1495万元;无代偿解除担保责任项目17个,金额995万元;在保项目24个,金额2835万元;代偿项目3个,金额270万元;清偿代偿项目1个;追偿代偿回款13.5万元。

(崔 颖)

【科普资源调查】 对全区开展科普工作的人员概况、科普场地、科普经费、科普媒介和科普活动情况进行了摸底,全区现有科普教育基地13个,科技场馆5座,科普型社区活动中心4个,各类群众性学协会9个,并在各街道普遍建立了科协组织。近年平均每年组织各类科普活动1300余次,参加人员20余万人次。全区科普志愿者达到8200余人。

(崔 颖)

【科普宣传】 开展以"弘扬航天精神"为主题的"科技下乡"活动,聘请了的三位种养业专家现场进行讲解,发放卫生医疗保健科普图书1083册、航天科普知识问答3000份及《科技潮》等科普读物,并自制的科普年历5000份,展出航天科普知识展板20块。"首都科普互动大课堂"分别在丰台区东高地青少年科技馆、莲花池庙会、云岗科技站、西罗园街道、长辛店中心小学、南宫中心小学、小井小学展出。举办了“科技以人为本 全面建设小康”的展览宣传活动，并在云岗街道九个社区巡回展出一个月，每个社区配合展览制做黑板报、宣传标语，共发放各种宣传资料 500 份。“丰台区第二十一届学生科技节”活动中以学校为阵地，学生为主体将 100 余册青少年科普图书、科普光盘及 200 本科普读物送给小学生。区科委创办的科普图书流动站先后流动到西罗园街道、卢沟桥街道、新村街道、太平桥街道、云岗街道、丰台街道，借阅图书 2000 多人次。在禽流感防治宣传工作中，先后向长辛店镇、卢沟桥乡、王佐镇、西罗园街道、丰台街道、新村街道、太平桥街道及部分学校发放了《积极防治禽流感》宣传页 4000 份、宣传挂图 100 张，发放《农村家禽养殖防控高致病性禽流感知识 60 问》200 本。

（崔　颖）

【加强教育培训工作】　利用星火教育培训基地、农村远程教育网络、召开专题会议等多种形式对行政管理人员、科技人员及企业业务骨干进行有关科技理念、科学发展观和科技政策、科技知识的宣讲和教育，提高人们的科学意识和科技素养。

（崔　颖）

科技协会工作

【概　况】　年内，区科协以邓小平理论和“三个代表”重要思想为指导，全面贯彻党的十六大和十六届三中全会精神，积极履行《科普法》赋予的职能，认真落实中国科协和市科协工作部署，紧密围绕丰台区委、区政府中心工作，树立全面、协调、可持续的科学发展观，坚持以人为本和求真务实的精神，团结动员丰台区广大科技工作者，解放思想、实事求是、与时俱进、开拓创新，努力提升科协工作的整体水平，为加快推进丰台区建设现代化新城区做出贡献。

（许景河）

【丰台科技周活动】　年内在丰台科技周活动中，区科协系统紧紧围绕“科技以人为本、全面建设小康”这个主题，充分发挥科技群团优势，部门联手、上下连动，在全区范围内开展了形式多样、内容丰富、特色鲜明的科普活动 300 多项，受益群众 8 万人次，发放各类科普宣传资料、读物 10 万余份。重点组织了科技周开幕式、特色社区联动活动日、组织科普家庭一日游活动、第二届南宫地热科普节。

（许景河）

【科普之夏活动】　丰台区科协和大红门街道于 6 月 27 日在西马小区共同组织了“2004 年丰台科普之夏启动仪式”，以“普及科学，你我共参与”为主题开展《科普法》宣传教育展、航天科普展、向科普志愿者发证仪式、书法绘画展、商品质量投诉咨询、小学生动手做科技、社区文体表演等系列活动。大红门辖区社区群众、科普志愿者近两千人参加了活动。活动还展出了 40 多块科普知识展板、46 块反邪教警示教育展板和西马社区 60 余件书法、绘画作品。

（许景河）

【百万家庭数字生活技能大赛】　年内，区科协积极组织参加了由市科协、市信息办、市妇联共同实施“百万家庭上网工程”的一项重要活动。区科协的精心组织和准备，经过参赛选手的努力，丰台区代表队取得了家庭组手机项目第一名、全能项目第二名、团体第四名的好成绩。

（许景河）

【服务三农活动】　7 月 3 日，全国科普的重点活动“服务三农行动”在丰台区王佐镇南宫村举行。此次活动由中国科协、北京市科协和丰台区政府主办，由区科协和王佐镇政府具体承办。活动以“科学发展，服务三农”为主题，组织农业科技专业人员、医疗卫生专家、科普工作者和科普志愿者，围绕王佐镇当地农民群众生产和生活的需要，组织开展相关的科普活动，提高广大农村群众的科学文化素质，促进农民依靠科技增收致富。参加此次活动的有中国农学会、中国林学会、中华医学会、中国畜牧兽医学会等31家国家级和北京市有关学会。来自王佐镇各村的近千名农民群众兴致勃勃地参加了各类农业咨询和科普活动。中国科协副主席、党组书记张玉台、中国科协副主席徐善衍、北京市科协党组书记田小平、北京市科协副主席辛俊兴、丰台区委副书记刘云广、副区长闫傲霜等领导同志参加当天的活动。

(许景河)

【三下乡活动】　1月7日丰台区科技、文化、卫生“三下乡”活动在丰台区王佐镇、卢沟桥乡、南苑乡、长辛店镇、花乡开展。丰台区科协送去科普书籍、科普宣传读本五千余册、科普知识展板六十余块。

(许景河)

【学术月活动】　年内丰台区科协举办了“2004年丰台科技交流学术月”活动，活动主题是“以人为本·科学发展”，共有21个街乡科协、5个学会以学术报告、学术研讨会、论文评选、学术演讲、科技建言献策等多种方式举办学术活动35项，参加者2000人次。其中区科协组织的重点活动有4项，分别是科技工作者论坛、丰台区青年经济发展研讨会、丰台区经济发展建言献策、丰台区科协系统论文比赛，参加人数达到150人次。

(许景河)

【“科普互动大课堂”丰台区巡展活动】　“首都科普互动大课堂丰台展”于1月17日在丰台区东高地青少年科技馆举办，活动由丰台区科协主办，东高地青少年科技馆承办。“首都科普互动大课堂”是根据市科协2003年度“三三一”工程计划安排推出的一项重要活动，它把现代科技知识与科技产品通过互动的展示手段完美体现，使观众在互动艺术中认识科技的力量，感受社会经济的繁荣和文明的进步。此次“科普互动大课堂丰台展”的主题定为“弘扬航天精神，探索宇宙奥秘”，具有独特的丰台特色和鲜明的时代特点。旨在充分利用丰台区特有的航天科普教育资源，向广大观众、青少年进行弘扬科学精神、宣传科学思想、普及科学知识、传播科学方法。展教活动将航天主题贯彻始终，分为互动展、航天圆梦、航天人物展、航天模拟发射、动手制作、表演展示等六大展区，设置了多项集声、光、电为一体的高科技展示手段。活动采用互动、参与形式，在互动中感受、在触摸中体验、在实践中领悟。

(许景河)

【科普大篷车流动展】　在第四届莲花池庙会中，区科协与庙会组委会联合，将“科普互动大课堂”科普大篷车搬到了庙会，为丰台区人民欢度春节提供一个爱科学、学科学的重要载体。此外，“科普互动大课堂”科普大篷车在西罗园、云岗等社区和学校进行了为期三个月的巡回展览，约3万余人进行了参观。

(许景河)

【建立青少年“动手做”科技俱乐部】　社区青少年“动手做”科技俱乐部是青少年居民参加科技活动的场所，它装备了丰富的器材、实验仪器、设备、益智活动玩具等，帮助青少年体验科学、参与制作，了解技术，尝试制造。根据市科协的统一安排，在方庄街道芳群园社区建立一个青少年“动手做”科技俱乐部，由市、区科协共同投资11万，由丰台区劳技中心提供场地和人员。

(许景河)

【北京市24届青少年创新大赛】　3月28日，北京24届青少年创新大赛落下帷幕，在这次科技创新会上，丰台区十中分校的《蔬菜农药残留的测定及其去除方法》和八中怡海分校的《鲸鱼尾平推进遥控电动船》获得大赛一等奖,电子工业学校的《水平尺》获得二等奖;东高地科技馆的《载人航天模拟发射活动》获得优秀科技实践活动奖;另外有14个项目获得大赛三等奖;丰台获科幻画比赛一等奖。

（许景河）

【学生科技节】 年内,科协将青少年科技教育工作放在重要位置,促进了各个学校开展科技活动的自觉性和主动性,大部分学校形成了自己的科技活动特色,形成了"校校有活动、人人都参加"的良好局面。全区组织的竞赛总数达到21项,有451人参加电脑绘画竞赛;37人参加电子技师、电子技术竞赛;1137人参加航天模型、航空、航海、车辆模型和水箭竞赛;176人参加区中小学生风筝竞赛;451人参加区中小学论文、论坛评比;177人参加小制作、小发明作品评比活动,全区2142名中小学生参加北京市科普英语大赛。其中891名中小学生在本届科技竞赛活动中获奖。

（许景河）

【建立载人航天模拟发射系统】 东高地青少年科技馆"载人航天模拟发射系统"于11月2日正式启动。它以崭新的视角,仿真的场景,生动的视听效果,互动的教育形式,使青少年在亲历中去体验航天的艰辛与乐趣。它是航天人在科普教育中结出的又一硕果。为学生创设了逼真的发射运行返回的场景,在研制中融入了现代教育理念和手法,以崭新的视角、详实生动的视听效果和多媒体手段,使青少年在互动中去学习、去感悟。

（许景河）

【科普系列讲座和培训】 年内区科协举办了三期专题讲座。有中国科学院王文忠博士——"利用心理学规律巩固教育转化成果";中国科普研究所翟立原教授——"学习型社会和社区科普";北京心理卫生学会刘理事长——"心理健康专题讲座"等,讲座受到基层科协和社区专兼职干部的欢迎和好评。

（许景河）

【调研工作】 《丰台区外来人口科普教育调查研究》是由市科协委托区科协承担的重点调研课题。课题研究以丰台区为个案,了解北京城市中外来人口科普教育工作的现状,掌握外来人口对科普教育的要求,从理论上探索对城市外来人口开展科普教育的方式、方法,为探索建立城市外来人口科普教育工作的平台和有效机制奠定理论基础,从根本上提高丰台区外来人口的科学文化素质,树立与现代化新城区相适应的科学、文明、健康的形象。

（许景河）

【科协五届二次全会】 区科协五届二次全委会于3月31日举行,会议由区科协主席、中国工程院院士龙乐豪主持。会议主要内容是传达市科协六届三次全会和区委2004年工作会议精神,审议区科协2003年工作总结和2004年工作要点,区委副书记刘云广最后做了讲话。会议还表决通过了科协常务副主席;专职副主席;兼职副主席和科协委员的人选。

（许景河）

冶金自动化研究设计院

【概　况】 年内是冶金自动化研究设计院改革创新的关键一年。在国资委的正确领导下,全院干部职工围绕年初在职代会上提出的工作目标,坚持以邓小平理论和"三个代表"重要思想为指导,全面贯彻十六大、十六届三中、四中全会精神,贯彻落实可持续发展的科学发展观,积极适应国家宏观调控的经济形势,努力开拓市场,进一步加强管理,完善机制,全院生产经营平稳发展,各项改革工作取得了积极进展,向建立健全现代企业制度的方向又迈进了一步。年内,新签合同额59728万元,同比增长11.9%。资产总额为91418万元,同比增长6.54%;资产负债率为56.72%,同比增加1.31%。利润总额2576万元;净利润1367万元,同比增长53.77%。科技投入金额1156万元,科技投入增长率30.47%。

(卢燕青)

【科技研发】 全院获准国家项目4项,申请了发明专利和实用新型专利11项,申报并获得软件著作权20项。国家863项目“炼钢-连铸-热轧流程模拟”成功通过了验收;国家高技术产业发展重大专项“冶金自动化综合控制系统高技术产业化示范工程”,于2004年12月12日通过了由中国钢铁工业协会组织的专家验收;大功率交交变频同步电机调速系统”获2004年度电工新产品技术开发奖一等奖。“大型提升机自动化控制及交交变频调速系统”获中国机械工业科学技术三等奖;“首钢3500mm中厚板轧机核心轧制技术和关键设备研制”获中国钢铁工业协会、中国金属学会冶金科学技术一等奖。在2003年度工程勘察设计企业前100名中排序36名;2003年工程总承包百强单位排序61名;甲级工程设计资质由暂定级转为正式级别。

(高　达)

【工程及产品】 年内,新签合同59728万元,同比增长11.9%。百万元以上的合同项目有91项,其中工程合同79项,千万元以上工程项目有9项,均创下历史新高。

(王艳阳)

【学术活动】 年内成功举办“全国第九届自动化新技术学术交流会”、“中国仪器仪表学会第六届青年学术会议”、“中国计量学会冶金分会2004年年会”、“全国冶金自动化信息网2004年技术交流会”等学术会议,并出版了相关论文集。

(朱金录)

教　育

【概　况】 年内,丰台区教育系统广大干部教师团结努力,认真贯彻落实市区教育大会精神,推动教育改革与发展。加大教育投入,落实办学困难校的办学条件改造计划,稳妥实施学校布局调整。1—11月,区教委进一步调整教育布局,整合教育资源,完成大灰厂中学并入槐树岭学校、芳古园二小并入芳古园一小、吕村小学并入长辛店中心小学、新发地小学与陈留小学合并的调整。6月21日,北京铁路分局与丰台区政府正式签订了铁路中小学、幼儿园移交丰台区政府管理协议书。根据此协议,北京铁路分局把北京铁路第五中学、北京铁路第十二小学和北京铁路局京铁生活服务中心丰台幼儿园。移交给丰台区政府管理。还完成了南苑中学、丰台七中等7所困难初中校的改造工程。以推进示范高中校建设为龙头,带动高中教育发展。4月7日,北京十中被认定为第三批北京市示范性普通高中。同时区教委稳步推进丰台二中和北京十八中市级示范高中校申办工作。以基础教育课程改革为核心,深化教学改革。9月1日,全区新入学的小学和初中学生全部进入基础教育课程教材改革。组织教师参加了使用新课标和新教材的市、区级培训,并召开专题研讨会,研讨课程改革的发展工作。引进专家、学者和权威部门组织编写地方教材,卢沟桥一小、北京十二中等学校编写出校本教材。开展教学工作联合视导和教学质量监控工作,全区教学质量得到提高。2004年高考上线率95.4%,比2003年增加6.7%。总上线率和总平均分在全市平均水平之上。9月,丰台区各职业高中校共报新生2213

人，超过当年计划招生数113人，召开社区教育工作总结表彰会。评出全区“发展社区教育促进学习型建设”先进街道5个、区示范社区教育中心3个，创建学习型企业先进单位4个、学习型家庭110户。加强干部教师队伍建设，对在职校长进行个性化培训；建立年轻后备干部人才库。开办“教师职业道德修养”公共必修课培训，456名教师参加培训。与北京教育学院联合开办4个研究生班，97名骨干教师参加学习。组织31名教师赴加拿大蒙特利尔市进行英语教育培训。召开“加强和改进未成年人思想道德建设”系列专题报告会，开展了“文明礼仪伴我行”、“建设公民道德，营造书香校园”读书月、“载人航天模拟发射系统”揭幕仪式、“爱航天、爱科技，弘扬爱国主义精神”等大型主题教育活动，并在北京航天城建立了丰台区青少年爱国主义教育基地。10月14日，由丰台区承办的北京数字德育平台心理健康教育网站暨“沙燕心理网”开通，截至12月，网站点击量为9万次，该论坛注册用户已达1241位。

（樊　凌　张爱民）

基础教育

【概　况】　年内，丰台区（县）有托幼园所106所，其中市立园17所，社会办园9所，收托幼儿31072人，教职工3282人，其中专任教师1626人。小学94所，教学班1730个，招生5239人，毕业6889人，在校生36703人；教职工4610人，其中专任教师3654人。小学入学率100%，巩固率100%，毕业及格率100%。中学52所，其中初中校24所，高中校7所，完全中学9所，一贯制学校12所；教学班1032个（初中676个，高中356个），招生10085人（初中5048人，高中5037人），毕业12377人（初中8820人，高中3557人），在校生33631人（初中18724人，高中14907人）；初中入学率100%，巩固率100%，毕业合格率98.17%；高中入学率56.3%，毕业及格率96%，应届高考录取率84.6%；教职工5123人，其中专任教师3182人。特教学校2所，14个班，招生31人，毕业62人，在校生322人；教职工45人，其中专任教师30人。残疾儿童入学率98.7%，巩固率100%，毕业率100%。校外教育单位4个，教职工197人，其中专任教师106人。中小学教师学历合格率98.31%，其中小学教师合格率98.9%，初中教师合格率97.724%，高中教师合格率96.06%。中小学教师具有高级专业技术职务1109人，其中小学教师31人，初、高中教师1078人。全年教育投入83697万元，其中国拨67351万元，自筹16346万元。

（宋海燕）

【全国政协委员视察北京市大成学校】　1月8日，全国政协副主席张思卿携委员30人到大成学校视察，对学校近几年所取得的成绩表示肯定。

（李　强）

【创建学习化校园】　2月11日北京市丰台二中借鉴学习型组织理论，正式启动“全面创建学习化校园”活动。全体教职工进行理论培训；组成20个学习型团队；形成“学校——团队——个人”三级学习系统；组织“人生因学习而美丽”演讲会；7月评选出16个学习型文明团队和178名学习型文明个人。

（崔文建）

【举办中学美术教学研讨会】　3月9日，北京教育学院丰台分院举办了“课程改革中的美术教学方式研究”课题研讨会。会议观摩丰台区云岗中学初一年级美术课《美丽的色彩》，运用了观察与比较、实践与发现、讲解与讨论、感受与体验等方法。提高学生对色彩的观察力、想象力，促进学生心智的发展。来自全区中学教学主管领导和美术教师参加会议。

（杨瑞理）

【启动律师进校园工程】　“律师进校园”工程系区教委与北京市律师协会未成年人保护专

业委员会、青少年法律援助与服务中心的合作项目。3月31日,聘请律师协会主任佟丽华律师为丰台区中小学法制教育顾问,为全区中小学配备律师。10月11日,区教委正式启动“律师进校园”工程,为全区各中小学及中等职业学校配备了法律顾问。律师为学校提供义务法律服务,承担法律顾问和法制教育工作者职能。

(李　瑛)

【认定为北京市示范性普通高中】 4月7日,市教委下发通知,北京十中与其他17所学校被认定为第三批北京市示范性普通高中。

(李振华)

【接受“圣火暖气超市”助残捐助】 4月30日上午,区教工委领导陪同“圣火暖气超市”总经理及员工代表来到北京丰台培智中心学校看望残疾学生。同时还带来了为残疾学生募捐的书包等学习用品及捐款7500元。丰台区捐赠中心主持了捐赠仪式,并补充2500元,共计10000元,作为专款全部发放给了学校特困家庭的学生。

(陈凤华)

【举办学校发展论坛】 6月30日,北京教育科学研究所基础教育科学研究所和丰台区教育科学研究所,在北京十二中联合举办学校发展论坛——丰台区中小学组织文化建设。北京教育科学研究院副院长、北京教科院基础教育科学研究所学校发展研究室主任、区教委主任、区教科所所长、副所长及全区各中小学代表共400人,出席了会议。会上,区教科所所长做了《校长自我诊断能力与学校发展》的报告,丰台五小、花乡郭公庄中学、丰台实验学校、首师大附属丽泽中学、丰台第一小学、云岗中学等7所学校的校长及花乡教委主任、丰台实验学校化学老师等在会上做了发言。丰台第五小学校长李瑛彦在会上作了“管理要满足、引导和提升教师的发展需求——从听课活动的调整入手”的专题发言。

(张爱民)

【国家基础教育资源开发基地】 6月,丰师附小被北京市教育科学研究院命名为“北京教科研网台实验基地、国家基础教育资源开发基地”。北京市获此殊荣的学校共有十三所。每年学校将向网台提供十节优类课。网台为实验基地校无偿提供北京市优类课资源,北京市教育专家定期到学校进行业务指导。

(王建华)

【编辑德育校本课程】 7月21－22日,北京市教育科学研究院北京师范大学教育学院、首都师范大学教育学院、北京教科院、北京市丰台区教科所等单位有关专家7人,在北京丰台区卢沟桥第一小学对该校以卢沟桥为主,编辑的1－6年级校本教材,进行了第三次修改。之后,由卢沟桥一小投资印刷出版。

(刘全利　张爱民)

【召开区教育大会】 9月9日,丰台区在北京电子科技学院礼堂召开了丰台区教育大会。北京市教委委员、丰台区委书记、丰台区区长、副区长、区教工委书记、区教委主任和各学校领导及代表共800人出席会议。会上丰台区区长张大力作了题为《落实首都教育发展战略,为我区基本实现教育现代化而努力奋斗》的工作报告。大会还提出了基本实现教育现代化的9项工作任务。大会决定成立区委书记、区长任组长、主管教育的区委副书记、副区长任副组长,主要相关领导为小组成员的丰台区教育现代化领导小组,全面领导丰台区教育现代化工作。

(樊凌)

【展示“十五”干训创新成果】 9月17日北京市教工委在昌平区财会之家召开“北京市中小学‘十五’干训创新成果展示会”,北京市教工委及各区县教工委领导、区干训领导、部分校长共150人参加了大会。丰台区校长个性化培训作为市“十五”干训的两项创新成果之一在会上展示。展示的内容包括:①《走向校长——中小学校长实务培训的思考与实践》(参考教材,已出);②《校长学习的新尝试》(中国文史出版社);③学员成果集;④干训教师论文集。会上,丰台区教工委书记作了“以自我诊断改进为核心提高干训实效”的发言。丰台区教育行政干校校长就“学校组织文化自我诊断”内容进行专题讲座。北京十八中薛红校长、靳云老师在分组研讨中重点介绍了有关学校教研组组织文化诊断与建设的情况。会上,丰台区教工委、丰台区教育干校校长获北京市普职成教干训领导小组颁发的创新研究成果奖。

(贾咏春)

【荣获“健康促进学校奖牌”】 在9月22日召开的“中国/WHO健康促进学校的推广与持续发展”项目总结及表彰会议上,北京第二实验小学怡海分校获得由中国/WHO组织颁发的“健康促进学校铜牌”,继而在12月22日又被中国疾病预防控制中心健康教育所授予银牌。“中国/WHO健康促进学校的推广与持续发展”项目是由中国疾病预防控制中心健康教育所承接的国际项目,北京市仅有东城区和丰台区共9所学校参加。经中国疾病预防控制中心健康教育所、世界卫生组织健康教育与健康促进合作中心与市、区组织的联合验收组的评估,学校在健康促进学校理念、学校物质环境、社会环境等各方面的创建工作都取得了初步的成绩,达到了健康促进学校获奖标准。该项目于2002年4月启动。

(赵　红)

【十二中建校70周年活动】 10月24日北京市第十二中学举行建校70周年庆典活动。北京市副市长范伯元、监察部副部长屈万祥(校友)、北京市教委主任耿学超、丰台区区长张大力等领导出席庆祝活动,来自美国、英国的教育界代表和来自全国各地的校友2800名校友、知名学校代表参加了庆典。此前,温家宝总理办公室打来电话,对十二中七十年校庆表示祝贺,并希望学校为社会培养出更多合格人才。

(郝景元)

【刘淇看望来京务工人员子女】 10月30日北京市委书记刘淇和北京市委常委、教育工委书记,市委常委、秘书长,副市长、市教委主任等市领导专程来到丰台区小屯小学视察。了解来京务工人员子女在公立学校的入学情况和学习情况。刘淇一行先后视察了小屯小学计算机教室、手工室、音乐教室。刘淇还看望了该校棒球队的小队员并合影留念。小屯小学是丰台区一所公办学校,主要招收来京务工人员子女,现在全校700名学生中,来京务工人员子女约占学生总数的90%。

(袁富文)

【设立房管站】 10月,丰台区教委根据区地形特点和学校分布情况,在房管所下分别设立了东片(京开高速及其延长线以东)、丰台(京开高速及其延长线以西、永定河以东,不包括宛平城地区)、长辛店(永定河以西,包括宛平城地区)3个房管站,并于十月份正式开始工作。各房管站负责所管区域内教委所属房地资产的基本管理工作,各单位使用的房屋及设施出现问题可直接报告临近的房管站,接到报告的房管站,在最短的时间内到达现场察看,根据情况及时上报、处理。

(樊　凌)

【举办校园传统文化节-女孩节】 11月23日,北京市丰台区翠林小学,针对舞蹈班学生全部住宿的特点,开展了“让生活充满情趣”的竞赛活动。活动分为梳头比赛、内务整理比赛、叠被子比赛。为此,在日常生活中,加强对学生的指导训练,刻苦练习。最终,结合学生日常表现,评出了一批“最美丽发型女孩”,“最清洁女孩”,“最整洁女孩”。

(胡春凝)

职　业　教　育

【概　况】 年内,丰台区(县)有职业学校4

所,其中独立设校4所。开设专业115个,教学班194个;招生2404人,完成招生计划114%,毕业2152人,在校生6708人。教职工795人,其中专长任教师461人。专任教师学历合格率98%,高级专业技术职务96人。

(宋海燕)

【首届职业技能比赛丰台职教赛区比赛】 5月—7月,区教委组织全区各中等职业学校参加新世纪北京首届职业技能大赛。全区所属各中等职业学校参加初赛人数1606人,涉及23个专业,其中因成绩合格获北京市劳动和社会保障局颁发的职业中等技证的348人,获证率为21.67%。进入区级复赛的人数为253人,涉及8个专业,其中获市劳动和社会保障局颁发的职业高级技能证为71人,获证率为28.06%。9月—10月,丰台区参加市级决赛的人数为11人,涉及4个专业,全都获市和社会保障局颁发的职业技师职称。赛后,区教委职成科获市教委和市劳动和社会保障局颁发的组织奖。

(俞维更)

【完成招生计划】 9月,丰台区各职业高中校共招新生2404人,超过当年计划招生数304人,其中洋桥职高新开设的航空服务专业,招生129人。全区各职业高中校招住宿生946人,占招生总数的42.75%。全区参加高职考试并被录取的学生共186人,占参加考试学生总数的39%。

(张爱民)

【骨干专业成功申办】 12月22日,北京市洋桥职业学校电子商务专业被北京市教育委员会认定为市级骨干特色专业,是历时近两年的辛苦申办工作的结果。

(秦云)

成　人　教　育

【概　况】 年内,丰台区共有各级各类成人学校602所。其中成人高校(社区学院)1所,开设15个专业,招生979人,毕业764人,在校生2210人,教职工89人(专任教师36人)。社会力量办学单位282所,全年培训218863人,教职工2858人(专任教师927人)。市民学校243所,全年培训788400人次。乡办成人校(站)5所,全年培训37965人次,教职工23人。村办成人校(站)71所。成人学校教师合格率100%,有高级专业技术职务16人。

(宋海燕)

【评出学习型组织先进单位】 3月,丰台区评出全区“发展社区教育促进学习型社区建设”先进街道5个、区示范性社区教育中心3个、创建学习型机关先进单位11个、创建学习型社区先进单位16个、创建学习型企业先进单位4个、学习型家庭110户。从2003年12月开始,丰台区开展了“发展社区教育,促进学习型社区建设先进街乡(镇)”、“创建学习型机关先进单位”和“示范性社区教育中心”等评估活动。由区社区教育委员会办公室牵头,会同区民政局、区政府教育督导室和社区学院联合组成评估组,先后分三个阶段对提出参评申请的43个单位和110户家庭进行了评估。此次评估采取自行申报,自查与评估组评估相结合的方式,采取听汇报、实地考察、座谈观摩和查阅档案资料等方式进行了评估。

(林　宇)

【召开成人培训工程表彰会议】 6月,丰台区召开了2001—2003年丰台区落实北京市成人教育培训工程总结大会。分别对“紧缺人才培训工程、社区教育培训工程、现代企业教育工程和农村现代化培训工程”四个子工程的落实情况进行了全面总结,通报阶段性成果。会议提出统一规划、提高认识、加大投入及推广培训力度等工作要求。来自全区各乡镇及乡校领导60人参加了会议。

(林　宇)

【召开社区教育工作会议】 11月5日,区政府组织召开了全区第二次社区教育工作会议。会议对社区教育宣传工作、队伍建设、评估工作、整合教育资源等情况进行了总结,部署了下一阶段工作要求。表彰了云岗街道办事处等创建学习型组织先进单位的39个单位和110户家庭。会议肯定了社区教育取得的成果,提出大力做好宣传等工作的希望。全区各委、办、局、各街乡的领导200人参加了会议。

(林 宇)

普通高等教育

【概 况】 年内,驻丰台区普通高等院校有首都经贸大学、首都医科大学、北京电子科技学院、中国戏曲学院等4所。共有在校生35028人,其中本科生15752人、专科生3021人、研究生2899人(含博士生459人),成人教育在校生13044人(含本科生4003人),外国留学生312人;毕业10272人,其中本科生2695人、专科生1103人、研究生532人(含博士生80人)、成人教育毕业生5942人(含本科生1429人);招生11824人,其中本科生3997人、专科生931人、研究生1256人(含博士生190人)、成人教育招生5640人(含本科生2268人);有教职工3970人,专任教师1477人、辅导人员727人。教师中具有博士学位139人、硕士学位544人。

(曹建勇)

文化 体育 卫生

文 化

【概 况】 全年认真贯彻十六大精神,努力实践“三个代表”重要思想,加强基层文化建设,广泛开展群众文化活动,依法开展行政审批,加大文化娱乐市场监管,促进了区域文化事业的蓬勃发展。春节期间举办团拜会演出专场、莲花池庙会开幕式和“文化下乡”活动。5月至10月举办“五月的鲜花”系列群众歌咏活动和夏日文化广场活动,全年群众文化演出活动达1117场(次),其中街镇(乡)365场(次),社区、村752场(次),参加人数达10万余人次。落实电影放映“2131”工程,放映电影716场(次),观众累计264790人次。成功举办第四届“相约北京”暨第二届北京国际戏剧演出季“腾飞·丰台”广场联欢活动、庆祝申奥成功三周年广场演出活动、首届“北京新秧歌”电视大赛预赛、“清风颂”反腐倡廉书画摄影作品展、纪念邓小平诞辰100周年美术书法作品展、庆祝建国55周年优秀摄影作品展等大型活动,出版《卢沟月》文学专刊第十一期,丰富群众文化生活,打造区域文化品牌。加强基层文化建设,制定《丰台区关于进一步加强基层文化建设的意见》,完成18个农村文化大院(馆站)的达标验收,建成5个基层图书室,成立大红门流动人口文化艺术团,扶持指导乡镇群众艺术团、农民摄影协会的发展。完成区图书馆的开馆筹备工作,于9月28日举行隆重的开馆仪式和首届“腾飞·丰台”文化论坛,推进公众文化事业的发展。文物工作以保护修缮为重点,投入资金1300万元,启动“人文奥运文物保护计划”宛平城二期修缮工程1项,完成娘娘庙二期、清真寺、二七革命遗址、大王庙、老爷庙续修工程5项。加大了文物法规宣传,落实安全责任,与50余家文物使用单位签订了《文物保护协议书》。统一更换区级文物保护标志19处,及时处置施工文物发掘现场5处,收集出土文物13件。开展文物普查,整理搜集文物相关资料,做好文保基础性工作。文化市场管理方面以推行全程办事代理制为重点,扩大政务公开,规范审批项目和审批流程,做好《行政许可法》的实施。加大行业自管和社会监管,完成区印刷协会的换届工作,聘任街乡文化市场监督员。以确保文化市场健康、有序、稳定发展为主线,以净化文化市场环境为目标,开展以“为了人民群众的身体健康和生命安全”为主题的安全大检查以及网吧专项整治、城市秩序专项整治和多次“扫黄打非”专项行动,加大了对文化娱乐场所的管理和对违规经营的处罚力度。对电子城、小商品批发市场和托运站销售、运送盗版光盘的突出问题进行清理整治,成效显著。加强广播电视安全播出监管。全年共出动执法人员1887人次,检查各类场所1171家(次),组织联合行动67次。查处黑网吧9家、黑游戏厅6家,查处黑歌厅16家;受理各类举报85件;处理行政处罚案件22起(网吧21起、演出1起),累计罚没款145045元。

(王　莹)

【区图书馆开馆】 9月28日图书馆开馆仪式暨首届“腾飞·丰台”文化论坛隆重举行。新图书馆面积达7400平方米,设读者坐席500位,藏书27万余册(件),开设了外借室、视听室、电子阅览室、期刊阅览室、残疾人阅览室、儿童阅览室等17个服务窗口。馆藏以花卉图书资料为特色,兼收经济作物的养种植资料。截止12月底,已为市民办理借阅证1055个,接待读者16857人次,图书流通21174册次。

(王　莹)

【“五月的鲜花”群众歌咏活动】 以“唱响丰台”为主题,通过群众歌会、公务员歌手比赛、颁奖演出三台演出,展示了丰台人民建设现代化新城区的良好精神风貌和群众歌咏活动蓬勃开展的累累硕果。参赛单位,包括街道、乡镇、政府机关、工会、事业单位、部队和学校,参赛群众演员涉及社会各个阶层。

(王　莹)

【夏日文化广场活动】 7月至10月开展了“夏日欢歌唱社区”、“书法摄影比赛”、“戏曲票友演唱会”、“手工制作展览”、“老年模特队表演”、“儿童才艺大比拼”等形式多样的群众文化活动,使群众广泛参与,展示才华,陶冶情操,提高素质。云岗街道与王佐镇举办的“街镇同唱一首歌”活动出现了各地文化队伍到恒源赶文化大集的现象,受到市长办公会和媒体的关注,成为北京群众文化活动的亮点。

(王　莹)

【大红门流动人口文化艺术团】 6月在大红门地区成立北京市首家流动人口文化艺术团,丰富辖区内流动人口的文化生活,增进首都大家庭的融合,打造大红门地区的整体文化形象。艺术团被列入2004年市基层文化工作五个示范单位之一。同时争取市拨资金100万元,启动“大红门流动人口聚集区文化活动中心”工程。

(王　莹)

【文物抢险修缮项目竣工】 至年底,丰台区被列入市“3.3亿”文物抢险修缮的7个项目全部竣工,包括国家级文物宛平城(一期)、市级文物镇岗塔、二七革命遗址、留法勤工俭学旧址、金中都城墙遗址、娘娘庙和药王庙。市文物局投入专项修缮经费总计1160万元,丰台区投入资金近200万元。

(王　莹)

【更换区级文物保护标志】 年内,统一更换19处区级文物保护标志。新标志碑通高1100毫米,总宽1100毫米,碑身采用瑞雪花岗岩材料,镶嵌汉白玉碑面,碑面上刻有文物级别、公布名称及公布的政府、时间。新标志安装在文物的醒目位置,能很好地发挥公告社会的作用,加强了文物保护工作。

(王　莹)

【纪念邓小平诞辰100周年书画作品展】 8月19日在文化中心一楼大厅隆重开幕,共展出美术书法作品130幅。参展作品饱含了人民对邓小平同志的无比爱戴和怀念之情。

(王　莹)

【建国55周年优秀摄影作品展】 由区文联主办、文化馆与摄影家协会承办,9月26至30日在文化中心一楼展厅举行。展出的110幅作品反映了伟大祖国欣欣向荣的景象和丰台区各项事业的建设成果。

(王　莹)

【推行全程办事代理制】 为提高行政审批效率,建设服务型机关采取了四项措施:依法对涉及行政审批的项目进行清理,核定行政许可24项;进一步减化审批程序,取消书店审批现场审核环节;通过网上公开、发放便笺的方式扩大政务公开,做好依法公示;完善审批受理服务事项和工作流程,接受监督、检查和投诉。

(王 莹)

【建立市场管理长效机制】 建立8项长效机制,提高文化市场管理效率,即以文化、公安、工商、城管等部门为主的联席会议制度、信息通报制度、联合执法机制、文化市场监督机制、快速反应机制、信誉引导机制、执法责任追究机制。

(王 莹)

【开展老党员免费上网周活动】 与6个街道、10家规模较大的网吧联合举行"七一"社区老党员免费上网周活动,近千名老年人参加了活动。活动丰富了社区老年人的文化生活,加强了网吧与社区老年群体的沟通,消除了网吧的社会负面影响,在文化娱乐场所服务于民方面做出有益的尝试。

(王 莹)

【开展娱乐场所消防安全演习】 12月底,文委和丰乐迪俱乐部联合举行疏散逃生消防演习,并组织20余家娱乐场所的安全负责人到现场观摩。此后全区所有娱乐场所在春节前举行消防演习,以提高娱乐场所的安全防范意识,确保群众度过愉快、安全的元旦和春节。

(王 莹)

【开展网吧专项整治】 为加强未成年人思想道德建设,3月至12月开展了专项整治行动。行动以网吧接纳未成年人为整治重点,通过宣传动员、企业自查、拉网式检查和多部门联合执法,严厉打击了网吧接纳未成年人、无照经营等违法经营行为,取得了显著效果。

(王 莹)

广播电视

【概　况】 年内,深入宣传报道区第九次党代会、区人大十三届一次会议和政协七届一次会议。精心组织策划了20集大型系列报道《五年跨越 我们走过》,摄制了电视专题片《跨越》,以新的方式、方法、手段对丰台区五年来在经济建设、社会发展和三个文明建设方面取得的成就进行了深入报道,为加快区经济发展营造了良好的舆论氛围。第七届中国北京国际科技产业博览会、第八届京港洽谈会、第一届日本企业北京投资发展研讨洽谈会等系列报道声势大、反响好,树立了丰台区建设现代化新城区的新形象。贯彻"三贴近"原则,拓宽服务范围,树立精品意识,增设了一个专题组,新开办了《交通七日》、《工商伴你行》、《科技新经济》、《走进长辛店街道》、《百业窗》6个栏目,全年共开办栏目14个,达到历年最多,同时节目质量也较往年有所提高。首次采用远程技术异地传输新闻,实现了在香港采访京港洽谈会的新闻,当天在《丰台新闻》中播发;顺利完成了由传统"磁带式"播出方式向现代化"硬盘"播出方式的转换,提高了有线电视的画面质量。年内记者在市电视台发稿86条,在区电视台发稿3108条,其中播发通讯员稿件1308条。

(王玉申)

【网站获"创新奖"】 重视信息化管理工作,年内投入资金50余万元,采取自学和走出去、请进来的办法,先后开通了办公局域网和中心网站(http://gdzx.bjft.gov.cn)。同时,利用网络优势深化政务公开,将中心的主要职能、科室职责、广电动态、主持人风采等内容在网站上进行公布、公开,接受社会各界监督。特别是通过网站把《丰台新闻》上载到网络上播放,树立和扩大了丰台区建设现代化新城区的新形象。年终,经区信息中心网站评比,中心网站获得区政务公开工作领导小组颁发的"创新奖"。

(赵 剑)

【档案管理晋升市一级标准】 年内,多次召开档案管理工作会,要求专(兼)职档案管理人员严格按市档案管理一级验收标准严抓细抠,确保档案管理在2002年晋升2级的基础上晋升为市一级标准。年内,档案管理人员高标准、严要求，共整理、撰写《组织沿革》、《大事记》、《丰台区广播电视中心基础数字汇编》等编研材料8册；累计整理文书档案1328卷、音像档案1997盘、会计档案1498卷、基建档案223件、设备档案181卷、实物档案85件、照片档案69张。顺利通过了北京市档案管理一级标准的验收，成为丰台区第23家达到市一级档案管理标准的单位。

（李东红）

【做好禽流感疫情预防和宣传】 年初，针对国内部分地区陆续发生高致病性禽流感疫情，紧急部署自身防范和全区预防宣传工作。坚持每天对办公区域消毒；定期对采访设备、器具消毒；给外出采访记者配备防护服、手套等，确保自身安全。组织记者从多个方面不同角度报道全区开展的防范工作，并就百姓关心的话题采访了区林业局畜牧兽医站的专家，增强了百姓对禽流感的预防知识。从1月29日至2月2日共播发21条预防禽流感的新闻和专访，累计播出时间达200分钟。

（王玉申）

【提高节目质量设立专题组】 为拓宽宣传范围，提高节目的质量，适应电视市场日趋激烈的竞争，于7月16日设立了临时专题组。专题组设立之初是由新闻部和社教部的3名业务骨干组成，主要制作了《穆斯林的喜悦》、《加强党的执政能力建设系列访谈》、《相约2008—第五届京台青少年交流周》等一批节目。专题组以精简、高效的采编流程和较高的节目制作质量赢得了领导和群众的认可，表现出了强健的生命力。

（杨雪妍）

【深入报道区党代会和两会】 年内，对区九次党代会、十三届人大一次会议和政协七届一次会议进行了全面、及时、深入的报道。在党代会期间推出了系列报道《党员风采》，对各单位优秀党员的事迹进行了报道。在《丰台新闻》中，开设《落实区九次党代会精神—新春访谈录》新闻专栏，对区政府相关委、办、局和街、乡、村的主要领导进行访谈。通过15集的连续报道，深入宣传了区九次党代会精神。2004年是人大、政协换届之年，也是新一届领导班子的届首之年。中心精心策划组织了20集大型系列报道《五年跨越 我们共同走过》，摄制了电视片《跨越》，以新的方式、新的角度、新的概括、新的事例，对区五年来在经济建设、社会发展和三个文明建设方面取得的成绩进行了深入的报道。

（木　星）

【加大经济建设的报道力度】 5月21日至26日在北京举办的第七届中国北京国际科技产业博览会上，着重宣传了丰台区重点发展产业、四大经济板块和招商项目，采用现场设立演播室的办法，增强了宣传效果。精心组织策划了9月2日至4日在香港举行的第八届京港洽谈会，并与区商务局联合举行了由新华社、香港文汇报、北京日报、北京晚报、北京电视台等13家国内主流媒体参加的新闻通气会，对区经贸代表团活动进行了全面、及时的报道。共发文字消息30余篇，电视新闻、专题24条。首次采用远程技术异地传送电视新闻，实现了跨地区当日新闻当晚播出，增强了新闻宣传的现场感。策划了10月在北京召开的第一届日本企业北京投资发展研讨洽谈会的宣传报道工作，对丰台区现代制造业和都市工业的现状和发展前景进行了较深入的报道。

（巴仕铎）

【加强服务提高舆论引导水平】 年内在精办原有的8个栏目的基础上，又推出了《工商伴你行》、《自然之声》、《阜仁时间》、《走进长辛店街道》、《科技·新经济》五个新栏目和改、扩版后的《交通七日》栏目，全年共计开办了14个栏目，共拍摄栏目371期，有17期栏目获得中心优秀节目奖。年内还拍了11部专题片，其中在区"两会"召开前夕拍摄的经济类大型系列报道《跨越》，受到了区领导、人大代表和群众的普遍赞誉。

（张欣悦）

【编印管理制度汇编】 年内,对各项规章制度经过论证和完善,于11月编印了《丰台区广播电视中心制度汇编》,并发放到每个干部职工手中,成为干部职工的行为准则和考核的重要依据。

(王玉申)

【实现硬盘播出和办公网络化】 年内,继续加大事业建设力度,全年共投入专项资金145万余元,先后完成了硬盘播出系统工程;中心办公局域网络建设;非线编辑工作站集中上下载系统和广告非线编辑工作站的建设。实现了由传统磁带播出向硬盘系统播出的转变,减轻了制播人员的劳动强度,增强了丰台有线电视的画面质量。硬盘播出系统的建立和投入使用是中心电视后期制作播出实现网络化向数字化迈进的一项重要标志。年内,实现了日常办公自动化、网络化,创建了网络音、视频资料库,做到非线网络和各工作站使用视音频切换矩阵支持各种格式录像带节目。在“京港洽谈会”的新闻连续报道中实现了异地节目远程传送的技术突破。在敏感时期加强了无线电视信号监测工作。

(马藻茹　李　赢)

【网络中心完善服务开拓市场】 网络中心隶属广电中心自收自支事业单位。上半年完成了丰台区工商局,丰台图书馆因特网的接入工程。网络中心在已完成工商局内网的基础上,精心设计和制定施工方案,又较好地完成了丰台区工商局外网建设,使其下属9个工商所与分局实现了网络互联,数据传输更加安全快捷。同时,也方便了各企业单位一年一次的年检工作。积极为丰台区图书馆的网络建设服务,使图书馆实现了网上借阅、电子阅览,方便了读者,为争创市一级的图书馆在硬件的建设上创造了条件。完成的三环网络改造工程,是从广电中心东至方庄分钟寺、南至南苑、北至六里桥南的光缆网建设,光缆铺设总长度37.45公里,覆盖了丰台区内的三环路沿线地区。下半年网络中心相继完成了方庄、二七车辆厂南厂社区的网络链路工程,11月,作为总部基地项目准入的3家互联网接入服务商之一(另外两家是中国网通和中国铁通),与总部基地道丰物业管理公司签订了合作协议书,共同合作推广在已建成的总部基地,1、2、5、6四个区85栋商务楼的宽带数据业务。

(曹　洁　冯　静)

卢沟桥文化旅游区

【概　况】 卢沟桥文化旅游区是集“爱国主义教育”、“文物保护”和“特色文化旅游”三大功能为一体的国家重点文物保护单位,被国家发改委定为全国“红色旅游”精品景区。加快以修缮为主的宛平城整体改造和卢沟桥桥头广场的建设协调工作是今年的重中之重,宛平城大街全年总共开复工建设的单体建筑共二十四处,总施工面积达15000多平方米,已完工的单体建筑五处。铺设完成了东桥头至西城门之间的古旧石板路;加快门楼、房屋彩绘等的设计工作;完成城内街工商银行的搬迁工作;进一步发掘旅游区的文化价值,充实爱国主义教育基地内容,积极发挥教育基地的作用。开展多种形式主题教育活动。年内组织参与各类活动共计16项。景区接待中外游客总计27万人次,门票总收入211.8万元。旅游区办事处被北京市爱国卫生运动委员会评为“市爱国卫生先进单位”;中国人民抗日战争纪念雕塑园成为“雕塑园绿化先进单位”。

(杨　蕊)

【出版发行《卢沟桥诗选》】 3月,正式出版发行《卢沟桥诗选》。为深入挖掘卢沟桥地区的文化内涵,为游客提供更为全面的服务,卢沟桥文化旅游区办事处通过网上征稿和请专家名人协助的方式,对于历代咏叹卢沟桥的诗词进行征集和筛选,最终选用诗歌130首,结集出版发行。

(杨　蕊)

【《永定河洪灾治理展》预展】　5月18日—6月12日，与老庄子乡、拱极文化公司举办《永定河洪灾及治理展》预展，展览由8个方面内容、41块展板，85张照片、16幅地图及大量表格和近万字的文字说明组成。本次展览的资料是由北京市永定河管理处、北京市水利局、北京市文物局、北京史地民俗协会、首都图书馆、北京市文保协会、门头沟史地民俗协会及一些专家和个人等提供。填补了永定河历代洪灾及治理研究的空白，对于了解北京水利史方面具有重要的意义。

（杨　蕊）

【"百名将军石鼓园"揭幕仪式】　7月7日，为纪念"七七"卢沟桥事变爆发67周年，充分发挥爱国主义教育基地的功能，园内举办了"百名将军石鼓园"揭幕仪式。共有128名共和国的老将军及有关领导和首都各界人士、青少年学生近千人参加揭幕仪式。百名将军抗日石鼓雕塑园与世界华侨华人社团联合总会自2003年11月开始联合建造的。

（杨　蕊）

【第十八届卢沟桥醒狮杯越野跑】　9月4日，由政协北京市委员会与北京市体育总会、丰台区人民政府主办，民革北京市委员会、北京市政府侨务办公室、北京市政府台湾事务办公室、政协北京市丰台区委员会、中国人民抗日战争纪念馆、中国人民抗日战争纪念雕塑园、北京田径运动协会等单位协办，在卢沟桥畔举办了"北京第十八届卢沟桥醒狮越野跑'珠江·峰景杯'比赛"。全国人大常委会副委员长、民革中央主席何鲁丽、全国人大常委会副委员长傅铁山、原北京市政协主席白介夫、丰台区委书记王子生、区长张大力、副区长吕仕杰等领导参与，参加比赛的有港澳台侨胞、海外人士及兄弟省市长跑队，数千名长跑爱好者。

（杨　蕊）

【首都全民国防教育日】　9月18日，在中国人民抗日战争纪念雕塑园和纪念馆举行了首都全民国防教育日大型活动。中央军委副主席曹刚川出席活动并讲话。在中心广场上，武警礼炮中队鸣礼炮，鲜艳的五星红旗在庄严的国歌声中高高升起，918只和平鸽放飞在蔚蓝的天空；三军仪仗队进行阅兵式、分列式表演；驻京部队老干部合唱团高唱《黄河大合唱》；首都高校学生进行爱国主义、国防教育题材的诗歌朗诵；军地领导与各界群众一起参加"爱中华、奔小康、强国防"千米巨型横幅签名活动；最后，1500人还参观了"首都百万青少年学生国防教育书画大赛"优秀作品展。

（杨　蕊）

【卢沟桥中秋赏月文艺晚会】　9月28日，举办了第五届卢沟桥中秋赏月文艺晚会。演出丰富多彩，有独唱、舞蹈、小品、相声和荣获第八届吴桥国际杂技节金奖节的《蹬大缸》等10个节目。文化节丰富了人民群众的生活，受到广大人民群众的好评。

（杨　蕊）

【安全保卫】　年内，召开安全、防火教育会2次，对施工现场突击检查4次，收缴大量违规电器，对没有防火设施问题严重的施工单位，下发了整改通知书。每周、每月以及各项大型活动和节前安全大检查5次，组织保安人员巡查86次；全年进行安全消防检查60余次，对10个新建城楼配备了灭火器，对过期的灭火器材及3个消防井做了维护、保养。

（杨　蕊）

中国人民抗日战争纪念馆

【概　况】　中国人民抗日战争纪念馆坐落在北京西南丰台区卢沟桥畔的宛平城内，位于1937年七七事变爆发地原址，是全国唯一一座全面反映中国人民抗日战争历史的专题性、综合性大型纪念馆，全国爱国主义教育示范基地和北京市爱国主义教育基地。一期工程建成于1987年，小平同志题写馆名。二期工程在江泽民总书记亲自批示下完成于1997年,江总书记题词“高举爱国主义旗帜,以史育人,弘扬中华民族精神,振兴祖国”。全馆占地面积3万多平方米,建筑面积近2万平方米,馆藏文物1万余件。开放至今,共推出大型基本陈列3个,专题展览20余个,平均每年举办两个专题展览,多次赴国外和台、港、澳地区办展。共接待国内外观众1300余万人次。全年接待观众60余万人次。为迎接中国人民抗日战争暨世界反法西斯战争胜利60周年,筹备三期基本陈列改造成为全年的中心工作,并进行申请立项、大纲编写、设计、工程招标等。(2005年3月转为承办中央举办的“纪念中国人民抗日战争暨世界反法西斯战争胜利60周年大型主题展览”项目)。

(李宗远)

【开展“理想之歌——党课进校园”活动】 4月1日,启动“传承中华美德、培育民族精神,实践《公民道德实施纲要》”活动;4月29日,启动“抗日战争纪念馆学生校外活动实践基地”活动;9月17日,启动“丰富校园文化,弘扬民族精神——抗战歌曲校园行”活动,并在北京多所高校、中学巡演。年内与十余家单位结成爱国主义教育共建基地。12月15日,被北京市青少年学生校外教育工作联系会议办公室、北京市教育委员会、北京市人事局评为“北京市校外教育先进集体”。

(魏帮顺)

【拓宽免票范围】 年内,对军人和60岁以上的老人实行免费参观,并在重大抗战纪念日“七七”、“八一五”、“九三”、“九一八”、“十二·十三”设立免费参观日。

(魏帮顺)

【举办民间对日诉讼案报告会】 4月17日,由抗战馆和中华全国律师协会主办的“日本强掳中国劳工诉讼案报告会”在馆举行。5月24日,由抗战馆和中华全国律师协会、中国人权发展基金会、中国抗日战争史学会联合举办的“福冈中国劳工诉讼二审判决新闻发布会”在馆举行。

(魏帮顺)

【推出两个专题展览】 6月22日,与沈阳“九一八”历史博物馆共同举办的“盖世太保罪行展”开幕。7月,推出“世界著名军机实体模型展”。

(魏帮顺)

【举行主题教育活动】 年内,分别于七七、八一五、九三、九一八、十二·十三等抗战纪念日举行主题教育活动,召开座谈会、研讨会,就社会各界共同关心的历史问题、中日关系等问题进行交流。对保钓人员开展了多种形式的教育活动。

(魏帮顺)

【开通网络】 6月16日,中国人民抗日战争纪念馆网站开通运行。以及时反映抗战纪念馆活动、普及抗战知识、反映中日关系等为主要内容。与新华网联合开辟纪念抗战胜利60周年专题。7月7日下午,馆长王新华做客新华网论坛,就抗日战争史、当前中日关系及抗战馆纪念活动与网民进行交流。

(魏帮顺)

【举行爱国主义教育基地会议】 7月12－14日,中宣部组织召开“全国爱国主义教育示范基地工作会议”,馆长王新华参加会议。7月19日,举行“北京市学习贯彻全国爱国主义教育示范基地工作会议精神座谈会”。市委宣传部副部长宋贵伦、团市委副书记李宪忠、市委宣传部宣传处处长韦小玉、市政府办公厅综合处处长王丽竹及18区县宣传部部长及全市87家市级爱国主义教育基地负责人参加了座谈会。

(魏帮顺)

【参加“雷锋杯”全国讲解员大赛】 9月4日－8日,“雷锋杯”全国讲解员大赛在辽宁省抚顺市举行。全国25个省市的102名讲解员参加了比赛。由抗战馆两名讲解员及其他二馆的讲解员组成的北京代表团荣获团体第一名。抗战馆讲解员分别获得大赛一等奖第一名和二等奖第一名。

(魏帮顺)

【举行全民国防教育日活动】 9月18日,"勿忘国耻、强我国防"首都全民国防教育日活动在馆举行。中央军委副主席、国防部长曹刚川在市委常委、教工委书记朱善璐,市委常委、宣传部长蔡赴朝,副市长范伯元等北京市领导和军界有关领导的陪同下来到抗战馆,向在抗日战争中的死难者默哀并向英烈敬献了花篮,随后进行了参观了。

(魏帮顺)

【召开大型国际学术会议】 9月18日－19日,由世界抗日战争史实维护联合会、中国抗日战争史学会、中国人民抗日战争纪念馆和北京大学历史系联合主办的"战争遗留问题暨中日关系展望国际学术研讨会"在抗战馆及友谊宾馆召开。来自中国、美国、日本、韩国、新西兰、荷兰、马来西亚、加拿大以及台湾和香港等国家和地区的250多位领导、专家和学者参加了研讨会。围绕日本侵华罪行、日本的战争责任、中日关系等问题展开为期两天的深入研讨。中央、北京市和全国各地媒体进行了深入报道,产生了广泛的社会影响。

(魏帮顺)

【龙新民来馆调研】 10月23日上午,中共北京市委副书记龙新民在市委常委、宣传部部长蔡赴朝、市委副秘书长陈启刚、市委宣传部副部长宋贵伦等陪同下来馆调研,并对抗战馆的工作提出了新的要求。

(魏帮顺)

【举办讲解员培训班】 年内,与北京师范大学、北京博物馆学会联合举办中国博物馆讲解员高级培训班,首期培训班于11月中旬开课,为期一个月。

(魏帮顺)

【赵启正莅临参观】 12月29日上午,中央外宣办、国务院外宣办主任赵启正一行莅临抗战馆视察调研,听取了王新华馆长工作汇报,并作重要指示。

(魏帮顺)

体　　育

【概　况】 年内在区委、区政府的领导下,在市体育局和市体育总会的指导下,区体育局按照《政府工作报告》中确定的工作任务以及市体育局的工作部署,认真做好各项工作,顺利完成全年工作任务。成功举办了丰台区全民健身周活动。圆满完成全民健身工程的配建任务。在全区实施全民健身工程90个。完成2004年中国棒球联赛(北京赛区)比赛和"珠江风景杯"越野跑比赛的承办任务。本周期输送指标64人,已完成162人,提前1年超额完成输送任务。

(迟小冬)

【举办丰台区全民健身周】 6月1日至15日举办了丰台区全民健身周活动。活动期间共举行7项比赛和2项表演活动,参加人数达7200人次。活动周期间,由街道、乡镇、体育社团、学校等部门举办各项体育活动147次,参加人数达16.3万人次。

(迟小冬)

【承办2004年中国棒球联赛】 中国棒球联赛(北京赛区)比赛从4月2日至6月27日在体育中心共举办了18场。为确保比赛顺利进行,体育局多次召开会议,明确分工,责任到人。同时加大投资力度,对场地进行了修整,新建六个转播平台。丰台棒球场被评为"2004年中国棒球联赛最佳赛区"。

(迟小冬)

【"珠江风景杯"越野跑比赛】 协助区政府完成了北京市第十八届越野跑"珠江风景杯"比

赛的承办任务。9月4日上午9时在中国人民抗日战争纪念雕塑园举行了隆重的开幕式,4000多名中外运动员参加了这次比赛。

(迟小冬)

【为街乡配建全民健身工程】 年内区政府把为街乡配建全民健身工程纳入为群众办实事的内容之一。为了做好全民健身工程的配建工作,满足群众的健身需求,在市体育局的支持下,为全区21个街道和乡镇配建全民健身"居家工程"90套,完成了配建任务。

(迟小冬)

【竞赛成绩突出】 区体校学生参加北京市青少年锦标赛16个单项比赛,共获金牌43枚。其中棒球、跆拳道获得团体冠军,柔道、武术分获团体二、三名。丰台棒球队参加世界少年软式棒球锦标赛、亚太地区"波尼杯"棒球锦标赛、第三届北京丰台国际棒球邀请赛、全国青少年百队棒球挑战赛、全国青少年棒球锦标赛、全国青少年百队棒球锦标赛、北京市春季棒球比赛等赛事取得优异成绩,获5项冠军。丰台垒球队参加北京市垒球锦标赛和全国儿童垒球萌芽杯比赛分获第二、三名。

(迟小冬)

【体育传统项目学校】 丰台区现有体育传统项目学校27所,其中市级10所,区级17所,设田径、足球、篮球、乒乓球、棒球、垒球、跆拳道、游泳8个项目。年底对市级传统项目学校进行评估,表彰优秀学校,调动了学校的工作积极性。

(迟小冬)

【青少年体育俱乐部】 全区共有青少年体育俱乐部10所,全部完成登记注册工作。其中,翰博、木樨园、体校等8家青少年体育俱乐部被批准为民办非企业单位的国家青少年体育俱乐部。

(迟小冬)

【开展学校体育活动】 4月组织了区中小学生田径锦标赛,选拔出优秀运动员代表区参加北京市中小学生田径运动会。5月与区教委联合举办了丰台区"花实杯"中小学乒乓球比赛;与区教委、天贶体育公司联合主办了2004年"天贶杯"丰台区中小学生游泳比赛,共有20所学校277名运动员参加了比赛。12月组织区中小学生冬季越野赛。

(迟小冬)

【推行学生体质健康标准】 全区共有中小学校140所(44所中学、96所小学),其中57所小学、20所中学实施了《学生体质健康标准》,占中小学总数的55 %。共有中小学生75994人,参加测试的有46753人,占总人数的61.52%,测试合格的有43152人,占测试总人数的97.74%。90%以上的中小学校均达到了每天一小时体育锻炼要求。

(迟小冬)

【完成体育场地普查工作】 为配合全国第五次体育场地普查工作,体育局对全区的体育设施进行了普查,统计表明,全区共有各类体育设施1002处,场地面积为151万平方米。投资总额为12亿元,场馆对外开放率达86%。

(迟小冬)

【市体育局完成对丰台区的体育督导检查】 为贯彻落实《中华人民共和国体育法》,实施《全民健身计划纲要》和《奥运争光计划》,推动丰台区体育工作的全面发展,市体育局于11月25日对丰台区的体育工作进行综合评估检查。体育评估工作以督导区县体育奥运行动规划的实施情况为主要内容,体育局通过文字材料、图片展板、多媒体演示对全区的竞技体育、群众体育、体育产业、体育科研、体育竞赛等项工作进行了汇报。市体育局对丰台区体育工作取得的成绩给予了充分肯定。

(迟小冬)

【完成亚洲杯场地改造】 丰台体育中心体育场作为承办二〇〇四年第十三届亚洲杯(北京赛区)足球比赛预备场地,按照亚足联的要求投入3200万元对体育场灯光、音响、记分牌、草坪、座椅等设施进行了改造,顺利通过市房修质检站验收,保证了赛事需要。亚洲杯足球赛期间,体育场共接待12场热身训练,完成了中国足协下达的任务。

(迟小冬)

卫 生

医 疗 卫 生

【概 况】 全年共有医疗机构439家,卫生人员总数10809人,卫生技术人员8917人,其中执业医师总数3299人;注册护士人数2973人。总床位数6137张。每千人拥有医生3.50人,卫技人员9.46人,床位6.51张。全年总诊疗人次数7893970人,急诊人数461479人。入院人数75351人,出院人数74792人。生命统计。年内出生5090人,出生率5.7‰;死亡4647人,死亡率5.2‰;人口自然增长率0.5‰。死因顺位前十位依次为:心脏病,恶性肿瘤,脑血管病,呼吸系统疾病,内分泌、营养和代谢及免疫疾病,损伤和中毒,消化系统疾病,泌尿生殖系统疾病,神经系统疾病,传染病。

(刘楣 沈洁)

【卫生改革】 修订五项应急预案。制发了《丰台区防治非典型肺炎应急预案》、《丰台区突发公共卫生事件卫生防病应急预案》、《丰台区重大突发事件应急救援预案》、《丰台区人禽流感疫情应急处理预案》和《丰台区卫生系统突发公共卫生事件应急预案》,明确了各机构和部门职责,形成了广覆盖、规范严谨的公共卫生事件防控救援网络体系,保障了区域人民群众的健康。

(刘楣 沈洁)

【整合区域卫生资源促进医疗市场开放】 6月15日北京铁路分局中心医院顺利移交丰台区管理。按照合理整合和配置区域卫生资源的思路,经过充分论证调研,12月始对丰台区医院与铁路分局中心医院实行资源整合成立北京丰台医院,12月23日正式揭牌。

(刘楣 沈洁)

【建立新型农村合作医疗制度】 组建了区长为主任,各相关委办局、乡镇主管领导为成员的“丰台区新型农村合作医疗管理委员会”,制定了《丰台区新型农村合作医疗制度管理办法实施细则》,因地制宜分别在河西地区农村采取“区办乡管”模式,在河东地区农村采取“乡办村管”的模式,建立起新型农村合作医疗管理制度。全年参保率达到71.8%。筹资总金额达1975.63万元,补偿人数72183人次,报销金额3162.2万元(含福利村)。

(刘楣 沈洁)

【社区卫生服务】 年内新建社区卫生服务站7所,由18所卫生服务中心、75所社区卫生服务站和3所营利性全科诊所构成的布局合理、功能健全的社区卫生服务网络初步建成。兴隆中医院东大街西里社区卫生服务站在全市星级社区卫生服务站评比活动中被评为首批“四星级社区卫生服务站”;在方庄、宛平等北京市不良生活方式首批示范社区中开展了主要健康问题干预、生活方式疾病综合防治健康知识竞赛等一系列相关活动,受到市项目专家组的充分肯定;区内45所村卫生室转建为农村社区卫生服务站工作也已正式启动。

(刘楣 沈洁)

【公共卫生与疾病防治】 全面落实四早工作方针和“关口下移,重心下移”的原则,果断启动地区二级放控非典应急预案,完成年度非典疫情放控工作。首创“集中隔离密接者”的放控措施得到市领导的高度认可,并在全市卫生系统内进行推广。4月1日,全区55家一级以上医疗机构实现了传染疫情和突发公共卫生事件网络直报。

(刘楣 沈洁)

【计划免疫工作】　年内抽查本市儿童354人,建卡率100%,脊髓灰质炎疫苗接种率100%,百白破接种率100%,麻疹接种率99.4%;抽查外地68人,建卡率95.6%,外地脊髓灰质炎疫苗接种率88.2%,百白破接种率85.3%,麻疹接种率86.8%。常规免疫接种率监测:脊髓灰质炎疫苗基础免疫51115人,接种率99.8%;加强应种19615人,接种率为99.9%。百白破混合制剂基础免疫49877人,接种率99.9%;加强免疫11745人,接种率99.9%。麻疹疫苗基础免疫13920人,接种率99.9%;加强免疫43558人,接种率为93.9%。乙脑疫苗基础免疫应种11958人,实种11958人,接种率100%;加强免疫20397人,接种率为100%。

(刘楣　沈洁)

【传染病管理】　年内全区共报告法定传染病26种,总发病例数18346例,发病率为1339.61/10万。甲乙类传染病共发生16种8575例,发病率626.14/10万;丙类传染病发生4种9771例,发病率713.47/10万。甲乙类传染病中,发病率排在前三位的是痢疾(4712例,344.07/10万)、病毒性肝炎(1238例,发病率90.40/10万)和淋病(1034例,75.50/10万)。年内丰台区肠道门诊从4月20日开诊至10月31日,共开诊195天,门诊总数15520人其中初诊11534人次,急诊3042人次,复诊994人次,北京市患者10972人次,占70.70%,外地患者4548人次,占29.30%。

(刘楣　沈洁)

【结核病防治】　年内区新登记肺结核病310例。310例病人中菌阳病人占39.7%,丰台区户口病人158例(51.1%),外区病人12例(3.9%),外地病人140例(45.2%)。按照《北京市外来人口肺结核病人免费抗结核药物治疗管理有关问题的规定》,对23名外来人口肺结核病人进行了抗结核药免费监化治疗管理。全区8345名新生儿接受了卡介苗接种。

(刘楣　沈洁)

【性病防治】　全区性病报卡3112张,其中爱滋病及HIV阳性30张,淋病1070张、梅毒330张、爱滋病流调79次。与公安分局配合共完成829例高危人群的性病检查工作,查出性传播性疾病182例。4月获得批准建立三个“北京中美合作预防艾滋病监测哨点”,弥补了区域艾滋病监测哨点的空白。率先在全市启动了在职卫生人员预防艾滋病知识的培训项目。并成立以预防艾滋病为主要任务的“丰台区卫生系统青年志愿者服务队”,深入到大学校园、公园等公共场所进行宣传。

(刘楣　沈洁)

【地方病管理】　碘缺乏病监测情况:对黄土岗小学、槐房小学、靛厂小学、南宫中心小学以及长辛店中心小学的学龄儿童进行甲状腺肿大和尿碘水平进行了监测,对400名8—10岁学生进行了甲状腺触诊法检查。其中甲状腺肿大11人,肿大率为2.75%。尿碘检查205人,尿碘中位数为149.3μg/L。

(刘楣　沈洁)

【公共卫生】　全区共有各类公共场所3630户,监督检查4507户次,合格率84.18%,监督覆盖率100%。其中,宾馆饭店371家,监督检查489户次,合格率96.5%,监督覆盖率100%;游泳场馆27家,监督检查32户次,合格率100%,监督覆盖率100%;洗浴中心262家,监督检查426户次,合格率92.57%,监督覆盖率100%;美容美发2700家,监督检查3190户次,合格率91.87%,监督覆盖率100%。

(刘楣　沈洁)

【食品卫生】　全区有食品生产、经营单位19073户,其中,生产单位577户,经营单位18496户(其中饮食行业3352户,批发零售业5063户,集体食堂1944户,食品摊贩8137户)。全年共监督检查食品生产、经营单位49282户次,合格率95.82%,监督覆盖率100

%。在全市率先开展食品量化分级管理，经过对各餐饮单位广泛动员、全面培训、监督指导、严格评审，有2家单位获得AA级称号，36家单位获得A级称号，210家单位获得B级称号。全年共开展食品卫生安全综合整治50余次，检查各类市场和食品生产经营单位729户，依法取缔非法食品加工点18个，没收和销毁各类食品原材料和成品半成品6020公斤，罚款共计5790元。

（刘榻　沈洁）

【劳动卫生】 全区接触有毒有害因素单位350家，职工总数47111人，其中接触有毒有害因素人数7382人。对1家企业进行了建设项目评价；对61家企业的有害作业场所进行了检测，共设491个检测点，抽取1596件样品；对87家企业进行了职业性健康体检，体检2712人次；特种作业人体检897人。

（刘榻　沈洁）

【学校卫生】 对12所监测点校共体检学生9771人。营养不良学生1210人，占12.38%；肥胖学生1031人，占10.55%；视力不良的学生4586人，占46.9%；沙眼学生1059，占10.84%；贫血学生20人，占0.20%；患龋齿人数2783人，占28.48%。

（刘榻　沈洁）

【妇幼保健】 妇女保健。地区性围产保健：年内丰台区户籍活产总数2643人，孕产妇系统管理率达97.9%，高危妊娠管理率99.8%，住院分娩率100%，本户籍孕产妇死亡2例，孕产妇死亡率75.7/10万。围产儿死亡率9.0‰。助产技术和产科质量管理：全区产科产妇总数8898人，剖宫产率46.9%。孕产妇死亡1例，为北京市户籍，死亡率11.2/10万，围产儿死亡54例，死亡率6.05‰。儿童保健。散居儿童保健。新生儿管理：2004年报正式户口活产数为2643人，访视2615人，新生儿管理率98.94%，新生儿听力筛查率100%，新生儿母乳喂养率95.80%，高危儿合格管理率100%，新生儿疾病筛查率为96.36%。全区管理0-6岁儿童32598人，儿童系统管理覆盖率100%，儿童系统管理合格率97.3%。0—4个月母乳喂养率：96.10%。0—5岁以下儿童死亡13人，死亡率4.92‰，新生儿死亡率4.16‰。

（刘榻　沈洁）

【卫生保健的复验工作】 全区56所托幼机构儿童传染病发病总例数305人，发病率1.51%，传染病发病病因顺位为水痘、手足口综合症、流行性腮腺炎。全区有22所托幼机构发生意外损伤情况，共计61例，其中切割伤占第一位，其次为骨折、血肿。

（刘榻　沈洁）

【计划生育】 年内节育手术总例数为31538例，发生并发症3例，并发症发生率0.9/万（明显低于4/万）贯彻落实国家计生委、卫生部、国家药监局《关于禁止非医学需要的胎儿性别鉴定和选择性别的人工终止妊娠的规定》，全区妇产科、B超室制作和悬挂禁止胎儿性别鉴定的标识，向广大孕产妇进行宣传并发放宣传品。配合市卫生局启用新版计划生育登记本及病例，对全区医疗机构计划生育工作人员进行了新版计划生育登记本及病例使用的培训，完成了计划生育新登记本及病例的规范使用。

（刘榻　沈洁）

【女工保健】 全区妇女病普查共23599人，妇女病普查率81.3%，妇科病患病率33.5%，四病治疗率（宫颈糜烂，滴虫性霉菌性阴道炎，恶性肿瘤及尖锐湿疣四种妇女常见病）为60.8%。

（刘榻　沈洁）

【医疗工作】 全年诊疗6161040人次，急诊461479人次。入院75351人次，出院74792人次。其中区属4所二级医院门诊量789921人次，急诊126944人次，出院病人15757人次，病床使用率73.13%，平均病床周转次数18.59次。对区域内100张床位以下医疗机构进行校验，对丰台区内医疗机构（不满100

张床位)及区属医疗机构共70所医疗机构变更的项目认真审查,并按照审核程序办理变更。

(刘楣　沈洁)

【卫生支农工作】 结合“北京丰台青年健康使者火炬行动”,全年共有35所医疗机构的800余名医务人员以“手拉手”结对方式“送医、送药、送知识、送温暖”,对2所乡镇卫生院、25个村卫生室、和房山区5家卫生院进行了卫生援助,支援医疗设备、药品等累计33.23万元,选派城市医生支援农村及社区医疗卫生建设359人次。

(刘楣　沈洁)

【护理工作】 共对区域内各级各类医疗机构的护士3035名进行再注册,对101人进行变更。

(刘楣　沈洁)

【医学会工作】 共受理医疗事故技术鉴定申请22例,其中卫生局移交18例,丰台区法院委托4例,完成鉴定8例,中止鉴定8例,终止鉴定2例,不予受理1例,3例正在组织鉴定中。已经完成的8例鉴定均不属于医疗事故。

(刘楣　沈洁)

【科研工作】 区疾控中心获准北京市疾控系统传染病管理及信息化建设科研立项5项;全区医疗机构共获准北京市卫生局“首都医学发展科研基金”立项资助10项,资助额33万元;荣获丰台区“科学技术进步奖”9项;全年申报北京市科技计划项目5项,丰台区科技计划项目22项,丰台区“科学技术奖”16项;成功举办2004年卫生系统科技文化周,开展专项学术交流7场,参加人员1144人次。

(刘楣　沈洁)

【红十字会】 开展“博爱在京城”募捐活动,共募集善款245866.35元。积极开展群众性救护培训工作,相继组织开展了高级师资培训、初级急救员、防火知识等一系列培训活动。少儿互助金工作正式启动,办理入互27000多人,全区共收互助金近139万余元。已为65人次患儿支付医疗费159622.25元。

(刘楣　沈洁)

【献血工作】 献血血源工作的重心从高度计划型向计划指导型和街头公民自愿无偿献血转移,在各街乡的积极配合和大力支持下,丰台区街头群众自愿无偿献血达10848人次,比上年翻了三番。自体输血开展1940例,自体输血率占12%。

(刘楣　沈洁)

【医德教育】 强化纠正医药购销和医疗服务中不正之风工作的制度建设和领导责任制,聘请社会监督员20名,全年各主要医疗机构医务人员拒收和上交“红包”、回扣、开单提成金额达9.6万元。全区集中招标采购药品占医院购药总金额的85%,让利于患者1614.42万元,中标药品降价9.23%,医用耗材降价11.2%。创办全市卫生系统第一本行业内部、彩版期刊《丰台卫生》,全面介绍丰台区卫生事业改革与发展动态。

(刘楣　沈洁)

【计划财务工作】 全年卫生事业上级拨款9134万元,同比增加21.48%,其中专项拨款4623万元。全系统业务收入34589.76万元,人均创收9.29万元。业务支出41225.4万元。

(刘楣　沈洁)

【基本建设】 完成了丰台卫生职工培训中心迁址工作,右外医院改扩建工程即将交付使用;长辛店医院新建门诊楼、病房楼工程前期开工手续已基本办理完毕。

(刘楣　沈洁)

【抗非典英雄姜素椿获殊荣】 1月14日,由中国科协、中央电视台联合举办的2003年度“公众关注的十位中国科技人物”评选,在钓鱼台国宾馆揭晓,中国人民解放军302医院姜素椿教授光荣当选2003年度“公众关注的十位中国科技人物”。2月5日,302医院原专家组成员姜素椿教授应中共中央办公厅邀请,参加了在人民大会堂举办的正月十五元宵晚会。

（万树红　倪衡金）

【302 医院选为医疗机构诚信单位】 3 月 18 日,北京市丰台区物价局检查所所长杨玉华等来 302 医院签订价格诚信协议书。刘西秦副院长代表医院领导,对医院被丰台区选为唯一的医疗机构诚信单位,向丰台区物价局表示衷心感谢。医务部王业东主任、经管科郑晖科长等参加了签约仪式。

（万树红　倪衡金）

【开展医疗帮带工作】 7 月 20 日－29 日,302 医院传染病研究所所长赵根田带医疗队一行 6 人赴宁夏彭阳开展医疗帮带工作。共接诊 200 人次、参与抢救 8 人次、学术讲座 3 次,受到当地政府和群众的好评。

（万树红　倪衡金）

【国际军事环保专家来访】 10 月 13 日,由 50 多个国家的军事环保专家以及全军各大单位营房部长等组成国际军事环保研讨会代表团一行 200 余人来 302 医院参观检查医院环保建设情况,吕占秀院长、倪衡金政委等院部领导陪同参观。

（万树红　倪衡金）

【302 医院建院 50 周年成绩斐然】 在去年抗击非典斗争中屡建战功,为中国传染病防治事业做出重要贡献的解放军 302 医院,10 月 16 日迎来 50 岁生日。创建于 1954 年的 302 医院是全军唯一的三级甲等传染病专科医院,前身是"中共中央直属机关医院"。作为全军传染病的医疗、教学、科研、预防、保健、信息中心,50 年来,302 医院积极探索、研究、应用中西医结合疗法与中医中药治疗病毒性肝炎、细菌性痢疾等主要传染病,应用现代科学技术手段和方法,在慢性重型肝炎、重度高黄疸肝炎、早期肝纤维化、小儿肝病、流行性腮腺炎、艾滋病、各种感染性腹泻和中枢神经系统感染等疑难病症的检测、诊断、治疗及研究方面,形成了鲜明的特色,积累了丰富的经验。各种传染病治愈出院者的平均住院日已缩短至 20 天左右;对感染性腹泻、中毒性痢疾、重型霍乱、流行性出血热、伤寒的治疗保持几十年无死亡的记录;重肝患者病死率由过去的 70%降到了 30%左右:瘢疹伤寒的治疗由两周缩短为 5 天,急性菌痢住院时间由 1 周缩短为 3 天,脑膜炎治疗可"一针见效"。全院有 300 多项科研成果获国家、军队科技进步奖和医疗成果奖,军队科技进步二等奖以上的就有 40 余项。该院临床中药学和中西医结合肝病科先后被评为中医药管理局重点专科,传染病研究所被评为全军医学专科中心"重中之重"学科,病毒性肝炎和艾滋病防治实验室被评为全军医学重点实验室。

（万树红　倪衡金）

【302 医院庆祝五十年华诞】 10 月 16 日,302 医院建院五十周年庆祝大会在院礼堂隆重召开,大会由倪衡金政委主持。总后勤部卫生部李建华部长、国家中医药管理局房书亭副局长、北京市卫生局金大鹏局长、丰台区卫生局张扬局长、北京市医保中心何韧书记、解放军总医院陈晓红副院长等有关领导,兄弟医院、友邻单位的领导,新闻界的朋友以及全院干部、战士、职工、离退休老干部 600 余人参加了大会。吕占秀院长作了庆祝建院五十周年工作报告。医院编辑出版了《辉煌五十年》画册。

（万树红　倪衡金）

【302 医院采用肝细胞移植治疗肝功能衰竭】

12 月 29 日,302 医院成功采用肝细胞移植治疗肝功能衰竭。为此,《302 院在国内首次成功采用肝细胞移植治疗肝功能衰竭》的新闻荣获 2004 年度"西南医院杯"中国医药科技十大新闻。该活动由国家卫生部、总后卫生部和健康报社等 8 家单位联合主办。

（万树红　倪衡金）

爱国卫生

【概　况】 年内,区委区政府在总结前三年创卫工作的基础上,根据三年打基础、两年上水平的总体进度,做出了“城乡一体争创国家卫生区”的决策。按照宣传发动、治理环境、加强基础三个方面开展了大量卓有成效的工作,取得了阶段性成果:王佐镇正式被命名为全国首批、北京市首个“亿万农民健康促进示范镇”;垃圾密闭化、暴露垃圾堆治理、除四害单项方面相继通过了市级验收;全区新创建北京市爱国卫生红旗单位4个、北京市爱国卫生先进社区(村)21个、北京市爱国卫生先进单位110个。年内,全区投入资金近10亿元,完成了万寿路南延路、梅市口路、樊羊路二期、方庄路南延等9条道路建设;完成了11座危病桥梁的加固改造任务;实施了43条便民路工程,铺设路面27万平方米。新改建二类以上公厕43座、乡镇改造农村三类公厕103座、完成四类以下公厕升级改造177座,新建和改建密闭式垃圾房712座,完成10处暴露垃圾堆治理,完成33个老旧居住区环境整治和33个小区垃圾分类工作,全部通过北京市市政管委验收。扩大绿化面积345公顷,绿化隔离地区完成绿化278公顷,爆破造林67公顷;新建和改造三四五环路、京石高速路等重点道路沿线绿地129.2公顷。严格落实第十阶段控制大气污染工作任务,加大了对300余家重点企业的环境监管和对各类施工工地、汽车尾气、餐饮油烟、小燃煤锅炉的管理力度,改造燃煤锅炉303台。

（刘　洋）

【城乡一体创卫工作】 丰台区根据自己的实际,开创独特的途径。“以全面提升创卫水平、优化发展环境、打造丰台新形象为目标;以城乡一体、全方位推进创卫工作为主线;以创新机制、全力改善城乡融合地区公共卫生面貌为重点。全民动员、全力以赴、全面达标,举全区之力,争创国家卫生区”,城乡一体创卫组织网络基本构成,明确了全区城乡一体创卫“四个一”的工作要求(一个目标:2005年实现国家卫生区;一个组织:街道牵头、街村协同、部门联手;一个计划:丰台区争创国家卫生区五年规划;一个标准:国家卫生区标准)。成立了“1248”的创卫工作机构,成立了“综合协调”、“市容环境和环境保护”、“公共卫生”、“除四害”、“单位居民区卫生”等五个专项工作组开展工作。实施了党政一把手挂帅、分管领导包片、科室包社区(村)的工作责任制。市政管委、城管大队、工商分局、卫生局、环卫中心等主要责任部门也召开了系统创卫动员大会,成立机构、配备人员、落实责任。全区城乡一体创卫氛围初步形成;城乡一体创卫成效逐步显现;全区灭蝇达标工作一次性通过北京市创卫灭蝇达标考核组的考核验收;全年对300余家宾馆、餐饮单位进行了专业灭蟑作业,消杀面积12万平方米;城乡环境基础设施建设加快。

（刘　洋）

【宣传发动和健康促进工作】 在全区设置大型创卫宣传牌30块,悬挂创卫灯杆旗460面,印制创卫宣传画2万套、10万张,印制《新丰台》创卫专刊4万份。区电视台开辟了创卫专栏,在媒体上交流工作,共播报创卫新闻70条、栏目10期、专题1个。区新闻网也建立了创卫专题网页。举办了“丰台区处级领导干部城乡一体争创国家卫生区专题讲座”;在莲花池公园启动了以“关爱健康 科学健身”为主题的科技周系列活动;在出租车行业率先举办了“争创国家卫生区、健康文明伴我行动”活动;举办了“做创卫小天使,将健康带回家”万人签名活动;为纪念第十七个“世界无烟日”,市区领导在洋桥职高同2000名师生参加了“拒吸第一支烟、做不吸烟新一代”签名活动;在全区举行以“争创国家卫生区,共建美好家园”为主题的城乡一体创卫大型宣传活动;举行“田野上的红丝带”为主题的关爱艾滋病健康促进大型综艺活动，关注艾滋病形象大使濮存昕等著名演员以喜闻乐见的形式宣传预防艾滋病、提高生命质量的知识，进一步促进了王佐镇国家级“亿万农民健康促进示范镇”创建工作；开展了“我为创卫献良策”和“争创国家卫生区，共建美好新丰台”城乡一体创卫征文活动；第十六届“国际科学与和平周”丰台会场活动在方庄体育公园隆重开幕，中国组委会执行主任宦国英、全国政协委员、农工党中央秘书长游宏炳，及区领导出席活动。期间，还深入社区开展乙肝筛查和健康教育、自救互救逃生避险知识、家庭科学理财讲座。开展从“爱国卫生组织管理”、“除四害工作”、“单位居民区卫生”、“食品和公共场所卫生”、“环境保护”和“市容环境卫生”等方面的创卫专干综合业务培训。

（刘　洋）

【综合执法工作】　7月15日—20日，全区开展了健康教育、食品、公共场所卫生、生活饮用水卫生、传染病防治等方面的执法检查五是街道、乡镇自查互检。在灭蝇单项执法检查和市容环境巡查工作中。由区市政管委牵头组成的区市容环境卫生检查小组，针对热点和难点问题组织现场办公，加快了治理的速度。在区级验收工作中。根据区领导指示精神和全区城乡一体创卫工作进度安排，按照市创卫评估团关于“在区级验收的基础上再行申报全区评估”的要求，区创卫办于九、十月份对全区城乡一体创卫工作进行了区级综合考评验收，结果已正式纳入区政府“考评争创”工作。

（刘　洋）

【除四害工作】　突出重点科学灭害。通过了北京市创卫灭蝇达标考核组的考核验收。区消杀站调集专业队伍进行统一专业灭蟑消杀。对全区的300余家宾馆、餐饮等行业的12万余平方米统一进行了专业灭蟑消杀。为防控夏季传染病集中对全区各街道、乡镇城管（卫生）科长、爱卫专干进行专项培训，形成三级培训和教育体系开展常年宣传教育，提高广大人民群众对蝇危害的认识，普及灭蝇防蝇知识，引导广大群众科学、自觉地开展灭蝇活动，达到全民参与灭蝇的目的。全年灭蝇药械投放情况：0.6%杀虫净粉剂2号480公斤，拜克灭蝇药440公斤，加强蝇必净25箱（50袋/盒），灭蝇净乳油1000公斤，捕蝇笼4040个，粘蝇条2000张，灭蟑套餐25800套。为巩固灭鼠成果今年共投放鼠药7000公斤、鼠盒1100个、粘鼠板6900张。

（刘　洋）

【乡镇改水、改厕工作】　为解决王佐镇近3万人的饮水问题，分两次共投入1500余万元对水源基地进行建设、改造。乡镇改造农村三类公厕103座。

（刘　洋）

药品监督管理

【概　况】　北京市药品监督管理局丰台分局负责丰台区内有关药品管理的法律、法规及规章制度的宣传、贯彻、实施工作；负责对丰台区内药品的研究、生产、流通、使用过程进行行政和技术监督。负责丰台区保健品、化妆品安全的监督管理和行政执法工作；负责保健品、化妆品产品的审查以及生产经营单位的资质管理，依法调查处理保健品、化妆品质量安全事故，对保健品、化妆品质量安全承当相应的监管责任。辖区范围内共有药品及医疗器械生产、经营、使用单位1104家。其中药品生产企业23家，药品批发企业43家，药品零售连锁企业170家，医疗器械生产企业64家，医疗器械经营企业454家，医疗机构530家，经初步统计，辖区内化妆品及保健食品生产、经营、使用单位约6360家。年内全区药品生产、经营企业销售额60余亿元，约占全市药品销售额的四分之一。

（段　妮）

【差异化监管】　为了日益扩大的医药市场监

管工作需要,创建“药品放心区”,分局提出了差异化监管的动态监管模式。该模式根据各药械生产、经营和使用单位的管理情况、企业的信誉度、产品的风险程度等三项指标将企业划分为A、B、C三个类别,分别制订出相应的管理办法。“差异化监管”的工作模式,真正实现了监管工作“优质高效低成本”,达到医药诚信企业和医药监管部门“双赢”的目的。

(段　妮)

【三级社会监督网】 年内分局在已建成的“药品三级社会监督管理网络”基础上,进一步完善网络管理制度,发放工作手册,开展“一法两条例”培训。上半年,通过网络为全区3万户低收入家庭发放了药品监管法律法规和合理用药的宣传材料;利用网络成员深入社区的便利条件,配合分局执法人员完成药情信息的收集、传递及调查处理工作,让不法行为没有生存空间。

(段　妮)

【换证工作】 年内,除个别未上报企业和现正在做《药品经营许可证》项目变更的企业外,已将33家药品批发企业上报的换发《药品经营许可证》的申请材料及时上报市局。

(段　妮)

【认证工作】 年内完成了对辖区内6家药品生产企业的10个剂型通过GMP认证,43家药品批发企业和170家药品零售企业的GSP认证工作,以及13家医疗器械生产企业的ISO9000质量体系认证工作。

(段　妮)

【药械抽检】 年内药检所先后对36家药品批发企业、76家药品零售企业、30家医疗机构进行监督抽验,共完成药品抽验任务840件,药品快速鉴别检验任务100件,比去年同期增加140件。全检率达到了37.6%,检验中成药135批,中药饮片57批,中药医院制剂11批,化学药品105批,化学医院制剂8批。共检出不合格药品7件,其中中药饮片5件,中成药2件。在医疗器械抽验工作中,先后对11家生产企业、8家经营企业进行监督抽验,共抽验一次性使用无菌注射器10批次、一次性使用无菌输液器5批次、一次性使用无菌卫生材料4批次、橡胶避孕套6批次、机电类产品7批次,圆满完成了医疗器械抽验任务。

(段　妮)

【专项检查】 年内分局建立了专项检查领导小组,先后完成对过期药品、健字号药品、藏药、英国尤尼帕斯有限公司进口药品、假冒葛兰素史克公司生产的“贺普丁”、医疗机构和经营企业中药饮片、二类精神药品、麻醉药品、氯胺酮、水凝胶产品等一系列假劣药品的专项检查和全面清查。此外还开展了全市卫生材料生产企业专项检查、对“禁止非医学需要的胎儿性别鉴定和选择性别的人工终止妊娠”的检查和“抗菌药物凭执业医师处方销售”落实情况的检查等近20项专项检查工作。

(段　妮)

【遏制非法邮寄药品信箱】 年内在打击非法邮寄药品工作中主动争取邮政部门的支持,把丰台区11个邮政投递组纳入社会监管网络,取得了明显的监管效果。年底为止,共调查邮寄药品信箱66个,关闭邮寄假药的信箱49个。

(段　妮)

【处理投诉打击违法经营行为】 年内在查处无证经营药品的工作中,共出动执法人员210人次,执法车辆36辆次,先后取缔无证药店9个,非法批发中药饮片窝点3个,非法行医卖药点3个,没收无证经营药品2000余种,没收违法经营的计生用品80多种,总价值为50余万元。年内共受理上级部门交办、举报投诉、现场监督检查、药品医疗器械抽验等各类案件281件,其中电话举报80件、信函举报28件、上级批转78件、其他95件,涉及药品案件249件,涉及医疗器械案件32

件,已经立案5件、结案3件,没收违法所得112259元。

(段 妮)

【特殊药品管理】 年内对医疗机构麻醉药品监管现场检查26家次(不包括专项检查),在检查中发现问题、隐患共10处,已督促其改正,26次检查中11次为审批审核事项的现场核查。全年共审核麻醉药品注射剂购用计划20家,审批麻卡555份。为消除管理隐患,建立了内部《麻卡发放管理措施》,制定麻卡领取、数量核对、原因追查、审批表定期收集上报等一系列具体措施,使区麻醉药品、精神药品的管理规范有序。

(段 妮)

【不良反应监测】 分局将区一级以上医疗机构纳入药品不良反应二级监测网络,网络成员单位成立由主管领导任组长的药品不良反应监测小组。年内共收到辖区内医疗机构的不良反应检测报表646份;对辖区内使用试点品种的医疗机构进行走访调研,定期收集报表,每季度向ADR中心上报报表近40份,全年共收集上报《医疗器械不良事件报告表》和《医疗器械不良事件汇总报告表》120余份,在报表的数量和质量上比往年都有大幅提高。

(段 妮)

【贯法宣传】 提高人民群众的依法维权意识和能力是分局"创建药品放心区"的重要指标之一。分局开展了一系列贯法宣传活动,主要有:一、开展"创建药品放心区——3.15大型贯法宣传活动",向近万名市民义务宣传药品、医疗器械、化妆品、保健品等方面的知识;二、开展入户普法宣传。为做好"一法两条例"宣传教育工作,分局专门制作了7万册《药品、医疗器械知识问答》,在药情信息员协助下,有计划、按步骤、分阶段地发放;三、举办销毁假劣药品现场会。6月17日,分局举行了"销毁假劣药品现场会",共销毁假劣、过期药品30余吨。这次活动是创建"药品放心区"的一系列打假治劣活动之一。

(段 妮)

【培训】 年内分局召开了《丰台区医疗机构麻醉药品、精神药品管理工作会》,面向辖区内使用麻醉药品的37家医疗机构相关管理人员共107人进行法规培训,深入学习了《医疗机构麻醉药品、第一类精神药品管理规定(暂行)》。为解决企业缺少实际经营和质量管理经验等问题,制作了《药品经营质量管理规范》认证申报书,并举办了"新办药店质量管理人员第一期GSP培训班",提高企业的管理水平,为新办企业通过认证奠定了基础。

(段 妮)

社　　会

民 政 工 作

【概　况】 民政局是负责全区有关社会行政事务工作的政府职能部门,公务员编制 43 名,工勤人员 4 名,事业编制 341 名。年内,丰台区基层政权和社区建设着力推进村委会选举、社区硬件建设、社区专职工作者培训、待遇、规范社区财务等方面工作,攻难关、解难题,促进全区社区建设的均衡全面发展。丰台区救灾救济工作围绕城乡最低生活保障制度,不断完善医疗救助、临时救助、社会救助等领域,积极拓宽社会捐赠渠道,努力构建立体、多层次的城乡救灾救济体系。双拥工作开始向社区延伸。提高依法行政水平,以人为本,推进民政事务服务管理工作。

(唐友平)

【社区建设】 加大对社区专职工作者的培训力度,聘请中国青年政治学院教授和劳动等职能部门专家对 1300 多名社区专职工作者进行 160 课时脱产培训。积极协调劳动、人事、财政等部门,由区财政拿出 1000 万元提高社区专职工作者的工资待遇,并为无固定收入的社区专职工作者上“三险”。制定并出台《丰台区关于加强社区财务管理工作的指导意见》和《丰台区关于进一步做好社区档案工作的意见》,规范社区居委会财务和档案管理。

(唐友平)

【基层政权】 按照市委、市政府统一部署,丰台区第六届村民委员会选举工作于 4 月底全面展开,区民政局积极配合区委组织部、区农委等部门,搞好调研,做好培训,加强对乡镇的工作指导,经过 2 个多月的共同努力,全区 68 个村除 3 个村因建制转居需撤并暂缓选举外,其它 65 个村委会全部圆满完成了换届选举工作。

(唐友平)

【社会救济】 年内,丰台区救灾救济工作在城乡低保方面,以“应保尽保、分类管理、理顺关系、强化培训、规范管理”为重点,制定《丰台区城市低保对象分类管理暂行办法》,对“三无人员”、70 岁以上老人、16 岁以下儿童和重残人员四类特殊人员提高救助标准,对法定劳动年龄段内有劳动能力人员取消了粮油帮困待遇。截止到 12 月,丰台区享受城乡低保 6999 户、15479 人,保障金支出 3450.36 万元,粮油帮困补助支出 517.87 万元。出台了《关于贯彻落实北京市临时救助制度有关问题的实施意见》,对因病、因灾及子女就学等原因造成生活暂时困难的低收入人员进行临时救助。截止到 12 月,已救助 373 户低收入家庭,救助资金 36.74 万元。232 人次危重病患者得到了救助,救助资金支出达 66.68 万元;慢性病、常见病患者 39 人次享受了新的医疗救助政策,医疗救助资金支出达 5.45

万元。接受社会各界捐赠 201 万元,捐赠物资 24.5 万件,发放社会捐助款 147.9 万元,对口支援款物折合人民币 131 万元。8 月 18 日,在右安门街道揭牌成立了丰台区第一家爱心超市——“右安门街道爱心互助家园”。在开展救助管理服务工作中,特别注重对老弱病残和呆傻儿童的服务照顾,实施人性化社会救助工作,累计接待流浪乞讨求助人员 1226 人。

(唐友平)

【双拥共建】 召开全区双拥工作总结表彰大会,表彰卢沟桥街道等 6 个标兵单位,世界公园等 41 个双拥先进单位,王盾等 61 名被评为双拥先进个人。召开庆“八一”暨表彰军工大会,对 2003 年度总后 302 医院感染一科等 3 个荣立二等功;总参 61785 部队 21 分队等 48 个荣立集体三等功;八一军事体育运动大队王静琳等 7 名荣立个人一等功;总政八一电影制片厂翟俊杰等 87 名荣立个人二等功的同志给予奖励表彰。开展“送文化、送知识进军营”活动。协调组织万国书城,在装甲兵工程学院、空军设计研究局和武警十五支队三个中心点,同时举办“送文化、送知识进军营”活动,赠书万余册。“八一”期间,区委、区人大、区政府、区政协四大家领导分别走访十个基层单位,为基层单位送去图书一万多册,价值 10 余万元,充实了军营文化活动室。

(唐友平)

【优抚安置】 丰台区实行政府安置与自谋职业相结合的办法,积极组织用工单位座谈会,供需双方见面会,为用工单位与退役士兵牵线搭桥。年内共接收退役士兵 337 名。其中复员士官 57 人,转业士官 26 人,在职 11 人,城镇退役士兵 184 人,农村退役士兵 79 人。为优抚对象办实事,切实提高优抚对象的生活质量,在南苑医院眼病中心为全区享受定期补助的优抚对象进行白内障检查,通过检查为能够做手术的优抚对象免费进行治疗,得到优抚对象的普遍欢迎。此外,继续做好为农村优抚对象困难户的危房翻建和改造工作。

(唐友平)

【军休管理】 年内,加大军休工作社会化改革的力度:①对军休干部车辆保障进行社会化管理,从 5 月 1 日起,军休干部车辆保证实行货币化、社会化;②对干休所财务进行了集中管理试点,将丰台镇东大街 4 个干休所的财务进行了集中管理,精简了工作人员,严格了各项制度;③做好军休党委、总支和支部换届选举工作;④继续抓好“双五好”评比竞赛等精神文明创建活动。军休办五所、八所在全国军休工作会议上被国家民政部、总政治部、总后勤部评为全国军休工作先进单位,郑胜利、任学东两名同志被评为全国军休工作先进个人,9 名军休干部被评为全国先进军休干部。

(唐友平)

【社团管理】 年内,丰台区共注册登记社团 56 个,共办理社团成立登记 2 个,变更登记 8 个,注销登记 2 个。应检社团 55 个,实际参检 55 个,参检率 100%,其中 49 个合格,2 个基本合格,1 个不合格,3 个社团办理了注销登记手续。共注册登记民办非企业单位 145 个,其中合格 85 个,基本合格 1 个,不合格 13 个,准备注销 9 个。

(唐友平)

【敬老院建设】 丰台区共有敬老院 17 个,床位数 2000 余张,入住率 62%。年内新审批金泰福寿老年公寓、宛平敬老院等 3 个,完成全区敬老院的换照年检工作,合格 16 家,撤消 1 个。

(唐友平)

【殡葬管理】 组织专门力量,对丰台区村办公益性公墓、骨灰堂、医院太平间、丧葬用品销售网点进行检查,对不符合要求的单位下发整改通知单,查收经营的非法销售品并没收封建迷信用品。在清明节期间,共接待祭扫群众 16 万多人,机动车 1.5 万辆。

(唐友平)

【老龄工作】 深入开展创建全国老龄工作先

进区活动,对58个敬老先进居委会、6个敬老先进村、62位敬老先进个人进行表彰,为4100余位老年人办理老年人优待证。

(唐友平)

【婚姻登记】 年内顺利完成结婚登记6799对,离婚登记1329对,补发结婚证494人,补发离婚证6人,收养登记167件。投资10余万元,实现婚姻登记与全市联网。丰台区婚姻登记处被北京市民政局评为"全市民政系统行风建设先进基层窗口单位"。

(唐友平)

【彩票发行】 福利彩票销售情况良好,销售电脑福利彩票1.6亿元,创历史新高。

(唐友平)

【社区服务】 投资50万元改造社区服务中心,广泛开展"96156——义工陪伴在社区"活动,组织发动社区义工陪伴社区"空巢老人"。为各社区居委会安装ADSL专线,实现区、街、居三级联网。通过96156热线电话,为老百姓开展便民服务项目5200次。

(唐友平)

人 口 管 理

【概　况】 是年底,丰台区常住人口369714户,其中农业人口58798户,非农业人口310916户。常住人口933063人,其中农业人口138277人,非农业人口794786人。全区流动人口管理工作认真贯彻"公平对待、合理引导、完善管理、搞好服务"的方针,继续探索流动人口管理由治安管理为主向城市管理转变的规律,健全"三三流管工作机制",扎实推进流动人口管理服务工作标准化建设,实行多措并举,综合治理,狠抓流动人口安全生产和社会治安防范工作,建立流动人口和出租房屋管理信息系统,不断降低流动人口对城市管理的负面影响,为丰台加快现代化新城区建设发挥了应有的作用。

(张广慧　郭凤华　丁玉洁)

【人口管理处开展秋猎专项行动】 年内,人口管理处结合分局开展的压发案专项活动,开展了秋猎专项行动,加大了对本辖区刑、释、解教等重点人员的控制。通过秋猎专项行动,共查到长期外漂和下落不明的刑满、释放和解除劳教人员15名,查找率为3 4%;从中新发现有轻微违法犯罪行为的青少年72人;在流动人口中发现刑满释放、解除劳教等重点人426人。对发现的上述重点人员,全部输机列管。通过开展秋猎专项行动,及时发现各类违法犯罪线索365件,其中破获各类刑事案件340起,刑事拘留351人。

(张广慧　郭凤华)

【深入开展"爱民"实践活动】 年内,分局将"爱民"实践活动始终寓于本职工作当中,以牢固树立"为民"意识为宗旨,以深化"执法为民,服务发展"主题教育为根本,多次开展法律咨询、治安防范答疑等便民利民活动。共悬挂横幅28条,摆放板报104块,发放各类宣传材料1.5万册,发放《致居民一封信》16.6万封,接待群众23.5万余人次,征求社会各界的意见和建议540余条,为群众办好事、实事1048件,收到锦旗91面,表扬信、感谢信114封。

(张广慧　郭凤华)

【开展"二代证"便民服务日活动】 8月21日,分局在丰台区范围内开展了换发居民身份"二代证"户口整顿便民服务日活动。26个户籍派出所共设立宣传站、点78处,出动各种力量1218人。其中,民警309人,居委会干部及协管员589人、抽调人员3 14人。跨区设站3个,民警46人,挂横幅、标语120条,张贴告示1902张,设立板报843块,发放各种宣传材料22857份,发放《户口迁移通知单》1461份,接待群众咨询13580人,入户宣传3492户,现场办理户口211户461人,收户口簿562户1483人,办理户口变更312项。

（张广慧　郭凤华）

【狠抓基层流动人口管理队伍建设】 年内,区流管办制发《管理考核办法》,明确基层流管组织和协管员在出租房屋(地下空间)管理、流动人口登记、治安防范、安全检查、税款代征、计划生育等方面的职责。5月和8月分别对街乡镇主管领导、流管办主任和各派出所的主管所长进行了培训。实行目标管理考核,先后制发《先进基层组织和个人评选表彰办法》、《代征个人出租房屋税款工作奖励办法》。

（丁玉洁）

【狠抓流动人口安全生产工作】 是年2月,针对流动人口煤气中毒事故多发的问题,由区流管办牵头,在全区范围内开展了预防煤气中毒事故专项整治活动,在事故多发季节只发生煤气中毒事故2起亡2人,相比2003年同期9起亡10人伤2人的情况,阶段性成效明显。12月初,区委区政府专门部署流动人口防火灾、防煤气中毒和治安防范专项整治工作。按照区委区政府统一部署,扎实推进专项整治工作,共消除火灾、煤气中毒和治安隐患23263处,维护了地区安全稳定。会同区交通支队扎实开展流动人口预防交通安全事故工作,以“千里寄平安”、“百场电影进工地”等活动为载体,加大宣传力度,强化流动人口保护措施,取得明显成效,当年丰台区道路交通死亡的126人中流动人口56人,占亡人总数的44.4%。死亡人数与2003年相比(2003年死亡人数133人,其中流动人口74人,占亡人总数的55.6%),亡人数减少18人,下降24.3%。

（丁玉洁）

【稳步推进街道系统税款代征工作】 区流管办会同区财政局制发了税款代征奖励政策。充分发挥简报《流管工作动态》的督导作用,对每月的代征工作进行分析研究,同时派出专人对基层代征工作进行指导。共代征个人出租房屋税款3946259元,入库3923374元,其中街道系统代征3492020元,占89%,乡镇系统代征431353元,占11%。

（丁玉洁）

【狠抓责任机制的落实】 在2003年创设“一站带三站”工作模式的基础上,7月,区流管办、公安分局积极指导大红门街道开展房屋租赁服务社试点工作。探索建立出租房屋联合执法机制,进一步落实了“条专块统,以块牵条”的责任机制。10月,按照区领导的指示,由外管办牵头,区公安分局、工商分局、人口与计生委、地税分局、劳动与社会保障局、消防监督处、国土与房管局7单位抽调执法人员组成丰台区出租房屋联合执法组,在大红门街道开展了联合执法试点工作,检查处罚了一批出租房主,宣传教育了群众,取得了一定的成效。

（丁玉洁）

【明确工作标准规范基层工作程序】 年内,区流管办坚持推行标准化管理,制定了以标准化为总基调的《工作要点》,把流动人口管理服务工作任务分解成十个方面二十八项指标,分别规定了出租房屋管理、服务工作、税收征管、安全创建、治理整顿、宣传教育、落实责任、基础工作、队伍建设、调查研究等方面的具体任务和质量要求及完成时限,并依据《工作要点》制发了《百分考核标准》和《丰台区外管服务工作考核办法》,明确了考核的原则、对象、内容、标准和步骤。

（丁玉洁）

计　划　生　育

【概　况】 按计划生育统计口径,是年1—9月全区出生3548人,计划生育率97.27%。

按统计年度(上年10月至是年9月)计算,出生4024人,计划生育率97.51%,出生率4.53‰,自然增长率为-3.53‰。全面完成了市政府下达的指标。

(王淑华)

【区委区政府高度重视人口计生工作】 年内,区委区政府召开区人口与计划生育领导小组会,认真学习中央座谈会精神。坚持党政一把手亲自抓负总责。张大力区长继续与各街乡镇、有关职能部门签定了目标管理责任书。区政府坚决落实市《人口与计划生育条例》规定的各项奖励规定,在人均6元事业费基础上,拨专款解决城市低保、待业人员和农村居民的独生子女家庭奖励费的发放问题。解决了多年来计划生育技术服务中心用房面积不足问题。

(王淑华)

【修改和完善"三线"考核办法】 确定党政线重点考核各级党政领导解决人口计生工作实际问题的情况;计生线重点考核群众对依法行政、优质服务的满意度;职能部门线重点考核履行职责和综合治理情况。年中召开了中期工作研讨会,促进调研工作成果的转化和应用。

(王淑华)

【创新宣传教育工作机制】 在宣传教育对象上创新,由过去以育龄妇女为主逐步扩展到整个育龄人群,包括对男性和青少年的教育。投资30余万元编印了10万套《男性生殖健康手册》,免费发给群众,并与驻区武警部队联合举办了"送男性生殖健康进军营"活动。

(王淑华)

【"关爱女孩"捐资助学活动】 通过"五个结合",即:政府投入与民间资助相结合;领导带头与群众广泛参与相结合;关心我们身边人与救助最偏远特别困难的女孩相结合;精神关怀与物质帮助相结合;宣传教育与打击非法行为相结合。区人口与计划生育领导小组全体成员和区人口计生委全体干部职工每人出资300元,帮助56名生活困难的女孩上学。区领导拿出部分区长基金支持"关爱女孩"行动。花乡草桥村出资6万元为200名贫困女孩上学提供帮助。

(王淑华)

【拓宽药具发放渠道】 区计生委投资68000元,自行研制了"避孕套自动领取机"200台,安装在区内所有街乡的对外办公大厅、各医院门诊大厅、46个未成立居委会的新建居民小区、及流动人口集中的市场、建筑工地等。

(王淑华)

【提高生殖健康服务水平】 改定期集中服务为经常性的巡回服务,并以康检代替孕检,免费为上年体检中查出患有生殖道疾病的594名失业、低保育龄妇女进行治疗。制定了《关于为外来育龄妇女提供免费计划生育技术服务的管理暂行办法》,在流动育龄妇女中起用了IC卡,进一步提高了服务效率。

(王淑华)

【积极推行全程代理】 制定了《丰台区计划生育全程办事代理制实施方案》,全区统一制作了公示栏、须知卡,为325个居村委会制作了"计划生育政策"、"计划生育奖励"、"社会抚养费征收标准"宣传板。

(王淑华)

【围绕重点、难点问题开展工作】 针对人户分离人员,流动人口、未建居委会的物业小区等问题,先后制定《现居住地为主管理办法》、《进一步完善现居住地管理意见》、《丰台区关于物业管理小区人口与计划生育工作的意见》、《落实〈流动人口计划生育管理和服务工作若干规定〉的实施意见》。

(王淑华)

【救助贫困母亲活动】 以"为贫困母亲送温暖办实事"为主题开展了2004年度"幸福工程活动日"活动。有22个计划生育协会分别组织会员参加义捐,为救助贫困母亲共捐款11.7万元。

(王淑华)

老 龄 工 作

【概　况】 2004年全区60岁以上老年人口已达19.5万，占全区人口总数的16.3%。从1995年至2004年，老年人口在10年间增长了11万。区老龄工作委员会办公室在区委、区政府和民政局党委的领导下坚持践行“三个代表”重要思想，坚持以人为本，开拓进取，以创建老龄工作先进区为契机，积极协调职能部门和社会力量，统一思想找差距，加强为老服务体系建设。积极探索在社会主义市场经济体制下，建立适应丰台区人口老龄化快速发展的社区老龄工作体制；积极探索建立健全社区老年福利服务设施和服务网络；探索建立基层社区老龄工作规范化、科学化、现代化管理机制；为逐步完善六个为老服务系列，提高老年人的生活、生命质量，全面推进全区老龄事业发展做了大量工作。使丰台区初步形成了基层社区老龄工作组织网络化、工作制度化、运行规范化、服务系列化的新格局。

（谷孝敏　张福祥）

【区长张大力到老龄办调研】 4月12日，区长张大力到老龄工作委员会办公室进行调研，听取了老龄办主任谷孝敏关于全区老龄工作的主要任务、老龄工作进展状况和创建全国老龄工作先进区情况的汇报，并与老龄办的同志们进行了座谈。张大力对全区老龄工作干部做出的大量工作给予了充分的肯定，同时指出做老龄工作很重要，很光荣，也很艰巨，希望大家共同努力克服困难，为全面提升丰台区的老龄工作水平共同奋斗。张大力区长还解决了老龄办办公经费不足的实际问题。

（谷孝敏　张福祥）

【吕什杰副区长电视讲话】 “九九”重阳敬老日的前夕，老龄工作委员会主任副区长吕仕杰在丰台有线电视台向全区老年朋友祝贺节日，并发表了热情洋溢的讲话。他说：“人口老龄化是一场无声的变革，对我区的经济、社会、文化及家庭生活产生的影响是持续和深刻的，各级领导一定要有足够的认识。保障老年人的生存权利和发展权利是全面建设小康社会的必然要求。社会各界都要用科学的发展观认真对待人口老龄化的问题，共同为老年人创建良好的生活氛围，使老年人和其他社会成员共享改革开放和现代化建设的成果。”

（谷孝敏　张福祥）

【走访慰问送温暖】 坚持重大节日走访慰问制度。在元旦、春节、重阳节等节日期间，区老龄工作委员会主任副区长吕仕杰、副主任民政局局长孙海臣和有关同志走访慰问了空巢、高龄、特困和百岁家庭老人，为老人送上了34800元救助金和营养补贴以及米、面、油、奶等慰问品。

（谷孝敏　张福祥）

【表彰先进】 4月29日，区老龄工作委员会在区政府报告厅召开了表彰大会。对38个荣获市、区2004年度敬老先进社区居委会、6个敬老先进村和62名荣获市、区敬老、助老先进个人进行了表彰。区委副书记闫满成、区人大副主任张寿松、副区长吕仕杰、区政协副主席鲍顺新、区委书记助理杜若梅、区老龄工作委员会成员单位的领导和民政局的领导，以及各级老龄工作干部200余人出席了表彰大会。

（谷孝敏　张福祥）

【举办柔力球培训班】 为丰富老年人精神文化生活，推动社区老年体育健身活动的健康发展，区老龄办在卢沟桥乡礼堂举办了为期三天的“丰台区老龄委柔力球培训班”。来自北京体育大学的刘家骏老师为学员授课。有21个街乡（镇）的55名社区文体活动骨干参加了培训。

(谷孝敏 张福祥)

【举办中老年健身项目表演赛】 10月份,在丰台区社区服务中心举办了“丰台区第二届中老年体育健身节暨庆重阳中老年健身项目表演赛”,来自全区21个街乡(镇)的30支中老年健身队伍400余人,参加了太极柔力球、太极扇、花棍、扇子舞等项目的比赛,并选拔出东高地、长辛店、南苑街道和南苑乡四支太极柔力球队伍,参加了北京市的“久久星杯”太极柔力球邀请赛,东高地、南苑街道代表队荣获了优胜奖;丰台街道和区老教协的四支中老年健身队参加了“北京市第七届中老年优秀健身项目表演赛”。丰台街道的健身扇获得优胜奖,丰台区获得最佳组织奖。

(谷孝敏 张福祥)

【举办老年文艺汇演】 在重阳节期间举办了“丰台区老年人文艺汇演”,各街乡(镇)分别选送了老年优秀文艺队伍,300余位老人登台演出。翩翩的舞姿、优美的歌声、绘声绘色的口技、诙谐幽默的曲艺节目赢得了全场阵阵热烈掌声。这次文艺汇演为老年人提供了展示自己,相互交流的平台,丰富了社区老年人的精神文化生活。

(谷孝敏 张福祥)

残疾人工作

【概　况】 年内,丰台区残疾人工作坚持用科学发展观统领残疾人事业的发展,认真学习贯彻十六届三、四中全会精神,在全区各级残联组织的努力下,求真务实、真抓实干,全面完成了年内各项业务指标。举行了丰台区扶残助学表彰会,并完成了2049名0—6岁儿童健康的抽样调查、4500名残疾人康复需求调查和北京市创建全国无障碍示范城迎检等重点工作。区残联2004年工作被市残联综合考评为优秀单位。

(闫根旺)

【第十四次“全国助残日”活动】 5月16日是第十四次“全国助残日”,丰台区紧紧围绕着“情系我的兄弟姐妹—帮扶贫困残疾人”的主题,积极开展各项扶残助残活动。为28名贫困白内障患者免费实施了复明手术;270名残疾人免费领取到价值近20万元的残疾人用品用具;圣火暖器超市将店庆个人捐款4万余元捐出,用于资助121名贫困残疾人学生上学;55名贫困残疾人家庭子女受到社会各界的捐助;各街、乡、镇也开展了形式多样的助残活动。参加走访的各级领导585人次,慰问残疾人家庭1625户,走访残疾人2354人,发放钱物价值30.81万元,促进了丰台区扶残助残社会氛围的形成。

(闫根旺)

【教育就业工作】 年内,共开展各类培训残疾人430名;新安置残疾人就业74名;社区安置残疾人就业60人;扶持残疾人就业32人;收缴残疾人就业保障金543万余元;对119名残疾人进行了失业登记,为53名残疾人发放了再就业优惠证;举办了“新世纪丰台区盲人保健按摩技能比赛”,65名盲人按摩师参加了比赛。在北京市残疾人职业技能大赛中,丰台区选送的选手,分获4个二等奖、2个三等奖,并荣获了北京市残疾人职业技能比赛优秀组织奖和丰台区新世纪职业技能大赛组织奖。

(闫根旺)

【康复工作】 年内,实施白内障复明手术892例,脱盲脱残率达100%,同时完成870名白内障患者的筛查工作;低视力配镜12人,对12名视力残疾人进行了视功能训练;对5名脑瘫儿童及家长进行系统训练;对12名智残儿童及其家长进行系统康复训练;完成肢体残疾人系统训练156人,显效率

100%；对290名成年智力残疾人进行了系统康复训练服务；对30名贫困成年智力残疾人，30名康复期的精神病实行免费入住康复机构，进行系统康复训练；对230名精神病患者免费供药，同时完成精神病患者免费服药的重新审核工作；免费为15名贫困残疾人装配假肢；新建社区残疾人康复指导站2个；向残疾人免费发放用品用具273件。

（闫根旺）

【组织建设工作】　年内，召开了区残联四届主席团二次会议，调整了部分主席团委员，吕仕杰副区长当选为区残联主席；13个街、乡残联实现了职责、人员、经费单列；王佐镇庄户中心村建成了第一家农村残疾人协会；丰台、新村、右安门、方庄4个街道获北京市基层组织建设示范窗口单位；创建社区残疾人温馨家园33个，其中市命名9个，区命名24个。

（闫根旺）

【扶贫解困工作】　年内，丰台区制定了开展"六大爱心工程"实施意见；对261户农村贫困残疾人住房状况进行了摸底调查，对10户贫困残疾人的住房进行了翻建、维修改造；1947名残疾人享受低保政策，其中城市低保1659人，农村低保288人；245名残疾人享受城市重残人生活困难补助，32名残疾人享受农村重残人生活困难补助；23户残疾人享受到城市廉租住房政策；36名贫困残疾人在落实"7574"助残工程中得到扶持。

（闫根旺）

【文体工作】　为了活跃专门协会文体活动，协调区园林局为残疾人专门协会，办理了100张公园年票。并组织100余名残疾人到东高地青少年科技馆参加"飞天圆梦展"活动；举办了丰台区第九届残疾人运动会，来自全区24支代表队400余名运动员参加了比赛，云岗、右安门等街、乡、镇获团体总分前八名；全国助残日和国际残疾人日期间，与市青少年残疾人艺术团举办了三场残疾人文艺演出；区五个专门协会开展了纪念国际残疾人日、迎新春的大型联欢会活动；右安门街道成立了丰台区第一家街道残疾人艺术团。

（闫根旺）

【信访维权工作】　年内，丰台区人民法院首次聘任残疾人作陪审员；市残疾人维权中心的律师对全区街、乡、镇残疾人工作者进行了维权助残及法律知识的讲座；马家堡街道成立了丰台区街道系统第一家残疾人法律维权工作站。年内，区残联共接待处理残疾人来信来访342件次，其中处理来信27封，来访315人次，电话咨询913人次，接待法律援助咨询150人次。

（闫根旺）

【宣传信息工作】　年内，建立了街、乡、镇信息网络，推出了信息低标管理办法，利用《新丰台报》、丰台有线电视台及国家的、市、区的各种宣传媒体大力宣传残疾人事业。全年收集信息409条，编发信息319条，刊发简报20期。省市报刊杂志新闻网站刊登稿件155篇条，其中，省、市以上报刊、杂志55篇，各类新闻网站刊发稿件100篇条。

（闫根旺）

【为残疾人办实事】　年内，免费为贫困白内障患者实施复明手术75例；为469名残疾人提供系统康复训练服务；免费为贫困残疾人提供用品用具273件；对58名贫困残疾人家庭子女、123名残疾学生上学进行了捐助；建立了精神病康复中心，为30名精神病人免费提供6个月的康复医疗服务，为223名贫困精神病人免费供药；对430名残疾人进行职业培训，社区安置残疾人就业60名；开展"无忧工程"，资助200名残疾人参加养老保险；创建无障碍建设示范窗口单位30个。

（闫根旺）

【领导重视残疾人工作】　1月17日，中央政治局委员回良玉副总理，在国务院副秘书长汪洋、中残联主席邓朴方、北京市市长王岐山、市委副书记龙新民等中央、市、区领导的陪同下,到右安门街道老残一体户康建生家中慰问。5日,区委书记王子生、区人大主任徐英豪、区长张大力、区政协主席穆德荣分别到残疾人家中,走访慰问。8月27日,中残联党组书记王新宪也到丰台区看望贫困残疾人。

(闫根旺)

私营个体经济

【概　况】 2004年是私个协会的服务之年,教育之年。年内,全区非公有制企业总量多、增长快,综合优势凸显。至年底,各类私营企业总量为21560户,同比增长28.03%,占全区企业64.34%。个体工商户101344户,同比增长24.37%,注册资金10.3亿元,同比增长30.38%。安置下岗职工2711人。是年1月至7月,纳税总额为3.9亿元,占全区税收总额的60%。其增长速度是国有和集体企业的4倍。非公有制经济已成为丰台区经济发展的一个新亮点。非公经济仍然在第三产业中占有较大比重。非公企业在第三产业中占61.5%;从事第三产业的个体工商户占全部个体工商户总数的92.27%。在全区12037户商贸企业中,非公企业6772户,占商贸企业总数的56.26%;在909户餐饮企业中,非公企业为551户,占餐饮企业总数的60.62%。商业、餐饮业和汽车销售业增长速度较快。

(刘秋芝)

【为会员义务申报年检验照工作】 根据市私个协发【2004】1号文件要求,开展了为会员义务申报年检验证工作,全区共设置现场办公地点61个。到6月底通过年检的私营企业共10203户,其中网上年检10086家、书面式年检117户;个体工商户验照14340户。在4月份和10月份市协会召开的义务年检工作经验交流会上,丰台区均做了典型发言。

(刘秋芝)

【为会员担保贷款服务】 为尽快解决部分企业资金紧张,区协会组织各分会对有担保意向的私个会员进行贷款意向调查,共下发和回收《贷款意向调查问卷》400余份,初步掌握了会员的贷款数额、使用期限及用途,为担保公司的运行提供了操作方向。与区协会参股的“北京诚信佳担保公司”和区科协下属的“区技术创新与生产力促进中心贷款基金管理办公室”协商,为私营、个体贷款事宜制定贷款方案,推荐17家私营企业申请贷款,已有5家贷款670万元,解决了部分企业的燃眉之急。有4家企业在进行贷款审查。

(刘秋芝)

【考核“守信企业”】 在分局合同科的指导下,上半年对申报“守信企业”的64家私营企业进行了考核,47家被市工商局评为2003年度“守信企业”单位。下半年有135家申报2004年度“守信企业”,其中有89家通过了考核,已上报市工商局待审批。

(刘秋芝)

【为私个企业成立配送中心】 年内,共成立配送中心7个,主要集中在岳各庄、丰台、长辛店私企分会,配送品种有包装食品、蔬菜及芽菜苗,共配送数量137万公斤,配送金额490万元,全市配送网点252个。

(刘秋芝)

【成立法律咨询服务站】 截至10月底,九个分会已全部成立了法律咨询服务站。聘请中济律师事务所的张华律师为长年法律顾问,为会员提供法律咨询服务。共受理投诉48起,为会员挽回经济损失300多万元。

(刘秋芝)

【区“商标孵化中心”成立】 丰台区“商标孵化中心”和“合同指导站”于7月23日正式挂牌开始对外办公。成立后为“北京绿山谷芽菜有限公司”的“绿山谷”品牌注册了商标。共接受咨询12人次,为3户会员在合同签订上提供了咨询服务。

（刘秋芝）

【举办经贸洽谈会】 按市协会的要求,共组织50余家私企会员参加了80余人次的北戴河进京招商推荐会、吉林市双辽市经济发展投资研讨会、投资北京—奥运经济市场推荐会、内蒙古和湖北进京招商推荐会等多场经贸洽谈会。还配合市协会赴青海、新疆交流与合作,使会员开阔了眼界,扩大了业务。

（刘秋芝）

【发放优惠《医疗就医证》】 截止到10月底,向全区会员发放优惠《医疗就医证》18617个,金象大药房《购药卡》10428个,会员受益面达到60%以上。发放会员服务手册25000本,沟通了与会员联系的渠道。

（刘秋芝）

【建立行业分会】 丰台区9个分会中已有8个分会建立了行业分会,共建行业支会19个。为规范经营,统一管理,营造良好的市场环境打下基础。

（刘秋芝）

【开展“送温暖”活动】 年初,区协会与各分会在“两节”期间组织开展了“送温暖”活动,慰问困难和残疾会员30余人,发放慰问金3000余元。

（刘秋芝）

【各分会开展公益活动】 4月上旬由方庄、大红门分会组织的14家会员企业,参加了“首都企业家义务植树活动”。右安门分会和右安门一小连续七年进行的“手拉手共建”活动,与全校师生举行“告别黑网吧,争做合格小公民”活动。南苑分会连续三年为师莲花的外孙捐资助学。长辛店分会青年志愿者多年义务为长辛店辛庄福利中心孤寡老人服务。

（刘秋芝）

【抓宣传注重信息报道】 截止到10月31日,各分会上报稿件294篇,报纸刊登38篇、北京电视台播出7次,丰台有线电视台《非公携英》栏目专题报道组拍摄报道有影响的私企会员和会员活动30次。上报市协会和分局65篇。刊出《丰台信息专刊》21期,《首都私营经济》〈丰台增刊〉共征集稿件74篇,筛选出28篇,又组织10余人集中一周时间进行修改定稿15篇;还抽调专人集中五天拍摄了〈丰台增刊〉封面、中插和文章配图,此刊目前已进入印刷阶段。年内还对全区3000余名会员进行了《合同法》、《劳动法》、《商标法》、《工商行政管理法规》等有关法律法规的培训。全年举办了二期通讯员培训班,60多人参加了培训。专门邀请市协会宣传部长王幼民到会讲解写作摄影知识与技巧。

（刘秋芝）

【坚持联席会制度】 三月中旬,召开了区私个经济工作联席会议第五次会议,28家成员单位的主管领导参加了会议。副区长闫小彦到会并讲了话,丰台工商分局局长、区联席会议办公室主任张风平汇报了区联席会议2003年工作情况和2004年工作意见。丰台地税分局代表成员单位发了言。市私个协会会长金鑫、常务副区长闫小彦分别讲了话。会上还重点研究部署了区联席会议新年度工作要点,修定了“联席会成员单位工作任务责任分解书”、“区优秀私营企业、个体工商户评选办法和细则”等。年编发联席会议《简报》七期。

（刘秋芝）

【抓党建注重基层党组织建设】 协会着重抓基层组织的建立,重点放在公司、企业、社区;抓基层组织建设,重点突出创新机制,完善制度;抓党员素质提高,重点体现有效开展活动。①把培养吸收新经济组织中的优秀分子入党作为组织发展工作的重点。年内已发展预备党员9名,递交入党申请书的有89名,确定为发展对象26名。②各分会党总支以党建为龙头,结合实际开展活动。岳各庄分会党总支把建立基层党组织的重点放在企业和社区,6月22日分会辖区蒋家坟社区建立了第一个社区个体会员党支部。六里桥分会党总支"七一"前夕组织党员积极分子30多人参观了在京举办的《西柏坡展》。大红门分会天海服装批发市场党支部创新党建工作机制,引深"五比一帮"活动,完善"模范共产党员商户标准"。6月7日《北京日报》头版及《首都私营个体经济》报分别以"流动商户中的党员'星'"和"闪烁在摊位上的五十四颗星"为题做了报道。

(刘秋芝)

消费保护

【概　况】 2004年,丰台消协紧紧围绕"诚信、维权"年主题,"诚信"就是要求经营者及市场中介机构在市场活动中以诚实信用原则作为基本的商业道德标准和根本的行为准则,切实履行《消费者权益保护法》(以下简称《消法》)等法律、法规规定的义务,全面、充分履行与消费者的约定义务,守诺践约,反对规避自身义务及各种商业欺诈行为,促进形成"守信光荣、失信可耻"的市场监督机制。"维权",就是号召广大的消费者积极行动起来,以《消法》等法律法规为依据,以法律的标准积极主张自身的合法权益,坚决抵制市场交易中的各种违反诚实信用原则的行为,进一步推动全社会共同关注消费者权益,按照诚信原则解决消费者面临的问题,力争形成全社会共同维护消费者权益的新机制,认真履行《消法》赋予的七项职能,以全心全意为消费者服务为宗旨,以维护消费者合法权益为目的,加强对商品和服务的社会监督,积极开展保护消费者合法权益工作。年内共受理消费者投诉2136件,已办结2113件,结案率98.92%。为消费者挽回经济损失338959.77万元,其中欺诈行为得到加倍赔偿11件,得到加倍赔偿金额358.7元;接待消费者咨询、来访7228人次;收到表扬信56封,锦旗2面。工作信息9篇,消费警示7篇,调研1篇。区消协在做好受理消费者投诉调解工作的同时,努力加强联络站的建设和规范工作,积极调动联络站的工作积极性,在全年受理消费者投诉2136件中,联络站就占了1403件,为消费者免受损失70831.18元。联络站的作用得以充分发挥。

(田振梅　张景朋)

【"3.15"国际消费者权益日】 在"3.15"国际消费者权益日期间,积极开展形式多样的宣传活动。共出动工作人员520人次;共发放宣传材料10余种、5万余份,其中区消协印制各种宣传手册4万份;接待咨询1.34万余人;出动宣传车51辆;受理消费者投诉25件。设立宣传咨询点和分会场共27个;悬挂横幅45条;展版81块。邀请报社、电视台等10余家新闻媒体参加。宣传活动期间共制作电视节目8期,播出时间将近4.5小时,在报刊发表文章4篇。

(田振梅　张景朋)

【积极征订宣传报刊】 加强消费教育、消费指导,落实市消协《中国消费者报》、《中国消费者杂志》的征订工作,全区共订阅《中国消费者报》824份、《中国消费者杂志》1281份,受到市消协的表扬。

(田振梅　张景朋)

【全市首个"消费维权流动工作站"成立】 在"3.15国际保护消费者权益日"首推消费维权流动宣传车即"消费维权流动工作站"。深入辖区内的街道、村镇、山区、旅游区、企业、学校、军营开展宣传,咨询受理消费者投诉工作。现场受理调解消费者投诉56件,为消费者挽回经济损失4436元。发放宣传材料万余份。并组织12家名优企业先后24次进入社区,开展商品使用常识、识别商品真伪优劣及名优产品直销活动。丰台电视台先后播出6次,北京电视台先后播出2次及《消费者报》、《京华时报》等8家报纸都予以相关的报道。

(田振梅　张景朋)

【开展"食品安全社区行"活动】　为了将消费投诉咨询服务窗口前移,丰台区消费者协会、丰台工商分局从9月18日开始,在56个社区开展了以食品安全、消费维权、接待投诉咨询、法规宣传为内容的"食品安全社区行"活动。共接待消费者咨询3200余人,现场受理投诉案件120件,当场解决案件纠纷15件,为消费者挽回经济损失1.5万余元,发放宣传资料2.5万余份。共出动车辆25台次、人员85人。有150余家名优产品的企业到社区进行便民服务。在各现场共接待社区居民达万余人;销售粮油达40余吨和大量食品及蔬菜。为了让社区居民放心消费,丰台工商分局还将食品检测车开到现场,对食品、蔬菜进行了检测。

(田振梅　张景朋)

【开展千家企业"诚信公约"签字活动】　3月11日,区消协与区私个协会、区饮服旅协会、区维修协会、区肉类食品商会、大红门服装协会、区房地产业协会联合举行了丰台区千家企业签订"诚信公约"仪式大会。全区3500余家企业的签订了"诚信公约"。

(田振梅　张景朋)

【成功调解化妆品过敏投诉】　8月,消费者于小姐来到区消协投诉,她于7月在某超市以580元的价格购买化妆品一套,用于面部美容,大约擦了不到1个小时的时间,脸面出现红肿、痛痒,经超市领导同意,她到医院门诊。医院诊断为面部类固醇皮炎。医疗费用2700元,面部仍然有些红肿。7月28日于小姐找到超市领导,要求继续治疗,商家不同意,只答应给2700元的治疗费,以后概不负责。区消协接到投诉后,工作人员马上到超市进行现场调查,经2次调解,于2004年9月3日双方达成一致意见:超市一次性付给消费者损失费(治疗费)5000元及退还购买化妆品款580元。对此结果双方均表示满意。

(田振梅　张景朋)

【头撞玻璃门受伤获赔偿】　6月13日,苏某在一家该服装批发市场购物时,头部撞到了玻璃门上(没标志),造成右眉骨下皮肤裂伤。市场值班人员给苏某的伤口简单处理后苏某提出让市场派一个人陪同去医院时,遭到拒绝,只让苏某自己先去医院治疗,看完后再来找市场或市场再去找苏某。苏某无奈只能给朋友打电话并拨打了110。最后是由苏某的朋友将苏某送到医院,在医院缝合十多针。事后苏某多次找市场要求赔偿医药费、误工费、营养费、精神损失费等共计7526.91元。但是市场一直未给回复,于是投诉到丰台消费者协会。丰台消费者协会依据《中华人民共和国消费者权益保护法》第十一条:消费者因购买、使用商品或者接受服务受到人身、财产损害的,享有依法获得赔偿的权利。第四十一条:经营者提供商品或者服务,造成消费者或者其他受害人人身伤害的,应当支付医疗费、治疗期间的护理费、因误工减少的收入等费用。对双方进行了调解,最后双方达成一致协议:由市场给予苏某一次性补偿共计4000元整,双方不再追究对方责任。

(田振梅　张景朋)

【家具纠纷得解决】　5月22日,消费者史某在某家具城购买沙发一套,并预付订金200元。沙发送来后将余款1600元付给厂家。次日,消费者坐在沙发上看电视时沙发靠背突然断开。消费者找到商家协商,同意由厂家更换靠背。消费者等待多日也未等到厂家来更换靠背。于是消费者再次找到家具城要求退货。商家同意退货但要扣100元。消费者认为不合理于是投诉到丰台消费者协会。区消协通过调查了解,依据《北京市家具产品修理、更换、退货责任规定》第八条:产品自交货之日起90日内,发生严重质量问题,消费者可以选择退货、换货或修理。退货时,应当按原购买价格一次退清货款。经调解,由商家一次性退还1800元。

(田振梅 张景朋)

人 民 生 活

【概 况】 年内,全区总体经济发展趋势较好,区域GDP比上年增长13%,财政收入比上年增长23%;经济和社会稳定,居民家庭收入进一步提高,人均可支配收入13920.5元,比上年增长13.3%;居民消费大幅度增长,人均消费性支出10885.34元比上年增长9.6%。全年农民收入继续稳步增长。据2004年农村住户抽样调查资料显示,在前两年农民人均纯收入较快增长的基础上增势趣缓,农民人均纯收入为8480.6元,比上年同期增长8.9%;人均生活消费支出为6402元,与上年同期持平。农村居民人均住房使用面积36.3平方米,比上年增加2.5平方米。

(高迎生 高丽英)

【居民收入保持快速增长】 是年,全区居民收入继续保持快速增长。人均可支配收入13920.5元,比上年的12281.8元增加1638.7元,增长13.3%。与全区经济的发展水平相适应,全年收入发展速度略高于1989年以来的年均发展速度(11.5%)。从收入结构看:工薪收入、经营净收入、财产性收入、转移性收入均保持增长势头。其中工薪收入9286.15元,比上年同期增长4.7%;经营净收入132.09元,同比增加9.2元,增长7.4%;财产性收入161.21元,同比增加37.9元增长30.7%;转移性收入人均5219.25元,比上年同期增加1120.9元增长27.3%。其中离退休人员人均离退休金收入为4604.76元,比上年同期增加1029.5元增长28.8%。转移性收入对总体收入增长贡献率70.7%,工薪收入贡献率26.3%,这两部分是促使收入增长的决定因素。

(高迎生)

【消费性支出增长9.6%】 从丰台区235户住户调查资料显示,家庭总支出大幅度增长,主要是消费性支出带动。人均消费性支出10885.34元,比上年的9928.75增加956.6元,增长9.6%。其中教育文化娱乐服务支出1610.64元,比上年的1600.03元增加10.6元,增长0.7%。

(高迎生)

【城镇居民恩格尔系数不断下降】 丰台区城镇居民的恩格尔系数呈逐年下降趋势,1990年恩格尔系数是53.4%,居民生活处于温饱水平;1995年恩格尔系数是41.6%,居民生活处于小康水平;2000年恩格尔系数是36.8%,居民生活处于富裕水平;2004年恩格尔系数下降到33.5%,逐步迈向更加的富裕水平。

(高迎生)

【教育文化娱乐服务支出增加】 教育文化娱乐服务支出占消费性支出的比重为14.8%,在消费八大类中的排序为第三位,仅次于食品支出(33.5%)和交通通讯支出(15.4%)。在教育文化娱乐服务支出中:文化娱乐用品支出增长3.5%,处于小幅上升;文化娱乐服务支出下降25.6%,主要是团体旅游支出下降和其它文娱活动支出下降带动。

(高迎生)

【教育费支出增长11%】 比重最大的教育费中教材费下降7.7%,教育费用增长12.3%。在所有教育费用中,增加的项目有:非义务教育学杂费增长12.3%,托幼费增长25.9%,成人教育费增长212.3%,学校住宿费增长57.3%。下降的是义务教育学杂费

－27.5%，家教费－11.3%，培训班费－11.2%，其它费用－55.2%。成人教育费大幅度增加，表明现代信息社会知识更新块，居民家庭成人教育再学习，知识更新、储备成热点。在教育费用中成人教育费用占比重23.1%，列第二位。伴随减轻中小学生负担，义务教育费有下降的趋势，全年下降27.5%。中专以上的非义务教育的重视程度增加，其费用有逐步增加的趋势，全年增长了30.6%。

（高迎生）

【交通与通讯支出增幅第一】 人均交通与通讯费用为1677.2元，支出占总消费的15.4%，上升16.7%，仅次于食品支出。其中，人均交通费963.9元，比上年增长27.4%；人均通讯支出713.3元，比上年增长4.6%。作为现代交通与信息化的体现，汽车与电信产品的占有成为家庭及成员时尚的选择。数据显示，汽车和移动电话拥有量呈现快速增长，是带动居民生活消费支出增长的重要因素。

（高迎生）

【居民家庭日用及文娱用机电消费增长】 是年底，居民家庭中百户拥有洗衣机100%，比2000年增长2.3%；成套家具93%，比上年增长22%；电炊具117.9%，增长17.9%；电冰箱101.3%，增长1.3%；空调器126.4%，增长93.1%；淋浴热水器91.5%，增长22.7%；脱排油烟机93.6%，增长27.1%；微波炉79.65%，增长124.5%。在家庭文娱用机电消费品中，百户拥有照相机91.9%，比2000年增长29.6%；彩色电视机144.7%，增长8.3%；摄像机9.4%，增长242.9%；影碟机61.3%，增长34.8%；钢琴2.13%，增长134.1%；家用电脑68.5%，增长402.3%；移动电话和普通电话为141.3%和106.8%，分别增长542.2%和33.5%；家用汽车13.2%，增长383.2%。

（高迎生）

【农民工资性收入为主体】 农民人均纯收入包含工资性收入、家庭经营收入、财产性收入和转移性收入。丰台区农民工资性收入占主体，人均占全部现金收入的76.2%，即农民人均从企业和非企业以及外出务工所得工资性收入达到6496.2元，比上年同期增长16.5%。家庭经营纯收入人均142.6元，比上年同期下降42.1%。财产性净收入人均1366.6元，包括利息、租金、红利和土地征用补偿等项目，比上年同期下降6.2%。转移性净收入人均475.2元，包括亲友赠送和退休金等项目，比上年同期下降6.6%。

（高丽英）

【生活消费支出与上年持平】 农民居民人均生活消费支出为6402元，基本上与上年持平。其中八大项支出呈现“六增二降”的布局：①食品消费支出人均2034.9元，比上年同期增长7.6%，居八大类消费支出之首。恩格尔系数为31.8%，比上年同期的29.5%增加2.3个百分点。②衣着消费人均支出923元，比上年同期增长57%。③居住消费人均支出793.2元，同比下降55.5%。④家庭设备用品及服务支出人均315.6元，比上年同期下降7.2%。⑤交通和通讯人均消费为534元，比上年同期增长20.3%。百户农民家庭拥有汽车14.78辆，同比增长47.8%；百户拥有手机135部，同比增长21.6%。⑥文化教育及娱乐消费人均达到1018.8元，比上年同期增长23.3%，居八大类消费第二。⑦医疗保健费用人均544.1元，比上年同期增长37.4%。⑧其他商品和服务消费人均238.5元，比上年同期增长78%。

（高丽英）

街 乡(镇)

丰台街道

【概 况】 丰台街道位于丰台区中部,是中共丰台区委、丰台区人民政府所在地。分别与花乡、卢沟桥乡、新村街道、卢沟桥街道接壤,属城乡结合部。辖西三环南路、西四环南路、丰北路、丰南路、东大街5条主要公路;还有铁路干线及丰台火车站,是客流、物流的枢纽。面积8.9平方公里,常住人口40046户10.26万人,人口密集,国家机关、文化、教育、商业设施相对集中,社区资源、人力资源相对丰富。其中:驻街部队38个,中央单位2个,铁路部门9个,区委、区政府各部委办局41个,学校14个,金融商贸115个,文体娱乐场所5个,公园1个。在回族较聚居的地方有清真寺1座。全年共办理信访及矛盾排查62件。全年科室报送各类信息978篇。被《人民日报》刊登1篇、市《城体改信息》刊登6篇、《北京劳动就业报》刊登3篇、《北京市社区劳动保障平台》刊登5篇,《丰台信息》、《丰台政务》采用63篇,丰台有线电视台采编82条,“千龙网”刊登43条,《新丰台》刊登12篇。完成非公经济企业组建工会2个,发展新会员13名,完成外地在京施工企业建立工会8个,发展新会员2504人,完成任务率达到了100%。共完成了16家集体合同签定工作。对21个社区、120家餐馆、1100家“门前三包”单位、170家机关、企事业单位着重清理整治。筹资35万元,对泥洼5号院进行了改造,拆除违章建筑600平方米,硬化地面2000平方米,新建绿地1500平方米。完成了对东安街头条社区的改造,拆违硬化路面583平方米,植树86棵。造花池、铺草坪、建车棚、养护绿地6万平方米,绿化5586平方米,新植、补植各类树木30061株。做好610工作,与21个社区党委签订了610工作责任书,深入开展警示教育,解脱法轮功练习者111人,转化10人,被评为北京市同法轮功及其邪教组织斗争先进单位。年内完税182.9万元,集贸市场税收279.6万元,比上年同期增长138.7%,个体税收完成60万元,比上年同期增长13.2%。全年完成无偿献血指标81人被评为北京市献血先进单位。

(张惠娥)

【社区建设】 上半年开展创建小区型、军营型、军休型、物业型等特色社区的基础上,深化创建活动,形成了“一区一品”、“一居一特色”。即:创建以“为老助老”为特色的服务型社区;以普法为特色的学习型社区;与部队共同创建双拥共建特色型社区;与社区单位携手共建学习型、科普型社区。在“一区一品”、“一居一特色”的创建活动中,21个社区形成了18种特色,构成了丰台街道品牌型社区创建的亮丽风景线。

(张惠娥)

【社区文化】 元旦、春节期间组织了秧歌一条街活动,“三八”妇女节期间,8个社区100名文艺骨干登台演出。夏日文化广场共放映电影、文艺演出54场,参与群众26000人次,秧歌队、太极拳、合唱队等24支文艺队伍活跃在社区。荣获北京市第七届中老年人优秀健身项目表演赛优胜奖。

(张惠娥)

【社区服务】 推动“百万家庭上网工程”,举办电脑培训班8期,培训353人次。家政热线共接电话3389人次,开展服务2131人次,电话回访947次,接受咨询1024人次,接受求助1944人次,开展有偿服务325人次,低偿服务1589人次,无偿服务30人次。完成了96156小呼叫系统并网工作。完成市、区、街、居四级联网工作,保障数据的网络传输和上线后的两次改版工作,为政府搭建了信息数据库。

(张惠娥)

【精神文明建设】 年内,丰台街道被评为首都文明街道,63号院社区被评为首都文明社区;新兴家园社区、新华街北社区被评为首都绿色社区;63号院社区和总后丰台管理处被评为首都军警民共建先进单位。东大街社区妇联被评为北京市妇联系统基层妇女组织先进集体;丰台街道妇工委、泥洼社区妇联、东大街社区妇联被评为丰台区妇联系统基层妇女组织先进集体。丰台街道被评为“丰台区发展社区教育促进学习化社区建设先进街道”;丰台街道社区教育中心被评为丰台区示范型社区教育中心;63号院社区被评为丰台区学习型社区。

(张惠娥)

【劳动保障与就业】 劳动巡查和专项执法检查各类企业350个,涉及人员13600人,补签合同254份,补缴社会保险15200元。开发社区就业岗位833个,安置就业1433人,再就业培训455人,再就业指导1816人,推荐成功就业700人,成功求职策略培训1449人。失业人员就业率达到67.56%,失业率控制在1.27%以内。

(张惠娥)

【最低生活保障】 为448户950人实施最低生活保障,全年共发放最低生活保障金2254268元,粮油补助353320元,医疗救助14人次,救助金额78284.84元。

(张惠娥)

【社会捐助】 10月辖区广大军民和社会单位募捐衣物5.9万件,捐款人民币51万元,帮扶北京市贫困群体和对口支援江西、内蒙灾区、贫困地区。

(张惠娥)

【全程办事代理】 街道投资80万元建立了全程办事服务大厅,将街道八类56个对外服务事项全部纳入服务范围,并将全程代办工作延伸到21个社区。全年,全程办事代理服务大厅接待办事群众24576人次,受理16882件次;即办11197件,上报5695件,上报结案4936件,一次办结率100%;群众满意率100%。共受理代办事项2961件,办结1900件,群众满意率100%。收到表扬信3封,锦旗3面,群众留言表扬39条,丰台街道代表全区22个街乡、东大街西里社区代表全区204个社区接受了北京市全程办事代理制及政务公开检查组的检查,以全优的成绩为丰台区的全程办事代理制工作赢得了荣誉。

(张惠娥)

【推行政务员制度】 8月中旬,街道推行政务员工作制度,从机关选派9名经验丰富的优秀党员干部到社区做政务员工作,担当起一身四职的工作职责。即:担当起牵头落实或督促有关科室完成法律、法规赋予街道在辖区内组织领导、综合协调、监督检查的职责和任务;担当起社区党建联络工作;担当起全程办事代理制延伸到社区的全代办受理站的工作;担当起对社区居委会的指导工作。政务员制度的实行,促进了社区自治组织的建设,增强了社区自我管理的能力。

(张惠娥)

【为民办实事】 全年为辖区群众办实事8件。一是筹备资金14.4万元,对东安街头条小区进行了改造;二是协助区有关部门顺利完成了北大街、文体路的拓宽改造工作;三是8月份组织7名重度肢残人员到天津看大海;四是为760名军地退人员建立了医疗报销联系卡;五是新安装全民健身器材4套;六是为辖区居民提供法律援助40件;七是完成了对建国街、泥洼、看丹路口、“三校一院”周边的环境整治;八是协调有关部门完成了对12座公厕的改造升级。

(张惠娥)

【残联工作】 全年收缴保障金776483.98元;分散安置残疾人6人;完成技能培训6人,支付学费补贴3513.60元;12名残疾人得到系统康复;4名残疾人参加北京市残疾人职业技能大赛,2名获二等奖、1名获三等奖,4名选手全部获北京市劳动局颁发的中等技能证书。在华堂商场建立“爱心柜台”专门销售残疾人制作的手工艺品。荣获北京市基层残联组织建设示范窗口。

(张惠娥)

【征兵工作】 年内适龄青年登记的共258人,应征对象47人,35名合格青年应征入伍。

(张惠娥)

卢沟桥街道

【概　况】 卢沟桥街道地处丰台区西北部,与卢沟桥乡12个行政村相互包容交错管理,辖区面积59.73平方公里,现辖28个社区,有常住居民人口60579户155802人、流动人口9420户、30894人,属典型城乡结合、农居混住地区。辖区东南与太平桥街道、丰台镇街道、新村街道相邻,西北与宛平城地区、石景山区、海淀区接壤;辖区内西三环路、西四环路、万丰路、永定路南延路、玉泉路南延路和丰北路、京石路、吴家村路等交通路线贯穿南北东西,构成便利的交通环境;丰台体育中心、大成学校、六里桥长途客运站、家世界购物广场、华联超市、解放军302医院、郭林家常菜等商业服务业与文化教育卫生设施齐全;269个中央、市、区属单位、外埠驻京办事机构和部队单位,654个非公经济组织驻在辖区,中共北京市纪委(北京市监察局)、区财政局、区房地局、区体育局、区城管大队驻在辖区,辖区有5个公安派出所、2个工商所。年内,街道工委、办事处紧紧围绕“认清形势、打造基础、突破两点、求真务实”的总体思路,勇于创新、力求突破,积极进取,扎实工作,较好地完成了区委、区政府下达的各项任务,街道社区建设、辖区环境卫生和社会治安综合治理等工作取得了较大成绩。全年获得市级先进称号3个、区级先进称号3个。连续四年在全区开展的“考评争创活动”中荣获一类街道光荣称号。

(王克凡)

【社区建设】 年内投资80万元,建设改造了三个办公条件差、相对落后的社区办公用房,提高了办公效率,方便了群众办事。指导社区建立了《社区居委会工作立项制度》,实行了重点、专项工作向社区统一拨付补助经费的办法。采取对社区干部进行系列专题培训和到街道机关挂职调训的办法进行培训锻炼。

(王克凡)

【特色创建】 年内街道抓好望园学习型、莲香园文化型、秀园军民共建型、春园服务型、莲怡园共建型、八一厂法律型“五园一厂”特色社区建设。以青塔地区为试点,进行了蔚园、秀园、芳园、春园四个社区联片推进社区建设,提高了社区居民的凝聚力,达到了整体提高联片推进社区建设的目的。以数字化为特色,建设了精品社区京铁家园社区,方便了辖区居民群众办事,建成了全市数字化程度最为完备的数字化社区。

(王克凡)

【居村共建】 进一步深化了居村共建工作,并结合辖区特点,赋予居村共建新内容。形成了城乡一体、三级创卫的领导和工作体系。街乡合作开展了"劳动用工规范一条街"活动,各单位交纳社会保险费率达到95%,持证上岗率达到80%。加强了宣传、执法,强化了禁烟、垃圾分类等爱国卫生基础工作。

(王克凡)

【"创卫"活动】 年内完成了以"双拥共建为主题"的大成路精品街的整治和建设。完成了万丰路小井段、玉泉路南延线、大成路、丰北路西延线和永定路南延线拆违、清理、治乱建设。完成了六里桥小区硬化改造、大井小区硬化绿化、大成里4个小区的拆违清摊、五里店41号院整治修建、五里店9号院的拆违硬化工作。较好地完成了除四害工作,顺利通过了北京市除四害专家组对街道的检查验收。组织辖区269个社会单位和社区,植树54090棵、绿篱35400株、宿根花卉13463株、增改建绿地20514平方米,完成了春季义务植树任务。完成34台锅炉的改造任务,对丰台花园环保监测子站周边进行重点整治。

(王克凡)

【社会治安】 在28个社区成立了社区综治委,健全了街、片、点三层责任体系,搭建起了社区综治工作新平台。组建了1245人的信息员队伍,进一步完善了群防群治网络体系和防控体系。解脱"法轮功"原练功人员117名,取得明显成效;加大了对市、区挂帐的广亨超市、大成路东口、六里桥非法劳务市场周边秩序的整治力度,通过了有关部门考核验收。对流动人口实行"人性化管理、亲情化服务"。

(王克凡)

【社会救助】 切实关注困难群众和弱势群体的生活,努力为群众解决实际问题。认真落实低保政策,严把审核关,及时为970多名符合低保政策的群众办理了手续,切实做到应保尽保。按月足额发放养老金、救济金,及时报销医药费,保证了低收入群众的正常生活。开发工作岗位1560个,超额完成了千人再就业工作任务。

(王克凡)

【科教文卫】 积极组织社区群众以重大节日系列活动和夏日文化广场为主线,广泛开展了形式多样的社区文化活动。顺利通过了社区教育中心和推进社区教育先进街道创建与验收工作。开展了系统的健康教育促进工作,完成全民体测1300余人。坚持以提高人口素质为目标,不断深化人口与计划生育宣传、教育、服务工作。在社区建起了大型的社区科普长廊,开展了科普知识进社区活动。

(王克凡)

【政务公开】 成立了政务公开日常办事机构,制定了《关于进一步深化政务公开工作的实施方案》。建立了政务公开专栏,编印了《政务公开服务指南》宣传册,增设了专线咨询电话,制作了便民服务卡。

(王克凡)

【全程代办】 投资30万元,扩建了全程办事代理对外服务大厅,增添了办公设备。对63项承诺全程代办服务事项进行了整理,将全程代办工作纳入了全年创优日常考核,全年办结率100%。

(王克凡)

【电子政务】 投资10余万元,搭建了街道局域网平台。对外网网站进行了改版,增加了政务公开栏、专题跟踪、民意征集等多项新内容。对全程办事的63项工作在网上进行了公开。

(王克凡)

【街道人大】 建立了人大代表公示制度、代表接待日制度、代表联络选区制度、执法检查前学法制度、代表履职档案制度、代表述职制度。在每个社区成立了人大代表联络员、设立了人大代表意见箱。组织召开了人大代表民主评议辖区政府职能部门工作会议,并对情况进行了反馈和整改。人大代表解决了9件居民群众关注的热点问题。

(王克凡)

太平桥街道

【概　况】 太平桥街道位于丰台区的中北部,东与宣武、北与海淀区接壤,西南分别与卢沟桥、新村、右安门街道毗邻,并与卢沟桥乡6个村(或工贸集团)相包容,辖区面积9.81平方公里,是京西交通枢纽之一,北有西客站、东靠广安门货运站,菜户营桥、六里桥、丽泽桥、莲花池立交桥构成辖区东西南北的交通大动脉。辖区内有中央和市、区属单位243个,是西客站南广场商贸区和丽泽商务区的中心地带;辖区有占地53.6公顷的莲花池公园、1所大学、7所中小学校、4所医院、4家报纸出版新闻媒体。辖区主要街巷10条,其中一、二类大街广安路、西客站南路、西三环西路、二环路4条,社区居委会10个,常住人口17523户、45070人,社会志愿者3017名,计划生育率99%。年内被北京市评为爱国卫生工作、计划生育工作先进单位,被丰台区评为文明街道。

(邵宝卫)

【社会治安综合治理】 辖区有三个公安派出所,全年召开地区有关安全工作会议13次,先后印发了防火、防煤气中毒、防禽流感、致居民的一封信等安全工作宣传材料4.5万余份;与单位或业主签订《社会治安综合治理责任书》、《出租房屋安全责任书》、《交通安全协议书》等安全责任书400多份,构筑街、居、楼三级安全工作网络,建立安全生产工作台帐,做到基数清、情况明,街道现有出租房屋672户724间,地下空间154处(在用130处),其中人防工程58处(开发利用41处),普通地下室95处(已使用89处),流动人口3080人。集中对六里桥东北角非法劳务市场、莲花池公园南侧平房、地下空间、出租房屋、取暖煤炉、发廊、电子游戏厅、网吧、施工工地等进行拉网式安全检查13次,出动1350多人次,对有安全隐患、不符合安全规定的单位或出租房屋主下发整改通知书234份,当场没收、拆毁违禁电器26个、夺命炉15个、电子游戏机主板57块。对地区56名帮教对象,坚持实行"教育、感化、挽救"的方针,防止他们重新犯罪;3名社区矫正人员工作进展顺利。

(邵宝卫)

【公共卫生】 按照市、区要求全面落实防控禽流感工作,联合执法部门关闭活禽交易场所,为各社区和养鸽户配发了消毒液1000公斤,对84户2454只鸽子实施禁飞、圈养、消毒"一对一"管理,及时对社区2名非典一般接触者进行走访和医学观察。

(邵宝卫)

【"创卫"工作】 认真制定"创卫"北区第一协调组工作方案,协调各方面力量加强创卫工作,培训地区单位、居(村)创卫业务骨干130多人,街道招聘40名保洁人员对辖区6条大街进行日常保洁,组织辖区居民进行城市清洁日、义务绿化植树活动,共植树2100多棵、养护绿地4.7万平方米,灭蟑灭蝇工作已通过市级单项考核验收,被评为市爱国卫生先进单位。

(邵宝卫)

【城市管理】 依法拆除莲花池公园南侧平房、菜户营铁路沿线、建银大厦、戏曲学院周边等违法建设共计3100余平方米,清运渣土180车。加强对辖区城市管理的执法力度,清除小广告4万余条,取缔小广告窝点12

个、露天烧烤28起，暂扣无照三轮车89辆，打击流动商贩1312起。

（邵宝卫）

【优化发展环境、协税护税】 抽调2名干部专职从事优化发展环境、协税护税工作，实施重点企业一把手亲自联系、重要企业专人、定期联系的联系企业制度，为地区企业发放了《绿色通道联系卡》和《社会单位意见征求表》500多份，调查、了解地区110家规模企业的经营发展状况和纳税情况，并建立"一户一卡"台帐；协调区职能部门，为企业办理实事24件，分7个行业为50多个经营有特色的单位提供街道网络支持，有6家单位将税务关系转入丰台区，注册资金达7500多万元。

（魏起利）

【劳动保障】 街道共抽查劳动用工单位61家、日常劳动监察巡查296家、受理举报案件41起，涉及职工1.1万余人，责令用工单位为劳动者补交各项社会保险32.9万元、清理拖欠工资10000余元、补签劳动合同646份。

（梁京凤）

【社会事业】 在社区广泛开展"送政策、送岗位、送技能、送服务、送温暖"活动，为失业人员建立求职档案579人，办理《再就业优惠证》410个，上报空岗信息96条，开展定岗培训316人次，新开发就业岗位729个，安置下岗失业人员721人；及时准确发放离退休人员基本养老金和失业救济金近590万元、报销医药费20余万元。增设2个社区卫生站，增加社区服务网点、新增社区公益性自管人员40多名；社区便民服务热线接待求职人员560人次、热线求助219人次。广泛开展帮困、助残、济贫、敬老活动，及时足额为各类民政对象发放补助200多万元。

（邵宝卫）

【为民办实事】 完成马连道路14盏路灯的安装、400户居民自来水并网工程、老旧小区改造工程等8件为民办理的实事，积极协调化解万泉寺65户高压线扰民问题、成功处理东方隆昌服装城1200余户商户的矛盾纠纷。

（邵宝卫）

【老旧小区改造】 街道自筹和协调辖区单位，为太平桥中里、太平桥西里老旧小区的整治改造工程筹集资金900多万元，为小区修理油路5条、硬化路面3万多平方米、粉刷墙面5000多平方米，安装路灯60盏，绿化8000平方米，并对地下热力管线进行了更新，老旧小区的面貌为之焕然一新。

（邵宝卫）

【精神文化生活】 发挥街道社区服务中心、各社区居委会图书室的作用，开展全民学习、终生教育活动，创建各具特色的学习型社区；经常性地组织健身操、秧歌队、文艺汇演、夏日文化广场等丰富多彩的文体活动。以加强公民道德、法制、国防宣传教育为手段，以各级党、工、青、妇、民兵组织为纽带，充分利用社区资源，积极倡导政企联手、军地共建活动，组织辖区单位和居民开展"城市清洁日"、"周末卫生日"和除"四害"活动，开展助残、为老、帮困、助学、募捐活动，积极为社会弱势群体提供物质、精神帮助，促进了地区精神文明建设，街道被区评为文明街道。

（邵宝卫）

【人口与计生服务】 与单位签订《计划生育目标责任书》94份，与出租房屋主签订《流动人口计生责任书》204份，组织计生宣传发放材料20多万份，加强计生服务管理，为10800名育龄妇女名建立台账，办理独生子女证75个，一胎生育服务证121个，为独生子女发放奖励费2.2万余元。

（邵宝卫）

【政务公开】 投入近20万元配备、更新电脑等办公设备，改善机关办公条件，完善并充实了太平桥街道网站内容，实行政务、党务、人大、居务四公开，建立"经济扫描"专栏为地区50多个企业服务；建立街道全程代办室、社保所代办点、10个社区代办站的三级全程办事代理服务网络，在实行区里统一代理事项的基础上,自定与居民生活密切的5 8项工作实施全程代理,全年已为居民受理和办理3364件,其中即办件3223件、上报件141件,除上报件外,一次办结率为100%。

(邵宝卫)

新村街道

【概　况】　新村街道位于丰台区中部,管辖范围与花乡乡界相符,东以北甲地路为界,与西罗园街道、马家堡街道、南苑街道接壤;西以京广、丰沙铁路进入线为界,与宛平街道、老庄子乡为邻;南至丰台区界,与大兴区芦城乡相连;北以京汉铁路为界,与右安门街道、太平桥街道、丰台街道为邻。辖西四环南路、南四环西路、丰葆路、丰台南路、丰台东路和看丹路等六条主要大街。办事处驻地新村四里25号,距区人民政府3公里。地区堪界面积50.28平方公里,总人口10.5万人,其中常住居民9.6万人,户籍人口6.9万人。年度新增出生人口373人,死亡192人。全年两次共投资3万元为各社区配发办公用品。全年共受理调处民事纠纷130件,调解成功130件,成功率100%,防止矛盾激化7件,调处疑难杂险纠纷4件,代书35份,咨询205人次。全年处理群众来信来访156件,做到答复率100%,解决率100%。年内安装了3个"居家工程",并筹措资金11万元,铺装地面1300平米。组织假期活动207场次,5149人次参加,投入资金2434元。为60岁以上老人办理《北京市红十字会助老卡》25份。为65岁以上的老人建健康档案200余份。举办了四期健康知识讲座。年度22名地方合格青年应征入伍。年内被丰台区委区政府评为:丰台区城市环境和管理秩序集中整治工作先进单位、丰台区专项综合整治工作先进集体、群众体育工作先进单位、档案工作先进单位、党报党刊发行工作先进单位、基层群众文化工作先进单位、劳动保障系统优秀信息单位、统计工作先进集体、"扫黄""打非"工作先进单位、残疾人工作全优单位、人口和计划生育工作一级单位、再就业工作先进单位、五四红旗团委。并被北京市评为:首都军(警)民共建标兵单位、人口和计划生育工作先进集体、社区公共服务平台服务系统先进单位称号。

(王复华)

【全程代理】　年内共受理一胎服务证140件、随父换证60件、独生子女证96件、婚育证287件、随父入户120件、退学手续2件、借读核准99件、公有住房租金减免84件。计888件。

(王复华)

【城市建设】　共投资20多万元,先后清理了1806个居民楼楼门的卫生,清扫路面、绿地6.8万平方米,清理辖区各种堆物、堆料、积存垃圾,清理垃圾渣土100多吨,拆除广告牌80处,清除小广告上千余条,新建2座封闭垃圾房,拆除违法建设1500平米。实现了地区的垃圾密闭化收集100%,垃圾密闭化运输100%,垃圾无害化处理100%。投资40万元对明春苑社区开展了综合整治工作,完成了整个社区的环境卫生、绿化美化、道路硬化、地下管线的改造任务。社区设立了禁烟工作监督机制,成立了150人的禁烟检查员队伍。全年改造锅炉31台,下发锅炉改造限期治理通知书35份;在全区对街道、乡镇创卫工作的验收检查中,取得第一名。

(王复华)

【绿化工作】　全年植树5922株,其中乔木90株,灌木362株,月季和攀援植物5470株,绿篱1625株,285延长米;色块41560株4618平方米;新制草坪3880平方米;种植宿根花卉1280株,218平方米;扩大绿化面积4030平方米;拆墙透绿510米;重大节日摆放盆花60000多盆。

(王复华)

【花园式单位】 恒富花园、商业机械研究所通过了市级花园式单位验收。

(王复华)

【基础设施建设】 年内完成4座2类以上公厕的建设,并对原有的2座3类公厕进行改造。同时,在丰南路由办事处出资在公交车站建设3个候车亭。

(王复华)

【劳动保障】 地区用工单位登记注册170家企业。与园区职介所联合举办了一期企业劳资人员参加的劳动法规培训班,75家住园区的公司、企业参加培训;组织3家企业负责人傍听了劳动局仲裁傍听会。巡查企业191家,涉及职工25819人,签订劳动合同为24528人,占95%,已缴纳社会保险共21946人占85%。与113家企业和施工单位鉴定了《安全生产责任书》,并建立施工工地台账、危险化学品单位台账、重点单位台账、特种设备单位台账和举报案件查处台账。全年为职工清欠追回工资36人次,5万余元,处理群众访问案1起17人。结案率100%,追缴社会保险131人次,补缴社会保险23余万元。

(王复华)

【税收】 个体收入完成160万,比去年增长60%。集贸收入完成420万,比去年增长85%,招商引资税收8000多万元。

(王复华)

【社会保障工作】 年度城镇累计登记失业人员1007人。其中就业转失业人员609人,当年实现就业840人。城镇登记失业人员中,推荐成功就业673人,完成任务指标113%,开发社区就业岗位569个,完成任务指标109.4%,安置失业人员455人,完成任务指标108.3%,举办9个种类20期技能培训班,再就业免费技能培训317人,完成任务指标134.3%,培训合格率98%,培训就业270人,就业率达85.2%,其中定岗培训270人,定岗培训率90%。发放《再就业优惠证》492份。发放养老金5090人次,4808991.61元;失业保险金1757人次,3178014元;失业人员医疗补助143人次,62030.35元;退休人员医药费185人次,98739.94元。对10000多名退休人员社会化管理进行信息确认和采集工作,完成470余户、930余人的低保信息采集录入工作,发放低保金226余万元,撤销95户241人,变更597户,新增66户129人。

(梁冬梅)

【社会综合治理】 6月至10月,街道和公安、工商、交通、城管执法队等职能部门组成的联合执法队,共出动908人次,对单位、居民区、主要干道、地下空间、“六小”场所、校园周边等进行了综合整治,共检查单位、社区、门店等295个次,检查出各种不安全隐患166起,发出限期整改通知书17份,停业整顿2家,批评教育19人次。取缔无照经营小商小贩478个次,暂扣非法无照运营的三轮车27辆,疏导乱停乱放机动车174辆,自行车625辆。清除不干胶广告3014张,喷涂广告463张,抓散发小广告18人次,没收6450张,罚款4750元,取缔路边烧烤14个。开展了5次较大型的防火安全大检查活动,共检查了地区单位、社区、地下空间、出租房屋等320余个次,检查出各类不安全隐患280余起,对存在隐患的单位和个人批评教育87人次,发出检查记录通知书110份、限期整改通知书42份,同时清除楼道和平房区堆物堆料92处。出各类板报400余块,横幅60多条,办事处、单位、社区防火宣传28场次,发宣传材料20000多张。检查地下空间118处次,检查出各种不安全隐患起67起,发出限期整改通知书41份,批评教育90余人次。出动180多人次,对过期地下空间进行填埋,共填埋1370.22平方米。重点节日和各敏感时期,20个社区的35支治安防范巡逻小分队出动巡逻人员30000余人次。刑满释放和解除劳教的人员共63人无一人重新犯罪。调解民间矛盾130起,调解率98%以上,防矛盾激化7起。

(陈香玲)

右安门街道

【概　况】 右安门街道位于丰台区境域的东部,距区政府9公里。东以北京南站为界与崇文区相邻,南至京山铁路与西罗园、马家堡、新村街道相连,西至菜户营与太平桥街道接壤,北至护城河与宣武区隔河相望。街道办事处驻地在右安门外翠林小区。街道辖区面积4.32平方公里,下设16个社区居委会,常住居民3.17万户,8.2万人,少数民族16个。境内街道小巷25条,(其中主要街道东西向6条,南北向5条;小巷14条)。辖区内共有经营单位1516家,其中法人单位470家,产业活动单位216家,个体经营户830家。年内街道工委提出:推进社区居民自治,贴近居民办实事的工作举措。全年共接来信来电98件,接待群众来访8批142人次,经现场落实、协调处理、举一反三等三个环节,全部得到解决。街道范围内现有绿地58处,面积80.78公顷,新增绿地0.738公顷,人均占有绿地9.85平方米,同比人均占有绿地增加0.32平方米。拆除违法建筑976平方米,清运垃圾525吨。在16个社区共建23处居家健身场所,新增2处。以"关注灾区、关爱灾民、捐赠一月工资、奉献一片爱心"为主题开展捐赠月活动,共捐款100221.7元,衣被22714件。街道共有失业人员2730人,(其中年内接收1090人)。全年职业指导培训857人,技能培训278人,成功推荐再就业950人次,与地区单位签订29份空岗协议,开发岗位1200个,置换岗位870人,安置"4050"人员149人,组织召开10次大型招聘洽谈会,达成用工意向350人。就业率达79.8%,失业率1.42 %。开展城乡一体创卫工作,在9月底的创卫检查评估中,灭蝇单项达标通过了北京市创卫检查组的专项验收。完成玉林东里一区、玉林东里二区、翠林三里三个老旧小区的环境改造,修建幸福里道路,完成翠林小区北侧万米绿地与马家堡西路连接的绿化任务,对右外大街凉水河两岸的环境进行综合整治,完成金色世纪家园的垃圾分类,对地区4台燃煤锅炉进行燃料改造,使右安门地区的空气得到净化。为解决居民买菜难、吃早点难问题,街道重新启动玉林社区服务中心,改造西二条便民服务网点,在社区建立12个社区服务网点,为弱势群体带来生财之道,为居民带来方便。组建149人的人民调解队伍,调解各类矛盾纠纷402起,成功率100%,开展法制宣传7次,解答法律咨询64次,防止矛盾激化8件。进行社区矫正工作,现有矫正对象11人,帮教对象54人。加强社区治安防控体系建设,有效整合社区资源,建立了1660余人的社区巡逻志愿者队伍,平安社区创建工作为创造良好社区治安环境提供了坚实的基础和保障。年内街道办事处被评为市级先进15项:北京市计划生育先进集体,首都见义勇为权益保护工作先进单位,基层残联组织建设示范窗口,爱心型青年文明社区,优秀社区青少年工作项目,首都文明市民学校优秀校,群众体育先进单位,基层妇女组织先进集体,同法轮功及其他邪教组织斗争先进集体,消防安全先进单位,流动人口管理先进集体,"三优文明"服务窗口,北京市"青年文明号",节约用水先进集体,花园式绿化先进单位。

(张二山)

【胡锦涛总书记视察北京佑安医院】 11月30日下午,中共中央总书记、国家主席胡锦涛在中共中央政治局委员、国务院副总理吴仪、中央书记处书记王刚、中共中央政治局委员、北京市委书记刘淇、北京市市长王岐山等陪同下,来到北京佑安医院,看望正在这里住院治疗的艾滋病患者,慰问工作在艾滋病防治第一线的医务人员和志愿者。卫生部常务副部长高强、北京市卫生局局长金大鹏和佑安医院院长赵春惠向总书记汇报了国内、北京市及佑安医院防治艾滋病的工作情况。

(张二山)

【回良玉副总理看望社区残疾人】 1月17日上午,中共中央政治局委员、国务院副总理回良玉,在国务院副秘书长汪洋、中国残联主席邓朴方、北京市市长王岐山等陪同下,来到右安门街道翠林小区三里残疾人康建生家中走访慰问,代表党中央、国务院向全国广大残疾人及其亲属致以节日的问候。陪同回良玉副总理一起走访的还有国家发改委副主任姜伟新、财政部副部长楼继伟、中国残联党组书记王新宪、理事长汤小泉、北京市委副书记龙新民、副市长孙安民、市政府秘书长刘晓晨、市残联理事长赵春鸾和丰台区区长张大力等。

(张二山)

【王岐山市长检查翠林供暖所】 10月23日,北京市市长王岐山、副市长吉林等到右安门街道翠林供暖设备服务所检查冬季供暖工作,区长张大力、副区长李昌安陪同检查。

(张二山)

【马家堡西路开通】 12月20日,马家堡西路正式开通,副市长吉林参加剪彩仪式。马家堡西路北起菜市口大街与南二环滨河路相交处,南至南四环,全长4.6公里。机动车道宽23米,主路三上三下,6条车道,设计时速60公里,两侧各设一条7米宽非机动车道,外侧4米宽人行道和绿化带,新建2座立交桥和4座跨河桥。

(张二山)

【开阳里八区爱心之家启动】 丰台区第一个爱心互助家园于8月18日在右安门街道正式挂牌成立。北京市民政局捐赠中心丁开山主任、丰台区民政局孙海臣局长、市残联赵建民主任、区残联李怀信副理事长、丰台区工商联党组邓世宁书记、丰台区民政局孙先礼副局长为“爱心互助家园”、“社会捐助接收工作站”揭牌。

(张二山)

【玉林社区服务中心重张开业】 街道投资170余万元对玉林社区服务中心进行改造装修,改造后的服务中心有服务项目8类32项。12月8日上午,右安门街道社区服务中心正式启用。区政协主席初建华、区委副书记陈继平等领导及右安门街道领导、地区知名人士参加了启用仪式。玉林社区服务中心的重新运营标志着右安门地区社区服务工作达到了一个新的水平。

(张二山)

马家堡街道

【概　况】 马家堡街道位于丰台区东南中部,东与西罗园街道、南苑乡接壤,南与南苑街道接界,西与新村街道相连,北与右安门街道隔南三环路相望;辖区内有南三环中路、角门北路、角门路、嘉园中街、南四环路、马家堡路、马家堡中路、马家堡西路,嘉园路五横四纵9条主要大街。辖区呈长方型,东西宽1.53公里,南北长3.21公里,面积4.9平方公里,居民小区29个,居民32949户,99736人,设12个社区居委会。辖区内有中国康复研究中心、北京戏曲艺术职业学院等79个中央、市属、区属单位,学校6所,幼儿园3所,商场3家,医院3家,社区服务中心1个,公交线路12条,是一个集居住、商贸、餐饮、医疗保健、文化教育于一体,交通便利、环境优美的正在开发建设现代化居住区。全年新增绿地面积58000平方米、植树种花9685棵

(株),辖区建成区内绿化覆盖率达28%;认真做好人民内部矛盾的排查调处工作,处理化解集体访6起,消除化解各类人民内部矛盾30多起。积极开展文明创建工作,嘉园一里社区被评为首都文明社区,玉安园社区、富卓园社区、欣汇社区被评为区级文明社区,宜泽隆物业、社区服务中心被评为区级文明单位。

(李志平)

【创建卫生区】 年内街道积极推进城乡一体创卫工作,成立7个协调小组,协调工商、卫生、环卫等部门广泛参与,共联合执法12次,投入资金3万余元,培训卫生骨干3期180人次,设立专职除四害工作人员,除四害检查800户次,限期整改60余家;禁烟检查245户次,组织了城市清洁日6次,参加19000余人次,清理绿地18000平方米,清理小广告20000余条,捡拾白色垃圾500余斤,4次统一灭蟑、灭鼠,投放各种药品价值15000元,14家餐饮企业进行了集中消杀。拆除违法建设4600平方米,拆改锅炉9台。

(李志平)

【社会治安综合治理】 落实综合治理责任制,签订治安责任书150份,签订交通安全责任书41份,人防防汛责任书64份;积极开展专项治理工作,对角门北路一条街进行了重点综合整治,处罚无照经营2784起,没收黑摩的、黑三轮406辆,关闭烟店1家、美容美发店2家,清理杂草地200平方米、清除垃圾30余吨,对运通108总站交通秩序进行了整顿,角门北路交通秩序有了明显改善;严厉打击非法经营,查处明日东方商厦115号无照游戏厅一处,关停歌厅一处,查抄散装白酒200余斤;年内先后8次开展以防火、防煤气中毒、防伤亡事故为主要内容的拉网式安全大检查,检查地区单位、门店、工地、地下空间、居民小区3276个,发放整改通知书210份,限期整改问题258件,及时处理严重安全隐患3起,没收煤气罐2个,电炉4个;年内13个小区,投资153万元进行了封闭,安装监控探头86个,还安装了红外监控、烟感设备和门禁系统,增强了居民的安全感和安全工作的有效性。

(李志平)

【全程办事代理】 4月,全程办事代理工作全面启动,本着实事求是、因地制宜、整合资源、稳步推进的原则,推出了"一室带两口"的服务模式,即受理室带社保、民政两窗口,受理项目50项,共受理居民申办事项858件,办结率100%,满意率100%,受理群众来电来访1198件,社区居委会增加便民项目20项,极大的方便了辖区的居民群众。

(李志平)

【老旧小区整治】 10、11月间,马家堡西里小区拆违整治工作全面启动,副区长吕仕杰亲自挂帅,街道办事处牵头,区综治、城管、房管、公安、等有关部门全面参与,出动人员1000余人次,奋战40余天,拆除违法建设83户、92间、1643平米,小区环境得到明显改善。

(李志平)

【文化体育和卫生保健】 年内组织各类文化活动24场,13300余人参加,新建居家工程2套,举办25次健康知识培训讲座,参加培训5800余人次,为2800名外来人员免费接种流脑和麻疹疫苗,为150流动儿童补服脊髓灰质炎糖丸,为310名特困妇女进行了免费健康体检。

(李志平)

【残疾人法律援助站成立】 8月24日,街道残疾人联合会与街道司法所共同成立马家堡街道残疾人法律援助站,为辖区内的残疾人提供法律咨询、代理案件等服务,为经济困难的残疾当事人提供无偿法律服务,同时加大残疾人普法力度,让残疾人知法、懂法、守法,学会用法律武器保护自己。

(李志平)

【劳动就业】 年内开发就业岗位222个,安置失业人员177人,成功就业292人,职业指导572人,102人参加职业技能培训。

(李志平)

【劳动监察】 年内处理劳动纠纷案件28起,返还拖欠工资21万元,补签劳动合同242人次,补交社会保险50余人次,社会保险新开户6家,有效地保护了劳动者的合法权益。

(李志平)

【社会保障】 年内发放失业保险金1655619元,报销医药费93837.7元,发放养老金959462.69元,低保金1622777.8元,完成1265人低保年审,对辖区实施了有效的社会保障。

(李志平)

【社救与募捐】 年内走访慰问贫困家庭559户,发放慰问金14010元,向见义勇为基金捐款21976.8元,征收残疾人保障金146000元。

(李志平)

西罗园街道

【概　况】 西罗园街道位于丰台镇东北方向9公里,距天安门5公里,东、北与崇文区、宣武区接壤,并与东铁匠营、右安门、新村、马家堡、大红门街道毗邻,与花乡、南苑乡3个村相包容。辖区面积3.025平方公里。东西窄,南北宽。凉水河由西北向东南蜿蜒流过,境内段长2公里,马草河于海户西里南侧汇入凉水河。街道境内南三环中路、马家堡东路、马家堡路、角门路纵横交错。街道下设16个社区居委会,常住人口10.3万余人。辖区内有企、事业单位536个,个体商户2600个,中小学校8所、托幼园所9个、医院、卫生站9个。建有13个党委、4个党总支、52个基层党支部,有党员3643人。辖区绿化覆盖面积52.75公顷,绿化覆盖率17.58%。街道设有全民健身居家工程32套。全年共举办健康医疗讲座20场,地区2400名居民群众聆听了专家学者的授课和进行现场咨询。放映露天电影70余场。计划生育率达100%。年内先后6次开展了以防火、防煤气中毒、防伤亡事故为主要内容的拉网式安全大检查,与使用者签订防煤气中毒协议书1500份。与辖区140个单位签订治安责任书,协调完成了7个社区科技创安工作。认真做好人民内部矛盾排查调处工作,全年共接待来访289件、承办人民来信55件、化解各类矛盾纠纷30余起,有效地控制了集体访,办结率97.9%、满意率98.2%。

(王君玲)

【精神文明建设】 全年创建首都文明社区5个、区级文明社区2个,环境优美小区4个、首都绿色社区2个、科普示范社区1个,创建学习型先进单位1个、创建学习型社区先进居委会1个、学习型先进家庭8户。

(王君玲)

【社会治安综合治理】 突出抓好地区社会治安综合治理工作,配合区人防办,开展两次地下空间检查,查抄煤气罐37个、热得快150个、电热毯40个、电炉子12个。协调公安、工商和城管监察,加强了对地区8所校园周边和丰台区挂帐重点温州鞋城门前交通乱点的整治,进行三次综合执法,全年共查抄非法运营人力三轮车144辆,取缔无照游商211个,净化了校园周边环境。

(王君玲)

【城乡一体创卫工作】 明确街、乡、社区创卫工作职责,形成了“城乡一体化创卫”工作格局和联动机制,建立了街道、社区、家庭三级创卫网络。以周末卫生日、月末清洁日为载体持续进行了大规模的宣传及活动。全年共计发放各类宣传资料7770张,出动24156人次对所有小街小巷进行了清理,清理堆物堆料和积存垃圾314吨,小广告186处,清理绿地122856M2。对192家单位的灭蟑、灭蚊蝇工作进行检查,对存在突出问题的29家单位进行了集中消杀治理,消除了薄弱环节和卫生死角,实现了"灭蝇、灭蟑"专项达标。

(王君玲)

【环境整治工作】 环境整治工作以区政府制定的"5525"工程为主线,实施了洋桥西里小区和西罗园二区的旧小区整治工作。铺设3350平方米柏油路面,更换了便道及楼宇周边的3500平方米的破旧方砖及防滑渗水砖。在小区内修建了1650平方米的中心广场;结合进京第一印象工程,完成了铁路沿线的拆违整治工作,共计拆除违法建设500平方米,清理渣土垃圾80车450吨,使铁路沿线的脏乱状况有所改观。实施了海户西里南社区的拆违工作,依法拆除45户51间812平方米的违法建设,疏通了小区消防通道,消除了重大安全隐患。

(王君玲)

【全程办事代理】 贯彻行政许可法,推行全程办事代理。新铺设一条光缆线,安装了LED电子显示屏,将办理事项公布于众,接受群众监督。全年共受理居民群众办事申请223件,办结事项207件,承诺16件,接待咨询5328件,得到居民群众较好评价。

(王君玲)

【民政工作】 街道352户868名城市居民最低生活保障实现应保尽保。共收到各项捐款5998元,见义勇为捐款24456元,在10月开展的"扶贫济困送温暖"活动中,共募集衣被722包,26476件,捐款57482.4元;收取残疾人保障金92000元,为2名残疾人做复明手术,安置3名残疾人就业。

(王君玲)

【经济普查工作】 根据地区规模将辖区划分为16个普查区,32个普查小区。先后进行了两次大规模的普查宣传和三次普查员系统培训,圆满完成了经济普查的调查摸底101表填报及微机录入工作,共调查出地区法人产业单位959家、个体工商户2660家。

(王君玲)

【劳动保障】 为1011名自保人员缴纳了三险,540名退休人员发放退休养老金589万元,发放失业金382万元,报效药费67万元,开展职业指导463人,技能培训234人,召开10次供需双方洽谈会,岗位开发700个,安置就业906人。集中检查71个劳动用工单位,512人补签了劳动合同,追缴拖欠工资15045元,补发加班工资7150元,维护了劳动者的合法权益。

(王君玲)

东铁匠营街道

【概　况】 东铁匠营街道位于丰台区东部,东与朝阳区接壤,北与崇文区、方庄地区搭界,西与西罗园街道相连,南与大红门街道邻界。南三环东路、中路横贯辖区,南二环路在辖区北界,永定门外大街为辖区西界,蒲黄榆路在辖区东侧与方庄之间,京津唐高速路始于辖区东端,南护城河在辖区北侧,天坛公园与辖区隔河相望,方庄南路年内已开通。辖区内交通道路纵横,整体环境优良。文化教育、体育娱乐、金融商购、医疗保健等各种服务设施齐全。新建现代化小区如雨后春笋,纵观辖区,生机勃勃。辖区面积13.2平方公里。现有常住人口13.92万人,常住户5.16万户,各类企、事业单位606个,市、区属单位170个,设有21个社区居委会。办事处采取"一窗、一室、一厅"三种形式,建立街道、社区两级服务网络、全面推行全程办事代理制。共接待群众12307人次,受理事项5603件,群众满意率100%。办事处开展了政务公开,制定了深化政务公开工作的实施方案和落实政务公开责任制的考核办法,对公开的内容和事项进行了归类、清理,建立了街道政务公开目录,对行政审批(服务)项目,以便民服务签的形式将28项审批(服务)事项向社会公开,开设了投诉电话。在区政府考核中受到通报表扬。办事处积极推进机关电子政务建设,完成了机关局域网的建设,实现了各科室互联网上数据共享和信息交流,促进了无纸化办公进程。对办事处网站进行了全面更新、充实,完善了网站的内容。在社区服务大厅安装了电子触摸屏,方便了群众的问事和查询。年内,对地区老旧、破损道路进行了改造,更换路牙3000多米、铺沥青11000平方米、拆除违法建设21165平方米,完成了横一条和定安西里两个老旧居住区的环境整治,建成了2个花园式居住区,建立了2个垃圾分类小区,改造了6座危旧公厕,设置了13个密闭式垃圾箱,新建1处密闭式垃圾房,垃圾收集设施密闭化全面达标,完成锅炉煤改气42台。按照创建国家卫生区的标准,9月27日顺利通过了对辖区的餐饮、超市等单位的灭蝇达标检查。计划生育工作以深入开展优质服务为重点健全社区计生网络,加强宣传教育和管理,开展《新风进万家》活动,地区8万人次接受了宣传教育,覆盖率95%,计划生育率99%。开展了创建市区级“学习型街道”、“文明社区”、“科普型家庭”和“首都文明区”等多种活动,成立了街道级社区教育中心,开展了教师进社区活动。街道被评为区先进“学习型街道”。街道群众文化艺术团活跃在各个社区,年内巡回演出7场,观众达两万多人。春节,组织地区居民开展秧歌“热烈一条街”活动,举办了“五月鲜花”群众歌会和各类文化活动211场,直接参加人数3万多人,其中放映电影15场,消夏晚会22场,群众体育活动22场。街道建立了未成年人思想道德建设环保教育基地,组建了“民族精神代代传”义务讲师团,成立了巾帼志愿小分队,举办了“创新思维电脑培训班”和反家庭暴力相关知识培训,开展了以“争做合格父母,培养合格人才”为主题的母亲课堂教育,组织了街道巾帼志愿者标兵等先进妇女典型事迹报告会,组织了“博爱在京城”、“扶贫济困送温暖”、“扶贫济困春风行动”,弘扬见义勇为精神等募捐活动,近3万名群众参加了募捐,捐款近10万元,募集衣被近3万件,组织地区义务献血2000袋,为1579人进行了体能测试工作。年内全面完成了承诺为居民办的十件实事:整修辖区破损的次干道1万平方米;改造危旧公厕4座;完善星光计划,创建温馨家园6个;为21个社区统一制作宣传栏;完成横一条和定安西里小区环境整治工作;完成怡心公园文化广场的环境整治工程;改扩建光彩路小区文化活动场所;举办街道残疾人运动会;创建了南方庄无违法建设小区;培育了静馨家园和方安苑2个花园式居住小区。

(王克东)

【社区服务】　年内,有志愿者队伍93个,义工(志愿者)1425人,免费送信、送报、送奶、送水、义务理发7万多次;服装加工、家电维修、房屋维护、水、电等修理近9000件;义务清扫、绿地保洁参加人员3万多人次,清理垃圾37600多车;排忧解难、化解矛盾、解决纠纷近2000起;接热线电话,为老年人、残疾人服务,受益人员5.7万多人次;派小时工603人次,入户服务1400户次;建成便利小超市连锁店、早餐车(亭)便民服务网点6处。

(王克东)

【民政服务】　年内,有低保户802户,1816人,发放低保金355万多元;享受帮困补贴645户,帮困补贴62万多元;办理低保人员医疗救助9人,临时救助2户;廉租住房22户,其中5户已搬入广渠门廉租房小区;慰问低保户、残疾人、优抚对象、特困人员等共2155人次,慰问金33万余元;残疾人康复需求调查登记3000余人,康复训练15人,一般培训20人,社区安置3人,免费为白内障患者做手术5人,发放残疾人用具用品14件;创建6个"温馨家园";组织辖区捐款74130元,募捐衣被27334件。

(王克东)

【社会保障】　年内,社区就业开发置换岗位1508个,安置就业1203人,再就业培训606人,职业指导办班47期,培训1293人,技能培训班18期,培训541人,职业介绍登记1333人,推荐就业成功932人,接收失业人员1546人,职业指导培训全部参加;接收档案1721份,办理《求职证》1792个,《失业金领取证》1130个,《再就业优惠证》1294个,发放失业保险金存折1045个,发放失业保险金5196人次,751万多元,失业人员报销药费956人次,277万多元,发放送温暖金11万多元;现有退休人员1322人,发放退休养老金1350.6万元;发放退休人员联系卡1.3万多张,发放基本医疗费58万元;自谋职业人员共1790人,收取自谋职业三险费136万多元。

(王克东)

【劳动管理】　年内,劳动用工检查312次,涉及劳动者2.1万多人;查办劳动关系方面的举报27件,责令改正27件;为民工追讨工资375万余元,清退风险抵押金1.2万余元;补签劳动合同354份;为58个单位1500多人追缴养老、失业、工伤、医疗保险金104万余元;全年社会保险扩面征缴共105万余元;安全生产检查203次,出动检查人员609人次,发隐患整改通知书9份,填发现场督察表104份;与辖区内的218个企事业单位、建筑工地签订了安全生产责任书;光彩路两侧30家商户"劳动用工规范一条街"工作验收达标。

(王克东)

【社会综合治理】　年内,与地区145个单位、社区签订了《综治责任书》、《防火责任书》、《交通责任书》;对地下空间、流动人口、出租房屋、治安重点地区、危险化学品等16项进行专项整治;对辖区内的200余处人防工程进行了全面摸底调查,封停19处,限期整改72处;清理了13处非法行医窝点;对辖区的130台锅炉进行安全达标检查;取缔了化工三厂废品收购站,拆违法房屋3000平方米;防火检查1236处;登记出租房屋1106间。全年接群众来信108件;接待群众集体上访36批,1711人次;信访办结率为97%;调解纠纷426件,成功调解409件;防止矛盾激化11件共涉及2140人。

(王克东)

【商业企业流动人口教育服务中心挂牌】　6月8日全市第一个商业企业流动人口教育服务中心在木樨元世贸中心大厦正式挂牌。中心的主要服务、管理内容是建立流动人员台帐,为经商、务工人员及其家属提供居住、就业、生育、子女入学、卫生医疗等多方面的咨询、指导和服务。

(王克东)

【首届残疾人运动会】　6月27日首届以"身残志坚"为主题的残疾人运动会在市特殊教育学院体育馆召开。133名残疾人参加了比赛,有轮椅速划、轮椅拣物、立定跳远、跳绳、拍球、飞镖等8个项目。

(王克东)

【群众文化广场落成】　7月3日怡心公园群众文化广场正式启用,就此拉开了街道夏日文化广场的序幕。文化广场建筑面积1000多平米,投资20多万元,建有三朵高大的五彩花卉广场标志,五彩树影舞台背景,拼花装饰的宽敞中心活动区,内容丰富的文化广场,晚间的四方夜景照明。

(王克东)

方 庄 地 区

【概　况】　方庄地区位于丰台区东端,北与崇文区搭界,东与朝阳区接壤,西、南与东铁匠营街道相连。分芳古园、芳城园、芳群园、芳星园、紫芳园、芳城东里6个园区。西部的4个园已经建成;东部的紫芳园、芳城东里两个园正在建设,计划在2008年奥运会前完成。地区总面积5.53平方公里,户籍居民2.98万户、7.6万人,外来人口0.85万人,计划生育率98%。辖区有中央、市、区属单位116个、中小学10所、教师615人,在校中小学生5788名;幼儿园9所、教师413人,在园幼儿2428名;有15个社区居委会、16个人民调解委员会、110名人民调解员、1560名治安积极分子,年内调解矛盾纠纷85起。东方医院、方庄医院、体坛医院和7个社区红医站,共有医生283名、住院床位692个。中部的东西向大街蒲芳路,是地区的商业中心,有方庄购物中心、家乐福方庄店、贵友大厦方庄店等10余家商场和超市。蒲芳路东段750米,是闻名的方庄餐饮街,著名的宝山风味酒楼、顺峰海鲜酒楼、金鼎轩酒楼、满州清源食府、都一处、刚记、小土豆等商家都在此设立了分店。占地7.8公顷的方庄体育公园位于蒲芳路西端北侧,园内有下沉式文化广场、网球场、篮球场、田径跑道、足球场和健身房。地区北接南二环路,南连南三环路,西靠蒲黄榆路,东临京津塘高速公路,区内有7条主要道路、21条公交线路和地铁5号线。植有银杏、泡桐等树木3.2万棵,绿化面积81.29公顷,人均绿地11.69平方米。年内,制定了应对人民内部矛盾纠纷突发事件工作预案,完善了信访与矛盾排查调处工作责任制,规范了领导接待日制度。办理政协委员提案3件,受理各类信访159件,办结155件。芳城东里社区被评为"北京市学习型青年文明社区",地区被丰台区委、区政府评为依法治区工作先进单位、社会治安综合治理工作先进单位;被丰台区有关部门评为扫黄打非工作先进单位、群众文化工作先进单位、督查工作先进单位、档案工作先进单位;获得丰台区健身秧歌选拔赛三等奖、工间操比赛优秀奖、健身操比赛第5名;五月鲜花歌咏比赛取得:合唱三等奖、唱响丰台三等奖。

(刘建荣)

【安全工作】 年内建立了重大活动申请备案制度,制定了安全重大事故应急预案,修订了防汛预案。对1500名流动务工人员进行了防火、防盗、防煤气中毒的教育,组织332人进行了防火演习,对120家无主管企业领导进行了安全工作培训,对23家餐饮企业进行了食品安全教育,与120家单位签订了安全生产责任书,督促48家重点单位落实了安全生产责任制,建立了社区警情通报制度。组织安全大检查5次,出动人员650人次,检查地下空间306处、平房684间、建筑工地7个、公共场所36处、电梯365部、特种设备42台,现场消除安全隐患68处、提出整改建议180条、暂扣煤气罐59个、销毁简易煤火炉105个、拆除有安全隐患的违法建房22间。方庄购物中心更新了监控系统,时代芳群、紫芳园一区安装了技防设备,芳星园三区等18栋居民楼安装了楼宇对讲系统。年内地区无重大刑事案件和重大安全事故。

(刘建荣)

【整治市容市貌】 在元旦、春节、"两会"和五一期间开展了卫生周活动,十一前开展了创首善迎国庆活动,11月进行了早市秩序和校园周边环境专项整治。取缔无照游商953起,没收三轮车158辆。查处流动洗车131起,没收洗车水桶81个,查处违规洗车点2个。对10家非法悬挂条幅、牌匾的行为进行了处罚,取缔灯箱、广告57处。取缔非法散发小广告人员38起。

(刘建荣)

【绿化美化】 在时代芳群公寓建设了1.2万平方米的绿地,在方庄东绿化带新植树9000棵。完成了芳城东里小区的绿化改造和楼体外立面粉刷。在南二环方庄一侧1.5公里正面的13栋居民楼上,投资400万元安装了夜景照明装置,为南城增添了亮点。

(刘建荣)

【改善市政设施】 为芳古路及东侧绿地增加照明灯20盏,在紫芳园平房区安装垃圾桶12个。投资70万元,对芳城东里饮马井300米排水明渠、小双桥600米土路进行了改造,附近居民晴天一身土,雨天两脚泥,常年闻臭气的状况得到彻底改变。

(刘建荣)

【全程办事代理制工作】 投资16万元把职工浴池改建成受理大厅,添置了电脑、传真机、空调、饮水机,安装了大屏幕显示系统,确定了3名受理人员和22项受理事项,接待群众2956人次,代理事项1912件,办结率和群众满意率都达到100%。

(刘建荣)

【帮扶弱势群体】 安置就业698人,另有29名4050人员参加社区星光服务工作。为278人发放低保金52.3万元、帮困补贴9.9万元。为3名贫困老人做了白内障复明手术,帮助6名残疾人就业,组织4名残疾人进行了康复训练,为10名贫困残疾人配备了生活辅助工具。为无固定职业人员发放独生子女父母奖励费58.2万元,为低收入家庭育龄妇女进行生殖健康体检132人次。对132个单位进行了劳动监察,督促企业和职工签订劳动合同1893份,为4700名流动务工人员注射了预防流脑疫苗。

(刘建荣)

【社区服务】 年内为141个社区服务网点更新了围挡与标牌。社区服务网络提供无偿服务7156次。社区志愿者活动1792次,参加人员1.7万人次。利用社区星光计划设施开展社区服务2643次,受益群众38121人次。对地区3名非典疑似病例的密切接触者启动了应急方案,帮助他们顺利渡过了隔离期。对两户养鸡户、53户养鸽户启动了防控禽流感程序,维护了地区居民的身体健康。

(刘建荣)

【群众文体活动】 组织了庆祝建国55周年系列文化活动、反对邪教科学健身大赛、健身秧歌选拔赛、职工工间操比赛、科技文化教育周、五月鲜花歌咏比赛、职工健身操比赛、全民健身登山比赛、国际和平周、申奥成功3周年纪念活动,开办了市民迎奥运学英语培训班。夏日文化广场放映露天电影41场,演出文艺节目21场,举办小型运动会6次。

(刘建荣)

【捐助活动】 全年为困难儿童捐款3950元,为贫困母亲捐款1.3万元,为见义勇为基金捐款2.6万元,为贫困地区捐衣被2.1万件、捐款17.66万元。

(刘建荣)

南苑街道

【概　况】 南苑街道位于丰台区东南部,京城正南端,人称“天安门前第一镇”。东与东高地街道接壤;北与和义街道相邻;南与大兴区接壤;西至新宫村与南苑乡3个村相包容。辖区面积13.6平方公里,街巷117条。辖区内有23个中央、市属单位和南苑机场等36个驻区部队,9个社区居委会,居民15541户,40856人。有南苑清真寺和南苑基督教堂。年内,办事处按时完成为民所办的10件实事。街道与52个单位和9个社区居委会签定社会治安综合治理责任书,基层综治委9个,治保队伍617人,调解委员会9个 。年内接收矫正对象36名,帮教率100%。办事处与辖区47单位签定《计划生育目标管理责任书》,与流动人口签定计划生育三种责任书525份。春季共群植绿化23900平方米,建成1100平方米的休闲广场,投资20万,对诚苑小区一期进行硬化、绿化工作,硬化面积

3105平方米、绿化面积1500平方米，拆除违章建筑97间、面积1020平方米。对当年失业人员进行职业指导培训达100%，165人实现再就业。检查各类用人单位86个；受理各类劳动监察举报案件25起，结案率100%，为企业职工追讨拖欠工资28.46万元，补签劳动合同298份，完成安全生产专项检查180次，为受灾地区群众捐资7万余元。年内，街道获得丰台区第四届“民族团结进步”先进单位、丰台区2004年人口和计划生育工作一级单位、丰台区“扶残助学”工作先进单位、北京市0—6岁残疾儿童抽样调查先进单位、北京市军休职工工作先进单位等荣誉称号和丰台区政务公开最佳信息提供奖、丰台区首届职业技能大赛优秀组织奖、丰台区第二届老年体育健身赛组织奖、丰台区街道系统“新世纪”杯篮球乒乓球赛组织奖、北京市久久杯太极球赛优胜奖等奖项。

（付柏松）

【全程办事代理】　结合政务公开建立承办室8个、受理大厅1个，设置公文、服务指南及报刊索取处，制定全代办工作制度20项、全代办服务事项44项。9个社区分别设立居民事务代办站，制定了“十服务七代办”事项。同时，街道建立行政投诉中心，实行八小时A、B角接待制，设立了举报箱和举报电话。

（付柏松）

【社会治安综合治理】　街道与辖区52个单位和9个社区居委会签定社会治安综合治理责任书，地区单位与基层车间、班组等层层签定责任书2850份，共有治保巡逻队伍617人。辖区共有出租房屋546户、1101间；流动人口3071人，实现出租房屋登记率95%以上，流动人口登记率95%以上，流动人口犯罪率不超过8%。年内，为2所中学、3所小学聘请法制校长，在中小学校开展法律知识竞赛等，在校的3000多名中小学生没有出现违法犯罪现象。举办3期“法轮功”人员转化班，加强有线电视光接点、放大器的监控，“两会”期间，辖区90%以上社区实现“四无”，确保了两个“0”指标的实现。同时，定期对基督教堂和清真寺进行安全检查，确保宗教活动顺利进行。

（付柏松）

【城市建设和环境整治】　全年集中开展6次环境整治，加强对红房子非法市场的整治，拆除违章建筑房屋97间、1020平方米、清理垃圾渣土200吨，对6处非法行医点进行了清理整顿；完成对西头道街等三条街巷515米污水管线的改造，新增绿化面积2300平方米，养护草坪面积4500平方米、树木5300棵，硬化面积21505平方米，建成1100平方米的休闲广场。全年开展节水检查80余次，发放节水宣传材料2万余册，完成加价水费的收缴2万余元，完成区下达的3台锅炉改造工作，对三营门大街、警备路进行了铺路和整治，共铺柏油路面1500米，粉刷外立墙面8000平方米。办理审核翻建私房手续11户，完成了区市政道路、天然气、自来水、城中村等摸底调查工作以及禽流感防治工作。

（付柏松）

【创卫工作】　加强创卫工作的宣传，发放各种宣传材料1.3万余份、悬挂横幅46条、标语270条、板报、展板176块，清除垃圾155车、卫生死角26处、堆物堆料21处，清理绿地14760平方米，清除小广告1200余条、牌匾45块，投放鼠药18箱、粘鼠板6箱、捕鼠笼5箱、灭蝇剂(药)21箱、灭蟑药5箱。出动社会单位、驻军部队、社会群众2000多人次，开展公益性社会劳动9次，集中整治重点大街、重点地段6次。

（付柏松）

【劳动和社会保障】　年内，共接收失业人员档案613份，为809名失业人员办理失业登记，为672名失业人员办理再就业优惠证，为204名失业人员进行再就业免费技能培训，全部取得区劳动局颁发的技能登记登记证书，有165人实现再就业，就业率达到

64.3%。举办了首届职业技能大赛,为56位“4050”人员实现了再就业。同时,检查各类用人单位86个,受理各类劳动监察举报案件25起,结案率100%;为企业职工追讨拖欠工资28.46万元,补签劳动合同298份,完成安全生产专项检查180次,与16个市属单位签定安全及疫情防控责任书。

(付柏松)

【民政优抚工作】 街道在辖区内的32个单位开展安残工作,为17名贫困残疾人家庭子女办理了捐资助学;对地区830名0—6岁儿童进行了健康状况调查;对地区132名眼疾患者需求进行了调查评定;组织地区24名残疾人参加了区第九届残疾人运动会;为受灾地区群众捐资7万余元;办理老年证167个;完成了449户、1000人的低保金复审工作;新审批低保户131户、295人,注销36户、68人;办理低保户和优抚对象廉租房8户;办理低保户医疗救助13人,救助金35277元,按时完成当年献血任务。

(付柏松)

【社区建设】 年内,街道开展“双拥共建型精品社区”的创建活动,结合社区共驻共建,开展了新秧歌、评剧清唱、健身舞等文艺节目,举办“婚姻、家庭、子女教育演讲会”。同学校开展“千名学生吐心声,争做合格接班人”活动、“是社区小主人”法制宣传活动、“共创美好家园”青少年书画展等活动,并为学生送去了200余本新书。为社区居民进行健康教育讲座12次;组织辖区企业和工商管理部门开展“怎样识别商品真假”的活动;对431名外来学龄前儿童补服脊髓灰质炎糖丸。利用少年军校,开展爱国主义、集体教育的教育活动。

(付柏松)

【精神文明建设】 开展“文明社区”、“绿色社区”、“五好文明家庭”的争创工作,为驻地部队送去空调等2万余元的慰问品,免费为军、地两用人才进行电脑培训。年内,组织地区单位、部队2000余人次,开展“学雷锋便民服务”活动、“科技周”文体活动、“城市清洁日”活动、“为见义勇为勇士献爱心”活动、“扶贫济困春风行动”活动,为残疾人子女捐资助学等活动,共捐款1.7万元。举办各类夏日文艺演出22场。

(付柏松)

大红门街道

【概　况】 大红门街道位于丰台区东部,南中轴路沿线,凉水河的南岸,地处大红门服装商业区,东起北京冶炼厂,西至马家堡路,北起南三环中路,南至焊条厂铁路线,分别与朝阳区、大兴区相邻;与西罗园、马家堡、和义、东铁匠营、南苑5个街道搭界;与南苑乡呈包容之势,行政区域面积13.8平方公里,属城乡结合地区。辖区内人口农居混杂,有居住小区39个,平房住宅6237户,有居民4.8万户约12万人,有流动人口3万余人,有社区居民委员会22个。地区中央单位5个、市属单位38个、区属单位6个,中小学校11所,驻军部队7支。地区绿化面积325万平方米,绿化覆盖率25.3%。地区共建有全民健身工程30处,约2.8万平方米,配备各类健身器材600余件。全年投入总资金250万元用于落实为民办实事工程并已全部完成。有“星光计划”老年活动站22处,市民学校20所。街道在驻区部队、地区单位、中小学校、大型商市场和社区组建了86支学雷锋志愿者服务队、101个学雷锋岗位。已创建市级文明社区3个、首都绿色社区1个、区级文明社区1个、区级环境优美小区2个,文明单位创建率、群众活动参与率、文明行业创建率、文明社区创建率均达到100%。公安、城管、工商、社保“四进社区”活动已经完成，人民调解员队伍和社区矫正体系延伸到社区基层。成立誉鑫房地产经济中心和京城首家流动人口艺术团，探索流动人口管理和服务的新模式。街道共获得北京市消防安全工作先进、市流管先进集体、市计划生育“红旗单位”、市爱国卫生先进单位等10个市级荣誉称号和区计划生育“示范街道”、社会治安综合治理先进、区信访先进单位、区妇联单位再就业先进集体等9个区级荣誉称号。

（刘玲）

【城市环境综合整治】 落实市政府“深化环境整治，消除脏乱死角，提高生活质量，美化首都环境”的要求，以三四环路、永南路、光彩路、南顶路、大红门西路、大红门北路、马家堡东路、石榴庄路、角门路10条主要道路；以石榴园地区（包括北里和南里）、窑窝村、苗圃西里100间、珠江竣景周边、木樨园环岛东南角5个重点地区和各居民小区为整治重点，拆除马家堡路南延段、临泓路100间房等处违章建设13369平方米，消除卫生死角400余处。全年种植各种树木11万余株、近5万平方米。对皮件三厂宿舍区东侧路、大红门西后街土路、苏坡路等6条街巷道路进行了重新铺设，改造雨水、污水管线。全年组织大规模的卫生清理工作30余次，整理清运辖区内生活垃圾6000吨、无主垃圾2万余吨；辖区59座公厕全部实现粪便垃圾密闭化运输，清运率达100%；将原有的110个垃圾地撮站改为70个桶装垃圾收集点，解决了地区垃圾暴露问题。

（刘　玲）

【流动人口的服务和管理】 年内，加大出租房屋管理工作力度，通过入户登记的形式建立起辖区个人或单位出租房屋、流动人口、地下空间、六小场所和地区“610”共五本台帐，做到流动人口登记率达到95%以上，出租房屋登记率超过95%。

（刘　玲）

【社区建设】 年内，挖掘资源改善社区硬件设施，建成了果园、东罗园、时村3个社区总计400平米的“星光计划”社区活动中心。筹措资金10万元建成设施完善的时村社区多功能办公场所和西马场南里社区服务中心。大力开发家政务服务、保洁、便民超市、早餐工程等社区服务功能，设立社区小修车、小理发等“四小”网点90个。投入资金150万为海户屯社区硬化道路、铺设柏油路面，拆除违法建筑，建造居民健身广场，安装健身器材，改善和规范老旧居住区环境；整修西罗园南里社区内老旧道路，布线架设路灯，清理周边环境，修缮小区大门，建立文化长廊和文化广场等社区标志性景观。协调区市政管委解决大红门东街胡同内路灯照明问题。投资50万元对西罗园南里小区居住环境进行整治，完成小区拆违、主路柏油路面和两侧甬道的硬化铺设等工作，解决了小区违章建筑多、主路无路灯、居民出行不便等问题。

（刘　玲）

【精神文明建设】 年内创建首都文明社区3个，首都绿色社区2个，区级文明社区3个，区级文明单位2个、学习型社区1个、科普型社区1个。共建有各种社区文化、体育健身队伍80余支，通过开展科普之夏一条街宣传咨询、以“新北京、新奥运”为主题的板报评比及才艺展示、“红五月”歌咏比赛、消夏文化广场、新时期“五好文明家庭”创建、未成年思想道德教育宣传周和“三八”绿色志愿者进社区等活动把群众性精神文明创建活动引向深入。

（刘　玲）

【劳动就业和社会保障工作】 年内地区就业率67%，失业率低于2.3%。全年接管失业人员档案3431人，为其组织各类技能培训20余次，进行就业培训指导1500余人，通过走访用工单位，定期举办招聘会等形式挖掘用工信息300余条，解决1250名失业人员的再就业问题，其中“4050”人员占80%。另外，落实国家政策,做到应保尽保,全年地区登记低保家庭 798 户共计 1908 人,按时为其发放低保金及帮困金 520 万元。

(刘　玲)

【经济普查工作】 3 月街道抽调人力物力,成立专门领导小组和办公室,组织 22 名普查指导员和 168 名普查员的工作队伍,在全地区范围内展开全国第一次经济普查工作。此次共清查辖区内法人单位 620 个,个体户 13731 户,占全区普查总数的 1/5。

(刘　玲)

东高地街道

【概　况】 东高地街道位于丰台区境域东南部。东南与大兴区接壤;西与南苑街道毗邻;北与和义街道相连。辖区有 7 条大街。年内辖区面积 4 平方公里。地区总人数 51411 人。居民 17915 户。其中常住人口 4.79 万人。年内,与地区的 18 个企事业单位、8 个职能部门、10 个社区居委会签订了《计划生育目标管理责任书》,计划生育率为 99.59%。地区大专以上学历的约有 1.6 万人。主要单位有中国运载火箭技术研究院、303 所、508 所、时代电子集团等中央单位,共设 10 个居民社区。居民整体素质较高。主要有东高地、万源路两个生活区。年内,东高地、西洼地、南里、梅源社区分别创建出"为老服务型"、"再就业服务型"、"绿色环保型"和"文化型"4 个特色社区。万源东里、西洼地和梅源三个社区通过了丰台区"双争创"工作的检查验收。同时启动了东里社区的精品社区创建工作。重新修改完善了社区 7 项规章制度。地区建立了长效"帮扶"工作机制。10 个社区的 54 名党委(总支)委员与 42 户困难党员"结对帮扶"。246 名党员与 161 名残疾人、空巢老人"结对帮扶"。定期上门服务。地区共有 11 个调委会,调解员 212 名。全年调解民事纠纷 459 件,调解成功 441 件。受理纠纷调解率为 100%,调解成功率 96.08%。全年防止矛盾纠纷激化 8 件、240 余人。为街道提供法律意见 5 次。参与了"东高地百货商场问题"的群体性纠纷的解决。为街道代理诉讼 1 起;为社区居民义务法律咨询 460 余人次,代书 16 件次。为社区建法律图书库 10 个,电子法律、法规库 10 个。建立了《残疾人信息库》、《贫困人员信息库》、《义务兵家属信息库》。发放《法律服务爱心卡》2000 余份。集中学习培训 4 次,学习了《行政许可法》、新修订的《宪法》和《合同法》、《物业管理条例》等法律、法规。社区居民的法制教育以"建设老年型服务社区"和"精品示范社区"活动为依托,以"继承法专题教育活动"为形式的宣传教育活动,宣传了《继承法》、《婚姻法》、《民事诉讼法》等,受教育人数达 2000 余人次。在青少年法制教育方面,与航天中学联合开展《青少年权益保护与预防犯罪》讲座和"手牵手、收藏夹、青少年维权网上游"活动,学生受教育达 720 人次。地区有三个治保组织网络,由 458 名治保委员组成 46 个治保会,10 支义务治安巡逻队,有 2456 名治保积极分子。组建了有 650 人参加的地区治安巡逻志愿者分会。全年,协助派出所打掉 2 个盗窃自行车团伙,抓获犯罪嫌疑人 8 名。地区加强治安、采取技防措施,地区的 10 个居民社区全部实行了封闭式管理,物业、保安人员 24 小时值班。辖区内安装监视探头 20 个,对小区实施 24 小时监控管理。与地区"门前三包"367 个责任单位签定了三包责任书,落实了三包责任制,为全面提高地区城市管理水平奠定了基础。年内,开展了 12 次城市环境日专项公益日活动,有 13000 人次参加公益日义务劳动。街道被评为"首都军(警)民共建先进单位"、"首都文明街道”“北京市0—6岁残疾儿童抽样调查先进单位”体育工作以及语言文字5个市级荣誉称号;另外,还有16个区级荣誉称号。全年,共编写上报信息660条。其中,图文并茂信息207条。被市级报刊媒体采用41条;《丰台信息》和《丰台政务》采用92条;丰台有线电视台播放102条;丰台新闻网站采用72条。被评为丰台区新闻外宣工作先进单位、丰台区优秀记者站。

(郑宪段)

【人大工作】 9月28日,成立丰台区人大常委会东高地街道工作委员会。丰台区十三届人大常委会第五次会议研究任命袁雷为主任,连宇、张允中为副主任,母林华、夏满兰为委员。在丰台区第十三届人大一次会议上,东高地地区人大提出议案6件、建议5件,闭会期间提出建议10件,议案、建议共21件。监督落实了小龙河治理扫尾工程。

(崔好民)

【精神文明建设】 年内地区共创建首都文明社区5个、首都绿色社区2个。区级文明社区2个,区级环境优美社区2个,市区级文明社区占社区总数90%。

(宋　颖)

【社区教育】 利用11所市民学校及地区的闭路电视向市民普及文明礼仪、奥运英语36次。受益达万人。开展社区教育工作以来,街道共创建学习型社区1个、学习型企业1个、学习型家庭5个。被评为“丰台区学习化社区建设先进街道”和“丰台区示范性社区教育中心”。

(宋　颖)

【绿化美化】 投资322万元,建设绿化面积3.27平方米。种植树木2028株,新植草坪28448万平方米。其中完成了怡馨花园一期建设。

(曲筱虹)

【城市建设】 筹集资金17万元用于三角地社区照明设施建设,完成260延长米雨水管道建设,修复破损道路1200余平方米,改善了居民居住条件。投资230余万元,对万源东里文化广场北路、东路改造拓宽,改造路面7000余平米,翻建人行步道2800余平方米。又投资30余万元,完成了六营门社区人行步道1800平米的翻建改造任务,补修路面500余平方米,对绿化结构调整更新面积达到380平方米。

(付雪生)

【居民饮用水并网】 完成三角地一社区1300户、东高地社区4300户居民饮用水并网工程建设,现地区97%以上的居民饮用上了市政自来水。

(付雪生)

【环境整治】 结合地区实际,年内开展了三次大规模环境整治活动,集中清理积存垃圾和渣土350立方米,清理卫生死角23处,拆除违法建设和私搭乱建3800余平米。使地区的环境面貌明显改善。

(付雪生)

【社区文体活动】 开展了传统的春节一台戏和春节文化一条街活动。组织夏日文化广场演出21场。放映露天电影10场,观众达万余人。投资800万建成了集网球、乒乓球于一体的体育馆。

(毕凤云)

【最低生活保障工作】 重新制定了工作流程、设计了低保家庭管理台帐,规范了管理制度。对地区享受低保家庭进行2次复审。现低保人员共202户431人;其中,年内增加27户58人,撤消24户60人,变更115户。

(赵德强　唐　红)

【社会捐助】 为北京市民政局“见义勇为”献爱心捐赠活动,共捐赠57355元。组织辖区“扶贫济困送温暖捐赠月”活动,接受捐款78226.02元。

(赵德强)

【残联工作】 配合市区残联对地区1245名0—6岁儿童进行五项健康抽样检查,荣获市级先进单位。办理残疾人失业登记 36 人,安置 6 名残疾人就业。走访慰问 117 人。收缴残疾人保障金 53 万余元。

(王丽红)

【外来人口管理】 对辖区出租房屋进行彻底清理。现有个人出租房屋 60 户、124 间;集体出租 323 户、762 间,人防工程 11 处,地下空间 34 处,流动人口 2654 人,均登记造册、纳入规范管理,全年代收个人出租房屋税 16582 元。

(李克俭)

【安全生产工作】 年初,与地区 72 个立户单位签定安全生产责任书。对地区公共聚集场所、出租房屋、人防工程等重点场所进行了五次大规模安全生产检查。查处并落实整改 215 件安全隐患。举办 2 次、50 个单位领导参加的消防安全培训,同时进行扑救初期火灾演练。发放安全生产宣传画册 30000 余份,制做宣传图板 235 块,印制横幅 120 条,进行安全知识答卷 30000 份,确保全年地区各项安全工作无事故。

(李克俭)

【社区居委会建设】 投资 20 余万元,改建了东里社区居委会的办公和活动用房,总面积 170 平米。实现了集办公、图书阅览、市民学校、电教播放站和文化活动室为一体的多功能社区用房;投资 3 万多元为 10 个社区安装了冷暖空调、电脑桌、办公桌椅、文件柜和饮水机等办公设施;社区信息系统的升级工作已于 9 月 14 日完成并通过了市社区服务中心的验收。

(桑艳平)

【全程办事工作向社区延伸】 10 个社区均建立了全程办事代理服务工作站,确定了社区全程办事代理服务事项,免费为居民代办了 38 项服务业务,全年共为地区居民代办各种服务事项 780 件。

(桑艳平)

【社区服务】 组织志愿者与 46 户特困空巢老人结"对子";组织 76 名老年人进行了电脑培训;在图书银行为 16 名老年人办理了《免费借阅卡》,年内有 5000 余人次借阅图书;为居民发放《服务联系卡》2000 张;为地区居民免费测血压、血糖 300 余人次;利用 96156 热线为居民服务 3000 人次。并发送信息 896 条。

(许　刚)

【劳动监察】 建立了安全管理工作长效机制和应急预案。对辖区内 206 个用人单位进行巡视检查,共监察 262 次,其中非公企业占 81%。全年受理劳动纠纷的举报案件 27 起。追缴拖欠工资 50591 元,社会保险 6 起,追缴社会保险 11.3 万元。结案率达 100%。在建筑工地的公共场所设立了"农民工维权投诉箱"。定期开箱查看,全年共接到 2 起违法案件,共追缴拖欠农民工工资 3 万元,补签劳动合同 120 份。

(张建新)

【再就业】 开发就业岗位 379 个,安置失业人员 303 人,超额完成全年工作指标 108.21%。招聘了 10 名劳动协管员。与 71 家单位签订空岗协议。提供岗位空缺 413 个,推荐成功 493 人。举办定岗培训物业管理班一期 26 人,电脑办公软件班两期 86 人。有 134 名失业人员实现了自主创业。召开 5 场专场洽谈会,安置"4050"就业困难人员 87 人。全年接待招聘单位 396 个,求职人员 932 人次,帮助本地区 553 人实现就业,为其他地区下岗、失业人员以及外地求职人员提供岗位共 379 人就业。

(唐　红)

【全程办事代理】 实施全程办事代理。有 38 项工作纳入全程办事代理业务。全年共接待群众 6249 人次,办理即办件 2270 件;上报件 1001 件。共 3271 件。满意率 100%。

(李　欣)

【安置帮教】 地区共有帮教对象 51 人,其中刑满释放 36 人,解教 15 人。建立了 51 个 153 人参加的帮教小组,帮教率达 100%。全年安置帮教38人、享受最低生活保障11人，安置率达96.07%。

（江　波）

和义街道

【概　况】 和义街道位于丰台区东南部，东与大兴区交界，东南邻东高地街道、西南接南苑街道、北与大红门街道搭界，并与南苑乡南苑村、大红门村相邻。办事处驻地为南苑北里一区，辖区面积约3.42平方公里，下设7个社区居委会，常住人口12392户，31880人。辖区内有10个中央、市、区属单位及一个派出所。辖区内社会治安良好，7个社区居委会建有7个社区党委、7个基层治保组织，治保队伍200余人；有人民调解委员会7个，调解员7人，全年共调解各类纠纷459件，调解成功率98%，预防矛盾激化3件；帮教率达100%。在城市建设与管理工作中，全年新种植各类乔木、花灌木4000余株、草坪1400余平米。协调有关部门，对大红门南路700多棵危死树进行了更换；投入资金40余万元，对和义东里3、4、5老区环境改造工作中，清理渣土1100多吨，回填土方近1000立方米。修建挡水墙600多米，新铺雨水管线120多米、新装修雨水井雨篦子15个，硬化美化面积5500多平米，其中5200多平米采用了透水性好且具绿化美化效果的草坪砖铺设；扩充停车泊位近80个；种植各类乔木、花灌木4400余株、草坪近6000平方米，使老区环境得到进一步改善。街道工委、办事处在绿化美化、信访、保密、统战、民政、武装部、劳动等工作方面分别获得区先进集体称号。计划生育工作获得北京市先进集体称号。

（方光明　李苏明）

【为民办实事】 年内为地区居民解决健身园娱乐、健身免费用电问题；为每个社区订阅北京日报，安装了阅报栏；协调南苑环卫所解决五环食品厂路的道路保洁问题；在和义东里路口修建了一座公厕；完成北里绿地建设工作，建设健身场所一处，并配备健身器材；投入资金10万元，清理了久敬庄路口西侧高压线北端堆积多年的9000多立方垃圾渣土；对大泡子61户居民自来水管线进行了改造，解决了影响群众生活的难题；为解决居民行路难问题，对太阳城路进行改造；解决了辖区五条道路保洁和东里老区封闭问题；为加强防汛工作，在老平房区嘉禾庄地区修建了一座渗水池，基本上解决了雨水回流倒灌问题；妥善解决和义西里2期工程施工噪音扰民问题，维护了居民的合法权益。年初向群众承诺的十件实事，全部落实。

（方光明）

【全程办事代理制】 办事处共计投入资金10余万元，对全程办事代理制的软、硬件进行建设，确定39项代理事项，全年共办理各种服务事项510件，网上受理156件，网上审批156件。群众满意率为100%。

（方光明）

【安全生产】 召开地区安全生产专题会议28次，组织33次大规模拉网式大检查，出动人员315人次，检查单位203家，发限改通知书41份；强制拆除了4台未报装的小锅炉；对17个出租大院和45个中小型制衣厂内规范安装风斗245处；对2家建筑工地、3处人防工程的安全隐患问题进行了重点整改；组织地区单位进行了消防安全现场演练；完成了354户出租户的租赁审批备案手续，征缴税款11万元；查拖欠工资举报案件30余起，追发工资40余万元，查处率100%，结案率100%。

（王松涛　韩冬梅）

【社区建设】 投资115万元完成南苑北里两个社区居委会办公用房及“星光计划”的建设

工程,面积达670余平方米,从根本上改变了社区居委会的办公条件。同时,充分发挥社区自治组织功能,加强了社区居委会财务管理,理顺财务管理制度。7个社区全部实现了居务公开,接受居民监督。

(许春玲)

【矛盾排查调处】 全年共接待群众来访177件,374人次,其中集体访11批,177人次;办理区政府、区信访办批转件7件,处理市区信访摘报3件次;组织领导接待日39次。对地区人民内部矛盾进行了6次排查,共排查出各种矛盾纠纷32件,来信来访问题90%得到解决。

(郭　珍)

【国防教育】 参加区武装部组织的民兵实弹射击演习活动,获得优胜奖;对辖区218名适龄青年进行了兵役登记,组织15名应征适龄青年进行了身体初检,有3名适龄青年应征入伍,超额2名完成了征兵任务。

(王松涛)

【再就业工程】 建立了"职业指导、职业介绍、职业培训、社区就业、劳动监察"五位一体的工作机制。全年开发就业岗位226个,安置人员189人,完成指标118%。

(韩冬梅)

【居民、文教、卫生】 开展了健康促进和健康干预示范社区工作,创办了"健康之友"刊物,利用板报、橱窗、义诊、咨询等多种形式进行了卫生与防病知识的宣传;完成了年度居家工程申报、场地的验收工作,并对测试器材、健身器材进行了维修和保养。开展了具有特色的"男性生殖健康教育"知识巡回展、计划生育知识竞赛、关爱女孩启动仪式、为新生儿照百日相、生殖健康三服务进家庭活动。

(许春玲　李伟燕)

【拥军爱民及优抚工作】 全年为地区256户,624名低保对象,发放保障金近123万余元,粮油帮困补助金19万余元;在献爱心募捐活动中捐款近4万余元,募捐衣物3927件。与街道40户残疾和孤寡老人家庭结成了一帮一互助对子。开展了形式多样的便民服务、卫生清洁日、环境整治等活动,在天水河举办了一场300余人参加的大型军政警民迎春联欢会活动。

(郑　丽)

【成立人大街工委】 按照丰台区机构编制委员会丰编【2004】 22号文件精神,12月16日和义街道正式成立人大街工委办公室。

(郭　珍)

【引税护税】 将北京世嘉房地产开发有限公司的税收引入丰台区,为区纳税115万元。

(何运敏)

宛平城地区

【概　况】 宛平城地区位于丰台区西南部的永定河畔,东起西道口大枣园,与卢沟桥街乡接界,西至杜家坎铁路第二水泵厂北墙,与长辛店街、镇毗邻,南至北天堂,与房山区、大兴区接壤,北至鹰山公园漫水桥,与石景山区相望,整个地区沿永定河自西北向东南呈狭长地带。辖区面积31.53平方公里,下设5个社区居委会。居民29235人。以宛平城为中心,区内有中央、市属、区属企事业单位156个。其中卢沟桥、宛平城、中国人民抗日战争纪念雕塑园、中国人民抗日战争纪念馆是著名的爱国主义教育园地。每年参观游览桥、城、馆、园的中外游客达50多万人。以爱国主义教育基地为依托,在地区广泛开展爱国主义、集体主义和精神文明建设活动。晓月苑社区被评为首都文明社区、丰台区文明社区。晓月苑一里被评为首都文明社区示范点。率先在街道系统开展电子政务建设,基本实现无纸化办公,将低保网纳入到网络建设中,赢得民政部门领导的重视及好评。办事处获北京市计划生育先进集体,丰台区计划生育一级单位,北京市献血组织工作先进集体。城南社区居委会被评为2004年度"北京市先进居委会";获得丰台区第二届老年体育健身节暨庆重阳老人健身项目表演赛组织奖;获丰台区老年文艺汇演表演奖。年内,宛平城地区武装部征集男兵3人女兵1人。

(王　珏)

【区专家组验收评估】 3月13日,丰台区《生活方式疾病综合防治示范社区》项目专家组,到宛平城地区进行验收评估,丰台区体育局张少军、宛平城地区工委书记王京到会,宛平城地区工会主席刘颖进行了汇报。

(张金霞)

【参加工间操比赛获奖】 4月,组队参加了北京市健康教育所组织的工间操比赛活动,获得优秀奖。

(张金霞)

【组织慰问活动】 元旦、春节期间,走访慰问了全地区包括残疾人、特困老人、低保人员、军烈属、地退超转人员、社区干部等共计486户、943人,慰问金共计72700元,慰问物品折合15540元。

(梁立冬)

【开展扶贫救困活动】 年内,北京电视台《大宝真情互动》栏目组,开展救助活动,并为宛平城地区贫困家庭蔡金义父女捐助5000元,区民政局副局长蒋伟亲自将救助金送到蔡金义手上。

(梁立冬)

【安置下岗失业人员】 年内,继续开发就业岗位,安置了下岗、失业人员和因国家建设征地的农民工就业共计100余人。社区服务中心被丰台区劳动局评为再就业先进单位。投资20万元建成爱心超市,面积200余平米,定期为困难群体提供物资救助,发放生活必需品。

(陈建春)

【为百姓办实事】 年内,社区服务中心和中车(北京)汽修有限公司联手,引进中车(北京)汽修有限公司的品牌、技术、设备,投资40万元,成立宛平城中车汽修汽车修理厂,解决了有车族修车难的问题。

(陈建春)

【成立社区治安巡逻队】 年内,配合公安派出所搞好社区治安工作,成立社区治安巡逻队。在两会期间,完成了两会保卫工作和重大政治活动的安全保卫工作,并严防死守光节点,日夜进行巡逻,未出差错。

(陈建春)

【整治环境 便民服务】 年内,整治了城北社区小郭庄的脏、乱、差。投资60万元建成社区居委会办公用房及社区服务用房等基础建设,建居委会用房281平米,社区服务用房、便民服务网点534平米,便民购物网点188平米并兴建垃圾楼和公共厕所的改建。

(陈建春)

【出席全国再就业工作会议】 9月24日,全国劳动和社会保障再就业工作会议在京召开,会上表彰了全国劳动和社会保障再就业先进单位和先进个人。宛平城地区办事处作为北京市唯一一家街道系统被评为全国先进单位代表参加了会议,受到了表彰。

(孙贵华)

【启动劳动用工规范一条街工作】 "劳动用工规范一条街"工作6月至9月进行。卢沟桥城内、东关街23个单位(事业单位2个、国有企业1个、个体企业20个),被列为创建工作地点。

(孙贵华)

长辛店街道

【概　况】 长辛店街道位于丰台区西南部,

辖区面积58平方公里，下设23个社区居委会，总户数27426户，居民7.9万人，属城乡结合部。辖区位于卢沟桥西侧，东临永定河，西至镇岗塔，与云岗、王佐乡相邻，南接房山区南岗洼，北到鹰山公园，与石景山区、门头沟接界，南北长、东西窄，地势东低西高。东临永定河、哑吧河、小清河、大宁水库，西靠南北走向的两道丘陵。九子河由留霞峪经长辛店，蟒牛河由太子峪经二老庄、朱家坟，两条河均向东南流入房山区界。辖区中部南北穿行，境内有(北)京广铁路、(北)京周(口店)公路、和(北)京石(家庄)高速公路穿过，有8条公交线路通往云岗、丰台、石景山和市区，由东向西，呈辐射状分布。辖区内有较完整的商业、服务业、文教、卫生等配套设施。共有中学、小学14所、医院5所、影剧院(俱乐部)4个，全民健身居家工程26个，市属标准工程1个，辖区内有中央企业16家，市属企业19家，区属企业42家，驻军部队12支。所驻单位有铁道部二七车辆厂、二七机车厂、中国北方车辆研究所、北京北方车辆制造厂、装甲兵工程学院、北京酿造七厂及长辛店火车站等近百家企事业单位，以铁路、军工业为主，为丰台区重工业集中地。长辛店大街形成于明代中叶，东至京石高速，南至赵辛店桥，西至长辛店火车站，北至长辛店邮局，大街南北走向，内有49条胡同，设有长辛店火车站。地域面积1.15平方公里，总户数6701户，人口16347人。城镇私房数1111户，房屋间数5541.5间，85211.8平方米；城镇公房数2584户，5296.5间，84107.2平方米(其中平房4904.5间，2460户，77214.2平方米；六栋简易楼合计72间，28户，1541.5平方米；三栋楼房320间，96户，5351.5平方米)辖区内下设23个社区居委会(其中，有专职工作者35人)，有33个基层党组织，共有2499人。

(马长起)

【绿化美化成果累累】　全年完成植树16457株，铺草坪5000平方米。建成了长兴路两侧的拆迁透绿，绿化美化工作和机车厂5000平米绿化美化工程。为改善城市大气质量，完成618厂等单位锅炉改造28台，对地区42家用水单位进行节水器具淋浴装置。全年共清理垃圾渣土2750多吨，协调投入资金18.6万元对长辛店大街、京周公路、杜家坎路、教堂胡同、合成公等重要街巷两侧1.55万余平方米的外立面进行了粉刷，新建垃圾房160座，公厕35座，拆除私搭乱建房屋50余间。

(马长起)

【营造和谐环境】　年内，成立了长辛店地区安全稳定协调委员会，制定了《长辛店街道关于安全稳定重大事故的通报制度》，最大限度将矛盾化解在基层，实现了“三不出”的目标。全地区共有23个治保委员会，治保委员154人，治保小组1345个，治保积极分子2064人。全年开展32次大规模检查，有效遏制了各类事故的发生，为居民营造了一个安全和谐的生活环境。

(马长起)

【群众活动丰富多彩】　年内，为了丰富地区文化生活，组织了地区迎新春慰问演出、“五月鲜花”群众歌咏活动，组织了“迎国庆、创首善、保安全”文艺演出小分队进行巡回演出，并在“六一”期间举办了为长辛店医院抗非典宝贝“补过”儿童节的联谊活动。

(马长起)

【修建红十字会救助中心】　年内，办事处投资修建了100平方米的红十字会救助中心，救助特困人员。共发放衣物187件，资助了10名特困家庭品学兼优的学生完成学习并发放资助金8000元。

(马长起)

【创建文明社区】　年内，深入开展群众性精神文明创建活动。以提高居民文明素质、遵守社会公德为重要任务，加大创建文明社区工作力度，积极推进5个市级文明区、4个区级文明居民区和3个环境优美社区的争创工作。

(马长起)

【推进依法治街】　年内,开展多种形式的法制宣传活动。创办了“法制小银行”,为群众提供多方位的法律服务,为当事人提供法律依据。全年开展矛盾排查11次,防止矛盾激化13件,调解各类民间纠纷297件,民事纠纷调解率达到100%,调解成功率达到98.6%。

(马长起)

【民政、社区服务】　走访慰问军烈属优抚对象、军地退、超转人员、特困家庭人员500余人,发放各种慰问金8万多元。全年集中安置1名残疾人就业,分散安置8名残疾人就业。在社区开展了争创“温馨家园”活动。在见义勇为基金的捐助活动中,地区捐款8.65万元,完成任务数的216%。

(马长起)

【取缔非法市场】　年内,街道与煤炭公司协商,将北关社区教堂胡同这一非法市场进行取缔。长期扰民,吵民、占用防火通道,存在重大安全隐患的所有商户顺利迁入煤炭公司下属的煤厂院内,建成了规范管理、合法经营的市场,既保证居民的基本生活要求,又解决了市场吵民,存在安全隐患等诸多问题。

(马长起)

【劳动和社会保障】　年内,将依法规范企业用工作为重点。通过以会代训,对235家单位进行了培训,并为43家企业650名职工提供劳动合同书服务,签订劳动合同317份。开展了拖欠民工工资、非法职介等专项检查,责令补发农民工工资23000元,涉及农民22人。保障了农民工合法权益。

(马长起)

【积极开发就业岗位】　全年共开发就业岗位1056个,856人顺利就业。“40、50”特困人员安置率达到98%。开展多项技能培训13期,培训率100%。举办了6次招聘洽谈会,有310人被正式聘用。

(马长起)

【成立全程办事代理服务中心】　年内,完成对事务受理中心的改造。建立健全多种制度,确定服务项目12类,抽调机关干部和社区干部4名为受理员、代办员、监督员,实行“零”距离监督。达到了全程办事代理工作的场所、制度、人员三落实。为地区人民提供公开、规范、便捷、高效、优质的服务。

(马长起)

【经济普查工作获高度评价】　8月1日举行了隆重而热烈的清查阶段启动仪式。使经济普查工作家喻户晓,人人皆知。办事处抽调了18名普查指导员,分成23个普查区,确定了80名普查员,同时完善了各项制度。10月,街道顺利完成了经济普查任务,通过查疑补漏,确保了普查率达到100%。南墙缝社区代表丰台区顺利通过了北京市验收,市领导对街道经济普查工作给予了“宣传到位、记录真实、工作扎实”的高度评价。

(马长起)

云岗街道

【概　况】　云岗街道地处丰台区西南部,东与长辛店街、镇为邻,西南与王佐镇相连,北与门头沟区接壤,辖区面积8.53平方公里,常住人口1.35万户,3.88万人,人口密度4549人/平方公里,少数民族占3.6%。有中央单位4个,市属单位4个、区单位23个,社区居委会9个。共有中学2所、小学2所。辖区主次干道路共39条,年内街道办事处对北区环路延长路段948米道路进行修建,投资48万元增设交通设施。自行筹款7万元实施亮化工程,使南区路亮起来。筹措资金120万,购置3台专用垃圾密闭式挤压车,实施分类收集,地区垃圾分类达到55.6%,通过北京市的检查验收。协助304所开展宽带建设工程,入网用户超过1000户。小区中实现技防物业管理1个,完成封闭3个,安装24小时监控系统2个。拆除违法建设5000平方米,完成新植任务12075平方米,其中植树3587棵,种植草坪11725平方米。检查"门前三包"责任单位750次、车辆遗撒38起、违章占道车辆11起。清理黑车70余辆、摩的50余辆,罚没三轮车12辆。取缔无照商贩420起;夜间烧烤18个。检查工地96次,对存在隐患的工地下发限期整改通知书18份,停工处理7个存在严重隐患的工地。另外为外地务工人员追回拖欠工资3.8万元;调解民事纠纷148件,成功调解145件,成功率达98%以上。代理服务事项779项,接待群众1129人,办结率、满意率均达到100%。未发生集体上访,实现"三不出",确保了辖区的安全与稳定。开发就业岗位290个,完成任务指标的122%;安置失业人员232人,完成任务指标的122%;技能培训174人,完成任务指标的110%;城镇登记失业人员就业率达到60.97%,失业率控制在1.29%;经认定的特困人员98%得到托底安置。被区劳动和社会保障局评为先进单位。走访慰问烈属、伤残军人78人,发放慰问金23500元。两节为老年人办理老年证215个。共为居民办实事191件。年内组织集中讲座35场,放映录像45场,受教育群众达2万人,共开展各类活动144次。表彰先进基层党组织8个,优秀党务工作者15人,优秀党员35人,优秀社区党员10人。云岗街道荣获2004年安全生产工作先进单位;残疾人工作优秀单位;青年文明号;北京市同法功及其他邪教组织斗争先进集体;北京社区公共服务平台服务系统先进单位。丰台区优秀网站等荣誉。

(李　永)

【大气环境监督】 年内,街道与各部门联合开展"绿箭行动" 共检查工地78次,责令停工3家,严肃处理扬尘污染罚款4万元,做到施工不扬尘,运输不遗撒,渣土覆盖,路面硬化。公开聘用4名空气质量监督员,开通群众举报热线,对地区大气环境进行监督,投资50万元购买覆盖网等设施遮盖裸露土地,较好的控制了扬尘污染。地区空气质量有了明显改善,全年二级或好于二级以上天数163天。

(李　永)

【赶文化大集】 5月—9月,街道与王佐联手,以"联手共建文明区,街镇共唱一首歌"为主题,举办首届"恒源杯"群众文化系列活动。政府搭台、企业参与、群众唱戏,吸引了广大群众及民间文艺团体前来演出。共举办文艺演出、才艺展示136场,观众超过10万人次。区宣传部以"到丰台云岗,赶文化大集"为主题召开了新闻现场发布会,制作了5集宣传片,在丰台有限电视台连续播放一周。新华社内参、北京日报、北京晨报、北京青年报、国际商报、信报等多家媒体进行了报道。千龙网和北京新华网也进行了图文并茂的宣传。

(李　永)

【创卫工作】 年内,组织地区机关单位、社区城市清洁日活动12次,大型公益劳动7次,清除卫生死角33处,清运废弃杂物122吨,清理非法小广告3000余张,捡拾白色污染和清理绿地220万平米。共1.5万人次参加。辖区灭鼠投药率98%以上,增补鼠站174个,防鼠设施完好率98%以上;全年灭鼠用药37箱;为降低蟑密度,重点对餐饮业、招待所、商场、副食店、超市、医院进行专业消杀,并开展了春、秋季统一灭蟑,坚持双月蟑密度监测。全年灭蟑用药烟剂528枚、灭蟑净和杀蟑饵剂2823袋、杀虫粉剂1757瓶、小吉门36瓶、灭蟑套餐110套、灭蟑方便贴1600片、1%康星杀蟑胶饵20支、粘蟑纸2042张;灭蚊蝇工作巡回打药4轮,用药联克杀1131袋、16.5%克抗乳油6箱、5%杀悬浮剂3箱。四害密度控制在标准之内。灭鼠、灭蟑、灭蚊蝇达标工作,9月顺利通过市爱卫会的灭蝇达标验收。

(李　永)

【募捐工作】　年内,街道紧紧围绕“扶贫济困送温暖”这个主题,广泛深入宣传“一方有难,八方支援”的中华民族传统美德,发动党政军机关、企事业单位、党员干部、社区志愿者和市民群众,踊跃为灾区和贫困地区捐款捐物。设咨询站和捐赠站23个,公布热线电话。出宣传板报98块,挂横幅78条,发放宣传材料5000份。为江西、内蒙古贫困灾区献爱心和印度洋海啸发生地震区共捐款39万元。捐物近5000件。

(李　永)

【创建工程示范街】　年内,街道云岗百西路和影剧院路作为创建“劳动用工规范一条街”工程示范街。依法加强劳动用工管理,保障劳动者的合法权益,以“摸底调查、宣传动员、组织实施、检查整改、评比验收”五步走的工作方案,认真抓好每一个具体环节,达到劳动用工规范的目的。共实现劳动合同制单位35户,职工人数127人,达100% ;参加社会保险登记的用人单位34户,占97.1%;参加社会保险职工122人,占96.06%;补缴社会保险金5.02万元;应持证上岗职工为35人,实际35人,达100%;规范一条街上用人单位都能按时支付职工的工资和加班费,劳动用工管理规章制度完善达100%。被区劳动和社会保障局评为先进单位。

(李　永)

卢沟桥乡

【概　况】　自北京广安门向西直至举世闻名的卢沟桥,方圆53.6平方公里的土地,是卢沟桥乡的地界。与海淀、宣武,石景山三区接壤,素有北京城西南大门之称。乡境内有二环、三环、四环、丰北、丽泽城市公路网和京石、京开高速公路及京九、京沪、京广三条铁路大动脉;有太平桥、北大地、五里店、青塔、宛平等9个居民小区,4个街道办事处,6个驻地派出所。全乡下辖21个行政村、10个专业公司、7个事业单位,党员总数2883名、党总支26个、党支部250个。辖区常住人口38331万人,总户数15906户;其中农业人口35465人、14792户,居民人口2866人、1114户,流动人口10.73万人。

全年乡域经济总收入达到42亿元,比上年增长15%;其中集体总收入23亿元。乡域国内生产总值达到10.8亿元,比上年增长12%;其中集体国内生产总值6.8亿元;人均纯收入比上年增长6%;税金比上年增长10%。

年内按照乡党委、乡政府制定的“两区两带”经济发展规划,大力推进三环、四环路两侧商业带建设,充分发挥“两带”的辐射优势,带动二环至五环路及相关道路周边发展。年初确定的重点项目年内已基本建成,项目投资总额26916万元,其中引进资金19511万元,占总投资的72.5%,项目占地总面积362.75亩。美克家居连锁店(5月10日开业)、亿客隆五金建材市场(4月20日开业)、小井索纳塔汽车4S店(5月18日开业)、精图西三环商品街4S店(5月中旬开业)。小井综合市场改造项目预计元旦前开业;郑常庄产业区一期两个4S店(汽车服务中心);岳各庄机动车辆检测场项目已完成建设,12月正式营业;张仪村观光项目,于10月底完工。全年完成招商引资项目3个,引进资金15426万元,建筑面积69499.6平方米。其中,国际明珠商务会馆项目,总投资500万元,建筑面积8800平方米,主要经营酒店、娱乐等项目。西局文化休闲园位于万寿路南延路,总投资5000万元,占地面积362.6亩,建筑面积9000平方米。

年内,致力于打造人居优美环境,开展了争创市区文明村、文明居住小区和市区卫生村等项活动。全乡有首都级文明村大井、三路居、马连道、张仪村4个村;11个区级文明村为小屯、卢沟桥、小井、精图、六里桥、周庄子、靛厂、大瓦窑、郭庄子、太平桥和郑常庄;新申报区级文明村的有岳各庄、东管头、万泉寺、菜户营和小瓦窑5个村;西局村申报了环境优美村;小屯村新申报的是首都级文明村,已经接受了区文明办的验收并得到了认可。

全面发展教育、卫生、文化、体育等社会事业。继续巩固九年制义务教育成果,全面推进素质教育,大力发展高中阶段教育。继续抓好教育重点工程建设和乡管小学的布局调整工作。加强农村卫生预防保健工作,认真抓好重点疾病防治,不断提高健康水平。加快文化建设步伐,为全乡人民提供丰富、健康的精神食粮。大力发展体育事业,广泛开展全民健身活动。关心支持妇女、儿童、老龄工作,发展残疾人事业,进一步做好统计、审计、会计、外事侨务、机关事务、民族宗教、人防、防震减灾、民兵预备役、双拥、征兵、档案、地方志等各项工作。年内全乡已建成体育健身活动场所295个、老年活动场所20个、群众文化娱乐场所202个,开办物业管理、计算机应用、园林绿化等学习办培班63次,有410人取得大专学历、165人取得中专学历、356人取得专业职称资格,乡管13所小学全部完成农村完小验收,2所村级幼儿园达到市托幼所二级二类标准。

加大社会保障力度,实现由政府单一渠道向政府基本保障与社会救助互动转变。年内完善了农村大病医疗保险援助、助学援助、慈善援助、特困户援助、法律援助等社会援助体系,为全乡的困难群众解决了生活中的实际困难。有21个行政村均按比例建立了合作医疗报销制度,村覆盖率达100%,全乡16112户村民中有15829户参加了合作医疗保险,户覆盖率为98.2%,并且各村全部实现了老年退休制度。

(李红霞)

花　乡

【概　况】 花乡位于北京市区西南郊,丰台区中南部。东临南苑乡,西临老庄子乡,北与丰台镇、卢沟桥乡相邻,南与大兴区接壤,乡域面积50.3平方公里,总人口4.1万人,耕地1.5万亩;下辖十五个行政村,四个专业公司,十三个直属单位,总户数1.5万户,常住农业人口3.6万人。乡境内有三环、四环、五环、丰南、丰葆城市公路网和京开高速路及京九、京广、京沪三条铁路大动脉;有育芳园、恋日家园、天伦锦城、富锦家园、怡海花园等15个居民区,一个街道办事处,3个驻地派出所;人口出生率6.7‰,计划生育率97.8%。

社会总收入443100万元,同比增加5%;纯收入95460万元,同比增加11%;向国家缴纳税金12758万元,同比增加5.1%;提取公共积累34224.4万元,同比增长23.7%;分配总额41098万元,同比增长3%;劳均分配14406.7元,人均分配10002元。

重新修订和完善"一、二、三、五"经济发展思路,全方位包装打造花乡品牌,乡域经济持续、稳定、健康发展。乡域产业结构更趋合理,一、二、三产业收入分别占增加值的8.3%、32.9%、58.8%。第一产业重点以观光农业、精品农业发展为主,产业化、现代化程度逐步提高。花卉大观园二期工程基本完成,该项目的建成将促进花乡花卉旅游观光农业的进一步发展,对推动一产向三产的转移起到很好的示范作用。盛芳园切花基地的"草本花卉新优品种繁育建设与示范"项目被列为市级科技项目,引进5个品种共2万平方米竺芋和草花新品种50多个,同时积极探索在外埠发展花卉生产基地,扩大生产规模,逐步向产业化发展。第二产业在发展中不断调整,通过技术改造和优化资源配置,提高产业的科技含量,企业实力明显增强。新丰印刷厂、看丹水泥厂等企业技术改造项目通过验收,获得市、区各类扶持资金1490万元,促进企业经济进一步发展。第三产业迅速发展,在花乡经济中的主导地位更加突出。北京特种车交易市场、黄土岗仓储建材市场、南国水乡美食广场等一批专业市场和餐饮服务业建成开业,同时带动周边配套服务行业的发展。

重点工程项目进展顺利。新发地农产品批发市场升级改造工程、果品市场、玉泉营购物广场、纪家庙综合娱乐城、羊坊体育村等建设项目相继启动。招商引资力度加大。白盆窑仓储物流、北京西南物流中心、新发地批发市场升级改造三个项目申请贴息贷款2.03亿元,促进花乡区域经济发展和重点工程的顺利实施。

绿化隔离地区建设和城市化进程稳步推进。全乡共完成累计绿化面积达15300亩。全乡新村绿化隔离地区建设共竣工119万平方米。其中回迁住宅57.7万平方米,商品住宅61.3万平方米。樊家村危改项目一期工程16万平方米封顶。新樊羊路建成通车。完成康新路、柳村路和万寿路南延三条路的测量、测算等工作。

深化政府行政管理体制改革和城乡行政管理体制改革,不断改进政府职能向服务型转变。花乡投资39万元建成"全程办事代理制服务大厅",为群众提供优质便捷的服务,提高办事效率。7个村完成社区型股份制改造工作。认真开展经济普查工作,共普查登记单位11532个。开展基本农田调查、用地性质变更调查、土地承包经营权确权和流转工作。

加强社会主义民主法制建设,大力开展环境综合整治,改善投资环境。集中力量清理取缔新发地蔬菜批发市场、北京市旧机动车交易市场和学校周边无照商贩、黑车及"六小"场所,使市容环境和社会治安秩序得到改善。认真开展防火、安全生产、交通、环保宣传教育工作。对21名社区矫正对象和63名两劳人员实施有效管理和教育。帮教率100%,安置率98%。调处各类矛盾纠纷589件,成功率100% ,解答法律咨询518人次。办理人大代表建议21件。接待受理群众来信来访292件。

以创建"国家卫生区"为契机,大力开展环境卫生整治工作,新建、改建封闭垃圾房284座,大型垃圾中转站2座,三类公厕26座,清运垃圾渣土220吨。全乡26800人加入农村新型合作医疗,13个卫生所完成向社区卫生服务站的转制。落实各项民政政策,走访慰问民政、优抚对象,农村低保复审、调标,依法推行按比例安置残废人就业工作,收缴残废人就业保障金30.6万元。年内安置劳动力就业1357人,组织各类培训1350人,完成农村养老保险征缴和低保录入工作。乡域信息化建设进展顺利,初步实现了资源、信息共享,年内共发布花乡新闻600余条,转发丰台新闻200余条。进一步深化教育体制改革,优化教育结构,整合教育资源,完成新发地小学和六圈小学升级改造。积极开展成人学历教育,组织职工综合素质培训109人,短期行业培训1161人。乡成人学校被评为市级先进乡校。广泛开展群众性文体活动,年内开展"民间花卉一条街"、"五月鲜花合唱比赛"等文艺演出12场。新建体育健身设施9处。草桥村、榆树庄村被评为北京市"生态文明村" 。花乡党委被评为丰台区"五个好"乡党委。

(张稼树)

南　苑　乡

【概　况】　南苑乡位于北京市区南部、丰台区东部,北与崇文、宣武相接,南与大兴区接壤,东与朝阳区相连,西与花乡、卢沟桥乡毗邻,乡域内有9个街道办事处,属城乡结合部地区,乡域面积为57.2平方公里,下辖15个行政村,总户数11871户,常住人口27265人,年度计划生育率为99.4%,村民自治率100%。年内全乡国内生产总值6.43亿元,同比增长21%;税金总额1.55亿元,同比增长28%;农民人均纯收入12000元,同比增长9%。农村社区股份合作制改革工作稳步推进。至年底全乡共完成11个村,其余四个村(南苑、分中寺、大红门、时村)也已启动。按照乡两代会提出的今后三年要努力实现四大组团、七条路、二条商业街的发展思路,年内全乡规划建设项目共65个,目前在施项目12个,全年开复工面积180.9万平方米,完成全年计划160万平方米的113%,其中新开工92.6万平方米,完成全年计划80万平方米的115.7%。

已竣工面积101.5万平方米,完成建设投资12.8亿元。年内在对全乡范围内道路状况进行调查的基础上,完成了方庄路、右外大街南延道路和市政设施的建设,极大地改善了右安门村、成寿寺村、东铁营村开发建设的环境。协助区有关部门完成马家堡路改造的前期的拆迁工作。在建道路三条,全长约10公里,占乡域道路全乡的9.1%。分别是马家堡西路南延4.2公里,马家堡路1.6公里,马家堡西路4.3公里,马家堡西路南延总投资2.5亿元。

落实国务院关于整顿土地市场秩序的会议精神,结合乡土地现状,加强土地市场整顿,做好基本农田地块调整和耕地的保护工作;对全乡99年1月1日—2004年6月30日国家建设征用农民集体所有土地以及补偿费管理使用情况进行了统计和调查;对全乡各类用地项目及规划情况进行了统计;对全年全乡各类土地使用性质进行了变更调查,并将变更图斑调绘上图。落实土地管理法和城市规划法,配合市、区土地和规划管理部门利用卫星遥感和土地市场整顿,对违法建设进行了查处。全年共下发停止违建通知书集体的27份,个人的49份。拆除各类违法建设46100平方米。

全年绿化、美化26910平方米,修整下水管线8090米,硬化道路18990平方米,喷涂粉刷43445平方米。年内新建密闭式垃圾房68座,改建32座,全乡202座垃圾房全部实施了密闭化管理;新建厕所29座,改建7座。全年环境整治总投资约1113万元;乡环保工作成绩显著,全乡剩余28台需要改造的燃煤锅炉,已有15台完成了改造,其余13台已完成改造计划;3家企业顺利完成环保治理;乡域内餐饮企业油烟治理工作基本完成;建筑工地扬尘得到有效控制。

实行各级党政一把手是安全生产和社会治安综合治理工作第一责任人的措施,全面落实各项目标管理责任制、督办制和季度例会制。乡政府与各村委会、乡直属企事业单位签订《安全生产目标管理责任书》76份。制定了丰台区南苑乡应对突发事件紧急预案,建立了统一的指挥系统,应急救助队伍以及物资储备和供应渠道。按照《南苑乡出租房屋管理办法》的规定,加强了对流动人口、出租房屋、地下空间的管理,对本辖区的出租房屋建立台帐,严把房屋出租审查关。乡安全生产委员会及四个检查组全年检查次数达3600次,发放各种宣传材料近40000份,受教育群众达10万人次。举办各种形式的学习班70余次,受教育人员达15000余人。

3月成立了乡社保所,并在全乡建立社保体系,成立了15个村的社保工作站,确定了各村社保协管员共15名。社保所开展了南苑乡劳动力基本情况综合调查,在摸清全乡富余劳动力情况的基础上,协助各村培训富余劳动力并为他们办证建卡,发放《农村富余劳动力求职证》,全乡共进行富余劳动力指导性培训2162人,劳动技能取证培训395

人。配合市、区政府完成全乡3150名转居自谋职业人员的参保问题。

经乡党委、乡政府会议研究决定:1月1日起,对于乡享受农村低保因残疾、重病而丧失劳动能力的困难家庭,按人均月收入不低于300元的标准,由乡、村两级按照5:5的出资比例,对困难家庭给予差额性救助。全年乡财政用于困难救助支出63536元左右,全乡38户困难家庭的89人得到了救助。

年内全面开展以大病医疗统筹为主的新型农村合作医疗工作,制定出了《南苑乡新型农村合作医疗管理(试行)办法》和《实施细则》,使广大农民群众享受到了更多的医疗服务保障。目前全乡参加合作医疗共计26912人,全年报销总额约248.3万元。

实施成人教育和劳动力技能培训工程,组织落实各类职工岗位培训、劳动力技能培训,2004年开展岗位资格培训1413人,专业技术培训4738人,适应性培训5135人。举办了三期大专班,其中:两个物业管理班,一个经济管理班,参加学习的共有300余人。

广泛开展文化体育活动。组织了全乡"文化、科技、卫生"三下乡宣传活动。举办了全乡五月鲜花文艺汇演。乡　牛摄影协会有50多幅摄影作品在全国、市区比赛中获奖。组队参加了由区体委、区体育总会组织的健身新秧歌活动、足球、"橡筋健骨操"、登山等比赛;举办了南苑乡2004年乒乓球比赛、南苑乡第二届"南苑杯"足球比赛、乡新春秧歌"一条街"表演活动;组织了庆三八"家庭趣味运动会"等活动。

元旦春节期间对优抚对象和复退军人进行走访慰问,将总价值近10万元的慰问品和慰问金送到了社救对象和优抚对象的手中。认真做好拥军优属和优抚工作。截止12月底为领取定期、定量补助的优抚对象发放补助费118660元,核销医药费50686.4元。

建立健全了乡人民武装体系,组建了1200人的民兵联防队,年内乡的民兵工作成为全国民兵工作的样板,在民兵点验及规范化建设等方面得到了各级领导的好评。完成了一年一度的兵役登记工作,今年参加兵役登记的适龄青年为269人,其中可服兵役的45人,缓征兵役的209人;2004年冬季征兵工作已经顺利完成。

按照市、区委的统一部署,开展了第六届村民委员会换届选举工作。全乡共选出村委会成员56人。

乡政府坚持每年二次向人民代表大会报告工作,自觉接受人大代表监督。坚持依法行政,开展效能监察。广泛推行政务公开,全程办事代理制度。深入贯彻实施《行政许可法》。继续开展"四五"普法,加强对《土地法》、《安全生产法》、《交通法》等法律法规的宣传教育,法律服务、法律援助等工作深入开展。坚持领导包案制度、矛盾排查领导小组工作制度,全年来访结案率达98%以上,来信结案率达100%。

(谢　琳)

长辛店镇

【概　况】 长辛店镇位于北京南郊,永定河以西,距卢沟桥仅一公里。辖区西至太行山余脉马鞍山脚下,东与永定河畔的卢沟桥乡为邻,北邻石景山、门头沟区,南和房山区接壤。长辛店镇总面积58.6平方公里,其中平原面积26.6平方公里,丘陵坡地面积32平方公里。境内至高点是该乡大灰厂村以西的马鞍山,海拔690.33米。地势西高东低,辖区形状象一个展开的大扇面。京原铁路、京广铁路、京九铁路和京周公路、京石高速公路以及10余条公交车线都从境内穿过,形成了北京西南方向的交通枢纽。长辛店镇下辖九个行政村,7865户、人口总数17876人。全年经济总收入完成15.5亿元,同比增长12.6%,增加值完成1.9亿元,同比增长5.9%。全年税收完成3060万元,同比增长12.5%,其中国税完成1900万元,地税完成1160万元;各行政村全年总收入完成11.6亿元,同比增长10.4%。种植大枣942亩5.3万余株,成活率85%以上,总面积已达到1.2万亩150万株。努力加快大枣标准化管理基地的建设步伐,建立健全管理制度和硬件设施,被北京市批准为农业标准化合格单位,并被列为旅游观光采摘基地。秋季举办了第二届棘梨大枣采摘节和首届梨枣评比大赛,近2万人次观光采摘,销售大枣近10万公斤,效益最好的承包户销售收入达到7万元,取得了较好的经济和社会效益。

对农田进行普查,复耕种植面积达1536亩。同时,认真落实粮食直补政策,兑现资金22.8万元。重点对6个村的基本农田进行综合调整,对全镇2000多处图斑逐一进行核实登记,核实纠正违法占地74处,1800亩,其中耕地1200亩,基本农田得到合理保护。

全年区镇村共投资3870万元,铺建及修缮张太路、张漫路和杨家坟至李家峪村道路3条,全长6280米。年初协调区市政管委对镇域内4000平方米的主要道路进行了修缮。镇村两级投资200万元,完成了各村街巷3万多平方米的道路硬化。同时,建成宽7米、高4.5米的连接赵辛店东西街的涵洞一座;排水沟800米;护坡1万平方米;铺设雨水管线1350米。

全面实施垃圾密闭化管理,投资160万元,建成垃圾房166座,总面积3400平方米,统一标志,统一规格,既方便群众,又便于管理。积极配合环卫中心投资185万元,建成二类公厕6座,三类公厕35座。10月26日通过了创建国家卫生区的初检验收。

维护良好的经济发展秩序,以"抓严打、保稳定、促发展"为中心,坚持"打防结合、预防为主"的原则,认真落实社会治安综合治理的各项措施,进一步完善了治安防范体系,净化了社会治安环境。年内镇域内未出现重大治安事件。狠抓安全生产和交通秩序,确保人民群众生命财产安全。通过广泛宣传,强化安全防范措施,严格落实安全生产责任制和交通安全责任制,与各单位签订安全生产、交通安全责任书,建立了内部安全领导责任追究制度。开展"关爱生命、安全出行"等主题宣传活动,通过三级教育活动,安全生产和交通工作秩序井然。

加强村级管理,圆满完成村委会换届选举及村政体制改革工作。在选举过程中,我们始终坚持党的领导,严格依法办事,充分发扬民主,把作风正派、工作扎实,有能力带领群众致富的优秀代表选进"两委"班子。当选的43名村委会委员中年龄最小的31岁,最大的58岁,其中党员34人,女委员13人,大专以上13人,高中15人,初中以下15人。在村政体制改革中,全镇核查资产8322.6万元,清理各类合同1384份。全镇52个村民组合并为22个社区管理委员会,村民组干部由原来的128人减少到68人,减少了47%。全镇村民组干部从原来的每年开支256.4万元减少到每年107.9万元,节约开支148.5万元。村政体制改革后,全镇各级共建立健全各项管理制度95项,建立健全各项岗位职责135项。在9个行政村中,长辛店等8个村采取"确权确股"方式,张郭庄采取"确权确利"方式。确权土地面积33021亩,参加确权人员达18102人。全年完成了太子峪、辛庄、李家峪三个村的社区股份制改制工作。

政府把禽流感防控工作作为一项重要工作来抓,做到了认识到位、责任到位、宣传到位、落实到位,依靠群众,群防群控,禽流感得到有效防控。积极帮助群众恢复生产,稳定群众的生产和生活,发放三级补偿金86万元。与此同时,根据市、区《关于进一步加强泔水养猪清理工作的紧急通知》精神,对全镇

32 处 84 户养猪厂进行检查,清理泔水猪 5051 头。

坚持党政一把手亲自抓负总责,注重抓好计划生育基础性工作。计划生育率达 98.4%。完成了对独生子女父母的一次性奖励,全镇发放奖金 5.7 万元。积极推广新型农村合作医疗和社会保障工作。提高农民抵御重大疾病风险的能力,成立了长辛店镇新型农村合作医疗领导小组,建立了合作医疗结算中心,制定《农村合作医疗管理办法和实施细则》,加强了业务培训和宣传教育,发放宣传手册近 8000 份。全年为村民报销医疗费 11.21 万元。按照市、区有关要求,投入大量财力物力成立了长辛店镇社会保障事务所,建立了基层社保站,明确了各部门职责,形成了社保工作层层有人抓、有人管的工作局面。加大农村富余劳动力培训工作力度。积极开创农村社会养老保险工作新局面。妥善解决农转工自谋职业人员的社会保险问题。

打破原有教育格局,整合教育资源,全面实施"三教统筹"。普教事业向更高层次发展,长辛店镇中心小学教育教学质量明显提高,升入市区重点初中的学生比例逐年增加;教育科研取得丰硕成果,2004 年有三名教师被评为市区级骨干教师;艺术学校的开办使学生的艺术素养得到发展和提高。投资 10 余万元对成人学校进行了装修和改造,配备多媒体教室,投资 7 万元对中心小学近 400 米的自来水管道进行了更新。

继续开展"四五"普法活动,推进依法治镇、依法治村进程,通过"法律沙龙"、青少年模拟法庭等形式,对法律法规进行广泛宣传。举办了"法律知识竞赛",通过参赛,广大干部群众法律素质得到提升。积极做好群众来信来访的调查和处理,消除不稳定因素,全年信访办共接待群众来访 30 批 272 人次,办理区转人民来信 53 件,化解重大疑难纠纷 6 件。4 月成立了社区矫正工作领导小组,努力做好安置帮教工作。

镇人大、镇政府共同努力,争取资金 17 万元,为东河沿村安装了有线电视,解决了东河沿村民多年收看不到有线电视节目的问题。做好重大节日及临时性走访救助工作,投资 8.1 万元,走访慰问特困、残困、优抚对象、低保户等家庭。为 166 户办理了最低生活保障金,全年共发放低保金 39.8 万元。为灾区捐款 2.4 万元。按期完成了无偿献血和征兵工作。

建立完善政务公开、村务公开和民主管理制度,调整了政务公开领导小组,按期更换公开栏,按有关规定将政府各职能部门的工作职责、业务范围等进行公开。各村也建立了民主公开栏,并延伸到村民组,按季度向群众公布财务、政务情况。同时,各村还采取村民代表会、民主日大会、民主评议会、领导接待日等活动方式,加大了政务公开力度,受到了广大群众的欢迎。通过规范管理,积极推行政务公开,转变工作作风,促进了廉政建设。

推行全程办事代理制是贯彻落实《行政许可法》的一项重要举措,秉承"一日受理,全程代办,有机运作,按时反馈,依法公正,透明高效"的原则,经过紧张筹备,长辛店镇全程办事代理服务大厅于 10 月 18 日正式投入使用。全程办事代理服务大厅投资 25 万元,建筑面积百余平米,内设 8 个办事窗口,结合各科室实际工作职能,认真实施全程办事代理制的受理事项,明确办理方法、要求和期限。可实施审批(服务)事项 26 项。出台了《长辛店镇推行全程办事代理制工作指导意见》等相关文件,明确了受理人和代办人的职责,提出了与之相配套的便民服务措施。几个月以来,我们以"办成事、办快事、办实事"为目标,确保了全程办事代理制工作的顺利实施。截至目前,共办理各种行政审批 2323 项,满意率达 100%。

(崔骁祥)

王　佐　镇

【概　况】 王佐镇地处丰台区的西南部,西南与房山区交界,西北山区与门头沟区相连,东北部与长辛店镇接壤。辖区面积61.33平方公里,下辖8个中心村,36个自然村。2004年底,全镇总户数9028户,纯农业人口27000余人,非农业人口5000多人,流动人口近8000人。现有耕地面积2.4581万亩。全镇计划生育率达到100%。

年内,全镇国内生产总值完成1.85亿元,同比增长21.5%。其中,一产完成1700万元,同比减少5.9%;二产完成6500万元,同比增长19.5%;三产完成1.03亿元,同比增长29.1%。总收入完成9.85亿元,同比增长30 %;税金完成1666万元,同比增长42%;人均纯收入实现6500元,同比增长16%。

三、二、一产业发展格局明显。现代服务业、旅游业等第三产业进一步发展。商贸设施档次不断提高,规模不断扩大。南宫商业街综合服务设施进一步完善,佃起工贸商业街竣工并投入使用。旅游资源得到整合,青龙湖公园增加了新的综合游乐设施。南宫老爷庙修缮完成。“南宫一日游”内涵不断丰富,年内累计接待中外游客30万人次,旅游小城市品味逐渐显现。

第二产业坚持调整与发展并举方针。着手对张各庄产业园区进行了规划设计和土地平整工作。加强了对传统企业进行改造,完成了石灰厂技术更新和京西驾校场地改造工作,为企业的发展注入了新的活力。加大了对非煤矿山的整治力度,关闭了11家粘土砖厂,取缔了15家非煤矿山,有效控制了污染,保护了生态环境。

第一产业向第三产业进一步延伸。按照建设旅游小城市的发展要求,进一步推动了观光产业的发展。2万平方米智能温室公园建成并投入使用,南宫高效农业园内涵不断丰富。完成粮食生产364万公斤,种植青饲4000亩,对10000亩基本农田进行了免耕覆盖。扩大绿化面积2965.8亩,其中完成二道绿化隔离地区建设1642亩。王佐中学等三个单位获得市级“花园式单位”称号,生态环境进一步改善。按照国家宏观调控原则,顺利完成了土地市场整顿和土地确权工作。圆满地完成了“禽流感”防控工作。

重点工程进展顺利,市政基础设施建设进一步加强。完成了西王佐南路等4条道路建设,铺设柏油面积40720平方米。大灰厂路二期工程建设准备就绪。京石高速路长阳开口规划方案得到落实。新开2条公交线路。对牤牛河河西桥至庄户桥、西王佐桥至翟庄桥段1070米河道进行了清淤、护砌和绿化美化工作。完成了水源基地改造和瓦窑水池建设,并加强了水源基地信息化管理。铺设完成了雨水管线680米、集中供水管线1700米。成功开发了第二眼地热井。旧村改造完成10.3万平方米,715户村民搬迁上楼。南宫生态园二期房地产开发建设工程封顶。铺设供暖管线600米。极乐峰风景区建设稳步推进,铺设完成登山路4000米、山下景区路床3000米。玉叶公园一期工程全部完工。

实现了两个创建目标,镇域环境进一步改善。为巩固“国家卫生镇”的成果,加大了生态环境的整治力度,建立并完善了环境卫生管理10项工作制度,强化了保洁员队伍建设,严格了“门前三包”责任制,建成密闭式垃圾房146座,清理取缔废品收购点30多个,加大了主街、主路绿化美化、硬化亮化工作力度。依法对镇域重要交通路段过往大型车辆遗撒、超载、不苫盖进行了查处,镇域环境面貌得到提升。编制完成了《王佐镇环境保护十年规划》。年内，被国家环保总局命名为“国家环境优美镇”。围绕健康促进创建内容，建立了“镇－村－企业”三级健康促进网络，广泛开展了“革除陋习、树健康文明新风”活动。印发了《自觉开展健康促进行动，致全镇人民的一封信》，建立了29处健康教育固定宣传栏，组织了“在希望的田野上”宣传文艺演出。聘请专家对餐饮、洗浴、美容美发行业的商户法人进行了卫生防疫和健康知识培训，建立健康档案3万余份。狠抓了除“四害”工作，有效推动了“健康教育进社区”和“净化居室、美化庭院”工作的广泛深入进行。推行了农村卫生合作医疗制度改革，对村级卫生室进行了合并。倡导体育健身活动，建立全民健身工程16处，健康促进大环境不断提升。年内，被全国爱卫会命名为北京市首家“全国健康促进示范镇”。基础工作不断加强，社会事业协调发展。切实加强了安全生产工作。进一步完善了安全生产监督管理机制，加强了对企业法人的教育和培训，建立了企业安全档案。严格落实了“企业每天自查、村委会每周检查、镇政府每月抽查”的工作制度，全年组织大型检查20余次，查出各类隐患500余处，杜绝了各类重特大安全事故发生，确保了安全“零”指标的实现。

社会治安综合治理工作得到加强。建立了“群防群控”体系，加强了联防队、交通协管队队伍建设，组建了“治安巡逻志愿者”队伍，进一步明确了治安职责范围。加强了对“两劳”释放人员安置帮教和社区矫正工作。进一步规范了流动人口和出租房屋管理。严密了对“法轮功”等有害功法重点人的监控，深入开展了人民内部矛盾排查调处工作，保持了社会稳定，镇域治安防控能力得到增强。南宫村被司法部命名为“全国民主法制示范村”。

计划生育工作扎实开展。加强了计划生育网络宣传员队伍建设，认真落实计划生育管理“10项制度”，强化了优质服务各项措施，确保了全年无计划外生育，实现了计划生育率100%。

群众文化、体育等社会事业不断推进。举办了王佐镇第四届农民运动会。组织了首届“恒源杯”群众系列文化活动，共组织演出165场。加强了村民素质教育工作，成人教育稳步推进，基础教育教学质量得到加强。村民就业扎实开展，加强了富余劳动力职业技能培训和就业指导服务工作，全年安置就业1665人。推行了新型农村合作医疗改革，村民参保率达23%。认真落实了优抚、低保工作，弱势群体得到关心救助，征兵、献血工作任务超额完成。

基层基础工作得到加强。依法顺利完成了村委会换届选举工作，严格落实了村民代表会制度，重新修订了《村民自治章程》。建立了王佐镇全程办事代理服务大厅，不断推行了政务公开、村务公开。

（李国福）

人 物

组织机构负责人名单

中国共产党北京市丰台区第九届委员会

书　记　王子生
副书记　张大力　杜瑞琴(女)
王铁阳(6月免)　刘云广　阎满成
陈继平(6月任)
常　委　陈继平　王志江(6月免)　闫小彦
王苏维　杨逸铮(女)　李明圣
吕跃进

丰台区委工作机构负责人

区委办公室主任　李明圣
组织部部长　杨逸铮(女)
宣传部部长　王苏维
精神文明办公室主任　朱晓芳(女)
统战部部长　吕跃进
台湾工作办公室主任　付香玉(女)
区委区政府政策研究室主任　王跃进
政法委员会书记　阎满成
常务副书记　杨永华
社会治安综合治理委员会办公室主任　姚建国
防范和处理邪教问题领导小组办公室主任　边爱华(女)
流动人口管理工作办公室主任　胡春溪
农村工作委员会书记　刘　宇
区委区政府信访办公室主任　宋德岭
保密局副局长　王京荣(女,日常工作)
区直机关工委书记　刘庆军
党史资料征集办公室主任　杨逸铮(兼,女)
副主任　叶玉霞(女,日常工作)
老干部局局长　刘德义
区委党校校长　刘云广
常务副校长　陈志忠

中国共产党北京市丰台区纪律检查委员会

书　记　陈继平(6月任)
副书记　宋铁健　宋金忠　毕永丰
常　委　陈继平　宋铁健　宋金忠
毕永丰　王家驹　李秀云(女)
李　军　高终宁　牟金萍(女)

丰台区第十三届人民代表大会常务委员会

主　任　杜瑞琴(女)
副主任　张寿松(常务)
刘树玉(女)
任光明
苗　华(女)
李建军(不驻会)
委　员　王家喜　石茹英(女)　朱玉水
冯维海　李有毅(女)
罗万梅(女)　顾志强　高彦彬
高海松　霍益民　刘蓉蓉(女)

刘　颖(女)　吴　恒　曹继成
梁小虹　董　敏(女)

丰台区人大工作机构负责人

办公室主任　石茹英(女)
代表联络室主任　王　焱
城建环保工作委员会主任　孟宪忠
财政经济工作委员会主任　魏德仁
教科文卫工作委员会主任　张秀敏(女)
内务司法工作委员会主任　郗俊生

丰台区人民政府

区　　长　张大力
常务副区长　闫小彦
副　区　长　吕仕杰　闫傲霜(女)　罗　洁
李昌安　汪　洪

丰台区政府工作机构负责人

政府办公室主任　于鹜隆
发展计划委员会主任　于长辉(3月免)
何燕卿(4月任)
国有资产监督管理委员会主任　黄东有
党委书记　徐鸣凤
计划生育委员会主任　周大春(女,3月免)
张林萍(女,3月任)
建设管理委员会主任　郭振江
市政管理委员会主任　陈　来(12月免)
王建斌(12月任)
科学技术委员会主任　陈　鹏
农业委员会主任　刘　宇
文化委员会主任、书记　王艳秋(女)
教育委员会主任　赵常学(5月免)
王佩琦(5月任)
书记　赵常学
教育督导室主任　罗　洁
民族宗教侨务办公室主任　李小月
民政局局长　孙海臣
财政局局长　孔令斌
国有资产管理局局长　孔令斌
劳动和社会保障局局长　王凤华
安全生产监督管理局局长　沈瑞平
商务局(旅游局)局长　徐琤(女)
统计局局长　徐文题
审计局局长　李拥军(女)
物价局局长　李宝英(女,3月免,建制撤消合并)
质量技术监督局局长　谢永田
国家税务局局长　张占英(4月免)
孙小平(女,4月任)
地方税务局局长　何燕卿(3月免)
吕新利(3月任)
工商行政管理局局长　张风平
园林局党委书记　杨江洪
局长　苗　华(女,3月免)
申燕民(3月任)
环境保护局局长　李向林
卫生局党委书记　刘蓉蓉(女,4月免)
张　扬(4月任)
局长　张　扬
爱国卫生运动委员会主任　常建国
地震办公室主任　葛龙昌
国土资源和房屋管理局党委书记　孙连喜
局长　于广义
农村合作经济经营管理站站长　刘　宇
广播电视中心主任　李　杜
规划分局局长　孙　卫
环境卫生服务中心主任、书记　梁金学
林业局局长、党委书记　张建国
气象局局长　李市平
水利局局长　庞金生
体育局局长　李靖生
药品监督分局局长　袁　林
地方志办公室主任　张渝生(女,兼)
副主任　李庆荣(日常工作)
法制工作办公室主任　董化斌
外事办公室主任　梁艳梅(女)
机关行政事务管理处处长　王秋利(12月6日任)
王建斌(12月6日免)
人事局局长　赵冬辰

监察局局长　宋铁健
档案局局长　张渝生(女)
城市管理监察大队队长　刘金龙
卢沟桥文化旅游区办事处主任　孙　涛
抗日战争纪念馆馆长　王新华

中国人民政治协商会议北京市丰台区委员会

政协北京市丰台区第七届一次委员会
主　　席　初建华
常务副主席　鲍顺新
副 主 席　胡　燕(女)　周大春(女)
赵　仑　孙敏奇　于雪鹰(女)
秘 书 长　乔世红(女)
常务委员　万艳生　卫金桂(女)
马洪波　王　虹(女)
王　强　王广华
王宝军　王淑清(女)
王德文　庄　平
刘占良　刘兆年
安　威　李　一(女)
李小月(回)　李汉儒
李春明　李继英(女)
杨元智(回)　吴　萍(女)
张　杨　张升允(女)
张立新(女)　张燕琴(女)
易　菁(女)　周衔临
胡国强　徐　颖
梁冬梅(女)　程留恩
戴　明

丰台区政协工作机构负责人

学习委员会主任　乔世红　(女)
提案委员会主任　张全开
教文卫体委员会主任　李　新(女)
文史资料委员会主任　李　新(女)
经济科技委员会主任　解锡仲
城乡建设和管理委员会主任　解锡仲
社会法制和民族宗教委员会主任　赵敬全
对外联络委员会主任　赵敬全

丰台区各民主党派负责人

民革丰台区工委主任　于雪鹰(女)
民进丰台区工委主任　刘占良
民盟丰台区工委主任　李建军(9月免)
张升允(9月任)
民建丰台区工委主任　孙敏奇
农工民主党丰台区工委主任　高彦彬
九三学社丰台区工委主任　程留恩

丰台区群众团体负责人

丰台区工会主席　王春兰(女)
共青团北京市丰台区委员会区委书记
徐　颖
丰台区妇女联合会主席　刘蓉蓉(女)
丰台区工商业者联合会会长　王宝军
党组书记　邓适宁
区归国华侨联合会主席　李继英(女)
残疾人联合会主席　吕仕杰
理事长　刘金霞(女)
区私营个体协会会长　段德珍(女)
区消费者协会会长　王希军
科学技术协会常务副主席　王淑清(女3月免)
孙敏奇(3月任)
党组书记　王淑清(女3月任)

丰台区工商企业负责人

丰台区城企中心主任　侯文华
工委书记　吕广生
北京丰印诚工贸集团总经理　李淑珍(女)
北京银建实业股份有限公司
党委书记　杨　华
董事长　李希英
总经理　翟宝玉
北京市赛欧工贸中心(供销合作联合社)
董事长兼党委书记　穆传敏
总经理　陈思勇
北京博兰特食品工贸集团
党委书记、总经理　刘　峰
兴源粮油贸易总公司总经理　李茂林
北京市裕丰投资经营公司
总经理兼党组书记　许庆丰
丰台区烟草专卖局(公司)
总经理　周　宾

天旭饮食服务公司总经理 贾炳忠
物资回收公司总经理 王又强
党委书记 江新德(女)
丰台区修理公司总经理 刘立志
党委书记 李良才
京都公司总经理 刘 视
丰台区财政贸易干部学校支部书记 杨宝森
中关村科技园丰台区管理委员会主任 汪 洪
世界公园总经理 马福江
丰鑫源物资集团总经理 米惠朋
综合投资公司经理 孔令斌
城市建设综合开发公司经理 魏景秀
兴丰房地产公司经理 顾 远
益丰建筑(集团)公司总经理 梁 栋

丰台区政法军事机构负责人

检察院检察长 蔡柏林
法院院长 董 华
区人民武装部部长 万文艺
政委 李义来
人民防空办公室主任 崔爱国
司法局局长 李秀瑛(女)
公安分局局长 王志江(6月免)
王慧强(6月任)
政委 夏其忠
交通支队队长支队长 田文岗
政 委 雷 军

丰台区街道、乡(镇)负责人

大红门街道办事处主任 王振华
工委书记 杨玉喜
东高地街道办事处主任 连 宇
工委书记 袁 雷
东铁匠营街道办事处主任 牛春凤(女)
工委书记 孙延明
方庄地区办事处主任 刘 军(4月免)
于鸷隆(4月任)
工委书记 王艳秋(女)
丰台街道办事处主任 吴继东
工委书记 孙金来
和义街道办事处主任 刘建伟(6月免)
王俊山(6月任)
工委书记 袁 浩
卢沟桥街道办事处主任 李大维
工委书记 李向林(7月免)
侯俊玲(女7月任)
马家堡街道办事处主任 周庆福(6月免)
邢方岭(6月任)
工委书记 侯俊玲(女6月免)
周庆福(6月任)
南苑街道办事处主任 肖文燕(女)
工委书记 高 峰
太平桥街道办事处主任 黄东有(6月免)
郁俊生(8月任)
工委书记 朱玉水
西罗园街道办事处主任 李 智(5月免)
崔言超(6月任)
工委书记 申燕民(2月免)
李 智(6月任)
新村街道办事处主任 李 华
工委书记 周衔临
右安门街道办事处主任 李春滨
工委书记 刘志扬(女)
云岗街道工委书记 刘友才
主任 赵秀兰(女4月免)
李 刚(3月任)
宛平城地区工委书记 王京
主 任 刘权来
长辛店街道工委书记 张林萍(女4月免)
赵秀兰(女4月任)
主 任 李跃生
卢沟桥乡党委书记 孙 强
人大主席 傅德江
乡 长 杨德山
南苑乡党委书记 陈仲才
人大主任 宋庆全
乡 长 刘晶森(女)
花乡党委书记 李新民
人大主席 康书元
乡 长 肖文燕(女)

长辛店镇党委书记　李汉儒
人大主席　岳淑桂(女)
镇　长　连　宇
王佐镇党委书记　吴　恒
人大主席　吴建英
镇　长　谢国民

丰台区部分金融单位负责人

工商银行丰台支行行长　王志强
工商银行方庄支行行长　徐天岭
农业银行丰台区支行行长　冯建辉
建设银行丰台支行行长　秦伶华(女)
中国银行丰台支行行长　许九鼎
丰台区农村信用合作社联社理事长　王满祥

荣　誉　栏

全国先进单位

全国亿万农民健康促进示范镇

王佐镇

全国青年文明号

西罗园派出所

全国军休工作先进集体

丰台区军休办公室
丰台区军队离休退休干部第五休养所
丰台区军队离休退休干部第八休养所

中国农工民主党全国社会服务先进集体

丰台区工委

全国先进个人

张建国　1957年3月出生,中共党员,研究生文化,任丰台区林业局党委书记、局长。张建国在林业战线上奋斗了26个春秋,他以超常的思维方式,创新的工作方法,实干的奋斗精神,为丰台区的林业发展,环境改造、风沙治理做出了突出贡献。特别是1999年任林业局局长以来,区委、区政府根据工作需要,将畜牧水产局、农业机械局整体并入农林局(机构改革后改称为林业局)。三局合并工作涉及到12个下属单位、400多名职工的切身利益,张建国始终以大局为重,从提高领导班子的战斗力和凝聚力着手,以勤政、廉政、执政为己任,大力加强领导班子建设。本着公平公正的原则,团结广大干部职工,妥善地处理了各种矛盾,形成了团结稳定、人心一致的集体,使全局上下拧成一股绳、心往一处想、劲往一处使,维护了团结稳定的良好局面,为林业事业的持续健康发展奠定了坚实的基础。他一心想着群众,多方筹资1800万元,新建了一栋9100平方米的职工宿舍楼,为100多名困难户、无房户解决了住房问题。张建国作为林业局党委书记和局长,重视且善于提高领导班子的凝聚力和战斗力。他以身作则,团结广大干部职工,同心协力,致力于共同的奋斗目标。他带领全区林业工作者,克服丰台区自然条件较差、水源匮乏、基础设施薄弱等实际困难,以建设首都西南三道绿色屏障为己任,以隔离地区、绿色通道、五环路和荒山绿化为重点,大规模地开展绿化美化工程,使丰台区的林业生态体系建设迈上了新的台阶。建设北宫森林公园、二道绿化隔离地区建设和五环路绿色通道建设工程是区政府为人民群众办理实事重点工程。张建国视群众的事为

头号工程,不可懈怠,多次协调有关的乡镇村及其它单位,从树立首都形象、改善生态环境、发展区域经济、富裕农民的角度出发,高标准、高质量、超额完成了建设任务。3年来,共完成隔离地区绿化、荒山爆破造林、永定河播草盖沙等3万多亩,栽植各类树木160多万株,其中彩叶树木40多万株,完成义务植树87万株,大规模、快速度、高起点地开展绿化美化工作,每年以6千亩的速度推进,使全区的林木覆盖率由“八五”时期末不足20%,提高到现在的36.56%,初步形成了环境优美、生态良好、人与自然和谐的生态型绿色新城区。随着绿化事业的快速发展,给森林防火工作带来了许多新课题。为了攻克难关,张建国不顾曾做过心脏支架手术的不便,和同志们一起风吹日晒、上山下乡、走村串户,进行了艰苦的调研工作。在取得第一手资料的基础上,他创造性提出了“三优”总体工作思路,即把护林防火、绿化造林、基础建设、改善环境与发展经济紧密结合起来,走可持续发展的路子,把农村地区建设成为“环境优美、产业优化、生态优良”的区域,进而带动农民致富。张建国还结合森林防火特点,在重点林区构建了“三点一线”监控立交桥,多方争取资金1500余万元,并于2003年建成了以地理信息、实时监控、无线控制、指挥调度等技术为基础的森林防火指挥中心,解决了森林防火自动监控的问题,该系统在全国处于领先水平。同时,按照反应快、出动快、扑灭快的高起点要求,狠抓护防队伍建设,经过三年的艰辛努力,四支共252人的“森林公安、森林消防、护林员、护林防火巡查”护防队伍在各个领域不同地发挥着“骨干、应急、主体、辅助”作用。连续四年在全市防火考核中夺冠。由于西部山区水源紧缺,给护林防火、植树造林和林木养护造成极大困难。对此,张建国主持规划了山区水源建设项目,经过近一年的紧张工作,在西部山区打成了一眼803米的深水井,铺设了8000米长的输水管道,2004年再次投资150多万元,又打了一眼800米深的自备井,基本解决了山区绿化美化、森林防火和发展经济水源缺乏的问题。他提出了充分利用山场资源,建设一个占地8平方公里的北宫森林公园的思路。公园分为观光采摘区、郊野休闲度假区、野外健身及山地竞赛区、军事科普区、青少年夏冬令营区及森林公园管理服务中心等子功能区,要把河西浅山区建成近郊最大的郊野休闲区和旅游度假区,变成“丰台后花园”。北宫森林公园建设已成效显著,同时,还规划和启动了集生产、科研、示范、培训、服务为一体的现代化、专业化的花卉科技园区建设项目,已完成了占地14000平方米的隔离、驯养、繁殖和展示基地。张建国以人为本、清正为民、求真务实、爱岗敬业,无私奉献,多年来,丰台区林业局启动的工程项目一项紧接一项,可以说大事多、难事多、时间紧、任务重,为了很好完成这些工作,张建国基本上没有休息过节假日和双休日,每天早上总是第一个到单位,晚上最后一个离开单位,有时忙至深夜,不能回家了,就睡在办公室。他总是把主要精力放在工作上,家里的事却很少照顾。2001年,年过八十的父母因病轮流住院,张建国从来没有占用过工作时间去守护;2001年4月6日,他的父亲因病去世,他没有通知单位任何人,自己在周六、周日办完丧事后,周一就照常上班。张建国于2002年获北京市“人民满意公务员”荣誉称号,并记一等功、二等功各1次;2003年获全国林业系统先进工作者荣誉称号,2003年被授予全国绿化奖章,受到了温家宝总理等国家领导人的亲切接见。2004年获全国“人民满意公务员”荣誉称号。

姚建国 男,1956年8月出生,中共党员。1978年从公安学校毕业后,在北京市丰台区公安分局一干就是二十多年,期间当过基层派出所所长。2001年4月,他调任丰台区委政法委副书记、

综治办主任。由于工作出色,他先后获北京市十佳派出所所长、北京市城市环境和管理秩序集中整治先进工作者、北京市"严打"整治斗争先进工作者等称号,并荣立个人二等功一次、个人三等功两次。在他的带动和努力下,丰台区2002年被评为首都社会治安综合治理先进区。在他的具体组织协调下,全区综治系统认真贯彻落实社会治安综合治理领导责任制,深入开展综治工作,强化日常检查和重点工作的督查,严格考核,兑现奖惩,推动了综治各项措施的落实。2002年农村治安联防队建设经验引起中央综治办关注。2004年在社区建立综治委,得到首都综治办肯定。坚持和完善了综合治理各项工作制度,特别是在流动人口管理工作方面探索出"十六字方针"和"三三管理机制"得到市有关部门的认可。大力开展了平安创建活动,社区(村)治安防范水平明显提高,社区创安覆盖率达100%,科技创安覆盖率达55%,推出了云岗地区、西罗园三区等一批典型。培训了综治队伍,调整充实了基层治保会、联防队等。开展了多种多样的活动,强化综治宣传,使社会治安综合治理更加深入人心。在2001-2003年"严打"整治斗争期间,他组织和参与制定了丰台区八项整治方案,之后狠抓落实,协调组织了八大战役,全区治安形势明显好转。在市挂帐重点地区新发地农贸批发市场,打掉黑恶势力"老狼"团伙,受到群众普遍赞誉。2002年,他牵头对流动人口聚居、治安情况复杂的大红门地区进行为期3个月的集中整治,组织有关部门和街乡近600人,彻底根除了这一地区的"三合一"场所,使这一地区的环境卫生和治安秩序得到明显改善。在地下空间整治中,丰台区在全市率先建立了地下空间管理站,落实了基层管理责任,第一个在全市钉挂地下空间标示牌,全市十八区县在丰台区召开了现场会。2003年,他带领综治办圆满完成了区委、区政府交办的出租房屋、地下空间和流动人口防控非典工作。他还牵头完成了大量的重点整治任务,包括迎接"十六"城市环境和管理秩序综合整治和区委、区政府交办全区网吧治理整顿、久敬庄五环食品厂整治、花乡地区废旧物品回收点整治等多项整治工作,均取得明显的成效,得到区委、区政府领导和有关部门及街乡的好评。由于成绩显著,姚建国被评为2001—2004年全国社会治安综合治理先进个人。

郑胜利 1950年12月出生于北京。1969年2月入伍,1970年10月加入中国共产党。1986年从部队专业到丰台区军休办工作,一干就是十几年。先后担任军休办门诊部医生、主任,军休办副主任、军休办党委书记、主任和民政局副局长等职。他勤奋敬业,作风正派,清正廉洁,具有强烈的政治责任心和事业感,十几年来,无论在哪个岗位上,都凝聚了他辛勤的汗水。他十分注重理论学习,善于学习领导科学和领导艺术及各项工作方针,使自己驾驭和胜任本职工作的能力迅速提高。转业之初,他白手起家组建了军休办门诊部。在经费十分短缺的情况下,精打细算,掰着指头花钱。在门诊部工作期间,他曾为身患重病的军休干部口对口的吸痰,蹲在便池边亲手为病人抠大便,背着危重病人上医院,深受老同志们的称赞和爱戴。直到现在许多经他亲手服务过的老同志在弥留之际,都点名要最后见郑胜利一面。随着形势的发展,丰台区军休事业不断壮大。接收安置数量从1999年前的600多人增加到3359人,由过去的7个干休所增加到19个干休所,车辆多、经费多,工作人员也有近300人。担任军休办主任后,尽管手中的权利越来越大,他仍没有忘记全心全意为军休干部服务的宗旨,没有放松自身要求。上面配的好车让军休干部坐,自己坚持骑自

行车上下班，平时和节假日从不动用公车；上面下拨的专项经费，确保专款专用，从不乱花一分钱；除对外一些必要的应酬外，坚持在食堂就餐。近两年调入的工作人员较多，他坚持标准，按原则办事，最大限度地照顾军嫂、复转军人和家庭困难的家属子女就业；新近调入的同志，大部分不知道他家住在哪里和家里的电话，一些登门拜访的同志都让其家属和儿子挡在门外，婉言谢绝。由于工作量大，十几年如一日，他起早贪黑，没有星期天，没有节假日，默默无闻地为军休事业辛勤地工作着，受到广大军休干部和工作人员的高度赞扬。在他的带领下，丰台区的军休工作连续十多年都被评为北京市军休系统先进。郑胜利任门诊部主任期间，门诊部连续四年被评为北京市民政事业一流单位，1996年被民政部、解放军总政治部评为全国先进门诊部。他5次荣获北京市民政系统优秀共产党员；1992年至1993年被丰台区委授予“十杰”优秀共产党员称号；2004年被评为全国军休工作先进个人。

李小月 男，1959年出生，回族，中共党员。自担任丰台区政府民族宗教侨务办公室主任以来，积极开展民族团结创建活动，创新务实，无私奉献，为促进丰台的民族团结和社会进步实实在在地办事。首都民兵训练基地是北京市的重点工程，建设占地涉及到68座回民坟；长辛店东山坡危改安居工程涉及到31座回民坟。两年来，为办好迁坟这一民族热点问题，他积极协调各有关部门，召开坟主动员会议近十次，会同区伊协利用双休日及下班后的时间，深入坟主家庭了解情况、做思想工作，宣传政策、明理晓义，对不合理的要求按政策做说服解释工作，冒着零下20几度的严寒在迁坟现场指挥，确保了市、区两级重点工程的顺利进行。2003年区政府在财政较为困难的情况下，决定投资改扩建丰台清真寺、修缮长辛店清真寺、改造南苑清真寺，并将其列为区政府为民办40件实事之一。为了确保工程的顺利进行，他先后多次召开各类会议，积极协调城管、交通、园林、供电、房管、节水、物业公司等诸多部门，研究部署落实方案。在不到一年的时间里，清真寺附近的居民竟记录了他60余次在公休日查看施工现场，解决实际问题。年内，丰台寺改建220平米、扩建400平米和南苑寺水房的改造工程以及两寺太阳能的安装使用业已完成，长辛店寺700平米修缮及周边绿化工程也已基本完工，三座清真寺的面貌焕然一新。2004年，李小月积极协调区国土房管局、当地镇政府和村委会，落实芦井回民公墓土地置换问题，协助完成置换后墓地的整体规划，实施环境整治和绿化，清除了地上堆积物14万吨钢渣，终于使这件搁置多年的土地置换问题得到解决。李小月还把规范清真饮食业管理作为民族工作的重要问题。会同区有关部门，对区内的36家清真副食网点和18家清真饮食网点的企业性质、经营项目、从业人员数量和民族成分等情况进行了调查摸底。他创新思路，以民族体育为纽带推动民族工作．制定了“重点突破、阶段监测、稳步发展、全面推进”的丰台区民族体育工作方针，并在几年的工作中逐步形成了以学校为实验场，以跳绳、踢毽、蹴球为重点，实现了丰台区创新、特色的民族体育发展架构，形成了民族体育带动民族事业蓬勃发展的良好局面。2002年8月，在第六届北京市少数民族传统运动会上，丰台区代表团荣获总分第一和多个单项第一，并取得最佳组织奖和精神文明代表团的优异成绩。2003年9月，在银川举行的第七届全国少数民族运动会上，丰台区在代表北京市参加比赛的项目中，夺得了一金、一银、三铜，花样跳绳代表队获体育道德风尚奖，并有9人荣获最佳运动员称号，囊括了赛会设立的所有奖项，创

造了丰台区参加历届全国民运会的最好成绩。同时,李小月被评为全国民族体育先进个人;2003年,他荣获第五届首都民族团结进步先进个人,2004年荣获全国民族团结进步模范个人。

蔡苏惠 女,1954年出生。中共党员。作为一名在侨务工作岗位上工作了15年的侨务工作者,蔡苏惠视侨务工作为一项事业,热爱这项工作,认真研究侨务工作的特点,努力实现"为侨服务、为社会主义经济建设服务"的侨务工作目标。从事侨务工作以来,围绕区委、区政府的中心工作,克服了人员少、工作量大的困难,始终不懈地坚持为侨服务的宗旨,在努力发挥侨界的资源优势,引导侨界人士支持公益事业、开拓海外联络渠道和窗口、吸引华侨华人留学人员归国投资创业及为归侨侨眷排忧解难、落实侨务政策、依法维护侨益、确保丰台区侨界一方稳定及社区侨务工作方面做了大量的工作,取得了一定的成绩,多次被评为北京市、丰台区侨务系统先进个人及优秀公务员,并荣立三等功,2004年被评为全国侨务先进工作者。蔡苏惠主动争取区领导的重视和支持,营造社区为侨服务、侨为社区做贡献的社区侨务工作局面,使区社区服务领导小组确定区侨办作为区社区服务领导小组的成员单位。她亲自指导丰台区各街道发放了由区侨办统一制作的"丰台区归侨侨眷社区服务卡"3000余个,并开展了不同形式的社区为侨服务工作。利用丰台区社区办的社区服务信息网,制作了丰台区政府侨务办公室政务公开办事指南和为侨服务手册,在丰台区社区服务信息网的政务公开栏目和办事指南栏目中,设立了查询有关侨务法律法规及有关涉侨事项的办理程序和要求的内容,增加了服务手段,简化了办事程序。为了支持社区服务事业的发展,在蔡苏惠的倡议下,由丰台区归侨梁增源教授出任校长的丰台华侨新技术基础教育培训学校从学校创收中拿出2万元购买了1000余册各类图书,捐赠给了丰台区的东铁匠营街道社区活动中心和右安门街道社区服务中心。为了支持丰台区的绿化建设,在蔡苏惠的积极倡议和具体组织下,丰台区侨界人士,自愿捐款7900余元购买树苗,支持莲花池公园的园林绿化,美化了周边社区的居住环境。谢培英女士是中国第一位在日本取得眼视光学博士学位的中国留学生,在蔡苏惠的积极协助和组织下,谢培英教授以义务普查等多种方式,在社区中推广科学化、规范化的医治屈光疾患的知识和技术,取得了很好的效果。从事侨务工作以来,蔡苏惠共接待和受理各类来信来访800余件(次),走访归侨、侨眷、侨资企业家500余人(次)。每年的信访结案率达到95%以上,及时有效地维护了归侨、侨眷的合法权益。曾解决澳门居民徐加宁先生房基地问题、帮助归侨魏国钧享受侨务政策照顾及联络怡海花园房地产有限公司董事长王琳达女士捐巨资支持基础教育,努力扶持海外华社华校开展华文教育工作。蔡苏惠依据不断变化的国际国内形势和侨情、区情来研究确定侨务工作的思路和举措。做侨务工作要凝聚侨心,她始终不懈地坚持为侨服务的宗旨,通过适合其特点和需要的工作和活动,引导华侨华人在互惠互利的前提下广泛发展与中国的经济、科技合作与交流;引导归侨、侨眷在本职岗位上建功立业,并积极发挥在对外开放中的桥梁作用。

任学东 籍贯天津,1964年生人。丰台区军休办公室房管所所长。1980年10月入伍,1985年12月加入中国共产党。大学文化程度。1997年5月从事军休房管工作。自担任房管所所长后,工作兢兢业业,勤勤恳恳,埋头苦干,任劳任怨,

带领大家圆满完成了房屋管理及水、电、暖、气的管理维修工作,受到广大军休干部的高度赞扬。2002年被评为北京市军休工作先进个人;2004年被评为全国军休工作先进个人。丰台区有19个干休所和一个直属点,3359名军休干部除两个院居住比较集中外,其他分散在全区各街道12个地方,共接收军休干部专项住房27.9万建筑平方米。针对管辖面积大、工作任务重、地点高度分散的特点,他从抓制度建设入手狠抓人员管理,先后制定了维修人员工作制度、值班制度、各种管线及电器设备定期巡查制度,确定各项工作的正常运转。他要求工作人员牢固树立为军休干部服务的思想,以军休干部满意为标准,哪里发生故障、出现问题都必须以最快的速度赶到现场抢修,做到小修不过夜,突发事件及时抢修。还要求工作人员精通熟悉业务,对各干休所的房屋结构、管线布置和容易发生的问题,必须了如指掌,并有应急预案,一旦发生问题迅速抢修。任学东没有踏实休过一个星期天和节假日,工作时间没规律,加班加点应急抢修是常有的事,哪里出现险情,他就出现在那里,从不叫苦和累,从不计较个人得失。2000年10月对第八干休所进行燃煤锅炉改造,两个月的时间他吃住在锅炉房,从报批手续、制定方案到组织施工,一直坚守在工作岗位,保证了正常供暖。自己的孩子放学后没人带就放在维修班。2001年,16号院地沟热水管断裂,沟内温度达50度,他在地沟内连续工作26个小时才把管线修好。2003年,为防止"非典"传播,他主动请战,带领工作人员参加门卫值班消毒,连续工作了11天。组织工作人员用了不到一个星期的时间,对各干休所251个单元门的垃圾道进行了封闭,还深入到3000多个军休干部家中检查了下水管线。在近几年丰台区为军休干部办的许多实事好事中,每一项工程都浸透着任学东的辛勤汗水,军休干部亲切地称他为"热心为军休干部服务的老黄牛"。

全国信息通信运行管理先进个人

田广茂

公安部国保系统先进个人

张玉萍(女)

全国农村青年致富带头人(标兵)

刘德君

中国农工民主党全国社会服务先进个人

胡 燕(女)

中国侨联全国侨界先进个人

王亦和

全国先进军休干部

韩法钦 周 科 于铁山 王锡麟 陈应疆 史和来 陈荣超 王富昌 李隆兴

市级先进单位

首都文明单位标兵:(共13个 其中新的4个)

1. 丰台公安分局西罗园派出所
2. 丰台区人民检察院
3. 丰台区国家税务局机关
4. 北京世界公园
5. 北京电力公司丰台供电公司
6. 中关村科技园丰台园科技创业服务中心
7. 丰台区东高地青少年科技馆
8. 丰台区民政局机关
9. 丰台区农村信用合作联社卢沟桥信用社
10. 长辛店医院*
11. 东方家园北京丽泽装饰建材有限公司*
12. 丰台一小*
13. 北京市工商管理局丰台分局机关*

首都文明单位:(共55个 其中新的7个)

1. 卢沟桥敬老院
2. 卢沟桥乡文化中心
3. 万泉寺压力容器厂
4. 东阳建筑公司
5. 丽泽长途客运站
6. 京环家具有限公司
7. 东铁匠营工贸集团

8. 洋桥大厦
9. 大红门服装商贸城
10. 京华饭店
11. 卢沟桥医院
12. 大红门医院
13. 丰台区疾病预防控制中心
14. 方庄医院
15. 南苑医院*
16. 北京京丰热电有限公司
17. 北京市路灯管理中心
18. 芳群园二幼
19. 北京电力医院
20. 丰台二幼
21. 长辛店一小
22. 长辛店七小
23. 芳星园中学
24. 方庄第一幼儿园
25. 丰台区林业局*
26. 太平桥环卫所*
27. 丰台区园林局南苑绿化队
28. 丰台区城市节约用水办公室
29. 丰台区环保局机关
30. 北京银建实业股份有限公司
31. 丰台区丰印诚工贸有限公司丰台印刷厂
32. 北京盛世兴饮食服务中心丰和轩餐厅
33. 北京博兰特北大地商场有限公司
34. 北京嘉事裕医药有限责任公司
35. 丰台区审计局机关
36. 工商分局大红门所*
37. 丰台区财政局机关
38. 丰台区地税局机关
39. 丰台区国税二所
40. 丰台区地税南苑所
41. 丰台区劳动和社会保障局机关
42. 建行丰台支行
43. 丰台区统计局
44. 丰台气象局
45. 北京贝尔通讯设备制造有限公司
46. 丰台区城市建设综合开发公司
47. 丰台区公安分局蒲黄榆派出所
48. 丰台区法院
49. 丰台交通支队机关
50. 丰台区司法局
51. 十二中体育分校
52. 北京台宜汽车清洗公司
53. 丰台区广播电视中心*
54. 中关村科技园区丰台园管委会*
55. 城管大队机关*(直属队)

首都文明乡镇:(共3个)

1. 花　乡
2. 王佐镇
3. 卢沟桥乡

首都文明村:(共18个　其中新的6个)

1. 南苑乡西铁匠营村
2. 南苑乡果园村
3. 南苑乡新宫村
4. 卢沟桥乡大井村
5. 卢沟桥乡三路居村
6. 卢沟桥乡张仪村
7. 卢沟桥乡六里桥村*
8. 卢沟桥乡小屯村*
9. 长辛店镇张郭庄村
10. 长辛店镇李家峪村*
11. 王佐镇南宫村
12. 王佐镇佃起村*
13. 王佐镇王佐中心村*
14. 花乡草桥村
15. 花乡榆树庄村
16. 花乡白盆窑村
17. 花乡看丹村*
18. 花乡六圈村

首都文明街道:(共4个,其中新的1个)

1. 云岗街道
2. 方庄街道
3. 东高地街道
4. 丰台街道

首都文明社区:(共51个,其中新的8个)

丰台街道:

1. 北大地西区社区
2.63 号院社区*
3. 东安街头条 19 号院社区(原总后直属分部社区)
卢沟桥街道:
4. 莲香园社区
5. 望园社区
6. 春园社区
7. 丰西路社区
8. 青塔西里社区
右安门街道:
9. 开阳里第二社区
10. 开阳里第四社区*
马家堡街道:11. 双晨社区
12. 嘉园一里社区*
大红门街道:13. 西马社区
14. 康泽园社区
15. 西罗园南里华远社区
东高地街道:
16. 梅园社区
17. 六营门社区
18. 东营房社区
19. 万源南里社区
20. 万源东里社区
方庄街道:
21. 芳城东里社区
22. 芳城园一区社区
23. 芳古园一区第一社区
24. 芳城园二区
25. 芳城园三区社区
26. 芳古园一区第二社区
27. 芳古园二区社区
28. 芳星园三区社区
宛平街道:
29. 晓月苑社区
长辛店街道:
30. 槐树岭社区
31. 朱家坟北社区
32. 装工院社区
33. 二七车辆厂社区
34. 光明里社区*
云岗街道:
35. 翠园社区
36. 北里社区
37. 北区社区
38. 南二社区
太平桥街道:
39. 太平桥西里社区
40. 太平桥中里社区*
南苑街道:
41. 西宏苑社区
东铁匠营街道:
42. 蒲安里第二社区
43. 刘家窑第三社区
44. 南方庄社区*
西罗园街道:
45. 洋桥北里社区
46. 角门东里一社区
47. 西罗园第一社区
48. 鑫福里社区
49. 西罗园第三社区
新村街道:
50. 明春苑社区*
和义街道:
51. 和义西里第二社区*

首都绿色社区(共 40, 其中新的 30 个)

方庄街道:
1. 芳群园一区社区
2. 芳群园社区二区
3. 芳群园四区社区
4. 芳星园二区社区
5. 芳星园一区社区*
太平桥街道:
6. 天伦北里社区
7. 太平桥东里社区*
丰台街道:
8. 北大街社区
9. 北大地 16 号院社区

10. 新兴家园*
11. 新华街北社区*
大红门街道：
12. 建欣苑社区
13. 石榴园南里社区*
14. 西罗园南里社区*
新村街道：
15. 明春苑社区
16. 银地社区*
17. 韩庄子　第一社区*
18. 电力机社区*
19. 育仁里社区*
和义街道：
20. 南苑北里二社区
21. 和义东里二社区*
西罗园街道：
22. 西罗园二区*
23. 西罗园四区*
长辛店街道：
24. 建设里社区*
25. 槐树岭社区*
26. 车辆厂社区*
东铁匠营街道：
27. 光彩路第二社区*
东高地街道：
28. 万源西里社区*
29. 三角地二社区*
宛平街道：
30. 城南社区*
南苑街道：
31. 机场社区*
卢沟桥街道
32. 莲香园社区*
33. 路口社区*
34. 八一厂社区*
马家堡街道：
35. 玉安园社区 *
36. 富卓园社区 *
云岗街道：
37. 翠园社区*
38. 南二社区*
右安门街道：
39. 玉林东里一社区*
40. 开阳里第一社区*

首都文明景区：(共6个)
1. 北京世界公园
2. 中国抗日战争纪念馆
3. 中国抗日战争雕塑园
4. 莲花池公园
5. 青龙湖公园
6. 万芳亭公园

首都文明示范大街：(共3个,其中新的1个)
1. 丰北路大街
2. 方庄蒲芳路大街
3. 广安路大街*

北京市五四红旗团委：
北京三兴汽车厂团委

北京市五四红旗团支部：
丰台区林业局团支部

北京市青年文明号：
右安门街道社保所
卢沟桥乡天弓高尔夫俱乐部

北京市青年文明社区：
丰台区南苑街道西宏苑社区
丰台区马家堡街道双晨社区
丰台区宛平地区晓月苑社区
丰台区长辛店街道东山坡社区
丰台区丰台街道东安街头条社区
丰台区新村街道桥二社区
丰台区和义街道南苑北里第二社区
丰台区太平桥街道太中里社区

北京市市军(警)民共建标兵单位：3对
新村街道办事处和武警二师十四支队国旗护卫队
卢沟桥乡张仪村和武警三师十九支队
东高地青少年科技馆和空军95810部队64分队

北京市市军(警)民共建先进单位：7对

卢沟桥街道秀园社区和总参 61748 部队汽车连
市盐业公司第三批发部和武警三师十五支队六中队
丰台街道 63 号院社区和总后司令部管理局丰台管理处
丰台区实验学校和总后 62340 部队
大红门东街社区和空军 93508 部队勤务连
大红门一小和武警二师十一支队二中队
长辛店中心小学和装甲兵 63963 部队
北京市思想政治工作优秀单位
丰台城管大队
北京市城市管理综合行政执法系统先进支队
丰台城管大队
北京市城市管理综合行政执法系统落实督办事项优秀奖
丰台城管大队
北京市安全生产先进单位
右安门街道
北京市爱国卫生红旗单位
中国人民抗日战争纪念馆
北京市公共交通总公司
中铁特货丰台机械保温车辆段
北京草桥事业总公司
北京市爱国卫生先进单位
区委宣传部
北京市"人民满意的政法单位"
西罗园派出所
"保护母亲河——青春绿色行动"先进集体:
丰台区王佐镇团委
北京市公安分局"青年文明号"
蒲黄榆派出所　西罗园派出所
北京市公安局科技应用优秀基层单位
丰台公安分局科技信通处
北京市公安局优秀标兵巡逻组
巡警支队 201 车组
北京市公安局十佳窗口服务单位
东高地派出所
北京市公安局集体二等功
西罗园派出所　侦破"地下通道系列抢劫案"专案组
侦破"8.13"系列驾车抢劫案专案组
侦破"5.21"系列抢劫、强奸、杀害个体司机案专案组
侦破"6.03"系列团伙入室抢劫强奸案专案组
市公安局"迎国庆、创首善"青年突击队竞赛活动优秀青年突击队
巡警四队
国保支队
六里桥派出所
玉泉营派出所
右安门派出所
商城派出所
卢沟桥派出所
北京市交通安全先进单位:
南区邮电局
北京市贴心人服务队先进集体:
南区速递公司贴心人服务队
"7574 爱心助残工程"先进单位:
南区速递公司
北京市献血先进单位:
南区邮电局
北京市基层共青团组织优秀网站活动二等奖:
南区邮局团委网站
北京市公安局颁发"集体三等功":
南区邮局安全保卫科
北京市干训创新成果奖
丰台区委教育工作委员会
北京市信访及矛盾纠纷排查调处工作优秀单位
区信访办
北京市残疾人工作六好乡镇
卢沟桥乡
北京市妇联工作先进集体
卢沟桥乡
北京市计划生育工作先进集体
卢沟桥乡
北京市财政局行政法测试一等奖

区财政局

联合国国际科学与和平周农工党北京市委活动特殊贡献荣誉称号

丰台区工委

北京市民建先进支部

铁匠营在职支部

红狮支部

北京市宣传系统优秀社会舆情分析报告奖

区委宣传部

2003—2004年北京市宣传思想工作创新奖

区委宣传部"千名书记讲党课　千名书记传精神"宣传教育活动

市"文明北京　走进奥运"知识竞赛答题活动组织奖

区委宣传部

市级先进个人

北京市优秀共产党员

刘　安

北京市宣传系统优秀社会舆情信息工作先进个人

杨　战

北京市军(警)民共建先进个人:5名

区教育工委书记　赵常学

东高地街道工委书记　袁　雷

大红门街道工委副书记　许同欣

长辛店中心小学党支部书记　张少勤

区文明办　郗道三

北京市人民满意的政法干警

赵东红

北京市公安局个人二等功

李　林　王小林　方　伟　唐宗京

市防治禽流感工作先进个人

刘克强　张辉寰　李　华

市团委"共建文明安全北京城"社会治安服务工作贡献奖

高文娟

市团委"共建文明安全北京城"社会治安服务工作优秀青年志愿者

李铁军　刘京涛

北京市"杨秀奇"式的优秀社区民警

刘　安

北京市公安局科技应用先进个人

姜诗峰

北京市"同法轮功及其他邪教组织斗争先进个人"

李耀东

北京市公安局优秀巡逻抓捕标兵

夏宏伟

北京市公安局装财系统"热情服务、甘于奉献标兵"

张庆军

首都十佳优秀社区民警

方　伟

北京市三八红旗奖章

米京晶(女)

首都十大杰出民警

潘福生

首都百名优秀青年民警

米京晶　郭鹤松　高宪卉　李铁军　王京军　方　伟　程广雷　杨俊卿

市公安局"迎国庆、创首善"青年突击队竞赛活动优秀青年突击队员

林海莺　陈品超　宋　波　梁　璐　樊　飞　吴连兴

北京市试行推广四种健身气功先进个人

王儒江　贾光龙

北京市优秀共青团员:

丰台区长辛店镇团委　李　欣

北京市优秀团干部:

丰台团区委　赵世英

丰台区右安门街道团工委　王蓉梅

"保护母亲河——青春绿色行动"先进个人:

丰台团区委　李雪梅

北京市共青团优秀信息员:

丰台团区委　石杰

北京市劳动模范:

李　梅(女,南区邮局)

北京市安全生产先进个人

姜东升　曹荣久

北京市城市管理综合行政执法系统先进个人

高祥全　杨桂红　杨瑞军

北京市综合整治先进个人

刘金龙

北京市总工会经济技术创新标兵:

李　梅(女,南区邮局)

北京市献血先进工作者:

侯　静(女,南区邮局)　郝　宁

北京市青年岗位能手:

李　梅(女,南区邮局)

北京市公安局个人三等功

祁宝伦(南区邮局)　王　琦　张立新(女)

傅建国　吴　莹(女)

北京市公安局嘉奖

方立权(南区邮局)　曹猛男

北京市先进治保积极分子:

张振国(南区邮局)　彭玉英(女)

北京市中小学优秀班主任"紫禁杯"一等奖

张绍清(女)　谦振华(女)　贾　苑(女)

宋秀梅(女)　刘俊伶(女)　孙　燕(女)

胡　明(女)　窦国华(女)　盛海风(女)

程龙梅(女)　郭　讳(女)　李　雯(女)

北京市中小学优秀班主任"紫禁杯"二等奖

徐晓燕(女)　张　欣(女)　杨　竞(女)

朱雅清(女)　甄嘉利(女)　钟宝香(女)

杨雪香(女)　许　君(女)　赵　威(女)

富红蕊(女)　孟　娜(女)　赵松枝(女)

1994年—2004年北京市普教系统党建研究突出贡献者

滕云奎

1994年—2004年北京市普教系统党建研究优秀工作者

乔国晴(女)　王东声　张文清

北京市校园环境整治先进个人

李淑阁(女)　陈燕青(女)　张立新(女)

傅建国　吴　莹(女)　赵常学

北京市妇女儿童工作先进个人

冷淑玲(女)

北京市爱国卫生先进工作者

邢方岭

首都劳动奖章

朱克明

首都精神文明建设者

王建亚

北京市优秀中国特色社会主义事业建设者

王宝军　赵继平　安钟岩

北京市"为统一战线做出突出贡献的先进个人"

陈凤仙　马国强

北京市干训创新成果奖

张文清

北京市课改先进个人

宋金娥(女)

北京市校外教育工作先进个人

齐照成

北京市语言文字工作先进个人

果丽惠(女)　张凤琴(女)

北京市学生常见病综合防治先进个人

马进群　钟海舒(女)　焦　阳(女)

顾小培(女)　李红娟(女)

北京市计划生育先进个人

马进群　李　华　高艳新(女)

北京市红十字系统先进个人

马进群

市财政局纪检监察优秀信息领导

张晓延

市财政局纪检监察优秀信息员

张秀华

北京市内部审计先进工作者

王金艳

北京市民建先进个人

孙敏奇　王德文　顾　群　康建辉　安钟岩　曲德龙

北京市侨联侨界先进个人

梁增源　樊　志　王亦和　陈凤仙　杜　立

正高级技术职称人员名单

史立强	丰台医院	主任医师
郑　华(女)	丰台医院	主任医师
郑　引(女)	丰台妇幼保健院	主任医师
董智秋(女)	丰台医院	主任医师
孙培云(女)	铁营医院	主任医师

逝　世　人　物

郭树德　男,出生于1924年1月,黑龙江省巴彦县人,汉族。丰台机务段"毛泽东号"机车组第三任机车长。1939年在哈尔滨机务段工作。1946年6月参加工人培训班,后担任自卫队指导员。1946年9月13日加入中国共产党,成为哈尔滨机务段解放后首批入党的6名成员之一。郭树德在"朱德号"机车组工作时,曾在军用列车制动失灵的危险情况下只身拧紧手闸,还曾为保证列车正点冒死钻进机车炉膛修整炉条。先后3次荣立大功,获"特等劳动英雄"、"一等功臣"和"劳动模范"称号。1948年8月,郭树德担任"毛泽东号"机车组第一任党小组长。先后与李永研究商定13条改进劳动态度、加强小组团结的措施,明确每星期召开一次小组总结会的制度,初步形成班组管理模式。1949年3月随机车入关。11月在司机长李永出访苏联期间,带领机车组奉铁道部命令到郑州局推行包车负责制。1950年12月26日接任司机长后,领导车组成员在爱国主义劳动竞赛中向著名的马恒昌小组应战;建立一整套小组竞赛制度;总结出"好、快、狠、准、稳"等先进操纵法;提出"锹锹数,两两算"的口号,并建立机车组经济指标统计台帐。曾当选全国第一、二、三届人大代表,第五届全国政协代表。1951年10月23日,作为特邀代表参加全国政协一届三次会议,毛泽东主席在郭树德的《毛泽东选集》扉页上亲笔签名。1952年4月后,先后担任丰台机务段副段长、段长、革委会主任、党委书记等职。"文化大革命"后期调铁道部任机务局副局长、卫生局副局长等职。2004年3月13日,因病医治无效,在北京铁路总医院逝世,享年80岁。

梁友来　男,42岁,安徽省淮南市下岗工人。2003年12月24日上午8时54分左右,丰台区中顶小道口两侧道口杆均已落下,准备迎接列车通过,突然一位八旬老人倪某横穿铁路,铁路职工立即用语言器大喊:"退回去,退回去"。可是老人仍继续向前走,此时上海——北京的T104次列车飞驰而来,在道口外等待通过的梁友来见此情景,立即从撂下的栏杆外钻进来冲向老人,试图将老人抱出线路(老人已侵入上行限界)。由于事发突然,时间紧,车速快,二人均被飞驰而来的列车撞出十几米并当即身亡。2004年1月2日,丰台区人民政府追授梁友来"丰台区见义勇为积极分子"荣誉称号。

黄　乃　男,湖南长沙人,1917年出生,是辛亥革命元勋黄兴之子。是中国老一代盲文出版事业者,中国盲文之父。1936年黄乃到日本留学,参加进步学生团体的领导工作。1937年加入中国共产

党。同年抗日战争爆发后回国,参加“留日学生救亡会”。1938年到延安,任马列主义学院哲学研究室副主任。1939年任中央宣传部干事,1940年后曾在总政敌工部、中央政治研究室工作。1947年任新华社国际部主任,1948年调中央统战部工作。1953年后历任教育部盲聋哑教育处首任处长、中国盲人福利会专职副主任、中国盲人聋哑人协会副主任等职,直接领导中央教育部盲聋哑教育处设立的盲文印刷组(现位于宛平城的盲文出版社前身)。盲人黄乃参照布莱尔盲文体系,于1952年在“心目克明盲字”等旧盲文字母符型的基础上进行了统一方言的盲文改革,提出了以北京话为基础、以北京语音为标准,按汉语拼音52个字母,采用分词连写方法拼写普通话的“新盲字方案”,于1953年在全国迅速推广,使中国盲人有了共同使用的统一盲文,对盲文出版事业功不可没。该年底,盲文版《谁是最可爱的人》和《盲人月刊》创刊号出版。第一任盲文出版社社长张文秋与黄乃以此书向毛泽东主席、周恩来总理汇报工作时,毛泽东闭上眼睛,手摸盲字,说:盲文真是太奇妙了,黄乃同志真不简单。盲人是天底下最痛苦的人,我们共产党人应该为他们谋利益。黄乃为此于1991年获得国务院第一批颁发的有特殊贡献的知识分子奖状和政府特殊津贴。他曾历任中国人民政治协商会议第二至七届全国委员会委员、民政部中国盲人聋哑人协会副主席、中国残疾人联合会第一、二届主席团副主席等职。2004年1月30日,黄乃因病在北京逝世,享年87岁。

孙仲虎　男,原名孙毅,1926年3月出生在河北省深泽县伍仟村,1945年3月加入中国共产党,同时参加革命工作。曾任冀中德茂公司裕丰分店代股长,河北省深泽县一区区委青年委员,华北学校学员支委,北京长辛店区政府工商科科长,北京市海淀区政府财政科副科长,北京市海淀区政府工商劳动科科长,中共北京市海淀区区委财贸部副部长、部长,北京市海淀区人民委员会副区长,怀柔县商业局党委书记、局长,怀柔县革委会计划组副组长,丰台区计划委员会副主任、主任、党组书记。孙仲虎为革命工作四十余年,在抗日战争和解放战争时期,积极参加对敌斗争,为新中国的建立做出了贡献。解放后曾先后参加土地改革、“三反”、“五反”等政治运动和丰台区的经济建设工作。1975年到丰台区计划委员会工作后,一贯坚持马列主义、毛泽东思想,尊重组织,团结同志,关心群众,工作严谨认真,一丝不苟,善于钻研,积极创造条件,培养一支综合经济管理干部队伍。孙仲虎虽然体弱多病,但始终以老骥伏枥的精神坚持工作,经常深入基层调研,提建议、出思路,为丰台区的建设和发展作出了积极的贡献。1988年离休。2004年8月16日11时45分,孙仲虎因病医治无效在丰台医院逝世,享年78岁。

王景涛　男,1921年4月8日出生,汉族,河北省衡水县人,中国民主建国会会员,初中文化。1956年,王景涛积极响应党的号召参加公私合营,为实现社会主义改造做出贡献。1991年9月26日,他被任命为北京市工商联驻丰台区办事处主任,为贯彻党的十一届三中全会精神,落实《关于落实原工商业者政策的若干规定》做出了积极的努力,极大地调动了原工商业者为四化建设服务的积极性。新中国成立后,王景涛曾任北京市丰台区第四、五、六届人民代表大会代表;第七、八、九、十届丰台区人大常委会副主任;政协北京市第六届委员会委员;北京市工商联第七、八届常委,第九届顾问等职。2004年8月25日,为市、区工商联发展作出贡献的优秀的原工商业者代表王景涛因病不幸逝世,享年83岁。

附　　录

中共北京市丰台区委主要文件目录

中共北京市丰台区委文件

京丰发[2004]1号　中共丰台区委常委会2004年工作要点
京丰发[2004]2号　中共丰台区委、丰台区人民政府关于表彰双拥工作先进集体和先进个人的决定
京丰发[2004]3号　中共丰台区委关于加强区级领导班子思想政治建设的意见
京丰发[2004]4号　中共丰台区委、丰台区人民政府关于贯彻市委市政府决定开展"安全月"活动的实施意见
京丰发[2004]5号　中共丰台区委、丰台区人民政府关于表彰2003年社会治安综合治理先进单位和先进个人的决定
京丰发[2004]6号　中共丰台区委、丰台区人民政府关于表彰2003年同法轮功邪教组织斗争先进集体和先进个人的决定
京丰发[2004]7号　中共丰台区委、丰台区人民政府关于高度重视人民内部矛盾排查调处工作认真处理好群众上访问题的意见
京丰发[2004]8号　中共丰台区委常委会2004年议题计划
京丰发[2004]9号　中共丰台区委关于印发《2004年工作任务责任分解》的通知
京丰发[2004]10号　中共丰台区委、丰台区人民政府关于表彰2003年度信访及矛盾排查调处工作先进单位和先进个人的决定
京丰发[2004]11号　中共丰台区委、丰台区人民政府关于推行全程办事代理制工作的意见
京丰发[2004]12号　中共丰台区委、丰台区人民政府关于推行全程办事代理制工作的实施方案
京丰发[2004]13号　中共丰台区委关于街道、乡镇党政正职拟任人选和推荐人选实行全委会投票表决和闭会期间征求意见的办法
京丰发[2004]14号　中共丰台区委、丰台区人民政府关于对"六个好"乡镇党委和"五个好"村党总支的表彰决定
京丰发[2004]15号　中共丰台区委、丰台区人民政府关于印发《丰台区重大突发事件应急救援预案》的通知
京丰发[2004]16号　中共丰台区委、丰台区人民政府关于认真做好丰台区第六届村民委员会选举工作的实施意见
京丰发[2004]17号　中共丰台区委、丰台区人民政府关于表彰调研工作先进单位和奖励优秀调研报告的决定
京丰发[2004]18号　中共丰台区委、丰台区

人民政府关于印发《丰台区依法治区工作规划》的通知

京丰发[2004]19号　中共丰台区委关于进一步加强公安工作的意见

京丰发[2004]20号　中共丰台区委、丰台区人民政府关于进一步加强未成年人思想道德建设的实施意见

京丰发[2004]21号　中共丰台区委、丰台区人民政府关于表彰2000－2003年依法治区工作先进单位和先进个人的决定

京丰发[2004]22号　中共丰台区委、丰台区人民政府关于丰台区党政机构设置的通知

京丰发[2004]23号　中共丰台区委关于对处级党政领导班子正职拟任人选和推荐人选实行全委会投票表决和闭会期间征求意见的办法

京丰发[2004]24号　中共丰台区委、丰台区人民政府关于在全区开展第四届"人民好公仆"评选活动的通知

京丰发[2004]25号　中共丰台区委、丰台区人民政府关于奖励表彰驻区部队立功集体和立功个人的决定

京丰发[2004]26号　中共丰台区委、丰台区人民政府关于创建首都文明区活动的意见

京丰发[2004]27号　中共丰台区委关于在全区各街道建立人大街道工作机构的意见

京丰发[2004]28号　中共丰台区委关于深入开展农村党的建设"三级联创"活动的五年规划

京丰发[2004]29号　中共丰台区委关于调整对区属国有(集体)及国有控(参)股企业负责人管理分工和确定企业党组织隶属关系的通知

京丰发[2004]30号　中共丰台区委、丰台区人民政府关于表彰2003－2004学年度丰台区人民教师奖、十佳青年教师、优秀教育工作者的决定

京丰发[2004]31号　中共丰台区委关于推进农户土地承包经营权确权和流转的意见

京丰发[2004]32号　中共丰台区委、丰台区人民政府关于贯彻落实首都教育发展战略基本实现教育现代化的实施意见

京丰发[2004]33号　中共丰台区委、丰台区人民政府关于表彰第四届民族团结进步先进单位和先进个人的决定

京丰发[2004]34号　中共丰台区委关于学习贯彻党的十六届四中全会精神的通知

京丰发[2004]35号　中共丰台区委、丰台区人民政府关于改革城乡二元管理体制推进城乡协调发展的意见

京丰发[2004]36号　中共丰台区委、丰台区人民政府关于进一步加强督促检查工作的意见

京丰发[2004]37号　中共丰台区委、丰台区人民政府关于进一步加强人才工作的意见

京丰发[2004]38号　中共丰台区委关于加强执政能力建设的实施意见

京丰发[2004]39号　中共丰台区委关于印发《实施〈中国共产党党内监督条例(试行)〉监督制度的若干规定(试行)》的通知

中共北京市丰台区委办公室文件

京丰办发[2004]1号　区委办、政府办关于转发研究室《关于评选2003年度调研工作先进单位和优秀调研报告的方案》的通知

京丰办发[2004]2号　区委办、政府办关于印发《督查工作先进表彰办法》的通知

京丰办发[2004]3号　区委办、政府办关于加强当前安全生产工作的紧急通知

京丰办发[2004]4号　区委办转发区纪委、监察局《关于严明纪律确保防治高致病性禽流感工作顺利进行的紧急通知》的通知

京丰办发[2004]5号　区委办、政府办转发研究室《关于开展丰台区"建设现代化新城区"重点课题调研的意见》的通知

京丰办发[2004]6号　区委办、政府办关于清理调整和规范区议事协调机构及临时机构

的通知

京丰办发[2004]8号 区委办转发区委组织部《关于深入学习贯彻“三个代表”重要思想切实做好大规模培训干部的贯彻实施意见》

京丰办发[2004]9号 区委办、政府办关于印发《丰台区“安全月”工作目标责任分解表》的通知

京丰办发[2004]10号 区委办、政府办关于转发区工会《关于认真落实〈工会法〉及时、足额拨缴工会经费的意见》的通知

京丰办发[2004]11号 区委办、政府办关于调整区委区政府领导联系街乡(镇)分工的通知

京丰办发[2004]12号 区委办、政府办关于调整丰台区老干部工作领导小组成员的通知

京丰办发[2004]13号 区委办、政府办关于办理2004年政协提案的办理要求

京丰办发[2004]14号 区委办、政府办关于印发《丰台区2004年党风廉政建设和反腐败斗争主要任务分工》的通知

京丰办发[2004]15号 区委办、政府办关于调整丰台区依法治区领导小组成员的通知

京丰办发[2004]16号 区委办、政府办关于成立丰台区社区矫正工作领导小组的通知

京丰办发[2004]17号 区委办、政府办关于调整丰台区人民内部矛盾纠纷排查调处工作领导小组成员的通知

京丰办发[2004]19号 区委办、人大办、政府办、政协办关于表彰2002－2003年办理人大代表建议、政协委员提案工作先进单位、优秀领导、先进个人的决定

京丰办发[2004]20号 区委办、政府办关于中共丰台区委处理法轮功问题领导小组更名及调整中共丰台区委防范和处理邪教问题领导小组成员的通知

京丰办发[2004]21号 区委办、政府办关于表彰2003年度丰台区督查、信息工作先进单位、优秀领导和先进个人的决定

京丰办发[2004]22号 区委办、政府办关于调整丰台区人口与计划生育工作领导小组成员的通知

京丰办发[2004]23号 区委办、政府办关于转发《丰台区关于开展社区矫正工作的意见》的通知

京丰办发[2004]25号 区委办、政府办关于2004年“五一”国际劳动节放假及做好假期各项工作的通知

京丰办发[2004]26号 区委办、政府办关于转发《丰台区2004年安全生产工作意见》的通知

京丰办发[2004]27号 区委办、政府办关于调整丰台区委保密委员会组成人员的通知

京丰办发[2004]29号 区委办、政府办关于转发《丰台区离休干部医疗费统筹管理办法》的通知

京丰办发[2004]30号 区委办、政府办关于转发《丰台区关于积极推进企业退休人员社会化管理服务工作的意见》的通知

京丰办发[2004]31号 区委办、政府办关于丰台区议事协调机构和临时机构设置与调整事项的通知

京丰办发[2004]32号 区委办、政府办关于调整丰台区农村社区股份合作制改革领导小组成员的通知

京丰办发[2004]33号 区委办、政府办关于调整丰台区流动人口管理工作领导小组成员的通知

京丰办发[2004]34号 区委办、政府办关于做好丰台区第四届民族团结进步先进单位、先进个人表彰大会筹备工作的通知

京丰办发[2004]35号 区委办、政府办关于印发《丰台区党政机关与所办企业和管理的直属企业、营利性事业单位脱钩工作的方案》的通知

京丰办发[2004]36号 区委办关于调整区委对台工作领导小组组成人员的通知

京丰办发[2004]37号 区委办、政府办关于调整丰台区民族宗教工作领导小组组成人员

的通知

京丰办发[2004]38号　区委办、政府办关于调整丰台区双拥工作委员会组成人员的通知

京丰办发[2004]39号　区委办、政府办关于抓好近期我区安全工作的实施意见

京丰办发[2004]40号　区委办、政府办关于加强建设项目管理等有关事项的通知

京丰办发[2004]41号　区委办、政府办关于调整丰台区精神文明建设委员会组成人员的通知

京丰办发[2004]42号　区委办、政府办关于印发《丰台区开展"迎国庆、创首善"　进一步加强城市秩序综合整治工作方案》的通知

京丰办发[2004]44号　区委办、政府办关于调整丰台区社会治安综合治理委员会组成人员的通知

京丰办发[2004]45号　区委办、政府办关于印发《丰台区政府机构改革实施意见》的通知

京丰办发[2004]46号　区委办关于转发区委党史办《关于编写〈北京区县社会主义建设史〉(丰台卷)有关问题的通知》的通知

京丰办发[2004]47号　区委办、政府办关于调整丰台区密码工作领导小组组成人员的通知

京丰办发[2004]48号　区委办、政府办关于陈继平、王慧强同志联系街道的通知

京丰办发[2004]49号　区委办、政府办关于进一步深化政务公开工作的实施意见

京丰办发[2004]51号　区委办、政府办关于调整丰台区科技领导小组组成人员的通知

京丰办发[2004]52号　区委办、政府办关于区委区政府领导联系部队分工的通知

京丰办发[2004]53号　区委办关于调整区委常委与党外代表人士交朋友分工的通知

京丰办发[2004]54号　区委办、政府办关于印发《丰台区创建首都文明区活动实施方案》的通知

京丰办发[2004]55号　区委办、政府办关于印发《丰台区迎接北京市推行全程办事代理制和政务公开工作检查的实施方案》的通知

京丰办发[2004]56号　区委办、政府办关于印发《北京市丰台区人民政府国有资产监督管理委员会职能配置、内设机构和人员编制规定》的通知

京丰办发[2004]57号　区委办、政府办关于调整丰台区机构编制委员会组成人员的通知

京丰办发[2004]58号　区委办、政府办关于调整丰台区人民内部矛盾纠纷排查调处工作领导小组组成人员的通知

京丰办发[2004]59号　区委办、政府办关于印发《丰台区庆祝中华人民共和国建国55周年政治宣传环境布置实施方案》的通知

京丰办发[2004]60号　区委办、政府办关于印发《丰台区贯彻落实中央和市委集中处理信访突出问题及群体性事件会议精神的实施意见》的通知

京丰办发[2004]61号　区委办、政府办关于成立丰台区未成年人思想道德建设协调领导小组的通知

京丰办发[2004]62号　区委办、政府办关于做好2004年国庆节期间维护社会稳定防范安全事故加强值班等工作的通知

京丰办发[2004]63号　区委办、政府办关于成立丰台区"创建零家庭暴力社区、促进家庭美德建设"协调领导小组的通知

京丰办发[2004]64号　区委办、政府办关于建立丰台区处理信访突出问题及群体性事件联席会议制度的通知

京丰办发[2004]67号　区委办、政府办关于转发《关于积极推进乡村集体经济产权制度改革的意见》的通知

京丰办发[2004]68号　区委办、政府办关于成立丰台区2004年冬季征兵工作领导小组的通知

京丰办发[2004]69号　区委办转发区委组织部《关于做好北京市公开选拔副局级领导干部和市属企业高级管理人员报考工作的通知》的通知

京丰办发[2004]70号　区委办、政府办关于进一步严格会议管理提高文件实效的意见

京丰办发[2004]71　区委办关于调整农村“三级联创”活动领导小组成员的通知

京丰办发[2004]75号　区委办、政府办关于做好2005年元旦春节期间有关工作的通知

京丰办发[2004]76号　区委办、政府办关于2005年春节期间文化活动安排的意见

京丰办发[2004]77号　区委办、政府办关于调整丰台区地方志编纂委员会组成人员的通知

丰台区人民政府主要文件目录

丰台区人民政府文件

丰政发[2004]3号　《丰台区人民政府关于印发2004年主要工作目标管理责任制的通知》

丰政发[2004]5号　《丰台区人民政府关于印发丰台区重大动物疫病应急防控预案的通知》

丰政发[2004]6号　《丰台区人民政府转发市政府关于印发北京市涉及企业年检事项清理方案通知的通知》

丰政发[2004]7号　《丰台区人民政府关于开展第一次全国经济普查的通知》

丰政发[2004]11号　《丰台区人民政府关于执行国家〈城市区域环境噪声标准〉实施细则的通知》

丰政发[2004]12号　《丰台区人民政府关于贯彻落实国务院禁止占用基本农田进行植树行为的紧急通知的实施意见》

丰政发[2004]15号　《丰台区人民政府关于转发〈北京市人民政府办公厅关于切实做好当前森林防火工作的紧急通知〉的紧急通知》

丰政发[2004]16号　《丰台区人民政府关于进一步治理整顿土地市场秩序加强土地管理工作的意见的通知》

丰政发[2004]17号　《丰台区人民政府批转区安全生产监督管理局关于重大安全生产事故应急救援预案的通知》丰政发[2004]18号　《丰台区人民政府关于印发食品安全专项整治工作方案的通知》

丰政发[2004]19号　《丰台区人民政府关于贯彻北京市人民政府关于加强首都食品安全管理的若干意见的实施意见》

丰政发[2004]21号　《丰台区人民政府关于印发促进非公有制经济发展工作实施意见的通知》

丰政发[2004]22号　《丰台区人民政府关于转发市国土资源和房屋管理局〈关于丰台区、乡两级土地利用总体规划的批复〉的通知》

丰政发[2004]23号　《丰台区人民政府关于印发丰台区政府工作部门安全监管(管理)职责的通知》

丰政发[2004]24号《丰台区人民政府关于印发丰台区危险化学品事故应急救援预案的通知》

丰政发[2004]25号　《丰台区人民政府关于转发北京市人民政府贯彻落实国务院关于进一步加强安全生产工作决定的若干意见的通知》

丰政发[2004]29号　《丰台区人民政府关于印发〈丰台区街道(地区)办事处、乡镇政府安全管理职责〉的通知》

丰政发[2004]30号《丰台区人民政府关于进一步加强基层文化建设的意见》

丰政发[2004]31号　《丰台区人民政府关于调整城市绿化隔离地区五环路绿化带大环境绿化及山区生态林建设管理有关政策的意见》

丰政发[2004]32号　《丰台区人民政府印发丰台区人民政府关于贯彻落实〈北京市人口

与计划生育条例〉的暂行办法的通知》

丰政发[2004]34 号　《丰台区人民政府关于印发〈丰台区进一步加强国有土地出让收益征缴和返还工作办法〉的通知》

丰政发[2004]36 号　《丰台区人民政府转发市政府关于深化改革严格土地管理文件的通知》

丰政发[2004]39 号　《丰台区人民政府关于印发北京市丰台区科技及中小企业担保资金管理办法的通知》

丰政发[2004]40 号　《丰台区人民政府转发市政府关于人民防空工程和普通地下室安全使用管理办法的通知》

丰台区人民政府办公室文件

丰政办发[2004]1 号　关于印发丰台区人民政府 2004 年在直接关系群众生活方面拟办的重要实事的通知

丰政办发[2004]2 号　关于加强对高致病禽流感相关商品及服务价格监管保持市场价格稳定的通知

丰政办发[2004]4 号　关于印发 2004 年拟办的 10 件环保实事的通知

丰政办发[2004]5 号　关于转发区交通安全委员会制定的丰台区交通文明宣传教育五年规划(2004—2008 年)的通知

丰政办发[2004]11 号　关于转发区市政管委关于布置 2004 年垃圾密闭化管理工作的通知

丰政办发[2004]16 号　转发市政府办公厅关于加强近期安全和疾病预防控制工作文件的通知

丰政办发[2004]21 号　关于转发《北京市交通安全委员会办公室　北京市公安局　北京市监察局　北京市安全生产监督管理局关于印发＜北京市关于重大道路交通安全事故行政责任追究规定＞的通知》的通知

丰政办发[2004]31 号　关于建立贯彻实施行政许可法工作协调机制的通知

丰政办发[2004]34 号　转发区农委关于做好 2004－2010 年农村富余劳动力转移培训工作的意见的通知

丰政办发[2004]35 号　转发市政府办公厅关于继续深化安全生产专项整治工作文件的通知

丰政办发[2004]36 号　关于转发区政府法制办关于建立和完善实施行政许可配套制度的意见的通知

丰政办发[2004]37 号　转发区环保局关于贯彻北京市环境保护局关于转发国家环境保护总局办公厅《关于迅速排查危险化学品污染隐患的紧急通知》的通知

丰政办发[2004]38 号　关于转发区文委等部门关于开展网吧等互联网上网服务营业场所专项整治实施意见的通知

丰政办发[2004]40 号　转发区财政局关于财政国库管理制度改革试点方案的通知

丰政办发[2004]44 号　关于对《城市区域环境噪声功能区实施细则》调整的通知 16、丰台区人民政府办公室关于加强环卫设施建设管理的通知(丰政办发[2004]45 号)

丰政办发[2004]46 号　转发区爱卫会关于城乡一体创卫工作实施意见的通知

丰政办发[2004]50 号　关于转发区财政局关于做好财政统发工作具体要求的通知

丰政办发[2004]57 号　丰关于印发加强村级合作经济组织经营活动监管的意见的通知

丰政办发[2004]58 号　关于印发第十阶段控制大气污染主要任务的通知

丰政办发[2004]64 号　关于印发丰台区消防基础设施建设和社区消防工作意见的通知

丰政办发[2004]78 号　转发区环保局关于空气质量自动监测子站周边重点地区环境综合整治工作方案的通知

丰政办发[2004]79 号　转发区残联关于《丰台区迎接“全国无障碍设施建设示范城”检查验收工作实施方案》的通知

丰政办发[2004]81号 关于转发市教委等部门关于贯彻国务院办公厅进一步做好进城务工就业农民子女义务教育工作文件意见的通知

丰政办发[2004]84号 关于加强综合整治工作改善区域空气质量的通知

丰政办发[2004]85号 关于转发区教委《丰台区校园安全专项整治工作实施方案》的通知

丰政办发[2004]91号 关于转发丰台区流动人口管理工作领导小组关于流动人口防火灾、防煤气中毒和治安防范专项整治工作方案的通知

丰政办发[2004]94号 关于积极防范和及时处置公共突发事件的紧急通知

丰政办发[2004]96号 转发区农委关于砂石坑、窑坑、废弃矿生态恢复方案的通知

丰台区未成年人思想道德建设实践活动基地一览表

表1

名　　称	地　　址	电　话	邮　编	联系人
中国人民抗日战争纪念馆	卢沟桥城内街	83892355	100072	于延俊
北京市档案馆	蒲黄榆路42号	67640603	100078	韩京生
中华航天博物馆	南大红门1号	9200信箱1分箱	68384455	100076
抗战纪念雕塑园	卢沟桥城南街77号	83894614	100072	赵惠秋
卢沟桥(宛平城)		83894614	100072	赵惠秋
大葆台西汉墓博物馆	世界公园南	83612852	100070	苏　艳
丰台区档案馆	文体路2号3号楼	83656403	100071	冯玉莲
丰台火车站	正阳大街4号	51851592	100071	张立春
丰台区图书馆	西四环南路64号	63812215	100071	满开晋
丰台区科技馆	北大街甲13号	63858167	100071	田凤兰
毛泽东号机车组展室	丰台镇长庚胡同18号	51853163	100071	栗文强
辽金城垣博物馆	右安门外玉林小区甲40号	63054990	100054	徐佩仁
武警礼炮中队	南苑西营房武警11支队1中队	67991133转	100076	王孝波
装甲兵技术研究所训练基地	槐树岭3号院	66862172	100072	水　浩
丰台科技园区总部基地	西南四环188号	63729654	100070	娄华峰
丰台区青少年活动中心	文体路36号	63896631	100071	王建军
东高地青少年科技馆	万源路甲1号	68384071	100076	刘秀英
云岗青少年科技站	云岗南区青少年科技站	88538669	100078	赵宝生
丰台区青少年劳动技能中心	方庄芳群园四区	87681448	100078	王富强
丰台区青少年法制教育基地 北京市大成中学	青塔小区C区	68671697	100039	魏正东
长辛店四中	长辛店西峰寺60号	83876463	100072	李齐文
南宫地热博览园	王佐镇	83315271	100074	孙红霞
花乡花木集团	草桥	87503972		薛月贤
南苑乡敬老院	马家堡东路88号	51215028	100068	史春凤
卢沟桥乡敬老院	小郭庄83号	68635018	100071	高兰亭
丰台区法院少年法庭	近园路9号三楼	83827582	100071	翟丽萍
北京市致诚律师事物所	丰北路周庄子212号	63835280	100071	佟丽华
北京莲花池公园	广外莲花池48号	63982357	100055	宋　旭
北京世界公园	丰葆路158号	83613685	100070	詹　奇
药王庙	花乡看丹村甲18号	63783242	100070	杨　艳
大王庙	丰台农场路5号	83891085转8020	100071	刘艳丽

丰台区休闲娱乐场所一览表

表2

名　　称	地　　址	经营范围	电　话
东方家园娱乐俱乐部	玉泉营环岛南侧500米	歌舞厅	63759933
丽华饭店虞美宫歌厅	马家堡东路71号	歌厅	67575092
北京芳华园康体娱乐中心	芳成园一区甲1号	康体娱乐	67697096
北京颐芳园体育娱乐中心	成寿寺甲12号	康体娱乐	67686959
北京凯龙世纪健身俱乐部	丰管路198号	康体娱乐	63809896
北京舒平上网服务有限公司	蒲安北里3号楼2层	上网服务	67618232
北京瑞得在线世纪网海上网服务中心	石榴园西街233号	上网服务	67276211
北京深蓝浩瀚上网服务中心	东铁匠营横七条44号院1号商业楼	上网服务	87678949
北京际高迅捷上网服务有限公司	赵公口7-8号楼	上网服务	67214647
北京千龙网都弘宇上网服务有限公司	右外大街东滨河路1号二层	上网服务	83557876
万事吉娱乐城	东铁营街道塔园12号	台　球	13311396137
冠京饭店健身俱乐部	丰北路79号	台　球	63899988—5201
支点台球俱乐部	马家堡东里6号楼	台　球	13901120228
隆翔苑台球厅	右安门外关厢街153号	台　球	83556730
真真友台球城	东铁营横七条44号	台　球	67685993

驻丰台区文化艺术院团一览表

表3

单　　位	电　话	地　　址	邮　编
中国戏曲学院	63353774	丰台区万泉寺400号	100073
中央戏剧学院成教学院	83720298	丰台区马家楼路125号	100070
北京戏曲艺术职业教育学院	67572294	丰台区马家堡东里8号	100077
中央音乐学院附中	87680907	丰台区方庄方群园一区2号	100078
八一电影制片厂	63465431	丰台区广安门外六里桥北里甲1号	100073
中国评剧院	67260380	丰台区西罗园四区19号	100077
北京京剧院	67249090	丰台区海户西里30号	100077
北京曲剧团	87204944	丰台区海户西里30号	100077
中国评剧大剧院	87209359	丰台区西罗园四区19号	100077
海军军乐团	83628060	丰台区杨树庄101号	100070

各类学校和幼教基本情况一览表

表 4

项　　目	学校（所）	教职工数（人）	在校生数（人）	招生数（人）	毕业生数（人）
总　计	259	13897	98590	27651	30987
中学小计	56	5918	40339	12489	14529
初级中学（含一贯制学校 12 所）	36	2931	15738	4274	7129
完全中学	9	1540	11123	3459	3659
高级中学	7	652	6770	2352	1589
职业高中	4	795	6708	2404	2152
小学小计	94	4610	36703	5239	6889
教育部门办	89	4432	34711	4988	6460
其他部门办（包含社会力量办学 3 所）	5	178	1992	251	429
幼儿园小计	106	3282	21198	9874	9486
教育部门办	20	680	5376	1585	1568
其他部门办（含社会力量办学 41 所）	42	1594	7409	2637	2422
集 体 办	44	1008	8413	5652	5496
特殊教育小计	3	87	350	49	83
工读学校	1	42	28	18	21
弱智儿童学校	2	45	322	31	62

丰台区小学一览表

表 5

学 校 名 称	学　校　详　细　地　址	电话号码
丰台区右安门第一小学	丰台区右安门外东二条 51 号	63538827
丰台区右安门第二小学	丰台区右安门外东三条 52 号	63529449
丰台区右安门三小学	丰台区玉林里 18 号	63291380
丰台区翠林小学	丰台区右安门外翠林三里 4 号楼	83401920—804
丰台区太平桥第二小学	丰台区太平桥小区 8 号	63263132
六里桥小学	丰台区莲花池南里 6 号	63453505
西罗园小学	丰台区海户西里 12 号楼	67213657
西罗园第四小学	丰台区洋桥西里 31 号楼	67260798
北京市丰台区西罗园第五小学	北京市丰台区西罗园三区 16 号楼	82793569
北京市丰台区角门小学	北京市丰台区角门东里甲 30 号	67541724
北京市丰台区大红门第一小学	北京市丰台区大红门西前街 24 号	67228682
北京市丰台区大红门第二小学	北京市丰台区大红门东后街 157 号	67221363

续表

学校名称	学校详细地址	电话号码
北京市丰台区西罗园第六小学	北京市丰台区西罗园南里九号楼	67243914
北京市丰台区东罗园小学	北京市丰台区永外马公庄5号楼	67269874
丰台区苏家坡小学	丰台区永外高庄9号	67212473
丰台区时光小学	丰台区石榴园北里20号	67243361
丰台区西马场第一小学	丰台区大红门西路24号	67563201
丰台区康华小学	丰台区永寂门外南顶村31号	67254217
丰台区南苑第一小学	丰台区南苑公所胡同22号	67991547
丰台区南苑第四小学	丰台区南苑机场院内	69964608
丰台区五爱屯小学	丰台区南苑西宏苑小区6号楼	67991284
北京市丰台区东高地第一学校	北京市丰台区东高地斜街1号	67991703
北京市丰台区东高地第二小学	丰台区万源东里75栋	68753771
北京市丰台区东高地第三小学	丰台区梅园小区东高地第三小学	68759890
北京市丰台区东高地第四小学	丰台区东高地万源南路2号	88524604
丰台区东铁匠营第一小学	北京市丰台区蒲黄榆路胡村一号	67614441
丰台区东铁匠营第二小学	北京市丰台区北铁匠营259号	67621601
蒲黄榆第一小学	北京市丰台区蒲黄榆西里三号楼	67653658
北京市丰台区蒲黄榆第三小学	北京市丰台区蒲安里15号楼	67613813
丰台区成寿寺小学	丰台区成寿寺村76号	67621273
丰台区大井小学	丰台区大井村365号	63821729
丰台区小瓦窑小学	丰台区小瓦窑村93号	68633001
北京市丰台区丰台第一小学	丰台区东安街头条2号	68749564
北京市丰台区丰台第二小学	丰台区丰台南路107号	63720323
北京市丰台区师范学校附属小学	北京市丰台区文体路30号	63801924
丰台区丰台第五小学	丰台区西四环南路78号	63823080
北京市丰台区丰台第六小学	北京市丰台区七里庄138号	63823479
北京市丰台区丰台第七小学校	北京市丰台区东大街东里第七小学	63816260
北京铁路职工子弟第十一小学	丰台区西四环南路93号	51852419
丰台区第八小学	韩庄子二里8号楼	63737519
北京第二实验小学怡海分校	南四环西路129号	63743221
丰台区实验小学	丰台区桥南科学城恒富街1号	63743478
北京市丰台区万柳园小学	丰台区万柳园小区10号楼	63401078
丰台区长辛店第一小学	丰台区长辛店大街145号	83876718
丰台区长辛店第二小学	丰台区长辛店大街262号	83883081
丰台区长辛店第七小学	丰台区长辛店陈庄大街4号	83876327
丰台区长辛店第八小学	丰台区长辛店崔村街67号	83876528

续表

学校名称	学校详细地址	电话号码
北京市丰台区长辛店铁路学校	丰台区长辛店镇崔村一里七号	83305703
北京市北方车辆厂集团有限公司子弟小学	北京市丰台区长辛店朱家坟3里12号	83840241
北京市二七车辆厂小学	丰台区长辛店张郭庄南路3号	83804643
北京市丰台区云岗第一小学	丰台区云岗北区西里7号	68741436
北京市丰台区云岗第二小学	北京市丰台区云岗南区西里23号	83318552
北京市丰台区芳星园小学	北京市丰台区方庄小区芳星园二区9号楼	67629257
北京市丰台区芳星园第二小学	丰台区方庄小区芳星园三区21号	67638304
北京市丰台区芳群园第一小学	北京市丰台区方庄芳群园一区14号楼	67651837
北京市丰台区芳城园小学	芳城园二区1号芳城园小学	67617131
北京市丰台区芳古园小学	北京市丰台区芳古园一区19号楼	67629801
北京市丰台区卢沟桥第一小学校	北京市丰台区卢沟桥城内街155号	83891403
丰台区卢沟桥第二小学校	丰台区卢沟桥南里32号	83893491
丰台区晓月苑小学	丰台区卢沟桥南里晓月苑小区14号楼	83214610
丰台区马家堡小学	丰台区马家堡西里52楼	67588743
丰台区太平桥第一小学校	北京市丰台区太平桥550号	63462148
丰台区三路居小学	丰台区三路居105号	63447446
丰台区万泉寺小学	丰台区万泉寺270号	63462916
丰台区东管头小学	丰台区东管头6号	63424456
北京市丰台区小井小学	北京市丰台区小井村338号	63848508
北京市丰台区西局小学	北京市丰台区西局后街81号	63834783
丰台区岳各庄小学	丰台区卢沟桥乡岳各庄村470号	83666292
丰台区靛厂小学	丰台区靛厂村甲300号	63892262
北京市丰台区郑常庄第一小学	北京市丰台区郑常庄165号	68233449
北京市丰台区小屯小学	北京市丰台区小屯村150号	68653096
北京市丰台区张仪村小学	北京市丰台区卢沟桥乡张仪村15号	68633912
北京市丰台区大瓦窑小学	北京市丰台区大瓦窑村170号	83290622
丰台区草桥小学	丰台区草桥村	67529075
丰台区黄土岗小学	丰台区黄土岗	63726855
丰台区新发地小学	天伦锦城小区内	83726788
北京市丰台区白盆窑小学	北京市丰台区白盆窑村	83793075
北京市丰台区花乡郭公庄小学	北京市丰台区花乡郭公庄村467号	83703318
北京市丰台区花乡高立庄小学	北京市丰台区高立庄村246号	83700095
北京市丰台区六圈小学	北京市丰台区六圈村98号	83626377
丰台区看丹小学	丰台区看丹建新路8号	63713286
北京市丰台区阳春小学	北京市丰台区花乡羊坊村111号	83702037

续表

学校名称	学校详细地址	电话号码
北京市丰台区保台小学	北京市丰台区花乡保台 140 号	83614603
北京市丰台区樊家村小学	北京市丰台区樊家村小学新村三里一号	63736204
北京市丰台区纪家庙小学	北京市丰台区纪家庙于家胡同 59 号	63263106
丰台区四合庄小学	丰台区花乡育仁里 2 号	83621316
丰台区陈留小学	丰台区陈留村 216 号	83727460
丰台区人民村小学	丰台区人民村 58 号	83600516
丰台区西铁匠营小学	丰台区西铁匠营村 15 号	63587194
丰台区石榴庄小学	丰台区石榴庄南里 2 号	67621920
丰台区分钟寺小学	丰台区分钟寺 450 号	87690600
丰台区槐房小学	丰台区南苑槐房村 335 号	67916420
丰台区新宫小学	丰台区南苑乡新宫村 370 号	67913638
丰台区长辛店中心小学	丰台区槐树岭 5 号院	83800550
北京市丰台区南宫中心小学	北京市丰台区王佐镇云岗新村	83315796
北京市西罗园学校	北京市丰台区西罗园二区 21 号楼	67222633
北京市洋桥学校	北京市丰台区洋桥北里 6 号	67213111—8023
北京市赵登禹学校	嘉园一里 17 号	67533346
北京市大成学校	丰台区青塔小区蔚园 21 号	68690780
北京市丰台实验学校	程庄路 90 号	66943251
北京阳光学校	西五里店 21 号	83666110
北京市第十二中体育分校	丰台区文体路 32 号	63804652
北京市丰台区槐树岭学校	丰台区槐树岭 2 号院	83803678
北京市丰台区和义学校	丰台区南苑北里三区 12 号楼	67983090
北京市丰台区王佐学校	丰台区西王佐村 25 号	83316351
北大附属实验学校	丰台区花乡(明春苑小区)	83702544

丰台区中学一览表

表 6

学校名称	学校详细地址	电话号码
首都医科大学附属中学	丰台区右安门外翠林小区二里 22 号	83401686
北京市右安门外国语学校	右安门外西三条 4 号	63054399
丰台区右安门第三中学	丰台区右安门开阳里一街甲 1 号	63538977
北京市太平桥中学	丰台区西客站南路 19 号	63401761
北京市丰台区三路居中学	北京市丰台区骆驼湾 37 号	63465808
北京市明德中学	丰台区骆驼湾 37 号	63408696
北京市中桥外国语学校	北京市丰台区太平桥东局甲 2 号	63265390

续表

学校名称	学校详细地址	电话号码
北京市西罗园学校	北京市丰台区西罗园二区 21 号楼	67222633
北京市洋桥学校	北京市丰台区洋桥北里 6 号	67213111
北京市丰台区角门中学	丰台区马家堡路 122 号	67543104
北京市赵登禹学校	北京市丰台区马家堡嘉园一里 17 号	67582747
北京市丰台区南顶中学	丰台区南顶路村 31 号	67235977
北京市丰台区南苑中学	丰台区南苑西路 1 号	67991601
丰台区东高地第一中学	丰台区东高地南街一号	67991651
丰台区东高地外国语学校	丰台区东高地斜街一号	67991873
丰台区东高地第三中学	丰台区东高地万源南里甲 41 号	67991496
丰台区东铁营第一中学	丰台区刘家窑东里 7 号	67645147
北京市东铁匠营第二中学	丰台区石榴园北里 4 号	67267393
丰台区丰台路中学	北京西四环中路 103 号	63812202
北京市大成学校	丰台区青塔小区 C 区	68671815
丰台区实验学校	丰台区程庄路 90 号	63826527
北京市第十二中学	丰台区益泽路 15 号	83666027
北京市第十二中学分校	丰台镇东安街 1 号	63865313
丰台区丰台第一中学	丰台区丰台桥南新华街 2 号	63726654
丰台区丰台第二中学	丰台区东安街头条 3 号	63800782
首师大附属丽泽中学	丰台路 66 号	63825292
北京市第十二中体育分校	丰台区丰台镇文体路 32 号	63804652
丰台区第八中学	丰台区北大地西一里 16 号	63841055
丰台区铁路职工子弟第五中学	丰台区西四环南路 95 号	51852978
丰台区第七中学	丰台区新村四里 3 号楼	63796559
北京市丰台区看丹中学	北京市丰台区看丹村 161 号	63737583
北京市第十中学	北京市丰台区长辛店南关东里一号	83871559
北京市第十中学分校	丰台区长辛店东山坡三里 1 号	83863475
丰台区长辛店第一中学	丰台区长辛店桥西扶轮胡同 45 号	83878013
丰台区长辛店第三中学	丰台区朱家坟一里 44 号	8385842
丰台区长辛店第四中学	丰台区西峰寺 60 号	83876463
丰台区槐树岭学校	丰台区槐树岭 2 号院	83809517
北京长辛店铁路学校	丰台区长辛店德善里 18 号	83306876
北京二七车辆厂中学	丰台区张郭庄 19 号	83804622
北京市丰台区云岗中学	北京市丰台区云岗北区东里一号	68740524
北京市第十八中学	北京市丰台区方庄小区芳星园二区 11 号楼	67696709
北京市芳星园中学	丰台区方庄芳星园三区 2 号楼	87681531

续表

学 校 名 称	学 校 详 细 地 址	电话号码
北京市丰台区左安门中学	北京市南三环东路 7 号	67635831
丰台区卢沟桥中学	丰台区晓月苑小区垂虹街 2 号	83219580
丰台区和义学校	丰台区南苑北里 3 区 12 号楼	67991498
丰台区黄土岗中学	丰台区黄土岗村 87 号	63747244
丰台区郭公庄中学	丰台区花乡郭公庄 443 号	83612348
丰台区王佐学校	丰台区王佐乡西王佐村 25 号	83316351
北京市第八中学怡海分校	北京市丰台区科学城东怡海花园内	63795401
北京市丰华中学	北京市丰台区朱家坟一里 45 号	83806697
北大附属实验学校	北京市丰台区明春苑小区	63791166—2091
北京市阳光学校	北京市丰台区西五里店 21 号	83666110
北京市航天中学	北京市丰台区万源北路 3 号	67991659
北京新侨外国语学校	北京市丰台区右安门外西庄 24 号	63583093

独立设置职业高中一览表

表 7

学校名称	学校详细地址	电话号码
北京市丰台区职业教育中心学校	东校:北京市丰台区芳古园二区 9 号	67634851
	西校:丰台区蒲黄榆二里 16 号	67625187
	丰台幼儿师范学校校区:丰台区南苑公所胡同 1 号	67995816
	木樨园中学校区:丰台区永外南木樨园 6 号楼	67212084
	看丹职业高中校区:丰台区看丹 161 号	63737583
北京市洋桥职业学校	洋桥职业学校:北京市丰台区西罗园四区 29 号楼	87252562
北京市丰台区城市园林建设学校	云岗校区:丰台区云岗田城东里 2 号	68743542
	丰南校区:丰台区新村三里 1 号	63743536
	丰台区第六中学校区:丰台区岳各庄 1 号	63853739
	望园校区:丰台区望园西里 4 号	63817848
北京市新桥职业高中	新桥职业高中:北京市丰台区右安门外西庄二街 24 号	63589535(中外合资)

驻区高等院校一览表

表 8

学校名称	学校详细地址	电 话
首都经济贸易大学	北京市丰台区张家路口 121 号	83952021
首都医科大学	北京市丰台区右安门外西头条 10 号	63291983
中国戏曲学院	北京市丰台区万泉寺 400 号	63443686
北京电子科技学院	北京市丰台区富丰路 7 号	63740588

丰台区社区学院教职工数一览表

表 9

项　　目	教职工人数合计	专职教师人数	行政人员人数	工勤人员人数	校数（教学点）（所）
总　　计	91	46	34	11	6
高等教育	67	34	25	8	3
北京广播电视大学丰台分校	16	4	9	3	1
丰台职工大学	51	30	16	5	2
中等专业教育	24	12	9	3	3
北京广播电视中专	4	0	3	1	1
东铁营职校	15	9	4	2	1
长辛店职校	5	3	2	0	1

丰台区社区学院学生数一览表

表 10

项　　目	在校生数	± %	毕(结)业生人数	± %	招生数	± %
总　　计	2521	+18.47	586	+9.74	919	12.48
高等教育	1884	+36.03	302	9.58	710	8.03
北京广播电视大学丰台分校	875	+26.08	35	-49.28	370	-20.09
丰台职工大学	1009	+46.02	267	+0.75	340	+10.03
中等专业教育	637	-14.27	284	+42	209	24.82
广播电视中专	270	+6.30	41	-72.6766	-59.76	
东铁营职校	367	24.95	243	+386	143	+25.44
长辛店职校	0		0	-	0	-

丰台区 68 所社区卫生服务站基本情况一览表

表 11

序号	中心名称	社区站名称	地　　址	联系电话
1	方庄第一医院（6760 9064）	芳古园	芳古园一区 20 楼 1 门 102 号	67673175
2		芳城园	芳城园三区 19 号楼	67601064
3		芳群园	暂时迁入方庄第一医院内	67631289-8106
4		芳星园	芳星园三区 25 号楼	67607512
5		芳城东里	芳城东里 8 号楼	67604177

续表

序号	中心名称	社区站名称	地　　址	联系电话
6	蒲黄榆医院（67616028）	马家堡	马家堡西里53楼	67561646
7		石榴园	石榴园小区801楼	67248330
8		西罗园四区	西罗园小区四区8号楼4门	87293612
9		蒲黄榆四里	蒲黄榆二巷1号楼4门101号	67617794
10		石榴园北里	石榴园北里3区27楼7门103号	87252258
11	兴隆中医医院（6382 1329）	五里店	五里店小区11楼	63819146
12		东大街西里	东大街西里2楼后平房	63813866
13		深富街	丰台镇桥南韩庄子三里8号楼	63732074
14		泥　洼	泥洼小区二区10号楼	63893942
15		万柳园	万柳园小区1号楼*	63499883
16		新华街	新华街七里	63719611
17	卢沟桥医院（8321 1441）	青　塔	青塔小区秀园13号楼2层	68675245
18		宛　平	卢沟桥北里17楼1门102号	63899451
19		莲宝路	六里桥老年康复中心院内	63282926
20		青塔第二	青塔小区G区2楼地下室	68674521
21		望　园	西四环南路52号	63811442或63811443
22		青塔东里	青塔东里7号院15号楼	68173930
23	大红门医院（8728 8041）	西罗园南里	西罗园南里小区38号楼103、104号	87263968
24		西马小区	西马小区B1区1号楼	87591791
25		带钢厂	大红门西马厂甲14号	87885271　87885272
26		木材厂	大红门西路4号	67224433转5371或5361
27		角　门	大红门西路26号	67577788转216
28		京　温	海户屯小区15号楼北侧东4号	67283375
29		海慧寺	永外海慧寺1号	67213602
30	右外医院（6355 4840）	翠　林	右外翠林二里1号楼	83524779
31		玉　林	右安门玉林里社区服务中心内	63293145
32		东　庄	右安门东庄7号楼平房	63176908
33	铁营医院（6762 2125）	铁　营	丰台区蒲安里4号楼	67614773
34		成寿寺	成寿寺街	67650635
35		赵公口	赵公口小区17号楼	87254927
35		洋桥北里	洋桥北里小区30号楼7门	87268297
37		城外诚	永外东铁营苇子坑2号	87673259
38	南苑医院（6799 1313）	新　华	南苑镇大街门诊部内	67959557
39		红房子	红房子大兴街45号	67991305
40		南苑北里	南苑北里3区7号楼1门	67970179
41		和义东里	和义东里二区	6797615

续表

序号	中心名称	社区站名称	地 址	联系电话
42	南苑医院（6799 1313）	诚 苑	南苑诚苑小区 25 号楼	67914920
43		银 地	新发地银地家园 12 楼 1－101	63784992
44		明春苑	明春苑小区 6 号楼	63786968
45	丰台区医院（6381 1115 转）	怡海花园	怡海花园内	63743231
46		北大地	北大地三里 11 号楼 3 门 33 号	63851286
47	长辛店医院（8387 6520）	长辛店大街	长辛店大街 164 号	83876595
48		玉皇庄	永兴里 82 号	83876586
49		南 宫	王佐乡南宫路 7 号*	83311172
50	北京航天总医院（6838 3768）	东高地	东高地新 4 号楼	68751347
51		万源路	万源路东里 63 楼	68383867
52		东营房	万源路东营房	68381067
53		万 东	东高地南街 13 号	68751073
54	花乡医院（6371 1505）	育芳园	育芳园小区 39 号	83618916
55	西罗园第一医院（8727 0603）	西罗园	洋桥北里 15 号楼一层	87298827
56		洋桥西里	洋桥西里 19 号楼 1 门 102 号	87298765
57	航天海鹰中心医院（6837 5245）	南 区	云岗南区二门诊内	88538614 68374245
58		北 区	云岗社区服务中心内*	68374296
59		大灰厂	丰台区大灰厂路 88 号	83376228
60	北京电力医院（6346 5865）	太平桥	太平桥 35 号楼前平房	63424316
61		天伦小区	菜户营天伦北里小区院内	63408310
62		三路居	丰台区卫强校村甲 26 号	63267363
63	北京铁路分局中心医院（5185 1347）	丰 西	丰台西站北里	63256787
64		新 村	丰台区葛村西里 1 号	63727605
65	618 厂医院（8388 1866）	张家坟	张家坟东里 5 楼 75 号	83807057
66	二七机车医院（8330 6597）	崔 村	二七机车厂宿舍崔村二里	83306518
67	二七车辆医院（8380 4474）	崔村一里	长辛店崔村一里 44 楼北侧	83877722 转 2429
68		201 所	长辛店槐树岭 4 号院	83808445 83808662

丰台区一级以上医院明细情况一览表

表 12

序号	单位名称	单位地址	邮编	级别	联系电话	床位数	性质
1	北京电力医院	丰台区广安门外六里桥	100073	三级	63465653	518	驻区
2	首都医科大学附属北京佑安医院	丰台区右安门外西头条 8 号	100054	三级	63293374	550	驻区
3	北京博爱医院	丰台区角门北路 10 号	100077	三级	67563322	488	驻区
4	北京中医药大学东方医院	丰台区芳星园一区 6 号	100078	三级	67689620	643	驻区
5	北京航天总医院	丰台区东高地万源北路 7 号	100076	准三级	68383740	489	驻区
6	人民解放军 302 医院	丰台区丰台路 20 号	100039	部队	66933020		部队
7	武警北京总队第三医院	丰台区小屯路 10 号	100039	武警	68216231		武警
8	航天科工集团七三一医院	丰台区云岗镇南里 3 号	100074	二级	68374124	341	驻区
9	北京铁路分局中心医院	丰台区丰台南路 99 号	100070	二级	51851437		直属
10	北京丰台医院	丰台区丰台镇西安街头条 1 号	100071	二级	63811115	375	直属
11	北京市丰台区铁营医院	丰台区永外东铁营横七条 1 号	100075	二级	67646101	140	直属
12	北京市丰台区南苑医院	丰台区南苑公所胡同 3 号	100076	二级	67991313	195	直属
13	北京市丰台区长辛店医院	丰台区长辛店东山坡三里甲 60	100072	二级	83876520	135	直属
14	北京市丰台区方庄医院	丰台区芳群园 3 区 1 号	100078	一级	67609064	34	直属
15	北京市丰台区蒲黄榆医院	丰台区刘家窑北里 1 号	100075	一级	67616028	73	直属
16	北京市丰台区卢沟桥医院	丰台区卢沟桥晓月园静音街 1 号	100072	一级	83211441	34	直属
17	北京市丰台区右外医院	丰台区右安门东二条 5 号	100054	一级	63538453	30	直属
18	北京市丰台区西罗园第一医院	丰台区西罗园 1 区 26 号	100077	一级	67219765	32	直属
19	北京市丰台区大红门医院	丰台区大红门东后街 156 号	100075	一级	67221191	30	直属
20	北京市丰台区兴隆中医医院	丰台区丰台镇兴隆中街 6 号	100071	一级	63821329	0	直属
21	北京市丰台区妇幼保健院	丰台区马家堡嘉园二里 14 号	100077	二级	67532365	0	直属
22	北京二七机车厂医院	丰台区长辛店陈庄大街 1 号	100072	一级	83306597	155	驻区
23	北京二七车辆厂医院	丰台区长辛店张郭庄甲 1 号	100072	一级	83804474	71	驻区
24	国营六一八厂职工医院	丰台区朱家坟五里 5 号	100072	一级	83807069	40	驻区
25	二〇一所职工医院	丰台区槐树岭 4 号	100072	一级	83808662	30	驻区
26	北京市木材厂职工医院	丰台区永外大红门西路 4 号	100075	一级	67224433	24	驻区
27	北京市三环英和医院	丰台区桥南葛村西里 1 号	100070	一级	63717603	68	驻区
28	大型物资运输公司医院	丰台区马连道卫强校甲 26 号	100073	一级	63267363	30	驻区
29	北京市丰台区花乡医院	丰台区花乡四合庄 192 号	100070	一级	63720190	45	乡属
30	北京市丰台区卢沟桥国医院	丰台区丰台路口东里 198 号	100073	一级	63845387	50	乡属

续表

序号	单　位　名　称	单　位　地　址	邮编	级别	联系电话	床位数	性质
31	北京同仁医院丰台同仁京苑医院	丰台区马家堡东路 88 号	100077	一级	87294860	86	社民办
32	北京医院协会右安门医院	丰台区右外大街 199 号	100054	一级	83512649	200	社民办
33	北京市红十字会洋桥医院	丰台区马家堡东路甲 7 号	100077	一级	67210094	100	社民办
34	北京丰台永南医院	丰台区南三环中路南木樨园 66	100075	一级	67273845	50	社民办
35	北京东管头投资管理公司丽泽医院	丰台区丽泽路 98 号	100073	一级	63469306	20	社民办
36	北京市红十字会和平医院	丰台区西铁营甲 98 号	100054	一级	83538999	50	社民办
37	北京丰台华丰医院	丰台区菜户营西街甲 339 号	100070	一级	63424643	20	社民办
38	北京丰台长峰医院	丰台区郑常庄 322 号	100073	一级	88246570	65	社民办
39	北京丰台医星医院	丰台区游泳场北路甲 9 号	100039	一级	63846847	77	社民办
40	北京丰台国泰医院	丰台区颠厂村甲 410 号	100071	一级	68150149	50	社民办
41	北京燕竹医院	丰台区分钟寺倪庄甲 1 号	100039	一级	88246001	60	社民办
42	北京丰台长城医院	丰台区长辛店杜家坎 15 号	100078	一级	66719779	20	社民办
43	北京丰台体坛医院	丰台区方庄芳城园 1 区 1 号楼	100072	一级	67683602	20	社民办
44	北京乾坤医院	丰台区永外南窑村 2 号	100078	一级	67640519	20	社民办
45	北京丰台中山医院	丰台区西局南街 368 号	100075	一级	63834452	20	社民办
46	北京丰台华山医院	丰台区大井东里 1 号	100073	一级	83820303	30	社民办
47	北京阜仁眼科医院	丰台区太平桥东里 24 号院内	100039	一级	63310781	15	社民办
48	北京卫人医院	丰台区大瓦窑村 306 号	100073	一级	83291978	30	社民办
49	北京丰台宝仁中医院	丰台区莲花池南里六号	100075	一级	63460856	20	社民办
50	北京圣人老年病医院	丰台区分钟寺 549 号	100055	一级	67629462	30	社民办
51	北京市红十字会广济医院	丰台区桥南纪家庙	100077	一级	83616168	0	社民办

索　引

说明:1. 主题词首按汉语拼音音序排列,首字相同按第二字音序,其余类推。
2. 主题词后的数字表示该词及内容所在页码,a、b 字母在双栏文中分别表示左、右栏。
3. 特载、附录部分不作索引。

A

B

C

D

E

F

K

L

M

N

P

Q

R

S

T

W

X

Y

Z